当代贵州城市发展

《当代贵州城市发展》编辑委员会 编

当代中国出版社
Contemporary China Publishing House

图书在版编目(CIP)数据

当代贵州城市发展/《当代贵州城市发展》编辑委员会编.
—北京：当代中国出版社，2013.4
ISBN 978-7-5154-0257-4

Ⅰ.①当… Ⅱ.①当… Ⅲ.①城市经济—经济发展—概况—贵州省 Ⅳ.①F299.277.3

中国版本图书馆 CIP 数据核字(2013)第 069166 号

出 版 人　周五一
责任编辑　张建光
责任校对　康　莹
装帧设计　姚　洁
出版发行　当代中国出版社
地　　址　北京市地安门西大街旌勇里 8 号
网　　址　http://www.ddzg.net　邮箱:ddzgcbs@sina.com
邮政编码　100009
编 辑 部　(010)66572154　66572264　66572132
市 场 部　(010)66572281 或 66572155/56/57/58/59 转
印　　刷　北京润田金辉印刷有限公司
开　　本　720×1020 毫米　1/16
印　　张　38.75 印张　3 插页　601 千字
版　　次　2013 年 8 月第 1 版
印　　次　2013 年 8 月第 1 次印刷
定　　价　110.00 元

前 言

“十五”初期，全国城镇化发展开始步入加速发展期，贵州经过“十五”时期和“十一五”时期的发展，城镇化发展已由起步阶段进入加速发展阶段。为了总结贵州城镇化发展经验，探索山区城镇发展的客观规律，经省人民政府领导批准，《当代贵州城市发展》编写工作于2010年10月正式启动，经全体编写人员的共同努力，于2012年10月完成编写任务。

《当代贵州城市发展》是根据贵州的实际情况组织编写的。全书分三篇：第一篇综合反映贵州城镇的发展历程、现状与特点、趋势与展望；第二篇分别反映贵州设区城市（地级市）的发展历程、现状与特点、趋势与展望；第三篇分别反映不设区的城市（县级市）的发展历程、现状与特点、趋势与展望。《当代贵州城市发展》重点反映当代，但对贵州城镇发展的历史也做了必要的回顾，重点反映各市在历史上形成的过程，时间下限一般止于2010年，趋势重点反映2011年的发展概况，展望重点反映“十二五”规划的基本蓝图，远景展望到2020年。

2011年10月，经国务院批准，撤销毕节地区和铜仁地区，设地级市毕节市和铜仁市，原县级市毕节市和铜仁市改设七星关区和碧江区。由于本书的时间下限定为2010年，因此，本书中第三章的铜仁市和第五章的毕节市反映的是按县级市（即新设的碧江区和七星关区）的情况。各市在书中的排序按设区和不设区分列，不设区的地区所在地的市列前，名列都按成立时间先后为序。

本书的编写受到各市党委、政府的高度重视，各市成立了专门的领导机构和写作班子，负责各市书稿的撰写、论证、修改和审定；同时，本书的编写还得到了省财政厅、省住房和城乡建设厅等单位的大力支持。在此，表示衷心的感谢！

《当代贵州城市发展》编辑委员会

2012年12月17日

目录

第一篇　当代贵州城镇发展

第一篇　当代贵州城镇发展

贵州简称“黔”或“贵”，位于东经 103°36′~109°35′、北纬 24°37′~29°13′之间，东与湖南省交界，北与四川省和重庆市相连，西与云南省接壤，南与广西壮族自治区毗邻，是一个距南海较近的内陆山区省份。

贵州城镇发展具有悠久的历史，早在春秋时期，夜郎邑就已发展成为牂牁国的政治中心。古代贵州城镇的发展主要取决于境内部落群的兴衰和行政区划的变迁。由于特定的山区自然条件和社会环境，贵州经济社会长期处于封闭的状态之中，城镇发展十分缓慢，城镇功能比较单一。明代是贵州发展史上一个重要历史时期，永乐十一年（1413 年），朝廷在贵州设布政使司，贵州正式成为全国 13 个行省之一。行省的建立，是贵州发展史上一个重要里程碑。贵州建省后社会生产力成了推动城镇发展的重要因素。明代在贵州大兴屯田，这在很大程度上打破了贵州的封闭状态。大量的屯军进入贵州以卫、所、屯堡为据点，大规模开发贵州的土地资源。这样，不仅贵州人口有了较大增长，而且带来了中原地区先进的文化和生产技术，促进了贵州经济文化的发展，卫、所、屯堡也逐步发展成为规模不同、各具特色的新的居民点，当代贵州的许多县城和重要集镇就是在这一时期逐步建立和发展起来的。此外，明代还在贵州大力发展驿道运输，驿道的延伸不仅将境内的城镇连接起来，驿道干线还与川、滇、湘、桂相连，使贵州的对外开放迈出了较大的步伐。

由于开放与开发相对较晚，同全国相比，贵州城镇的发展仍处于相对落后状态，到 1949 年，全省只有 1 个建制市——贵阳市，160 个建制镇，其中县城 79 个，区、乡级镇 81 个。全省城镇人口只有 106.3 万人，占全省总人口的 7.5%，低于全国 10.7% 的水平。

贵州解放以后，随着社会主义建设的全面展开和山区资源的大规模开发，促进了全省城镇的快速发展。20 世纪 50 年代以改造原有城镇为主，使之焕发生机与活力，更好地为贵州的社会主义建设服务。60 年代中期到 70 年代末期，国家在贵州进行大规模的“三线”建设。“三线”建设以铁路建设为先导，以国防科技工业、能源原材料工业为重点展开，使贵州城镇社会生产力获得了突破性的发展，全省工业化进程大大加快。工业化催生了城镇化。为了适应“三线”建设的需要，遵义、都匀、安顺、六盘水相继设市，同时一大批不同规模的工矿集镇应运而生。在此期间，由于高度集权的计划经济体制将城市经济分割为若干“条条”和“块块”，城市组织经济的功能和作用得不到应有的发挥，“三线”建设形成的社会生产力得不到充分利用，在很大程度上制约了全省经济社会的发展。城镇的数量虽然有了较大发展，在城市规划和建设的指导方针上强调“先生产，后生活”，城镇建设的“欠账”很多，城镇功能极不完善，住房难、乘车难、用水难等矛盾十分突出。

中共十一届三中全会以后，贵州全面推进以联产承包责任制为重点的农村改革，继而展开以城市为中心，以增强企业活力为中心环节，以建立社会主义市场经济体制为目标，改革城市经济体制，极大地解放了城镇社会生产力，同时逐步打破计划经济体制形成的封闭、半封闭状态，实行全方位、多层次的对外开放，大力开展以交通为重点的基础设施建设，大力推进新型工业化和信息化的发展，贵州城镇步入发展的快车道，城镇规模不断扩大，功能日趋完善。到 2010 年，全省有贵阳、六盘水、遵义、安顺 4 个设区的市（地级市），有铜仁、兴义、毕节、凯里、都匀、清镇、赤水、仁怀、福泉 9 个不设区的市（县级市），有建制镇 689 个。按省住房和城乡建设厅的统计，全省城镇数量为 704 座，城镇密度为 0.40 座 / 百平方公里。其中特大城市 1 座（贵阳市）、大城市 1 座（遵义市）、中等城市 6 座（六盘水市、安顺市、都匀市、兴义市、凯里市、毕节市）、小城市 5 座（铜仁市、仁怀市、赤水市、清镇市、福泉市）、小城镇 691 座（含重点城镇 100 座、县城 69 座）。按《贵州统计年鉴》资料，全省城区面积为 4103.09 平方公里，建成区面积由 1981 年的 76 平方公里上升到 2010 年的 972.99 平方公里。根据第六次全国人口普查资料，全省居住在城镇的人口达到 1174.78 万人，占全省总人口的 33.8%，同 1949 年和 1978 年相比，分别上升了 26.8 个百分点和 21.8 个百分点；城镇人口密度为 2481 人 / 平方公里。2011 年 10 月，经国务院批准，撤销毕节地区和铜仁地区，建立地级市毕节市和铜仁市。原县级毕节市改为七星关区，原县级铜仁市改为碧江区。

市镇设施日趋完善。2010 年，全省城镇道路长度达到 4081 公里，道路面积为 6342 万平方米，人均道路面积 6.23 平方米；有公共交通运营车辆 4984 辆、出租车 15087 辆；供水综合生产能力由 1978 年的 14 万立方米增加到 352.11 万立方米，供水管道由 1978 年的 230 公里增加到 9376 公里，供水总量为 63572 万立方米，用水人口为 880.83 万人，用水普及率由 1986 年的 70.7% 上升到 86.5%；人工煤气生产能力为 191.8 万立方米，煤气管道为 3207.5 公里，全年人工煤气供气量为 26963 万立方米，天然气为 3546 万立方米，液化石油气达 94481 吨，用气人口为 554.35 万人，燃气普及率由 1992 年的 1.2% 上升到 54.5%；城市园林绿地面积由 1978 年的 1037 公顷增加到

45500 公顷，公园绿地面积达 5422 公顷，人均公园绿地面积达 5.33 平方米；城市公园由 1978 年的 7 个增加到 130 个，建成区绿化覆盖率为 21.8%；城镇清扫保洁面积由 1979 年的 1.08 平方公里增加到 59.48 平方公里，生活垃圾清运量由 1979 年的 131 万吨增加到 429 万吨，有市容环卫专用车辆设备 1588 台；公共厕所由 1979 年的 229 座增加到 2147 座；有城市污水处理厂 98 座，污水处理能力达 170.5 万立方米/日，污水处理率达 74.8%；建成城市垃圾无害化处理厂 13 座，生活垃圾无害化处理能力达 5897 吨/日，生活垃圾无害化处理率为 45.1%。

城镇化是人类由农村型生产、生活方式向城镇型生产、生活方式转化的历史过程，包括城市文明、价值观念、生产方式和生活方式向乡村扩散的过程。衡量城市化发展程度的数量指标一般用一定地域内城市人口占总人口的比例来表示。在中国，由于大量城镇的存在，一般用城镇人口代替城市人口，用城镇化代替城市化。贵州解放以来，特别是改革开放以来，城镇发展成就巨大，城镇面貌日新月异。但由于解放前的基础差、底子薄，同全国平均水平相比，仍有较大差距。按第六次全国人口普查资料，全国居住在城镇的人口为 6.66 亿人，占全国总人口的 49.68%。贵州低于全国平均水平 15.88 个百分点，市政设施水平也普遍低于全国平均水平。

2010 年 10 月，中共贵州省十届十次全会提出“十二五”时期重点实施“城镇化带动”战略以后，贵州城镇化步伐明显加快，全省正按照统筹规划、合理布局、完善功能、以大带小的原则，推动有特色、集约型、多样化、组团式拓展、点状式集中的山区绿色城镇化，到 2015 年和 2020 年，全省城镇化水平将分别达到 40.0% 和 50.0%。到那时，城镇基础设施将更加完善，综合承载能力将大幅提升。

第一章　贵州城镇发展历程

贵州城镇发展历史悠久，春秋时期，夜郎邑已发展成为牂牁国的政治中心。除夜郎邑外，在今贵州地区还有鳖、且兰等一批政治和行政中心城邑。贵州建省以前，全省经济社会处于封闭的状态之中，城镇的发展与政区的演变和部落群的兴衰密切相关。明代朝廷在贵州建立行省，使贵州的发展步入重要的历史时期。为了政治和军事的需要，明代在贵州大兴屯田，同时大力发展驿道交通，以屯军及其家属为主的大量人口进入贵州以后，不仅使贵州的人口大量增加，人口结构发生了较大变化，而且中原地区的先进文化和生产技术也随之进入贵州，在相当大的程度上打破了贵州原来的封闭状态，客观上形成了贵州历史上的一次大开放。大开放促进了大开发，使贵州城镇的发展产生了一次历史性的飞跃，贵州绝大部分县城及重要集镇就是在这一时期发展起来的。抗日战争中，贵州成了抗日大后方，沦陷区的机关、学校、企业等纷纷涌入贵州，落户贵阳、遵义、都匀、安顺等城镇。大量的人口、资金、科学文化进入贵州以后，给贵州的发展带来了战时的短暂繁荣。在此之前，国民党势力借尾追中央红军之机进入贵州，结束了地方军阀的统治。为适应政治、军事的需要，1941 年贵阳撤县建市，成为贵州第一个建制市。

贵州解放以后，大量的军政人员和文化科技工作者进入贵州。随着社会主义革命和建设的全面展开，城镇得到了较大的发展。1978 年以前，贵州城镇在计划经济条件下随着工业化的推进和交通通信的发展而不断壮大。20 世纪 60 年代中期至 70 年代末期开展的“三线”建设，为贵州城镇的发展奠定了较好的基础。1978 年以后，中共贵州省委、省人民政府认真贯彻中共十一届三中全会以来的一系列方针和政策，以城市为中心，以增强企业活力为重要环节，全面推进城市经济体制改革，逐步建立起社会主义市场经济体制，又一次解放了城市的社会生产力；同时，逐步打破计划经济体制下的封闭状态，实行全方位、多层次的对外开放，为城镇的发展创造了良好的内部和外部环境，极大地拓宽了城镇的发展视野和空间。在实施西部大开发战略中，以交通为重点的基础设施建设取得突破性进展，新型工业化的推进和农业现代化的发展取得了阶段性的重要成果，房地产业的兴起和现代服务业的迅猛发展，极大地提高了城镇的经济实力和综合承载能力，使贵州城镇化的发展由起步阶段跨入加速发展的阶段。

第一节　贵州城镇发展的历史回顾

一、建省前的贵州城镇

建省前，贵州的城镇发展与境内部落群的兴衰和行政区划的变迁密切相关。

春秋以前，贵州为荆州西南夷，属“荆楚”或“南蛮”的一部分。春秋时期，境内部族林立，较著名的有牂牁国，其政治中心叫“夜郎邑”（今安顺一带）。夜郎邑为贵州早期的城邑。春秋末年，牂牁国衰落，牂牁江（今北盘江）流域一支“濮”人部落兴起，仍以夜郎邑为中心，定国号为“夜郎国”。据《史记·西南夷列传》记载：“西南夷君长以什数，夜郎最大；其西靡莫之属以什数，滇最大；自滇以北，君长以什数，邛都最大；此皆魋结、耕田、有邑聚。”说明夜郎国不仅是西南夷地区最大的方国，而且已发展成为“耕田，有邑聚”的农耕部落。邑聚的“邑”泛指一般城市，大曰都，小曰邑。说明在夜郎时期，贵州已有了城邑。在古代，“邑”还有“国”的含义，就是在城的四周加上城墙就成了“国”。在夜郎国，除了夜郎邑而外，还有“鳛”、“鳖”、“且兰”、“毋敛”等一些小邑。这些城邑都比较单一，一般为防御敌人的“城堡”或据点，同时也是一定区域内农产品的交换市场。

秦统一中国后，郡县制逐步向西南夷地区延伸，今黔西、大方、毕节一带属蜀郡，今道真、务川、德江一带属巴郡，今贵州东部地区属黔中郡，其余大部分地区仍为古夜郎国辖地。汉初，汉武帝派唐蒙出使夜郎，与夜郎侯约置郡县。元光五年（公元前 130 年）置犍为郡，辖今贵州西北部一些地区，鳖县（今遵义一带）为其郡治所在地。西汉时期，今贵州地区主要属牂牁郡，郡治为且兰（今福泉），西部一些地区仍属犍为郡，东部一些地区属武陵郡。在今贵州范围内，除了鳖县、且兰而外，还有夜郎县（今安顺）、谈稿县（今普安）、宛温县（今兴义）、谈指县（今罗甸）、毋敛县（今独山）、郁鄢县（今威宁）、汉阳县（今赫章）、平夷县（今毕节）、无阳县（今开阳）等一批县治城邑。这些县治城邑相当于现在的县城，其主要功能是一定区域内的政治中心和商品交换场所。由于山区自然环境和交通条件的限制，城邑之间处于相对封闭状态。除夜郎、鳖、且兰而外，其他城邑的规模都比较小，功能也比较单一。

贵州建省前政区很不稳定。三国时期，牂牁全境隶属蜀汉益州。西晋将牂牁一分为二，置平夷（后改为平蛮，治今毕节）、夜郎二郡。刘宋取代晋朝以后，置宁州统辖牂牁、平蛮、夜郎、西平等 15 郡，其中，牂牁、平蛮、夜郎、西平辖今贵州大部分地区。隋时，在今贵州地区置牂州牂牁郡和明阳郡。唐代，今贵州地区主要属黔中道，部分地区属剑南道和岭南道；同时，在今贵州地区推行经制州与羁縻州并行的制度。所谓经制州，即由朝廷直接派遣官吏治理，直接控制田亩、人口，政治、军事、经济、司法等完全受中央王朝的控制；所谓羁縻州，即由朝廷指派归附的地方土著首领统治，子孙世袭，在其统治范围内有相当大的自主权，与朝廷保持比较松散的羁縻关系。乌江以北多系经制州，包括播州（今遵义）、思州（今印江一带）、珍州（今桐梓、正安部分地区）、奖州（今玉屏、岑巩一带）、充州（今石阡、施秉一带）、费州（今德江一带）等；乌江以南多为羁縻州，包括矩州（今贵阳地区）、蛮州（今开阳一带）、庄州（今独山一带）、琰州（今普安一带）、盘州（今盘县）、应州（今榕江、三都一带）等。还有一些不受统属的地区杂于羁縻州之间。宋代，今贵州地域分属夔州路、荆湖北路、潼川路、广南西路、剑南西路、剑南东路等，主要属夔州路。元代，贵州分属湖广、四川和云南三行省，并普遍推行土司制度。境内的大小土司共有 300 余个，大的称宣慰司、宣抚司、安抚司，小的称为长官司，分散的若干部落和村寨则联合成为蛮夷长官司。大土司主要有八番顺元宣慰司（辖今贵州中部地区）、播州宣慰司（辖今贵州北部地区）、思州宣慰司（辖今贵州东北部地区）、乌撒乌蒙宣慰司（辖今贵州西部地区）、新添葛蛮安抚司（辖今贵州东南部地区）。这些大土司又各领若干小土司或府、县。

在频繁的政区变迁中，一些老的城邑衰退甚至消亡了，一些新的城邑发展起来了。宋开宝七年（974 年），矩州土著首领普贵归顺朝廷，矩州即今贵阳，因“州南有水方如矩”（四方河），故名矩州。矩州为唐宋时期一个不知名的偏荒羁縻小州，土语“矩”与“贵”同音，太祖敕曰：“予以义正邦华夏，蛮貊罔不率服。惟尔贵州，远在要荒……”这是“贵州”名称首次见于文献，“矩州”也由此而成为“贵州”。元代，在贵州置八番顺元宣慰司，治所就设在贵州（贵阳），并筑土城，贵阳始有“城”的概念，因此一跃而成为贵州中部地区的政治中心，以后又逐步发展成为贵州的省会城市。而像夜郎邑这样古老的政治中心却神秘地消失了，给后人留下了许多悬念和猜想。

二、建省后的贵州城镇

明代是贵州发展史上一个重要时期，其主要标志：一是在贵州建立了行省，使贵州正式成为全国省一级的行政建置；二是在贵州大规模地推行屯田，大量的人口进入贵州，加快了贵州的开发进程，同时也促进了贵州城镇的快速发展。贵州建省后城镇的发展不仅取决于政区的演变和境内部落群的兴衰，而且经济开发对城镇的发展形成巨大的推动力；城镇形成后，反过来又促进了全省经济和社会的发展。

明初，元朝所封的梁王仍盘踞在云南。为了彻底消灭元朝在云南的残余势力，统一全国，贵州的战略地位显得十分重要。洪武十五年（1382 年），明朝大军自湖广进入贵州的普定（今安顺一带），分据要塞，进兵曲靖，偏师则从永宁（今四川叙永）趋乌撒（今贵州威宁），逼梁王在曲靖决战，从而一举收复了云南。从当时整个西南地区的形势看，朱元璋认为，若不能稳定贵州，“虽有云南，亦难守也”。于是，就沿驿道干线建立卫、所，实行军事控制。所谓卫、所，都是军事单位。按当时的制度，卫额定为 5600 人，所额定为 1120 人。明代，先后在贵州设贵州卫、贵州前卫、威清卫、平坝卫、普定卫、安庄卫、安南卫、普安卫、龙里卫、新添卫、平越卫、清平卫、兴隆卫、都匀卫、乌撒卫、毕节卫、赤水卫、永宁卫等 20 多卫。这些卫、所不仅处于交通要道的战略要地，而且间杂在土司之间，能有效地控制西南地区通往中原地区的交通要道和整个贵州的局面。

贵州地处湖广、四川、云南之间，是扼控西南地区的战略要地。因此，在贵州遍置卫、所的同时，于洪武十五年在贵州设置都指挥司，统一指挥贵州地区的军事。这是贵州历史上首次建立省一级的军事机构。永乐十一年（1413 年），思南宣慰司与思州宣慰司发生武力冲突，朝廷以平定争端为由派兵讨伐，将思南宣慰使和思州宣慰使捉拿送京问罪，并将其地分置八府四州，设布政使司（省一级的行政机构）统辖，从此贵州正式成为全国的一个省级行政单位。这实质上也是在贵州改土归流（废除土司制度，改设流官治理）的重要战略举措。永乐十五年（1417 年），设贵州提刑按察司（省一级的司法机构），至此，贵州“三司”具备。行省治所设在贵州（贵阳），贵阳正式成为全省政治中心，“贵州”也正式成为行省的名称。

贵州地处山区，地广人稀。大量军队进入贵州以后，军粮就成了十分突出的问题。为了解决军食，朝廷在贵州大兴屯田。屯田制度的推行，具有移民实边、寓兵于农、军食自赡的意义。屯田分军屯、民屯和商屯三种。军屯就是卫、所的官兵屯田，目的是“且耕且战”，以足军粮。在贵州，屯多于守，即三分兵力守城，七分兵力种地。卫所官兵皆给屯地，发给耕牛、农具、种子，以百户为单位建立屯堡就地耕种，按规定交纳屯粮。屯田始于洪武十五年，到宣德年间（1426~1435 年）的 50 余年间，仅贵州都司所辖各卫所建立的屯堡就有 700 余处。按当时的规定，一人在军，合家前往。因此，除屯军外，还有大量家属随军进入贵州，这样就在卫、所、屯堡所在地形成星罗棋布于全省各地的大大小小的新的居民点，地名通常也以卫、所、屯堡来命名。按卫、所额定人计算，仅屯军就不下 10 万人，加上商屯、民屯人数，贵州人口猛增至数十万人。人口结构发生了重大变化，汉族人口逐步超过当地少数民族人口。这些新的居民点大的逐步发展为城，小的发展为镇，再小的就形成了若干新的村寨。所以，卫、所、屯堡的设置和贵州行省的建立，使贵州城镇出现了跨越式的发展。据万历《贵州通志》记载，到万历年间，全省共建城 43 座，其中有省城 1 座（包括贵州宣慰司、贵阳府、新贵县、贵州卫、贵州前卫附廓）；有思州、石阡、思南、铜仁 4 座府城；有定番、麻哈、独山 3 座州城；有务川、印江、永从、施秉 4 座县城；有威清、平坝、毕节、赤水、龙里、新添、平越、兴隆 8 座卫城；有黄平、普市、关岭、平夷、赤水卫前所、纛泥、阿白撒 7 座卫城，皆系专城；都匀府与都匀卫同城，黎平府与五开卫同城，镇远府与镇远卫隔江建城，清平县与清平卫同城，永宁卫与永宁宣抚司同城，乌撒卫与乌撒军民府同城，普安卫后所与云南沾益州同城；另有平头司、七星关、周泥站、新兴站 4 座专城；此外，还有屯堡 281 处。万历以后，又新添若干新城，如开州、广顺州、安化县、龙泉县、永从县、瓮安县、余庆县、湄潭县、贵定县、敷勇卫、镇西卫等城，还有遵义军民府所属的真安州城、桐梓县城、绥阳县城、威远卫城等。

明代贵州城邑不仅是数量增长较快，而且城市的功能也得到进一步完善，除了政治中心、军事防御功能之外，文化和商贸设施也日益完善。在军事防御方面，省城、卫城、府城都建有城垣，包括城墙、城门、城楼、串楼、垛口、护城河等；在政治中心方面，城内都建有官署；在文化设施方面，不仅建有学校、文庙，还有寺观、钟楼、鼓楼、牌坊等；在商业贸易方面，一般都建有街市、店铺等。省城贵阳是当时建设规模最大、功能相对完备的城池。它坐落在群山环抱的一块盆地中，“富水绕前，贵山护后，沃野中启，复岭四塞”，周围有五虎山、凤凰山和东、南、西三座狮子山，有“五虎、三狮、一凤凰”之称。贵阳城元代为土城，明洪武初年改土城为石城。城垣周围九里七分共一千三百零九丈，高二丈二尺，有五座城门，即武胜门（东门）、进京门（南门）、德化门（次南门）、圣泉门（西门）、柔远门（北门）；出城门有桥梁，南有霁虹桥、次南有德化桥、西有金锁桥、北有凤鸣桥；城外要道设有关隘，东南设有新添关，西北设有响水关、蔡家关，北有雅关。城内街道自南至北为纵轴线，自西向东为横轴线成十字形布局，其余街道纵横交错；城市建筑的主体是官署，宣慰司设在十字街以北，布政司署、按察司署在十字街以南，都司署及贵州卫署、贵州前卫署设在贯城河以西。街市建有西南重镇坊、万里千城坊、总司风纪坊、滇重通衢坊、贵阳形胜坊、曲江春色坊、翰林坊、进士坊、举人坊等数十座牌坊；城内寺观、坛祀、亭馆主要有大兴寺、永祥寺、玄帝观、大道观、谯楼、忠爱堂、协茶堂、迎翠亭、浮光阁、扶摇阁等；东山建有东山寺，南明河上建有甲秀楼、浮玉桥。在商业贸易方面，城内建有三牌坊市、四牌坊市、谯楼街市、凤宪坊市、北市、驿前市、十字街市、凤鸣桥市、洪边巷口市、渔港市、兔场市、马茶街市、猴场市等。

贵州的卫城大都是洪武年间所建，以永宁卫城、普定卫城最早，洪武十五至二十五年（1382~1392 年）间建城最多。卫城一般设在驿道沿线要隘处，以石筑城，一般为方形城池，有四门四楼。城垣周长通常为五百至八百丈，超过千丈的只有平越卫、都匀卫、普定卫、普安卫、乌撒卫、永宁卫六座卫城。平越卫城建于洪武十四年（1381 年），初为土城，建文三年（1401 年）改为石城；成化年间（1465~1487 年），在西门外建水城，引沙河水进入城内，并建小西门与之相连，以保证在敌军围城时城内的人畜饮水问题；万历三十一年（1603 年），水城外又增筑外城，将沙河围于城中，称为小西门水城。水城由三道城墙构成：内城蜿蜒于山腰；水城筑于山麓河畔；外城横卧沙河之上，用两座石拱桥相接，围河于城中，又称桥上城，桥下设铁栏闸门，切断水上通道，以防城外敌人从水道偷袭入城。小西门水城是古代城防工程建筑的典范，被古建筑专家称为“黔中瑰宝”。

府城基本建于永乐年间，永乐十三年（1415 年）建思州府城，景泰二年（1451 年）建铜仁府城，成化十三年（1477 年）建程番府城，弘治十四年（1501 年）建思南府城，正德五年（1510 年）建石阡府城，嘉靖三十年（1551 年）建镇远府城。贵阳府与省城同城，都匀府、黎平府、平越府、安顺府与卫同城。铜仁府最大，为九百四十丈；镇远府最小，仅四百五十丈。在府城建筑中，尤以镇远府城最具特色，全城有楼阁、殿宇、寺观、祠馆 50 多处。建于洪武二十一年（1388 年）的青龙洞建筑群依山傍水、贴壁凌空、气势恢宏，由青龙洞、中元洞、紫阳洞、万寿宫、香炉岩、祝圣桥等建筑组成，有庙、亭、楼等单体建筑 40 座，占地 2.1 万平方米，集儒、释、道文化为一山，风格独特。

除省城、卫城、府城之外，还有各地土司所建的土司城。这样，在明代就形成了以省城贵阳为中心，以卫城、府城为支点，包括若干土司城在内的城镇体系。位于贵阳城南由布依族土司班麟贵建于天启年间（1624~1627 年）的青岩城，为土司城的上乘之作。青岩城初为土城，经过多年修筑扩建，改土城墙为石砌城垣，有东、南、西、北四座城门，史称“青岩屯”，领七十二寨，以后逐步演变为“青岩堡”。

卫城、府城一般分布在驿道沿线，通过驿道干线、支线，将省城、卫城、府城连接起来，逐步打破了城镇间相对封闭的状态。此外，明代还在原有驿道的基础上对驿道干线加以拓宽改造，增设驿站，并与省外相通：与四川相连的干道自贵阳经遵义、桐梓与重庆相连；与云南相连的干道自贵阳经清镇、平坝、安顺、镇宁、关岭、晴隆、普安、盘县入云南；与广西相连的干道自贵阳经龙里、福泉、都匀、独山入广西；与湖南相连的干道经龙里、福泉、黄平、施秉、镇远、玉屏入湖南。驿道运输的发展，对全省城镇经济文化发展起到了重要作用。

清代初期，贵州行政区划基本沿用明制。康熙四年（1665 年），朝廷平定水西，以水西地置黔西府、比喇地置平远府（今织金）、大方地置大定府；次年乌撒府改为威宁府。雍正年间（1723~1735 年），继明代大规模改土归流以后，朝廷通过武力在贵州全面推行改土归流，彻底废除了贵州的土司制度，结束了贵州长期土流并治的局面，使贵州进入了真正意义上的封建社会。改土归流以后，在全省采取府（直隶厅、直隶州）、县（厅、州）的行政建置；

同时，将贵州的政区做了较大调整：将四川所属的遵义府改隶贵州，将毕节以北的永宁全境划入四川，将广西红水河、南盘江以北地区划给贵州设置永丰州（后改隶贞丰州），拨广西的荔波和湖广的平溪、天柱归贵州。至此，贵州的疆域基本形成。至清末，全省设12府、13州、33县、11厅、1直隶州、3直隶厅。调整后，全省有县城以上城镇77个。

改土归流以后，贵州的封建地主经济有了较大的发展，城镇手工业和商业贸易迅速兴起，城镇功能也发生了较大变化。贵阳不仅是全省政治文化中心，也是全省重要的手工业基地和商品集散地，手工作坊遍布大街小巷，商贾云集，市场繁荣；遵义发展成为黔北商业重镇和全省丝织业的重要基地；安顺、兴义、毕节、大定、都匀、独山、桐梓、玉屏、威宁、茅台、鸭溪、打鼓新场（金沙县城）形成各具特色的手工业生产基地和商品集散地；镇远、赤水、思南、沿河、榕江、铜仁等城镇发展成为商业繁荣的水陆交通要道。农村集镇也获得较大发展，清乾隆年间，独山县的山龙、永丰等集镇，每次赶场人数逾万人。

鸦片战争爆发以后，外国商品逐步进入贵州城镇。日货由武汉经湖南入黔；英法商品则由广西、云南进入贵州，主要有棉纺织品、煤油、染料等大宗商品。安顺、黄草坝（兴义）、贵阳、独山等城镇成为洋纱、洋布倾销中心。安顺市面“商贾辐辏，纱罗绸缎光怪陆离，洋货匹头争奇斗异，商业之盛，甲于全省”。近代工业也在贵州出现，主要有青溪铁厂、贵州铜松思石矿务总局、百花工厂、安顺泰丰矿务公司、贵州警务工厂等。这些企业多为官办、官商合办或官督商办等。这一时期，近代通信设施开始在贵州城镇出现。1886年，官商合办的川滇电话线路架设到毕节时，贵州依靠外国技术人员架设了从毕节到贵阳的通讯线路；1908年架设起到兴义的通讯线路，从此开创了贵州电话、电报通信的先河。

中华民国建立以后，贵州地方政区有了新的变化，从1913年开始，将以前的府、厅、州一律改为县，省下设三道观察使：黔中道（治贵阳）辖31县；黔西道（治毕节）辖23县；黔东道（治镇远）辖27县。全省共有81个县级行政单位。从1912年到1935年，贵州处于长达23年的军阀统治时期。在此期间，军阀连年混战，对贵州的社会生产力造成了极大的破坏。但在周西成主政期间，出于政治和军事的需要，开始以贵阳为中心修筑公路，发展交通。1926年，贵阳市政公所改为贵州路政局，并制订了《贵州全省马路计划大纲》，确定以贵阳为中心，修建连接四川、云南、广西、湖南的公路。至1935

年，先后修通了贵阳环城路、贵阳至桐梓、贵阳至黄果树、贵阳至广西六寨、贵阳至惠水、清镇至毕节、陆家桥至下司等公路，全长约1300多公里。1927年，周西成从香港购进一辆美国制造的雪佛兰轿车。当时由于公路未修通，遂将车由水路溯柳江运至三合，然后将车拆散，用人扛马驮运至贵阳重新组装，这是贵州第一辆汽车。周西成在贵阳主要街道贴出告示："汽车如老虎，莫走当中路，若不守规则，压死无告处。"这或许就是贵州最早的城市"交通规则"。1931年，民营车行发展到17家，有汽车50辆；1935年，贵阳汽车商业同业公会成立，入会的车行有52家，有汽车73辆。在此期间，城镇开始有了电力。1917年，贵州军阀从上海购买了2台75千瓦发电机及锅炉等设备，1926年成立贵州电局筹备处，将机器运到贵阳安装发电，从此结束了贵州无电的历史。

1935年国民党势力进入贵州以后，在全省设1个直辖区和6个行政督察区。1941年，贵阳设市，为贵州历史上第一个建制市。直辖区辖贵阳、贵筑、安顺、惠水、龙里、修文、开阳、贵定、平坝、清镇、息烽1市10县；第一行政督察区辖镇远、黄平、天柱、台江、锦屏、余庆、炉山、雷山、施秉、岑巩、三穗、剑河12县；第二行政督察区辖独山、榕江、黎平、罗甸、平塘、从江、荔波、都匀、三都、平越、麻江、丹寨12县；第三行政督察区辖兴义、盘县、兴仁、安龙、郎岱、关岭、镇宁、贞丰、普定、晴隆、普安、望谟、紫云、册亨14县；第四行政督察区辖毕节、黔西、威宁、大定、赫章、水城、金沙、纳雍、织金9县；第五行政督察区辖遵义、桐梓、正安、仁怀、赤水、务川、绥阳、湄潭、凤冈、道真、习水、瓮安12县；第六行政督察区辖铜仁、思南、松桃、沿河、石阡、玉屏、德江、江口、印江9县。全省有乡镇1397个，其中建制镇160个。

抗日战争爆发以后，许多沿海地区城市相继沦陷，国民政府被迫迁都重庆，大量人口涌入西南地区。贵州位于大西南的东南前沿，是抗日战争的大后方之一。为了保证抗战物资的运输，四条省际公路干线相继与邻省连通，同时新修了一些省内支线公路，全省汽车发展到200多辆。公路交通把沿途城镇连接起来，贵阳不仅是省内的交通中心和物资集散地，而且发展成为西南地区重要公路交通枢纽和物资集散地。1940年，国民政府成立了黔桂铁路工程局，1942年动工兴建黔桂铁路，1944年通车到都匀，都匀和独山成为贵州最早通铁路的城镇。1933年开始在清镇平远哨修建飞机场；1935年中国航空公司在贵阳设立分公司，办理航空业务；1939年以后，开始经营重庆—贵阳、贵阳—昆明的航线。沦陷区一些城市的机关、学校、科研单位、工商企业纷纷迁入贵州，使全省城镇发展出现了战时的短暂繁荣。1945 年与 1935 年相比，全省工业企业由 1.5 万户 167 个厂（公司）发展到 1.7 万户 538 个厂（公司），从业人员由六七万人发展到 10 余万人。以贵阳为例，仅 1938 年和 1939 年迁入贵阳城区的厂商就有 101 家；到 1943 年，各类工厂达到 154 家。随着官僚资本中央、中国、交通、农民四大银行和农本局分支机构以及贵州企业公司的迁入，贵阳已成为全省金融中心和西南地区的重要金融中心之一。贵阳的人口由 1936 年的 11.53 万人增加到 1942 年的 19.96 万人。一些工矿企业迁入遵义后，带来了资金和技术，与当地资源相结合，办起了锰矿、酒精、面粉、制药、肥皂、火柴等企业，人口也由 3 万猛增到 10 万。都匀也有不少中小企业迁入，人口猛增至八九万人，原不足 1 平方公里的市区迅速扩大到 3.2 平方公里。安顺也因地处黔滇交通要道，商业贸易十分繁荣，成为中部地区最大的物资集散地。铜仁、镇远、独山、毕节、大方、兴仁、马场坪等城镇的工商业也获得较快发展。

抗战胜利后，随着沿海厂商和部分机关、学校的迁出，加上国民党发动内战，贵州城镇很快又陷入萧条之中。到 1949 年，全省有 1 个建制市、160 个建制镇，其中有县城 79 个、区乡级镇 81 个、一般农村集镇 1300 多个；全省城镇人口为 106.3 万人，占全省总人口的 7.5%，低于全国平均 10.7% 的水平。贵阳市人口有 21.89 万，为中等城市；4 万 ~ 6 万人口的县城占县城总数的 3.7%，2 万 ~ 4 万人口的占 8.8%，1 万 ~ 2 万人口的占 38.0%，0.5 万 ~ 1 万人口的占 26.7%，0.5 万以下的占 22.8%。区、乡所在集镇通常为 1000 ~ 2000 人左右。城镇功能各有不同侧重，有政治、经济、文化中心城镇，如贵阳市和六个行政督察区所在城镇；有传统手工业型城镇，如仁怀的茅台镇、遵义的鸭溪镇、铜仁的云场坪镇等；有交通枢纽型城镇，如福泉的马场坪镇、玉屏的大龙镇、独山的麻尾镇、桐梓的松坎镇、赤水的城关镇、思南的思塘镇等。农副产品贸易型集镇遍布全省各地。贵阳市是贵州最大的也是唯一的建制市。但到 1949 年时，全市总人口只有 21.89 万人，城区面积只有 6.8 平方公里；80% 以上的建筑为木质穿斗结构的平房；所有街道没有水泥路面；全市仅有一座日供水不足 2000 吨的水厂，90.0% 以上的城市人口饮用南明河水或井水；基本没有机动交通工具，主要靠人力车、马车等解决城市交通；全市供电能力只有 3000 千瓦，大部分城市家庭靠煤油灯、蜡烛照明。贵阳如此，其他城镇的基础设施可想而知。

第二节　计划经济体制下贵州城镇的发展

1949 年 11 月 15 日，中国人民解放军解放了贵州省省会贵阳市，结束了国民党在贵州的反动统治，贵州的历史从此掀开崭新的一页。

贵州解放后，首先是对城镇进行接管和改造，使之尽快恢复生机与活力。从 1953 年开始，省委、省政府贯彻中共中央提出的过渡时期的总路线和总任务，实行生产资料所有制的社会主义改造，开展有计划的经济建设。贵州的社会主义建设和全国一样，是按五年计划的制定和实施来展开的。通过五年计划的制定和实施，逐步建立起高度集权的计划管理体制。高度集权的计划管理体制在特定的历史条件下有利于国家集中必要的财力、物力保证重点建设，有利于对个体农业、个体手工业和资本主义工商业的社会主义改造。随着国民经济的不断发展，其固有弊端日前暴露出来，成了制约社会生产力发展的桎梏。首先是人为地割断了经济发展的横向联系，形成了条块分割、互相脱节的状况；其次是排斥市场机制的作用，不按价值规律办事，地方和企业缺乏自主权，严重地束缚了社会生产的发展。从贵州解放到 1978 年，城镇就是在这样的背景下发展的。这一时期全省城镇化与工业化形成了明显的互动关系，工业围绕城镇开展布局和发展，工业化又对城镇化产生了巨大的催化作用。

一、城镇的接管、改造和恢复性发展

贵阳市解放以后，根据中华人民共和国中央人民政府关于在新解放区实行军事管制的规定，于 1949 年 11 月 24 日成立了中国人民解放军贵阳市军事管制委员会，下设军事、民政、财政、文教、建设、公安 6 个接管部，按系统和部门对省市机关、学校、企业进行接管；在接管城镇的同时，逐步建立人民政权。1949 年 11 月 23 日，贵阳市人民政府成立；12 月 26 日，贵州省人民政府成立。到 12 月底，全省 78 个县城相继获得解放，其中部分县为和平解放。为适应解放初期政治、军事的需要，全省设 1 个直辖市（贵阳市）和 8 个专区——贵阳专区、遵义专区、铜仁专区、镇远专区、独山专区、兴仁专区、安顺专区、毕节专区，并以贵阳、遵义、铜仁、镇远、独山、兴仁、安顺、毕节为专署所在地，省会仍为贵阳市；改雷山设治局为雷山县，全省

共 79 个县。1950 年 12 月，在遵义县城关镇设遵义市，为专区辖市。

（一）开展剿匪斗争和镇压反革命运动，为人民政权的建立和巩固消除隐患

贵州是国民党长期经营的大后方。贵州解放前夕，国民党曾在贵阳等地建立反共游击基地，培训反革命骨干，制定了《贵州省反共保民救国纲领》，进行一系列应变部署，提出"党务下乡，特工潜伏"计划。据当时不完全统计，仅贵阳市就有军统和中统特务 1400 多人、国民党军政官员 2400 多人、一贯道首 100 多人、惯匪 400 多人。解放初期，隐藏潜伏在全省各地的国民党特务乘人民解放军主力奉命到川、滇作战之机，煽动、裹胁部分不明真相的农民群众发动反革命武装暴乱，原部分被迫起义的国民党部队也乘机叛变，因此，在全省发生了大规模的匪乱。他们杀害中共军政人员和进步群众，袭扰被人民解放军控制的城镇和交通要道，抢劫公粮和物资，破坏工矿企业。据统计，全省被土匪杀害的军政人员和进步群众就有 2000 多人，被土匪围攻和占领的县城达 31 座，贵阳军分区所辖 10 座县城有 9 座被土匪袭入。在贵阳市，国民党特务勾结周围的土匪策划"四月暴动"，妄图夺取省城贵阳。

以上情况说明，贵州解放后的首要任务是要发动全省各族人民尽快剿灭匪患，彻底肃清国民党反动残余势力，才能为贵州的发展扫清障碍。为此，人民解放军五兵团主力在完成川、滇会战任务后回师贵州，发动群众，开展大规模的剿匪斗争。经过全省军民一年半的艰苦斗争，与土匪进行大小战斗 4000 多次，毙伤及俘获中队长以上匪首 14000 多人、匪众（包括被裹胁的群众）26 万多人，取得了剿匪斗争的全面胜利。到 1951 年 5 月，全省所有的县、市都建立了人民政权。与此同时，采取专门机关与群众运动相结合的措施，大张旗鼓地开展镇压反革命运动。1950 年 4 月 4 日，贵阳市组织全市大搜捕，逮捕国民党匪特和其他反革命分子 200 多人，缴获了一批枪支弹药和电台，一举粉碎了国民党特务策划的"四月暴动"计划；遵义、安顺、毕节、铜仁、都匀、兴仁、镇远等城镇也先后进行大搜捕，逮捕了一批隐藏在各地城镇的特务和反革命分子。在此基础上，公开审判和处决了一批罪大恶极的反革命分子，打击了反革命的嚣张气焰，保卫了新生的人民政权。到 1953 年上半年，全省共破获反革命案件 8700 多起，处理案犯 25.5 万多人，彻底肃清了国民党在贵州的反动残余势力。

（二）开展禁烟禁毒、禁娼禁赌，安置和改造游民等活动

禁烟禁毒，就是根据中央人民政府《关于严禁鸦片烟毒通令》，以城镇为中心开展禁止种植、贩运、吸食鸦片等毒品。解放前，贵州城镇贩运、吸食鸦片烟毒十分普遍，贵阳市不仅是全省鸦片烟毒的集散地，也是吸食鸦片比较普遍的城市，全市有公开烟馆 1050 家，吸食者达 6 万之众，贵州人民受鸦片烟毒害之深由此可见一斑。全省禁烟禁毒以贵阳、遵义为重点。1950 年 4 月 14 日，贵阳市召开万人大会，当众焚烧鸦片 3.2 万两，处决烟毒犯 2 人，自此，全省城镇禁烟禁毒全面展开。在案件处理上，重点打击烟毒贩运案犯，对吸食者则采取劝戒和勒戒相结合的办法，帮助他们戒除烟瘾。经过两年的努力，到 1952 年底，在全省范围内基本禁绝了鸦片烟毒。

禁娼禁赌，就是在城镇取缔妓院和赌馆，收容和改造妓女、赌徒。抗战期间，贵阳人口激增，娼妓活动十分频繁，三才巷、四眼井一带的“人市”原本是介绍女佣的市场，但却成了流氓、老鸨逼良为娼的场所，致使许多良家妇女陷入火坑，沦为妓女。解放后，人民政府取缔妓院，收容妓女，对她们进行耐心的说服教育，规劝她们改邪归正。对患了性病的妓女，帮助她们治疗，使之恢复健康，并帮助她们组建家庭，使之过上正常人的生活。在取缔妓院的同时，取缔了赌馆，改造了赌徒。

此外，根据中央关于“劳动生产与政治思想教育相结合”、“改造与安置相结合”的方针，对城镇游民进行收容和安置。通过上述活动，净化了城镇社会环境，为城镇的恢复和发展创作了条件。

（三）恢复和发展国民经济

贵州解放后，人民政府接收的城镇是一个生产凋敝、交通闭塞、通货膨胀、民不聊生的烂摊子。只有大力恢复和发展国民经济，城镇才能获得新生，焕发生机与活力。

（1）没收官僚资本，建立国营经济基础。按照《中国人民政治协商会议共同纲领》的规定，政府接管了官僚资本企业公司及其所属的贵阳电厂、筑东煤矿、贵州水泥厂、贵州玻璃厂、贵州火柴厂、贵阳蛋厂、贵州造纸厂、贵阳模范工厂、豫丰纱厂、贵州机械厂等 10 多家工矿企业，没收机器 4000 多台；接管了公路总局、电信总局、邮电通信机构及其设施，没收汽车 816 辆；接管了中国银行、中央银行、交通银行、农业银行、中央信托局、邮政

储金汇业局、中央合作金库等设在贵州的分支机构，没收黄金 58.5 万两、银元 84.5 万元；接管了中国国货公司在贵州设立的分公司、盐务局和原省政府的田赋粮食管理处等，没收食盐 139 万公斤、粮食 6.7 万公斤、棉纱 29 万公斤、棉布 9998 匹。为了使经济不断发展壮大，并使之成为贵州国营经济的基础，中共贵州省委、省人民政府采取一系列措施，以城镇为中心，新建了一批工业企业、商业贸易企业和交通运输企业，形成了贵州国营经济的初步基础。在工业方面，到 1952 年，全省工业企业发展到 52 个，工业总产值达到 2.61 亿元；在商业方面，各县城贸易公司或百货公司普遍建立；在金融方面，各专区和县都设立了中国人民银行的分支机构和营业部；在交通运输方面，省和各专区都成立了运输公司。

（2）保护和利用民族工商业，充分发挥它们在国民经济恢复和发展中的积极作用。贵州的民族工商业主要集中在贵阳、遵义、安顺、都匀等城镇，其中商业、饮食业占较大比重，工业所占比重很小，且绝大多数是小手工业者。贵州解放以后，按照中国人民解放军《约法八章》的有关规定，对民族资本在官僚资本企业中的私人股份进行认真清理，并及时退还本人；同时采取各种保护措施，保护民族工商业的合法权益，支持其发展壮大。到 1952 年底，仅贵阳的私营工商企业就发展到 9726 户，比刚解放时增加 4400 多户。

（3）整顿金融和市场，安定人民生活。贵州解放前夕，抗战时期的短暂繁荣已完全消失，全省经济萧条，物价飞涨，市场混乱，人民生活必需的粮食、食盐、棉纱棉布等物资严重不足。在粮食方面，分存在各地的粮食只有 1.1 万吨，贵阳市仅有存粮 250 吨，只够全市 3 天的供应；在食盐方面，贵州素不产盐，历史上长期存在着“斗米斤盐”的严重不等价交换状态，加之国民党溃逃时搞空盐库，有意制造了“盐荒”；在棉纱棉布方面，不法奸商有意将成捆的棉纱拆零一支一支地高价出售，从中获取暴利；在金融方面，由于通货恶性膨胀，纸币严重贬值，加之国民党政府滥发面额很大的“金圆券”、“银元券”，更加剧了通货的急剧膨胀，因此，黄金、白银成了投机资本的投机对象，不法奸商大肆炒卖，扰乱全省金融秩序。针对上述情况，人民政府采取果断措施，迅速组织人力、物力、财力，采取武装押运等办法紧急调运粮食、食盐、棉纱棉布等物资，由国营商业有计划地组织抛售，很快平抑了市场物价，保证了人民生活，有力地打击了投机资本，稳定了市场秩序。同时，省人民政府颁布《关于禁用银元的指示》，贵阳、遵义、安顺、独山、镇远、铜仁、毕节、兴仁等城镇也同时采取禁银措施，禁止金银在市场流通买卖，宣布人民币为市场流通的唯一合法货币，其他旧币一律禁止流通使用。到 1951 年年底，全省禁银工作取得了全面胜利，使人民币牢固地占领了全省市场。

此外，还在工矿企业开展社会民主改革，建立中国共产党的基层组织和工会组织，废除不合理的管理制度，树立工人阶级主人翁地位，充分发挥了工人阶级在民主管理中的作用。

通过上述措施，全省城镇焕发了生机与活力，为全省国民经济的恢复和发展做出了重要贡献。

二、“一五”、“二五”时期和国民经济调整时期的城镇发展

从中华人民共和国成立开始，中国就进入由新民主主义向社会主义转变的过渡时期。为了使中国稳步地由农业国转变为工业国，由新民主主义过渡到社会主义，中国共产党提出了过渡时期的总路线和总任务，即“一化三改造”（实现社会主义工业化，对个体农业、个体手工业、资本主义工商业进行社会主义改造）。经过解放后三年的恢复和发展，贵州实现了全省财政经济状况的好转，为贯彻落实过渡时期的总路线和总任务奠定了基础。

（一）“一五”时期贵州城镇的发展

“一五”时期，贵州城镇的发展主要是对个体手工业和资本主义工商业进行社会主义改造和开展有计划的经济建设。

1. 城镇个体手工业的社会主义改造

解放初期，全省手工业有 60 多个行业、1000 多个产品，手工业从业人员有 11.8 万多人。全省手工业者主要集中在省会贵阳、专区所在城镇和县城。刚解放时，对全省手工业的组织领导工作主要着眼于生产的恢复，通过发放低息贷款、优惠供应原材料以及实行加工订货、收购包销产品等措施，帮助手工业者克服产、供、销中的困难。在此基础上，通过组织手工业供销合作小组、手工业供销生产合作社、手工业生产合作社三种形式，逐步对个体手工业进行社会主义改造。所谓手工业供销合作小组，是手工业社会主义改造的初级形式，其特点是按手工业分类组成生产小组，由组长代表集体统一向国营企业或供销合作社接洽和安排原料供应、产品销售、加工订货等，以解决个体手工业者分散经营的困难，小组不改变生产资料所有制的性质，每个

成员各自保持原来的独立生产、分散经营、自负盈亏的特点。手工业供销生产合作社是半社会主义性质的手工业经济组织，是由手工业小组或独立的手工业户在自愿互利的原则上组织起来的，由合作社统一经营原料供应、产品销售和加工订货，生产可以分散独立进行，在自愿的原则下，社员可以将部分主要生产工具折价入社，逐步实行按劳分配。手工业生产合作社是社会主义性质的手工业集体经济组织，社员入社必须坚持自愿互利的原则，除缴纳一定的入社费外，还将自己的生产资料全部折价入社，变为合作社的集体财产，社员必须参加集体生产劳动，实行按劳分配的原则，报酬采用工资的形式。

根据全国第一次手工业合作会议精神，1951 年底召开的中共贵州省第三次代表会议明确，“领导手工业最基本的方向是组织手工业生产合作社”，并提出扶持手工业可以采取的几种办法：在手工业比较集中的地方，有重点地组织手工业生产合作社；吸收手工业者参加供销合作社，按手工业分类组织生产小组，由供销合作社帮助其推销产品，供给原料，组织联营（只限联购联销，仍分散生产）；贸易公司加工订货；银行有重点地贷款；诱导私商及小商贩将资金投向手工业等。根据中共贵州省委的决定，按照全国第一次手工业合作会议制定的《手工业生产合作社章程准则（草案）》，先后在贵阳、贵定等城镇试办了一批手工业生产合作社。这些试办的手工业生产合作社由于初步改善了劳动条件，实行了劳动分工协作，社员自己当家做主，生产情绪高涨，又得到国家、供销社在资金、原材料等多方面的扶持，使供、产、销上的困难得以解决，因而生产得到很快的发展，初步显示了组织起来的优越性。通过试办取得经验以后，逐步在全省开展了手工业的社会主义改造。到 1955 年 5 月，全省城镇手工业合作社（组）发展到 2822 个，入社（组）人员达到 11.26 万人，占全省手工业者总数的 64%；加上已进入商业、交通部门合作组织的 2.34 万人和进入农业生产合作社的 2.8 万人，组织起来的手工业者已占应组织起来人数的 93.0%，基本上实现了全省手工业合作化。

2. 城镇资本主义工商业的社会主义改造

对资本主义工商业的社会主义改造，是中华人民共和国成立以后根据全国的政治经济条件和中国民族资本主义的特点，采取和平赎买的办法，贯彻执行利用、限制、改造的方针，通过由低级到高级的国家资本主义形式来实现的。为了发挥资本主义工商业在国民经济恢复和发展中的作用，在国民经济恢复时期，中共贵州省委、省人民政府根据中共中央关于调整工商业的指示，通过加工订货、统购包销和经销代销的形式，解决了一部分私营工商企业生产经营中的困难，实际上也是将这一部分私营工商企业的生产和经营纳入了国家计划，成为国家资本主义的一种初级形式。所谓国家资本主义的初级形式，即社会主义国营经济与资本主义工商业在外部（流通领域）发生不固定的联系，包括工业中的收购产品和商业中的批发零售，通过流通领域不固定的联系，将资本主义工商业的生产和经营部分纳入国家计划的轨道。

从 1952 年起，这种形式开始由重点行业发展到一般行业，由较大的企业发展到较小的企业。同时，临时性的加工、收购也发展为定期、定量或常年的加工订货、统购包销。通过初级形式的国家资本主义，一部分私营企业开始依附于国营经济，企业之间原有的经济联系逐步被割断。从 1953 年起，又对私营工商企业的利润按照所得税、工人福利奖金、企业公积金、资方股息红利四个方面实行“四马分肥”的分配原则，规定资本家的所得只能占企业全部盈利的 1/4 左右，职工有权实行监督，从而使资本家的经营管理权也受到限制。从 1954 年起，贵州对资本主义工商业的改造工作开始由加工订货、统购包销、经销代销为主的初级形式的国家资本主义向以公私合营为主的高级形式的国家资本主义过渡。所谓国家资本主义的高级形式，即社会主义国营经济与资本主义工商业在内部联系合作并居于领导地位的国家资本主义形式。1954 年，贵阳市选择了一批与农村经济生活有密切联系的私营工业和私营运输业，开始有计划地组织公私合营。公私合营的扩展工作是按照“国家需要、企业改造的可能与资本家自愿”的原则进行的。到年底，贵阳市宣布成立了 9 个公私合营企业。与此同时，在全省范围内接受国家加工订货、统购包销的私营工业企业和实行经销代销的私营商业企业也有很大发展。到 1956 年初，全省 382 户私营工业、3911 户私营商业和 753 辆私营汽车全部实行了公私合营。从 2 月下旬开始，全省对资本主义工商业的社会主义改造转入全行业公私合营阶段。贵州资本主义工商业的社会主义改造基本上体现了和平改造和赎买政策相结合、对资本主义企业的改造和对资本家的改造相结合的原则。但是在改造中，特别是在改造高潮中存在不少问题。一些行业在经济改组时“裁并改合”过多，使生产经营方面出现了不少困难。有些地方把一部分小商小贩、小手工业者和小业主一概称为私方人员，定为资产阶级分子，并盲目并入公私合营企业，由此造成了若干不良后果。

3. 开始有计划的经济建设，建立城镇工业交通的初步基础

从 1953 年开始，贵州根据国家的统一部署，开始编制和实施发展国民

经济的第一个五年计划（1953～1957 年，简称“一五”计划）。“一五”时期，全国安排部署的 156 个重点项目都不在贵州，因此，“一五”计划的实施只能从贵州的实际出发，以发展农业为重点，并在服务于农业和与农村经济密切结合的原则下积极发展地方工业和交通运输业，相应地发展其他事业。“一五”时期，全省基本建设投资为 3.4 亿元，共安排了 120 个建设项目、91 个改造项目。这些项目大多数部署在城镇或城镇周围。项目较多的城镇一般采取“填空补实、由内向外、紧凑发展”的原则，主要是在旧城区内布局或在旧城边缘开辟新工业区。贵阳市是项目最多的城市，除在中心区对老企业进行更新改造外，还沿贵溪路两侧新建了一批企业，从次南门到中曹司建设了一条新的工业带，大部分新厂部署在甘荫塘、中曹司以及马王庙一带近郊。1956 年，国家计划委员会派工作组到贵州进行建设条件考察，在贵阳市白云区预安排了电解铝、耐火材料等项目，为“二五”时期铝工业基地建设进行了前期工作。“一五”时期，贵阳市共新建工业企业 74 个，新增职工 207 万人，重点发展了卷烟、机械、化工、建材、能源等工业；遵义市扩建和新建了 21 个工业企业；都匀先后建起了制茶、造纸等 8 个工业企业；万山重点扩建了汞矿；安顺、毕节、镇远、兴义、贵定等专区也在城镇兴办了一批农机、化肥、农副产品加工、电力、建材等工业。

“一五”期间，城镇间的交通条件有了较大改善。贵州刚解放时，全省有 70.0% 的县城不通公路。从 1953 年开始，围绕“县县通公路”的目标和“先通后好”的要求，陆续修筑通往各县的公路。到 1957 年，全省 81 个县中有 67 个通了公路，通路率达到 82.7%。在内河航运方面，通过对乌江、赤水河、都柳江部分河段的整治，通航河段有所增加，使赤水、茅台、思南、三都、从江等城镇的内河航运有了新的发展。1956 年，黔桂铁路金城江至都匀段修复通车，贵阳至重庆的航班恢复。以贵阳为中心的通信网络有了较大发展，贵阳可与省外 10 多个城市直通电报电话，省内可与各专区、州和 40.0% 的县城直接通话。

这一时期城镇基础设施建设以改造旧城为主。贵阳市新建了延安中路和延安西路；遵义市建设了纪念路、纪念桥；都匀修建了剑江中路；安顺改建了大十字干道中心。多数县城修整了主要街道，在城区中心建起了一批新建筑。县城以上城镇修建了百货大楼、国营饭店和旅社，一些县城修建了文化馆、电影院等。

“一五”时期，根据国家的统一政策和统一部署，结合贵州的实际情况，政府实行粮食、油料的统购统销和棉布的计划供应。在物资管理方面，重要工业品生产资料由国家统一分配；在劳动工资方面，以中央统一管理为主，由国家统一下达劳动指标，制定统一的工资标准和划分工资区类；在物价方面，实行“统一领导、分级管理”的制度；在管理手段方面，以行政手段为主；在计划控制上，实行直接计划与间接计划相结合的管理制度，对国营企业和公私合营企业实行直接计划管理，对其生产经营下达指令性计划；对农业、手工业和私营企业实行间接计划，将其生产和经营逐步纳入国家计划轨道。至此，全省计划管理体制基本形成，并且一直延续到 20 世纪 80 年代中期。

1956 年撤销了贵定、镇远、都匀三个专区，设置黔东南苗族侗族自治州和黔南布依族苗族自治州，自治州首府分别设在镇远和都匀。原平越县于 1953 年更名为福泉县。到 1957 年，全省有 2 个建制市、4 个专区、2 个自治州、75 个县、3 个自治县（松桃、三都、威宁），城镇人口增至 165.4 万人，比 1949 年增长了 55.7%，占全省总人口的比重达到 9.9%，比 1949 年提高 2.4 个百分点。

（二）“二五”时期和国民经济调整时期贵州城镇的发展

从 1958 年开始，实施发展国民经济的第二个五年计划（1958~1962 年）。由于受“左”的思想影响，贵州和全国一样，开展了“大跃进”运动。“大跃进”运动使国民经济的发展遭受严重挫折。为了改变“大跃进”造成的被动局面，在 1961~1962 年，对国民经济进行初步调整的基础上，1963~1965 年对国民经济进行了全面调整。

1. 工业的“大跃进”和城镇的盲目发展

1958 年，中共八届二次会议正式通过了“鼓足干劲、力争上游，多快好省地建设社会主义”的总路线。中共贵州省委于 2 月召开的一届五次全委扩大会议，正式提出了“全面大跃进”的口号和“三年改变面貌”的目标。9 月，中共贵州省委召开一届七次全委扩大会议，进一步明确提出，全省必须在年内完成生铁 60 万吨、钢 8 万吨的生产任务，从而在全省迅速掀起了一个大炼钢铁的群众运动。1958 年第 4 季度，全省投入大炼钢铁的人数达 300 多万人，建成的炼铁土高炉有 2 万多个，同时在贵阳、遵义、都匀、水城、福泉部署建设 5 个年产钢 5 万吨的钢铁厂，并要求年内建成投产。为保“钢铁元帅升帐”，机械、煤炭、交通运输等项目也纷纷上马建设。为配合贵州较大规模建设的展开，国家建筑工程部组织了人民大学、清华大学、同济大学和有关部门的专家到贵州进行调查研究，与省内有关部门共同编制了全省区域规划方案。1958 年，全省先后动工建设的 560 万元限额以上的项目有 318 个，新建和扩建的县级企业有 5424 个。这些项目的布局以贵阳为中心，向遵义、都匀等 7 个大工业区的 53 个中、小工业区展开。这些工业区除水电、煤炭等选址有特殊要求外，都部署在省内大小城镇。1958 年底，黔桂铁路全线建成通车，从而结束了贵阳不通火车的历史，大大改善了贵阳市和沿线城镇的交通条件。

但是，“大跃进”对国民经济的发展带来了极其严重的后果。为了纠正“大跃进”造成的不利局面，中共贵州省委在 1959 年年初采取了一些调整措施加以纠正。但同年 7 月，中共中央“庐山会议”以后，中共贵州省委又在 9 月召开的一届十次全委扩大会议上确定了“继续跃进”的方针。1960 年年初，贵州又进一步不切实际地提出了八年赶上全国现代化的先进水平的目标，使“大跃进”的失误继续发展，各城镇生产和生活物资紧张、工作和生产秩序混乱的情况日益严重。

“大跃进”期间，由于全民大炼钢铁和大办工业，各城镇的建设项目争相上马，盲目招工，造成全省城镇人口迅猛增加。1957 年年末，全省城镇人口为 165.48 万人，而 1958 年年末增加到 344.41 万人，增长 1.08 倍。1959 年，贵州增设了安顺、都匀、六枝三个建制市，惠水、清镇、修文、开阳四县划归贵阳市管辖；遵义县也并入遵义市，扩大了城市的辖区面积。当年年末，全省城镇人口继续增至 350.28 万人，为 1957 年年末的 2.12 倍，即两年中增加了 184.8 万人。

同一期间，贵州实行撤小县并大县，全省于 1958 年撤销了 24 个县，使这些原来的县城降格为区和人民公社（政社合一的农村基层组织）所在地。即道真县并入正安县，凤冈、余庆两县并入湄潭县，福泉县并入瓮安县，龙里县并入贵定县，荔波县及平塘县东半部并入独山县，平塘县西半部并入罗甸县，紫云县并入望谟县和长顺县，册亨县并入安龙县，贞丰县并入兴仁县，关岭县并入镇宁县，晴隆县并入普安县，江口、玉屏两县并入铜仁县，天柱县并入锦屏县，台江县并入剑河县，从江县并入榕江县，施秉县并入黄平县，岑巩、三穗两县并入镇远县，丹寨、雷山、麻江、炉山四县合并设置凯里县。同年，大定县更名为大方县。全省共辖 1 个省辖市、4 个专区、2 个自治州、3 个专区辖市、49 个县、3 个自治县。1959 年，婺川县更名为务川县，鳛水县更名为习水县。在人民公社化运动中，又将大部分建制镇撤销，连县城也改成人民公社。撤小并大的结果造成了很大的混乱和浪费。

2. 调整城镇经济和城镇建制

1961 年 6 月，中共八届九中全会正式通过了“调整、巩固、充实、提高”的八字方针，贵州开始对国民经济进行调整。1961 年，在重点调整农村经济关系、恢复农业生产、解决吃饭问题的同时，对城镇经济也进行了初步调整。

首先，大力压缩基本建设规模。1960 年全省地方基本建设投资额为 4.32 亿元，1962 年减为 0.5 亿元。城镇一大批项目停建和缓建，施工队伍大批精简下放，回乡参加农业生产。到 1963 年，仅贵阳市就削减基本建设投资 4.53 亿元，下马一批工业建设项目；遵义、都匀等地也停建了钢铁厂等项目。其次，大幅度降低工业发展速度。关停了一批技术落后、亏损严重的地、县属企业，对部分国营企业也实行了关、停、并、转，使全省工业企业数从 1961 年的 4165 个减少到 1962 年的 3714 个。同时进行了精减下放职工的工作，使全省全民所有制企业职工由 1960 年末的 90.3 万人减少到 1962 年末的 51.85 万人，减少了 42.6%。

与国民经济调整相适应，相应调整了城镇建制。1962 年，撤销了安顺、都匀、六枝三个市的建制；1963 年将贵阳市管辖的惠水、清镇、开阳、修文四县划归原地（州）管辖，从而减少了城市数量，缩小了城市辖区，压缩了城市人口。对于撤并的 24 个县，都于 1961～1992 年先后恢复，其县城也重新成为全县的政治中心进行发展和建设。被撤销建制镇改办人民公社的，也陆续恢复了镇的建制。

1963～1965 年，贵州又进行了 3 年调整。这一期间，在全省城镇增加了支农工业的投资，着重在轻工业中安排了一批“填平补齐”项目和设备更新项目，发展了能源、建材和钢铁工业。同时，城镇增加了一批非生产性建设投资，修建了一批住宅、校舍、医院等设施，城镇的生产和生活条件也有一定改善。城镇 40% 的职工晋升了工资。

三、“三线”建设给城镇发展带来重大契机

1964 年下半年，中共中央决定进行大规模的“三线”建设。“三线”建设是中国生产力布局的一次重大战略转移。所谓“三线”，是按中国战略地理区域划分的，即沿海地区为一线，中部地区为二线，战略后方为三线。“三线”包括两大片区：一是包括云、贵、川三省的全部或大部分及湘西、鄂西地区的西南三线；二是陕、甘、宁、青四省的全部或大部及豫西、晋西地区为西

北三线。西南、西北为“大三线”，中部及沿海省、区的腹地为“小三线”。贵州为“三线”建设的重点地区之一。从1965年起，贵州的经济建设由调整转入大规模的“三线”建设。

贵州的“三线”建设于1964年下半年开始，中央各部确定搬迁到贵州的民用工业项目有20多项。地质、煤炭系统从全国各地抽调职工近万名，并招工万人进入六盘水（六枝、盘县、水城的合称）开始煤炭基地建设。川黔、滇黔（贵昆）铁路的建设也抓紧施工。1965~1966年，贵州“三线”建设形成了第一个高潮，一批煤炭、冶金、机械、电力、化工等搬迁项目和新建项目已铺开建设。六盘水煤炭基地的矿井建设规模已达1000万吨，建设队伍增至10万人。川黔铁路于1965年7月接轨，全线修通；贵昆铁路也于1966年4月接轨，10月全线交付营运。贵阳市成为三条铁路干线的枢纽。为适应“三线”建设和开发矿产资源的需要，1966年，全省增设六枝、盘县、水城、万山、开阳5个特区，并恢复安顺、都匀两个建制市；六枝县改名郎岱县（1970年撤销，并入六枝特区）。1967年设置六盘水地区，辖六枝、盘县、水城三个特区。

1966年下半年，“三线”建设受到“文化大革命”的干扰。从1967年起，每年都有一些项目不能按计划搬迁或开工，已开工的都放慢了施工速度。1970年，国家要求在发展国民经济的第四个五年计划期间（1971~1975年）集中力量建设战略后方，建成比较完整的国民经济体系，又一次促进了“三线”建设的发展，使1971年成为贵州“三线”建设中安排基本建设投资最多、新增生产能力也最多的一年。

1972年，国家针对经济工作中粮食销量、工资总额和职工人数“三突破”的问题，强调了农业和工业的发展，“三线”建设规模开始收缩，并将部分资金和建设力量转向“小三线”地区；1973年，贵州的“三线”建设有的缩小了规模，有的削减了单项工程，有的延长了建设周期。1976年，贵州大中型项目全部属于续建扫尾工程；至1978年，贵州的“三线”建设基本结束。

“三线”建设对贵州城镇的发展具有深远的历史意义。一是“三线”建设改变了贵州的产业结构，加快了贵州工业化进程。经过“三线”建设，在贵州建成了航天、航空、电子三大国防科技工业基地，形成了煤电结合、水火电互济的能源工业体系和以有色金属、冶金、化工、建筑材料为主的原材料工业基地，使贵州的工业化水平有了较大提高。1975年，贵州工业总产值在工农业总产值中的比重首次超过农业总产值，达到52.3%；到1978年，全省工业总产值达到 41.26 亿元，占全省工农业总产值的比重达到 60.0%。二是极大地改变了贵州的交通通信条件。在交通运输方面，在黔桂铁路全线建成通车的基础上，川黔、贵昆、湘黔三条干线铁路和省内一些支线铁路相继建成通车，四条铁路干线在贵阳成十字形交汇，使昔日交通闭塞的贵阳跃升为西南地区重要的铁路交通枢纽，提升了贵州在全国整体发展中的战略地位。在通信方面，建成了一级干线微波通信系统，开通了贵阳至铜仁、兴义 12 路载波长途电话，邮运车辆及其他通信设施极大改善。三是改变了贵州的生产力布局，加速了城镇化的发展。贵州的“三线”建设以贵阳为中心，沿四条铁路干线展开，逐步形成六盘水、遵义、安顺、都匀、凯里等一批各具特色的新兴工业城市和若干新的工矿集镇。为适应“三线”建设的需要，1978 年撤销了六盘水地区，设置六盘水市，并定为省辖市；遵义专区、铜仁专区、安顺专区、毕节专区更名为遵义地区、铜仁地区、安顺地区、毕节地区。到 1978 年年底，全省辖 5 个地区、2 个自治州、2 个省辖市、3 个地（州）辖市；全省城镇人口已增至 323.07 万人，比 1957 年末增加 95.8%，城镇人口占全省总人口的比重达到 12.1%，较 1957 年年末提高 2.2 个百分点。

此外，随着一批科研、教学单位和一大批工业企业的迁入，带来了大批科技人员和较为先进的科研、生产设备，极大地增强了贵州的科技、文化实力。

“三线”建设是在“文化大革命”的特定历史条件下进行的，不可避免地受到“文化大革命”的干扰和破坏。“三线”建设项目中，拖长建设工期、突破投资计划、布局或设计不合理、工程质量低劣等问题比较普遍。“三线”建设片面强调“靠山、分散、隐蔽”的方针，项目的定点过于分散，没有在工矿区相应进行配套建设，新的工矿镇形成以后，功能很不完善，给企业生产和职工生活带来了不少困难，留下了许多后遗症。同时，由于高度集权、条块分割体制的限制，不少企业处于封闭状态，工业与农业的联系不够紧密，形成了先进的现代工业和落后的传统农业并存的状况。由于“左”的思想影响，商品经济被否定，在一批新的工矿集镇形成的同时，大批的农贸集镇则萎缩下去，城镇的发展处于极不协调的状态。中苏关系破裂以后，贵州和全国一样，在城镇进行战备疏散，在原有城镇大量疏散人口，将城镇“闲散”人员赶到农村，使城镇的第三产业处于窒息状态，城镇吃饭难、住宿难、理发难、乘车难、看病难等长期不得解决，买东西排长队的现象处处皆是。

在粉碎“四人帮”后的头两年，通过揭批“四人帮”，开展工业学大庆，贯彻“工业三十条”等，推动了城市工商业的恢复和发展，但城镇在发展国民经济中的地位和作用没有引起足够重视，城镇居民的生活设施以及城市公用设施等方面的问题仍未得到改善和缓解。

第三节 市场经济条件下贵州城镇的发展

中共十一届三中全会以后，贵州经过拨乱反正，逐步把工作重点转移到以经济建设为中心的轨道上来。在此基础上，充分发挥城市的中心作用，全面改革城市经济体制，实行全方位的对外开放，逐步建立了社会主义市场经济体制。进入21世纪，按照全国的统一部署，贵州同西部省、区、市一道，实施西部大开发战略。在西部大开发中，以交通为重点的基础设施建设取得突破性进展，现代服务业和房地产业迅速崛起，新型工业化强力有序推进，全省城镇化进程明显加快。2010年10月，中共贵州省十届十次全会提出“加速发展，加快转型，推动跨越”作为“十二五”时期贵州发展的主基调，并重点实施“工业强省”和“城镇化带动”战略，贵州城镇化进程步入加速发展时期。

一、改革开放为城镇发展注入新的活力

（一）经济体制改革又一次解放了城镇社会生产力

贵州城市经济体制改革经历了大胆探索、全面推进、不断深化三个阶段。为了探索城市经济体制改革的路子，20世纪80年代初期，中共贵州省委组织省、市50多个部门参加的城市调查组对贵阳市综合体制改革进行了全面调查。1983年底，中共贵州省委召开全省城市经济体制改革座谈会。1985年1月，中共贵州省委批转《贵州城市经济体制改革座谈会纪要》，对全省城市经济体制改革进行具体部署，提出搞好工业企业的改组联合，有计划、有步骤地调整企业隶属关系，大力发展集体经济等。1984年10月，中共十二届三中全会做出《中共中央关于经济体制改革的决定》，经济体制改革以城市为重点，以增强企业活力为中心环节，以发展有计划的商品经济为目标展开。1985年2月，省人民政府召开城市经济体制改革座谈会，提出“敞开城门”，发展横向经济联系的要求。为了贯彻落实中共中央、国务院关于增强国营大

中型企业活力的部署，省人民政府发布了《关于进一步增强企业活力的若干规定（试行）》，对以增强企业活力为中心环节的城市经济体制改革进行了具体部署。1992年，中共十四大提出建立社会主义市场经济体制以后，贵州城市以建立社会主义市场经济体制为目标，全面深化经济体制改革。经过改革，基本建立起社会主义市场经济体制。

1. 借鉴农村改革的成功经验，对城市经济体制改革进行大胆探索

一是扩大企业自主权，把"包"字引进企业，逐步推行经济责任制。企业，特别是工业企业，是城镇社会生产力的重要组成部分。为了使企业的责、权、利有机地结合起来，自1979年起，在一定程度上放松了企业在生产经营、产品销售、产品定价、物资选购、资金使用、资产管理、机构设置、劳动人事、工资奖金、联合经营等方面的自主权。同时，在经过整顿验收合格的国营企业推行厂长（经理）负责制，明确厂长（经理）为企业的法人代表。在处理企业与国家利益关系上，从1983年6月1日起，实行"以税代利，税利并存"的第一步改革；10月1日起，全面实行利改税改革，即国有企业由过去上缴利润改为上缴税收。同时在国营建筑企业推行招投标制和百元产值工资包干制。通过上述改革，使企业的责、权、利得到相对统一，在相当大的程度上调动了企业的积极性，较大幅度提高了企业的经济效益。

二是改革商品流通体制，逐步实行有计划的商品经济。在经营管理上，取消了以往的分配式、多层次、统购包销的三级批发体制，调整了购销政策。到1985年，全省已全部取消农副产品的统购、派购和日用工业品的统购包销。在经营方式上，实行商品分工、城乡通开的新体制。在经营管理上，将计划管理、业务经营、产品定价、财务管理等方面的权力下放给国营大中型商业企业，推行承包经营责任制。对小型零售商业企业、饮食服务业，根据不同情况进行"改、转、租"的改革。在物资流通体制上，减少计划分配，扩大市场调节的品种、数量和范围。1979年，省内分配的工业品生产资料品种为256种，到1984年已减少到20种；根据"调放结合"的原则，对部分重要物资价格采取计划内适当调整、计划外逐步放开的做法。为了改革商品流通领域的所有制结构，鼓励和支持城镇集体经济和个体经济的发展，工商行政管理、国营商业、供销合作社等部门取消了限制集体所有制商业发展的一些不合理规定，允许集体所有制商业企业采取多种办法搞活流通渠道，不受地区、部门界限的限制；税务、金融部门对集体商业企业也给予必要的支持。个体商业发展迅猛，到1984年，全省个体商业人员发展

到 15.9 万人，比 1976 年增长了 35.7 倍。城乡集贸市场迅速扩大，1984 年底全省城乡市场发展到 2120 个，比 1976 年增长 47.1%；集市贸易成交额达到 10.3 亿元，占全省社会消费品零售总额的 24.2%。

三是相应地配套改革综合经济部门的管理体制。在计划管理方面，主要改革计划管理的范围，在生产、流通和分配领域缩减了国家指令性计划的品种，把列入省工业生产计划的品种由 292 种减少到 135 种，其中列为指令性计划的只有 32 种。对地方基本建设计划实行分级管理、分级平衡、分级负责。在财政管理体制方面，从 1980 年起，实行"划分收支，分级包干"的财政预算体制。在金融管理体制方面，从 1979 年起，先后恢复和建立了专业银行及中国人民保险公司贵州分公司，初步形成了以中国人民银行为核心、以专业银行为主体、其他非银行金融机构并存的新型金融体系。1980~1984 年，省内中央所属的国有企业进行了"拨改贷"改革试点，即基本建设投资由国家无偿拨款改为有偿贷款。从 1985 年起，国家预算内基本建设投资"拨改贷"在省内全面展开。在物价管理体制方面，贯彻"调放结合、以调为主"的方针，下放部分商品价格的管理权限，扩大企业定价权；放开了三类农副产品和完成了交售任务的一、二类农副产品的价格，以及放开了工业小商品价格。在劳动工资管理体制方面，1980 年以后，以发展集体经济为主安置城镇青年就业，同时大力发展城镇个体经济，鼓励自谋职业，实行多渠道就业。此外，相应改革了企业工资制度，部分企业实行工资总额同经济效益挂钩浮动制度。

2. 以增强企业活力为中心环节，全面推进城市经济体制改革

1984 年 10 月，中共十二届三中全会做出《关于经济体制改革的决定》以后，贵州的经济体制改革以城市为重点，以增强企业活力为中心环节，以发展有计划的商品经济为目标全面展开。

一是改革企业经营机制，实行"两权分离"，推行承包经营责任制。所谓"两权分离"，是指国有企业的所有权与经营权的分离。承包的原则是"包死基数，确保上交，超收多留，歉收自补"。1988 年，国务院颁发了《国营工业企业承包经营责任制暂行条例》以后，贵州扩大了承包经营的范围，并开始由工业企业向商业企业、交通、建筑、医药、外贸、物资、金融、农林牧场等部门和行业扩展，由国营企业向集体所有制企业扩展，由单纯的经济指标承包向经济技术承包扩展。同时，在承包人中引入竞争和风险机制，实行招投标，择优选择承包经营者，承包合同为一定三年。1990 年，第一轮承包到

期后，根据省人民政府关于“大稳定、小调整、税保财政、利活企业”的原则开展第二轮承包。第二轮承包的基本政策不变，顺延两年，部分大中型企业顺延到1995年。

二是实行企业兼并，发展企业集团。从1987年开始，一些产品、技术、管理、市场销售具有相对优势的企业兼并经营不善和亏损企业，有工业企业兼并工业企业，工业企业兼并商业企业，商业企业兼并商业企业，商业企业兼并工业企业；有同行业兼并，跨行业兼并，跨所有制兼并，跨地区兼并甚至跨省兼并。与此同时，企业集团开始出现。1991年，省人民政府批转了省体改委关于发展企业集团的意见，对组建、审批企业集团做了相应的规范，当年新组建的企业集团有8个。这些企业集团以公有制为基础，以名优产品为龙头，具有科研开发、生产、销售、信息、服务等综合功能，核心层是自主经营、具有法人资格的经济实体，其成员跨地区、跨所有制。

三是在以公有制为主体的前提下，大力发展多种所有制经济。改革开放以前，贵州城镇经济以公有制为主，在公有制经济中，国有经济又占有绝大比重。以工业为例，1978年全省工业总产值中，国有工业占80.2%，集体所有制工业占15.1%，村及村以下工业占4.7%；到1985年，全省国有工业仍占全部工业的79.4%。这种所有制结构对国家依赖较大，体制机制不活，严重阻碍了国民经济的发展。为了促进城镇集体经济的发展，省人民政府于1987年1月做出《关于进一步放宽城镇集体工业政策的若干规定》。1988年8月，中共贵州省第六次代表大会提出：在公有制为主体的前提下放手发展多种所有制经济，特别要下大力促进集体、个体、私营、合作经济以及股份制经济的发展，逐步提高它们在所有制结构中的比重。在不同经济领域、不同地区，允许各种经济成分的比重有所不同。随后，各级政府和经济管理部门开始以更加优惠的政策措施，为搞活现有的和发展新的城镇集体工业创造较为宽松的外部环境和必要条件。1991年，全省各级政府继续坚持大力发展城镇集体经济的方针，认真贯彻9月颁布的《中华人民共和国集体所有制企业条例》，把发展城镇集体经济纳入国民经济和社会发展计划。在发展个体私营经济方面，1987年放宽了私营企业雇工数量限制，鼓励合作和合资经营，并相应加强了工商、税务和市场管理。中共十三大以后，贵州城镇积极探索以公有制为主体、多种经济成分共同发展的路子。当时任中共贵州省委书记的胡锦涛同志深入基层调查研究，于1988年2月组织地、州、市主要领导人在安顺市召开现场办公会议，确定安顺市建立以公有制为主体、多种经济成分共生繁荣试的验区。同年4月，省人民政府正式批准试验区的建立，赋予试验区相应的配套政策和管理权限。

四是综合经济部门的配套改革。在计划管理方面，对一些城市和试验区赋予相当于省一级的经济管理权限。与此同时，全民所有制固定资产投资来源继续向多元化方向发展，形成了以国内贷款自筹及其他投资相结合的格局。在财政管理体制方面，国务院决定，从1985年起在全国实行“划分税种，核定收支，分级包干”的新的财政体制。在金融管理体制方面，从1985年起，开始借鉴全国金融改革试点的做法，逐步加快了金融体制改革的步伐。在物价管理体制方面，采取“调放结合，以放为主”的方针，放开了部分农副产品和一些重要工业品价格，对一些重要的工业品生产资料实行价格“双轨制”。

3. 以建立社会主义市场经济体制为目标，全面深化城市经济体制改革

1992年，中共十四大提出建立社会主义市场经济以后，全省城市经济体制改革以建立社会主义市场经济体制为目标展开。

一是转换国有企业经营机制及制度创新。1992年7月，国务院颁发《全民所有制工业企业转换经营机制条例》以后，省人民政府相应制定了实施办法，进一步落实企业生产经营中的自主权，强化企业自负盈亏的责任，转变政府职能和相关的法律责任。1997年，中共贵州省委、省人民政府下发了《关于深化改革搞好国有大中型企业的决定》和《放开搞活国有小型企业的决定》，对推动国有企业改革和发展起到了重要指导作用。“九五”时期，贵阳市、六盘水市经国务院批准列为国家优化资本结构试点城市，遵义市比照试点城市的政策进行试点。试点城市贯彻“鼓励兼并、规范破产、增资减债、下岗分流”的方针，在企业自愿、政府引导、政策鼓励的基础上，1997~1999年，全省破产企业就有15户，被兼并的企业有17户，根据国家计划核销银行呆账坏账24亿元。通过企业的优化重组，开发了新的产品，开拓了市场，强化了管理，提高了效益。从1997年开始，开展建立现代企业制度试点。试点企业从法人治理结构、历史债务处理、人员分离分流、企业技术改造等方面按照现代企业制度的要求，对国有大中型企业进行股份制改造。到2010年，贵州省有中天城投、黔轮胎、中航重机、振华科技、长征电气、高鸿股份、南方汇通、赤天化、红星发展、盘江股份、贵州茅台、贵航股份、益佰制药、贵绳股份、航天股份、黔源电力、久联发展、信邦制药、贵州百灵等20户企业发行股票成功，分别在上海和深圳证券交易所挂牌交易。与此同时，放开搞活国有小型企业，分别实行破产、兼并、出售、租赁、托管、承包、

股份制、股份合作制等多种形式的改革。

二是加快非国有经济的发展。1991 年 11 月，省人民政府批准安顺市继续进行“以公有制为主体、多种经济成分共生繁荣”的改革试点，继续从政策上扶持城镇集体经济的发展，加大集体经济在公有制中的比重。1995 年 11 月，中共贵州省委、省人民政府做出《关于进一步加快城镇集体经济发展的决定》，要求各级党委、政府进一步解放思想，更新观念，把发展集体企业与搞活国有企业摆在同样重要的地位，像重视关心国有企业那样关心支持集体经济的运行。从 1997 年开始到 1999 年年底，基本完成了全省城镇集体企业清产核资工作，摸清了全省集体企业的基本规模、结构及其分布，基本理顺了城镇集体企业的产权关系。在发展股份制企业方面，在取得试点经验的基础上，于 1994 年制定了《贵州省股份合作企业条例》，《条例》的适用范围是省内的合作企业和实行股份合作制改组的城乡集体企业、私营企业及国有中小型企业。到 2010 年，全省集体企业发展到 11347 户、注册资金 55.09 亿元、企业法人 4485 户，股份合作企业 1473 户，其中企业法人 289 户，注册资金 16.06 亿元。在发展个体私营经济方面，1993 年 1 月，省人民政府批转了省工商局《关于加快个体私营经济发展的意见》，提出“对发展个体私营经济不限制发展比例、发展速度、经营方式、经营规模、经营范围”，为个体私营经济加快发展创造了良好的政策环境。1996 年 8 月，贵州省第八届人大常委会第二十三次会议审议通过了《贵州省个体工商户和私营企业条例》，从法律上为个体私营经济发展保驾护航。1997 年 9 月召开的中共十五大把个体、私营经济纳入国家基本经济制度中，实现了由社会主义市场经济的“有益补充”到“重要组成部分”的转变。2005 年 2 月，国务院发布《关于鼓励、支持和引导个体私营等非公有制经济发展的若干意见》后，中共贵州省委、省人民政府提出，“要把发展非公有制经济作为推进工业化、城市化和市场化的突破口”，发布了《贵州省关于贯彻落实〈国务院鼓励支持和引导个体私营等非公有经济发展的若干意见〉的意见》，在加强领导、政策引导、资金扶持、完善服务、营造环境等方面制定了一系列政策措施。2009 年 7 月，中共贵州省十届五次全会通过了《关于大力推进个体私营经济又好又快发展的意见》，提出要切实解决制约非公有制经济发展的市场准入、融资难、用地难、服务体系不健全、行政手续繁杂、企业负担重等突出问题，引导非公有制经济企业增强法制观念，推进科学管理，增强企业自主创新，鼓励创建品牌，加强人才培养；要通过加强协调，建立激励、宣传、督查、统计机制，形成推动非公有制经济又好又快发展的合力。到2010年底，全省有注册的个体工商户64.73万户，资金数额187.49亿元，其中城镇个体工商户为34.03万户，资金数额为96.27亿元；私营企业发展到7.78万户，投资者人数为17.54万人，注册资本1671.6亿元。

三是培育开放的市场体系。为了进一步深化流通体制改革，搞好市场体系和市场组织建设，逐步建立高效、通畅、可调控的商品流通体系，中共贵州省委、省人民政府于1992年2月制定颁发了《关于进一步搞活流通的决定》，从1992年起，国营商业和供销合作社商业在试点的基础上全面推行了经营放开、价格放开、用工放开、分配放开的“四放开”改革。通过以上改革，使商品流通领域出现了“一店多制”、“国有民营”、“联营分销”等开放、灵活、多样的经营方式，一些企业逐步由发展企业集团向实行股份制改革的转变。在物资流通方面，1995年12月，省物资局脱离政府序列，成建制转体为物资集团有限责任公司，成为大型一类物资流通企业。在粮油流通方面，1993年开始放开粮油购销价格和经营，由独家经营转为多渠道经营。从1994年起，根据国务院的有关决定，政府粮食行政管理职能与粮食企业经营相分离，实行粮食储备和粮食经营分开，以增强宏观调控手段，继续发挥国有粮食企业在稳定市场供应和市场粮价中的主导作用。在进行上述改革的同时，各级政府采取多渠道集资的办法加强了市场建设，在继续大力培育和发展消费品市场、生产资料市场等各类商品市场的同时，逐步建立和发展了金融市场、技术市场、劳务市场、企业产权交易市场、房地产市场、信息市场等生产要素市场，全省开放的市场体系初步形成。与此同时，随着商品流通体制改革的不断深入，连锁经营、超级市场等在各城市很快发展起来。

（二）全方位的对外开放拓展了城镇的发展视野和空间

中共十一届三中全会以后，随着经济体制改革的推进和“对内搞活经济，对外实行开放”方针的贯彻，贵州城镇逐步打破了由高度集权的计划经济体制造成的封闭半封闭状态，加强同兄弟省、自治区、直辖市，以及国外和港、澳、台地区多层次、多形式的经济技术交流与合作。20世纪90年代，贵州制定和实施了开放带动战略，实行全方位多层次的对外开放，彻底打破封闭状态，为城镇的发展拓展了视野和空间。

1. 逐步打破封闭，不断扩大对外开放

同兄弟省、自治区和直辖市的协作与交流方面，逐步由计划经济体制下

单一的物资协作向全面的经济技术协作与交流发展。1980 年 9 月，省人民政府颁发了《贵州省经济协作办法》以后，逐步开展同兄弟省、自治区、直辖市的补偿贸易、合资经营、技术引进等，先后与上海、北京、重庆等城市建立经济技术协作关系。1982 年以后，省人民政府宣布贵州以优惠的待遇欢迎各省、自治区、直辖市来贵州投资，共同开发和利用贵州的资源合资兴办煤矿、磷矿、建筑材料、电力、卷烟、酿酒工业；同时组织经济代表团先后到河北、天津、江苏、浙江等省市洽谈，在联合经营、技术交流、物资协作等方面达成了部分协议，迈出了同兄弟省、自治区、直辖市经济技术协作的第一步。

1984 年初，中共中央总书记胡耀邦在视察贵州时倡导，由四川、云南、贵州和重庆组成经济协调会，共同商讨开发和建设西南中带共性的重大问题，广西作为观察员参加，并确定第一次会议在贵阳召开。在 4 月初召开的经济协调会预备会议上，根据广西的申请，同意接纳广西为协调会正式成员。4 月中旬，"四省区五方"经济协调会第一次会议在贵阳召开。"四省区五方"经济协调会作为开放性、松散型的区域经济组织，主要是加强经济联系，在国家计划指导下，在生产、交通、流通、科技、人才培训与交流等领域广泛开展多层次、多渠道和多种形式的协作，逐步推进改组联合及专业化协作生产。经济协调会的原则是平等互利，各方都有否决权。会议每年召开一次，由各方轮流担任主席。在"四省区五方"经济协调会第一次会议上，贵州代表与其他各方代表签订协议的经济技术协作项目和意向性项目就有 131 项。

1984 年 7 月，省六届人大常委会第八次会议通过了省人民政府提交审议的《贵州省提供优惠条件引进外资、先进技术、人才的决定》，对引进兄弟省、自治区、直辖市的资金、技术、人才规定了一系列优惠条件。到年底，贵州已先后同 26 个省、自治区、直辖市商议进行经济技术协作项目共 650 项。

在同外国和港澳地区开展经济技术合作方面，贵州在 1978 年才开始进行自营进出口业务试点，在此之前，对外贸易主要是承担提供出口货源的任务，没有对外谈判、签约和结汇权。1982 年，贵州同 10 多个国家和港澳地区的客商进行了洽谈，与 20 多个国家和地区建立了贸易往来和经济技术合作关系。

在与邻近省、自治区开展经济技术协作中，经济协调会已由原来的"四省区五方"发展为"五省区七方"（增加了西藏和成都）。到 1991 年，经济协调会召开了 8 次会议，各方之间广泛开展了联合与协作，并就经济建设中的共同性问题进行研究与探讨。

为发展旅游业的需要，自1982年国务院批准贵阳市、镇宁自治县（黄果树）为乙类开放地区后，1985年国务院又批准贵阳市、安顺市为甲类开放地区，新增凯里市、遵义市、六盘水市、施秉县、清镇县、镇远县为乙类开放地区；1987年又增加遵义县、安顺县（后与安顺市合并）、毕节县、铜仁县、兴义县、织金县、江口县、大方县、黔西县、赤水县、独山县、台江县、平坝县、都匀市为对外开地区。

为了不断扩大对外开放，引进资金、技术和人才，加强开发与发展，1992年4月，中共贵州省委、省人民政府做出《关于加快改革开放步伐，加强经济发展若干问题的通知》，要求"加强同沿海、沿边和周边省、市、区的联系，积极发展与东南亚的经济交流"。同年7月，国务院批准贵阳市为内陆开放城市。为了更好地发挥贵阳内陆开放城市的作用，省人民政府决定赋予贵阳市某些相当于省级有关部门的管理权限。贵阳市相应地制定了一系列政策措施，并多形式、多层次、多渠道地大力开展招商引资活动，加强自身建设步伐，发挥全省对外开放的"窗口"作用。

2. 实施开放带动战略

1994年12月，中共贵州省委、省人民政府做出《关于实施开放带动战略，打好扩大开放总体战的决定》，把扩大开放摆到全省经济工作的突出位置。开放带动战略的主要着力点：一是按照"以南下为重点的全方位开放"的要求，着力抓好南下出海通道建设，积极发展与港、澳、台地区和世界各国的联系与合作，走向世界市场；同时抓好北上入江通道建设，加强与浦东为龙头的长江流域开发带的经济联系，在全方位开放中形成南北两翼齐飞的格局。二是加快贵阳建设现代化内陆开放城市的步伐，进而抓好贵阳、遵义、安顺在内的黔中产业带，办好开发区，发挥对全省的带动和辐射作用。三是有计划地抓好基础设施建设、地方法规及配套政策建设和涉外队伍建设，提高服务质量，改善投资环境，适应进一步扩大开放的需要，形成多层次、多渠道、多形式的有序推进。

1995年7月，经国务院批准，从1996年1月1日起，将安顺地区的修文县、开阳县、息烽县划归贵阳市管辖；同时将安顺地区的清镇市委托贵阳市管理。"三县一市"划归贵阳市管辖以后，贵阳市的经济实力得到增强。此外，省人民政府还相继制定了《贵州省引进外资工作若干规定》、《贵州省进一步推动横向经济联合与协作的若干规定》、《关于进一步放宽政策改善投资环境的若干规定》等重要文件，对促进开放带动战略的实施起到了重要作用。到2000年，全省对外贸易伙伴发展到118个国家和地区，进出口总额发展到6.6亿美元，其中出口总额为4.2亿美元，进口总额2.4亿美元；当年实际利用外资达到1.95亿美元。1994~2000年累计利用外资9.96亿美元。

实施西部大开发战略以来，全省对外开放成就巨大，到2008年，全省对外贸易伙伴发展到138个国家和地区，进出口总额发展到33.7亿美元，比2000年增长4.1倍，其中出口总额为19亿美元，比2000年增长3.52倍，进口总额为14.7亿美元，比2000年增长5.13倍。当年实际利用外资1.74亿美元。2001~2008年累计利用外资12.12亿美元。全省共有外商投资企业601户，其中中外合资企业169户、中外合作企业24户、港澳台商与内地合作企业14户；投资总额为32.16亿美元，注册资本19.31亿美元，其中外方投资14.18亿美元，中方投资14.18亿美元。2008年以后，受国际金融危机的影响，全省对外贸易总额由2008年的33.7亿美元下降到2010年的31.38亿美元，其中出口总额为19.19亿美元，进口总额为12.19亿美元，当年实际利用外资3.40亿美元。

二、西部大开发促进了城镇的加速发展

西部大开发战略是贯彻邓小平“两个大局”战略构想、逐步缩小地区差距、加强民族团结、保障边疆安全和社会稳定、推动社会进步的重要举措。中共贵州省委、省人民政府抢抓实施西部大开发战略的机遇，于2000年5月做出《关于贵州省实施西部大开发战略的初步意见》，提出贵州实施西部大开发战略的总体目标：5年打好基础，10年重点突破，15年初见成效，把贵州建设成为大西南南下出海通道和陆路交通枢纽，长江、珠江上游的重要生态屏障，中国南方重要的能源、原材料基地，航天航空、电子信息、生物技术为代表的高新技术产业基地，自然风光与民族文化相结合的旅游大省。经过10年的开发和建设，贵州在全国第一轮西部大开发中取得了突破性进展。到2008年，全省生产总值从1999年的912亿元增加到3333亿元，年均增长10.3%。在全国第二轮西部大开发大潮中，中共贵州省委提出“加速发展，加快转型，推动跨越”作为“十二五”时期发展的主基调，并重点实施“工业强省”和“城镇化带动”两大战略，推动城镇化、工业化、农业现代化协调发展。2011年，全省生产总值达到5702亿元，同比增长15.0%。

（一）以交通为重点的基础设施建设为城镇的发展奠定了坚实基础

交通是国民经济发展的命脉，是山区城镇发展的基本条件。实施西部大开发战略以来，贵州以交通为重点的基础设施建设取得了突破性进展。据统计，实施西部大开发 10 年来，全省交通建设累计完成投资 1336 亿元，为贵州解放以后至 1999 年的 9.28 倍，逐步形成了以贵阳为枢纽，以高速公路、高等级公路和电气化干线铁路为主骨架，以县乡公路、支线铁路相配合，包括民用航空、内河航道在内的四通八达的现代综合交通体系，使贵州成为西南地区的陆路交通枢纽和南下出海大通道，为贵州山区城镇的发展奠定了坚实基础。

在公路建设方面：至 2008 年末，全省已实现县县通油路，乡乡通公路，公路通车里程达到 12.53 万公里，路网密度达到 71.16 公里 / 百平方公里，其中高速公路 924 公里、二级以上公路 3769 公里、等级公路 6.4 万公里；贵阳通往各市、州、地中心城市的高速公路实现联网。到 2010 年，已形成以贵阳为中心，以“一纵、一横、四联线”的高速、一级、二级公路为主骨架的公路网。纵向自崇溪河至新寨，向北通往重庆，向南通往广西，沿途连接着桐梓、遵义、息烽、修文、贵阳、龙里、贵定、福泉、都匀、独山等重要城镇；横向自鲇鱼铺至胜境关，向东通往湖南，向西通往云南，沿途连接着玉屏、三穗、剑河、台江、凯里、麻江、福泉、贵定、龙里、贵阳、清镇、平坝、安顺、镇宁、关岭、晴隆、普安、盘县等重要城镇；联线是玉屏至铜仁、贵阳至毕节、关岭至兴义、黄果树至水城。经过贵州的厦蓉高速公路已于 2007 年开工建设。2005 年经省人民政府批准的《贵州省高速公路网规划》即“三纵、三横、八联、八支骨架”公路网建设规划经过修编，于 2008 年形成“六横、七纵、八联及四个城市环线”的高速公路网（简称六七八网）建设规划于 2009 年 2 月经省人民政府正式批准实施。这个规划以县县通高速公路为目标，路长约 6851 公里（其中国家级高速公路 2251 公里、省级高速公路 4600 公里），预计 2030 年全部建成。横向是德江至习水、铜仁至宣威、江口至六盘水、鲇鱼铺至胜境关、从江至兴义、余庆至安龙；纵向是松桃至从江、沿河至榕江、道真至新寨、崇溪河至罗甸；赤水至望谟、毕节至兴义、昭通至安龙；联络线是绥阳至遵义、黔西至大方、扎佐至修文、天柱至黄平、都匀至织金、惠水至安顺、六盘水至镇宁、麻江至榕江；城市环线是贵阳环线、遵义环线、六盘水环线、安顺环线。根据这个规划，汕（头）昆（明）杭（州）

瑞（丽）国家高速公路贵州段、黔西至织金等 21 段省内高速公路正在建设，在建里程共计 2555 公里。2010 年，全省公路通车里程发展到 15.16 万公里，比 2008 年增加 2.63 万公里，其中高速公路 1507 公里、等级公路 72557 公里，分别比 2008 年增加 582 公里和 8557 公里；路网密度为 86.08 公里 / 百平方公里，比 2008 年增加 16.54 公里 / 百平方公里。2009 年，乡（镇）、行政村通沥青路率分别为 87.7%、30.5%。2011 年，全省完成交通投资 700 亿元，新增高速公路通车里程 516 公里，高速公路通车总里程达到 2023 公里。

在铁路建设方面：2008 年，已形成以贵阳为中心，呈十字形的渝黔（川黔）、黔桂、湘黔（株六复线）、贵昆（株六复线）铁路为主，渝怀、南昆、内昆铁路分别在省境东北、西南、西北过境，以水柏地方铁路、水大铁路等 4 条支线铁路和若干专用铁路、铁路专用线以及联络线为辅，以贵阳、六盘水为枢纽的铁路网。黄织、六沾铁路已分别于 2005 年、2006 年开工建设，贵广快速铁路已于 2008 年开工建设，贵阳至昆明、长沙、重庆、成都、南宁的 5 条快速铁路建设已于 2009 年纳入国家计划。2010 年，成都至贵阳铁路客运专线等 7 个新建、扩建项目开工建设，在建铁路长度达 1216 公里。2011 年，黄织铁路建成投入营运，全省铁路营业里程达到 2066 公里。

在内河航道建设方面：全省有长江、珠江水系等通航河流 26 条。2002 年以来，贵州继续开发利用内河航运资源，重点建设了西南水运出海中线通道起步工程贵州段、赤水河（岔角—合江）航运建设工程、天生桥库区航运建设工程等重点工程。2010 年，全省航道里程为 3563 公里，其中四级航道 101 公里，四、五级标准的航道可通行 100~500 吨级船只。

在机场建设方面：2004 年 7 月建成兴义机场，2004 年 9 月完成安顺黄果树机场改造，2005 年 1 月建成黎平机场，2007 年建成荔波机场。到 2010 年，全省有通航机场 6 个，即贵阳龙洞堡国际机场（2008 年升格为 4E 级国际机场），铜仁（凤凰）、兴义、安顺（黄果树）、黎平、荔波 5 个支线机场。开通航线 70 余条，分别通往北京等 59 个中外城市，包括香港、澳门、台北和国外的曼谷、新加坡。遵义支线机场、毕节支线机场、六盘水支线机场和龙洞堡国际机场扩建工程已开工建设。2011 年新开和加密航线 34 条，新增通航城市 8 个。

为了解决工程性缺水的“瓶颈”问题，开工建设了黔中水利枢纽工程，这对优化贵州水资源配置格局、提高水资源调控能力、解决工程性缺水具有重大战略意义。此外，一批“滋黔”一期工程相继开工建设，为重点骨干水源建设奠定了重要基础。到2011年，已建成“滋黔”一期工程9个。

（二）新型工业化催生山区城镇化

在中国，工业化与城镇化相互依存，相互促进，协调发展。以资源开发为主要特色的贵州山区城镇，其发展与工业化互动关系和作用更加明显。

贵州解放以后，工业的发展主要是依托城镇来展开的，工业化的发展又推动了城镇的发展。到20世纪末，贵州基本形成了以煤电结合、水火电互济的能源工业体系，以地方优势资源为依托，包括有色金属工业、冶金工业、黄金工业，化学工业、建筑材料工业在内的原材料工业体系，以国防科技工业为主体的包括航天工业、航空工业、电子信息工业、汽车工业和其他民用机械工业在内的机械电子工业体系，以卷烟、优质名酒为特色的包括食品加工业、生物制药业以及纺织业等10多个行业的轻工业体系。在西部大开发中，以“西电东送”为重点的能源工业迅速崛起，至2005年，第一批“四水四火”电源项目全部建成投产，包括洪家渡水电站、引子渡水电站、乌江渡水电站扩机工程和1、2、3号机组增容改造工程、索风营水电站、纳雍一电厂、安顺电厂二期、黔北电厂、贵阳电厂增容改造工程。与此相衔接，“西电东送”第二批项目开工建设，进展顺利，包括纳雍二电厂、黔西电厂、贵阳电厂技改工程、盘南电厂、鸭溪电厂、发耳电厂等工程。到“十五”期末，全省电网装机容量达到1300万千瓦。2010年，全省发电总装机容量达到2920万千瓦，电网统调装机2830万千瓦，其中水电1111万千瓦，占39.3%，火电1719万千瓦，占60.7%。同时，大力发展特色优势产业，煤化工、磷化工、铝及铝加工等在六盘水、毕节、贵阳、兴义等城市得到进一步发展，开磷、瓮福两大集团正向精细化工方向发展，形成了息峰—开阳—瓮福磷化工产业带。全省煤电、煤化工、磷及磷化工、有色金属冶炼等产业的有机结合，提升了贵州资源型工业的“含金量”，煤电铝、煤钢电、煤电磷等产业联动发展的格局初步形成。在航天航空领域，无人机遥测遥感技术、民用航空关键零部件加工技术取得突破性进展。在信息产业领域，以中央空调智能化控制系统为代表的高新技术产业研制成功，新型电子元器件不断开发并为神舟五号、神舟六号、神舟七号航天器提供了数万种配套件。在新材料、新能源领域，海绵钛、复合反渗透膜、纳米氧化锌、金属锰、新型半凝胶聚合物锂离子电池等一大批重大科技成果应用于工业生产。食品工业形成了“茅台集团”、老干妈风味食品等一批竞争实力较强的企业集团。

新型工业化是指科技含量高、经济效益好、资源消耗低、环境污染少，人力资源得到充分发挥的工业发展模式。新型工业化在传统工业化强调的经济总量增长、农业总产值（或增加值）比例和农业从业人员数比例下降、城镇化水平提高等指标的基础上，增加了科技创新的作用、信息化水平的提高、社会进步、环境保护和人的发展等方面的指标进行定性和定量的分析。根据相关专业机构测算，中国已处于新型工业化的中后期阶段，为世界第二工业大国；贵州则处于初后期阶段，部分指标接近或达到中期水平，同全国平均水平相比，约晚 10 年。以循环经济模式在工业领域的应用为标志，全省新型工业化道路不断拓宽，工业发展逐步由粗放型转向资源综合利用、废物排放趋零、环境保护加强、综合效益提高的科技型。2002 年 5 月和 2004 年年初，贵阳市分别被国家环境保护总局、联合国环境规划署确定为全国第一个和世界唯一的发展循环经济试点城市，开阳磷化工、煤化工、氯碱化工、建材生产、热力发电等共生耦合，具有多个循环经济闭合圈、多个系列 120 种产品的全国磷煤化工生态工业示范基地逐步建设起来。贵阳以循环经济发展建设生态经济城市、生态文明城市的规划与实践带动了全省工业循环经济的发展，以低碳节能降耗减排为切入点，加强技术改造。贵州宜化化工有限责任公司已建成循环经济型企业，贵州赤天化（集团）有限责任公司、中国贵州茅台酒（集团）有限责任公司等企业已分别列入国家第一批、第二批试点企业发展循环经济。到“十一五”中期，工业已成为全省实行循环经济模式的重点领域，从省、市到县，从传统产业到高新技术产业，从企业试点到工业园区建设，从自筹资金到争取国家支持，以循环经济为实现形式的新型工业化正在有计划、有重点地有序推进。桐梓、大龙、安龙、罗甸、独山、绥阳、普定、三穗、天柱、剑河、赤水等城镇被列为循环经济工业建设基地，循环经济型遵义国家级新材料产业化（坪桥）基地已初具规模，六盘水、毕节等地的煤气化、冶金渣综合利用、煤电化工循环、硅系产品开发等项目大力实施，清洁发展机制（CDM）项目的实施对节能减排的效果良好。到 2010 年，全省共有国家循环经济试点企业 5 个，有福泉、仁怀两个国家新型工业化产业示范基地城市，启动建设循环经济生态工业示范基地 18 个。

从 20 世纪 90 年代初期开始，贵州在城市及郊区建立起不同层次、不同规模、各具特色的开发区。到 2010 年，全省共有开发区 12 个，其中国家级开发区 2 个——贵阳高新技术开发区、贵阳经济技术开发区，省级开发区 10 个，即遵义经济技术开发区、安顺经济技术开发区、贵阳白云经济开发区、兴义顶效经济开发区、六盘水红果经济开发区、都匀经济开发区、玉屏大龙经济开发区、安顺黎阳高新技术工业园区、凯里经济开发区东区、凯里经济开发区西区；此外，还有3个省级工业园区：修文医药产业园区、龙里工业园区、安顺西秀工业园区。实施西部大开发战略以来，贵州坚持以国家级和省级开发区为承接东部地区产业转移的重点区域，以玩具、手工制品、服装服饰、纺织、制鞋、五金、化工、塑胶、装备制造、生物技术、电子电器、仪器仪表等高新技术产业、矿产品加工业和农副产品加工业为重点，积极承接东部地区产业转移，不断提高开发区聚集产业发展的能力，推进贵州新型工业化的进程。2006~2008年，仅广东、江苏、浙江、福建、上海等五省市对黔投资到位资金就达634亿元，东部企业落户贵州的就有2146个，投资项目涉及能源、原材料、矿产资源开采及加工、房地产、医药、旅游、基础设施建设等领域。2010年，全省开发区和工业园区工业总产值达到733.29亿元，国内生产总值为369.72亿元。

2010年10月，中共贵州省十届十次全会提出“工业强省”战略，要求改造提升传统产业，发展壮大支柱产业，加快发展新兴产业，有序发展工业园区，加快把贵州建设成为国家重要的能源基地、资源深加工基地、装备制造业基地、战略性新兴产业基地和优质轻工产品基地。同年11月，贵州省人民政府《关于加快产业园区发展的意见》颁布实施，进一步提出要强化国家新型工业化、产业示范基地在贵州工业聚集发展中的先导和龙头作用，优化产业结构，提高产业聚集水平。全省拟建国家级、省级产业园区以及综合保税区、出口加工区等30余个，做到县县有园区、区区有特色。到2011年，全省产业园区建设迅猛，除已有的产业园区外，各县、市、区、特区都从自身实际出发，兴建了各具特色、不同规模的产业园区。遵义县规划建设的就有和平、苟江、龙泉、龙山、三合金鸡、三岔寒婆岭、尚稽大坝、鸭溪白酒包装、虾子辣椒和航天凯山特种车等10余个工业园区。各市、州及县（市、区、特区）工业园区按照联合国工业发展署第四代工业园区标准进行规划，即“产城一体化，工商同步化，居住社区化、用工当地化，生活家庭化”。按此规划，一座座产业特色鲜明、功能完备的新型城镇将在贵州山区拔地而起，农村居民可以就地转化为城镇居民，城镇化将与工业化比翼齐飞。2011年，全省园区完成工业增加值385亿元，占全省工业增加值的19.5%，产业朝着集群、集聚、集约的方向发展。

随着工业化进程的加快，全省全部工业总产值由1978年的46.26亿元发展到2008年的3436.27亿元，全部工业增加值由1978年的15.24亿元发展到2008年的1224.56亿元。实施“工业强省”战略以后，全省全部工业增加值又由2008年1224.56亿元快速地发展到2011年的1969.7亿元。2008年年末，全省工业企业法人单位发展到13348个，就业人员达到101万人，资产合计4986.03亿元。2010年，全省规模以上工业企业达到12963户，工业增加值为1227.17亿元，资产合计5958.63亿元。工业科技自主创新能力不断增强，企业技术进步明显加快。2010年，全省有国家级企业技术中心13个、省级技术中心122个、规模以上工业企业研究与实验发展人员9151人。

（三）现代服务业快速发展增强了城镇经济的综合实力

在三次产业划分中，以旅游业为龙头的现代服务业属第三产业，包括旅游业、房地产业、金融业、运输业与物流业、邮电通信业、批发零售业、住宿餐饮业等。在城镇化进程中，最能吸纳农村人口转移和提升城镇经济综合实力的是以旅游业为龙头的现代服务业。2010年，全省地区生产总值分别由1978年的46.62亿元、2000年的1029.92亿元发展到4602.16亿元，以1978年为100%，发展速度到2000年为296.9%、到2010年为1970.5%，1979~2010年年平均增长9.8%，2001~2010年年平均增长11.5%。第一产业分别由1978年的19.42亿元、2000年的271.20亿元发展到2010年的625.03亿元，1979~2010年年平均增长4.7%，2001~2010年年平均增长4.2%；第二产业由1978年的18.73亿元、2000年的391.2亿元发展到2010年的1800.06亿元，1979~2010年年平均增长11.3%，2001~2010年为12.5%；第三产业分别由1978年的8.47亿元、2000年的367.52亿元发展到2010年的2177.07亿元，1979~2010年年平均增长12.3%，2001~2010年年平均增长的14.0%。从发展速度上看，以第二产业和第三产业为主的城镇经济明显高于第一产业，第三产业又高于第二产业。从结构上看，第一产业占地区生产总值的比重由1978年的41.6%下降到2000年的26.3%、2010年的16.6%；第二产业由1978年的40.2%变化为2000年的38.0%、2010年的39.1%；第三产业由1978年的18.2%上升到2000年的35.7%、2010年的47.3%。国家免征农业税以后，地方财政收入主要来源于城镇第二、三产业的发展。2010年，全省地方财政总收入由1978年的14.2亿元、2000年的153.04亿元增加到969.57亿元，1979~2010年年平均增长14.1%，2001~2010年年平均增长20.3%。按三次产业提供的税收，第一产业为1.26亿元，占0.15%，第二产业为448.88亿元，占 55.6%，第三产业为 357.13 亿元，占 44.2%。

1. 旅游业的发展

贵州旅游有着悠久的发展历史，但作为产业来发展则始于 20 世纪 80 年代初期。在 80 年代以前，旅游主要是以完成接待任务为主；随着对外开放的不断扩大，到 20 世纪末，逐步由事业型旅游发展为产业型旅游；实施西部大开发战略以来，产业型旅游已逐步发展成为新的支柱产业。到 2010 年，已开发建成黄果树、织金洞、龙宫、红枫湖、九洞天、马岭河峡谷、㵲阳河、黎平侗乡、荔波樟江、都匀斗篷山—剑江、赤水、九龙洞、紫云格凸河、平塘、瓮安江界河、榕江古榕、石阡温泉、沿河乌江山峡 18 个国家级风景名胜区以及百花湖、花溪等 54 个省级风景名胜区，有梵净山等 9 个国家级自然保护区和 21 个国家级森林公园，有平塘等 8 个国家地质公园，有遵义会议会址等 39 处全国重点文物保护单位，有贵州茅台酒厂等 40 多个全国工农业旅游示范点。依托这些景区景点，一大批各具特色的山区旅游型集镇迅速发展起来，就地吸纳大量的农村人口从事旅游产业。2010 年，全省旅行社发展到 260 个，其中国际旅行社 11 个；旅游星级饭店 344 家，其中五星级饭店 4 家、四星级饭店 31 家；入境旅游人数 50 万人次，其中外国人 18.6 万人次，港、澳、台同胞 31.4 万人次，国内旅游者 1.29 亿万人次；旅游总收入由 1984 年的 0.07 亿元发展到 2000 年的 62.94 亿元、2010 年的 1016.23 亿元，2001~2010 年年平均增长 32.6%；旅游外汇收入由 2000 年的 6092 万美元增加到 12957.88 万美元，国内旅游收入由 2000 年的 57.95 亿元增加 1052.64 亿元。

2. 房地产业的发展

房地产业包括房产和地产两个部分。房地产业的发展是城镇化发展的必然趋势。贵州房地产业是 20 世纪 80 年代以后随着老城区的改造、城镇住房制度改革的推进以及城镇化进程的加快而兴起的战略性新兴产业。房地产业的发展不仅为农民进城务工提供了大量的就业岗位，还带动 40 多个相关产业的发展。从 2007 年开始、2008 年总爆发的美国次级住房抵押货款引发的国际金融危机对中国房地产市场形成了巨大冲击，国家采取了一系列刺激措施，激发了房地产市场由低迷走向过热，全国房价不断攀升，国家不得不再一次采取严厉的调控措施控制房价过快上涨。与全国不同的是，贵州房地产市场一直保持着平稳较快的增长势头，从完成投资情况看，2005 年为 154.12 亿元、2006 年为 187.05 亿元、2007 年为 249.67 亿元、2008 年为 311.26 亿元、2009 年为 371.25 亿元。自 2011 年下半年以来，京、深、沪等一线城市房价大幅回落。据国家统计局2012年初对全国70个大中城市的调查统计，贵阳和银川是全国两个房价微涨的省会城市。到2010年，全省房地产企业发展到1877个，其中内资企业1833个、港澳台商投资企业29个、外商投资企业15个，当年完成投资556.69亿元，同比增长50.0%，比2005年增长2.61倍；当年新开工房屋面积2871万平方米，其中住宅2250万平方米；当年销售房屋面积1731万平方米，其中住宅1596万平方米。全省房地产税、契税、土地增值税为34.39亿元。

3. 金融业的发展

金融业主要有银行业、保险业和证券业等。贵州银行业主要有中国银行、工商银行、建设银行、农业银行、交通银行等国有银行在贵州设立的分支机构以及从事金融服务的非银行金融机构。从20世纪80年代中期开始，随着金融体制改革的深入，省内城市出现了股份合作性质的城市信用合作社，以后逐步发展成为股份制的城市商业银行，在省内比较有实力的有贵阳银行、遵义市商业银行等，其中贵阳银行已具备上市条件。省外许多城市商业银行也纷纷在贵州各城市设立分支机构，经营人民币业务。中国人民银行贵阳中心支行行使中央人民银行在贵州的管理职能。2010年年末，全省金融机构各项存款余额达7363.92亿元，其中企业存款占28.2%，居民储蓄存款占44.1%，其他存款占27.7%；各项贷款余额为5747.53亿元，其中短期贷款占17.7%，中长期贷款占79.7%。为了应对后国际金融危机的影响，解决贵州建设融资难的问题，成立了省人民政府金融办公室，组建了省水利投资有限责任公司、贵州产业投资公司、贵阳农村商业银行和一批村镇银行。

贵州保险业自20世纪80年代初恢复以来，业务发展较快，国内保险险种发展出300多种。到2010年，一个以股份制商业保险公司为主体、保险中介代理机构为补充的保险产业体系已经形成。全省保险机构发展到883个，其中省级分公司20个、地市级分公司110个、县级支公司328个、办事处或营业部38个、营销服务部387个，全省保险费收入122.63亿元，各项赔付支出31.81亿元。

贵州证券业起步较晚，1988年以前，贵州的证券业由银行经办，1988年贵州证券公司成立，证券业务从银行分离出来，逐步成为独立的证券产业。全省证券专营机构主要分布在贵阳、遵义等地，从事代理证券发行、交易、咨询等业务。2010年，全省有证券经营机构44个，贵州华创证券有限公司系全国A类A级机构，为西南地区3户A类证券公司之一。全省A股、B股、债券交易额达到3383.27亿元，上市公司发展到20户，股票总市值达3075.84亿元，股票投资者累计开户数为50.61万户。

4. 运输业与物流业的发展

贵州运输业包括公路运输、铁路运输、民用航空运输、内河航运。2010年，全省运输业完成货物运输量4.03亿吨，其中公路完成3.14亿吨，铁路完成7991万吨，水运完成910万吨，分别占77.9%、19.8%、2.3%，全省货物运输量以公路运输为主；完成货物周转量1012.2亿吨公里，其中公路完成293亿吨公里，铁路完成706.45亿吨公里，水运完成12.75亿吨公里，分别占28.9%、69.8%、1.3%，全省货物周转量以铁路为主；完成旅客运输量97793万人次，其中公路完成92426万人次，铁路完成3437万人次，水运完成1930万人次，分别占94.5%、3.5%、2.0%，旅客运输量以公路运输为主；完成旅客周转量514.41亿人公里，其中公路完成320.46亿人公里，铁路完成189.38亿人公里，水运完成4.57亿人公里，分别占62.3%、36.8%、0.9%；民用航空完成货物邮件吞吐量6.17万吨，完成旅客吞吐量637.59万人次。以上情况充分说明，在贵州山区，公路运输在运输业中占有重要地位；铁路运输由于过境运输量较大，在全省运输业中占次要地位，水运和民用航空是必不可少的补充。

物流业主要包括产品包装、流通加工、运输、仓储、装卸搬运、配送、库存控制和订单处理、信息服务等在内的社会服务部门，是在原商业储运的基础上发展起来的，1998年改制组成贵州商业储运（集团）有限公司，2002年组建为中邮物流贵州分公司等专业公司；后来相继成立了贵州警通物流、贵州巨丰物流、贵阳市全程物流、穗黔物流、华捷物流等专业物流公司和各种配送中心等开展经营业务。

5. 邮电通信业的发展

邮电通信业包括邮政业和电信业两部分。1999年以前，贵州邮政与电信曾几合几分，1999年以后开分经营。2007年邮政实行政企分开，同时成立贵州省邮政管理局和贵州省邮政公司。邮政公司拥有现代化的实物传递网络，包括6个邮件处理中心、1358个邮政局所，全省邮路总长度达60747公里，贵阳成为西南地区邮路转运枢纽；全省拥有邮政综合计算机网、绿卡网，电子汇总系统与全国联网，有邮政储蓄银行网点635个、汇总网点1009个、商户销售终端机1431台。2010年，全省邮政业务总量达到15.56亿元。

贵州的电信业已具有比较完善的包括装备网、业务网和支撑管理网的电信通信系统，形成具有世界先进水平并与国际接轨，以光导纤维电缆传输为主、数字微波和卫星传输为辅，覆盖全省、联通世界、容量大、技术含量高、企业实力强，在互联网、广播电视网、电信网三网融合中起重大推动作用，综合化、立体化、数字化的现代电信通信网络。电信业务包括固定通信、移动通信、数字通信、图像通信和综合通信等基本业务和增值业务。从 1993 年开始，贵州城镇发展移动电话，1995 年实现全国漫游。“十一五”时期，固定通信和移动通信加快转型，宽带业务和增值业务发展很快。通信企业间进行了资源整合，增强了企业实力。2010 年，全省电话交换机容量达到 3673.01 万门，年末固定电话用户为 432.62 万户、移动电话用户为 1964.41 万户、互联网宽带接入用户为 158.9 万户。

6. 批发零售业和住宿餐饮业的发展

2010 年，全省有限额以上批发法人企业 306 个，商品购进总额为 776.73 亿元，销售额为 1095.34 亿元；有限额以上零售法人企业 494 个，商品购进总额为 423.39 亿元，商品销售总额为 487.38 亿元。全省有商品交易市场 2216 个，其中消费品交易市场 2175 个、生产资料市场 41 个。全省社会消费品零售总额为 1482.68 亿元，其中城镇为 1213.66 亿元，占 81.9%，乡村为 269.02 亿元，占 18.1%。全省有限额以上住宿法人企业 234 个、客房 2.79 万间、床位 5.07 万位，营业额为 20.53 亿元；有限额以上餐饮法人企业 134 个，营业额 11.65 亿元。

（四）全省城镇化跨入加速发展通道

改革开放以来，贵州城镇化进程明显加快。1984 年，凯里撤县设市；1987 年，兴义、铜仁分别撤县设市；1990 年，赤水撤县设市。1991 年，中共贵州省委、省人民政府做出《关于开展建镇并乡撤区工作的指示》，1992 年建镇并乡撤区工作全面展开，除贵阳市、遵义市（红花岗区）、岑巩县、万山特区外，全省 78 个县（市、区、特区）的基层行政区划和机构做了较大调整，撤销了原设的 535 个区，将原来的 84 个区级镇、3757 个乡（包括民族乡）调整为 1402 个乡（镇），其中乡 528 个、民族乡 237 个，建镇 637 个。1992 年，清镇撤县设市。1992 年 8 月，省人民政府做出《关于加快城市建设的决定》，提出了“八五”时期和今后 10 年全省城市建设的目标和任务，全省城镇化步伐逐步加快。1993 年，毕节撤县设市；1995 年，仁怀撤县设市；1996 年，福泉撤县设市；1997 年，撤销遵义地区，设地级遵义市，原县级遵义市改设红花岗区；2000 年，撤销安顺地区，设地级安顺市，原县级安顺市改设西秀区。

“九五”时期，全省城镇化进程出现快速发展势头，特别是小城镇建设取得突破性进展。一是小城镇基础设施不断完善，综合服务功能进一步增强。“九五”期间全省累计投入小城镇建设资金 59 亿元，人均道路面积、人均居住面积、供水普及率等大幅提高。二是市场体系不断形成，第三产业快速发展。三是转移吸纳了大量农村剩余劳动力，农村城镇化进程不断加快。四是投资环境不断改善。五是小城镇规划工作取得较大进展，全省 611 个建制镇全部完成总体规划编制，65.0% 的集镇编制了总体规划。1998 年 2 月，中共贵州省委、省人民政府做出《关于进一步加快小城镇建设的若干规定》，明确以县城和建制镇为重点，以大力发展非国有经济为手段，以大量吸纳农村剩余劳动力为途径，逐步形成以县城为中心，以建制镇为依托，以小康村和专业村为基础，互相联系、各具特色的小城镇网络体系，提出本世纪末下世纪初规划建设好 100 个万人以上规模的小城镇，其中有较强综合实力和示范带动作用的明星城镇 10 个；通过小城镇建设，转移吸纳全省农村剩余劳动力 50 万人以上。1999 年 9 月，省人民政府出台了《关于加快城镇化进程的决定》，提出以建制市和县城等中心城镇为重点，实施城镇化双轮驱动战略，把工业化、信息化与城镇化、城镇物质文明建设与精神文明建设结合起来。到 2000 年，全省有贵阳、六盘水、遵义、安顺 4 个地级市，有黔东南、黔南、黔西南 3 个自治州，有毕节、铜仁 2 个地区；有 56 个县、11 个自治县、9 个县级市、9 个市辖区、2 个特区；有 692 个镇、771 个乡（其中民族乡 253 个）、75 个街道办事处。全省总人口为 3755.72 万人，其中城镇人口 896.49 万人，占全省总人口的 23.9%。

实施西部大开发战略以来，特别是“十一五”时期以来，贵州城镇化已由起步阶段跨入快速发展阶段。在此期间，小城镇建设进一步加快，省政府编制完成了《贵州省小城镇建设“十五”规划》，明确了重点扶持建设的 100 个小城镇名单（包括 68 个县城和 32 个重点镇），其中贵阳市 9 个、遵义市 15 个、六盘水 6 个、黔南自治州 14 个、黔东南自治州 17 个、毕节地区 10 个、黔西南自治州 10 个、安顺市 8 个、铜仁地区 11 个。配合城镇化的发展，2000 年出台了一系列政策措施，大胆改革传统户籍管理制度，凡在城镇有合法稳定收入、有稳定的生活来源、有合法固定住所的人员，均可办理小城镇常住户口；凡在城市、城镇购买建筑面积 60 平方米以上的商品房，且手续完备、证件齐备的，购房者及与其共同生活的直系亲属可随迁办理城市城镇常住户口。到 2005 年，全省城镇人口发展到 1065.29 万人，比 2000 年增加 159.5 万人，年均增加 31.9 万人，与 2000 年相比，年均增加 0.6 个百分点，超过《贵州省国民经济和社会发展第十个五年计划纲要》确定的 25.0% 的目标近 2 个百分点，“十五”期间共转移农村人口 250 万人左右。城镇体系发展加速，与 2000 年相比，新增 1 座大城市（遵义市），都匀、兴义、凯里 3 座城市进入中等城市行列，毕节市、铜仁市接近中等城市规模，六枝、金沙、织金、黔西、桐梓等县城接近小城市规模，岑巩、剑河、红果等新县城规划和建设步入快车道，以县城为重点的 100 个重点城镇发展速度加快，城镇职能不断丰富，形成了一批特色城镇和专业化城镇。以贵阳为中心的经济区和以遵义、安顺为节点的交通轴线成为全省城镇发展最快的地区。六盘水市通过交通水利等基础设施建设和“西电东送”项目的带动，城镇化实现了超常规发展。其他地、州、市所在地城市也已发展成为地区吸纳产业、集聚人口的重要节点。

“十一五”时期全省城镇化的发展坚持以城市规划为依据、以制度创新为动力、以功能培育为基础、以加强管理为保证，按照循序渐进、节约土地、集约发展、合理布局的原则，加快了市、州、地所在地城市的发展，推进以县城为重点的小城镇建设，提高了城镇的综合承载能力，积极稳妥地推进城镇化，促进大中小城镇协调发展。到“十一五”期末，全省有贵阳、六盘水、遵义、安顺 4 个地级市、有黔南、黔东南、黔西南 3 个自治州，有毕节、铜仁 2 个地区；有 56 个县、11 个自治县、10 个市辖区（新增遵义市汇川区）、9 个县级市、2 个特区；有 689 个镇、505 个乡、252 个民族乡、114 个街道办事处。全省城镇数量为 704 座，城镇密度为 0.40 座 / 百平方公里，其中特大城市 1 座（贵阳市）、大城市 1 座（遵义市）、中等城市 6 座（六盘水市、安顺市、都匀市、兴义市、凯里市、毕节市）、小城市 5 座（铜仁市、仁怀市、赤水市、清镇市、福泉市）、小城镇 691 座（含重点城镇 100 座，县城 69 座）。按第六次全国人口普查资料，全省居住在城镇的人口为 1174.78 万人，占全省常住人口的 33.8%，与 2005 年相比，增加 6.9 个百分点。

2010 年 10 月，中共贵州省委、省人民政府制定和实施“城镇化带动”战略，总体思路为：以科学发展观为指导，深入实施西部大开发战略，立足贵州实际，按照统筹规划、合理布局、完善功能、以大带小的原则，遵循城市发展的客观规律，以大城市为依托，以中小城镇为重点，促进大中小城市和小城镇协调发展；实施黔中城镇群重点突破，全面强化中心城市的集聚与辐射能力，形成中心集聚、轴线拓展的集约组团发展态势，形成带动全省加快发展的重要增长极，同时大力发展一批区域中心城市，积极培育快速铁路和高速公路网络节点中小城市；突出自然、历史、文化和民族特色，努力建设一批交通枢纽型、旅游景点型、绿色产业型、工矿园区型、商贸集散型、移民安置型等各具特色的小城市和小城镇。实施“城镇化带动”战略，就是要通过加快推进城镇化带动全省固定资产投资的增长和消费水平的提高，带动生产要素的集中集聚和资源的优化配置，带动第二、三产业加快发展和发展方式的转变，带动农业增效、农民增收和农民进城进镇、城乡一体化发展。到 2011 年末，全省已编制完成《贵州省城镇体系规划纲要（2011～2030）》和《黔中经济区核心区空间发展战略规划》，编制并启动实施了《贵州省“十二五”城镇发展专项规划》，市、州中心城市近期建设地区控制性详细规划实现全覆盖。毕节地区、铜仁地区经国务院批准撤地设市，原县级毕节市和铜仁市分别改设七星关区和碧江区。2011 年年底，全省城镇化率达到 35.0%，比上年提高 1.2 个百分点。

第二章　贵州城镇发展的现状与特点

经过解放以来特别是改革开放以来的发展，贵州城镇建设成就巨大，城镇面貌焕然一新。全省建制市由解放初期的 2 个、1978 年的 5 个发展到 2011 年的 13 个，其中地级市 6 个、县级市 7 个；按规模分，有特大城市 1 座、大城市 1 座、中等城市 6 座、小城市 5 座，有小城镇 691 座；城镇密度为 0.40 座 / 百平方公里。全省城区面积为 4103.09 平方公里，占全省总面积的 2.33%；其中建成区面积为 972.99 平方公里，占全省建成区面积的 23.71%。按第六次全国人口普查资料，居住在城镇的人口为 1174.78 万人，占全省总人口的 33.8%。2011 年，全省城镇人口达到 1212.76 万人，城镇化率达到 35.0%。城镇基础设施建设成效显著，综合承载能力明显增强。

第一节　城镇规划

城镇规划是研究城市未来的发展方向、城市的布局以及综合安排城市各项工程建设的部署，是城市建设和管理的依据。贵州城镇规划的雏形始于元、明、清时期修建城墙时对街市及主要建筑的粗略安排。贵州解放后，特别是改革开放以来，城镇规划逐步走上了正常化、法制化的轨道，为全省城镇的建设和发展提供了可靠的依据。

一、计划经济体制下的城镇规划

（一）“一五”时期贵州城镇规划

贵州从 1953 年开始执行发展国民经济的第一个五年计划（简称“一五”

计划），随着地方小型建设项目的增加，城镇发展的需要和布局，编制控制性规划成了必然要求，因此，决定由当时的城市建设管理处负责城镇规划的编制和管理。为了配合新建厂矿选址定点，对拟建项目的地区，包括贵阳市郊的鸡场、沙子哨、麦架桥、乌当、洛湾，平坝县的羊昌河、马场、羊艾，炉山县的凯里等地区搜集资料，测绘地形图，进行建厂和城镇建设规划。由于当时贵州城市用地较为紧张，规划中规定每人居住用地 14 平方米、公共建筑用地 12 平方米、道路广场用地 9 平方米、绿化用地 5 平方米，共计 40 平方米。

贵阳市从 1953 年开始编制城市规划。1955 年和 1956 年，中央城市设计院曾两次派工作组到贵阳市协助编制城市规划，并于 1956 年初步编制完成。1957 年，贵阳市进行了云岩小区详细规划和甘荫塘、鸡场、沙子哨、麦架桥及惠水县等地的厂址选择方案和初步规划。

遵义市从 1954 年开始进行初步规划，1956 年，苏联专家协助遵义市做出了规划示意图。

（二）“大跃进”时期贵州城镇规划

1958 年，贵州省编制完成《贵州省区域规划初步方案》。该方案根据国家和贵州工业建设的需要，优先发展铁路、公路、水利、电力等基础设施建设，并相应进行城镇和居民点建设；同时将贵州划分为贵阳、遵义、都匀、安顺、威宁、凯里、铜仁 7 个经济区，分别进行工业企业分布规划、城市居民点分布规划、水利资源综合利用规划、交通运输规划、电力系统规划等。由于处于“大跃进”时期，该规划方案的不少内容脱离了当时的客观实际。但可以肯定的是，通过《贵州省区域规划初步方案》的编制，对全省建设条件有了初步了解，并初步进行了平衡和经济技术论证，为工业重大项目如贵州铝厂、贵阳钢铁厂、水城煤矿、水城钢铁厂、水城水泥厂、凯里电厂等的建设提供了较为详尽的资料。

1959 年，在坚决地全面贯彻执行党的“鼓足干劲，力争上游，多快好省地建设社会主义的总路线”指导下，全省共完成小区域规划 3 项、城市初步规划 3 项、城市总体规划修改 9 项、郊区规划 2 项、干道规划 8 项、市中心规划 2 项、小区及街坊规划 32 项、县镇规划 6 项、人民公社建设总体规划 5 项、人民公社居民点规划 9 项、其他规划 12 项。各项规划大都偏大求快，不切合实际。

在持续“大跃进”的形势下，1960 年贵州计划对省内 64 个工业点和 537 个人民公社进行总体规划，制订了《贵州省城乡规划工作纲要十五条》作为指导规划编制的依据，要求农村人民公社规划必须体现消灭城乡差别，政社合一，工农商学兵五位一体，农林牧副渔全面发展，并且实现公社工业化、耕作田园化，以及机械化、电气化、水利化、化肥化等要求。农村居住条件要“砖石化”，家家有电灯，户户有自来水，队队通电话，道路四通八达。

这一时期，城乡规划逐步转入人民公社规划和县联社规划。1960 年 4 月，中共贵州省委批转省建工厅党组《关于开展人民公社经济建设规划科学研究工作的报告》，明确要求：第一，总体规划以农业为中心，全面安排县联社及人民公社（含工、农、林、牧、副、渔在内）的农业区域规划。第二，城镇规划应进行县联社及公社范围内的并村定点规划及县城（公社）中心居民点为主的城镇修建规划。

（三）国民经济恢复时期贵州城镇规划

为了纠正“大跃进”的失误，20 世纪 60 年代初，中央提出“调整、巩固、充实、提高”的八字方针。在“八字方针”指导下，1960 年 9 月，贵州在“大跃进”期间编制的规划停止执行；同年 11 月，全国计划会议宣布“三年不搞城市规划”。贵州虽未正式传达贯彻，但精简了人员，保留了机构，规划工作进入了调整时期。

1963 年，国务院要求各大、中城市结合编制发展国民经济第三个五年计划（简称“三五”计划），修改现有的城镇总体规划，并编制近期建设的详细规划。在这一要求下，贵阳市和遵义市重新着手修改原来的总体规划。贵阳市编制了遵义路、环城东路、瑞金路、白云镇的详细规划；遵义市编制了纪念馆区的详细规划，并先后付诸实施。

（四）“三线”建设时期贵州城镇规划

从 1964 年下半年开始，按照中央的部署，贵州开展了大规模的“三线”建设，在“三线”建设中，大量的沿海和内地企业及国防科技工业向贵州搬迁。全省工业分布以贵阳为中心沿黔桂、川黔、贵昆、湘黔 4 条铁路干线展开，形成了以六盘水、遵义、安顺、都匀、凯里为副中心的一批工业基地。这一时期，城镇规划工作在配合选址定点、编制工矿区规划等方面做了大量工作。按照“三线”建设的指导思想和战争需要，选点、布局遵照“分散、靠山、进洞”及“先生产、后生活”的原则，将多数工厂分散于远离城镇的山区，给企业生产和职工生活带来了严重困难。

“文化大革命”中，城镇规划机构被撤销，城镇规划工作处于停滞状态。

1975年，省建筑设计院成立规划市政设计室，贵州又有了省一级的专职规划编制机构。此后，贵州省基本建设委员会多次召集各市和部分县建设部门共同研究贵阳、遵义、安顺、赤水、思南等城镇的总体规划，推动城市总体规划编制工作的开展。当时规划的总体要求是：有利于“工农结合、城乡结合，有利生产、方便生活”；有利于消灭“三大差别”；有利于巩固无产阶级专政。具体内容包括城市的建设规模、工业布局、旧城改造、市政建设、环境保护、平战结合等方面。

二、改革开放后的城镇规划

中共十一届三中全会以后，贵州经过拨乱反正，逐步把工作重点转移到以经济建设为中心的轨道上来。为了充分发挥城市组织经济活动的作用，城镇建设提上了重要工作日程，逐步纳入发展国民经济五年计划，城镇规划工作也日益加强并逐步走上正常化、法制化轨道。

（一）城镇规划逐步走上正常化轨道

1979年11月，贵州省人民政府成立了贵州省城镇规划研究院；1980年9月，成立了贵州省城市规划领导小组和贵州省城市规划审查委员会。自此，贵州省有了省一级的规划领导机构和工作机构。

1981年2月，贵州省召开了全省城镇规划工作会议，会议着重研究了城镇规划的编制、审批和实施问题。会议要求健全各级城市规划设计管理机构，尽快把各市和县城的城镇总体规划编制出来。从此全省各市、县总体规划的编制工作全面展开。

1983年，省建设厅、省编委、省财政厅联合通知各地、州、市、县成立规划设计室；各地、州规划设计室的编制一般为30人，其中规划15人；各县（市、特区）规划设计室的编制一般为10人，其中规划5人；贵阳市、六盘水市的机构和人数由两市自定。自此，全省各市、州、地和各县（市、特区）有了专门的规划机构和人员。

根据1981年全省城镇规划工作会议的要求，到1985年底，全省各市和绝大部分县城已完成总体规划的编制和报批，转入实施总体规划，加强规划管理，编制分区规划、详细规划和集镇规划。省级有关部门自 1985 年起，先后进行了全省城镇体系规划、“五大经济区”（黔中经济区、黔东北经济区、黔西北经济区、黔东南经济区、黔西南经济区）开发规划、南北盘江综合开发区规划、六盘水综合开发区规划、乌江干流沿岸地区国土规划和部分县的县域规划。除城镇体系规划外，其余规划都是以经济发展为主，兼有城镇布局和建设内容。

1986 年，贵州省共编制城镇规划 79 个（城市 6 个、县城 73 个），其中各级人民政府已批准的有贵阳市、遵义市、都匀市、安顺市、凯里市等城市规划 5 个和县城规划 40 个；编制完成上报待批的有六盘水市和 14 个县城；已经完成待整理上报和已上报待审查的有 19 个县城。至 1986 年，累计编制村镇总体规划 1213 个，其中贵阳市 35 个、六盘水市 38 个、遵义地区 23 个、安顺地区 273 个、黔西南自治州 185 个、铜仁地区 176 个、毕节地区 86 个、黔南自治州 223 个、黔东南自治州 174 个。

截至 1989 年年底，除罗甸县总体规划和遵义市历史名城保护规划外，全省所有市、县总体规划均经省人民政府审批完毕。全省的村镇建设工作已从自发状态逐步走上了有领导、有计划、有步骤建设发展的轨道。

（二）城镇规划走上法制化轨道

1989 年 12 月，《中华人民共和国城市规划法》（以下简称《城市规划法》）颁布，1990 年 4 月 1 日起施行。1990 年 6 月，省建设厅在都匀召开全省城市规划管理工作会议，研究实施办法。1991 年 1 月，贵州省人大常委会通过《贵州省〈中华人民共和国城市规划法〉实施办法》（以下简称《实施办法》）。《实施办法》明确规定：编制城市规划必须贯彻勤俭建国的方针，从本省实际出发，合理用地、节约用地，保护和改善生态环境，正确处理近期建设和远景发展的关系，坚持适用、经济的原则，力求经济、社会、环境效益的统一；城市新区开发和旧区改建必须在城市规划的指导下遵循“统一规划、合理布局、因地制宜、综合开发、配套建设”的原则及有关规定。同时明确了实施《城市规划法》的法律责任。从此，贵州的城市规划走上了有法可依的法制化轨道。

为了广泛开展《城市规划法》的宣传教育，1995 年《中华人民共和国城市规划法》颁布施行 5 周年之际，贵州省开展了“城市规划年”活动，全省各级人民政府和建设行政主管部门采取多种形式开展宣传活动，进一步引导广大干部和群众学习规划法，增强法制观念、城市整体意识和城市规划意识。

为了保证《城市规划法》的实施，在开展广泛宣传教育活动的基础上，省人民政府办公厅、省建设厅、省人民政府法制办公室、省监察厅、省国土资源厅于 2001 年 9 月共同组成省人民政府城市规划执法检查组，对全省 13 个建制市和贵定、遵义、兴仁、万山 4 个县城进行了城市规划法执法大检查。通过执法大检查，使上述城市和县城领导和居民的规划意识和法制意识明显增强，违法违规建设得到初步遏制，城市规划的编制工作取得较好的进展，国家工程建设标准强制性规定得到认真的贯彻。

随着城镇化进程的加快，对城市规划管理水平提出了新的、更高的要求。2003 年 9 月，贵州省人民政府下发了《关于深化我省城市规划管理体制改革有关问题的通知》，明确了贵州省城市规划管理体制改革的近期目标是适应我省城市建设与发展、加快城镇化进程和全面建设小康社会的需要，从体制、机制、决策、审批、执行、监督等环节入手，力争通过 3~5 年努力，在全省基本形成规划管理体系比较完善、管理权限划分比较合理、管理方式比较科学、管理运作机制比较规范，并有相应规划管理人才支撑的与全省城市规划管理和建设任务相适应的城市规划管理体制。为了实现上述改革目标，制定了相应的指导原则和具体措施。

在《城市规划法》的指导下，贵州城镇规划编制工作进展顺利。1998 年，全省第二轮城镇总体规划修编工作全部完成，开始进行控制性、修建性详细规划的修编和履行总体规划的申报工作，完成了《贵州省城镇体系规划（2001~2020 年）》上报。2000 年，全省各地不断加大城市规划力度，完成施秉、纳雍、沿河、大方、都匀、荔波、金沙、万山老山口新区等 10 个城镇的总体规划和凯里经济开发区总体规划报批工作，完成铜仁、册亨总体规划，兴义、金沙控制规划，凯里开发区总体规划及望谟县绿化专项规划的审查。

截至 2002 年底，全省县城以上城镇和城市的总体规划第二轮修编全部完成，81.3% 的建制镇和 57.1% 的集镇编制了总体规划。全省设市城市详细规划覆盖率达 40.0%，县城详细规划覆盖率达 30.0%，贵阳市建成区控制性详细规划全部完成。2002 年 2 月，国务院批准实施《贵州省城镇体系规划（2001~2020 年）》。该规划明确规定了全省经济社会发展战略、城镇发展战略、城镇体系布局规划、经济和社会保障系统规划、重点开发地区城镇的发展、实施城镇体系规划的主要政策及措施等。根据该规划，到 2020 年，贵州城镇化水平将达到38.3%，城镇人口达到1800万；城镇建设用地中利用非耕地比重达到30.0%左右；城镇居民人均居住面积达到20平方米。全省将建成36个城市，城镇分布密度大约是每百平方公里0.51座，形成以贵阳为中心，以贵昆铁路和湘黔铁路等为横向城镇发展轴，以川黔铁路和黔桂铁路为纵向城镇发展轴的“十”字形全省城镇布局。以贵阳为中心，带动全省城镇建设和发展，初步形成各类城镇功能明确、布局合理、结构完善、发展协调的省域城镇体系。

2005年，省建设厅组织编制了《贵州省“十一五”城镇化发展专项规划》，开展了贵阳城镇密集区城镇协调发展规划编制工作，并完成了初步规划方案；继续开展各市（州、地）城镇体系规划编制工作，其中《安顺市域城镇体系规划》已经省人民政府批复实施，《六盘水市域城镇体系规划》、《黔南州域城镇体系规划》经省城市规划审查委员会审查通过，拟报省人民政府批复实施，《遵义市域城镇体系规划》、《黔西南州域城镇体系规划》、《毕节地区区域城镇体系规划》已经专家评审通过。全省稳步开展了第三轮城市总体规划修编工作。经省人民政府和地级市人民政府批准的城市总体规划有5个，已报省人民政府待批的有8个，经省城市规划审查委员会审查拟报省人民政府审批的有13个，已经专家评审通过的有4个，正在编制的有15个。截至2005年底，全省小城镇详细规划覆盖率达20%以上，设市城市详细规划覆盖率平均达70%，贵阳市达100%。

（三）《贵州省“十一五”城镇发展专项规划》编制完成

《贵州省“十一五”城镇化发展专项规划》（以下简称《专项规划》）是贵州省城镇规划的重要组成部分，是贵州省“十一五”期间城镇化发展的蓝图，2005年由贵州省建设厅编制完成，2006年经省人民政府批准实施。

《专项规划》要求以邓小平理论和“三个代表”重要思想为指导，以科学发展观为统领，以构建和谐社会为目标，坚持以城市规划为依据、以制度创新为动力、以功能培育为基础、以加强管理为保证，按照循序渐进、节约土地、集约发展、合理布局的原则，加快各市、州、地所在地城市发展，推进以县城为重点的小城镇建设，提高城镇综合承载能力，积极稳妥地推进城镇化，建立有利于农村人口转化为城镇人口的制度和机制，走多元化的城镇化发展道路，促进大中小城市协调发展，加快形成全省城镇发展新格局。

《专项规划》提出了未来5年全省城镇化发展目标：到2010年，力争全省城镇化水平提高到35%左右。

在城镇体系建设方面，《专项规划》提出，到2010年，形成以1座特大城市（贵阳市）、2座大城市（遵义市、六盘水市）为龙头，6座中等城市（安顺市、凯里市、都匀市、兴义市、毕节市、铜仁市）、12座小城市（清镇、赤水、福泉、仁怀、红果、六枝、贵定、黔西、惠水、金沙、镇远、桐梓）、61座县城和其他重点城镇为支撑的规模等级适当、职能类型丰富、空间布局合理的城镇体系骨架；做好毕节地区、铜仁地区撤地设市工作，力争全省不少于8个县完成撤县设市或撤县设区工作；大中小城市和县城的基础设施逐步完善，城镇环境质量逐步改善，服务水平逐步提高，城镇功能及环境承载力明显提高。

《专项规划》提出了“十一五”时期全省城镇化发展的主要任务：

1．形成较为合理的城镇体系结构，优化城镇空间布局

第一，调整和优化城镇体系结构。到2010年，全省基本实现“一圈、两轴、一带”的城镇体系空间布局格局。一圈：依托贵阳城市经济圈，大力发展以贵阳市中心城区为核心、以众多中小城镇为支撑、城镇化水平较高、城镇集聚强度较大、城镇经济较为发达的城镇密集区，建设全省城镇化发展高地。两轴：把川黔铁路、黔桂铁路、遵崇公路、贵新公路作为全省经济布局与城镇集中布局的纵轴，把株六铁路复线、贵昆铁路、沪（上海）昆（昆明）公路贵州段作为横轴，以贵阳市、遵义市、六盘水市、安顺市等中心城区为节点，不断提高沿线城镇的等级和规模，强化通道经济分工和产业发展，提高城镇服务功能，强化资源共享和综合协调，形成贵州省经济发展势头良好、产业集聚、人口相对集中、竞争力较强的经济布局轴线和产业城镇带。一带：结合贵州省西部毕节—六盘水—兴义沿线产业经济布局，依托毕节市、六盘水市、兴义市等中心城区和沿线产业型城镇、交通型城镇等特色城镇，增强城镇规划和产业布局规划的衔接，加强城镇基础设施建设和矿区环境整治，争取基础设施共建共享，推动形成贵州西部的毕水兴城镇带。

第二，完善省域中心城市（贵阳市中心城区）和次中心城市（遵义市、六盘水市）的城市功能。通过发展城市新区拓展城市发展空间，优化城市布局。到2010年，通过突出生产中心功能、强化集散中心功能、完善服务中心功能、培育创新中心功能等努力，贵阳市城市人口力争达到180万人左右，遵义市中心城区达到70万人左右，六盘水市发展到50万人，贵阳市、遵义市、六盘水市中心城区在全省经济社会和城镇体系发展中的核心作用得到充

分发挥。

第三，积极发展中小城市。对于功能单一但具备良好发展条件的中小城市，要培育发展成为综合性城市，进一步扩大安顺、都匀、凯里、毕节、兴义、铜仁等地区中心城市的规模，增大城市容量，到2010年，力争达到30万~40万人的规模；现有县级市及10~15个县城达到10万~20万人规模，城镇经济实力明显增强。

第四，切实抓好有条件的小城镇发展。抓好县城及部分基础条件好、发展潜力大的建制镇发展。巩固以县城为重点的100个重点小城镇的建设成果，不断吸引民间投资和外来投入，增加政府投入，壮大城镇经济，逐步完善城镇功能，提高城镇基础设施的承载能力，改善人居环境；充分发挥城镇对农村、农业和农民的服务功能。

2. 大力发展城镇经济，丰富城镇职能

第一，城镇经济发展重点。结合以“西电东送”为重点的能源资源开发，以交通、水利为重点的基础设施建设、大型产业布局和生态建设等项目的实施，有序引导和发展能源工业、重化工业、生物制药、绿色生态食品、农产品精细加工等。依靠科技进步提升传统产业发展质量，用清洁生产技术改造能耗高、污染重的传统产业，大力发展节能、降耗、减污、增效的高新技术产业，促进城镇产业结构的调整和经济总量的提高；加快发展城镇建筑业、房地产业，进一步壮大城镇经济；利用旅游资源优势，结合国家拟定的红色旅游重点线路，培育旅游产业，发展旅游城镇。

第二，综合型城市的经济发展。在提升贵阳市劳动密集型产业技术水平的基础上，着力发展电子电器、信息技术产业、高新技术产业、生物制药、航空航天、光电化一体化等现代产业，形成全省的产业研发基地。实施大企业带动战略，打造有条件、实力较强的大型企业集团。加快企业技术创新能力建设，大力发展附加值高、就业容量大、经济效益好的新型工业以及其他都市型工业，增强城市整体竞争力。建设城市产业集聚区和创业基地，发展企业联合，推行循环经济，提高产业效益、降低消耗、减少污染物排放、实现资源综合利用，优化产业、产品结构，争取在“十一五”期间把贵阳建成在全国西部地区具有较强影响力的城市。六盘水市、遵义市等生产基础较好的大城市应广泛利用高新产业技术和适用技术推动传统产业的技术改造、更新和升级，努力振兴装备制造业。充分依托资源优势，推行循环经济，创新产业发展模式，推进增长方式实现根本性转变。大力支持贵阳、遵义、六盘水等城市优先发展服务业，充分发挥集聚程度高、辐射能力强的优势，促进服务业升级和布局优化。安顺、毕节、兴义、凯里、都匀、铜仁等中小城市要积极发展有优势的劳动密集型工业和为中心城市配套的工业，大力发展加工业和特色产业。结合重大能源建设项目、大型基础设施等的建设，发展煤电、煤化、建材、烟草医药、食品轻工等产业，增强城市之间的生产联系，延长上、下游产业链。

第三，特色型城镇的经济发展。小城镇要注重为农业、农村和农民提供服务。大力发展农业型城镇，吸引农业产业化龙头企业和乡镇企业在镇区集中布局，大力发展农产品市场和农产品加工业，形成本地的农产品加工基地和一定辐射范围的农产品集散地，以及农业信息、技术服务中心。同时，加快发展以下几类特色小城镇：一是交通枢纽型城镇；二是旅游服务型城镇；三是绿色产业型城镇；四是工矿资源型城镇；五是商贸集散型城镇；六是历史民族文化型城镇。

第四，城郊农业发展。积极推进和加快城郊农业发展。一是充分表现城郊农业产品的消费型和休闲观光型品质；二是充分发挥城郊农业的经济功能、社会功能和生态功能；三是充分发挥城郊农业的市场功能和对农村的反哺作用。

3. 不断完善城镇设施，改善城镇环境

第一，继续完善城镇基础设施。利用国家继续加大对西部地区城镇基础设施建设投入政策，建立全省城镇基础设施建设项目库，合理安排建设项目和分配建设资金，不断完善城镇基础设施，保证城镇生产生活环境持续好转。大力加强城镇基础设施建设，到 2010 年，县城以上城镇道路硬化率达到 100%，人均道路面积 9 平方米，人均公共停车场面积 0.8 平方米；交通干线上的建制镇基本实现场路分开；大力发展城镇公交系统，争取每 1500 人达一辆标准公共汽车水平；全省县城供水普及率达到 96% 以上，地区中心城市和贵阳市城市供水普及率为 100%，中心城市和县城以上城镇基本完成供水管网改造；发展节水企业和鼓励中水利用；加强城镇供水安全保障系统建设，每个地州市建成 1 个水质监测点，确保供水安全、可靠；县城以上城镇燃气化率达到 50%~60%，其中城市燃气化率达到 70%~80%。

第二，加强城镇公共设施建设。着力改善小城镇办学条件，在健全初中阶段教育的基础上，有条件的地区应形成高中阶段的教育基地。合理规划和配套建设城镇图书馆、博物馆、文化馆、影剧院、体育场馆等公共设施。强化城镇的文化中心功能，完善城镇医疗服务和预防保健设施，满足居民多样化的需求。

第三，加强城镇公共安全设施建设。树立安全意识，重视城镇的公共安全设施建设。建立城镇安全预警系统，提高城镇安全应急管理水平；加强抗震、防火、防洪、防疫、防地质灾害以及其他城镇灾害的设施建设，提高城镇防灾减灾综合能力。

第四，加大环境整治力度，大力改善城镇环境。一是强调规划引导，重视环境保护。二是落实全省生态建设总体布局思路，加快城镇生态治理。三是强化城镇污染综合治理，到 2010 年，县城以上城镇污水平均处理率不低于 50%，其中中小城市的污水处理率不低于 60%，特大城市和大城市的污水处理率不低于 70%，县城以上城镇生活垃圾集中收运率达到 90% 以上，生活垃圾无害化处理率达到 100%。四是保护好城镇中现有的河流、水塘湿地，大力建设山头公园绿地，到 2010 年，县城以上城镇建成区园林绿地率提高到 30% 以上，绿化覆盖率提高到 34% 以上，人均公共（公园）绿地不低于 5 平方米，其中城市人均公共（公园）绿地不低于 7 平方米。五是通过“黄果树杯”竞赛等手段，大力开展“整脏治乱”工作，支持有条件的城市申报人居环境范例奖。

第五，城镇住房建设。到 2010 年，城镇新建住宅 7610 万平方米，新建住房成套率达 100%，城镇人均住房建筑面积达 25 平方米。

（四）“十一五”时期的城乡规划

2006 年，贵州省建设厅、监察厅成立了城乡规划效能监察工作领导小组办公室，制定了《贵州省城乡规划效能监察工作程序》、《贵州省建设厅监察厅城乡规划效能监察领导小组办公室工作规则》和《贵州省城乡规划效能监察工作考核标准》。各市（州、地）比照贵州省建设厅、监察厅的模式，相继成立了当地的城乡规划效能监察领导小组及办公室。

制定了《贵州省城市规划公示制度》，省级专职规划督察员已逐步到位，各地城镇规划委员会及办公室相继成立并开展工作。“十一五”时期，贵州省城镇规划委员会派驻规划督察员由聘任制向专任制、由不定期巡察制向驻察与巡察相结合方式的转变。

为加强城乡规划管理，协调城乡空间布局，改善人居环境，促进城乡经济社会全面协调可持续发展，根据《中华人民共和国城乡规划法》和有关法律、法规的规定，结合贵州实际，2009 年 9 月 25 日，《贵州省城乡规划条例》（以下简称《城乡规划条例》）经贵州省第十一届人民代表大会常务委员会第十次会议通过，自 2010 年 1 月 1 日起施行。该条例共 6 章 57 条。按照该条例规定制定和实施城乡规划，应当遵循城乡统筹、合理布局、节约土地、集约发展和先规划后建设的原则，改善生态环境，促进资源、能源节约和综合利用，保护耕地等自然资源和历史文化遗产，保持地方特色、民族特色和传统风貌，防止污染和其他公害，并符合区域人口发展、国防建设、防灾减灾和公共卫生、公共安全的需要；城市和镇应当依法制定城市规划和镇规划；贵州省人民政府城乡规划主管部门负责全省城乡规划管理工作，县级以上人民政府城乡规划主管部门负责本行政区域内的城乡规划管理工作。该《城乡规划条例》还对城乡规划的制定、城乡规划的实施、城乡规划的监督检查以及法律责任等环节做出了具体的规定。

"十一五"期间，贵州省编制完成了《贵州省城镇体系规划纲要（2011~2030）》和《黔中经济区核心区空间发展战略规划》，编制并启动实施了《贵州省"十二五"城镇化发展专项规划》，市、州中心城市近期建设地区控制性详细规划实现全覆盖，乡村规划编制工作加快推进。全省有 11 个设市城市、45 个县总体规划修改完成；976 个乡镇编制总体规划，2117 个行政村编制村庄整治规划；16 个历史文化名城（名镇、名村、名街区）编制保护规划；8 个国家级、26 个省级风景名胜区总体规划批复实施。

2006 年，望谟、兴仁、从江、三穗、雷山、万山、丹寨、兴义、印江、纳雍、贵定、织金、金沙、麻江、赫章、惠水、德江、赤水、安龙等 19 个城市（县城）总体规划经贵州省人民政府批准实施。六盘水、都匀、沿河、玉屏、松桃、桐梓、荔波等 7 个城市（县城）的总体规划由贵州省建设厅和当地政府组织专家评审通过。各地均不同程度地加强了城市详细规划编制工作，共组织编制城市详细规划及专项规划 388 项。铜仁、印江、惠水、纳雍、金沙、剑河等 6 个城市的绿地系统规划通过评审。

2007 年，6 个县城总体规划经专家评审通过，3 个县（市）的总体规划和遵义市历史文化名城保护规划经贵州省政府批准实施。45 个县（市）第三轮城市总体规划修编经审批实施，设市城市详细规划覆盖率达 70%，8 个历史文化名城（名镇）保护规划经审批实施。

2008 年，贵州省人民政府批准实施都匀、赤水、松桃、荔波、玉屏、威宁、石阡 7 个县市总体规划；评审通过凯里、榕江、正安、普定 4 个县市总体规划修编和《贵阳城镇密集区城镇协调发展规划》、《贵州省城镇体系发展战略研究》；评审通过贵阳市、遵义市、安顺市、仁怀市4个市总体规划修编纲要和织金县、赤水市绿地系统规划；贵州省人民政府批准实施习水县土城古镇保护规划，评审通过西秀区旧州镇、黎平县德凤镇历史文化名镇保护规划及镇远县城沿河城市风貌整治规划。

2009年，《贵州省城市和镇控制性详细规划编制与实施管理暂行办法》等规定出台，安顺等城市规划管理技术规定修订完善。贵阳市城市总体规划报贵州省人民政府待转报国务院审批，毕节、大方、思南等市（县）总体规划报贵州省人民政府待批。安顺市城市总体规划经贵州省城镇规划委员会审查通过，遵义、铜仁、凯里、平坝等12个市县总体规划评审通过，瓮安、龙里两县总体规划经贵州省人民政府批复实施。完成小城镇总体规划62个。

2010年，全省有开阳等17个县（特区）人民政府所在地镇总体规划由贵州省人民政府审批，《贵州省城市和镇总体规划修改工作规则》出台。遵义市、安顺市、铜仁市等7个市县总体规划及黎平县德凤镇、西秀区旧州镇、印江县木黄镇等历史文化名城（名镇）保护规划批准实施。三都县怎雷村、西秀区鲍屯村、雷山县上郎德村、务川县龙潭村等4个村列入中国第五批历史文化名村。设市城市近期地区控制区详细规划和综合交通体系规划编制顺利推进，编制完成70余个村镇规划。

第二节　城镇建设

一、城市基础设施建设

改革开放前，贵州城市建设相对滞后，城市基础设施不完善，严重影响了城市功能的发挥。1978年，全省城市道路只有184公里、城市道路面积152万平方米，年末实有公交运营车辆326台，城市供水综合生产能力只有每日14万立方米，年供水量仅为5389万吨，行路难、乘车难、用水难的状况十分突出。全省城市园林绿地面积只有1538公顷，有城市公园8座，公园面积814公顷。城市环境卫生较差，1979年，城市公共厕所只有229个，城市清扫保洁面积仅为108万平方米。

改革开放以后，全省城市建设受到各级党政部门的高度重视，城市建设投入逐年加大。实施西部大开发战略以来，随着城镇化进程的快速推进，全省城市基础设施建设成效显著。到2010年，全省城区面积发展到4103.09平方公里，其中建成区面积达到972.99平方公里，比1981年的76平方公里增加896.99平方公里，建成区占城区面积的23.71%，每年平均增加30.93平方公里。各市建设情况见表1–1。

表1–1　　贵州城市建设（2010年）

城市	城区面积（平方公里）	建成区面积（平方公里）	建成区面积占城区面积（%）
贵阳市	414.77	162.00	39.05
六盘水市	129.00	38.50	29.84
遵义市	220.00	62.00	28.18
安顺市	109.48	32.00	29.23
铜仁市	23.50	23.00	97.87
兴义市	73.40	28.50	38.83
毕节市	43.87	20.00	45.59
凯里市	92.04	37.00	40.20
都匀市	301.50	14.69	4.87
清镇市	51.60	17.67	34.24
赤水市	91.00	9.00	9.89
仁怀市	89.00	10.00	11.23
福泉市	19.20	9.60	50.00

资料来源：《贵州统计年鉴》。

2010年，全省城市供水综合生产能力达到352.11万立方米，比1978年增加330.11万立方米，平均每年增加10.65万立方米；供水管道达到9376公里，年供水总量达到6.36亿立方米；用水人口达到880.83万人，用水普及率达到86.5%，比1986年提高15.8个百分点。各市用水情况见表1–2。

城市燃气从无到有，1991年供气总量为493万立方米；2000年生产人工煤气，当年生产能力为45万立方米/日。2010年人工煤气生产能力为191.8万立方米，燃气管道3207.5公里；全年供气总量：人工煤气2.7亿立方米，天然气3546万立方米，石油液化气94481吨；用气人口达到554.35万人，燃气普及率为54.5%。各市用气情况见表1–3。

表 1-2　　　　贵州城市供水（2010 年）

城市	年末供水综合生产能力（万立方米 / 日）	全年供水总量（万立方米）	用水人口（万人）
贵阳市	126.60	24397.74	209.18
六盘水市	10.00	2191.00	31.00
遵义市	23.40	5455.00	72.89
安顺市	9.73	142.80	43.45
铜仁市	13.50	1498.40	22.00
兴义市	13.76	1664.00	28.33
毕节市	14.90	1339.49	19.50
凯里市	8.22	1655.12	22.98
都匀市	11.80	1781.68	754.26
清镇市	2.50	543.20	11.97
赤水市	2.00	348.00	8.20
仁怀市	3.00	698.00	12.00
福泉市	1.72	788.29	6.85

资料来源：同表 1-1。

表 1-3　　　　贵州城市燃气（2010 年）

城市	人工煤气生产能力（万立方米 / 日）	全年供气总量			用气人口（万人）
		人工煤气（万立方米）	石油液化气（吨）	天然气（万立方米）	
贵阳市	180.00	22364.00	36000.00	1826.07	207.77
六盘水市	6.00	3628.00			25
遵义市			10170.00	880.00	54.32
安顺市			3750.00	5.10	11.36
铜仁市			1885.10		8.00
兴义市			2582.20	3.16	9.65
毕节市	4.80	98.00	480.00		3.56
凯里市			6137.58	66.24	20.06
都匀市			1636.48		17.00
清镇市	1.00	873.00			5.4
赤水市			250.00	765.92	5.95
仁怀市			415.00		5.13
福泉市			465.52		4.45

资料来源：同表 1-1。

市政设施建设成效显著。2010年，全省城市道路达到4081公里，比1978年增加3897公里，平均每年增加125.71公里；城市道路面积达到6342万平方米，比1978年增加6190万平方米，平均每年增加近200万平方米，人均道路面积达到6.23平方米；城市排水管道达到5507公里，比1978年增加5293公里，平均每年增加170.7公里；2001年开始建设污水处理设施，当年污水处理能力达到170.5万立方米；城市桥梁达到735座；城市路灯由1979年的6196盏增加到2010年的32万盏。各市市政设施建设情况见表1–4。

表1–4　　贵州城市市政设施（2010）

城市	年末道路长度（公里）	年末道路面积（万平方米）	城市桥梁（座）	城市污水管道（公里）	污水处理能力（万立方米/日）	城市路灯（千盏）
贵阳市	872.0	1347.6	174	1798	58.0	1010.50
六盘水市	160.0	320.0	24	70	6.5	20.96
遵义市	276.0	385.0	28	222	11.0	21.00
安顺市	157.9	254.2	17	295	5.0	9.43
铜仁市	152.0	159.2	15	129	5.0	7.00
兴义市	193.2	374.6	23	229	5.0	7.98
毕节市	103.0	195.6	33	75	8.0	4.20
凯里市	99.0	192.2	24	168	8.0	18.14
都匀市	91.0	164.2	30	158	6.0	5.29
清镇市	22.3	37.5	4	45	5.0	1.80
赤水市	40.0	51.0	2	72	2.0	3.35
仁怀市	26.0	69.0	5	35	1.0	2.01
福泉市	65.0	54.0	6	31	1.5	1.56

资料来源：同表1–1。

城市公共交通发展较快。2010年，全省城市交通运营车辆达到4987标台，比1978年增加4658标台，平均每年增加150标台。1981年开始发展城市出租车，当年有出租车33辆。到2010年，全省城市出租车达到15087辆。

城市园林绿化发展迅速。2010年，全省城市园林绿化面积达到45500公顷，比1978年增加44463公顷，平均每年增加1434.3公顷；城市公园绿地面积达到5422公顷，比1978年增加4616公顷，平均每年增加148.9公顷，人均公园绿地面积5.33平方米；城市公园由1978年的7个增加到130个，每年平均增加近4个，公园面积达到4622公顷，建成区绿化覆盖率达到21.8%。

各市园林绿地建设情况见表 1–5。

表 1–5　　贵州城市园林绿地

城市	城市园林		城市公园数（个）	公园面积（公顷）	建成区绿化覆盖率（%）
	绿地面积（公顷）	公园面积（公顷）			
贵阳市	20356	2186	13	2186	37.2
六盘水市	213	77	3	72	24.7
遵义市	2072	360	4	337	34.6
安顺市	1971	62	2	4	14.0
铜仁市	728	84	5	71	34.0
兴义市	644	136	7	58	21.2
毕节市	173	12	4	12	8.5
凯里市	1230	705	5	680	33.5
都匀市	570	182	6	129	39.0
清镇市	30	6	1	6	1.9
赤水市	290	64	2	15	29.2
仁怀市	134	21	1	1	18.8
福泉市	264	74	3	74	30.8

资料来源：同表 1–1。

城市环境卫生大为改善。2010 年，全省城市清扫保洁面积为 5948 万平方米，生活垃圾清运量为 429 万吨，分别比 1979 年的 108 万平方米和 131 吨增加 5840 万平方米和 298 万吨；市容环卫专用车辆设备达到 1588 台；城市公共厕所达到 2147 座，比 1979 年的 229 座增加 1918 座，其中三类以上厕所为 1463 座。各市市容环境卫生状况见表 1–6。

表 1–6　　贵州城市市容环境卫生

城市	清扫保洁面积（万平方米）	生活垃圾清运量（万吨）	市容环卫专用车辆设备（台）	城市公共厕所	
				（座）	三类以上（座）
贵阳市	1300	75.75	474	527	527
六盘水市	264	15.10	34	35	4
遵义市	414	29.89	169	305	305
安顺市	235	17.10	14	75	38
铜仁市	420	15.00	26	76	25

续表

城市	清扫保洁面积（万平方米）	生活垃圾清运量（万吨）	市容环卫专用车辆设备（台）	城市公共厕所	
				（座）	三类以上（座）
兴义市	110	9.10	27	16	
毕节市	87	10.11	36	30	17
凯里市	257	12.13	24	27	24
都匀市	105	9.98	16	39	39
清镇市	84	5.00	19	18	18
赤水市	39	3.30	13	11	11
仁怀市	47	4.80	23	18	14
福泉市	43	6.00	7	20	

资料来源：同表 1-1。

总体上看，改革开放以来，贵州城市基础设施建设成就巨大，对城市功能的发挥起到了重要作用。但同全国平均水平相比，贵州城市基础设施还存在不小差距。2010 年全国地级以上城市统计显示，全国用水普及率为 96.68%，贵州为 94.1%，比全国低 2.58 个百分点；燃气普及率全国为 92.04%，贵州为 69.72%，比全国低 22.32 个百分点；每万人拥有公共交通运营车辆全国为 9.71 辆，贵州为 8.46 辆，比全国低 1.25 辆；人均道路面积全国为 13.21 平方米，贵州仅为 6.65 平方米，比全国低 6.56 平方米；人均公园绿地面积全国为 11.18 平方米，贵州仅为 7.33 平方米，比全国低 3.85 平方米；建成区绿化覆盖率全国为 38.6%，贵州只有 29.6%，比全国低 9 个百分点。其他设施也普遍低于全国平均水平。

二、小城镇建设

贵州解放前夕，全省有建制镇 160 个，其中县城 79 个，区、乡级镇 81 个；有农村集镇 1300 多个。贵州解放后，随着社会主义建设的全面展开，小城镇得到较快发展。到 1990 年，全省集镇发展到 2469 个，其中建制镇 395 个（包括县城 69 个）。1991 年 2 月，中共贵州省委、省人民政府做出《关于开展建镇并乡撤区工作的指示》以后，全省建镇并乡撤区工作全面展开，除贵阳市、遵义市（红花岗区）、岑巩县、万山特区外，全省 78 个县（市、区、特区）的行政建置和行政区划做了较大调整，撤销了原设的535个区，将原来的84个区级镇、3757个乡（包括民族乡）调整为1402个乡，其中乡528个、民族乡237个、建制镇637个。到1993年底，全省建制镇达到661个，比建镇并乡撤区前增加67.0%。

1998年2月，贵州省委、省人民政府出台了《关于进一步加快小城镇建设的若干规定》，明确贵州小城镇建设的总体目标为：以县城和骨干建制镇为重点，以大力发展非公有制经济为手段，以大量吸纳农村剩余劳动力为途径，逐步形成以县城为中心、以建制镇为依托、以小康村和专业村为基础，相互联系、各具特色的小城镇网络体系，力争本世纪末下世纪初，规划建设好100个万人以上规模的小城镇，其中有较强综合实力和示范带动作用的明星城镇10个；通过小城镇建设，转移吸纳农村剩余劳动力50万人以上，初步形成以南下北上等主要通道为轴线、向两侧辐射的城镇带；同时支持其他条件较好的小城镇加快发展，使全省小城镇日益显示出对当地经济发展的带动力、对招商引资的吸引力和对国内外游客的魅力。为了实现这个目标，一是建立由贵州省委、省人民政府领导主持、省有关部门负责人参加的协调会议制度，建立各级各部门目标管理责任制；二是2000年以前必须完成小城镇的总体规划编制工作，基本解决国道、省道沿线小城镇场路不分的问题；三是从1998年起，省财政在每年统筹城市维护建设税的基础上再新增1%，专项用于小城镇建设，以奖代补；四是凡在小城镇有合法稳定的非农职业或有稳定的生活来源、有合法固定的住所并居住满两年，或者土地已被征用需要依法安置的农村人口及其共同居住的直属亲属，均可办理小城镇居民户口；五是逐步实行小城镇建设用地征用和有偿使用制度；六是抓好农村市场体系、乡镇工业小区、绿色产业"龙头"企业、农村社会化服务体系等四项建设；七是坚持两个文明建设一起抓，努力营造镇区文明环境；八是明确各级建设行政主管部门为同级政府综合管理小城镇建设的工作部门，对小城镇建设进行统一管理。

为了贯彻落实中共贵州省委、省人民政府关于小城镇建设的重大战略决策，全省各级党委、政府把加快小城镇建设作为区域经济发展的突破口来抓，迅速在全省掀起了小城镇建设的热潮。1998年，贵阳市所有小城镇都通了光缆、程控电话和有线电视；建制镇镇区自来水普及率达到100.0%，集镇达到60.0%；国道、省道沿线小城镇基本实现场路分开；50.0%以上的住户建了新房。遵义市大部分小城镇抓紧场路分开建设，到小城镇从事第二、三产业的农村剩余劳动力达30余万人。铜仁地区自1994年以来累计投入小城镇建设资金达4亿元，新修、改造城镇道路200多公里，建制镇新增日供水量3万吨，20个小城镇试点镇开通了程控电话，电视覆盖率达到90.0%以上。各建制镇人口增加500人以上，年均增加100人。罗甸县26个乡镇全部修建了集贸市场并投入使用，全部通水、通电、通程控电话，电视覆盖率达77.0%；县城面积从1992年的0.5平方公里增加到1998年的1.5平方公里。其他市、州、地的小城镇建设也呈快速发展态势。

"九五"时期，全省小城镇建设取得突破性进展。一是小城镇基础设施不断完善，综合服务功能进一步增强。"九五"时期，全省累计投入小城镇建设资金59亿元，新修或改造道路1456公里；2005年，全省小城镇道路总长达到6717公里，道路面积5701.36万平方米；新修住宅1314万平方米，公共建筑323万平方米，小城镇人均居住面积达到16.99平方米；638个建制镇有供水设施，建制镇和集镇自来水普及率分别达到75.0%和49.0%；全省小城镇防洪堤长750公里，排水管道长2625公里；97.0%的建制镇和85.0%的集镇通了电；所有建制镇和集镇都通了电话，电视覆盖率达到70.0%以上；全省小城镇绿化覆盖面积达到6929公顷，园林绿地面积达到2509公顷。二是小城镇市场体系逐步形成，第三产业快速发展。全省小城镇商品交易市场发展到2400多个。三是转移吸纳了大量农村剩余劳动力，农村城镇化进程不断加快。全省小城镇非农业人口达到223万人，比1997年增加41万。农村剩余劳动力向小城镇转移后，留下的农民又以各种形式联合起来，将原来分割到户、分散经营的土地和地方资源进行开发，提高了集约化经营和规模化经营水平，为农业走向产业化、市场化创造了条件。四是投资环境不断改善，带动了区域经济的全面快速发展。都匀市将"资本置换"理论运用于市政建设中，置换了上亿元的项目。五是规划工作取得了较大进展，小城镇建设的质量和水平不断提高。全省661个建制镇全部完成了总体规划的编制，65.0%的集镇完成了总体规划编制；建制镇新建楼房比例达到91.0%，集镇新建楼房达到72.0%；近100个试点小城镇实现了场路分开。越来越多的小城镇改变了过去重经济效益、轻社会环境效益的短期行为，注重经济、社会、环境的协调发展。

"十五"时期，贵州继续实行"小城镇、大战略"方针，小城镇建设继续保持快速发展势头。2001年，省建设厅明确了100个重点小城镇名单，编制了《贵州省小城镇建设"十五"规划》。5月，省人民政府召开全省民族村镇保护与建设工作会议，出台了《关于加强我省民族村镇规划建设管理的通知》，省财政投入1300万元用于小城镇和民族村镇规划建设补助。当年，有6个县城的第三轮城市总体规划修编和40个重点城镇的总体规划、35个重点小城镇的详细规划、2个民族村镇的保护建设规划完成。

2002年，贵州继续把小城镇建设作为城镇化战略的突破口来抓。省人民政府办公厅发出《关于重点扶持建设100个重点小城镇名单的通报》，明确“十五”时期以县城为主，重点扶持100个小城镇建设，包括68个县城和32个重点镇。其中贵阳市9个：开阳县城关镇、开阳县双流镇、修文县城关镇、修文县扎佐镇、白云区麦架镇、乌当区东风镇、清镇市站街镇、息烽县永靖镇、息烽县小寨坝镇；遵义市15个：遵义县南北镇、鸭溪镇、虾子镇，桐梓县娄山关镇，湄潭县湄江镇，余庆县白泥镇、构皮滩镇，务川自治县都濡镇，仁怀县茅台镇，正安县凤仪镇、安场镇，凤冈县龙泉镇，习水县东皇镇，绥阳县洋川镇，道真自治县玉溪镇；六盘水市6个：盘县红果镇、响水镇，钟山区老鹰山镇，六枝特区平寨镇、郎岱镇，水城县滥坝镇；黔南自治州14个：福泉市牛场镇，长顺县长寨镇，贵定县城关镇，惠水县和平镇，荔波县玉屏镇，瓮安县雍阳镇、草塘镇，独山县城关镇、麻尾镇，龙里县龙山镇、谷脚镇，三都县三合镇，罗甸县城关镇，平塘县平湖镇；黔东南自治州17个：凯里市炉山镇，麻江县杏山镇、下司镇，天柱县凤城镇，岑巩县新兴镇，镇远县㵲阳镇、青溪镇，锦屏县三江镇，黎平县清凤镇，黄平县新州镇，雷山县丹江镇，台江县台拱镇，丹寨县龙泉镇，三穗县八弓镇，从江县丙妹镇，施秉县城关镇，榕江县古州镇；毕节地区10个：大方县大方镇，黔西县城关镇，纳雍县雍熙镇，威宁自治县草海镇、中水镇，赫章县城关镇，织金县城关镇、八步镇，金沙县城关镇、安底镇；黔西南自治州10个：兴义市威舍镇、郑屯镇，贞丰县珉谷镇，兴仁县城关镇，安龙县新安镇、德卧镇，普安县盘水镇，望漠县复兴镇，册亨县者娄镇，晴隆县莲城镇；安顺市8个：西秀区幺铺镇，普定县城关镇、马官镇，平坝县城关镇、夏云镇，关岭自治县关索镇，镇宁自治县城关镇，紫云自治县松山镇；铜仁地区11个：铜仁市茶店镇、松桃自治县蓼皋镇，德江县青龙镇，江口县双江镇，思南县思塘镇，玉屏自治县平溪镇、大龙镇，石阡县汤山镇，印江自治县峨岭镇，沿河自治县和平镇，万山特区城关镇。

为了抓好以县城为主的100个重点小城镇建设，相应成立了“全省小城镇建设协会”，出台了《关于加强我省小城镇建设的指导意见》，提出了全省小城镇建设的指导思想、发展目标和主要任务。全省小城镇建设的发展目标是：优化小城镇发展布局，引导县城和重点建制镇加快发展、扩大小城镇规模，把 100 个小城镇建设成为人口规模 2 万 ~3 万人、经济繁荣、布局合理、设施配套、功能健全、环境优美、富有地方特色的新型小城镇，其中部分条件好、规模大的县城发展为小城市。加强基础设施和公共设施建设，逐步完善城镇功能，为农村人口进入小城镇提供良好条件。

2004 年 2 月，国家建设部、发改委、民政部、国土资源部、农业部联合下发《关于公布全国重点镇名单的通知》，贵州有 61 个镇进入“全国重点镇”行列，即：花溪区青岩镇、乌当区东风镇、白云区麦架镇、开阳县城关镇、开阳县双流镇、息烽县永靖镇、息烽县小寨坝镇、修文县龙场镇、修文县扎佐镇、清镇市站街镇、六枝特区平寨镇、盘县响水镇、盘县红果镇、遵义县南白镇、遵义县鸭溪镇、桐梓县娄山关镇、桐梓县松坎镇、绥阳县洋川镇、正安县凤仪镇、正安县安场镇、道真自治县玉溪镇、凤冈县龙泉镇、凤冈县琊川镇、湄潭县湄江镇、余庆县白泥镇、西秀区幺铺镇、平坝县城关镇、平坝县夏云镇、普定县城关镇、关岭自治县关索镇、玉屏自治县平溪镇、玉屏自治县大龙镇、思南县塘头镇、印江自治县峨岭镇、德江县青龙镇、松桃自治县蓼皋镇、兴义市威舍镇、望谟县复兴镇、安龙县新安镇、金沙县城关镇、织金县城关镇、纳雍县雍熙镇、威宁自治县草海镇、施秉县城关镇、三穗县八弓镇、镇远县潕阳镇、镇远县青溪镇、天柱县凤城镇、锦屏县三江镇、剑河县革东镇、黎平县德凤镇、从江县丙妹镇、福泉市牛场镇、荔波县玉屏镇、贵定县城关镇、平塘县平湖镇、罗甸县龙坪镇、长顺县长寨镇、龙里县龙山镇、惠水县和平镇、三都自治县三合镇。

到 2008 年，全省共有建制镇（不含县城所在城关镇）615 个，建成区面积达 694 平方公里，建成区人口 337 万人，建成区暂住人口 30.42 万人。设有村镇建设管理机构的建制镇有 425 个，有总体规划的建制镇 448 个。建制镇当年建设投资达 27 亿元。建制镇用水普及率达到 92.76%，供水管道长度达 5725 公里，供水生产能力为 57.95 万立方米/日，用水人口 312 万人；燃气普及率为 19.02%，用气人口 64 万人；排水管道长 746 公里，有 22 个建制镇进行了污水处理，占全省建制镇的 14.97%；镇区道路长度为 3196 公里，人均道路面积 7.4 平方米；镇区共有道路照明灯 37730 盏；有桥梁 1038 座，防洪堤 519 公里；镇区有公共厕所 9307 座，环卫专用车辆 713 辆，生活垃圾年清运量 92 万吨，生活垃圾年处理量 65 万吨；镇区共有绿化覆盖面积 6882 万平方米，绿化覆盖率 9.92%，其中绿地面积 3096 万平方米，绿地率 4.46%，公园绿地面积 161 万平方米，人均公园绿地面积 0.48 平方米；镇区年末住宅建筑总面积达 7805.58 万平方米，人均住宅建筑面积 23.16 平方米。

2009 年，全省投入小城镇建设资金达 6 亿元，改扩建小城镇道路 200 公里，绿化小城镇公共场所 18 万平方米。

2010 年省级支持小城镇基础设施建设项目 118 个，建设小城镇道路 172 公里。全国重点镇及贵州省重点镇基础设施和社会服务设施不断完善，小城镇人口承载能力不断提升。

三、历史文化名城（镇、村）的保护与建设

贵州是一个多民族交错杂居和部分民族成片聚居的山区省份。秦汉以前，境内的居民主要是濮人（仡佬族的先民）。秦汉以后，随着郡县制的推行，汉族及其他兄弟民族人口逐步进入今贵州地区，参与贵州的开发。明代贵州建省后，进入贵州的汉族和其他兄弟民族人口大量增加，从而形成了多民族团结互助的社会环境，反映在文化上，以多姿多彩的民族文化为主要特色，包括夜郎文化、土司文化、屯堡文化、阳明文化、沙滩文化在内的多元文化特征。20 世纪 20 年代末至 30 年代，中国共产党领导的中国工农红军长期在贵州活动，特别是 1935 年 1 月中央红军长征到达遵义以后，在贵州留下了大量的文物遗迹，形成了独特的长征文化。贵州的历史文化名城（镇、村）就是在这样的文化背景下形成和发展起来的。

贵州解放以后，特别是改革开放以来，历史文化名城（镇、村）受到各级党政领导和文化部门的高度重视。1982 年，国务院公布，遵义为全国首批历史文化名城；1986 年，古城镇远被国务院批准为全国历史文化名城。1992 年，贵州省人民政府批准全省首批 9 处历史文化名镇。2004 年，贵州省住房和城乡建设厅报请省人民政府印发了《贵州省历史文化名城（镇）和历史文化街区申报评选办法的通知》。2006 年，省人民政府批准公布了第二批省级历史文化名城名镇和历史文化街区 11 处。2008 年，经国务院批准，《中华人民共和国历史文化名城名镇名村保护条例》颁布实施。2009 年，省人民政府批准公布了全省第三批省级历史文化名镇和第一批省级历史文化名村共 24 处。

在此期间，全省积极组织开展中国历史文化名城、名镇、名村的申报评选工作，将历史遗存丰富、资源条件较好的名镇、名村上报国家城乡建设部和国家文物管理局。到 2010 年，贵州共有 17 个名镇、名村经国家城乡建设

部和国家文物管理局在第二批至第五批公布为中国历史文化名镇、名村。省人民政府批准公布了34个省级历史文化名城、名镇、名村和历史文化街区。至2010年，全省共有2个全国历史文化名城，即遵义和镇远；有6个国家级历史文化名镇，即花溪区青岩镇、习水县土城镇、西秀区旧州镇、平坝县天龙镇、黄平县旧州镇、雷山县西江镇；有11个国家级历史文化名村：即开阳县禾丰乡马头村、赤水市丙安乡丙安村、务川县大坪镇龙潭村、西秀区大西桥镇鲍屯村、西秀区七眼桥镇云山屯村、雷山县郎德镇上郎德村、锦屏县隆里乡隆里村、黎平县肇兴乡肇兴村、从江县往洞乡增冲村、石阡县国荣乡楼上村、三都县都江镇怎雷村；全省还有省级历史文化名镇16个，即清镇市卫城镇、赤水市大同镇、正安县安场镇、道真自治县洛龙镇、湄潭县永兴镇、六枝特区郎岱镇、盘县城关镇、黎平县德凤镇、锦屏县茅坪镇、福泉市城厢镇、安龙县城关镇、织金县城关镇、大方县城关镇、石阡县城关镇、印江县木黄镇、松桃自治县寨英镇；有省级历史文化街区6个，即除贞丰县老城区、铜仁市中南门历史街区外，遵义古城和镇远古城各有2个；有省级历史文化名村15个，即花溪区石板镇镇山村、花溪区马铃乡凯伦村、乌当区新堡乡王岗村、遵义县新舟乡沙滩村、凤岗县绥阳镇玛瑙村、从江县丙妹镇岜沙村、从江县高增乡小黄村、雷山县大塘乡新桥村、贵定县盘江镇寨音村、荔波县瑶山乡懂蒙村、贞丰县者相镇纳孔村、毕节市大屯乡三官村、黔西县钟山乡猫山村、威宁自治县石门乡石门坎村、江口县太平乡云舍村。

贵州的历史文化名城、名镇、名村以民族文化为主要特色，以屯堡文化、长征文化为重点。据有关部门统计，在全省历史文化名城、名镇、名村中，民族特色的占70%以上。苗族文化以雷山县西江镇和上郎德村为典型代表。雷山西江的“千户苗寨”名闻中外，苗家吊脚楼层层叠叠，气势恢宏，别具特色。布依族文化以禾丰乡马头村、国茶乡楼上村为典型代表，布依村寨依山傍水，“水边村寨”的“干栏式”建筑及石板房风格独特。侗族文化以往洞乡增冲村为典型代表，“走马转角楼”般的外廊式木楼鳞次栉比；溪上建有风雨桥，将桥梁、长廊、楼阁浑然结为一体；高高耸起的侗寨鼓楼是楼、塔、亭、阁的巧妙结合，堪称民族建筑的瑰宝，增冲鼓楼高达14层。

长征文化的典型代表是遵义古城及习水县土城镇等。遵义位于贵州北部。“遵义”名称来源于唐代贞观十六年（642年），取义于《尚书·洪范》“遵王之义，无偏无陂”。遵义古城分新城、老城两部分。老城位于湘江西岸，背山临水，建于清乾隆二十五年（1760年）；新城位于湘江东岸，北依凤凰山，南凭回龙山，蜿蜒狭长，形若雁翅，清咸丰九年（1859年）建成。1935年1月中央红军长征到达遵义后，在遵义召开了具有伟大历史意义的中共中央政治局扩大会议，史称“遵义会议”。这次会议确立了毛泽东在红军和中共中央的领导地位，在极其危急的情况下挽救了中国共产党，挽救了红军，挽救了中国革命。遵义会议以后，中央红军在毛泽东等人的指挥下挺进黔北、川南、滇东北，回师黔北，四渡赤水，南下息烽，威逼贵阳。在贵阳坐镇指挥的蒋介石急调滇军进入贵州“护驾”，红军趁机经惠水、长顺、紫云、关岭、望谟等县，渡过北盘江，西出云南，实现了战略大转移。红军在1年又10天的二万五千里长征中，有3个多月活动在遵义地区。在遵义期间，红军开展了创建黔北苏区的活动，先后建立县级苏维埃政权6个，区、乡级政权44个，创建游击队3支，创建区、乡革命武装22支，组建群众组织40多个，在贵州播下了革命的火种，遵义因此成为革命老区。遵义解放后，随着社会主义建设的全面展开，逐步发展成为一座新兴工业城市、全国红色旅游经典景区和全国优秀旅游城市。

镇远位于贵州东部的㵲阳河畔，是一座古代盐运贸易文化、宗教文化与当地民族文化融为一体的古城。㵲阳河是云贵高原连接中州大地的重要水路通道，素有“湘楚孔道”、“黔滇咽喉”之称，历史上是“南国丝绸之路”上的一个重要驿站，也是东南亚国家往来中国内地的必经之路。随着商贸的往来，中原文化、巴蜀文化等逐步与当地丰富多彩的民族文化融为一体。在建筑方面，青瓦、马头墙、砖木石雕以及层楼叠院、高脊飞檐、曲径回廊、亭台楼阁等徽派建筑与当地苗族吊脚楼建筑相得益彰，文化特色鲜明。镇远有国家级和省级文物保护单位近10处。位于城东的青龙洞古建筑群依山傍水、贴壁凌空，气势恢宏，是全国罕见的古建筑奇观，以儒、释、道三教圣地共处一山而闻名中外。改革开放以来，镇远逐步发展成为中外重要旅游目的地。

屯堡文化以安顺市西秀区的旧州镇、大西桥镇鲍屯村为典型代表。屯堡文化是明代在贵州屯戍的军士及其家属留下的文化遗存。安顺一带的屯堡人至今仍保留着600多年前的文化因子。

为了搞好历史文化名城、名镇、名村和历史文化街区的保护与建设，贵州坚持保护为主、抢救第一、合理利用、加强管理的方针，根据《中华人民共和国历史文化名城名镇名村保护条例》，全省各地组织开展了历史文化名城、名镇、名村保护规划的编制和修改工作。到2010年，经省人民政府批准实施的保护规划有6个，预计2013年可完成保护规划全覆盖。遵义、镇远、习水县土城镇和西秀区旧州镇均按省人民政府批准的保护规划组织实施，在保护区范围的一切建设行为均严格按照相关古城保护规划内容和建设规划审批程序进行规划许可审批和管理。从 1983 年起，先后编制了《遵义市革命纪念体系、文化古迹风景名胜、城市景观规划》、《遵义名城保护规划》、《遵义市老城区修建性详细规划》，2004 年 10 月编制了《遵义历史文化名城保护规划》。遵义共有 3 个全国重点文物保护单位，即遵义会议会址、杨粲墓和海龙屯；有遵义县革命委员会旧址等 11 个省级文物保护单位。贵州省黔东南苗族侗族自治州人大常委会于 2009 年通过了《黔东南苗族侗族自治州镇远历史文化名城保护条例》，使镇远古城的保护与建设走上了法制轨道。镇远县成立了城市规划管理委员会和历史文化名城研究会，在古城区内所有重要建设和关键区域建筑物的修缮都要经过以上两个机构审批通过才能实施。

第三节 城镇管理

改革开放以来，随着城镇化进程的不断推进，城镇管理中的一些体制性、机制性矛盾和问题日益突显出来，严重阻碍了城镇化进程的发展。为了解决这些矛盾和问题，省委和省人民政府坚持从自身实际出发，不断推进和深化城镇管理体制改革，包括户籍制度改革、住房制度改革、建设用地改革、社会保障制度改革和市政公用事业体制改革等。

一、户籍制度改革

中国的户籍制度是中华人民共和国成立后逐步建立起来的，大致经历了 1958 年前的自由迁徙期，1958~1978 年的严格控制期和 1978 年以后的半开放期三个阶段，这一制度在促进经济和社会发展、保障公民合法权益和维护社会稳定等方面曾发挥过重大作用。然而，随着社会主义市场经济体制的逐步建立和完善，划分“农业户口”和“非农业户口”，实行城乡分割的户籍二元管理体制，客观上阻碍了人力资源的优化配置和人口的地区合理流动，不利于城市化建设和农村经济的进一步发展。

为了改变不合理的城乡分割户籍制度，促进城镇化发展，1998 年 2 月，中共贵州省委、省人民政府在《关于进一步加快小城镇建设的若干规定》中明确提出：凡在小城镇有合法稳定的非农职业或有稳定的生活来源、有合法固定住所并居住满两年，或土地已被征用需要依法安置的农村人口及其共同居住的直系亲属，均可办理小城镇居民户口。根据这一规定，2000年5月，省人民政府批转了省公安厅《关于调整部分户口政策的意见》，取消了原来在小城镇入户的种种限制，明确了凡在小城镇有合法稳定的非农职业、有稳定的生活来源、有合法固定住所的人员均可办理小城镇常住户口；凡在城市、城镇购买建筑面积60平方米以上的商品房，且手续完备、证件齐全的，购房者及与其共同生活的直系亲属可随迁办理城市、城镇常住户口；凡与城市、城镇常住人口结婚的农业人口，除贵阳市两城区需结婚5年才可迁入外，只要有合法的婚姻登记证明，已在城市、城镇生活一方有固定住所和稳定生活来源的，准予办理城市、城镇常住户口；凡在贵州工作的获得省部级以上荣誉称号或科研成果奖的主要完成者、有突出贡献的中青年专家、被聘任为高级专业技术职务的人员、县处级以上管理人员、博士学位获得者和工作满一年的硕士学位获得者，解决夫妻两地分居的户口迁移问题不受年龄、分居时间和指标等方面的限制；凡到贵州参与从事经省级科技行政主管部门认定的高新技术成果转化项目的省外科技人员，只要本人自愿，可按户口审批程序办理所在城市、城镇的常住户口；凡1994年6月以后出生的婴幼儿，对已随母在农村登记农业户口现又要求随父在城市、城镇落户的，准予随父办理非农户口。上述规定在相当大的程度上拆除了城乡户籍壁垒，有利于城乡人口的合理流动和人力资源的优化配置。据有关部门统计，自新户籍制度实施后，全省农转非速度明显加快，全年农转非人口达60多万人。

2009年6月，全省开始实施《贵州省人民政府批转省公安厅关于推进户籍制度改革的意见的通知》；同年9月，《贵州省公安厅关于推进户籍制度改革意见的实施细则》出台。此次户籍制度改革的覆盖面广，政策门槛低，凡贵州省籍农业人口在贵州省城市、城镇有相对固定工作（务工、经商等）和相对固定住所（包括公有住房、集体住房、私有住房、租赁房屋以及其他房屋）半年以上的，可以办理本人、配偶及其直系亲属的城市、城镇非农业常住户口；同时取消了城镇农转非必须购买居住房并办理产权证这一规定，使贵州户籍农转非真正实现零门槛。新规实行以来，截至2010年12月底，全省农业人口转为非农业人口的共约2.9万人，其中仅2010年就有近2.3万人。推进户籍制度改革试点工作的遵义市建立起了城乡统一、迁徙百里，以身份证管理为中心的户籍管理制度，取消农业、非农业户口性质划分，按实际居住地和从事的职业登记户口。实行户籍统一登记后，保持国家现行计划生育政策不变，维护国家对农民的政策性权益，统一社区、村干部待遇和城乡低保标准，积极探索城乡居民子女就学、交通安全事故死亡赔偿、殡葬、退伍军人安置、优抚对象等方面的一体化管理。铜仁市的城乡二元结构较为明显，在统筹城乡发展的进程中，首先实施户籍制度改革，把在全市有固定居所和收入的进城农民工农转非，让他们能够安心地在城市居住下来，既服务了城市，又可以就近在城里解决孩子的上学问题。

二、住房制度改革

住房制度改革是指对传统的福利分房制度进行改革，以建立起符合社会主义市场经济体制的住房制度，实现住房商品化和社会化。贵州城镇住房制度改革从 1984 年开始，当时主要是以公有住房补贴出售给职工为试点，使职工获得有限的产权。

1992 年，贵州以建立住房公积金制度、提租发补贴、出售公有住房为起步，开始全面推行住房制度改革。住房公积金制度是指由职工所在的国家机关、国有企业、城镇集体企业、外商投资企业、城镇私营企业以及其他城镇企业、事业单位及职工个人缴纳并长期储蓄一定的住房公积金，用以日后支付职工家庭购买或自建自住住房、私房翻修等住房费用的制度。其管理实行住房公积金管理委员会决策、住房公积金管理中心运作、银行专户存储、财政监督的原则；中国实行住房公积金制度的对象主要是在本地区工作，并具有本地区常住城市户口的党政机关、群众团体、事业单位和各种所有制企业的固定职工、合同制职工、离退休职工、临时工。三资企业中的外籍职工以及以优惠价购买住房的职工，不建立住房公积金；职工和单位住房公积金的缴存比例均不得低于职工上一年度月平均工资的 5%；有条件的城市，可以适当提高缴存比例。具体缴存比例由住房公积金管理委员会拟订，经本级人民政府审核后，报省、自治区、直辖市人民政府批准。城镇个体工商户、自由职业人员住房公积金的月缴存基数原则上按照缴存人上一年度月平均纳税收入计算；职工个人拥有的公积金主要用于支付职工家庭购买、自建自住住房、私房翻修和大修等费用。其他住房费用，包括住房内部装修、房屋养护、认购住宅建设债券等费用，不得使用公积金。职工将动用公积金购买的住房转让或出售后，必须将原购买住房时动用的公积金如数归还，存入该职工公积金户头。职工使用本户积累的公积金和自有现金支付购买自住住房、自建住房、私房翻修和大修等费用，如果资金不足，可向公积金管理部门申请贷款，由职工个人定期偿还；当职工离退休、出国定居、调离本地区时，结余的公积金连本带息归还职工本人。届时职工持有效证件，由本单位出具证明，经公积金管理部门批准后，到指定的金融机构领取公积金本息。职工在本地区内变动工作单位时，其住房公积金本息转入新单位名下的个人住房公积金账户。职工因故离职，中断工资关系时，其结余的住房公积金本息仍保留在原单位名下的个人住房公积金账户内；职工在职期间去世，结余的公积金可由继承人或被馈赠人提取，但受益人届时必须持有效证件，由本单位出具证明，经公积金管理部门批准后，到指定的金融机构办理领款或转账手续。

1998 年，贵州省人民政府发布了《贵州省人民政府关于进一步深化城镇住房制度改革加快住房建设的通知》，该通知要求：第一，停止住房实物分配，逐步实行货币分配。从本通知下发之日起，全省城镇一律停止住房实物分配。货币化分配办法由贵阳市和省直机关先行试点，其他地方抓紧研究，做好有关准备工作，力争明年上半年全省推开。在货币化方案出台之前，新建住房原则上只售不租，少数不宜出售的住房也要按规定认购一定数量的住房债券。在货币化分配方案出台前竣工的集资建房，职工仍可按房改成本价购买，超过这一时段的，一律按县以上人民政府测算报省人民政府审批公布的经济适用住房价购买；贵州省住房分配货币化的办法是：资产职工分头算账，过去将来两相衔接，存量按照工龄补偿，增量分步理入工资，租售价格统筹调整，多种支付并存过渡。搞好住房分配货币化方案的关键是两种补贴的设计和测算。存量补贴是指对职工过去工资中住房消费含量不足的补偿，是将存量住房资产按现值评估后，根据工龄职级给予一次性补偿的补贴方式。存量补贴只能用于住房类支出。增量补贴是指从国家和单位每年用于职工住房的各种隐性支出转化而来的资金补贴。增量补贴的发放要充分体现职务和贡献的差别，以利于个人收入分配制度的合理化调整。增量补贴的实质是一种对在职职工发放的工资性费用。为稳妥确保住房资金循环，近期采用提高公积金比例的办法，以后根据情况将补贴分步理入工资；住房货币化分配的补贴标准要从各地实际出发，不搞一刀切。存量补贴由各地根据自己住房资产的情况确定。增量补贴只限于房价收入比在 4 倍以上且财政、单位原有住房资金可以转化为住房补贴的地区实行；两种住房补贴资金都由各级住房资金管理机构统一管理；住房分配的货币化必须与住房服务的社会化同步进行；

实行住房分配货币化之后，要进一步鼓励职工购买各种住房，住房租金原则上要提到成本或微利水平。第二，抓紧做好准备工作，切实推进配套改革，如对城镇职工家庭住房状况进行认真普查，着手建立详细的个人住房档案；继续推行和完善住房公积金制度，加强住房资金管理；积极培育和规范住房交易市场；全面加速住房金融；加快改革现行的住房维修、管理体制等。第三，采取优惠措施和扶持政策，加快经济适用住房建设。

2004年，贵州省人民政府出台了《推进住房分配货币化改革的补充意见》。该意见从完善补交土地收益有关政策，加强住房补贴资金管理；规范住房增量补贴发放相关工作；统筹兼顾，积极推进房价收入比在4倍以下的县（市、区）住房分配货币化改革；加强集资建房管理，进一步完善经济适用房价格体系；拓宽房源渠道，采取多种形式妥善解决无房职工的住房问题；规范异地调动职工的住房补贴发放工作，积极帮助异地调动职工解决住房困难；进一步规范房改房《国有土地使用证》的办理程序等七个方面对贵州省的住房分配货币化改革进行了补充说明。

1999~2004年，中共贵州省委、省人民政府把经济适用住房建设列为当年工作的“十件实事”来抓，同时将贵阳、遵义、六盘水和安顺四个地级城市列为廉租住房制度试点城市。

为了规范和加强全省经济适用住房建设管理，根据2003年《国务院关于促进房地产市场持续健康发展的通知》和2004年《建设部国家发改委国土资源部中国人民银行关于印发〈经济适用住房管理办法〉的通知》精神，结合贵州省实际，2005年，贵州省人民政府出台了第一个针对经济适用房的规范性文件《关于加强经济适用房建设管理的意见》。一是明确严格执行经济适用住房建设经营的各项优惠政策；二是强化经济适用住房开发建设管理；三是从严控制和规范经济适用住房销售价格；四是严格经济适用住房销售和交易管理。

2007年9月，省人民政府出台了《贯彻落实国务院关于解决城市低收入家庭住房困难若干意见的实施意见》（以下简称《意见》），《意见》提出，今后贵州省将主要围绕以城市低收入家庭为对象，进一步建立健全城市廉租住房制度，改进和规范经济适用住房制度，加大棚户区、旧住宅区改造力度等重点内容展开城市住房工作，力争到“十一五”期末，使低收入家庭住房条件得到明显改善，农民工等其他城市住房困难群体的居住条件得到逐步改善；同时明确了贵州省廉租住房制度建设进行的具体时间表，以及解决城市低收入家庭住房困难的配套政策和保障措施。在廉租住房和经济适用房的适用对象及标准、廉租住房制度资金来源、解决城市低收入家庭住房困难的经济政策和建房用地、住房质量和使用功能、住房基础调查和规划标准制定、解决低收入家庭住房困难的工作机制等方面都做出了具体要求。

2008 年 4 月 10 日，省政府又出台了《城市低收入家庭廉租房管理试行办法》，规定城市低收入家庭廉租住房保障方式将以实物配租、出售廉租住房和发放租赁补贴相结合。县级以上人民政府可以向符合条件的申请对象直接提供住房，并按照廉租住房租金标准收取租金；也可以在保障对象有一定的经济承受能力的情况下，根据当地经济发展状况以成本价或略低于成本价格将公有住房出售给保障对象；还可以在廉租住房房源不足时，向符合条件的申请对象发放租赁住房补贴，发放标准按照市场平均租金与廉租住房租金标准差额的一定比例计算。该《试行办法》要求各市（州、地）、县（市、区）人民政府根据当地财政承受能力和居民住房情况，以户为单位，近期在人均建筑面积 8~12 平方米范围确定廉租住房保障面积标准，今后可根据情况变化逐步调整。同时，城市廉租住房保障对象的条件和保障标准将由各级住房保障机构会同发改委、财政、民政、国土资源、税务、物价等有关部门拟定，经本级人民政府批准上报住房保障机构备案后公布执行。此外，廉租住房租金和出售价格实行政府定价，标准由各级物价部门会同同级住房保障机构制定，并适时调整和公布执行。实物配租的廉租住房按使用面积和规定的租金标准计租。有条件的地区，对城镇居民最低生活保障家庭，可免收实物配租住房中住房保障面积标准内的租金。

贵州实行住房分配货币化改革以来，基本实现了个人住房消费的商品化、社会化，并初步建立了多层次的住房供应体系和多形式的住房保障机制。

一是建立起了多层次的住房体系，适应了市场经济发展要求。在计划经济时代履行的是“福利分房”，城镇职工没有自主权，多是处于“等、靠、要”的状态，分房的主导权掌握在领导手里，这样必然会出现不公平的状况，在一定的程度上打击了员工的积极性。住房制度改革后，住房成为一种商品，由市场提供并在市场中进行交换，每个人可以根据自己的实际情况选择不同的住房，因此，新的住房体系包含了针对低收入群体的廉租房、面向中低收入群体的经济适用房，以及对有能力购买自有住宅群体的商品房，这样既充分适应了市场经济发展的要求，又保障了中低收入群体的居住权利。

二是建立了新的消费模式，居民居住条件明显改善。住房制度改革以来，在城镇人口大幅增加的情况下，贵州城镇居民的住房总体水平得到了较大提高。2008 年，贵州城镇人均住房建筑面积达 26.95 平方米，是 1992 年人均住房面积的 1.86 倍。许多居民通过购买商品房获得了住房的完全产权，他们可以通过出租等形式增加自己的收入，同时，随着时间的推移，住房价格上涨，在一定程度上又增加了居民的家庭财富。

三是住房建设快速发展，房地产业成为贵州新的经济增长点。2010 年，贵州全省房地产开发投资 556.69 亿元，同比增长 49.9%，其中住宅投资 328.63 亿元，同比增长 31.7%；全省房屋施工面积达 7906 万平方米，同比增长 29.6%，其中住宅 5971 万平方米，增长 26.6%；全省房屋竣工面积为 6048 万平方米，其中住宅 826 万平方米。全省商品房销售面积为 1731 万平方米，销售额达 581 亿元，全省房地产开发投资占全省固定资产投资 3186.28 亿元的 17.5%。由此可以看出，房地产业已成为贵州国民经济的新的增长点。

三、城镇建设用地供给制度改革

建设用地是指建造建筑物、构筑物的土地。建设用地按利用方式可分为商服用地、工矿仓储用地、公共设施用地、公共建筑用地、住宅用地、交通运输用地、水利设施用地以及特殊用地等。改革开放 30 年来，全国建设性用地从土地的非商品性计划划拨到逐步认可土地的商品属性，逐步实行政府指导下的建设用地有偿使用的制度变迁。随着城镇建设的不断推进，城镇建设用地日益紧张，耕地保护与建设用地之间的矛盾愈演愈烈，由此引发的社会矛盾也日益突出，因此，新一轮建设用地改革的时机已经成熟。

2004 年，国务院发布了《关于深化改革严格土地管理的决定》，明确指出：一是严格执行土地管理法律法规。主要包括牢固树立遵守土地法律法规的意识；严格依照法定权限审批土地；严格执行占用耕地补偿制度；禁止非法压低地价招商以及严格依法查处违反土地管理法律法规的行为等。二是加强土地利用总体规划、城市总体规划、村庄和集镇规划实施管理。主要包括严格土地利用总体规划、城市总体规划、村庄和集镇规划修改的管理；加强土地利用计划管理；从严从紧控制农用地转为建设用地的总量和速度；加强建设项目用地预审管理；加强村镇建设用地的管理以及严格保护基本农田等。三是完善征地补偿和安置制度。主要包括完善征地补偿办法；妥善安置被征地农民；健全征地程序以及加强对征地实施过程监管等。四是健全土地节约利用和收益分配机制。主要包括实行强化节约和集约用地政策；推进土地资源的市场化配置；制订和实施新的土地使用标准；严禁闲置土地以及完善新增建设用地土地有偿使用费收缴办法等。五是建立完善耕地保护和土地管理的责任制度。主要包括明确土地管理的权力和责任；严格土地管理责任追究制；强化对土地执法行为的监督以及加强土地管理行政能力建设等。

2006年，针对当时土地管理特别是土地调控中出现的一些新动向、新问题，如建设用地总量增长过快、低成本工业用地过度扩张、违法违规用地、滥占耕地等现象，国务院发布了《关于加强土地调控有关问题的通知》，进一步明确对土地管理和耕地保护的责任，切实保障被征地农民的长远生计，规范土地出让收支管理，调整建设用地有关税费政策，建立工业用地出让最低价标准统一公布制度，禁止擅自将农用地转为建设用地，强化对土地管理行为的监督检查，严肃惩处土地违法违规行为等问题做出了明确的规定。

为了贯彻国务院的重要决策，2004年贵州省人民政府发布了《关于加强重点建设项目征地管理的通知》：一是进一步提高对土地资源保护基本国策的认识；二是严格按照土地管理法律法规的要求做好重点建设项目用地审查报批工作；三是进一步做好国家和省重点建设项目统一征地工作；四是严格按照土地管理法律法规落实征地补偿；五是严格区分公益性和经营性重点建设项目用地；六是采取有效措施，推行多途径安置方式。

实行建设用地改革以来，取得了一定的成效：

一是在建设用地的审批方式上做了改进和创新。对不符合土地利用总体规划，属省人民政府批准调整土地利用总体规划的省重点基础设施、水利电力等建设项目，可以通过省人民政府批准调整土地利用总体规划，补划基本农田，年度土地利用计划指标由省统一解决，并审批建设用地。省建设厅也采取相应的具体措施来保障实施：第一，积极支持建设项目用地审批，保障国家和省重点建设项目用地。如优先安排国家和省重点建设项目用地，重点项目实施统一征地工作等。第二，对大煤保大电、整合煤矿用地给予政策上的支持。第三，对廉租房、经济适用房以及中低价位中小套型的普通商品房的建设用地优先保障，以切实解决低收入家庭住房用地困难的问题。第四，积极支持灾后重建用地。

二是设置了合理的征地补偿和安置措施。首先，严格执行征地补偿制度。第一，制定了征地统一年产值和区片综合地价。征地统一年产值不分地类、等级，且补偿倍数同时确定，补偿标准明确。第二，建立征地补偿预存制度。

将征地补偿款预存到账，由金融部门出具预存征地补偿款进账凭证作为用地报件的内容之一，确保征地补偿费的及时发放。第三，征地补偿款银行封闭运行，按照“专户存储、专款专用，封闭运行，直补农户”的原则对征地补偿款实行统一封闭管理。

其次，实施多途径补偿安置。逐步建立起“经济补偿，生产就业，社会保障”三位一体的补偿安置模式，确保失地农民失地后生活水平不下滑的同时逐步提升。第一，社会保障安置：要具体制定出被征地农民就业培训和社会保障的实施办法。第二，货币安置：要一次性支付足额的安置补助费，以确保失地农民的生产及生活所需。第三，留地安置：需将土地征为国有后留用地的优先开发权赋予被征地的集体或农民。第四，投资入股安置：将征地补偿类归入集体资产并实行资产股份化，将股份分给集体内部所有成员，为其提供生活保障。第五，农业安置：铁路、公路等线型工程用地仍采用集体经济组织内部调整承包地，通过土地开发整理增加农业用地等安置。第六，就业安置：对被征地农民进行上岗培训，安排实现非农就业。

三是合理制定贵州建设用地规划，缓解建设用地压力。土地利用总体规划是统筹土地利用的纲领性文件，是落实土地宏观调控和土地用途管制、规划城乡建设的重要依据。按照国家要求和贵州省委、省人民政府的统一部署，《贵州省土地利用总体规划（2006~2020）》的编制工作于2009年3月全部完成并上报国务院审批；同年8月21日，获国务院批复同意。获得批复后，贵州规划期内全省建设用地最高规模将从2005年的54.06万公顷调整为2020年的71.44万公顷，增加32.15%，其中人均城镇工矿用地较2005年增加13平方米，调增幅度居全国各省区市第一位。到2020年，贵州交通、水利等重大基础设施建设和工业化、城市化、农业产业化等重大战略实施的用地都能得到很好地满足。

另外，为着力构建保障和促进贵州经济社会发展的国土资源管理新机制，在对相关法律法规和国土资源管理实际进行深入调研的基础上，贵州国土资源厅向国土资源部呈报了《开展城乡建设用地增加与农村建设用地减少和挂钩试点的申请和试点工作总体方案》、《关于开展发展改革试点小城镇2009年城乡建设用地增减挂钩周转指标的请示》，得到国土资源部的大力支持，特批贵州2009年度城乡建设用地和发展改革试点小城镇用地增减挂钩周转指标1.1万亩，周转指标使用周期为3年。此举大大地缓解了贵州建设用地紧张压力。

四、城镇社会保障体系的建立和完善

社会保障制度是国家对公民在年老、疾病、伤残、失业、生育、死亡、遭遇灾害、面临生活困难时，由政府和社会依法给予物质帮助，以保障公民的基本生活需要的制度。进行社会保障制度改革的目标是使社会保障制度覆盖面更广，水平更高，实现城乡一体化，体系更为健全，制度更加完善，管理更加有效，监督更加有力，增强法制性，充分体现效率与公平。中共十六大提出："建立健全同经济发展水平相适应的社会保障体系，是社会稳定和国家长治久安的重要保证。"中共十七大进一步将"加快建立覆盖城乡居民的社会保障体系，使人人享有基本生活保障"作为改善民生的六大基本任务之一。

（一）养老保险制度改革

20 世纪 80 年代以来，贵州省的养老保险制度改革大体上经历了三个阶段：第一阶段（1985~1992 年），退休费用从企业统筹改为社会统筹；第二阶段（1993~1997 年），实行社会统筹与个人账户相结合的养老保险制度；第三阶段（1997 年以后），建立统一的基本养老保险制度。到 2010 年，贵州的社会保障体系初步建立。

（1）统一的企业职工基本养老保险制度基本建立。2010 年，贵州省企业离退休人员的生活保障机制已基本建立，养老保险已从单一覆盖单位就业人员逐步向同时覆盖个体工商户和灵活就业人员过渡，统一的企业职工养老保险制度和财政投入机制及多层次的制度体系已基本形成。

（2）全省养老保险工作取得突破性进展。1998 年以来，贵州的养老保险开展了扩面工作，取得了积极的成效。2000 年全省基本养老保险参保人数为 165.42 万人，其中参保的在职职工为 124.93 万人，参保的离退休人员为 40.49 万人；到 2010 年，全省参保人数发展到 257.31 万人，其中在职职工为 190.52 万人，离退休人员为 66.79 万人，10 年间全省养老保险参保人数增加了 91.89 万人，增幅为 55.4%。基本养老保险收入从 2000 年的 22.7 亿元增加到 2010 年的 144.85 亿元，增长了近 6.5 倍；基本养老保险支出从 2000 年的 21.72 亿元增加到 2010 年的 107.74 亿元，增长了近 5 倍。

（3）养老保险社会化管理服务工作初见成效。截至 2006 年，贵州的养老保险社会化管理服务率从 2002 年的 4.41% 增加到 2006 年的 91.22%。全省依靠多渠道筹措资金，积极建设养老保险信息来源平台，为进一步推动全省养老保险社会化管理服务工作的快速发展提供了有力的支撑；同时建立了参保职工个人账户记录、在职职工数据库和离退休人员数据库，省级社会保险经办机构开发建设的新养老、失业保险系统已投入使用。

（二）医疗保险制度改革

贵州的医疗保险自 1994 年全国开始改革试点以来，大体上经历了三个阶段：第一阶段（1994～1997 年）为试点改革阶段；第二阶段（1998～1999 年）为推广建立阶段；第三阶段（2000 年以后）为同步推进配套改革阶段。

（1）贵州医疗保险的参保规模逐年扩大，结构逐步优化。2000 年，贵州省医疗保险参保人数仅为 17.7 万人。2000 年后，贵州医疗改革进入了全速发展阶段，参保人数也进入了高速增长期，参保人数迅速增长到 2010 年的 602.48 万人，增长了 34 倍。其中，农民工的参保人数从 2000 年的无人参保发展到 2006 年的零突破，参保人数为 2.15 万人，2010 年进一步发展到 14.01 万人。

（2）医疗保险基金实现了以收定支，略有节余的阶段性目标。2001～2010 年，贵州省医疗保险基金收入从初期的 7747 万元增长到 2010 年底的 45.23 亿元，增长了 58 倍。医疗保险基金支出从 2001 年的 3033 万元增长到 2010 年的 34.89 亿元，增长了 115 倍。从医疗保险基金的收入与支出看，2001～2010 年，贵州的医疗保险基金基本上实现了“以收定支，略有节余”的目标。

（三）建立最低生活保障制度

为妥善解决城镇贫困人口的生活困难问题，国务院决定在全国建立城市居民最低生活保障制度，并于 1997 年 9 月 2 日下发了《关于在全国建立城市居民最低生活保险制度的通知》。为了贯彻落实国务院《通知》精神，省人民政府于 2003 年 4 月 10 日颁布了《贵州省城市居民最低生活保障办法》，对贵州省城市居民最低生活保障的各项工作进行了明确规定。2010 年，全省基本实现了“应保尽保”的工作目标，该项制度有效地发挥了保障贫困人口基本生活、促进经济体制改革、维护社会稳定的作用。

（1）城乡低保覆盖范围逐步扩大。自 2003 年以来，全省各级政府和部门为了将所有符合低保条件的人员纳入低保范围，不断加大排查力度，特别是加大对下岗失业人员和资源枯竭停破产矿山、农垦森工企业中符合低保条件的困难职工的排查力度，基本做到了动态管理的“应保尽保”，使得城乡低保覆盖范围逐步增大。2006 年贵州省城镇最低生活保障总人数为 51.18 万人，2007 年为 53.30 万人，2008 年为 54.52 万人，2009 年为 55.57 万人。在低保资金投入方面，2006 年贵州共发放低保资金 4.84 亿元，月人均低保金补差为 80.27 元；2007 年低保资金为 6.61 亿元，人均低保金补差为 94.2 元；2008 年低保金投入为 9.1 亿元，人均低保金补差为 139.1 元；2009 年全省支出城镇低保金 9.71 亿元，人均低保金补差为 145.6 元。

（2）城市最低生活保障工作更加透明化。贵州自实行城市居民低保制度以来，逐步走上了制度化和公开化的道路。全省各级各部门通过新闻媒体、民政网站以及政务公开栏等各种形式向社会公布当地低保工作的开展情况。2007 年 6 月起，全省县以上民政部门开通了低保热线电话，有的地方还通过邀请人大代表、政协委员视察低保工作，邀请有关部门共同参与低保工作督查活动等方式促进低保工作更加透明化。

（四）建立失业保险制度

失业保险是指国家通过立法强制实行的，由社会集中建立基金，对因失业而暂时中断生活来源的劳动者提供物质帮助的制度。它是社会保障体系的重要组成部分，是社会保险的主要险种之一。为了保障失业人员失业期间的基本生活，促进其再就业，根据《中华人民共和国劳动法》、《中华人民共和国失业保险条例》和《中华人民共和国社会保险费征缴暂行条例》等有关法律、法规，2000 年 6 月 14 日，贵州省人民政府发布了《贵州省失业保险办法》，该办法对失业保险费的征缴范围、单位和个人如何缴纳失业保险费、失业保险基金可用于哪些开支、失业人员领取失业保险金必须具备的条件、职工失业后要办理的手续以及失业人员如何领取失业保险金等问题做出了明确规定。如：贵州省行政区域内的城镇企事业单位及职工应依照《贵州省失业保险办法》的规定缴纳失业保险费。城镇企事业单位按照本单位工资总额的 2% 缴纳失业保险费；城镇企事业单位职工按照本人工资的 1% 缴纳失业保险费。职工个人应缴纳的失业保险费由单位代扣代缴。城镇企事业单位招用的农民合同制工人本人不缴纳失业保险费。失业保险金开支包括失业保险金，领取失业保险金期间的医疗补助金，领取失业保险金期间死亡的失业人员的丧葬补助金和其供养的配偶、直系亲属的抚恤金，领取失业保险金期间失业人员参加职业培训、职业介绍等补贴，被终止、解除劳动合同的农民合同制工人的一次性生活补助金，国务院规定或批准的与失业保险有关的其他费用。失业人员领取失业保险金必须具备的条件是按照规定参加失业保险，所在单位和本人已按照规定履行缴费义务满一年的，非因本人意愿中断就业的已办理失业登记并有求职要求的失业人员。企事业单位与职工解除或终止劳动关系后，应及时为失业人员出具有关证明和个人缴费登记卡，告知其按照规定享受失业保险待遇的权利，并自解除或终止劳动关系之日起 7 日内将失业人员名单报社会保险经办机构备案。失业保险金由社会保险经办机构按月发放。社会保险经办机构为失业人员开具领取失业保险金的单证，失业人员凭单证和本人身份证到指定的银行领取失业保险金等。

2010 年年末，贵州省参加失业保险并领取失业保险金的人数为 1.21 万人，失业保险金支出 7101 万元，月人均领取失业保险金 489 元。根据全省最低工资标准调整情况，2010 年全省提高了失业保险金标准，调整幅度最高达到 27.6%，全年使用失业保险基金、降低失业保险费率减轻企业负担共计 7.8 亿元，惠及职工 162.8 万人。出台政策将农民合同制工人纳入失业保险范围。另外，失业保险的扩面征缴工作也取得了突出的成绩，截至 2010 年年末，城镇企业职工的失业保险参保人数达到 152.48 万人，比上年增长 5.44%，城镇职工失业保险基金征缴收入达到 7.58 亿元，比上年增长 23.85%。

（五）建立工伤保险制度

工伤保险是指劳动者在工作中或在规定的特殊情况下遭受意外伤害或患职业病导致暂时或永久丧失劳动能力以及死亡时，劳动者或其遗属从国家和社会获得物质帮助的一种社会保险制度。为了保障因工作遭受事故伤害或者患职业病的职工获得医疗救治和经济补偿，促进工伤预防和职业康复，分散用人单位工伤风险，根据《中华人民共和国社会保险法》、《中华人民共和国工伤保险条例》等法律、行政法规的规定，结合贵州实际，2011 年 11 月 23 日贵州省第十一届人民代表大会常务委员会第二十五次会议通过了《贵州省工伤保险条例》，该《条例》规定：本省行政区域内的企业、事业单位、社会团体、民办非企业单位、基金会、律师事务所、会计师事务所等组织和有雇工的个体工商户（以下称用人单位）应当依法参加工伤保险，按照国家规定的费率为本单位全部职工或者雇工（以下称职工）缴纳工伤保险费。职工有依法享受工伤保险待遇的权利；省人民政府社会保险行政部门负责全省工伤保险工作；工伤保险基金实行省级统筹；工伤保险基金应当留有一定比例的储备金，用于本省内重大事故的工伤保险待遇支付；储备金不足支付的，由省人民政府垫付。储备金占基金总额的具体比例和储备金的使用办法，由省人民政府规定；工伤预防费从工伤保险基金中提取。同时对工伤认定和工伤赔付的具体问题做出了规定。

截至 2010 年年末，享受工伤待遇的人数达到 1.87 万人，工伤费支出 4.29 亿元，比上年增长 65.5%，年人均工伤费支出 22877 元，比上年增长 25.4%。工伤保险制度改革不断深化，社会保障体系建设进一步完善，2010 年全省开展了“老工伤”人员摸底调查工作，努力争取中央补助资金的支持。安顺市等 7 个地区制定出台了将“老工伤”人员纳入工伤保险统筹管理的具体办法，并进入实质性操作。全省还组织开展了职业危害检查，规范工伤认定和劳动能力鉴定流程，全年认定工伤 1.91 万件，开展劳动能力鉴定 1.35 万例，同比分别增长 13.2% 和 27.3%。同时，工伤保险的扩面征缴工作取得进展，2010 年，工伤保险的参保人数达到了 162.18 万人，比上年增长了 13.1%，工伤保险的基金征缴收入达到 6.26 亿元，工伤待遇支出为 4.7 亿元，分别比上年增长 68.73% 和 74.07%。

（六）建立生育保险制度

生育保险是国家通过立法，在怀孕和分娩的妇女劳动者暂时中断劳动时，由国家和社会提供医疗服务、生育津贴和产假，对生育的职工给予必要的经济补偿和医疗保健的社会保险制度。为加快推进贵州省生育保险制度建设，规范生育保险管理，根据《中华人民共和国劳动法》、《中华人民共和国人口与计划生育法》、《中华人民共和国企业职工生育保险试行办法》、《贵州省人口与计划生育条例》等有关法律、法规，结合国家劳动保障部《关于进一步加强生育保险工作的指导意见》，2005 年贵州出台了《贵州省职工生育保险工作实施意见》（以下简称《意见》）。《意见》要求：生育保险原则上以市、州、地为统筹单位，起步阶段也可按照医疗保险统筹层次统筹，宜县则县，宜市则市，逐步过渡到市（州、地）级统筹。各级劳动保障行政部门负责生育保险行政管理职能，各级社会保险经办机构负责生育保险经办业务。生育保险费根据“以支定收，收支基本平衡”的原则筹集，用人单位缴费率为单位职工工资总额的 0.5% 左右。凡生育医疗费及计划生育手术费已在基本医疗保险或公务员医疗补助中支付的统筹地区或单位职工，不再增加用人单位缴费，从基本医疗保险或公务员医疗补助费中单列生育保险统筹基金，将费用纳入生育保险制度管理范围。女职工在生育和终止妊娠期间按国家和省的规定享受假期。产假期间的生育津贴，由所在单位按照本人缴费基数乘以所享受假期天数（金额）支付。符合国家和省的计划生育政策的职工所发生的生育医疗费、计划生育费由生育保险基金支付，具体包括妊娠期、分娩期、产褥期的生育费，还包括产前检查费、接生费、住院费及药费，支付生育医疗费时，可采取按比例报销和向生育职工定额支付生育医疗费等方式解决。具体报销比例和定额数由各市（州、地）劳动保障部门结合当地平均费及本地区职工工资平均水平因素确定，并建立适时调整机制。生育保险要实行定点医疗机构协议管理。支出范围按照贵州省基本医疗保险药品目录、诊疗项目、医疗服务设施标准以及支付部分费用项目的报销规定执行。

2010 年，全省享受生育保险待遇的人数达到 2.27 万人，医疗费用支出 5971 万元，年人均 2630 元，分别比上年增长 17.61%、56.30%、32.89%；生育保险的扩面征缴工作取得了突出成绩，全省生育保险参保人数达到 164.3 万人，比上年增长 7.7%，生育保险基金征缴收入达到 1.23 亿元，保险支出达到 0.47 亿元，分别比上年增长 17.14% 和 23.68%。

五、市政公用事业体制改革

市政公用事业是指城市人民政府管理的为城镇居民生产生活提供必需的普通服务行业，主要包括城市供水、排水和污水处理，燃气、集中供热、城市道路桥隧和公共交通，环境卫生和垃圾处理以及园林绿化等。市政公用事业是城市的重要基础设施，是城市经济和社会发展的主要载体，直接关系到社会公共利益，关系到人民群众的生活质量，关系到城市的经济发展。

为适应社会主义市场经济体制改革和推进贵州城镇化进程的需要，贵州加快了城镇市政公用事业发展的市场化步伐，全面提高城镇市政公用事业的服务功能和服务水平。2004 年 1 月，贵州省人民政府发布了《关于加快我省城镇市政公用事业改革和发展的意见》（以下简称《意见》），提出按照产业化改革、市场化运作、企业化经营、法制化管理的要求和全面规划、属地负责、行业指导、部门监督、特许经营、有序竞争的原则，彻底转变政府职能，科学规范企业行为，切实提高服务水平，努力提高运营效率，确保社会公众利益，实现城镇市政公用事业的持续健康快速发展。主要目标是按照先易后难、分步实施的原则，力争用 1~2 年时间，实现城镇市政公用事业政企分开、政资分开、政事分开和事企分开，使城镇市政公用企业成为符合现代企业制度要求的市场主体；用 2~3 年时间，建立起适应社会主义市场经济发展要求的市场竞争机制、企业经营机制和政府监管机制，使城镇市政公用事业逐步走上良性循环和可持续发展的轨道。基本思路是：第一，在确保国有资产不流失、债权债务不悬空、职工妥善安置的前提下，按照政企分开、政资分开、政事分开和事企分开的原则，大力推进城镇市政公用事业单位企业化改革，加快城市市政公用企业内部管理体制改革和制度创新，尽快建立起富有活力的企业经营机制。第二，改变城镇市政公用事业单一的政府投资模式，放宽市场准入，鼓励各类社会经济组织和个人参与市政公用设施建设和经营，允许非公有资本进入法律法规未禁入的市政公用事业领域，逐步建立起多元化的城镇市政公用事业投融资机制。第三，加强宏观调控和指导，将现有城镇市政、园林绿化、环卫等事业单位履行的政府职能全部划归政府管理部门，将政府部门直接经营管理的市政公用企业全部剥离出来，全面建立规范、科学、高效的政府监管机制。

此后，又先后出台了《贵州省城镇垃圾管理暂行办法》、《贵州省城镇污水处理费征收管理暂行规定》、《贵州省城镇供水价格管理办法实施细则》、《贵州省市政公用事业特许经营管理办法》等规章制度。这一系列规章制度的出台，进一步加快了贵州省市政公用事业改革的步伐。

《意见》实施后，各市（州、地）都展开了试点工作。毕节地区采取 BOT 模式（建设—经营—移交）将金沙、大方、纳雍、织金和黔西五个县城供水、污水和垃圾处理等项目交给美国汉氏公司经营，特许经营期限为 25 年。贵阳小河污水处理厂采取 TOT 模式（转让—经营—移交），将小河污水处理厂转让给天津创业集团。贵阳煤气公司采取股份制改造的方式直接引进北京中煤信托投资有限公司资金 1.2 亿元，公司的股权构架为：市国有资产管理公司占 30% 股份，职工占 15% 股份，外来投资企业中煤信托公司占 55% 股份。仁怀市将公共绿地管理推向市场，实行“对外承包，对内管护”的市场化运作模式。遵义县将城市垃圾清扫、清运作业进行彻底改革，把县城环境卫生管理推向社会化、市场化，面向社会公开竞标，理顺了环卫管理体制，实现了环卫作业管干分离。

第三章　贵州城镇发展的趋势与展望

经过“十五”和“十一五”时期的发展，贵州城镇化进程已由初期阶段发展到加速期阶段，贵州城镇未来的发展既存在着前所未有历史机遇，也面临着不容忽视的挑战。根据贵州城镇发展的实际情况，中共贵州省委、省人民政府提出“十二五”时期重点实施“工业强省”和“城镇化带动”两大战略，同步推进工业化、城镇化和农业现代化。与此同时，省人民政府批准实施《贵州省“十二五”城镇化发展专项规划》(简称《“十二五”专项规划》)。随着城镇化带动战略和《“十二五”专项规划》的实施，贵州城镇发展必将取得新的成就，城镇化进程将跃上一个新的台阶。

第一节　城镇发展趋势

从“十五”时期开始，贵州城镇化进程呈快速发展趋势。2000 年，贵州城镇化率为 23.9%，2005 年即达到 26.9%，比 2000 年增加 3 个百分点，平均每年增加 0.6 个百分点。2010 年，全省城镇化率达到 33.8%，同 2005 年相比，增加 6.9 个百分点，平均每年增加 1.38 个百分点。2011 年，城镇化率进一步发展到 35.0%，全省城镇化进程已步入快速发展通道。

一是城镇体系逐步完善。全省城镇的发展以城镇规划为先导，结合快速铁路、高速公路建设，重点推进了一批中心城市和重点县城的旧城改造和新区开发，城镇规模不断扩大，贵阳特大城市加快发展，遵义进入大城市发展行列，六盘水加快向大城市迈进，安顺等 6 个区域性中心城市进入中等城市系列，18 个县城（包括县级市城区）发展为接近 10 万人口的小城市，城市人口集聚和辐射带动能力逐步增强，基本形成了以贵阳为中心、以

8 个市（州）区域中心城市为骨干、其他小城市和重点城镇为基础的城镇体系。

二是城镇基础设施和公共服务设施建设进一步加强。贵州积极抢抓国家实施西部大开发战略和经济转型、扩大内需等发展机遇，进一步加大城镇建设力度，大力加强城市道路、供水、供电、供气、生活垃圾和污水处理、环境绿化、保障性住房等基础设施及教育、文化、卫生等公共服务设施建设，城镇面貌和人居环境明显改善，综合承载能力不断增强。2010 年，全省城市道路面积达到 6342 万平方米，比 2005 年增加 1489 万平方米，平均每年增加 297.8 万平方米；城市建成区绿化覆盖率达到 21.83%，比 2005 年增加 1.8 个百分点；城市燃气普及率达到 54.5%，与 2005 年持平；2009 年城市污水处理率和生活垃圾无害化处理率分别达到 42.0% 和 39.8%，比 2005 年分别提高 20.9 个百分点和 13.1 个百分点。

三是城镇化产业支撑能力逐步提升。依托中心城市和重点城镇的开发和开放，推进了一批经济技术开发区和产业园区建设，以工业和服务业为主体的城镇经济实现了较快发展，城市聚集产业和吸纳就业的能力逐步增强。2010 年，全省工业生产总值达到 1516.87 亿元，2011 年即达到 1969.73 亿元，分别比 2005 年增加 809.34 亿元和 1262.39 亿元，分别增长 1.14 倍和 1.78 倍；以服务业为主的第三产业生产总值达到 2177.07 亿元和 2641.60 亿元，分别比 2005 年增加 1361.75 亿元和 1826.28 亿元，分别增长 1.67 倍和 2.24 倍。全省有开发区 12 个，其中国家级开发区 2 个，省级开发区 10 个。2010 年，全省开发区和工业园区工业总产值达到 733.29 亿元，生产总值达到 369.72 亿元。

四是城镇化体制机制改革取得积极进展。围绕转移农村人口和推进城乡基本公共服务等改革为重点，积极推进城镇户籍、就业、教育、社会保障等方面的改革和创新，开展了一批城镇体制改革的试点示范，积极探索城市建设投融资体制、城镇土地收购和储备、城镇公用事业建设和营运等方面改革，逐步消除制约城镇化发展的制度障碍，取得了积极进展；出台了一些鼓励农民工转移进城的支持性政策，加大农村劳动力转移就业的培训力度，进城农民工及子女的公共服务逐步加强。

第二节　城镇发展的机遇与挑战

一、城镇发展的机遇

“十二五”时期是贵州经济社会发展的重要战略机遇期，这对加快推进贵州城镇化进程，总体上具备有利的环境条件。

一是世界发展进入后金融危机时代，和平、发展、合作仍是时代潮流。中国在国际上取代日本成为世界第二经济大国，战略地位和影响力显著提升，有利于中国更好地运用两个市场、两种资源加快发展。在这种大背景下，国家坚持实行扩大内需的方针，加快转变经济发展方式，更加注重社会建设和改善民生，加大城乡统筹发展力度，加大对少数民族地区和贫困地区的支持力度。2012 年 1 月，国务院发出《关于进一步促进贵州经济社会又好又快发展的若干意见》(简称国务院《意见》)，将贵州的战略定位为“四基地一枢纽”和“三区一屏障”，即：“全国重要的能源基地、资源深加工基地、特色轻工业基地、以航空航天为重点的装备制造基地和西南重要陆路交通枢纽”，“扶贫开发攻坚示范区、文化旅游发展创新区、民族团结进步繁荣示范区和长江、珠江上游重要生态安全屏障”。为了加快“四基地一枢纽”和“三区一屏障”建设，国务院做出包括财税政策、投资政策、金融政策、产业政策、土地政策、人才政策、对口支援政策等一揽子扶持贵州又好又快发展的政策措施，使贵州获得前所未有的政策支持力度，这将为贵州城镇的发展提供良好的宏观政策环境。

二是国家将深入推进西部大开发战略放在区域发展的优先地位，更加注重西部地区区域增长极和城市的培育，将黔中经济区列入国家重点经济区域之一，为培育发展黔中城市群，带动全省城镇化发展带来了历史性机遇。国务院《意见》提出：“按照‘黔中带动、黔北提升、两翼跨越、协调推进’的原则，充分发挥黔中经济区辐射带动作用，加快建设黔北经济协作区，积极推动毕水兴（毕节、六盘水、兴义）能源资源富集区可持续发展，大力支持‘三州’（黔东南州、黔南州、黔西南州）等民族地区跨越发展，构建区域协调发展新格局。”“黔中经济区”以贵阳、安顺为核心，以遵义、毕节、都匀、凯里等城市为支撑，推进贵阳、安顺经济一体化发展，加快建设贵安新区，重点发展装备制造、资源深加工、战略性新兴产业和现代服务业；“黔北经济协作区”以遵义、铜仁为节点城市，以黔北、黔东北为腹地，积极构建连接成渝经济区和黔中经济区的经济走廊，重点发展航天等装备制造、金属冶炼及深加工、化工、特色轻工、旅游等产业，推进武陵山地区经济协作和扶贫攻坚；毕水兴能源资源富集区以毕节、六盘水、兴义为节点城市，充分发挥能源矿产资源优势，建设我国南方重要的战略资源支撑基地，重点发展煤电、煤化工、钢铁有色、汽车及装备制造、新能源等产业，深入推进毕节试验区建设；“三州”等民族地区重点发展文化旅游、磷煤化工、钢铁有色、汽车及装备制造、新型建材、民族医药和农林产品加工业，打造具有国际影响的原生态民族文化旅游区。国务院《意见》还提出：按照统筹规划、合理布局、集约用地、完善功能的原则，推进城镇化进程，形成大、中、小城镇协调发展的格局，实施中小城市带动战略，培育黔中城镇群，打造一批节点城市和特色小城镇，提升中小城市承载能力。加快城镇基础设施建设，完善城市道路体系，增加路网密度，大力发展公共交通，在符合条件的城市安全有序地建设轨道交通，按照国务院的要求，贵州城镇发展必将实现历史性的跨越。

三是中共贵州省委、省人民政府出台了《关于加快城镇化进程促进城乡发展的意见》，明确“十二五”时期以城镇化带动作为贵州两大主导战略之一，把加快城镇化发展作为贵州“加速发展、加快转型、推动跨越”最重要载体和支撑，强化城镇化与工业化、农业现代化紧密结合和互动发展，推进城镇化的思路更加清晰。中共贵州省第十一次代表大会进一步提出：坚定不移地实施工业强省和城镇化带动战略，大力推进工业化、城镇化、农业现代化“三化”同步；提出“我省发展落后，从根本上看，是工业化、城镇化、农业现代化不高、不同步、不协调”；“三化”同步工业化是动力，城镇化是载体，农业现代化是基础。通过工业化提升全省经济实力，增强以工促农、以城带乡的能力；通过城镇化孕育更多的产业，吸纳更多的农村人口在城镇就业生活，解决山区贫困人口脱贫和缩小城乡差别问题；通过农业现代化一方面增加农民收入，一方面支撑工业化、城镇化的发展。

四是以交通、水利、能源等区域基础设施建设、城镇基础设施建设和以产业园区为重点的产业支撑体系建设力度不断加大，特别是随着快速铁路、高速公路网的加快形成，省内区域、城镇之间的经济联系将更加紧密，将为优化城镇空间布局和推进城镇化发展形成有力支撑。在交通方面，贵州将加速综合交通网络建设，全面发展铁路、公路、民航和水运，加快建设客运快速化、货运物流化、管理现代化的现代综合交通运输体系，按照骨架畅通、干支协调、形成网络的要求，大力实施“六横、七纵、八联”的高速网络规划。在水利方面，将加快解决工程性缺水问题，按照发展现代水利的要求，坚持水利建设、生态建设、石漠化治理综合规划，以重大水利枢纽工程为龙头，以大中型水利工程为骨干，以小型水利工程为基础，以微型水利工程为补充，逐步建立生活、生产、生态用水安全保障体系。在信息基础设施建设方面，推进“数字贵州”建设，围绕第三代移动通信、下一代互联网和数字电视等未来网络建设为重点，促进电信网、互联网、广电网三网融合，全省互联网普及率、电话普及率、广播电视人口覆盖率达到西部地区平均水平；加强信息服务能力建设，提升电子政务、电子商务、地理信息、远程教育、远程医疗服务能力，明显提高全省社会运行的智能化程度。交通、水利、信息等基础设施的大幅提升，将为贵州城镇发展奠定坚实基础。

二、城镇发展面临的挑战

贵州是全国唯一没有平原支撑的内陆山区省份，可利用的土地资源十分有限。全省国土面积为 17.62 万平方公里，其中山地和丘陵占 92.5%，山间小盆地仅占 7.5%，自古就有“地无三里平”的说法。贵州虽然大气降水比较丰富，年平均降水量多在 1100~1300 毫米之间，但由于山高坡陡，水资源流失较快，利用十分困难，因此工程性缺水严重。全省有 80% 的县（市、区、特区）喀斯特地貌占土地面积的 50% 以上，有的县甚至达到 90%，区域生态环境脆弱。这种地貌特征对贵州城镇化的发展形成了严重的制约因素。

贵州经济实力较弱，财力不足，加之城镇建设欠账多，基础薄弱。2011 年，全省地区生产总值为 5701.84 亿元，在全国各省、市、自治区位居第 26 位；人均生产总值为 16412.90 元，在全国处于落后地位。到 2011 年，贵州全面建设小康进程大体落后全国 8 年，落后西部地区平均水平 4 年，是全国贫困问题最突出的欠发达省份。城镇化是经济社会发展的结果，经济落后必然制约城镇的发展。第六次全国人口普查资料显示，贵州城镇化率低于全国平均水平 15.88 个百分点。此外，城镇基础设施和市政公用设施也普遍低于全国平均水平，用水普及率低于全国 2.58 个百分点，燃气普及率低于全国 22.3 个百分点，每万人拥有公共交通运营车辆低于全国 1.25 辆，人均道路面积低于全国 6.56 平方米，人均公园绿地面积低于全国 3.85 平方米。

根据发达国家城镇化发展经验及贵州城镇化发展趋势分析，加快城镇化发展每年需要创造近百万城镇新增就业岗位，城镇就业压力很大。

贵州城镇管理体制改革虽然取得了较大进展，但是制约发展的体制机制性问题仍然较多，矛盾比较突出，加快城镇化发展对各级政府提高社会管理和公共服务能力形成较大挑战。

第三节　城镇发展展望

根据“十一五”时期以来贵州城镇发展趋势以及所面临的机遇与挑战，贵州省人民政府批准实施《贵州省“十二五”城镇化发展专项规划》，该规划提出了“十二五”时期贵州城镇化发展的指导思想和发展目标。指导思想是：以科学发展观为指导，深入实施西部大开发战略，立足贵州实际，遵循城镇化发展规律，坚持走有特色、集约型、多样化的山区绿色城镇化道路，按照统筹规划、合理布局、完善功能、以大带小的原则，强化城镇化与工业化、农业现代化的紧密结合和互动发展，着力壮大城镇经济，增强城镇综合承载能力和辐射带动能力，发挥城镇化对增加就业、带动投资和促进消费增长的巨大作用，加快农村人口向城市有序转移，推进城乡统筹发展，努力破解城乡二元结构，开创城镇化发展的新局面。

综合考虑城镇化发展趋势和重要条件，贵州城镇化发展的总体目标是：经过 10 年左右的努力，全省城镇化水平显著提升，形成较为合理的城镇化空间布局和较为完善的区域特色城镇体系，城市产业功能得到强化，中心城市辐射带动能力显著增强，统筹城乡发展能力和水平显著提高，2015 年全省城镇化率达到 40% 以上，2020 年达到 50%。一是城镇化空间布局趋于合理。黔中城市群框架基本形成，其他重点城市化区域加快发展，人口集聚能力明显增强。全省重点城市地区城镇人口占全省城镇人口比重从 2010 年的 62% 提高到 2015 年的 70% 以上。二是城镇体系不断完善。区域中心城市和沿快速铁路、高速公路网络节点的中小城市发展加快，贵阳城市规模进一步扩大，遵义发展成为特大城市，六盘水、毕节、安顺、凯里发展成为大城市，都匀、兴义、铜仁接近大城市规模，一些县城培育发展成为区域性次中心城市，发展壮大一批中小城市，加快构建形成以大城市为中心、中小城市为骨干、小城镇为基础的梯次明显、优势互补、辐射作用较强的较为完善的城镇体系。三是城镇基础设施建设明显加强。到2015年，城镇人均道路面积达到8平方米以上，建成区绿地覆盖率达到30%，县城以上城镇燃气普及率达到80%以上，县城以上城镇供水普及率达到95%，县城以上生活垃圾无害化处理率和污水处理率均达到80%以上；城际交通网络加快完善，城市化区域基础设施保障能力有较大提升。四是城镇化产业支撑能力明显增强。推进城镇产业加快集聚，城镇经济实力明显提升，吸纳就业能力显著增强，“十二五”期间城镇新增就业人员（含农村转移就业人员）五年累计达到300万人以上，设市城市和规划建设中等城市的县城力争建成至少1个国家级或省级产业园区。五是推进城镇化体制机制改革取得明显成效。消除制约城镇化发展的体制机制障碍取得突破性进展，加快建立有利于城镇化发展的体制机制和政策体系。五年累计转移进城农村人口达到350万人以上，农村转移人口市民化进程加快。六是公共服务水平明显提高。新建城镇保障性住房39.82万套，城镇中等偏低收入家庭住房困难得到有效解决，城市低收入家庭住房困难逐步解决，2015年城镇人均住房建筑面积达到28平方米；城镇社会保障能力明显提高，教育、文化、卫生、体育等方面的条件得到较大改善；城镇管理明显加强，社会治安良好，群众安居乐业，社会和谐稳定。

一、城镇化空间布局将进一步优化

在城镇化空间布局方面，将构建以快速铁路为发展主轴，以黔中城市群为战略重点，以其他重点城市化地区为重要组成，以快速铁路沿线和高速公路网络节点上的重点城市为支撑，使贵州城镇能更便捷地融入全国经济大循环的城镇化战略新格局。将以贵阳为中心，遵义、安顺、凯里、都匀、毕节为支撑，构建黔中城市群，推进构建以六盘水、兴义、铜仁等区域中心城市和一些新培育的区域次中心城市为依托的城市经济圈，以一批中小城市为节点，全面强化城镇集聚与辐射能力，形成中心集聚、轴线拓展的集约发展态势和有利于城镇化加快发展的空间布局。

经过调整，城镇体系将更加完善。按照完善城镇体系的目标和培育区域增长极的要求，将继续做大做强贵阳特大城市，推进遵义大城市和安顺等7个中等城市扩容升级，培育发展一些交通区位重要、区域影响力较强、发展潜力较大的县城为区域次中心城市，沿快速铁路和高速公路网的重要节点，培育发展一批有条件的重点城镇成为中小城市，推动一批特色小城镇加快发展，逐步形成以大城市为依托，以中小城市为重点，小城镇为基础的大中小城市和小城镇协调发展的城镇体系。

二、黔中城市群将带动全省城镇化加快发展

黔中城市群框架将基本形成。加快培育以贵阳为中心，以遵义、安顺、都匀—凯里、毕节为支撑，贵阳—遵义、贵阳—安顺、贵阳—都（匀）凯（里）、贵阳—毕节 4 条城镇带为骨架，一批重要县城为节点的“1+4”黔中城市群，使其成为全省城镇化的核心区。

进一步做大做强贵阳中心城市。调整优化城市核心区发展布局，加快城市规模化发展。以中心城区拓展为重点，推进城市向周边和延伸区域拓展，积极培育发展卫星城市，构建现代城市发展新格局，提升中心城市在西部尤其是西南区域的城市地位，发展成为西南城区新型工业化城市和重要金融商贸物流中心、西部区域性重要中心城市，成为支撑全省和带动黔中城市群发展的核心增长极。

遵义、安顺、都匀、凯里、毕节等中心城市将得到进一步发展壮大。首先，遵义将发展成为特大城市、新型工业城市、红色旅游文化城市和黔川渝交界地区重要的经济中心，成为支撑黔北区域发展的核心增长极和支撑黔中经济区发展的重要增长极。其次，安顺中心城区将加快发展，把安顺打造成为国际旅游目的地城市和贵州省重要的装备制造业基地，成为黔中城市群西部重要中心城市和经济增长极。再次，将壮大都匀、凯里城市规模，推进凯里—都匀一体化发展，在把都匀打造成为具有布依族、苗族、水族特色的旅游休闲城市、区域性加工制造基地和区域商贸物流中心的同时，把凯里打造成为具有浓郁苗侗文化特色的国际旅游目的地和区域性商贸物流中心和承接珠三角产业转移的重要基地，按照凯里—都匀城市一体化发展要求，统筹推进凯里、都匀两城市联通融合的重大基础设施建设，加强产业合作，形成区域性特大城市和贵州东部区域增长极，带动东部区域加快发展。最后，毕节中心城区建设步伐将进一步加快，推动毕节—大方同城化发展，毕节将建设成为贵州西部区域性中心城市、重要交通枢纽和物流中心。

通过打造城镇带进一步培育发展中小城市。沿贵阳至遵义、安顺、都（匀）—凯（里）、毕节轴线，以快速铁路、高速公路为依托，优化产业布局，

推进优势和特色产业发展，强化产业聚集，完善交通网络，加强城镇基础设施建设，培育和发展一批县城和重点镇成为中小城市，打造黔中城镇带。

将建立健全统筹和协调发展的体制机制和政策体系。在“十二五”期间，省人民政府将通过建立和强化组织保障，建立完善的政策支持体系，建立促进加快发展的有关体制机制等措施统筹和协调城市发展。

三、加快培育其他区域性中心城市以带动区域城镇化的发展

贵州通过加快区域性中心城市发展，积极推进其他重点城市化地区城镇化进程，通过组团式发展构建区域城市体系，培育区域发展增长极，以带动区域城镇化的发展。

一是发展壮大六盘水中心城市，推进钟山—双水一体化发展。以六盘水中心城市为中心，依托昭通—水城—安顺高速公路、杭（杭州）—瑞（瑞丽）高速公路和毕（毕节）—水（六盘水）—兴（兴义）铁路，推进与威宁、纳雍、赫章、六枝等周边城市的紧密经济联系，构建区域城市体系；按“一城七片”（指六盘水中心城区、钟山片区、石龙片区、柏杨坡片区、水月片区、双水片区和老鹰山片区）总体框架和钟山—水城城区一体化基本要求，围绕“东西延伸、南北拓展、组团开发、园区支撑”的发展思路，将六盘水建设成为贵州西部地区中心城市、全国循环经济示范城市、重要的能源原材料加工基地。

二是通过拓展兴义中心城市来构建兴义城市圈。以兴义市为中心，依托汕（汕头）—昆（昆明）高速、惠（惠水）—兴（兴义）高速公路和毕（毕节）—水（六盘水）—兴（兴义）快速铁路，积极推动兴义、兴仁、安龙、贞丰联动发展，加快构建兴（义）兴（仁）安（龙）贞（丰）城市圈。

三是通过加快铜仁中心城市发展来打造铜仁城市圈。以铜仁中心城市为中心，依托杭（杭州）—瑞（瑞丽）高速公路、松（松桃）—从（从江）高速公路和玉屏—铜仁快速铁路，按照“一核三圈”的布局，积极推动玉屏、松桃、江口联动发展，加快构建铜仁城市圈。

四是特色小城镇建设将得到加强。“十二五”期间将以县城为重点，培育发展一批小城市。根据资源优势和区位条件，发展基础条件好、潜力大的建制镇，建设一批交通枢纽型、旅游服务型、绿色产业型、工矿园区型、商贸集散型、移民安置型等不同类型的特色小城镇。

四、城镇基础设施和生态环境建设的加强将进一步提升城镇综合承载能力

（一）城市路网建设将得到加强

一批城市重点路网工程将投入实施，路网建设将带动城市规模扩大和城市品位的提高。到“十二五”期末，贵阳、遵义中心城市人均道路面积将达到 12 平方米以上，其他中心城市达到 10 平方米以上，县城和城镇建成区人均道路面积达到 8 平方米以上；中心城市按照人均 0.3 平方米标准配套建设城市广场，按照不低于人均 0.8 平方米标准配套建设社会停车场。

（二）城镇公共交通、供水、能源、垃圾和污水处理等基础设施建设得以加强

一是为适应城镇化加速发展的需要，将进一步落实城市公共交通优先发展战略，大力发展城市公共交通系统，提高公共交通出行分担比率。

二是城镇供水设施将得以完善，城镇生活用水安全得到保障。2015 年，城镇日供水总量将达到 480 万吨以上，满足城市人均综合生活日均用水量达到 180 升以上、小城镇人均综合生活日均用水量达到 140 升以上的需求，城镇供水普及率达到 95% 以上。改造漏水严重的供水管网，使管网漏损率降低到 20% 以内。通过全面提高城市供水系统对突发事件的应急处理能力，建立供水安全保障和应急体系，制定城镇供水应急预案，保障城镇供水安全。

三是城镇能源供应将更趋于安全、稳定、高效。通过积极发展城市燃气，到“十二五”期末，全省城镇燃气普及率将达到 80% 以上。中心城市将积极推进清洁能源供应设施建设，以减轻城市环境压力。

四是城镇污水处理能力将进一步提高。通过加快污水处理设施建设，“十二五”期间新增污水处理设施总处理能力超过 95 万吨 / 日，达到 270 万吨 / 日以上，城镇污水处理厂负荷率达到 80%，生活污水再生利用率达到污水处理量的 10% 以上。到 2015 年，城镇平均污水处理率达到 70% 以上，其中贵阳市中心城区污水处理率不低于 90%，其余重点城市不低于 80%，建制镇不低于 50%。

五是城镇生活垃圾无害化处理设施建设步伐加快。通过合理布局城镇生活垃圾处理设施，城镇生活垃圾转运系统得到完善并建立起合理的价格收费

体系，全面提高城镇垃圾收集、运输、处理、处置和综合利用水平。2015年，城镇垃圾无害化处理率达到80%。

六是城市绿地建设进一步加强。到2015年，城市建成区绿化覆盖率达到35%，城市建成区绿地率达到30%，人均公共绿地面积超过7平方米，人居生态环境将充分得到改善。

七是城市信息化建设得到快速发展。“十二五”期间将积极发展大中城市宽带通讯网、数字电视网和新一代互联网等信息设施，将完善中小城市和小城镇的本地通信网，提高与区域中心城市的通信能力。通过加快“数字城市”建设，完成所有设市城市和绝大部分县城数字化综合管理平台建设。加快构建黔中城市群内无障碍信息平台，实现电话区号、移动网络的统一，构建统一的信息网络平台，以信息化带动城镇化。

（三）城镇公共服务设施建设将进一步加强

一是城镇各类教育设施布局趋于合理，教育设施建设用地和周围环境要求得到保证。“十二五”期间，将按照城乡“普九”人口覆盖率100%、城镇人口幼儿教育入园率90%以上的要求，配置学前教育和小学阶段教育设施；按照保障城乡人口初中毛入学率100%、高中阶段教育毛入学率63%以上的要求，配置城镇中学阶段教育设施；在中心城市配置高等教育阶段相关设施，满足高等教育毛入学率27%以上的要求。

二是通过完善医疗和预防保健设施满足居民医疗卫生需求。在配置城镇医疗卫生设施时，将按照城乡人口每千人拥有3张以上病床、每千人拥有4名左右卫生技术人员的要求进行配置。贵阳、遵义中心城区将提升现有医疗卫生设施水平，其余中心城市力争实现至少一所三级甲等综合医院。

三是城镇文化体育设施建设得到加强，城镇文化体育中心的服务功能进一步强化。各中心城市将逐步完善市（州）级公共文化设施，全面充实县级图书馆和文化馆建设，完善建制镇文化站建设。完善各级城镇体育设施建设，保障城镇人口人均拥有0.6平方米以上的体育设施用地。

四是城镇社会福利设施建设进一步完善。“十二五”期间，将根据城镇发展需要，建立和完善社会福利、优抚安置、殡葬、求助管理等相关设施。

五是城镇社区建设步伐进一步加快。为满足社区居民需要，“十二五”期间将进一步充实社区功能，改善社区管理，强化社区服务，推动社会服务资源向基层和社区转移；同时社区组织和队伍建设得到加强，社区管理职能得

贵州省会贵阳市

贵阳市筑城广场

观山湖区（原金阳新区）

全国重点文物保护单位——贵阳甲秀楼

贵阳老城区一景

观山湖区街景

贵阳住宅小区一角

贵阳黔灵山弘福寺

城在山水间——贵阳花溪城区

贵阳奥林匹克体育中心夜景

贵阳孔学堂夜景

第九届全国少数民族传统体育运动会在贵阳举行

贵阳西南家具城开业庆典

贵阳大剧院演出交响音乐会

贵阳环城高速公路

贵州轮胎厂生产车间

贵阳高新区科技产业园标准厂房

（贵阳市图片摄影作者：王礼全、何雄周、李暾、曹经建；提供单位：贵阳市政府办公厅）

新兴能源原材料基地六盘水市

六盘水市钟山开发区

六盘水市人民广场

六盘水市中心区全景

总装机容量 240 万千瓦的六盘水盘南电厂

六盘水滥坝220千伏变电站

六盘水市南铁路编组站

六盘水市老鹰山煤化工基地一角

中国水钢集团高速线材生产线

水矿集团煤泥矸石电厂

六枝梭嘎长角苗迎客舞

（六盘水市图片摄影作者：朱祖雄、高翀、高锡杰、淅洁、蒋远行；提供单位：六盘水市地方志办公室、贵州图片库）

中国革命老区遵义市

遵义会议会址

遵义市红花岗中心城区

遵义会议纪念广场

遵义市红花岗区概貌

遵义市汇川体育中心

遵义鸭溪发电厂

遵义构皮滩水电站大坝

遵义航天工业园区

（遵义市图片摄影作者：邱洪、郑义基、胡志刚；提供单位：遵义市地方志办公室、《遵义百科全书》编辑部）

到扩充。

六是将加强城镇公共安全设施建设，建立和完善公共安全保障体系。抗震、防火、防洪、防疫、防地质灾害以及其他城镇灾害的防治设施将进一步完善，并建立自然灾害预警机制，提高城镇防灾减灾综合能力。加强城市公共安全风险预防，健全公共卫生、食品安全、社会安全事件的预防预警和应急处置体系。

（四）城镇保障性住房建设将得到加强

房地产市场供应结构要近一步趋于合理，高档商品房、中低价普通商品房、经济适用房、廉租房、公共租赁房比例协调的住宅供应体系将形成，满足各收入阶层消费者的住房需求。低收入家庭住房困难问题将得到解决，加快廉租住房建设和租赁补贴发放力度，解决城镇中等偏下收入家庭住房困难问题。以大力发展公共租赁住房为工作重心，加快推进各类棚户区改造工作，形成多层次住房保障体系；进一步扩大住房保障政策覆盖面，逐步将廉租住房、经济适用住房与公共租赁住房并轨；逐步将新参加工作人员、在城镇居住一定年限且有稳定收入来源的外来务工人员和在开发区、产业园区内工作的外来务工人员纳入保障范围。“十二五”期间，将建设各类保障性住房39.82 万套。

（五）城镇生态建设和环境保护将进一步推进

“十二五”期间，将积极推进生态文明建设，促进城镇化发展与资源、环境相协调，增强城镇可持续发展能力。坚持保护优先和自然恢复为主，水利建设、生态建设和石漠化治理要“三位一体”协同推进。

一是推动城乡建设与生态环境相协调。根据城镇不同地区的功能以及生态环境容量对城镇建设规模、发展形态和开发方式进行分区管治，明确划定禁止建设区、限制建设区和适宜建设区，引导城镇有序开发，确保生态环境质量持续好转。加强重要生态功能区的保护和建设，大力实施石漠化综合治理工程，推进实施退耕还林、天然林资源保护，加强城市公共绿地、环城林带建设，加快沿公路、铁道的绿化带建设，推进城乡绿化一体化，形成网络化的区域生态廊道。加强水源地保护，按照生态功能区域划分水源保护区，完善水源保护区分级管理制度，加大水源地环境综合整治力度。重点加强城镇重要饮用水源的环境治理和保护，继续开展治水工程，确保饮用水源安全。

二是强化城镇污染综合治理。把城镇污染综合治理作为城镇建设的重要任务，开展城镇污染综合治理及环保目标考核工作。大力发展环保产业，力争实现环保生态效益、社会效益、经济效益相统一。严格控制生产污染排放，实施主要污染物排放总量控制。加快能源结构调整，全面推进清洁生产。在产业园区推广集中式污水处理。加强对工业的二氧化硫排放以及烟尘、粉尘和城市扬尘的污染控制。

三是坚持开发和节约并举、节约优先的方针，按照有限开发、有序开发、有偿开发的原则，加强对能源、水、土地和矿产资源的保护和管理，全面推进资源的集约节约利用。按照突出重点、持续实施、分阶段推进、分层次示范和一体化安排的要求，大力发展循环经济，推进生产、流通、消费各环节循环经济发展。

五、将进一步强化城镇产业支撑，以增强城镇经济实力

（一）区域中心城市产业集聚发展将进一步推进

“十二五”期间，将按照城市功能定位，强化产业发展布局与城市空间布局的有机衔接，明确主导产业方向，加强城市之间的产业分工与合作，积极发展优势产业和劳动密集型产业，积极推动产业规模化、集群化、现代化，提升城市经济实力，增强区域辐射带动能力和吸纳就业能力。

一是大力发展城市工业，强化重点工业的集聚发展，加强城市工业园区建设，将工业园区纳入城市发展规划，为城市工业发展预留空间。支持每个城市建设一定数量的、与城市发展规模相适应的省级以上工业园区，使园区成为增加就业、带动商业、壮大城市经济、扩大城市规模的重要载体。根据发展需要，支持省级工业园区（基地）进一步提升产业聚集功能和完善园区配套设施建设。促进总部经济发展，推动中心城区与拓展区及其他区域的产业分工和协作，带动区域产业加快发展。

二是大力发展城市现代服务业，推进服务业与制造业和现代农业的融合，促进城市产业发展转型，建设各个层级的区域服务中心并显著提升服务功能，进一步增强城市就业吸纳能力。支持区域中心城市建立生产性服务业专业园区，加快发展金融、职业教育、科技研发、物流等生产性服务业，推动制造业加快升级，通过产业融合发展，带动全省产业转型和升级。支持旅游城市发展成为区域旅游服务中心，加强旅游配套设施建设和通往省内重要景区的

快速连接线，推动特色旅游商品产业化、基地化，建设各具特色的旅游度假区。大力建设区域性综合市场和专业市场，积极发展生活性服务业，尤其是以连锁经营、特许经营、仓储超市、配送等为重点，以及辐射带动强的各种新型服务业态，增强区域带动能力。强化城市新区开发中的商业设施建设和商业流通培育，通过商业片区开发使新老城区实现有机联结。

三是积极发展城郊型生态农业和观光农业，支持各城市建立国家级、省级现代农业科技示范区，促进城郊农业转型发展。

（二）中小城市产业发展功能进一步加强

中等城市的县（市）将依托自身资源条件、产业基础和区位优势，着力发展特色优势产业，增强产业聚集发展功能。靠近贵阳和遵义等大城市的县（市），发展为大城市服务的配套产业；交通区位较好的县（市），重点发展物流、商贸等产业，积极承接产业转移；矿产资源突出的县（市），重点发展特色资源深加工产业；旅游资源突出的县（市），重点发展特色旅游业、旅游商品产业；农业资源突出的县（市），重点发展特色农产品加工业。鼓励和支持这些县（市）在城市规划区建立至少 1 个国家级或省级产业园区，并按照一区多园模式推进产业聚集发展。

小城市和重点镇将根据各自的资源禀赋、区位条件和发展基础，因地制宜地积极发展具有比较优势的特色产业，提升城镇经济实力，增强对农村人口转移就业的吸纳能力。

“十二五”时期，贵州还将进一步创新和完成体制与政策的完善，包括强化城乡规划指导、加快农村人口城镇化步伐、加快完善公共服务政策、强化土地等城镇化发展要素保障、推进城镇综合改革试点示范建设、加强城市管理等，以增强城镇化发展活力。

（撰稿人：唐少奕）

第二篇　设区城市的发展

第一章 贵州省会——贵阳市

贵阳市是贵州省省会，是全省政治、经济、文化中心，也是西南地区的重要中心城市之一。贵阳简称“筑”或“金筑”，别称“筑城”。它地处东经106°07′~107°17′、北纬26°11′~27°22′，东南与黔南布依族苗族自治州的瓮安、龙里、惠水、长顺4县接壤，西临安顺市的平坝县，西北和北面与毕节市的织金县、黔西县、金沙县及遵义市的遵义县毗邻，处于长江水系和珠江水系的分水岭地带；土地总面积为8043.37平方公里，占全省总面积的4.56%。2011年，贵阳市辖6区、1市、3县、1个国家级高新技术产业开发区和1个国家级经济技术开发区。全市常住人口439万人，户籍人口376.12万人，城镇化率为68.13%。

贵阳历史悠久，旧石器时代就有人类在这里生息繁衍。由于长期处于封闭状态，直到唐宋时期，仍为黔中地区的一个羁縻小州——矩州。贵阳地处全省中心位置，位于大西南的东南前沿，处于扼控全省及西南地区的重要战略地位。明初，为了平定盘踞在云南的元朝残余势力，巩固和稳定西南边疆，朝廷在贵州（贵阳）置省一级的军事机构——都指挥司；永乐十一年（1413年）在贵州设布政使司，贵州行省建立，贵阳正式成为贵州省的省城。在历史上，贵阳虽然作为贵州的省城，但功能比较单一，主要是起全省政治中心和军事重地的作用，其他功能相对较弱。抗日战争爆发后，贵阳成为全国战略大后方的重要城市之一，为陪都重庆的东南屏障。1941年7月，贵阳撤县设市，成为贵州历史上第一个建制市。

1949年11月15日，中国人民解放军解放了贵阳市，贵阳的发展进入一个崭新的历史时期。随着社会主义建设事业的全面展开，省会城市的功能显著提升。在工业方面，“三线”建设时期一大批军工企业落户贵阳；改革开放以来，贵阳市逐步建成以食品、机械、化工、冶金、电力、建材为主的综合性工业体系，在十大产业园区建设带动下，工业聚集发展格局显现。随着国家级高新技术开发区和国家级经济技术开发区的建成，以及贵州铝厂、开磷集团等大中型企业的建设和发展，使贵阳成为全省新兴的综合性工业基地。贵阳市集中了贵州省主要的高等学校，贵州大学、贵州师范大学、贵阳医学院、贵州财经学院、贵州民族学院以及中国科学院贵阳地球化学研究所、贵阳铝镁设计院等一大批大专院校和科研院所落户贵阳；贵阳学院、贵阳职业技术学院和贵阳护理职业学院的先后创办，贵阳国际生物材料产业化公共实验室、生命科学基础实验平台、太阳能级多晶硅中试基地、贵州大学贵阳研究院的新建，使贵阳成为全省重要的科研教育基地。中国人民银行贵阳中心支行、工商银行、建设银行、交通银行、农业银行等国有商业银行的分支机构、一些省市商业银行分支机构和中国人民保险公司的分支机构、证券公司等在贵阳设立，贵阳作为全省金融中心的地位凸现。全省公路建设、铁路建设、通信设施建设都以贵阳为中心向各市州放射发展，使贵阳成为全省交通通信枢纽。为了更好地发挥省会城市的作用，从 2001 年开始，在老城区西北面开发建设金阳新区。经过 10 年的建设，一个配套设施比较完善，功能相对齐全的园林式、生态型的新城已初具规模。2011 年，全市地区生产总值达到 1383.07 亿元，占全省生产总值的 24.3%；财政总收入达 401.36 亿元，占全省财政总收入的 30.1%；人均生产总值达 31712 元。随着经济实力的增强，贵阳不仅发展成为黔中经济区的核心城市，而且已逐步发展成为西南地区重要的经济增长极。

贵阳地处西南地区的东南部，是西南地区南来北往、东进西出的必经之地。历史上，贵阳交通闭塞，明清时期仅有驿道与四川、云南、广西、湖南相通；直至 20 世纪 30 年代，开始以贵阳为中心，逐步修筑通往湘、桂、川、滇的公路。贵阳解放以后，交通建设日新月异。1959 年初，黔桂铁路通到贵阳，结束了贵阳不通火车的历史；经过“三线”建设，川黔、贵昆、湘黔铁路与黔桂铁路成“十”字形在贵阳交汇，贵阳火车南站成为西南地区最大的铁路编组站，贵阳因此一跃而成为西南地区的铁路交通枢纽。改革开放以后，特别是国家实施西部大开发战略以来，在完成了 4 条铁路干线电气化改造以后，先后开工建设贵（阳）广（州）快速铁路以及贵阳通往昆明、重庆、成都、长沙、南宁的快速铁路。贵阳南站枢纽改造工程 2010 年全面竣工顺利开通；以贵阳为中心的“六横、七纵、八联线”的全省高速公路网络已经形成，并通过周边省、市、区与全国各地相连，贵阳已经发展成为西南地区重要陆路交通枢纽和出海通道。为了更好地发挥西南地区重要交通枢纽的作用，贵阳市实施了“一横、一纵、一环”的市区路网主骨架和“三环、十六射线”路网工程，121公里的环城高速公路全线通车，建成了黔灵山路、甲秀南路、北京西路、机场路、水东路、朝阳洞路、市北路、宅吉路、贵惠路、贵开大道、黔江路、珠江路、金米路、长岭路、观山西路二期等主干道和一批支线公路。城市轨道交通已经启动，市域快速铁路白云至龙里北联络线等5个项目已开工建设。2010年9月，贵阳城市轻轨1号线已通过国家审批。市域交通的快速发展，使过境车辆在贵阳畅通无阻。

改革开放以后，贵阳封闭、半封闭状态逐步打破。1986年，贵阳市被国务院列为全国244个开放地区之一。1992年7月，国务院批准贵阳市为内陆开放城市，享受沿海开放城市同等优惠政策。为了更好地发挥贵阳内陆开放城市在全省开放带动战略中的作用，贵州省人民政府决定，赋予贵阳市某些相当于省一级的管理权，省级有关部门按规定迅速将15个方面37项管理权限下放贵阳市。中共贵阳市委、市人民政府相应出台了一系列扩大对内对外开放的政策措施，实施多层次全方位的对外开放，较好地发挥了全省对外开放的“窗口”作用。1995年7月，经国务院批准，从1996年1月1日起，将安顺地区管辖的修文县、开阳县、息烽县划归贵阳市管辖；同时，决定将省辖的清镇市委托贵阳市代管。“三县一市”的划入，改变了贵阳市“大城市、小郊区”的局面，使贵阳市的经济实力得到增强，更好地发挥内陆开放城市的作用。此外，1992年，国务院批准在贵阳建立国家级高新技术开发区；2000年，批准小河经济技术开发区升格为国家级经济技术开发区。2010年，贵阳高新技术产业开发区入驻企业达到2300余家，初步形成了电子信息产业、先进制造业、新能源新材料、生物与医药业为主的四大产业；小河国家级经济技术开发区入驻企业325家，工业总产值达104.9亿元。

贵阳矿产资源丰富，已探明的矿产有52种，其中铝土矿和磷矿为优势矿产。为了充分发挥贵阳矿产资源优势，实现就地转化、循环利用，2002年5月和2004年初，贵阳市分别被国家环保总局、联合国环境规划署确定为全国第一个也是世界唯一的一个循环经济试点城市。为了更好地发展循环经济，首先是实现企业层面的“小循环”，逐步扩大为区域层面的“中循环”和社会层面的“大循环”，将城市中的物质流、能量流和信息流有机地结合起来，以建立循环经济生态城市运行体系。“十一五”时期，实施循环经济项目95个，新上项目中磷矿资源就地转化率达到100%，现有磷、铝资源转化率分别为 60% 和 78.5%。开阳磷化工、煤化工、氯碱化工、建材生产、热力发电等共生耦合，具有多个循环经济闭合圈、多个系列 120 余种磷化工产品生态工业示范基地逐步建立，带动了全省循环经济的发展，起到了较好的示范作用。2007 年 12 月，贵阳市委做出《关于建设生态文明城市的决定》; 2009 年，国家环保总局正式批准贵阳市为全国生态文明建设试点城市。为了搞好生态文明城市建设，贵阳市委、市人民政府提出了“知行合一，协力争先”的口号作为贵阳的城市精神，以此提升市民素质，凝聚人心，展示城市形象，以“走科学发展路，建生态文明市”引领全市经济社会各项事业的发展。通过生态文明城市建设，使贵阳市的综合实力显著提升。据 2010 年中国社会科学院对全球 500 个城市的综合对比，贵阳市综合实力提升了 42 位，提升速度排列第 4 位，城市生态环境明显改善。中心城区面积扩展到 1230 平方公里，城市空间布局形态由“双中心、多组团”向“一城三带多组团、山水林城相聚合”的布局发展，逐步构建起一座“城在林中、城中有林，人在林中走，仿若入画中，处处彰显人与自然的和谐共生”的城市发展形象。贵阳因此先后获得“中国人居环境范例城市”、“国家卫生城市”、“全国文明城市”等美誉和荣誉称号。

贵阳气候宜人，环境优美，气候属亚热带湿润温和型，兼有高原性和季风性气候特点，冬无严寒、夏无酷暑，空气清新、气候凉爽，夏季平均气温为 23.2 摄氏度；全市森林覆盖率达到 42.3%，年空气质量优良天数超过 95%，“爽爽的贵阳”反映了气候宜人的特点。因此，贵阳获得“森林之城”、“避暑之都”的美誉。贵阳拥有“山奇、水秀、石美、洞异”众多喀斯特地貌的自然景观和丰富的人文景观，以及浓郁的少数民族风情。市内有黔灵山公园、红枫湖景区、天河潭景区、森林野生动物园、保利国际温泉、南江大峡谷景区、青岩古镇、天邑森林温泉、御温泉 9 个国家 4A 级旅游景区，且文化旅游特色鲜明，主要有民族文化、夜郎文化、土司文化、阳明文化、红色文化等，主要文化遗存有全国重点文物保护单位甲秀楼、文昌阁以及修文阳明洞等，息烽集中营旧址被列为全国 100 个红色旅游经典景区，青岩古镇和开阳马头寨古建筑群分别被国家公布为全国历史文化名镇和全国历史文化名村。为了发展生态休闲度假旅游，贵阳市不仅修建了喜来登、天怡豪生等一批五星级旅游饭店，还修建了贵阳大剧院、国际会展中心、奥林匹克体育中心等品位较高的文化体育设施；除息烽温泉外，还开发了保利国际温泉、天邑温泉、御温泉等。2000 年，贵阳市被国家批准为第二批“全国优秀旅游城市”。2010

年，贵阳市被确定为首批国家服务业综合改革试点城市，实现由全省旅游集散中心向全国重要旅游目的地、西南旅游服务中心的重大转变，“中国避暑之都”、“爽爽的贵阳”城市品牌效应凸显，使贵阳成为名副其实的生态休闲度假旅游城市。

建设生态文明城市战略的确定，开辟了贵阳城市加速发展和推动跨越的新阶段。贵阳市抓住发展的机遇，坚持和贯彻落实科学发展观，始终秉承为人民谋幸福的理念，坚持走生态文明路，加快建生态文明市。按照《贵阳市国民经济和社会发展第十二个五年规划》的要求，牢牢把握“加速发展、加快转型、推动跨越”的主基调，积极实施“工业强市”战略和“城镇化带动”战略，推动经济社会全面协调可持续发展。遵循城市建设与发展和经济、社会、人口、资源和环境相协调的可持续发展战略，优化产业结构，培植支柱产业，发展特色经济，完善城市功能。今天的贵阳人民在自己的勤劳智慧创造的民族文化的基础上，发扬“知行合一、协力争先”的城市精神，为把贵阳建设成为一个美丽富饶、人民生活幸福和社会和谐进步的现代化生态文明城市而不断努力。

第一节　发展历程

一、历史变迁

（一）贵阳城的起源与形成

唐代在乌江以南设羁縻州，贵阳属矩州。唐宋时期，贵阳地区逐渐形成城邑，但当时的城邑简陋狭小，既无固定治所，又无固定境域。宋初，矩州彝族首领普贵于开宝七年（974年）纳土归附，宋太祖敕书中有“惟尔贵州，远在要荒”之语，“贵州”名称始见于文献。当时的贵州专指今贵阳一地，“无城郭，官府惟有短垣”，其地称“黑羊大箐”。宣和元年（1119年）更矩州为贵州。

元朝时，今贵州地区为湖广、四川、云南三行省用兵之地，驿道渐开，“贵州”（贵阳）成为南来北往、东进西出的咽喉要地。为加强对贵州地区的统治，元至元二十九年（1292年），设八番顺元宣慰司都元帅府于顺元城（今贵阳市南部），有归顺元朝之意（《八番顺元宣慰司题名碑记》“更贵州为顺元”），并增筑土城，此为贵阳建城之始。当时贵阳城面积约0.97平方公里，但城址狭隘，城垣卑薄。

明初，废顺元城名。洪武四年（1371 年），水西安氏和水东宋氏两土司合并为贵州宣慰司，司署设在城内，称贵州宣慰司城。同年在城内设贵州卫，与成都卫、武昌卫互为犄角，以军事控制西南一方。洪武十五年（1382 年），镇远侯顾成、都司马烨改土城为石城，此次是在元朝顺元城基础上扩建的，北面已至今喷水池，而且还修建城门、月楼、水关等设施，城区面积约 1.25 平方公里。一般称这座城为老城或内城。

明永乐十一年（1413 年），设贵州等处承宣布政使司，贵州成为省级行政单位。“贵州”从原专指今贵阳地区进而成为行省名称，驻地被称为省城（今贵阳）。

明隆庆二年（1568 年），移程番府于贵阳，与宣慰使司同治；次年更程番府名为贵阳府，因城在“贵山之阳”而得名。随着人口的增多，老城已日感狭小。天启年间（1621~1627 年），贵阳城扩建，此时贵阳城包括内城和外城两部分，中间以北门相通，共有 9 个城门（即今老东门、大南门、次南门、大西门、北门、威清门、六广门、洪边门、新东门）。城池形状南北长、东西狭，如一个不规则的椭圆形，范围在今环城路以内，城池面积约 2.25 平方公里。

清代，贵阳城的建设沿袭明代的格局，城垣虽数次修葺，但范围并未扩大，只是街巷增多，形成路网，城内和城外的街巷已达 123 条。

辛亥革命后，由于近代武器的广泛使用，城墙在军事防守上的意义已经失去，反而有碍于城市交通，贵阳市城墙开始撤弃。1926~1929 年，周西成主政时期，贵阳城开始有了通汽车的“马路”，并开始向四川、云南、广西、湖南延伸，但都未与邻省连通。

抗日战争期间，贵阳成为西南公路交通枢纽，从湖南、广西进入西南地区必经贵阳，国际援助物资也通过贵阳转运，4 条公路干线先后与邻省连通，军车、商车、邮车往来如织，众多机关、学校、企业和疏散人口来到贵阳，城市人口猛增。1941 年 7 月 1 日，正式设立贵阳市。到解放前夕，贵阳市城区面积为 6.8 平方公里。

（二）贵阳地区行政区划的演变

先秦时期，贵阳属夜郎国范围；秦汉时期归属中央，黔中地区属且兰。汉武帝元鼎六年（公元前 111 年）置牂牁郡，黔中属牂牁郡且兰县。其后累有变迁，东晋属牂牁郡万寿县，南齐时属南牂牁郡万寿县和晋乐县。唐代贵州大部分地区属黔中郡黔州都督府，领有乌江以南数十羁縻州，矩州也在其中。元代实行土司制度，黔中地区有十几个蛮夷长官司，贵州等处蛮夷长官司为其中之一。元初，贵州战略地位凸显，元朝在此建“顺元城”，八番顺元宣慰司都元帅府设在城中，统辖顺元路军民安抚司，“八番”（今惠水）九安抚司及管番军民府（地控黔中、黔南）、亦溪不薛（今毕节地区）、播州（今遵义）、思州（今黔东北地区）皆受都元帅府节制。明初，废顺元城名。洪武四年设贵州宣慰司于城中，同年置贵州卫。洪武十四年明军经贵州远征云南，沿驿道设若干卫所，并于洪武十五年建立贵州都指挥使司，统管贵州各卫。为增强防卫能力，又于洪武二十六年增设贵州前卫。明永乐十一年，贵州建省，因行政机构设在“贵州”而称“贵州布政司”。这一时期省城没有单独的行政建置，各项事务均由都指挥使司、布政使司、提刑按察使司、贵州宣慰司及贵州卫、贵州前卫兼理。为了治理省城，明隆庆二年（1568 年）将设在原“八番”的程番府移入省城，次年改名贵阳府。明代实行“土流并治，军政分管”。贵州宣慰司设在省城，安氏土司亲领水西十三则溪，宋氏土司亲领洪边十二马头，宣慰司下设贵竹、水东、中曹、青山、扎佐、龙里等长官司。贵阳府也设在贵阳，领有新贵县（附郭）、贵定县、定番州（今惠水）、广顺州（今长顺）和开州（今开阳）。贵阳地区设贵州卫、贵州前卫、新添卫（今贵定）、龙里卫、威清卫（今清镇）；明末增设镇西卫（今清镇卫城）和敷勇卫（今修文）。清康熙二十六年（1687 年），撤销贵州卫和贵州前卫，以两卫之地设贵筑县，后将新贵县并入，成为附郭第一大县。同年裁去敷勇卫及所属 4 个千户所，改设修文县；又将龙里卫改为龙里县，将新添卫并入贵定县，威清卫和镇西卫合并建立清镇县（属安顺府）。贵州宣慰司已经不存，其在贵阳的辖地改为贵阳府亲辖地。雍正年间“改土归流”，在广顺、镇宁、定番毗连处设长寨厅，由贵阳府同知分驻，并将广西红水河以北地方划归贵州，罗斛（今罗甸）地方先属贞丰州；乾隆十四年（1749 年）划归贵阳府。

辛亥革命后，仍以贵阳为贵州省会。1914 年废贵阳府设贵阳县，并将原贵筑县移驻扎佐，不久改名息烽县。1930 年贵阳提议设市。1936 年 5 月，贵阳市筹备处建立，同年改贵阳市筹备处为贵阳市政工程处。1941 年 5 月，政务院核准《贵阳市政府组织草案》；7 月 1 日，撤贵阳县设贵阳市。当时贵阳市仅辖城区和近郊，面积为 64.2 平方公里，并将市区以南之地另置贵筑县驻花溪。1944 年 11 月，设 9 个区公所，区之下直辖保，直到解放前夕未变。

贵阳解放后，1949 年 11 月 22 日成立了中国人民解放军贵阳市军事管制委员会，次日成立了贵阳市人民政府，26 日成立了贵州省人民政府。贵筑县、清镇县、修文县、开阳县、息烽县等也相继建立人民政府。1952 年设贵阳专区，辖贵筑、修文、开阳、息烽、惠水、龙里县，专署驻贵筑县（花溪），同年又裁贵阳专区设贵定专区。1954 年，贵筑县划归贵阳市管辖。1955 年春，贵阳市人民政府改称贵阳市人民委员会；8 月，第一区更名为云岩区，第二区更名为富水区，第三区更名为南明区，中曹区、金华区、乌当区、黔灵区不变；同年，将贵阳市所属贵筑县划归贵定专区，已划入的花溪、中曹、金华、乌当 4 区不变。1956 年，清镇、修文、开阳划归安顺专区。1958 年，撤贵筑县建置，将市郊划为花溪、乌当两区；3 月，将富水区并入云岩区；后经国务院批准，将原属安顺专区的清镇、修文、开阳 3 县和原属黔南自治州的惠水县划归贵阳市管辖。1959 年设白云镇，相当于市辖区一级行政单位。1963 年，将开阳县划归遵义专区（1965 年划归安顺专区），修文、清镇两县划归安顺专区，惠水县划归黔南自治州。1973 年，恢复白云区建置，将乌当区所属艳山红、沙文划入白云区。1992 年，清镇撤县设市；为适应建设内陆开放城市的需要，经国务院批准，自 1996 年 1 月 1 日起，将原安顺地区管辖的清镇市和修文、息烽、开阳 3 县划归贵阳市管辖。2000 年 1 月，国务院批准贵阳市设立小河区；至 2011 年，贵阳市辖云岩、南明、花溪、乌当、白云、小河 6 区及清镇市和开阳、息烽、修文 3 县。

（三）贵阳经济社会的发展

贵阳历史上因交通阻滞，交通运输极为困难，长期处于自给自足的自然经济状态。元朝中后期，黔中驿道渐开。

明初实行屯田垦荒，改革工匠服役制度，来自中原、江南、江西、四川、湖广等地的移民进入贵阳，推动农业和手工业的发展，商业也逐渐兴起。贵州建省后，贵阳成为全省政治、文化中心，经济取得更大的发展，逐渐形成以大十字为中心的坊市。当时贵阳市内外著名的坊市有 12 处，在贵阳城外近郊的几个较大集镇都有集市贸易。

清代外地移民继续进入贵阳，仅乾隆年间就来了万户人家。工矿业也兴盛起来，开州汞矿和贵阳铸钱都有相当规模，定番纸、清镇绸、贵定烟丝都很有名，农村中还出现若干打铁寨、瓦窑寨、锯镰寨、煤窑寨、沙锅寨、罐寨等。城市商业活跃，有许多成行成市的街道，如广东街、南京街、盐行街等。晚清时期出现近代企业，交通通信也有新的发展。贵阳文通书局是最早的近代企业，贵阳皮革公司是最早的股份制企业，贵阳成立官钱局发行银票、钱票和兑换银钱，民间开设有钱庄、票号和当铺。民间运输组织"麻乡约"在贵阳设号，经办长途运输、寄信、包裹、汇兑等业务。光绪十一年（1885年）贵阳开通电报，光绪三十四年（1908年）贵阳开始有了市内电话。光绪年间，青岩开办了第一个"民办信局"，在贵阳田家巷设立第一个邮局，自此有了近代邮政。

农业在社会经济中占主导地位。工业主要集中在印刷、染织、火柴、制革业。商业虽然有一定的发展，但由于商业资本不足、交通运输落后和社会购买力低下，商业发展极为有限。

抗日战争爆发后，贵阳成为陪都重庆的东南屏障，大量外埠厂商内迁，不仅带来资金，也带来先进技术，加上贵阳地区资源比较丰富，许多轻工业应运而生，机械、化工、卷烟等工业如雨后春笋般出现，贵阳轻工业发展进入战时兴盛时期，贵阳的近代工业快速发展，增加了卷烟、电力、橡胶、水泥、电器等行业。经济的发展推动了城市建设和城市管理，抗战期间完成道路拆修36公里，有各种车辆总计2583辆；初步建成城内低区配水系统；发电量达1045千瓦，用户为3300户；出现长途电话，装配载波电报机、无线电话机等先进通讯装置；贵阳广播电台正式播音；兴建河滨公园和5处广场。

抗日战争结束后，随着外来厂商迁离、工人返乡，贵阳人口骤减，市场萎缩，加上国民政府腐败、赋税繁重、物价飞涨，地方民族工业特别是大多数轻工业纷纷倒闭，贵阳经济陷入衰退。

（四）城市文化的发展

贵阳文化贯穿了一条本土文化与埠外文化共生融合的主线，呈现出多元文化的特点，包括民族文化、夜郎文化、移民文化、土司文化、阳明文化、红色文化等。贵阳民族文化主要有少数民族青年男女通过歌舞寻找意中人的"四月八"、"三月三"、"六月六"、"跳场"等节会和有被称为中国戏剧"活化石"的傩戏、地戏。夜郎文化反映的是许多夜郎时期的习俗，包括生殖崇拜、祖先崇拜、鬼灵崇拜及夜郎人的居室建筑形式，如巢居、山处、"干栏"等。历史上的多次移民对贵阳的开发、社会经济和文化教育等发展起到重要作用。西汉时期，汉武帝"募豪民，填南夷"是贵阳移民之始。此后，贵阳历史上还有四次大规模的移民。第一次是明代实行的大规模屯田，包括军屯、民屯、商屯。第二次是清初“改土归流”。第三次是抗日战争时期，流亡到贵阳的商人、教师、学生、学者、文艺工作者以及社会名流等。第四次是解放后，随军南下、西进和“大三线”建设支边支黔的干部、军人、大中专毕业生进入贵阳。多次大量移民不仅带来了人口、技术、资金，还带来先进的文化，这些文化与当地文化共生共荣，逐渐形成贵阳多元共存的文化特点。土司文化反映的是元、明两代贵州宣慰司水东宋氏土司和水西安氏土司在贵阳形成的历史文化遗迹。宋氏与安氏均在今贵阳市区建有衙署，故今贵阳市内仍有北衙、宅吉之地名。中国历史文化名村开阳马头寨古建筑群就是宋氏土司的“蛮州总管府”遗址。阳明文化反映的是明朝哲学家、教育家、军事家王阳明（守仁）在“龙场悟道”创立阳明心学（王学），其内涵由“知行合一”和“致良知”构成。今天“知行合一、协力争先”的贵阳精神中的“知行合一”正是阳明文化中的精髓部分。红色文化反映的是中国工农红军长征两次途经贵阳，在各地留下的文化遗存包括红军标语、红军坟等；抗日战争期间，八路军贵阳交通站旧址、《新华日报》贵阳分销处旧址成为这一时期贵阳在后方参与抗战的重要遗址。为了贵阳的解放，贵阳本地的革命志士前赴后继，为贵阳的革命事业抛头颅、洒热血，中共贵州省工委旧址、省工委书记林青就义处等遗址都是宝贵的红色资源和精神财富。

文化事业的发展造就了一批在全省乃至全国都有重要影响的英才。明清两代，贵阳涌现了1000余名举人、200余名进士，还出了一名文状元赵以炯和一名武状元曹维臣、一名探花张之洞。张之洞为晚清著名洋务活动家；进士李端棻为礼部尚书，贵州近代教育的创始人之一。还有明代诗文书画家杨文骢和近代楹联学家刘蕴良等一批重要文化人物。

二、计划经济时期的发展

（一）城市规模与城市建设

新中国成立初期的贵阳，市区面积为72平方公里，城区面积为6.8平方公里，是一个千疮百孔、满目疮痍的烂摊子。

贵阳市人民政府成立后，围绕恢复和发展国民经济采取了一系列切合贵阳实际的措施，到1952年，基本实现财政经济状况的好转，为贵阳城市建设打下了坚实基础。1952年，市政府着手拟定城市发展初步规划，计划新建、改建南北向干道4条、东西向干道2条、由市中心向外放射的道路8条，构成贵阳道路基本骨架；同时整修街巷70条，修复洪水冲垮的桥梁6座，清挖贯城河淤泥1万立方米，新建下水道干线3条；修缮危旧房屋5万平方米，增设和改建水站9处，兴建一批住宅、厂房、仓库，以及贵州省军区礼堂、贵阳市工人医院（今贵阳中医第一附属医院）、贵阳市劳动人民文化宫等公共服务设施。

城市管理系统逐渐恢复正常并有所发展。1950年6月28日，贵阳至安顺有线电话修复，贵阳市郊区48个乡镇之间的电话线全部架通，实现乡乡通电话。1951年8月，贵阳市区第一批6辆公交车在中华路、新华路上投入运行。1952年，市内建有80个公用自来水站。

（二）城市规划与城市建设

1953年，贵阳市试作一个街道干线与分区初步规划总平面图。1954年，以贵阳市绿化系统工业布置及铁路改线示意图为参考资料，起草贵阳市城市初步规划（草案）。之后贵阳铁路建设提前施工，市建设局对1954年起草的贵阳市城市初步规划（草案）加以修改补充，并于1956年完成贵阳市城市初步规划。该规划建议将铁路线南移，让出飞机坝北部用地作为生活区，防止把贵阳市区截为两截，限制城市的发展；公路客运车站、货运站设在延安路。1954年，市政府编制《城市公用事业基本建设投资计划（1953~1957）》等规划，并结合实际情况适时调整，如《贵阳市分区街道干线初步规划》于1953年编制后，通过实地考察、分析和论证，1954年又进行修改和完善，避免铁路穿过市区腹地的线路走向，保护市区街道干线骨架的完整性。1957年，编制贵阳市区环城北路、云岩小区、莲花坡小区、晒田坝、宅吉坝、鲤鱼沟等地，以及甘荫塘工业区、油榨街至钱家寨间两个地区的初步规划和详细规划。这一时期贵阳城市规划与国民经济计划相结合，在处理工业项目与城市的关系、城市道路等基础设施建设等方面发挥了综合协调作用。

“一五”时期，贵阳市为改善交通状况和居民生活环境，投资817万元用于城市公用事业基本建设。首先开辟外环城路，为贵阳城区的扩大奠定了基础。1954年9月，贵阳市新建中华路混凝土工程完工，建成以大十字为中心，中华路、中山路为骨架的贵阳市道路网络。其中，新修的由客车站经紫林庵到喷水池的延安路把客车站和市中心区联系起来，接着以客车站为起点，拓宽客车站至三桥的路面，随后又建成并加宽贵阳至花溪、小河、新添寨、大山洞等处的公路；同时修建贵州人民出版社、贵州日报社、贵州省博物馆、贵州省图书馆、贵州省劳动人民文化宫、延安小学等一批公共建筑和百货大楼、喷水池民族商店、百货二楼、贵阳饭店、邮政大楼等商业建筑，扩建花溪、南明、河滨、黔灵四大公园。

1958 年 2 月，中共贵阳市委提出，争取用五年时间把贵阳市建设成为工业和铁路枢纽城市；6 月，贵阳市五年发展规划纲要（草案）提出，要加强城市规划工作的具体领导，做好地质勘探、工业分布、供电、供水、排水、交通以及生活福利的综合规划。贵州省“二五”时期计划新建的 70 个工业项目有 51 项安排在贵阳。贵阳地区有计划地新建一批大中型企业，市属工业也陆续新建、扩建，甘荫塘、小河、鸡场、惠水、洛湾等逐渐形成新的工业区。随着大量项目的上马，贵阳城市规模迅速扩大，1958 年，贵阳市人口比上年增加 31.1 万人，包括规划在内的很多工作远跟不上城市发展的要求。这一时期，贵阳市编制完成了白云工业区城镇总体规划，清镇钢铁和水电工业区、洛湾化工工业区、惠水重型工业区和都拉营工业点的建设规划，以及尖山、甘荫塘、油榨街、马王庙、洛湾和鸡场小区规划，息烽温泉、花溪公园、乌当东风人民公社、花溪人民公社新村、阿哈水库居民点等规划。1959 年 10 月，修改后的贵阳市初步规划纲要经中共贵州省委批准实施；同年，贵阳市制定了《关于人民公社规划工作开展的初步意见（草案）》。随着工业建设和人民公社化的发展，1960 年，中央提出“调整、巩固、充实、提高”的八字方针，贵阳市城市规划以修改为主。

在城市建设方面，北京路、朝阳路（今遵义路）、解放路、解五路、延安西路、外环东路等一批新路相继建成；贵阳火车站和货运站竣工，黔桂、川黔、滇黔三条铁路干线相继建成通车；财经学院、中医学院和贵阳一批专科学校相继建成；9 层高的邮电大楼成为当时最高建筑。工业企业如雨后春笋，贵阳钢铁厂、贵州轮胎厂、贵阳针织厂、贵阳棉纺厂、贵阳电机厂、贵阳轴承厂等以及后期的贵州铝厂的建设，形成了甘荫塘、马王庙、二戈寨、大山洞、小河等一批工业小区。修建了中曹水厂、河滨水厂，扩建了延安水厂，使日供水量达到 10 万吨；同时先后建成顺海、长坡岭大型林场，新辟森林公园、南郊公园和栖霞公园。

1960 年以后的三年困难时期迫使很多建设项目下马，经济建设发展缓慢。

（三）“三线”建设对贵阳城市发展的推动

1964 年开始的“三线”建设，迁建了大批军工企业，大量技术人才和资金的迁入为贵阳工业经济的发展奠定了坚实基础。

（1）“三线”建设加快贵阳交通的发展，使贵阳成为西南地区铁路交通枢纽。1965 年 10 月，川黔铁路通车；1966 年，贵昆铁路通车；1972 年，湘黔铁路通车。4 条铁路干线在贵阳形成“十”字交叉，使贵阳南站成为西南地区的重要编组站。民航方面，1964 年之前，贵阳仅有 12 条航线，“三线”建设期间，增开航线 19 条。

（2）改变全市工业布局和工业结构，奠定贵阳现代工业化的初步基础，“三线”建设使贵阳成为全省最大的综合性工业区，工业总产值占全省工业总产值的 1/3，并通过铁路、公路辐射全省。贵阳市还通过迁建、援建、改建、扩建和新建等形式对 41 个机械企业进行技术改造。在“三线”建设的带动下，贵阳电子工业逐步发展起来，在贵阳标准件一厂办起可控硅元件车间，迈出电子工业元件生产的第一步。1975 年，贵州电视机厂生产出全省第一台 9 英寸“海燕”牌晶体管黑白电视机。新组建的贵阳电机厂、华阳电工厂、天义电工厂等军工企业，使航空、航天、电子三大系统基本形成。1966 年，军工企业试制生产出第一台电子计算机；1970 年 7 月，第一台涡轮喷气式飞机发动机试制成功；9 月，组装的第一架歼击飞机飞上蓝天；还先后研制生产出一系列导弹武器系统、机载电子对抗设备、雷达等装备。冶金工业、化学工业得到较大发展。1965 年，国家重点投资扩建的贵阳钢铁厂成为全国最大的钎钢生产基地。贵州铝厂在原小型铝厂的基础上改造并大大的扩建，成为全国三大铝工业基地之一。化学工业相继建成投产了贵州化肥厂、贵州有机化工厂、贵州轮胎厂等大中型骨干企业。其中，有机化工厂拥有全国较大的封闭电石炉，其产品系列标志着贵阳化工从粗加工向精细加工方面迈出一大步；而橡胶工业则已发展成为贵阳大型支柱产业之一。轻工业方面，重要的有清镇纺织印染厂。

（3）促进贵阳科研事业的发展。“三线”建设中一部分科研单位、教学单位和一大批工业企业内迁，数以万计的外地企业和职工（大部分是技术工人、工程技术人员和管理干部）进入贵阳，使贵阳成为全省重要的科研和教育基地。如中国科学院地球化学研究所、冶金部贵阳铝镁设计院、铁道部第二勘察设计院，还有冶金、化工、水电、建工、铁路等建设部门的科研设计单位，在贵阳形成一个中央各部属研究机构、科学院、国防科技工业、地方科研单位和高等院校“五路大军”组成的科技队伍。

（4）促进贵阳城市建设的发展。1964～1978 年，贵阳市新建、改建、翻修了新华路、都司路、市西路、市南路、省府路、合群路、黔灵西路、黔灵东路、陕西路、和平路、西湖路、市北路、观水路等60余条道路；修建四方河桥、一中桥、小车河桥等近10座桥梁。到1979年，贵阳市共新建和改建南北向干道4条、东西向干道6条，由中心区向外放射状道路8条，城市道路总长度增至114.19公里，其中主次干道58条，总长57公里，主次干道网密度为每平方公里2.3公里，贵阳市中心区道路骨架基本形成；建成川黔、滇黔、黔桂、贵开、贵惠5条对外公路干线和3条辅助出口公路，全市公路通车里程达843公里。1967年建成春雷广场（今筑城广场）；1969年建成红太阳展览馆（今贵州省展览馆）。到1977年，市区总面积达83.4平方公里，中心城区面积为36平方公里，两城区人口超过80万人。

城市公用设施迅速发展。1964~1978年，贵阳市公共交通营运车辆从74辆增加到196辆，营运线路从15条增加到30条，营运线路长度从198.5公里增加到543.6公里。“三线”企业的搬迁与建设布局不仅带动地方工业得到较快发展，而且促使贵阳市形成众多的工业小区，如三桥、马王庙、阳关、太慈桥、甘荫塘、中曹、金竹、洛湾、油榨街、龙洞堡等工业小区，也带动辖区内各行各业的发展，市场、医院、学校、文化设施也在各工业小区相继建立。

三、改革开放后的发展

（一）城市总体规划指导下的城市建设与发展

“文化大革命”期间，贵阳市城市规划管理几乎被废除，城市建设处于严重的混乱状态，“见缝插针”盛行，违章建筑泛滥，仅8条主干道上的违章建筑就达10万平方米以上；环境污染严重，市容极其脏乱。

中共十一届三中全会以后，中共贵阳市委、市人民政府把解决“吃水难、行路难、住房难、乘车难”作为重点，以缓解十年基础设施建设严重滞后的“欠账”，制定了详细的城市总体规划。

1.《贵阳城市总体规划（1980~2000）》

1979年4月，贵阳市总体规划修改工作领导小组成立，至1982年底，编制完成《贵阳市总体规划（1980~2000）》。1986年11月，国务院批复了《贵阳市总体规划（1980~2000）》。在城市总体规划的指导下，贵阳城市建设以科学合理、适宜人居、有利发展的原则不断向前发展。1982年竣工的延安东路路宽37米，其中机动车道宽12米，两侧非机动车道各宽5米、绿化带各宽1.5米，人行道各宽6米，电力线、通讯电缆、交通指挥灯以及自来水管、污水排泄管道敷设在地下。

贵阳市城市基础设施建设坚持为经济发展服务、改善人民工作和生活环境、提高城市环境质量的方针。1978~1987年，全市用于城市基础设施建设的投资为3.65亿元，相当于1950~1977年总投资的4.5倍，采取国家、省、市政府计划拨款，部门自筹、贷款、集资联建、个人投资等多种方式，筹集住宅建设资金。1979~1987年，全市新建住宅485万平方米，人均住宅面积由2.4平方米上升到6.8平方米。市政建设方面，1979年，将原三民东路拆除，1983年打通并建成高标准的延安东路；之后相继改建和维修环城东路、民生路、解放路、青云路、贵开路、公园路、富国路等36条主次干道，总长度为37889米，总面积为51.86万平方米；修建花果园交叉口、客车站异形交叉口、师大平交、大西门平交及人行天桥；改造延安中路。同时采取民办公助的办法，整修633条小街巷和大量乡村公路，市郊374个自然村实现村村通车。1987年打通并修建瑞金北路；全市路灯由1978年前的3400多盏增加到1987年的8800多盏，路灯普及率达95%。大力改造市区排水系统，整治改造全市17条大沟中的师院大沟、市东大沟、鲤鱼田大沟；先后对37个水淹区进行整治；重建改建10座桥梁。中共贵阳市委、市人民政府还广泛发动群众和组织专业队伍采取专群结合的办法清理南明河，治理贯城河和市西河，修建滨河路、堡坎，并进行绿化，使全市河道面貌有明显好转。

贵阳市还先后建成贵州饭店、金筑大酒店、贵州体育馆、百花影剧院、青少年活动中心、电子计算机大楼等，它们都以不同的功能和设计反映出当时的建设水平。工业建筑中最有代表性的是贵州铝厂，整个厂区占地面积32平方公里，成为一个新型工业镇。全市绿化覆盖率达34%，人均占有公共绿地13平方米。1986年贵阳被列为全国绿化先进城市。在环境保护方面，1980年，全市开始对大气、水体、环境噪声进行监测。1985年，为治理南明河，组织大规模群众清河义务劳动，时任中共贵州省委书记的胡锦涛带头参加义务劳动。为改善贵阳大气环境，1988年，国家计委正式批准贵阳管道煤气气源及输配工程项目。

2.《贵阳城市总体规划（1996~2010）》

1992年7月30日，国务院决定贵阳为内陆开放城市，使贵阳城市建设驶入发展的快车道。随着改革开放的深入，以及贵阳市行政区划的调整，1995

年贵阳市人民政府开始组织第二轮城市总体规划的修编。2000 年 6 月，国务院批复《贵阳市城市总体规划（1996~2010）》。

城市道路建设方面，1992 年拓宽改造新桥、瑞金中路、瑞金南路；1993 年完成三层互通式花果园立交桥；1994 年完成以解放路、客车站立交桥为代表的“五路两桥”工程；1995 年完成以都司路、蟠桃宫立交桥为代表的“十路两桥”工程；1996 年完成以中华南路拓宽改造为代表的“一场三桥十二路”工程；1997 年完成以中华中路、中华北路为代表的“十路四桥”工程；1998 年完成以北京路拓宽改造为代表的“一场七桥十八路”工程。这些工程的完成，在城中心区形成了城区中心环线、东西三横、南北三纵的现代立体交通网络。1994 年，贵阳的西出口线贵黄公路和西南环线通车，同时拓宽改造东北出口贵开路；1997 年，贵阳到遵义、贵阳到新寨的高等级公路通车，龙洞堡国际机场开通。公路建设方面，截至 2009 年底，贵阳市公路通车里程达 8692.4 公里，其中：高速公路 258.7 公里，一级公路 88.7 公里，二级公路 268.4 公里，三级公路 520.7 公里，四级公路 6537 公里，等外公路 1018.9 公里。市域内 3 条国道（G210 包头至南宁、G321 广州至成都、G320 上海至瑞丽）和 4 条高等级公路（贵阳至遵义、贵阳至新寨、贵阳至黄果树、贵阳至毕节）共同组成对外公路交通运输通道，这些公路运输干线以贵阳环城高速公路为中心，呈放射状向省内各市、州、地延伸，是区域骨架公路交通网络。同时，川黔、贵昆、湘黔 3 条铁路干线实现了电气化，电气化程度居全国之首；龙洞堡国际机场直飞航线辐射全国 50 个大中城市及香港、澳门，以及新加坡、泰国曼谷等地，成为西南地区一个重要的航空枢纽。昔日贵阳市许多“对山喊得应，走路要一天”的偏僻乡村如今已是“高路入云端，天堑变通途”。贵阳市现代化立体交通网蓝图已初具规模，使贵阳大西南交通重要枢纽的地位更加凸显。

政府以路带房、以房补路的新政策促进房地产业的迅猛发展，到 1997 年，全市从事房地产开发的企业已达 359 家。1992~1997 年，开发面积 1549 万平方米，相继建成煤矿村小区、栖霞小区、东山小区、沙河小区、青山小区、顺海小区、长冲小区等。到 1997 年，贵阳城镇人均居住面积达 8.1 平方米。1994 年 1 月，贵阳煤气工程完工并开始向城区供气。到 2000 年，燃气用户已达 30 万户，用气人口 105 万人。

1998 年，贵阳市获得国家计委批准的 8 个基础设施建设项目：中心环线工程、西郊水厂工程、污水处理工程、城市河道治理工程、生活垃圾填埋场工程、东北环线工程、城市电网改造工程和牛郎关粮库工程。2000 年，贵阳利用国债资金建设基础设施项目 11 个。1999 年，中共贵阳市委、市人民政府出台了《关于小城镇建设的若干决定》，市级财政对小城镇建设的投入增加到每年 5000 万元，使贵阳小城镇建设进入一个新的阶段。

3.《贵阳城市总体规划（2009~2020）》

2006 年 11 月 20 日，建设部函复贵州省建设厅，原则同意贵阳市开展新一轮城市总体规划修编工作。新一轮贵阳城市总体规划修编转变了单一由部门编制的方式，采取政府组织、专家领衔、部门合作、公众参与、科学决策、依法办事的方式。2007 年 11 月 28 日，贵阳市城乡规划建设委员会正式成立，城市总体规划修编、分区规划、控制性规划和城市设计都在专家的参与和指导下进行。2009 年 5 月 13 日，《贵阳市城市总体规划（2009~2020）纲要》通过住房和城乡建设部工作组审查；同年 10 月，《贵阳市城市总体规划（2009~2020）》成果公告后，按法定程序报批。

（二）城市综合配套改革促进城乡经济快速发展

按照中共中央提出的“调整、改革、整顿、提高”的方针，1979~1981 年，贵阳市对国民经济进行初步调整。1981 年，在肯定花溪区小碧公社经验的基础上，在全市农村迅速掀起推行生产责任制为主的改革浪潮。1982 年，全市农村普遍推行联产承包责任制，同时，乡镇企业在农村经济体制改革中迅速发展，到 1988 年，全市有乡镇企业 12573 个。1984 年，以增强企业活力为中心环节的城市经济体制改革全面展开，在不到两年的时间里，中共贵阳市委、市人民政府在扩大试点的基础上先后出台 10 个政策性文件，为搞活企业做出 157 条规定，贵阳市的城市经济体制改革全面展开，按照中央和省的要求，对劳动、财政、税务、物价、金融、工商和城建等方面进行一系列改革，使单项的局部改革逐步趋向多元的全局综合配套改革。通过改革，贵阳的经济建设发生可喜的变化。1978~1988 年，国民生产总值由 8.1 亿元增加到 34.77 亿元，平均每年增长 11.8%；国民收入由 6.99 亿元增加到 29.07 亿元，年均增长 12.0%；工农业总产值由 13.22 亿元增加到 55.7 亿元，年均增长 10.9%。此外，财政收入增长了 2.24 倍，城市居民人均年收入增长 2.7 倍，农民人均年收入增长 5.2 倍。

1984~1986 年，围绕企业技术改造，积极引进国外先进技术和设备；同时开展引进外资工作，1985 年 10 月，第一家中外合资企业——贵阳建材实业公司成立。1986 年，贵阳市被国务院列为全国 244 个开放地区之一。1988 年，国家科委批准建立贵阳市新天高新技术产业开发区；1992 年 11 月，该开发区被国务院批准升级为国家级开发区。1992 年 7 月 30 日，国务院决定贵阳市为内陆开放城市，实行沿海开放城市政策。1993 年 4 月，在小河建立贵阳经济技术开发区，区内有国有大中型企业 23 家。1995 年 9 月，建立贵阳白云经济开发区，其中有贵州铝厂等 20 多家大中型企业。

根据《国务院关于同意贵州省贵阳市和安顺地区部分行政区划调整的批复》，1996 年 1 月 1 日起，安顺地区的修文县、开阳县、息烽县划归贵阳市管辖，清镇市（县级市）由省直辖，委托贵阳市代管。实行“市带县”体制后，贵阳市整体实力和辐射带动能力明显增强，到 2000 年，国内生产总值从 1990 年的 44.83 亿元增加到 264.81 亿元，固定资产投资从 1990 年的 12.87 亿元增加到 108.13 亿元，地方财政收入从 12.48 亿元增加到 24.15 亿元，农民人均纯收入从 1990 年的 970 元增加到 2104 元。

（三）西部大开发促进贵阳的城市发展

1998 年，中共中央做出实施西部大开发的战略决策，贵阳迎来一次重大发展机遇。2000 年 2 月，中共贵州省委、省人民政府提出贵州实施西部大开发战略的总体目标；4 月，贵阳市召开实施西部大开发战略工作会议，提出“开拓创新、强市升位”的方针，出台了《贵阳市实施西部大开发战略的初步意见》。

在西部大开发中，贵阳市交通基础设施建设加快。继 1990 年贵阳至黄果树高等级公路和 1997 年贵阳至遵义高等级公路通车后，2001 年，贵阳至毕节和贵阳至新寨两条高等级公路相继通车，拓建花溪大道，改造市中心环线，建设大外环东北环线，2002 年开通金阳新区迎宾大道东段，并自筹资金动工修建贵阳至开阳的高等级公路，形成“四放二环”的高等级公路格局。1999 年，在全省率先实现村村通公路；2000 年，基本施行村村通客车，完成 500 公里县乡公路“硬化”改造。此外，还完成湘黔、贵昆、川黔铁路干线的电气化改造工程，株六铁路复线建成通车，解除东西铁道运输的“瓶颈”。贵阳枢纽站技术改造竣工，新建贵阳北站至南站铁路及西环线（清镇至都拉营）、东环线（都拉营至大土）和贵阳西复线，贵阳站枢纽运输能力货物运量达 7010 万吨，旅客列车开行达 41 对。1997 年，建成龙洞堡 4D 级干线机场，可供大中型客机起降，17 家航空公司经营 34 条航线，并开通贵阳至香港、澳门和新加坡的旅游包机，拓展了空中通道。高等级公路、铁路枢纽工程和电气化、民用航空的拓展，标志着贵阳交通走向现代化，成为西南地区重要交通枢纽和南下大通道。

贵阳作为贵州省的政治、经济和文化中心，老城区面积狭小，人口密度过大，基础设施配置不足，交通严重拥堵，城市用地紧缺。2000 年，老城区面积仅 56 平方公里，人口密度每平方公里接近 3 万人，面临交通、就业、环境、住房、城市设施、产业发展等压力，城市经济社会发展受到严重制约。面对旧的城市中心区已经不能适应贵阳城市发展需求的情况，贵阳市做出“繁华区南下，城市建设西北进”的城市发展战略。《贵阳市城市总体规划（1996~2010）》指出：贵阳城市今后的发展方向是在金华、阳关一带建设一个新的城区，以改变中心城区人口稠密、交通拥挤、环境质量差的现状。2001 年，贵阳市全面启动金阳新区建设。新区建设按中共贵州省委提出的“精心规划、精心设计、精心施工、强力推进”的要求，以灵活的体制机制为手段，以政府主导、市场化运作为特点，开发建设工作成就显著。经过 10 年的建设，金阳新区发生翻天覆地的变化。至 2010 年，先后完成市级行政中心、贵阳一中、客车站等的搬迁，金阳新区聚集人口近 22 万人，累计完成投资 686.34 亿元，财税总收入为 45.38 亿元，开工建设房屋 2500 万平方米，竣工约 1500 万平方米，建成区域从 17 平方公里拓展到 40 平方公里，并基本完成 198 平方公里的基础设施建设。

贵阳市推进创业结构优化升级和转变经济增长方式，大力发展循环经济。2002 年，贵阳市被国家环保总局确定为全国首家循环经济生态城市试点，分步实施循环经济生态城市建设目标。首先实现企业层面的“小循环”，进而扩大为区域层面的“中循环”和社会层面的“大循环”，将城市中的物质流、能量流和信息流有机结合起来，建立循环经济生态城市运行体系。“十一五”时期，累计安排逾 4000 万元市级专项资金引导发展，实施 95 个循环经济项目，新上项目中磷矿资源就地转化率达到 100%，现有企业磷、铝资源的转化率分别达 60%、78.5%，循环经济工作走向全国前列。城区清洁能源普及率达 98.5%，建成 22 万口沼气池，惠及农村百万人口。由此贵阳被确定为全国生态文明建设试点城市、国家首批低碳城市试点。

2000 年，贵阳市被批准为第二批中国优秀旅游城市，红枫湖、黔灵公园被评为 4A 级旅游区，甲秀楼、文昌阁被批准为全国重点文物保护单位，城区建成人民广场、大十字广场等绿化休闲广场，新建长坡岭国家森林公园、观山湖公园等，花溪区青岩镇被国家公布为中国历史文化名镇，开阳县马头寨被批准为中国历史文化名村，息烽集中营被列入全国100个红色旅游经典景区和红色旅游精品线目录；除息烽温泉外，还新建保利国际温泉、天邑温泉、御温泉等。2007年，贵阳市举办“森林之城魅力贵阳——2007首届中国（贵阳）避暑节”，2008年更名为“中国·贵阳避暑季”，至2010年已举办4届。同时还召开了贵阳市旅游产业发展大会，出台发展旅游意见，从资金、政策上扶持各区、县（市）旅游业的发展。2000~2010年，贵阳市接待旅游人数从960.92万人上升到3940.81万人次，其中接待海外旅游人数从4.52万人次上升到6.1万人次；旅游总收入由5亿元上升到425.96亿元。贵阳市正发展成为一个宜居、宜业、宜游的生态休闲度假旅游城市。

2007年12月29日，中共贵阳市八届四次全会通过了《关于建设生态文明城市的决定》。2009年，国家环保部批准贵阳市为全国生态文明建设试点城市。全市上下践行“知行合一、协力争先”的贵阳精神，以“走科学发展路，建生态文明市”引领贵阳经济社会各项事业发展。2009年和2010年，贵阳市召开两次生态文明贵阳会议，致力于传播生态文明理念，分享知识与经验，抓住绿色经济转型的机遇，应对生态安全的挑战，推动人类生态文明建设的进程。

第二节　现状与特点

一、加快经济发展，提升综合实力

（一）经济实力明显增强

贵阳市地方生产总值从2005年的525.62亿元增加到2010年的1130亿元，增长1.15倍，年均增长14.2%；人均生产总值从1851美元提高到4256美元，增长1.3倍；财政总收入、地方财政收入分别由133.15亿元、49.8亿元增加到300亿元、126亿元，年均增长17.8%和20.7%；固定资产投资从343.97亿元增加到1017亿元，年均增长24.2%；部分重要监测指标达到全面小康社会标准，生产总值在西部省会排位上升。2010年，中国社会科学院对全球500个城市进行综合评比，贵阳市名列综合竞争力上升最快城市的第4位。

（二）工业经济做大做强

一是主导产业提速增效。“十一五”时期，装备制造业年均增长14.3%。2010年，贵阳有规模以上企业178户，占全省规模以上装备制造业的72%，全行业总资产达333.4亿元，从业人员达7.16万人；现代制药业有规模以上企业52户，资产总额达75.19亿元，单品种销售收入超亿元的药品达17个、超5000万元的药品有39个，拥有“益佰”、“同济堂”、“神奇”等3个中国驰名商标；贵阳磷煤化工总产值年均增长14.7%，开磷集团基本建成了大型磷矿石生产基地和高浓度磷肥生产基地；铝工业的产品结构逐步从矿石、铝锭等初级产品向高性能铝合金复合材料、铝轮毂、铝型材等精深加工产品过渡；烟草制品业总产值增长54.7%；特色食品业总产值年均增长18.6%；完成贵阳卷烟厂异地搬迁技改、老干妈公司云关食品工业园技改等项目，企业生产能力大幅提高。全市装备制造业、铝及铝加工业、磷煤化工业、现代制药业、卷烟及特色食品业等五大支柱工业总产值达740亿元，占规模以上工业总产值的70%以上；全市规模以上企业达603家，从根本上改变了工业经济“小、散、弱”的状况。高新技术产业、IT产业和新材料、新能源产业也取得了突破性进展。

二是工业聚集发展能力明显增强。贵阳市规划建设了“麦架—沙文—扎佐”高新技术生态产业经济带，总面积为92平方公里。小河开发区63平方公里范围已基本开发完毕；花溪区翁岩、陈亮、付官3个村17平方公里的土地交由小河开发区托管，且完善利益分配机制，合力开发建设小孟工业园区。同时，发挥各区（市、县）的积极性，创新管理模式和融资方式，各工业园区按照市的统一规划加快推进。南明区、修文县与社会资本联合开发龙洞堡食品轻工业园和贵州百灵苗药工业园；高新区、小河区、修文县、开阳县利用BT等方式建设园区基础设施，成立10个副县级园区办公室（管委会），园区基础设施建设加快，“十大”工业园区相继开工50余个项目，入驻企业83户，打造了产业集聚发展的平台。

三是工业发展后劲明显增强。全市完成工业投资总额917.5亿元，年均增长19.5%。仅2010年，在建项目投资总额就超过1000亿元，超过解放60余年全市工业固定资产投资的总和。到2010年，已确定2011~2012年实施重点项目154项，计划总投资2254亿元，其中：铝及铝加工项目18个，计划总投资355亿元；磷煤化工项目21个，计划总投资321亿元；卷烟及特色食品项目 17 个，计划总投资 37 亿元；生物医药项目 14 个，计划总投资 53 亿元；能源项目 3 个，计划总投资 91 亿元；装备制造业及高新技术项目 57 个，计划总投资 607 亿元；轻工建材项目 10 个，计划总投资 94 亿元；工业园区建设 9 个，计划总投资 578 亿元；工业项目配套电力设施项目 5 个，计划总投资 118 亿元。

（三）城市核心竞争力进一步增强

贵阳市坚持“创新是城市发展的灵魂”的理念，加大科技投入和人才引进力度，建立健全以企业为主体的城市创新体系。市级应用技术研究与开发资金投入占财政经常性支出的比例由 2.59% 增加到 2.9%，共投入市级应用技术研究与开发资金 4.8 亿元，实施科技计划项目 1557 个，带动社会资金投入近 40 亿元。实施“金筑科技英才工程”，大力引进各类高层次人才，建立“院士专家工作站”、国家高新技术创业服务中心、归国留学人才创业园、大学生创业园等机构；建成两个国家级工程技术研究中心和两个国家级重点实验室，以及一批省级工程技术中心、重点实验室。贵阳市连续五届获得全国科技进步考核先进城市称号，2009 年被确定为国家知识产权示范城市、国家创业型试点城市；2010 年被确定为 17 个国家级创新型试点城市之一。

（四）城市知名度、美誉度大幅提高

坚持“优势领域、特色发展方面力度不减、要求不降”的原则，更加突出经济建设主战场，以重点带全局，全面提升综合实力。贵阳市先后获得“中国优秀旅游城市”、“国家森林城市”、“全国绿化模范城市”、“中国人居环境范例城市”、“国家园林城市”、“中国避暑之都”、“全国双拥模范城”等称号；连续 3 次被评为“全国创建文明城市工作先进城市”；2009 年被国家统计局评为新中国 60 年最具代表性的 60 个城市之一，名列 36 位。

二、创新驱动——加快城市管理现代化进程

2000 年，贵阳市从发展循环经济的思路探讨起步，开始迈向生态文明建设的探索历程。2002 年 3 月，贵阳做出建设全国首个“循环经济生态城市”的决定，随后被国家环保总局正式批准，成为全国首个“循环经济型生态经济城市建设试点城市”；同时，被联合国人居署选为“可持续城市计划”

（SCP）在中国的第二批试点城市。2003 年，贵阳市完成了中国第一部循环经济专项城市规划——《贵阳市循环经济生态城市建设总体规划》；2004 年，实施全国第一部循环经济领域的法规《贵阳市建设循环经济生态城市条例》，将生态城市的建设纳入法制轨道。同时率先在全国提出建设生态经济市的构想，并编制了《贵阳生态经济市建设总体规划（2006～2020）》。中共十七大召开后，出台了《贵阳市建设生态文明城市的决定》，并成为国家建设生态文明城市的两个试点城市之一。

（一）从“重建轻管”到建管科学化

1. 城市管理体制、模式演变历程

改革开放初期，随着大量人口的涌入，本来就已经很薄弱的城市基础设施已经难以承载，加上受“重建轻管”思想倾向的影响，城市管理工作基本上停留在打扫卫生等工作上，城市“脏、乱、差”突出，严重影响了贵阳市对外开放的形象。为改变这一状况，当时的云岩、南明两城区人民政府率先对原有的体制进行改革，将涉及城市管理工作的多项职能划归一个部门来负责，极大地提高了城市管理的效率。这一创举引起了中共贵阳市委、市人民政府的高度重视，在经过认真调查研究、总结经验的基础上，于 1990 年出台了《关于加强城市管理工作的意见》，在全省乃至全国率先设立“贵阳市城市管理委员会”，明确市、区、街道及市属各职能部门在城市管理工作中的职责，分别在市、区、街道三级设置了城市管理机构，并在居委会设立 1 名城管卫生委员。这一体制解决了市、区普遍存在的“看得见、管不着”和“管得着、看不见”的问题，进一步划清职责、理顺关系，加强了城市管理工作。这一模式统称为“两级政府、三级机构、四级管理”，其指导思想是：“统一领导、分级负责，条块结合、以块为主，加强基层、综合管理”。

城市管理委员会成立之初，为解决城市管理队伍的执法主体问题，使城管工作步入法制化的轨道，贵阳市先后开展联合执法、委托执法等一系列实践和探索。联合执法采取从其他部门抽调人员与城管人员组合，但人员极不稳定，不适宜城市的长效管理。委托执法虽能解决临时性问题，但易受委托机关操纵，难以做到秉公执法，而且委托与被委托机关容易推诿扯皮，执法效率难以提高，不利于工作正常开展。为切实解决多头执法、职权重复交叉的问题，2001 年，报国务院法制办及贵州省人民政府批复同意，贵阳市成立了城市综合执法局（与市城管局合署办公），成为贵州省第一个开展相对集中

行政处罚权的试点城市，按照“精简、效能、统一”的原则，完成城市综合执法队伍的整合、组建工作，在市、区两级政府的领导下，市、区城管部门分级履行管理职责。其中，市级部门重点负责市级市政设施的管养、维护，指导区级部门开展城市管理工作；按照“属地管理”原则，区级城管部门负责市级以外的市政设施管养、区域内环境卫生清扫保洁、城管监察等涉及市容市貌及环境卫生管理的职责。

2003 年 1 月 1 日起，贵阳市实施相对集中行政处罚权试点工作，初步解决城市管理领域中多头执法、重复执法、执法扰民等问题，在一定范围内进行管理权、审批权与监督权、处罚权适当分离的探索，基本理顺市、区两级城市管理行政执法队伍之间的职责，实现执法重心向基层转移，形成新的行政执法机制，为改革现行行政管理模式积累了经验。

经过努力，贵阳市城市面貌发生深刻变化：1994 年获得全国卫生城市进步奖；1995 年获得贵州省卫生城市称号；1999 年在第四次全国卫生城市检查评比中，获得全国卫生先进城市光荣称号；2011 年顺利通过国家创卫专家组检查。

2. 不断提升城市管理水平

2009 年，贵阳市在城市管理方面通过大力实施数字城管信息系统建设、推行准军事化管理、落实道路分类定级标准化管理等办法，不断推进城市管理的科学化、规范化、精细化。

（1）贵阳市数字化城市管理系统：采用全国住房和城乡建设部推广的北京东城区城市管理模式，运用现代信息技术与现代通信技术的结合，将城市管理区域划分为若干单元网格，对网格内的事件和部件进行编码、确权，明确管理责任，通过不间断的巡查及时发现问题，并将信息上报监督指挥平台，再通过平台派遣至相关职能部门迅速处置，对其处置结果进行考评，形成发现—派遣—处置—评价快速反应机制，以提高城市管理工作质量和效率。按照“整合资源、信息共享、节约成本”的原则，贵阳市于 2009 年启动数字化城市管理信息系统建设工作，将城市部件扩展到 140 个小类，共计有采集部件 425792 个，建立贵阳市实景影相数据库，内容不仅包括城市管理部门日常管理范围，而且涵盖与百姓生活密切相关的其他部门的城市基础设施部件，为扎实推进数字化城市管理提供强有力的数据基础；并完成云岩、南明、小河、金阳 100 平方公里单元网格划分，形成单元网格 5496 个，市级监督工作网格 100 个，区级工作网格 307 个。以网格为考核单元，实行定人、定岗、定职责，对网格内的事、部件进行实时监控。在重要区域、路段、防汛监控点安装视频监控摄像头，与公安 110 视频监控系统实现资源共享。完成以市级城市管理监督指挥中心、城管“12319”服务热线、公共服务网站为主要架构的市级城市管理综合信息基础平台和云岩、南明、小河、金阳、花溪、乌当、白云 7 个区级平台的建设。后期将进一步扩大应用范围，实现市域全覆盖的城市数字化管理综合运行。数字化城市管理系统 2010 年初开通运行，以“12319”服务热线、城市管理网站、局长信箱等沟通方式为平台，秉承“民有所呼，我有所应”的宗旨，认真为老百姓办实事、解难事、做好事。通过电话、网络等各种形式，共受理市民关于环境卫生、城市供水和节约用水、占道经营、市政设施损毁、噪声污染等方面的投诉、建议约 18 万件，其中符合立案标准的 17 万余件，已处置 15.3 万件，处置率达到 90% 以上。通过服务热线发动市民开展卫生死角、设施破损的排查，拓展了发现问题的渠道，更加密切了与市民的联系，公众参与城市管理的力度不断加大。数字化城市管理在抗击凝冻、城区防汛、城市应急抢险等方面也发挥了重要作用。

（2）准军事化管理：贵阳市城市管理通过强化“执法为民、服务社会”的工作理念，以及抓素质、抓作风、抓作为、抓奖惩、抓装备等措施，不断完善队伍正规化建设。2010 年 5 月 1 日起，贵阳市城管部门在城市综合执法队伍中实行准军事化管理，并全面启动督察、纠察工作，不断推进队伍规范化建设，努力提升队伍素质及行业形象。

（3）道路分类定级标准化管理：2010 年 8 月 17 日，贵阳市出台了《关于划定管理区域等级，实施市容环境卫生秩序标准化管理的意见》（以下简称《意见》），按照“科学分类、分级管理，突出重点、全面兼顾，细化标准、整体提升”的原则，首次提出对贵阳市六区及金阳新区道路实施分类定级管理。《意见》全方位涵盖城市管理涉及的环境卫生、市容秩序、市政设施等方面的管理内容，根据城市道路及相关区域的定位、性质及社会影响程度等因素，将全市城市道路和区域划分为特级、一级、二级、三级四个管理级别，在兼顾主干道及重点区域管理的同时，还将街巷、社区、院落及城郊结合部的管理全部列入三级管理道路和区域，使城市管理从面子、形象向里子、细节深入；同时，根据道路和区域的管理级别，对相应的管理标准进行量化，对城市管理问题的处置时限进行明确，并注重效果评估，逐步扭转仅靠突击整治市容市貌的局面。

3. 以创建活动为载体，推动城市管理跨越

进入 21 世纪，贵阳市城管部门立足于省会城市实际，按照建设生态文明

城市的目标要求，强力开展“为民办实事”、“整脏治乱”、“三创一办”（创建国家卫生城市、创建国家环保城市、创建全国文明城市、协办第九届全国少数民族传统体育运动会）工作，切实加强市政环卫基础设施的维护和管养，不断加大城市综合执法力度。

（1）为民办实事。2005 年，全市开展以“为民办实事、满意到万家”为主题的城市环境综合整治工程，从“关心群众生活，倾听群众呼声，从老百姓关心、关注和反映强烈的事情做起”，启动了“为民办实事，满意到万家”活动。按照“一排、二降、三畅、四增”的要求，经过认真的排查和梳理，共列出急需办理的 3786 件实事，全部在媒体上向全社会公布。“一排”方面，共排查排除危房 156 处，惠及住户 1981 户，面积达 9.46 万平方米。“二降”方面，共整治噪声污染 74 处、油烟污染 295 处，涌现出以黔东办事处为首创的一批“环保示范一条街”。“三畅”方面，共完成实事项目 2774 件，其中：畅出行方面，共硬化道路 203 处，新增出租汽车临时停靠点 59 处；畅水气方面，共整治气压和水压不足等问题 1411 处，覆盖供水空白点 6 个；畅下水方面，共清掏化粪池 590 座、清掏排污下水设施 505 处。“四增”方面，共完成实事项目 487 件，其中：新增公厕 23 座；新增垃圾台（收集间）43 个；新增绿地 118 处；新增路灯 303 个点，共计 1303 盏。此举得到了社会各界的一致好评，2005 年 11 月 3 日，《人民日报》在第一版专题报道了活动开展情况。

（2）整脏治乱。2006～2010 年，中共贵阳市委、市人民政府制定了《2006～2010 年贵阳市实施“整脏治乱”、创建全国文明城市行动纲要》，针对城乡在环境卫生、交通秩序等方面存在的脏乱差突出问题，通过重点治理“五脏”（即：公共厕所脏、车站码头脏、饮食摊点脏、集贸市场脏、背街小巷脏）、“五乱”（即：乱吐乱扔、乱贴乱画、乱排乱倒、乱搭乱建、乱停乱行），促进全市市容环境卫生与秩序迈上更高的台阶。按照“市区统筹、以区为主、突出重点、整体推进”的原则，开展以“清垃圾、建设施、拆违建、保长效”为重点的城中村、城乡结合部环境卫生综合整治行动，累计清除卫生死角 2586 处，清运积存暴露垃圾 125 万吨，清除、覆盖“野广告”、残标 74.8 万张。组织市、区城管队伍全面开展取缔主次干道、重要区域的占道经营（作业）、占道停车等集中整治行动，至 2011 年，共取缔占道经营（作业）71.5 万处，门面延伸占道 10.8 万处。加大对市区主、次干道占压市政设施停车现象的整治力度，共查处违章占道停车 6908 起，罚款 22.5 万元。以整治制贩假证，随意张贴、涂写和散发违法小广告行为为突破口，进一步加大小广告清理整治力度，严厉打击制贩假证行为，共清除“野广告”100万余条，收缴小广告50万余张，并将3235个制贩假证等违规电话号码报请电信部门实施停机处理。

（3）开展“三创一办”。在创建国家卫生城市方面，一是规范治理占道经营行为；二是有序推进城中村、城乡结合部环境卫生整治；三是进一步加强小广告及乱贴乱画治理；四是加强建筑工地和渣土运输治理；五是强化落实“门前三包”管理责任制；六是切实加强违法建筑管控；七是公厕改造和管理工作再上台阶；八是深入开展市政基础设施建设和改造；九是开展户外广告、门头牌匾清理整治；十是环境卫生管理进一步加强。在创建国家环保模范城市工作方面，一是着重抓好“创建机制”和“资金投入”两个保障，2007年以来，全市累计投入71.4亿元用于创模工作，全市环保投资指数平均达到2%，高于创模标准要求0.3个百分点。二是认真抓好“污染减排、工业污染防治和环境安全保障”三项重点，基本实现重点企业排放污染物稳定达标排放，全面完成“十一五”主要污染物减排任务。三是切实把握好“注重过程、特色、民生和实效”四个关键，以“改善环境质量”为中心目标，实现贵阳城区空气质量优良率由2004年的91.8%提高至93.97%，高于“创模”标准8.97个百分点；饮用水水源地水质达标率由2004年的97.96%提高到100%，达到创模标准要求；地表水水质达标率由2004年的94.44%提高到95.83%。在创建全国文明城市工作方面，按照创建全国文明城市（以下简称“创文”）的标准和要求，紧紧围绕《全国文明城市测评体系》的要求，以建设生态文明城市为抓手，以提高市民幸福感为根本，奋力创建全国文明城市。在协办第九届全国少数民族传统体育运动会工作方面，一是完成城区文昌路、富水路等次干道综合管网入地、“白改黑”等工程，加快推进花溪大道景观环境综合整治，确保各项道路整治、改造工程在民运会开幕式前全部完成；二是启动城区市容整治和夜景亮丽二期工程设计工作；三是积极配合民运会场馆、道路建设，开通绿色通道，确保奥体中心主体育场、市民健身中心、北京东路、“两路二环”等建设工作的有序推进。

（二）城市综合配套管理

1. 户籍制度改革

改革开放以前，贵阳市一直执行1951年2月公布的《贵阳市户口登记实施办法》和《贵阳市户口管理暂行规则》，统一制发户口登记簿，对迁出、迁入、出生、死亡、变更等进行登记。1983 年 3 月，市政府出台了《关于改革户口登记和迁移的意见》，对正常的户口迁移或申报登记简化手续，不需再经管段民警签字，直接到派出所办理即可；同时将部分户口审批权下放分局和派出所，以方便群众。1998 年以后，政府部门和公安机关相继制定了《关于调整和放宽户口政策的意见》、《关于贯彻落实公安部户籍管理七项便民利民措施的实施意见》、《贵阳市公安机关四十条便民利民措施》、《贵阳市公安局户籍登记工作规范》、《贵阳市公安局户籍管理工作的有关规定》、《贵阳市户籍管理及登记工作规范》等一系列便民利民措施。1996 年，贵阳市人口登记、统计工作开始走向科技化，至 2003 年，贵阳市完成全部派出所常住人口信息管理系统建设和市、县两级人口信息管理系统建设工作，基本实现人口管理的科技化、信息化。2000 年，市人民政府转发市公安局《关于调整和放宽户口政策的意见》。2003 年，公安部推出三十条便民利民措施，省公安厅推出十条便民利民措施，市公安局推出四十条便民利民措施。2006 年 11 月 1 日，市公安局以派出所综合信息系统为平台，启动网上“一站式”户口迁移试点工作；同年 11 月 1 日至 12 月 31 日，先在南明、云岩、小河三城区 40 个户籍派出所为示范点，试行同性质户口之间迁移；2007 年 1 月 1 日后，在全市推广，南明、云岩、小河、花溪、乌当、白云、金阳七城区和开阳、修文、息烽、清镇三县一市之间同性质户口实行网上“一站式”户口迁移。市民办理户口时，不需要到原户籍地派出所办理户口迁出手续，而是直接到迁入地派出所办理，只需要短短几分钟即可完成户口迁出和迁入手续。

2. 劳动就业和社会保障制度改革

劳动就业管理体制初步改革主要是按照以公有制为主体、多种经济形式长期并存的发展战略，实行“在国家统筹规划和指导下，劳动部门介绍就业、自愿组织起来就业和自谋职业相结合”的就业方针，由过去只靠全民所有制单位招工的单一就业渠道，转变为国营、集体、个体经济多种渠道就业，使就业主体由单一化向多元化转变。就业渠道的拓宽，形成了多种所有制对新增劳动力资源分流使用的格局，突破了国家统包统配的就业管理制度。随着城市经济体制改革的深入，贵阳市用工制度也进行了重大改革，实行“面向社会、公开招收、自愿报名、全面考核、择优录取”的用工制度和“先培训，后就业”的原则，统一实行劳动合同制，彻底消除“铁饭碗、大锅饭”的弊端，真正实行“各尽所能、按劳分配”的社会主义原则；并将全民所有制单位招工推向劳务市场，实行由用人单位和求职人员双向选择，初步建立了竞争就业机制和以企业为主体的用工机制。1995 年后，《中华人民共和国劳动法和劳动合同法》颁布实施，劳动就业管理工作主要遵循自主用人、自由择业、平等竞争、公正服务的原则，促进用人单位与劳动者的双向选择和劳动者合理流动，并实行全员劳动合同制度。“十一五”时期，城乡统筹就业规模不断扩大，就业结构明显改善，全市累计新增就业岗位 26.02 万个，开发公益性就业岗位 2.12 万个；实现城乡统筹就业 39.44 万人，城镇就业 26.64 万人，农村劳动力转移就业 12.8 万人；累计实现城乡统筹培训 23.97 万人，城镇劳动力培训 10.87 万人，农村劳动力培训 13.1 万人；城镇登记失业率控制在 4% 以内；全市从业人员规模从“十五”末期的 214.75 万人扩大到 229.07 万人。社会保障体制总体改革方向是：坚持社会化管理与单位管理相结合，以社会化管理为主；国家承担责任与社会承担责任相结合，以社会承担责任为主；内部调控与外部调控相结合，以内部调控为主。改革的总体目标是：基本建立起适应社会主义市场经济体制要求、资金来源多渠道、保障方式多层次、公平与效率相结合、权利与义务相统一、管理体制集中统一、管理服务社会化的社会保险体系框架，初步建立起适应于多种经济成分中各类劳动者统一制度、统一标准、统一管理、统一调剂使用基金的社会保险制度。截至 2010 年底，全市城镇职工基本养老、基本医疗、失业、工伤和生育保险参保人数分别为 72.75 万人、102.12 万人、42.82 万人、55.37 万人和 80.64 万人，养老保险待遇水平从 2005 年底的人均 647.45 元增加到 2010 年的人均 1250.12 元。城镇老年居民社会养老保险从 2010 年 1 月启动，至 2010 年 12 月，参保人数为 0.59 万人，人均养老保险待遇为 300 元。新型农村社会养老保险从 2008 年试点，全市参保农民人数为 64.8 万人，试点县（市）参保覆盖率达到 80% 以上；其余区（县）达到 60% 以上。同时，社会养老保险覆盖面进一步拓展，已扩大到私营企业、外商投资企业、城镇个体工商户和灵活就业人员等非公有制经济从业人员，以及农民工、未参保退休职工和城镇老年居民；将困难国有和集体企业纳入参保，解决大量国有改制企业中符合规定人员的参保问题，并接续好解除工作关系人员的养老保险关系。全市离退休人员实现社会化管理服务人数达 16.8 万人，社会化管理服务率达 95% 以上，惠及包括儿童、老年人、残疾人和大学生的城镇居民。医疗保险从 2007 年 10 月试点到 2010 年底，参保人数达到 62.67 万人，从制度上实现了医疗保险的全覆盖。

3. 社区建设

贵阳市社区建设与全国同步，经历了起步、发展、深化的发展历程。20

世纪 80 年代后期至 90 年代中期，贵阳市的社区建设主要是以社区服务为主，当时的社区建设具有“福利性、群众性、服务性、区域性”四大特点。根据中央有关精神，2000 年 11 月 22 日，中共贵阳市委、市人民政府下发《关于推进社区建设、加强城市基层基础工作的意见》，提出“两年打基础，三年抓提高”的工作目标。2002 年，市委又召开全市社区党建工作经验交流会，提出“五个一”（即选准一条促进社区发展的路子、选配一个坚强的社区党支部领导班子、建设一支素质良好的党员队伍、构建一个良好的社区共建机制、形成一个洋溢先进的文化氛围）的工作思路。2004 年，全市召开“贵阳市社区党的建设暨社区建设示范街道和示范社区命名表彰大会”，对全市 24 个街道和 91 个社区进行示范命名表彰。2005 年 3 月，中共贵阳市委、市人民政府下发《关于进一步推进社区建设的意见》。经过近五年的探索和实践，基本实现了“两年打基础，三年抓提高”的目标。2011 年，贵阳市有街道办事处 49 个、社区居委会 460 个，全市共建立 48 个中共街道工委、6 个中共社区委员会、456 个社区居民委员会党支部。社区居委会在承担自身工作的同时，协助配合政府职能部门做好环境卫生建设、文化教育、城市管理、社会治安综合治理、计划生育、社区服务等工作。到 2011 年，社区服务中心已发展到 33 个、便民利民服务网点 6965 个、社区商业网点 13270 个、社区卫生服务中心 216 个、星光老年之家 75 个、社区“爱心超市”49 家、养老服务机构 30 家、社区志愿者队伍 693 支。2010 年 1 月，贵阳市以探索建立社区为主的城市基层新型管理体制和运行机制为目标，在小河区和金阳新区开展城市基层管理体制改革试点，试点工作涉及 3 个街道、16 个居委会，辖区居民约 15 万人，撤销街道中共工委和办事处，成立中共社区委员会和社区服务中心，变“市→区→街道→社区”四级管理为“市→区→社区”三级管理，实行“区直管社区”。通过改革试点，构建“一委一会一中心”组织构架，增强社区服务、管理、凝聚、维稳功能；实行“一社多居”，使更多的公共服务、公共管理资源聚集到社区；推行“居政分离”，促使居民委员会回归自治功能。

4. 市政基础设施建设改造与管理

为全面提升城市品位，完善城市服务功能，2008 年以来贵阳市先后实施“一环四路”综合管线入地工程、“一环二路”综合环境整治工程、贵黄路艺校立交桥至金关段（含金坡路连接线）改造工程、新添大道云岩段道路（含鹿冲关路）“白改黑”和富源路、百花大道等道路综合整治工程；积极推进“亮丽工程”，先后完成蓝波湾、纽约大厦等中心区 35 栋高层建筑亮丽设施安装；对中华路绿化及喷水池环岛进行改造；完成延安路等路段 20 个公交港湾式停靠站、8 处人行天桥建设；强化河道管理，巩固南明河三年变清成果。市政、河道设施维护、管养水平不断提高，城市品位整体提升。通过多年的努力，初步建立了贵阳市雨污分流排水系统，基本消除城区的水淹点，解决污水外流的城市痼疾，并通过建设贯城河分洪隧洞等措施，中心城区的防洪能力明显提高。实施中华路、瑞金路、延安路等多条主干道的整治工程，提高车辆通行的安全系数，达到降尘、减少噪音污染的目的。加强人行地下通道、人行天桥等过街系统的管理，改善行人的通行环境，在管理的人行通道内建设无障碍升降平台。根据不同的情况拟定《市政基础设施突发公共事件应急预案》、《恶劣气候下市政设施维护管理应急预案》、《桥梁设施安全抢险预案》、《重特大安全生产事故应急救援预案》、《防汛救灾预案》和《地下通道突发事件应急处理预案》等。

5. 不断提高市民安全感

2007 年，中共贵阳市委、市人民政府在总结三年“平安贵阳”创建工作的基础上，从关注民生、顺应民意、加快和谐社会建设要求出发，做出了深入开展新一轮平安建设的决策，决定实施以“严打‘两抢一盗’、保卫百姓平安”专项行动为重点的“居有所安”行动计划。

为确保“居有所安”行动顺利实施，市财政确保政法统筹经费年递增 15%，并新增列支“居有所安”、严打、禁毒、打黑除恶等专项工作宣传表彰经费 2000 万元。针对贵阳市发生的刑事案件中流动人口、涉毒人员、未成年人作案占 90% 左右的实际情况，在实施“居有所安”行动中抓源头、重治理，把“居有所安”行动的防线尽量向前移。到 2011 年，贵阳市有流动人口管理办公室 12 个、流动人口服务中心 86 个、流动人口管理服务站 1021 个，共有专兼职流动人口协管人员 3465 名。经对流动人口进行的大普查，基本上摸清了 90.84 万名流动人口的基础信息。

同时，对流动人口在子女就学、技能培训、计划生育服务、治安管理等方面出台了 30 项便民利民措施，初步形成了以服务促管理的工作模式。充分发挥学校教育的主渠道作用，在开展“安全文明校园”创建活动中，全市有 806 所中小学达到“安全文明校园”创建标准，占总数的 89.6%；通过开展“无未成年人犯罪社区”创建活动，在社区建立家庭教育咨询机构，建立闲散青少年管理档卡；通过创建“青少年维权岗”活动，全市建有国家级青少年维权岗 11 个、省市级青少年维权岗 255 个。

三、城市建设的大跨越

（一）城市基础设施建设

1. 城市道路交通建设

“十一五”期间，围绕实施的中心城区“畅通工程”方案，贵阳市城市道路建设加快实施城区“一横一纵一环”的路网主骨架和“三环十六射线”的路网系统，将涌入市中心区过境交通引出，缓解了城区车辆通行压力。全长121公里的环城高速公路全线通车，建成黔灵山路、甲秀南路、北京西路、机场路、水东路、朝阳洞路、市北路、宅吉路、贵惠路、开发大道、黔江路、珠江路、金朱路、长岭路、观山西路二期等主干道和一批支路。贵阳南站枢纽改造扩建工程于2010年竣工并顺利开通。

同时，为配合抓好贵阳至广州、成都、昆明、长沙、重庆等高速铁路、客运专线等建设，加快建设市域快速铁路、城市轨道交通和“两路二环”，城市发展框架进一步拉开。市域快速铁路已开工白云至龙里北联络线等5个项目；2010年9月，城市轻轨一号线通过国务院、国家发改委的审批，开工建设市政配套工程会展中心车站；启动息烽港区水运码头建设。“三环十六射线”的“两路二环”项目中的北二环、南二环、东二环、北京东路、甲秀中路、甲秀北路于2011年完工；“十六射线”中剩余的盐沙线、富源路延伸段、东站路延伸段、桐荫路计划在2012年全面完成，形成“二环十六射线”主骨架路网；烟厂路、黔灵山路、北京西路、甲秀南路、金戈路已完工；开发大道三期、金朱西路、黔灵山路金阳段等其他11个项目均在全面紧张建设。

贵阳市对主城区主干道实施“白改黑”、环岛改造；建成中华路等13个地下人行通道及一批人行天桥；完成40余公里综合管网入地、人行道整治、房屋立面整治工程。

2. 城市给水排水

2000年，贵阳市日供水规模为74万立方米。为保证市区生活用水，修建了8万立方米北郊水厂和东郊水厂，将贵阳市西部红枫湖的水引入城市，新建了10万立方米西郊水厂，使城市生活用水每天人均达250升。将松柏山水库、花溪水库明确为城市水源，实行城市供水、农灌、发电、防汛统一调度。结合城市防洪，加固阿哈水库大坝，完善泄洪设施，将蓄水水位提高5米，使库容由4450万立方米增至7269万立方米，为城市日提供水源33万立方米。至 2006 年，全市自来水生产能力达 170.7 万立方米，供水管道长 1717 公里，全年供水总量达 2.13 亿立方米，用水人口达 170 万人，自来水普及率达 98.5%。为确保城市供水水源的清洁，2007 年 10 月，贵阳市成立“两湖一库管理局”，对红枫湖、百花湖和阿哈水库水源的水质进行管理。

排水体制由合流制逐步过渡到分流制。进行排水干线 19.4 公里的改建，续建南明河截流沟，使其连通全线；新建干堰塘、花溪小型污水处理厂；续建市西河、小车河、贯城河截污工程；新建马王庙、小河镇、新添寨镇三个污水处理厂；在白岩脚下游新建日处理 23 万立方米污水处理厂。划定红枫湖、百花湖、阿哈水库、花溪水库（含松柏山水库）四个水源保护区，总面积达 571.04 平方公里，其中一级保护区范围 125.97 平方公里。2001 年起，先后完成小河一期和花溪、二桥、清镇污水处理厂一期工程并投入运行，投入污水处理厂及配套管网建设近 20 亿元，基本解决南明河上游水污染问题，实现“两湖一库”水质恶化改变的阶段性目标。日处理 25 万吨污水的新庄污水处理厂建成投运，标志着全市“十一五”减排目标的全面完成。到 2010 年底，全市建成污水处理厂 15 座，城镇污水处理能力从 1999 年日处理污水 2 万吨提升至 65.1 万吨，其中中心城区污水处理能力为 58.05 万吨，确保城市污水处理能力大于 95%，并实现全市县级以上城镇污水处理设施建设基本完成的目标，“创建国家节水型城市”工作 2010 年底顺利通过国检。

3. 城市能源

20 世纪 90 年代以前，贵阳民用燃料以原煤为主，有极少数民用电热。1990 年，贵阳开始使用钢瓶装液化石油气。贵阳管道煤气工程 1986 年开始筹建，在清镇干河坝建煤气气源厂，铺设管道 28 公里进入市区储备站，再通过城市管道通往用户。1994 年，整个工程完成并向用户供气。管道煤气因“供气上门，价格相对稳定”的优势，很快成为城市居民使用热能的第一选择。1995 年起，管道煤气陆续向小河、乌当、花溪、白云等地开通，到 2007 年，全市燃气用户已达 54 万户，其中管道煤气用户 34 万户，液化石油气用户 20 万户；用气人口达 189 万人，城市非农人口燃气化率达 98%。同时在市区南部大兴田修建了每日 15 万立方米调峰气源厂一座，日供混合煤气 15 万立方米，其中公共福利用户 4 万立方米，居民用气 11 万立方米，可供 5.5 万户居民用气。2005 年，扩建中心区汪家湾储配站，新设白云、龙洞堡、小河三个储配站。2006 年，贵阳市煤气日供气能力达 120 万立方米，基本满足城市用气需求。

贵阳市煤气公司在经营管道煤气的同时，于 1998 年 12 月与四川省百江燃气有限公司合作，成立了百江西南燃气有限公司经营液化石油气；2006 年又与四川达州汇鑫能源公司达成供应协议，由该公司自 2008 年 11 月起向贵阳日供 30 万立方米天然气，以满足小河区工业用户的需求。到 2008 年，贵阳城市煤气储配能力已从 2006 年的每天 120 万立方米提高到每天 180 万立方米，同时建设了 1800 立方米的液化天然气（LNG）接收站，日供气 20 万平方米。2010 年，日供气 30 万立方米的华能焦化四号焦炉建成投入使用。

4. 城市生态环境

清镇、修文、息烽、开阳等一批县城污水处理厂建成，城市污水处理能力达每天 62.6 万吨，主城区污水处理率达 100%。建成 3 个山体公园和 2 个绿化广场，完成营造林 14.2 万亩，新增绿地 25.8 万平方米。花溪湿地公园被列为国家城市湿地公园。循环经济工作走在全国前列，城区清洁能源普及率达 98.5%；建成 22 万口沼气池，惠及农村百万人口。关停、搬迁贵州水泥厂等一批重点污染源，单位 GDP 能耗和单位工业增加值能耗均控制在省下达指标内，2009 年提前完成“十一五”二氧化硫排放量减排任务。建立生态补偿机制，实施天然林保护、石漠化综合治理、退耕还林成果巩固等国家重点工程，打好“森林保卫战”、“治理两湖一库”等硬仗，实现“两湖一库”水质明显好转的阶段性目标，森林覆盖率年均提高 1 个百分点，人均公共绿地面积从 8.31 平方米提高到 9.85 平方米，城区空气质量优良率稳定在 95% 左右。2010 年，全市绿化覆盖率达 42.3%，公共绿地面积达 1733.6 公顷。城区内环城林带以图云、黔灵、南郊、花溪、东山、顺海等 6 处自然风景区为基础，以及其他林地，总面积达 9160 公顷，形成城区的绿色保护屏障。

5. 城区公交

2010 年，城区交通出行的公交分担率提高到 28%；城区公交场站用地面积 38.4 万平方米；城区高峰小时的路网平均车速为每小时 20 公里；大力推进“油改气”技术，机动车排污总量减少 30%。按照城市空间布局，城区公交线路分为：骨干线路长距离连接城区各片区，满足居民跨片区的交通出行需求，公交线路长度为 12~30 公里，现有 33 条；常规线路主要解决各片区内部交通出行需求，公交线路长度不超过 15 公里，现有 54 条；市郊线路主要连接城区与城市周边村镇，公交线路长度超过 30 公里，现有 15 条；区间线路主要解决高峰时段快速输送的线路，现有 3 条。在中华路、遵义路、延安路、瑞金路、宝山路、北京路、枣山路、浣纱路、解放路及花溪大道建设公交专用车道；专用车道设置在道路两侧，对公交车辆左转给予优先放行的信号控制。

（二）“住有所居”引领住房建设和旧城改造

1. 住房制度改革

1992年7月，《贵阳市住房制度改革实施方案》出台，集资建房从是年开始。由政府组织房屋开发公司通过土地划拨或减免税费，成片建起15万~20万平方米的“安居工程”住宅小区。到1999年，贵阳市先后投资9亿元修建了栖霞小区、东山小区、沙河小区。1999年1月，贵州省人民政府批准了《贵阳市住房分配货币化改革方案》，使贵阳市成为全国城市中推行房改最早的城市之一。为了保证职工能购得起已住的公房或新建的经济适用住房，《贵阳市住房分配货币化改革方案》确定了“存量”和“增量”两种补贴，使职工购房（自住公房或市场上选择适合自己的住房）变成了现实。

经济适用住房建设解决了部分中低收入家庭的住房困难。1998~2009年，全市经济适用住房建设共完成投资154.11亿元，施工面积共1625.83万平方米，竣工面积达867.85万平方米；已销售的经济适用住房面积为824.46万平方米，10年共解决中低收入家庭91556户的住房困难。2006年，国务院办公厅转发住建部等8部委《关于调整住房供应结构，稳定住房价格意见的通知》；2007年，国务院发布了《关于解决城市低收入家庭住房困难的若干意见》。贵阳市在2007年建立了贵阳市低收入住房困难家庭档案；2008年1月，实施《贵阳市经济适用住房管理暂行规定》；2009年4月，组建贵阳市住宅产业投资有限公司，切实解决城市低收入家庭住房困难。

1999年6月，《贵阳市廉租住房管理试行办法》颁布实施，这一制度是针对城镇居民中的低收入群体、“双困”家庭而设立的。通过政府对其家庭进行补贴，让其住进廉租住房。2000年1月，贵阳市人民政府出资购买了“五柳小区”300套经济适用住房作为廉租住房的安置点，开始面向“双困”家庭实施这一制度。2000~2003年，贵阳市实行以实物配租的方式，实施廉租房保障。2004年，贵阳又制定了《贵阳市廉租住房五年规划》，明确以“发放租赁补贴为主、实物配租和租金核减为辅”的廉租住房实施方式。自五柳小区建成后，玉田坝、登高、彭家湾、百花山等地又成为新的廉租住房安置点。2007年8月，国务院发布的《关于解决城市低收入家庭住房困难的若干意见》，把解决城市低收入家庭困难作为维护群众利益的重要工作和住房制度改革的重要内容，以及政府公共服务的一项重要职责。同年底，贵阳市委、市人民政府制定了《关于实施“住有所居”行动计划的意见》，进一步扩大了享受这一保障制度的对象和范围。当年，市人民政府安排 5 万平方米（1140 套）廉租房分别在世纪园和图云关“森林之家”小区开工建设，标志着“住有所居”行动计划正式实施。2008 年，全市在建廉租房项目共 11 个，实际开工 13 万平方米，竣工 5.3 万平方米；全市又有 612 户“双困户”家庭入住了崭新的廉租房安置点。2010 年底，全市累计纳入廉租住房保障的家庭达 22360 户。

除廉租房建设外，还有农民工公寓建设。2008 年 3 月 17 日，贵阳市建设局下发了《关于加强建筑工地农民工宿舍管理工作的通知》，到年底，全市各施工企业为农民工提供集体宿舍面积为 6.8 万平方米，共解决 2.5 万农民工的住有所居问题。2009 年，全市各施工企业为农民工提供集体宿舍面积达 18.5 万平方米，共解决 9 万农民工的住房问题。

为解决城市中等偏低收入家庭住房困难，2010 年 6 月 12 日，由国家住房和城乡建设部等七部门联合制定发布了《关于加快发展公共租赁住房的指导意见》。8 月中旬，贵阳市住房和城乡建设局发布了《贵阳市公共租赁住房管理暂行办法》，向社会广泛征求意见。2011 年 4 月，贵阳市首家公租房收储机构——贵阳市公共租赁房服务中心有限责任公司的金华园分行开业，并面向社会收储公租房；6 月 21 日，贵阳市推出 1 万套公租房房源，对公共租赁住房（廉租住房）实物配租申报进行公告，接受申报登记，并于 7 月底通过电脑摇号方式进行实物配租。这些举措有力地推进贵阳市的住房制度改革。

2. 房地产业的发展

1980 年，贵阳市人民政府决定组建从事房屋建设并进行销售的贵阳市城乡建设用地综合开发公司。公司成立后，政府划出地块统一进行规划和建设，南明河窄口滩处 6.5 万平方米的解五小区就是贵阳市城乡建设用地综合开发公司开发的第一个大型项目。以此为模式，云岩、南明两区也相继成立房屋开发公司。1981 年，贵阳市城乡建设用地综合开发公司首次出售房屋，按补贴出售办法，即以基本售价的 1/3（每平方米以 120 元的价格）出售了在螺丝山开发的 20 套房屋，房屋出售的对象是机关和企事业单位。1981 年以后，贵阳市房管局下属的各房管所、工商联合会也相继成立了房屋开发公司，性质是国营、集体两种形式。这期间由政府组织房屋开发，在一定程度上缓解了人民群众“住房难”的问题。1984 年，贵阳市城乡建设用地综合开发公司加入了中国房地产开发集团（简称“中房集团”），成为该集团贵阳公司。20 世纪 90 年代初，贵阳开始出现中外合资和非公有制房地产开发企业，并且很快得到发展。1993 年中房集团贵阳公司改制成功，成为中天集团，并于 1994 年 2 月在深圳证券交易所挂牌交易，简称“黔中天”。中天集团在 20 世纪 80 年代和 90 年代近 20 年时间里成为贵阳市房地产业的主力军，在贵阳房地产业发展中占主导地位。

贵阳房地产业从 1992 年进入快速发展时期。1997 年，在贵阳市申办的房地产企业有 98 家，而非公有制房开企业占企业总数的 64%。1998 年以后，贵阳基础设施建设加大力度，城市功能日益完善，加之住房分配货币化改革制度开始实施，政府通过存量和增量补贴的方式让职工购买自住公房或其他商品房成为可能。以上这些有利条件不仅使房地产企业在短时期内迅猛增加，而且使贵阳房地产的开发产生了质和量的变化。房地产业由此成为经济发展的支柱产业，其发展速度直线上升。2002 年以后，房地产商在城区开发的楼盘呈高（20 层以上）、大（2 万平方米以上）、全（功能齐全）的特点，在城郊开发的小区则注重环境的打造和品质的提升。另一方面，由于人们生活水平和生活质量的不断提高，也使城市居民购房的热情空前高涨。从 2000 年中天集团开发的“中天花园”出现热销后，“改变居住环境、提高生活质量”的观念得到更多市民的认同，购房的需求不仅在无房户的居民中增加，而且也在有住房但要改变原有居住条件的居民中增加。

2002～2009 年，贵阳每年的购房量一直处于上升阶段。到 2009 年，全市共有房地产开发企业 716 家。1998～2009 年，贵阳市房地产累计投资的 1011.85 亿元中有 589.63 亿元投向了住宅建设，住宅建设投资占房地产投资的 58.49%。2009 年，房地产开发完成房屋施工面积为 724.85 万平方米。房地产业的发展，使贵阳市城镇人均居住面积逐年增长。“文化大革命”结束时，贵阳市城镇居民人均住房面积仅 2.4 平方米；1985 年全国第一次城镇房屋普查时，贵阳市城镇居民人均住房面积为 6.8 平方米；1998 年，贵阳市实行住房货币化分房改革时，城镇人均住房面积为 8.3 平方米；2005 年，全市城镇人均住房面积已达 16.27 平方米，到 2009 年达到 22.6 平方米。

3. 房地产开发与旧城改造

20 世纪 90 年代初，贵阳市在改造、拓宽城中心区道路的同时，探索出“以路带房，以房补路”的路子。所谓“以路带房，以房补路”，就是政府在组织拓宽改造城中心区道路时，划定拓宽后道路两边 50 米范围为拆迁红线，在红线范围内的建筑物一律拆迁给予补偿。道路修好后，这些地块由政府统一规划、统一组织开发建设。房地产开发商如需开发，则须缴纳所占红线范围内的拆迁安置补偿费、土地出让金和市政基础设施配套费等有关规费，让其按统一的规划进行建设；政府收取的以上规费又用于新的道路拓宽改造，从而使政府用于市政建设的资金出现良性循环。贵阳城中心区的多条干道在短短几年内得到拓宽改造，使贵阳城区道路交通得到极大的改善。瑞金北路、都司路以及拓宽改造的中华路、新华路等主次干道都走了“以路带房、以房补路”的新路子。到 1998 年，贵阳靠“以路带房、以房补路”的政策新修、改造、拓宽了城区近 60 条主次干道，同时道路两侧的房屋也得到开发、改造。贵阳在实施旧城改造时，将部分空地改造为绿地或休闲广场。

世纪之交，贵阳又提出环境立市战略，加大力度组织实施了三年南明河综合治理，使南明河沿岸环境得到有效的治理。这种发展不仅从“量”上而且从“质”上都得到体现，表现在城中心区开发的楼盘越来越向高层发展，30 层以上高层商办楼、商住楼取代了 20 世纪 90 年代以前 10 层以内楼房。2000～2008 年，在贵阳城区新建的 25 层以上建筑投入使用的就达 136 栋之多。蓝波湾、亨特国际、盛世花城等一批高层住宅楼充分利用城区有限空间和区位优势有效地提升了城区住宅的品位；贵航喜来登大酒店、海港大酒店、世贸广场、国贸广场、虹祥大厦、龙港大厦等高楼设计新颖，造型各异，体态高大，给贵阳城市形象增添了现代色彩。

城区在旧城改造的同时，向城郊辐射的道路也得到拓宽改造，这样也带动了郊区房地产的发展，郊区的房地产开发则凭借郊外的青山绿水的生态环境打造起绿色生态家园。中天花园、兴隆城市、山水黔城等花园式住宅都凭借其功能和环境优势一度热销。乌当区的泉天下和保利温泉将乌当的宝贵资源温泉引入小区，使其房价不低于城中心区房价。而香港新世界、福建世纪金源、成都远大集团等省外一批知名大企业的进入，成为在贵阳房地产开发的主力军。

（三）开发区、新区建设欣欣向荣

1. 国家高新技术产业开发区建设

贵阳国家高新技术开发区（简称“高新区”）是 1992 年经国务院批准建立的全国 53 个高新技术开发区之一，规划面积为 11.32 平方公里，是贵州省唯一的国家级高新技术开发区。1992～2000 年，高新区按照“依托军工、扶持民营”的路线，依靠“三线”军工企业的技术储备和工业优势，初步形成了以电子信息、先进制造业、生物制药为主的产业集聚。2001～2008 年，响应国家科技部“二次创业”的号召，根据贵阳市发展战略调整，高新区支持“大贵阳”的发展战略，移师金阳，全力建设金阳科技产业园。高新区建立起具有一定基础的区域硬件设施和服务支撑体系，根据相应产业的关联度、软件环境、硬件设施等因素，规划为电子信息、光机电、生物医药、新材料四大产业区及孵化器、研发中心、大学科技园、留学生创业园和产业配套区。2008 年以来，省市对高新区管理体制做了重大调整，高新区按照贵阳市委、市人民政府城市发展的“北拓”战略，开启了跨越发展新阶段，开辟了沙文—麦架—扎佐生态产业经济带，总规划面积达 92 平方公里，建设用地 65 平方公里，先期规划建设 17 平方公里。沙文生态产业园建设初步形成“一区三园”格局（即位于乌当区的新天高新技术工业园、位于金阳的科技产业园、位于沙文—麦架—扎佐的生态产业带）。贵阳高新区建有国家级中国（贵阳）片式元器件产业园、医药工业园、贵州火炬软件园、科技企业孵化器、大学生创业园和留学归国人员创业园。区内建有保税仓储区，是贵州目前高新技术产业投资、高科技创业配套环境最完善、政策最优惠的开发区。2010 年以来，全区共有注册企业 2300 余家，其中外资企业 19 家；有上市公司 10 家，占全省上市公司的 52.63%；有高新技术企业 51 家，占全省的 41.8%。初步形成了电子信息产业、先进制造业、新能源新材料、生物与医药业为主的四大产业，各项主要经济指标年均增长率达 30% 以上。高新区聚集了工程中心和企业技术中心 53 家，以及重点行业副高以上职称专业技术人才 400 余名；有留学生创业企业 17 家、大学生创业企业 131 家、博士创办企业 20 余家。2010 年，高新区规模以上工业总产值完成 66.5 亿元，企业万元工业产值能耗 0.2 吨标煤，全社会固定资产投资完成 20.83 亿元，财政总收入完成 3.38 亿元，招商引资市外境内实际到位资金完成 12.74 亿元，境外实际到位资金完成 1817 万美元，引进 3000 万元以上招商引资重大项目 6 个。

2. 国家级经济技术开发区建设

2000 年 1 月 21 日，经国务院批准，设立贵阳市小河区；同年 2 月，国务院批准贵阳经济技术开发区升格为国家级经济技术开发区，实行“两块牌子、一套班子”的管理体制。2009 年 7 月，经贵阳市委、市人民政府批准，贵阳经济技术开发区（小河区）的开发建设继续往南延伸，托管贵阳市花溪区翁岩、陈亮、付官 3 个行政村，建立小河—孟关装备制造业生态工业园区，辖区面积由原来的 63.13 平方公里扩展到 80.33 平方公里。

“八五”期间，原航空工业部贵州管理局和原机械工业部的 11 家“三线”

企业迁入小河，后合并组建为贵州西南工具总厂、贵州动力机械厂等 7 家企业。到 1992 年，小河相继建成 18 家国有大中型工业企业，建筑面积达 250 万平方米，生产性建筑面积达 110 万平方米，拥有固定资产原值 10.5 亿元，初步形成以工程机械、动力机械、机床工具、电工电器、工业基础件、汽车零配件等为主的工业体系。1993 年，贵阳经济技术开发区成立后，通过开发建设、招商引资、企业重组等方式，辖区工业企业不断发展壮大。2009 年，辖区有工业企业 325 家，工业总产值达 104.9 亿元，其中规模以上企业有 69 家，总产值达 101.67 亿元。2010 年，规模以上工业增加值达 36.15 亿元，有规模以上工业企业 74 家，其中产值过亿的有 27 家。

贵阳经济技术开发区（小河区）坚持工业强区发展战略，加快工业园区建设。2009 年 7 月，规划启动小孟工业园区建设。2010 年，全面启动小孟工业园区建设，贵阳烟厂、劲嘉彩印、安大宇航等一批优强企业建成投产，贵航产业园、中煤盘江重工、凯沃重工、普天新能源、詹阳重工易地技改等一批重点项目开工建设，形成了以航空航天、特种车辆、工程机械及汽车零部件、电子信息、烟草医药等为主的产业体系和所有制形式涵盖国有和民营及外资、门类比较齐全的工业体系，先后获得“国家军民结合（装备制造）高新技术产业化基地”和“国家新型工业化示范基地”称号。小河成为全省重要的装备制造业基地和新型工业化最具代表性的区域。

3. 金阳新区建设

金阳新区位于贵阳市老城区西北面，以浅丘地形为主。新区内拥有金华湖、观山水库、十二滩水库、大小将军山、石林公园等景观，山环水抱，自然环境优美，区位优势明显。金阳新区地域覆盖金阳街道办事处、朱昌镇和金华镇，管辖面积为 198 平方公里。2001～2010 年，经过近 10 年的开发建设，金阳新区城市规模日益扩大，城市基础设施建设和功能配套不断完善，产业布局日趋合理，社会各项事业迅速发展，人气、商气聚集迅速提升，城市辐射能力显著增强。作为贵州省、贵阳市城市化进程的重大战略，金阳新区的开发建设拓展了贵阳市城市发展的空间，优化了贵阳市城市功能布局，促使贵阳市中心城区多组团城市格局的初步形成。

金阳新区为贵阳城市建设拓展了空间，是可持续发展的园林式、生态型的新城。其主要职能是市级行政、文化、科研、高科技产业基地，是具有生产、生活、就业基本平衡的新区。金阳新区提前完成市级行政中心布局建设，市级行政中心项目总建筑面积为 24.58 万平方米，分两期进行建设。贵阳市委、市人大常委会、市人民政府、政协贵阳市委员会等 70 个市直机关单位搬迁至金阳新区办公。

新区还先后建成贵阳一中新校、贵阳三中新校；建成 20 余所中小学、幼儿园，并实现全面招生；金阳医院建成并投入使用，投资 2.5 亿元建成的拥有 500 个床位的国家三甲医院市第二人民医院正式运行。2007 年，政府投资的市青少年宫、市妇女儿童活动中心、市广电中心、市科技大厦等 10 个社会公益项目构成的“金阳文化山”项目建设完工，省博物馆金阳新馆开工建设。

投资 19.8 亿元的贵阳奥体中心于 2008 年 5 月 23 日开工建设，一期 6 万座的主体育场馆建设于 2010 年底竣工并交付使用。气势恢宏的贵阳奥林匹克体育中心建设内容包括：一座 6 万座的体育场、一座 8000 座的体育馆、一座 3000 座的游泳跳水馆、一座 17 片网球场地的网球中心和相应的新闻中心、训练中心和管理中心。该体育中心建设完成后承接了 2011 年的全国少数民族运动会，并成为贵州省最大、功能最齐全的大型综合场馆。金阳新区在开发建设过程中按照新区高标准规划要求，在不断完善基础功能建设的同时不断加大产业培育建设。

在现代服务产业方面，新区“三产立区”的理念科学，现代服务业培育成效明显。配套建设的金融、会展、物流、旅游服务四大中心和总部、商贸、房地产、体育文化四大重点产业化布局初步形成。新区加快布局建设总部经济区、贵阳国际金融中心、奥体中心、西南现代物流中心、国际会展中心等省市重大项目，建设已取得实质性进展，会展中心和奥体中心相继竣工，一批现代服务企业入驻并开始营业。观山湖公园于 2010 年建成开园，十二滩体育公园即将实施开发。

在高新技术产业方面，聚集了振华科技、时代汇通、汇通华城等一批有影响力的高科技企业。建成了以南洋电子、华翔电子、先捷电子、斯奈克玛、成智重工、泛特尔生物、晶华电子等为代表的电子信息、先进制造业、生物工程与制药、新材料等高新技术企业。

在房地产业（住宅）方面，按照“以人为本”的理念，新区先后推出了碧海花园、金龙国际花园、景怡东苑、景怡西苑、金元国际新城、中环房开、金华园（南园）、贵阳新世界、金源世纪城、群升世纪广场等房地产楼盘。2001～2010 年，新区房地产总开发建设面积约 1500 万平方米，竣工面积约 700 万平方米。

在生态文化旅游产业方面，打造了约 150 万平方米的绿色生态环境，包括公园绿化、广场绿化、社区绿化、道路景观绿化等方面，初步形成生态修复机制。文化特色体现在标志性建筑、湿地公园、大型特色雕塑、丰富文化活动等方面。

4. 工业园区建设

按照“工业园区化、园区标准化、布局专业化、机制市场化”的要求，2009 年以来，相继规划建设了高新区沙文生态产业园、小河—孟关装备制造业生态工业园、开阳磷煤化工（国家）生态工业示范基地、息烽磷煤化工生态工业基地、白云铝工业基地、清镇煤化工铝工业循环经济生态工业基地、南明龙洞堡食品工业园、修文工业园、贵阳金石石材产业园、乌当医药食品工业园等十大工业园区。十大工业园区实际建成面积达 19.46 平方公里，已完成征地面积 27.84 平方公里，累计投入基础设施建设资金逾 44 亿元。

2010 年 8 月以来，贵阳市十大工业园区已累计开工工业项目 120 个，包括首钢贵阳特殊钢新特材料循环经济工业基地、盘江煤电集团盘江煤机生产项目、中航工业贵阳产业基地项目等在内的一批重大工业项目已分别入驻相关工业园区。一期规划面积为 17.37 平方公里，总投资规模达 128 亿元。发展新材料新能源基地、先进制造业基地、电子信息产业和生物产业基地（简称“四基地”），目前汇集了中航工业贵阳航空发动机、中电振华新材料新能源基地、南车集团新产业基地、贵州科学院高技术示范基地、翔明薄膜太阳能电池、省交通勘测设计院总部研发基地、长通电器电线电缆生产线、浙江兰亭高科、家有购物等多个重大项目。小河—孟关装备制造生态工业园规划面积为 31.50 平方公里，总投资规模为 50 亿元，重点布局工程机械、特种车辆、矿用机械、汽车零部件、工业基础件、航空航天、电子信息、电力设备制造产业。白云铝及铝加工基地规划面积为 2.83 平方公里，总投资规模为 21 亿元。园区以中铝贵州企业为依托，大力发展铝精深加工，延伸产业链，提高资源就地转化率。基地规划有铝深精加工区、轮毂加工区、再生铝项目区、铝箔加工区、板带加工区五个主要产业功能区，主要发展高端铝及铝合金锭坯、新型高强度铸造铝合金材料、汽车轮毂等产业。清镇铝煤化工生态工业基地规划面积为 17.86 平方公里，总投资规模为 130 亿元。煤化工园区以城市燃气及配套产业为主导，以甲醇深加工产业、精细化工为延伸，兼容煤制烯烃、建材及其他相关产业。铝工业园区依托资源、能源和现有产业基地优势，形成以采矿业—矿产品加工—氧化铝—铝冶炼—铝型材加工—铝镁合金产品制造的铝及铝加工主导产业。同时发展大量消化工业废渣及综合利用，“吃干榨尽”不同品位矿产资源的建材、耐火材料、陶瓷产品、磨料加工等辅助产业。息烽磷煤化工生态工业基地规划面积为 7.89 平方公里，总投资规模为 104 亿元。依托现有产业基础，充分发挥自身和周边地区的资源优势，以磷化工、煤化工、氯碱化工、氟化工和硅化工为主线，重点发展电子级、食品级、特色精细化工和环保建材等产品，成为贵州省又一综合性磷煤氯碱氟硅化工基地。开阳磷煤化工生态工业示范基地规划面积为 19.70 平方公里，总投资规模为 92 亿元。依托丰富的磷矿资源，大力开发资源综合利用技术，发展氯碱化工，促进磷煤化工耦合发展，积极开展工业园区内磷石膏、黄磷炉渣、黄磷尾气、磷矿渣、煤渣、电石渣等磷煤化工废弃物的资源化利用，拉长产业链，增加单位资源的产出。龙洞堡食品轻工业园规划面积为 9.05 平方公里，总投资规模为 133 亿元。产业布局以特色食品为主导，同时发展传统食品业、绿色食品工业、物流信息服务等产业。乌当医药食品工业园规划面积为 11.38 平方公里，食品工业园区（火石坡）规划面积为 0.70 平方公里，总投资规模为 15.8 亿元。产业布局以现代制药业为主导，兼顾发展特色食品、高新技术产业；依托贵州民族药业的天然优势，实现药品制造产业集群。修文工业园规划面积为 45 平方公里，先期开发 20 平方公里，主要由龙场、扎佐和久长三个工业板块组成，重点发展新特钢、轮胎制造、现代制药、食品加工、机械制造、新材料、现代物流等产业布局。花溪金石石材工业园规划面积为 5 平方公里，总投资规模为 25 亿元。园区主要集天然和人造石材建筑装饰板材生产加工、石材荒料展示交易、石材工艺品制造、石材制品交易、石材新产品、加工新技术研发、技术人才培训等为一体的专业化石材产业园区。

（四）小城镇建设

1982 年，贵阳市在花溪区和白云区开展小城镇建设试点，按照“布局合理、节约用地、交通方便、环境优美、各具特色”的原则，通过参加贵州省村镇规划竞赛，编制了贵阳市郊区的孟关、湖潮、鸡场、沙文等 7 个集镇的规划，以及花溪区 4 个自然村寨的规划。在规划的指导下，有 8000 余户农民盖起了新房，占全市农户的 10%，建筑面积约 70 万平方米，为全市 33 个集镇、近 4000 个自然村寨的规划建设树立了样板。

1996 年，贵阳市实行市带县体制后，村镇规划工作纳入了中共贵阳市委、市人民政府工作安排。1997 年，贵阳市以县城、重点镇和有条件的镇（乡）建设为重点，加强了铁路、国道、省道沿线和城市郊区、工矿区、风景旅游区及商贸区周围的小城镇和村镇的规划工作。2002年7月31日，贵阳市委要求：年内要实现控规覆盖率达到100%，3年内要完成所有乡镇的规划。2003年，贵阳市委、市人民政府把乡镇规划列入为民办实事项目，纳入贵阳市规划部门和区、市、县政府目标管理和考核。2006年，贵阳市财政投入400万元，贵阳市规划部门组织完成区、市、县100个村庄建设（整治）规划的编制和地形图测绘，包括清镇市杉树村等12个贵州省社会主义新农村建设试点村和修文县小坝村等11个贵阳市建设新农村市、县共建示范点。至2008年，按照规划在全市选择了219个村寨开展生态文明新农村试点示范建设，其中省级示范点12个，市、区（市、县）共建点38个，区、市、县自建点169个。2009年4月，贵阳市人民政府办公厅印发了《关于做好40个乡（镇）规划修编和100个中心村规划编制工作的通知》，村镇规划由各区、市、县人民政府落实工作经费，负责组织各乡（镇）、村按要求开展规划编制工作；市规划局切实加强对这项工作的指导，确保工作质量；市人民政府督查室将此项工作列入目标考核内容，确保工作任务的完成。经过多年的规划和建设，贵阳市的小城镇建设取得了可喜的成绩。

花溪区青岩镇作为“全国历史文化名镇”、“贵州历史文化名镇”、“双百小城镇建设试点镇”、“全省小城镇综合改革试点镇”，自2000年以来，政府投入了大量资金对古镇历史文化遗产进行抢救恢复，先后投资约2290万元对慈云寺、万寿宫等古迹的外部环境，以及南北城楼、南北街道路改造等项目进行抢救性恢复建设。为努力开拓旅游市场，实现古镇的保护发展，2003~2007年投入资金对基础设施进行建设，按照“修旧如旧”原则实施民居改造修复58户，新建1000米连接桐惠线与南停车场的迎宾路，配套建成古镇南、北停车场，东、西城门楼（墙）修复及北城墙延伸等项目。

乌当区东风镇自2002年以来，依托“双百小城镇建设试点”的政策优势，按照总体规划要求，先后投入近2亿元，完成东风老街改造工程，按古建筑风格完成沿街房屋的维修改造、路口牌坊恢复、路面青石板铺设以及市政管线的迁改入地工程；采取统建方式实施商住楼、经济适用住房等多层单元式住宅楼9932平方米的建设，打破了过去用户自搭自建的单一模式；完成建筑面积4690平方米的政府行政办公综合楼和镇区6个村、2个场办公楼的建设；完成连接贵开路的高新路和药业园区主干道高新东路的建设；实施32公里的镇区主次干道的铺装硬化，镇区路网基本形成，道路铺装率达到96%。小城镇建设带动了经济发展，加快了城镇化进程。东风镇成为乌当区建设全省经济强区的三个明星乡镇之一。

白云区麦架镇是全省三个全国小城镇建设示范镇之一。辖区内有贵州师范大学、新材料产业园、景宏工业园，集镇内金融、税务、工商、公安、教育、卫生、供水、供电等机构齐全，社会功能完善。1998 年以来，先后投入资金 2506 万元，拉动社会资金 5000 余万元投入集镇建设。麦架镇 1998 年被列为全省双百小城镇建设之一，2002 年又列为全省 32 个重点集镇建设试点镇，2004 年列为全国重点小城镇建设，2006 年被评为全国小城镇建设示范镇。

清镇市站街镇境内有中国七砂集团公司、贵州化肥厂、贵州省铁合金厂、贵铝二矿等国有大中型企业，并依托这些国有大中型企业发展了近 10 家骨干乡镇企业。湖南曾氏企业等民营企业纷纷入驻工业园区。2002 年以来，实施完成镇区西环街建设及老街连接线，统一建设融源住宅小区，组织实施农贸市场及镇区道路改造工程。1994 年，站街镇被省建设厅列为全省 20 个小城镇建设试点镇，1998 年确定为省级小城镇建设试点镇，2000 年被列为第三批省级小城镇综合改革试点镇，2002 年确定为贵州省 100 个重点小城镇，2004 年被确定为全国重点建设小城镇。

息烽小寨坝镇驻有中化开磷化肥有限责任公司、林东矿务局南山煤矿、开磷集团息烽磷业有限公司、开磷重钙合资公司等大中型国有企业，为西南地区最大的磷煤化工坑口加工基地；还有康裕来磷肥厂、黔豫纸厂、楠木桥煤厂等 10 余家非公有制企业。2003 年，根据开磷集团的发展需要，依据集体搬迁、统一安置的原则，在小寨坝原镇区东南面规划南山小区，进行统一拆迁安置，小区规划面积为 0.44 平方公里，规划建筑面积为 17 万平方米。至 2006 年，已建成统建房 8 万多平方米、道路 2.4 公里、总长 2 公里的排洪大沟等项目。1992 年小寨坝镇被列为贵州省小城镇建设试点镇，1995 年被列为全国 500 个小城镇建设试点镇之一，1999 年被国家建设部评为全国村镇建设先进镇，2000 年被国家建设部评为“全国小城镇建设先进镇”，2001 年被国家五部委列为“全国创建文明小城镇示范镇”，2002 年被列为全省 32 个重点镇之一，2003~2005 年度被评为省、市红旗文明单位，2005 年被中央文明委评为“全国文明村镇建设先进村镇”。

修文县扎佐镇是贵州省近代四大名镇之一，1999 年被确定为贵阳市的卫星城镇，2002 年被省建设厅确定为全省试点中心镇，2004 年被建设部等国家六部委列为全国重点镇。全镇共辖 25 个行政村和 3 个居委会，占地面积为 125 平方公里。2002~2006 年，镇区面积从 2.8 平方公里增加到 3.5 平方公里，城区人口从 1.4 万人增加到 1.9 万人。同期，扎佐镇建成供水 5000 吨水厂一座，城区自来水供水率达 100%；完成镇区“三纵三横”道路网络建设及镇区珍珠河道改造；相继完成了扎佐镇老年活动中心、景阳园休闲广场、药园区休闲广场、贵阳市第一人民医院扎佐分院、镇区中小学、建成敬老院等项目，并引进房地产开发企业完成商品房建设近 6 万平方米；引进建成安泰、光正等 17 家医药企业及贵州天龙摩擦材料公司、怡丰公司、中陶公司、“好一多”乳制品加工基地等十余家公司，建成占地约 5000 亩的贵阳野生动物园。

开阳县双流镇境内有丰富的磷、煤、硅、重晶石等矿产资源，磷矿石储量达 1.5 亿吨，是国家级磷（煤）化工生产示范基地重镇、全国小城镇建设重点镇和贵州省重点小城镇。2002 年以来，全镇共实施小城镇建设项目 9 个，总投资为 1529.8 万元；完成外环路、高峰路、农贸市场及商住小区、镇区老街拓宽改造；投资 380 万元改造双永水厂，建成双流镇教师大楼、镇中心医院大楼等。城镇交通、通信、供水、供电等基础设施建设和教育卫生、文化娱乐、商贸服务等综合配套设施日益齐全，城镇配套功能日趋完善。

第三节　趋势与展望

“十二五”时期是贵阳市全面建设小康社会的关键期、建设生态文明城市的纵深推进期、实施工业化和城镇化战略的加速期，以及经济社会发展的重要转型期。站在新的起跑线上，面对新的历史使命，贵阳市上下将高举“发展、团结、奋斗”的旗帜，按照又好又快、更好更快发展的要求，使贵阳的发展成为全省经济社会发展的“火车头”、黔中经济区崛起的“发动机”，率先实现城乡统筹、科学发展，率先实现三次产业全面加速、协调发展，率先实现惠及民生、和谐发展，率先实现城市低碳、生态发展。

一、面临的机遇与挑战

（一）发展的机遇

能源短缺、环境污染、气候变化已成为全球关注的焦点，全球新一轮科技创新和产业革命孕育着新突破，绿色经济、循环经济、低碳经济将引领世界经济转型。针对后金融危机时代特征，中国把加快转变发展方式作为主线，加快推动经济、社会、政治、文化各领域的深刻变革，有利于贵阳市构建现代生态产业体系和承接产业转移。

国家新一轮西部大开发战略的实施，将继续加强以交通、水利、生态为重点的基础设施建设，发展特色优势产业以增强西部地区发展的内生动力；国内经济结构的调整和发展方式的转变，为西部地区承接东部地区产业转移和构建现代产业体系创造了有利条件；西部地区还将建设成为国家的能源、资源深加工、装备制造业和战略性新兴产业基地。黔中经济区成为国家层面的重点开发区域，上升为国家战略。国家高度重视统筹城乡发展，把解决好“三农”问题作为工作的重中之重，以工促农、以城带乡长效机制等一系列政策措施的实施，为贵阳市更好更快发展创造了有利条件。

国务院《关于进一步促进贵州经济社会又好又快发展的若干意见》出台后，中共贵州省委、省人民政府把“加速发展、加快转型、推进跨越”作为“十二五”时期发展的主基调，并明确提出了“工业强省”、“城镇化带动”两大战略。省人民政府制定下发了《关于支持贵阳市加快经济社会发展的意见》，支持力度前所未有，为贵阳市更好更快发展注入了强大的动力。

贵阳通往全国的快速铁路、高速公路建设全面提速，作为西南地区乃至整个西部地区重要陆路交通枢纽的区位优势凸显；进入了人均生产总值从3000美元向10000美元提升的新阶段，工业化、城镇化加速推进，经济社会发展内生动力正在增强。

生态文明城市建设进入纵深推进阶段，多年改革开放和建设的经验与成就，以及在“做表率、走前列”实践中凝聚而成的“知行合一，协力争先”的贵阳精神，为新一轮发展奠定了坚实基础。

（二）发展面临的挑战

贵阳的发展在看到自身优势和面对机遇的同时，也应该清醒地看到，国际金融危机影响深远，资源、环境、资金等约束更加突出，发展的外部环境更趋复杂，面临着诸多可以预见和难以预见的风险挑战。贵阳市经济社会发展中也存在许多困难和问题，其主要表现：一是贵阳市综合经济实力和城市竞争力在全国省会城市中仍处于落后地位，与东部沿海城市及西部部分城市差异呈拉大趋势。发展不快、发展不协调是现阶段面临的主要矛盾。二是长期形成的以资源性、低端产品为主的工业结构和以传统服务业为主的服务业结构难以在短时间内根本改变，高新技术产业和先进制造业实力仍然不强，非公有制经济整体发展滞后，经济发展内生动力不足。三是城市基础设施仍较落后，城乡二元结构明显，城乡一体化任务艰巨，县域经济基础薄弱。四是资源环境约束日益突出，建设用地趋紧。五是促进公共服务均等化任务艰巨。社会发展与经济发展不够协调，公共服务供求矛盾和不均衡的问题仍然突出。六是社会结构和利益格局不断变动，使社会矛盾进入高发期，老龄社会提前到来，为应对人口老龄化提出新的任务。七是改革攻坚面临深层次矛盾。先易后难渐进式改革模式已进入攻坚克难阶段，进一步深化改革涉及利益关系的深层次调整，重点领域和关键环节深化改革的复杂性和艰巨性明显加大。

二、发展趋势

经过“十一五”时期的不断建设和发展，贵阳市已处于工业化、信息化、城镇化、市场化加快发展，实现经济社会发展新的历史性跨越的关键阶段，表现出明显的阶段性特征：一是经济实现由以农业为主的自然经济向以工业和服务业为主的现代经济跨越，正处于工业化由中期向后期加快推进阶段。二是人民生活实现由温饱向总体小康的跨越，正处于由总体小康向全面小康加快推进阶段。三是城市面貌实现由极端落后的小城市向现代大都市的跨越，正处于全面提升城市现代化水平阶段。四是交通状况实现由路难行向现代综合立体交通的跨越，正处于加快建设和形成以高速公路、快速铁路以及航空、城市轻轨构成的现代综合交通运输体系阶段。五是经济体制实现由传统计划经济向社会主义市场经济的跨越，正处于继续深化改革、完善社会主义市场经济体制阶段。六是对外开放实现由内陆封闭城市向内陆开放城市的跨越，正处于继续扩大开放、全面提升对内对外开放水平阶段。

2011年，贵阳市实现了“十二五”的良好开局，不断用“贵阳速度”展示“贵阳力量”，用“贵阳精神”提升“贵阳形象”，形成了一种后发赶超、蓬勃上升的良好趋势，为当好全省经济社会发展的“火车头”、黔中经济区崛起的“发动机”，全面实现建设小康社会的目标而不断努力。一是全市生产总值、全社会固定资产投资、规模以上工业增加值、社会消费品零售总额、财政总收入、一般预算收入、城市居民人均可支配收入和农民人均纯收入分别比上年增长17.1%、57.1%、23.4%、20.5%、31.7%、37.3%、17%和23.5%，多项经济指标增速在全国省会城市中位居前列，在全省经济发展增比进位综合排位中位居第一。二是贵阳人民团结协作，全力冲刺“三创一办”，凝聚和提振了“知行合一，协力争先”的贵阳精神，成功、圆满、精彩地协办了第九届全国少数民族传统体育运动会，被中共贵州省委、省人民政府授予唯一的“特别贡献奖”；荣获“全国文明城市”、“国家卫生城市”称号；生态文明贵阳会议、贵州首届国际车展、首届中国（贵州）国际酒类博览会暨投资洽谈会、第五届全国工商联执委会暨全国民营企业助推贵州发展大会、筑城广场万人迎新活动等成功在贵阳举办。三是积极推进基层管理体制改革，变四级管理为三级管理，实现服务职能下移；组建群众工作委员会和群众工作中心，畅通群众诉求渠道，变“中转站”为“终点站”；成立和谐促进会，增强社会矛盾化解合力；创新流动人口管理服务，开展“城市绿卡”发放试点工作。四是贵阳市把开局之年作为基础之年，着眼于新起点上的新跨越，完成1600.59亿元固定资产投资，其中，实施了总投资44.58亿元的交通基础设施项目、3.18亿元的水利基础设施项目、19.3亿元的电力基础设施项目、13亿元的通信基础设施项目，着力提升支撑跨越的硬件基础；完成十大产业园区基础投资215亿元，占园区累计基础投资的87.7%；引进到位产业类项目资金224.74亿元，先后开工建设150个总投资700多亿元的工业项目，全部达产后预计年新增产值1000亿元，着力提升支撑跨越的产业基础；投入资金162亿元扎实推进“十大民生工程”，多干利民之事，进一步拓宽社会保障覆盖面，筑牢民生基础，着力提升支撑跨越的保障。

三、未来展望

在未来的发展中，贵阳将利用好自身的生态优势，把建设生态文明作为贯彻科学发展观的切入点和总抓手，作为贵阳市的总体发展战略，始终坚持“走科学发展路、建生态文明市”，不断加快发展，实现跨越，至2020年，把贵阳市基本建设成为生态环境良好、生态产业发达、文化特色鲜明、生态观念浓厚、市民和谐幸福、政府廉洁高效、宜居、宜游、宜业的生态文明城市，在全省率先实现历史性跨越，成为全省经济社会发展的“火车头”、黔中经济区崛起的“发动机”，率先实现小康社会。

至2020年，市域常住人口将达到500万人，其中城镇人口400万人，城镇化水平达到80%，年均提高1个百分点左右；积极引导人口合理分布，大力推进城镇化进程，疏解老城区人口，引导人口向新区和小城镇转移，中心城区城镇人口约 320 万人，市域外围城镇人口约 80 万人；市域城镇建设用地规模约 375 平方公里，其中，中心城区城镇建设用地规模约 300 平方公里，其他城镇建设用地规模约 75 平方公里；中心城区人均建设用地控制在 93 平方米左右，中小城市人均建设用地控制在 100 平方米左右，重点镇及一般镇人均建设用地控制在 120 平方米以内。

（一）城镇化进程不断推进

（1）中心城区规模扩大。一是实施“531”城镇化带动战略，规划建设 5 座新城、3 个特色功能小区，完善主城区综合服务功能。二是建设沙文高新技术新城，带动北部修文—扎佐—久长—息烽—小寨坝城市带发展；建设溪南生态新城，带动花溪、小河、青岩、惠水区域发展；建设百花生态新城，构筑贵阳—安顺城市带的基础；建设龙洞堡东部新城，与龙里发展衔接形成贵龙经济带；建设天河潭新城，促进贵阳—安顺城镇群和产业带的形成。三是建设孟关生态小区，形成集汽车贸易、休闲娱乐、生态居住为一体的绿色城市示范小区；建设金石石材产业小区，形成集石材贸易、生态居住为一体的城市功能小区；建设洛湾温泉体育度假小区，形成集休闲运动、旅游度假、生态居住为主体的特色功能小区。四是实施老城区空间拓展与旧城改造，2015 年前基本完成拓展改造，其中一环内旧城片区改造和棚户区改造面积 4 平方公里；二环向外拓展 58 平方公里城市发展空间；一环与二环之间的城郊结合部，重点改造人营坡、五里冲、甘荫塘、红岩、油榨街等片区。五是实施金阳新区功能完善与空间拓展，增强新区集聚力，大力发展现代服务业，提升城市综合服务功能，吸引老城区人口。新区向北拓展与白云片区连片发展，向东推进贵阳火车新客站功能区建设，向南加快三桥马王庙片区整体开发建设，向西加快与清镇城区的联系。

（2）小城镇规划建设加强。一是扩大小城镇规模。清镇市、开阳县、息烽县、修文县各培育 1~2 个镇区规模超过 3 万人的大型重点镇和 2~5 个镇区规模为 1 万~3 万人的中型重点镇。二是把小城镇作为统筹城乡和新农村建设的重要节点，沿市域快速铁路、贵阳环城高速公路、贵遵、贵黄、贵毕、贵惠、厦蓉高速等交通干线，推动全国 10 个重点镇及中心镇、特色镇优先发展。

（二）工业园区规划建设进一步加快

依据交通干线及产业园区布局，规划建设贵阳至遵义、贵阳至安顺等沿快速铁路、高速公路的工业走廊和产业带。以贵阳市老城区、金阳新区为基础，优化完善城市综合服务功能和城市路网结构，形成商贸、金融、信息、会展等功能为主的区域性服务中心。从黔中经济区整体产业布局出发，打造金华—清镇—站街—织金—黔西产业走廊和城市带，向西延伸，连接平坝、安顺等地区，以发展煤电铝深加工、物流、医药等产业为主；打造沙文—扎佐—龙场—久长—息烽—小寨坝产业走廊和城市带，向北延伸，连接遵义地区，以发展高新技术、磷煤化工、医药、现代制造、物流等产业为主；打造息烽—开阳—瓮安—福泉产业走廊和城市带，以发展磷煤化工产业为主。以贵阳市域重点项目建设为突破口，强力推进十大产业园区建设，加快形成"一心、三轴、多园区"产业发展格局，推动全市支柱产业由大变强。

（三）加快以交通基础设施和市政公用设施为重点的规划建设

（1）加快完善城市综合交通体系。一是2012年完成"一横一纵一环"城市路网主骨架和"三条环路十六条射线"骨干路网建设，使贵阳市路网密度进入全国中等水平。二是完成"一环一射两联线"市域快速铁路网和城市轻轨1号线、2号线建设，使贵阳市轨道交通迈入全国先进城市行业。三是配合好贵阳至广州、重庆、成都快速铁路和贵阳至昆明、长沙客运专线建设，以及贵阳龙洞堡国际机场改扩建工程，逐步建成以铁路、机场、公路客货运输枢纽为支点，城市道路网络为基础，轨道交通、快速道路为骨干的安全、便捷的中心城区交通体系。四是实施"公交优先"发展战略，优化公交线网，加快公交专用通道和站场建设，提高公交出行覆盖率，公交出行分担率由现在的30%提高到45%。五是优化城乡公路网结构，形成安全、便捷的"一环两横九射线"的市域快速公路网体系，并与城市道路网衔接。

（2）加强市政公用设施建设。一是新建给水厂，规划中心城区3座、县（市）1座，力争全市城镇供水普及率达到95%以上。二是结合污水处理厂建设，新建、扩建、改建污水管网，力争中心城区污水收集和处理率达到100%，城市生活污水再生水利用率达到20%。三是加快输变电项目建设，基本实现市域220千伏电网全覆盖，构建安全、高效的电力网络体系。四是加快市域燃气输配系统建设，至"十二五"期末，燃气化率贵阳市中心城区达到90%，一市三县达到80%。

（3）统筹农村基础设施和公共服务设施建设。重点解决道路硬化、饮水安全、能源清洁、公共交通和信息畅通、环境美化等问题，提高农村特别是偏远地区的公共服务水平。

（四）推进棚户区、城中村改造和保障性住房规划建设

将廉租住房、经济适用住房、公共租赁住房和中低价位、中小户型普通商品住房的建设目标纳入近期建设规划和年度计划，确保城市保障性住房的分期供给规模和区位布局合理。加快棚户区、城中村、城郊结合部整治和改造，提高城市居住和生活质量。至“十二五”期末，完成全市现有 95 个工矿棚户区 1500 万平方米、中心城区 44 个城中村 3000 万平方米的改造。由政府主导建设 10 万套共 500 万平方米公共租赁住房。

四、经济社会发展展望

在新的形势下，贵阳城市的发展将抓住机遇，深化改革，创先争优，到 2020 年全面实现建设小康社会的目标。

一是力争 4 年确保 5 年实现生产总值在 2010 年基础上翻一番（超过 2000 亿元），人均生产总值超过 6000 美元，财政总收入翻一番（超过 600 亿元），固定资产投资五年累计超过 1 万亿元；基础设施取得新的重大突破，基本适应“十三五”时期、“十四五”时期更大发展的需要；新型工业化、现代服务业明显提速，产业结构进一步优化；城镇化进程加快，初步形成城乡协调发展格局。

二是保持低生育水平稳定，人口自然增长率控制在 5.6‰以内。全社会 R&D 投入占 GDP 比重和科技成果转化率逐年提高；全市人均受教育年限达 11 年以上；促进基本公共卫生服务均等化，扩大优质卫生资源覆盖面，各项卫生指标达到全国西部省会城市的平均水平；文化、体育事业加快发展。

三是努力实现充分就业，城乡居民收入增长与经济发展基本同步，力争 2015 年达到西部省会城市平均水平，低收入者收入明显增加，收入差距逐步缩小；价格总水平基本稳定，城乡居民生活质量和水平稳步提高；城镇登记失业率控制在 4.5% 以内，保持“零就业”家庭动态为零；全市人均住房面积达 30 平方米；人均期望寿命达 74 岁；千人拥有卫生技术人员 6 人；基本完成全市所有生态文明社区的创建工作。

四是确保单位 GDP 能耗继续下降，清洁能源使用率提高到 60%；主要污染物排放总量控制在国家和省的要求以内，空气质量优良率稳定在 95%；城

市生活污水集中处理率达95%以上；切实加强耕地尤其是基本农田的保护；森林覆盖率达到45%。

（一）实施工业强市战略，促进产业全面发展

（1）做大做强工业经济，带动经济结构调整。力争到2015年，工业总产值突破2500亿元，实现从工业化中期向后期的跨越。狠抓工业投资，加快在建大项目进度，实施“千亿元产业”行动计划和“百亿元企业”行动计划，确保工业投资累计达到3000亿元以上。

（2）坚持“强中间、带两头”，大力发展现代服务业。围绕建成主体功能突出的区域服务中心目标，以构建“三中心、一基地、四城市”为方向，抓住贵阳市列为国家服务业综合改革试点城市的机遇，实施“服务业千亿元”行动计划，做大做强传统服务业，加快发展现代服务业，促进服务业全面提质增效。

（3）积极推进农业产业化，大力发展生态农业。大力发展都市农业、特色农业和高效农业，加快规模化、集约化、标准化和产业化步伐，做大做强畜、禽、蛋、奶、蔬、果、茶、药、花、烟十大产业。

（二）实施城镇化带动战略，促进城乡协调发展

（1）编制规划。按照生态文明的理念，加强城乡规划，建立从区域到城市、从城镇到农村、从总体到专项的层次分明、互相衔接、完善配套的城乡规划体系，构建“一城三带多组团、山水林城相融合”的城市空间布局，实现规划全覆盖。重点规划、建成一批10万人聚集的功能小区，继续大力实施“北拓、南延、西连、东扩”城市拓展计划，以老城区、金阳新区为核心，连片发展小河、二戈寨、二桥马王庙、甘荫塘、花溪、白云、新天等区域，优化城市空间布局。按照“中心放射型”的城镇体系空间布局，高标准建设沿贵黄、贵遵、贵毕、贵开、贵惠、厦蓉、市域快速铁路、环城高速公路等重要交通干线的城镇发展走廊，推进小城市带及一批重点城镇和特色城镇建设。

（2）加强城市基础设施建设。配合抓好贵阳通往全国“八小时交通圈”和龙洞堡机场改扩建等工程，建成市域快速铁路、城市轨道交通1、2号线和“三环十六射线”骨干路网，基本形成完善、快捷的对内对外交通体系，实现由节点型城市向枢纽型城市的跨越。围绕城市扩容和产业加快发展需求，进一步完善电力、煤炭、燃气等能源保障体系。加快供水、供气等市政公共设施建设，

推进城镇生活垃圾分类收集、运输和处理系统建设，提高城市垃圾处理设施的运营效率。完善防灾减灾设施建设。加快信息化与城镇化、工业化的融合，推进城市数字化、信息化建设，确保基础信息网络和重要信息系统安全。

（3）完善城市管理体制机制。强化规划引导，建立和完善城乡规划管理监督制度，形成完备的行政检查、行政纠正和行政责任追究机制，建立和完善城市管理的长效机制。完善数字化城市综合管理系统，实现城市管理全时段、全方位覆盖。在有条件的地方逐步推行“市—区—社区”三级管理模式，理顺各级工作职能。积极推进政府购买公共服务，对污水处理、环卫工作、园林绿化等逐步实行社会化、市场化运作和经营管理。积极开展文明城市、文明城镇、文明社区等创建活动，巩固“三创一办”成果。建立健全社区服务体系，推动社会服务资源向基层转移，逐步把社区建设成为管理有序、服务完善、文明祥和的社会生活共同体。继续深化户籍制度改革，促进人口向城镇转移，推进贵阳由“大城市、大农村”向城乡一体化迈进。

（4）加强农村基础设施建设。积极配合黔中水利枢纽工程建设，加快鱼洞峡、红岩和席关水库等骨干水利工程建设，实施“五小”水利工程建设，逐步建立生活、生产、生态用水安全保障体系。引导农民开展土壤改良，加快中低产田改造，增加高产稳产农田比重。继续深入实施“五改一气”工程。推进农村串户路、机耕道、生产便道并网建设，加强农村公路的养护与管理。加强农村排水、电网、通信、污水和垃圾处理等基础设施和公共设施建设，提高农村特别是偏远地区的公共服务水平，改善农村生产生活条件。围绕“生态意识浓厚、生态产业致富、生态环境优美、生态人居和谐”的目标，加快推进生态文明村寨建设，做好村寨规划建设，优化村寨布局，引导乡村居民适度集中居住。

（三）推进区域合作，扩大对内对外开放

（1）加速形成黔中经济区。加强黔中经济区各地政府高层对重大问题的沟通与联络，推进形成黔中经济区建设的统筹协调机制。配合完成黔中经济区规划编制，促进区域内基础设施建设、产业布局、区域市场、生态环境和城乡建设一体化，加速推进区域内人流、物流、资金流、信息流的高度融合。联合建设贵阳至遵义、贵阳至安顺沿快速铁路、高速公路的工业走廊和产业带，推进产业聚集和产业链延伸。推动建立环境保护工作联系制度、环境信息通报制度、环境保护联合执法制度和环境污染事故应急联动机制，联合加

强边界地区生态建设和污染防治。加强资源开采、产品制造、产品消费、资源回收和无害化处置全过程管理，推进区域排污权交易。

（2）积极开展区域合作和产业转移。将高新技术开发区、经济技术开发区等作为连接并融入珠三角经济区、成渝经济圈的先导区和对外开放的示范区，广泛开展与珠三角经济区、成渝经济圈等区域在基础设施、生态建设、环境保护、产业发展等领域，以及科技、文化、卫生、人力资源等方面的交流与合作。积极承接产业转移。以麦架—沙文高新技术产业园区、小河—孟关装备制造业生态工业园为重点，建设产业承接集中区。鼓励产业承接集中区与沿海地区政府、开发园区、战略投资者和中央直属企业采取多种形式合作，创新产业承接集中区合作机制，着力承接先进制造业、生物产业、金融业、现代物流业、医药等技术、资金密集型产业。

（3）进一步扩大对外开放。加大对城市形象的宣传营造力度，利用生态文明贵阳会议的交流平台，宣传生态文明城市建设和推动低碳发展的相关成果，展示贵阳市良好的生态环境、人文环境和创业环境，提升影响力和知名度。加强与联合国开发计划署（UNDP）的合作，争取成为UNDP低碳发展战略试点城市。加强与外国政府和国外金融组织合作，扩大利用外资规模，提升外资项目管理水平。鼓励有条件的企业“走出去”，拓宽发展空间。进一步扩大对外贸易，争取建立贵阳国家综合保税区，拓展与东盟的进出口贸易，力争成为东盟自由贸易区节点。

（四）巩固提升生态优势，增强可持续发展能力

（1）加大环境保护力度。依据法律法规和相关规划，对禁止开发区域实施强制性保护，针对各类保护主体目标，建立范围界定清晰、责任措施到位、保护有效的体制机制。加强以“两湖一库”为重点的重要饮用水源保护和污染防治工作，加快城镇污水、垃圾、危险废物处理设施建设。加快城乡能源结构调整，对重点行业推行强制性清洁生产审核。加强对电力、钢铁、有色金属、建材、化工等重点行业的污染物排放控制，淘汰落后产能。继续强化机动车尾气污染治理。完善工业固体废物、危险废物安全处置和监管制度，强化施工、交通等噪声管理。加强农村面源污染治理，继续实施农村环境综合整治试点工作。强化执法监督，提高环境监测、监管能力，严格依法查处各类环境违法犯罪行为。

（2）加强生态建设。抓住国家支持贵州实施水利建设、生态建设和石漠

化治理的机遇，加快以巩固退耕还林成果、石漠化植被恢复、环城林带和天然林资源保护为重点的林业生态建设，增加森林资源总量，到2015年，全市森林覆盖率达45%。完成花溪十里河滩国家湿地公园和小车河湿地公园建设，推进城市园林绿化和交通沿线绿化带建设，改善城区绿化质量，到2015年，城市建成区绿化覆盖率达44.5%，人均公共绿地面积达12.3平方米。加强对各类极端天气与气候事件的监测、预警、预报，增强适应气候变化能力，提高灾害风险应急处置和管理能力。加强应对气候变化的知识普及，提升公众共同应对气候变化的意识、信心和能力。

（3）合理开发利用资源。大力发展循环经济、低碳经济，建设一批循环经济型企业、循环型示范园区，开展生态村镇和绿色社区创建活动，形成有利于节约资源、保护环境的生产方式和消费方式，把节能、节水、节材、节粮、垃圾分类回收、减少一次性用品等逐步变成每个市民的自觉行动。进一步规范资源开发秩序，统筹利用好磷、铝、煤等重要矿产资源，加强矿产资源开发监管，实现资源的保护性开发。完善生态补偿机制，严格执行水资源使用许可和有偿使用制度，严格落实矿山环境治理恢复保证金制度，推进资源使（取）用权、环境权益交易工作。到2015年，单位生产总值综合能耗比下降达到国家和省的要求。

（五）完善公共服务体系，实施“十大民生工程”

（1）统筹城乡就业，增加居民收入。实施更加积极的就业政策，“十二五”时期，城镇新增就业人员35万人。鼓励自主创业，大力开展职业技能、实用技能和创业培训，城乡新成长劳动力就业前接受必要的职业技能培训达90%以上。全面实施劳动合同制，建立健全企业工资集体协商机制、企业职工工资正常增长机制和支付保障机制，严格执行工资指导线和最低工资标准制度，引导企业合理提高劳动报酬。实施城乡居民收入倍增计划，努力实现居民收入增长与经济发展同步、劳动报酬增长和劳动生产率提高同步。大力实施扶贫济困工程，加大项目扶持、资金扶持和技术扶持力度，切实提高农村贫困户的自身发展能力。进一步完善城乡最低生活保障制度，着力构建社会保险、社会救助、社会福利、慈善事业相衔接的覆盖城乡居民的社会保障体系。

（2）大力实施普教优教工程。按照“优先发展、育人为本、改革创新、促进公平、提高质量”的方针，优化结构布局，提高教育现代化水平。大力发展学前教育，到2015年，基本普及学前教育。义务教育新增经费继续向农村地区、薄弱学校倾斜，巩固提高义务教育质量和水平，深入推进学区化改革，促进义务教育均衡发展；保障进城务工人员随迁子女平等享受义务教育。有重点、分层次推动职业教育提速发展，中等职业技术教育与普通高中比例要大体相同。新建和扩建一批中等职业学校、县级职教中心，初步建成“贵阳职业教育园区”，力争6所学校达到国家级、省级示范性职业院校标准。大力推进高等教育健康发展，积极支持在筑省属高校可持续发展，继续推进花溪高教聚集区建设。

（3）加快发展医疗卫生、人口和计划生育事业。大力实施健康工程，坚持公共医疗卫生公益性质，深化医药卫生体制改革，优先满足群众基本医疗卫生需求，促进基本公共卫生服务均等化，扩大优质卫生资源覆盖面，力争各项卫生指标达到西部省会城市平均水平。加快基层医疗卫生服务体系建设，建成贵阳市公共卫生救治中心和康复疗养基地。积极落实基本药物制度，建立健全基层医疗卫生机构补偿机制。切实加强人口和计划生育工作，完善覆盖城乡的计划生育公共服务体系，继续稳定低生育水平，保持出生人口性别比在正常值范围，提高出生人口素质。完善实施计划生育家庭利益导向政策，强化流动人口计划生育服务管理，推进流动人口计划生育基本公共服务均等化试点工作，开展人口早期教育。

（4）积极发展文化、体育、广电事业。继续培育“森林音乐会”、“花溪之夏艺术节”、“兰花博览会”、“荷花奖民族民间舞蹈大赛”等优势文化品牌，争取举办更多高层次国际性文化活动。实施精品战略，繁荣哲学社会科学和民族民间文化，抓好文学、动漫、舞蹈等的创作和市场化开发。大力发展公益性文化事业，改进政府对文化事业的投入方式，推进由政府直接办文化事业向购买公共文化产品和服务的转变。加快市科技馆、市档案馆、市工人文化宫和农家书屋工程建设，到2015年，区（市、县）图书馆、文化馆100%达到三级馆以上标准。健全完善市、区（市、县）、乡（镇、街道）、社区（村）四级公共文化服务网络，促进基本公共文化服务均等化。加强重点文物、文化遗产和非物质文化遗产保护。深入开展群众性文化活动，继续开展文化、科技、卫生“三下乡”活动。统筹推进体育场馆建设，增加社区和农村体育设施，深入推进全民健身工作。建立和完善体育人才培训机制，不断提高竞技体育水平。

（5）构筑广覆盖多层次的社会保障体系。大力实施养老敬老工程，完善城镇基本养老、新型农村社会养老保险制度，加快实现养老保险全覆盖。积极推进机关事业单位养老保险制度改革，到2015年，城镇基本养老保险参保率达85%，新型农村养老保险参保率达到80%。推进养老服务体系建设，支持社会力量兴办福利机构和养老服务实体，养老服务机构床位数达到每千名老人20张以上。完善城镇医疗保险制度，深入推进新型农村合作医疗，到2015年，城镇居民医疗保险参保率达90%以上，新型农村合作医疗参合率达97%以上。扩大失业保险覆盖面，实现失业保险与促进就业联动，到2015年，失业保险参保率达85%。完善工伤、生育保险政策，扩大工伤、生育保险覆盖面，到2015年，工伤保险和生育保险参保率均达到90%。

（6）以公共租赁住房为重点，推进保障性住房建设。大力实施安居工程，加强政策调节，构建住房信息系统，增加住房有效供给，改善住房供应结构，建立并完善多层次住房供应和保障体系，逐步形成梯次消费的住房模式。大力推进以公共租赁住房和廉租住房为主体的保障性住房建设，每年保障性住房占城市住房总建设规模的10%~15%，切实解决城市低收入群体住房难问题。稳步推进普通商品住房建设，规范发展二手房市场，到2015年，实现全市城镇人均住房建筑面积达到30平方米。支持棚户区、城中村改造，改善居民住房条件。“十二五”期末，基本解决15万户中等偏低收入家庭的住房困难，建立健全保障性住房进入和退出机制。

（7）大力建设宜居城市，提升公共安全水平。大力实施畅通工程，加强城市道路交通规划和建设；着力疏解中心城区功能和人口，改善城市微循环道路系统；强化交通执法管理、停车秩序管理；加强机动车管理和引导使用，防止机动车过快增长；坚持公交优先，深化公共交通运营和管理体制改革；倡导文明交通理念，鼓励绿色出行。大力实施生态建设和整脏治乱工程。进一步强化生态建设，巩固“三创一办”成果，深入推进“整脏治乱”专项行动，实施乡村清洁工程，逐步建立和完善环境治理的长效机制和监督机制，切实改善城乡公共环境卫生。大力实施平安工程，巩固和深化“平安贵阳”建设，强化治安卡点建设，搞好重点地区综合治理；加强政法、维稳、综治基层基础建设，完善信访工作责任制，健全排查调处机制；继续深入开展禁毒斗争，加强消防安全和交通安全工作；加大公共安全投入，强化安全生产，健全突发事件应急管理体制，提高应对自然灾害、事故灾难、公共卫生事件、食品安全事件、社会安全事件的预防预警和处置能力；健全食品药品监督管理体系；加强流动人口服务管理，加强未成年人保护，切实维护妇女儿童合法权益；加强国防动员工作，加强国防后备力量建设。

（8）加强精神文明建设。大力实施传统美德弘扬工程，围绕创建“全国文明城市”的目标，扎实推进思想道德建设，努力培育有理想、有道德、有文化、有纪律的社会主义公民；弘扬“知行合一、协力争先”的贵阳精神，增强市民的城市认同感、归属感和自豪感，坚持社会主义核心价值体系。大力弘扬自强不息、忠孝仁爱、敬老慈幼、尚礼崇义、重诺守信等中华民族传统美德；持续抓好公民道德建设，深入开展群众性精神文明创建活动；倡导健康文明的生活方式，培育市民生态文明理念；深化社会志愿服务，全面提高市民文明素质和社会文明程度。

（六）加强人才队伍建设，优化科技创新环境

（1）加强人才队伍建设。围绕生态文明城市建设的人才需求，开发重点产业、领域、学科、项目急需人才，推动人才资源整体开发，不断壮大人才资源总量，优化人才结构。着力抓好现有人才的培养，用好现有人才资源。以机制创新激发人才创造活力，创新人才吸引、培养、使用、评价、流动和激励机制，用能力评价人才，用岗位选择人才，以贡献确定分配，用待遇留住人才。优化人才发展环境，促进人才合理流动和优化配置。全市人才资源总量年均增长 6.2%，2015 年达到 82.69 万人。

（2）推进创新型城市建设。围绕磷煤化工、铝及铝加工、装备制造、中医药等特色优势产业，高新技术产业和战略性新兴产业，实施一批重大科技专项，建立一批产业技术创新联盟，引进和建设一批企业技术中心、工程技术研究中心、重点实验室和中试基地。大力实施知识产权战略，重点在新材料、航空航天等高新技术产业，形成一批具有竞争力的自主知识产权；推进“黔药”、“苗药”等品牌建设，力争开展地方独有产品的标准制定工作；推动地理标志农特产品商品化和产业化；培育旅游商品品牌、旅游服务商标，形成旅游商品专利权；加大政府科技投入，市级每年科技投入的增长幅度高于当年财政经常性收入增长幅度，确保应用技术研究与开发资金占财政支出比例逐步提高。实施科技金融工程，搭建科技型企业贷款合作平台，大力支持创业风险投资机构和担保机构的发展，不断完善区域创新服务体系，加强各类科技中介机构建设，建立完善技术产权交易平台；构建有利于促进创新的体制机制，搭建高端科技人才创新创业平台，完善科技成果评价奖励制度，深化科技计划项目管理改革。

（撰稿人：段　洪　陈起荣　韦俊凡　李冬生　邓忠元）

第二章　新兴能源材料基地
——六盘水市

六盘水市位于中国贵州西部，属贵州省省辖市，是20世纪60年代初国家“三线”建设时期发展起来的一座以煤炭、电力、冶金、建材为支柱产业的新兴工业城市。六盘水市境东与安顺市相连，南与黔西南布依族苗族自治州接壤，西与云南省曲靖市交界，北与毕节地区毗邻；其钟山区的大湾镇、二塘乡、三合乡飞地嵌于毕节地区西南部。该市介于北纬25°19′~26°55′，东经104°18′~105°42′之间，总面积9914平方公里，占贵州省总面积的5.63%；境内聚居着汉、彝、苗、布依、仡佬等39个民族；2010年，辖六枝特区、盘县、水城县、钟山区4个县级区和98个乡、镇、办事处，市人民政府驻钟山区，全市总人口310万，其中城镇人口81.69万人，城镇化率为33%，市区人口约60万。

六盘水市区位优势明显，位于川、滇、黔、桂结合区域中部，是攀西—六盘水资源综合开发区的重要组成部分。境内有贵昆铁路、内昆铁路、水柏铁路、株六复线、盘西铁路、六盘水南编组站，六沾复线正在建设，形成了北上四川、南下广西入海、东出湖南到华东、西进云南的铁路大“十”字。以水黄高等级公路、GZ65号国道主干线、水盘公路、盘百公路为主干、县乡村三级公路纵横交错的公路网络已经形成。在建的月照机场位于钟山区月照乡花竹林坝子，为4C级国内支线机场。六盘水市在西南地区重要的交通枢纽地位将更加凸现。

六盘水市资源富集，有煤、铁、铅、锌、铜、银、金、石灰石、白云石、重晶石、煤层气等30多种矿产资源。其中，煤炭资源远景储量达844亿吨，已探明储量为174亿吨，保有储量为168.2亿吨，煤种全、煤质好、易开采，素有“江南煤都”、“江南煤海”之称。煤炭、电力、冶金、建材、机械制造是全市的支柱产业。2009 年 9 月，国务院将六盘水市列为资源富集区开展循环经济区试点。

六盘水是典型的喀斯特地区，境内风光旖旎，山川秀美，地势西北高，东南低。地面最高点为乌蒙山脉的钟山区韭菜坪，海拔 2901 米，是贵州境内海拔最高点，被誉为“贵州屋脊”；最低点在六枝特区毛口乡的国家地质公园北盘江河谷，海拔 586 米。境内平均海拔在 1400~1900 米之间，拥有六枝牂牁江、盘县坡上草原、盘县大洞竹海、盘县古银杏、水城南开天生桥等风景名胜区。六盘水立体气候明显，冬无严寒、夏无酷暑，夏季平均气温 19.8 摄氏度，是消夏避暑的胜地。2005 年 8 月，六盘水市获中国气象学会通过论证审定颁发的“中国凉都”证书，成为全国首个以气候资源命名的市区，被誉为“高原明珠”。

六盘水市旅游文化资源丰富多彩。盘县大洞旧石器时代文化遗址堪与北京周口店齐名，已加入国际洞穴协会，并列入了国际洞穴探险基地；水城天生桥高达 136 米，为世界之冠；六枝特区西南部北盘江畔的古夜郎国遗址和牂牁江峡谷，早为史学界青睐；盘县丹霞山、老厂“竹海”、妥乐千株古银杏、水城野钟黑叶猴自然保护区、六枝桃花洞、六枝滴水滩瀑布群等都享有盛名。在这块神奇古老的土地上，保存着灿烂多姿的民族民间文化，有南开苗族跳花节、玉舍和普古彝族火把节等。在长角苗聚居的六枝梭嘎，已建成国际生态博物馆。市境内有国家级森林公园 1 个、国家级地质公园 1 个、在建省级森林公园 3 个、国家重点文物保护单位 1 个、省级风景名胜区 5 个、省级重点文物保护单位 6 个、全国工业旅游示范点 1 个、全国农业旅游示范点 2 个。

建市 30 多年来，六盘水不断发展，1978 年全市生产总值为 4.01 亿元，2010 年达到 500.64 亿元，是 1978 年的 124.85 倍，年平均增长 10.2%。其中，“十五”期间年均增长 14.2%，“十一五”期间年均增长 15.2%，远高于全国、全省同期平均水平。人均生产总值也由 1978 年的 206 元提高到 2010 年的 16700 元，增长 80.07 倍。2010 年，全市财政总收入达到 107.89 亿元，是 1978 年的 196.16 倍，其中，地方财政收入达到 49.31 亿元，是 1978 年的 126.44 倍。三产结构由 1978 年的 33.9 ：42.4 ：23.7 调整为 2010 年的 6.0 ：60.6 ：33.4，第二产业的龙头支柱地位日益显现。2011 年，全市生产总值完成 613.39 亿元，同比增长 16.6%；财政总收入和一般预算收入分别完成 128.46 亿元和 70.84 亿元，同比分别增长 20.7% 和 43.7%；全社会固定资产投资完成 550.63 亿元，同比增长 64.1%；社会消费品零售总额为 157.61 亿元，同比增长 20.0%；城镇居民可支配收入为 16370.89 元，比上年增长 17.6%；农民人均纯收入为 4437.38 元，比上年增长 23.2%。工业建成煤、电、冶金等一批较强带动作用的重点项目，壮大了能源、冶金、建材、化工四个重要产业，产业产品链条不断延伸，煤—电—化工、煤—焦—化工、煤—电—特色冶金产业链条基本形成。第三产业发展在保持批发零售贸易、餐饮、交通运输等传统服务业较快增长的同时，邮电通信、房地产、旅游、社会服务等新兴服务业快速发展。六盘水市逐渐成为安居乐业、避暑休闲的生态旅游城市。

第一节　发展历程

一、历史沿革

（一）历史变迁

贵州省发现的早期智人主要分布在六盘水市。盘县大洞出土的距今 20 多万年的人牙化石呈现直立人向早期智人过渡的特征，被命名为“大洞人”。水城硝灰洞出土的距今 8 万年的人牙化石具有早期智人的特征，被命名为“水城人”。六枝桃花洞出土的距今 1 万多年的人股骨化石也具有早期智人的特征，被命名为“桃花洞人”。

六盘水市辖地在春秋时期为牂牁国地；战国时期为夜郎国地；秦统一中国后，属巴郡汉阳县地；汉代分属牂牁郡夜郎县、宛温县、平夷县和犍为郡汉阳县、郁鄢县；三国时分属“南中”的平乐郡、平夷郡、夜郎郡；晋为平蛮县、宛温县地；唐隶汤望州、盘州；宋为罗殿国、罗氏鬼国、于矢部地；元分属普安路、普定路、八番顺元宣慰司；明分属普安府（州、卫）、西堡长官司、贵州（水西）宣慰司；清置水城厅、普安州（厅）、郎岱厅；民国时期置水城县、盘县、郎岱县；解放初期建置未变。

（二）六盘水市建制沿革

1949 年 12 月至 1950 年 2 月，市境内的盘县、郎岱县、水城县相继解放；至 1952 年春，完成了土地改革，完成了清匪、反霸、征粮、减租、退押“五大任务”；1956 年，基本完成了农业、手工业、资本主义工商业的社会主义改造，社会主义制度建立。

1964年5月，中共中央做出关于建设“大三线”的战略决策，决定在贵州西部煤藏丰富的六枝（时属安顺地区）、盘县（时属安顺地区后属兴义地区）、水城（时属毕节地区）三县境内建立“三线”建设的重点煤炭基地，设立三个矿区分别进行管理。1965年1月，经国家经济委员会批准，成立西南煤矿建设指挥部；3月，贵州省委支援三线建设领导小组成立。1965年11月29日，贵州省人民委员会决定设立六枝、盘县、水城三个矿区人民委员会，接受煤炭工业部和贵州省人民委员会双重领导，从贵州省的六枝、盘县、水城、威宁、普定、镇宁和云南省宣威划出部分区、社（队）归新成立的三个矿区，原六枝、盘县、水城三个县仍分别属安顺、兴义、毕节地区管辖。1966年2月22日，三个矿区改为特区；4月，经中共中央批准，成立六盘水地区工业建设总指挥部。1967年春，贵州省军区对六盘水实行军事管制，六盘水地区工业建设总指挥部的职能自然终止，其机构名存实亡。1967年10月29日和1968年4月18日，经贵州省革命委员会、贵州省军区批准，先后成立六盘水地区革命委员会筹备小组和六盘水地区革命委员会。1970年12月2日，国务院、中央军委批准成立六盘水地区革命委员会，为地区一级政权机关，撤销西南煤矿建设指挥部；原六枝、盘县、水城三个特区分别与郎岱（六枝）、盘县、水城三个县合并为六枝特区、盘县特区、水城特区，行使县一级职权，归六盘水地区革命委员会领导。1978年12月18日，经国务院批准，六盘水地区改设为六盘水市（省辖市），下辖六枝特区、盘县特区、水城特区。1987年12月15日，经国务院批准，撤销水城特区，分设钟山区和水城县；以原水城特区的水城、大河、汪家寨、大湾、老鹰山、观音山6个镇和城关、教场、麒麟、德坞、凤凰、白腻、月照、煤厂、以德、艺奇、纳福、三合、二塘13个乡为钟山区的行政区划；其余98个乡为水城县的行政区域，县人民政府驻钟山区。1999年2月28日，经国务院批准，盘县特区更名为盘县，县人民政府所在地由城关镇迁至红果镇。至此，六盘水市辖一特区两县一区，为六枝特区、盘县、水城县、钟山区，国土面积为9914平方公里。

（三）市辖特区、县、区的建制沿革

1. 六枝特区

六枝特区地处贵州省西部、六盘水市的东部，是六盘水市的东大门，系“三线”建设时期由原六枝特区与郎岱县合并而成，特区人民政府驻地距省会

贵阳 172 公里，距六盘水市中心城区 98 公里，东连镇宁、普定两县，南接关岭，西靠水城，北抵织金、纳雍，西南与晴隆、普安两县接壤；南北长 61 公里，东西宽 56 公里，总面积 1792.1 平方公里，2010 年常住人口 49.5 万人，有汉、彝、苗、布依、仡佬等 32 个民族。

春秋时期，该区域属牂牁国；秦至西汉属夜郎国腹地，东汉至西晋时期为夜郎国地；南北朝至隋朝，由各少数民族分治；唐朝，境内少数民族实行部族统治；宋朝，境内大部属罗殿国，其余是管外；元朝属管外；明朝，设有（陇氏）郎岱长官司，（沙氏）西堡长官司，（温氏）西保副长官司，边地属十二营司，顶营司，属土司统辖。清康熙三年（1664 年）六月，郎岱土司陇安藩反清，吴三桂领兵自滇入黔，进剿水西土司安坤、乌撒土司安重圣后，剿郎岱土司；康熙五年（1666 年），吴三桂从威宁进兵讨平陇安藩，以其辖地归安顺军民府；康熙十八年（1679 年），郎岱除设流官外，改陇氏土司为外委千总，分为二目统领，一目管辖郎岱本枝，一目辖六枝；雍正九年（1731 年）六月十二日，以陇氏郎岱、六枝二目地及西堡司、副司地设置郎岱厅，厅治所为郎岱，治所羊场（今岩脚镇）；乾隆十九年（1754 年），在厅境羊场设置巡检司，先隶安顺府，后隶郎岱厅。民国二年（1913 年），改郎岱厅为县；民国三年（1914 年），改羊场巡检司为羊场分县，驻县丞于岩脚；1936 年归入郎岱。1950 年 1 月 14 日该区解放，隶属安顺专区；1960 年，撤销郎岱县，改设六枝市，机关从郎岱迁至六枝下营盘；1962 年撤市改设六枝县；1965 年 12 月 15 日，建六枝矿区，后改为六枝特区，与县并存，隶属六盘水；1966 年，六枝县恢复原名郎岱县；1970 年，郎岱县和六枝特区合并，统称六枝特区，为县级建制。2010 年，六枝特区辖 14 个乡（其中 9 个民族乡）、5 个镇、220 个村民委员会、22 个居民委员会。

2. 盘县

盘县位于六盘水市西南部，东邻普安，南接兴义，西连云南省富源、宣威，北邻水城；地处贵州通往云南的交通要道，素有“黔滇咽喉”之称。全境南北长 107 公里，东西宽 66 公里，总面积 4056 平方公里；县人民政府驻地红果，2010 年常住人口 103.4 万人，有汉、彝、布依、回、苗、白等 28 个民族。

该县古为夜郎地，汉属宛温，晋隶宁州，刘宋时置西安县，南齐称西宁县；唐初为训州地，贞观八年（634 年）置盘州；天宝后至宋代为于矢部（齐弥部）地；元初置普安路，后升招讨司，继改宣抚司，复为普安路。明洪武十五年（1382 年）卫府并设，改普安路为普安府，另置普山府（土府）、土流二知府与卫同地分治，后普山府废，普安卫升军民指挥使司（后变废，复称卫）；永乐元年（1403 年）设普安安抚司；永乐十三年（1415 年）安抚司废，改置普安州；万历十四年（1586 年），迁普安州与普安卫同城而治。清顺治十八年（1661 年）析州属三营三里地置普安县；康熙二十六年（1687 年）裁普安卫并入普安州；嘉庆十四年（1809 年）升普安州为直隶州；十六年改普安州为普安直隶厅；宣统元年（1909 年）置盘州厅。民国二年（1913 年）改盘县。据《兴义府志》："（古盘州）因（盘）江以命名也。"解放后仍为盘县。

20 世纪 60 年代，国家开展"三线"建设，为开发盘县煤田，于 1965 年由盘县划出 9 个公社、云南宣威划出 3 个公社设盘县矿区（后改称盘县特区）。1970 年，盘县特区与盘县合并，仍名为盘县特区。1999 年 2 月 28 日，国家民政部批复同意撤销盘县特区，设立盘县，以原盘县特区的行政区域为盘县的行政区域，将盘县人民政府驻地由城关镇迁至红果镇。2010 年，盘县辖 17 个乡（其中 11 个民族乡）、20 个镇、450 个村民委员会、52 个居民委员会。

3. 水城县

水城县位于贵州省西部，与云南省宣威市接壤，地处六盘水市腹地；东邻六枝特区和纳雍县，西接威宁县和云南省宣威市，南抵盘县和普安县，北与赫章县毗邻；全境东西宽 75 公里，南北长 1257 公里，总面积 3593 平方公里；2010 年常住人口 70.4 万人，有汉、苗、彝、布依、水、回、仡佬等 26 个民族。

秦始皇二十六年（公元前 221 年）建汉阳县，今水城县境属汉阳县所辖；明属水西宣慰司辖地，水西分中水、下水、底水三部，底水即今县境地。清康熙三年（1664 年），吴三桂进伐水西宣慰使安坤；康熙五年，以安坤统地设大定府，水城属大定府；雍正十一年（1733 年），建水城厅，划大定府之永顺、常平二里归水城厅辖；乾隆四十一年（1776 年），再划远州（今织金县）之崇信、时丰、岁稔三里入水城厅；民国二年（1913 年），改为水城县（传说，因春夏水拱城垣，故名。一说县因水城河而得名。又因环城皆水，故名水城。全城如荷叶浮水面，又称荷城），设县公署，隶属贵西道；民国十二年（1923 年）隶属贵州省；民国二十四年（1935 年），隶属第四行政督察区（毕节）。

1949 年 12 月 18 日，水城县和平解放，隶属毕节专区。1965 年，设立水城矿区，受煤炭工业部和贵州省人民委员会双重领导，水城县仍属毕节专区。1966年，矿区改为特区。1970年12月，水城县与水城特区合并为水城特区，驻地黄土坡，行使县级职权，隶属六盘水地区；1978年12月，隶属六盘水市。1987年12月，国务院决定撤销水城特区，分设水城县和六盘水市钟山区；1988年3月9日，水城县正式分设，县政府驻黄土坡。2003年10月，县政府驻地由黄土坡搬迁滥坝镇双水，即双水新区，位于六盘水市区东部。2010年，该县辖1个镇、32个乡（其中民族乡29个）、1个经济开发区、486个村民委员会。

4. 钟山区

钟山区为1987年底经国务院批准、1988年3月建立的市辖县级行政区，坐落于六盘水市中心城区，距省会贵阳市254公里，是中国“凉都·六盘水”的政治、经济、文化、交通、信息和金融中心，是西南川、滇、黔、桂、渝四省一市的“旱路立交桥”；地处于滇黔两省结合部、贵阳—昆明两大城市的中心点、南（宁）—贵（阳）—昆（明）经济区中心带，是西南铁路、公路交通的十字路口；东接省会贵阳，北邻四川、重庆，南连广西，南下出海，西可穿越云南通往东南亚，区位条件十分突出。2010年，该区辖4镇、1乡、4个街道、47个行政村、59个社区、11个居民委员会，总面积478.84平方公里，常住总人口61.6万人，有汉、彝、苗、白、布依、仡佬等31个民族。

二、“三线”建设时期的发展

1964年7月，国务院在西昌召开的西南“三线”建设长远规划会议，明确建设以六盘水为中心的煤炭基地，建设攀枝花钢铁基地和以重庆为中心的军工项目，修建成（都）昆（明）、川黔（重庆至贵阳）和滇黔（昆明至贵阳）三条铁路，形成西南环线。国家煤炭工业部为配合攀枝花钢铁基地建设，把六盘水矿区作为煤炭工业的“三线”建设的重点。1964年11月，国务院决定成立西南煤矿建设指挥部，统一领导六枝、盘县、水城新矿区的煤炭工业建设，还确定建设水城钢铁厂，作为大西南的一个重要的钢铁基地，并规划建设水城发电厂、水城水泥厂。

1965年1月1日，西南煤矿建设指挥部在六枝成立，标志着六盘水大规模开发建设的开始。1966年4月，中共中央批准成立中共六盘水地区工业建设委员会和六盘水地区工业建设总指挥部，对六盘水地区的工业建设实行统一领导和统一指挥。1966 年 7 月，西南“三线”建设委员会在盘县召开六盘水综合规划会议，统一规划了六盘水以煤炭为主，钢铁、电力、化工、建材、铁路、交通、邮电等部门的“三五”建设。规划根据邓小平的指示，将各部门的建设规模和建设速度统一衔接起来，初步确定“三五”期间各行各业建设项目 27 个。

六盘水“三线”建设贯彻执行“老基地带新基地、老厂矿带新厂矿、老工人带新工人”的“三老带三新”的建设方针。国家煤炭工业部确定，以华东、山东和徐州等老矿区为主，包建水城矿区；以河北、开滦等老矿区为主，包建盘县矿区；以河南等老矿区为主，包建六枝矿区。西南煤矿建设的技术骨干由老区、老企业成建制、成班子抽调，所需工人由当地招收，移交生产矿井的技术力量，今后由老区、老企业采取矿对矿、井对井的对口保证供应的办法。到 1966 年 4 月，西南煤矿建设指挥部及其所属的煤田地质勘探公司、建筑安装公司、煤矿设计院和六枝、盘县、水城三个矿区指挥部实有职工达 6.86 万余人。西南煤矿建设指挥部隶属的建筑安装工程处有 29 个，占煤炭工业部工程处总数的 30%。国家冶金工业部确定，鞍山钢铁公司承担水城钢铁厂建设项目，抽调骨干力量，解决主要设备和统配物资供应。从昆明、长沙、重庆、马鞍山、成都、武汉等地抽调设计力量和地质勘探队伍，协同鞍钢设计院、鞍山焦耐设计院及铁道部第三设计院进行水钢现场设计大会战，加上来自冶金第三、第七、第八建设公司及省内的一些施工单位，水钢最多时达 3 万多人。水城水泥厂成为我国自行设计、自行制造安装的援外重型机器厂 18 项水泥主机设备的样板厂。

1966 年，基地建设进入高潮时期，大小会战全面展开。同时，洗煤厂、机修厂、矿区铁路和部分生产、福利设施等建设也全面铺开。六枝大用平硐施工创月进 360 米全国纪录；地宗矿续建一年投产，成巷约 2 万米；水城老鹰山立井施工创月进 105.5 米全国纪录；水城汪家寨斜井创月进 220 米的全国最好成绩。矿区当年开工 12 对矿井，总设计生产能力为 985 万吨。中国人民解放军建设工程兵第 41 支队承担了火烧铺、老屋基、月亮田、土城等四对矿井和地面建筑的建设施工。

1966 年 5 月，“文化大革命”运动开始；1967 年 1 月 27 日，西南煤矿建设指挥部被造反派夺权后搞“停产闹革命”，六盘水基地建设被诬陷为“黑样板”，煤矿几乎瘫痪。1969 年 12 月 4 日，国务院总理周恩来发表讲话，要求六盘水煤炭基地广大职工以大局为重，以“三线”建设为重，保证 1970 年

7 月渡口（攀枝花）钢铁厂出铁，濒于停顿的六盘水煤炭基地建设出现转机。1970 年 4 月 24 日，水城矿区从野马寨车站开出第一列煤车，驶往四川攀枝花钢铁厂，标志着六盘水煤炭基地与攀枝花钢铁基地的配套建设发挥了作用。当年底，六盘水统配煤矿共有职工 8.26 万人，加上盘江矿区工程兵第 41 支队 2 万人，共 10 万余人，誉称“十万大军建设六盘水”。

国家领导人十分关心六盘水的建设和发展。1965 年 11 月 24 日，国务院副总理邓小平，国务院副总理李富春、薄一波等党和国家领导人到六枝视察，对职工的干劲和工程进展情况十分满意。邓小平指出，六盘水煤矿基地建设很重要，改变了“北煤南运”，“南方大煤炭基地在贵州”。邓小平还为六盘水的“关寨站”题写了站名。1965 年，中共中央西南局“三线”建设副主任彭德怀亲自指挥了六盘水的“三线”建设工程。

六盘水的“三线”建设，1964 年下半年至 1972 年是规划、准备和全面施工建设阶段，重点是交通、矿井和企业新建、续建、改建项目，改善交通运输条件，为建设战略后方基地打下基础。1973 ~ 1978 年是完善配套建设阶段。1973 年 5 月，中共中央工作会议提出了缩短基本建设战线，到 1978 年底，六盘水矿区“三线”建设的主要工业建设项目相继建成投产，累计完成投资 14.6 亿元，开工建设矿井 23 对，总设计年生产能力为 1210 万吨，交付生产矿井 21 对，年生产能力为 781 万吨，建成选煤厂 4 座，年入洗能力为 470 万吨；生产煤炭 730 万吨、洗精煤 186 万吨、钢铁 25 万吨、水泥 43 万吨，发电 4.2 亿度。“三线”建设改变了全国的工业布局，使六盘水成为全国重要的战略后方基地之一。

“三线”建设以来，六盘水先后建成贵（阳）昆（明）线、水（城）大（湾）线、盘西线、南（宁）昆（明）线铁路；修建了两头河至土城、盘县至水城、水城至二塘等公路，矿区的交通网络基本形成；相继建成六枝矿务局、水城矿务局、盘江矿务局、水城钢铁公司、水城发电厂、盘县发电厂、水城水泥厂、六盘水煤矿机械厂等大中型企业。大规模的开发建设促使人口、资金、设备和科技的迅速集中，推动了商业、交通、邮电等行业的开发建设，加快了城市化进程，带动农业的稳步发展，促进了地方经济和社会的发展，六盘水的贫困落后面貌得到较大改变，经济实力大大增强，至 1978 年，实现工业总产值 1.22 亿元，比 1965 年增长了 15.4 倍，农业总产值达 1.36 亿元，比 1965 年增长 84.36%；城镇化率接近 10%，六盘水作为新兴的工业城市已初具规模。

三、改革开放与建市后的发展

以 1978 年中共十一届三中全会为标志，中国进入了改革开放历史新时期，开创了社会主义事业的新局面。1978 年 12 月 18 日，中央决定撤销六盘水地区，设立六盘水市，六盘水也由此迎来了第二个高速发展期。

中共十一届三中全会以后，城镇集贸市场逐步开放，城乡物资交流日渐频繁，逐步建立了多种商业经营方式、多种经济成分、多种流通渠道并存的商品流通体制。农村推行家庭联产承包责任制，一些有一技之长的农民从土地上解放出来，积极兴办社队企业和从事手工副业。1984 年，人民公社改为乡（镇）人民政府，社队企业改为乡镇企业。市、县（特区、区）人民政府成立了 200 余个地方国有工业、商业、运输业、服务业等企业。中央省属企业和地方政府还组建了数十个集体企业。1987 年，全市全面推行企业承包经营责任制,231 户地方国有企业纳入改革目标。随着乡镇企业的逐步发展壮大，1993 年，中共六盘水市委、市人民政府制定了《关于加快乡镇企业发展的规定》，把全市经济工作的重点转移到发展乡镇企业上来，新建了一批开采、洗选、冶炼企业，发展建材业、第三产业和绿色产业。90 年代中后期，在国有大中型企业建立现代企业制度，同时通过“股、包、租、并、卖、破”等多种形式对中小企业进行改组、改制改造，一些不适应市场变化、污染严重的企业被关停并转。1997 年，六盘水市争取到优化资本结构试点城市待遇，部分大中小企业获得债务减免。1997 年 11 月，水钢集团公司改制为水城钢铁（集团）有限责任公司。1999 年，六枝矿务局被确定为全国首批破产企业之一，按照“整体破产、整体变现、政策分离、多渠道安置、优化组合、转换机制、促进发展”的方案实施破产。

进入 20 世纪 90 年代，为着力提升六盘水能源基地的功能和水平，1990 年 11 月，国家计委批准《攀西——六盘水地区资源综合开发规划报告》。1992 年，六盘水建立钟山、红果 2 个省级经济开发区，以及双水、平寨经济开发区。随着西部大开发进程的加快，国家十分重视六盘水的交通基础设施建设，除着力投资铁路建设，还加强国道、省道和市县（区）公路干线建设。在 60 年代建设的贵昆线、水大线、盘西线的基础上，“九五”和“十五”期间又建成了内昆线、株六复线、水柏线、南昆—红果线、六盘水编组站，实施了盘西线电气化改造，六盘水境内铁路总长达 662.71 公里，其密度高达

6.68 公里 /100 平方公里，分别高于全国和西南平均铁路密度 0.71 公里和 0.89 公里；市境内铁路电气化实现水平为 92.68%。“四线一站”竣工营运后，六盘水成了纵横交错、西进东出、南来北往、四通八达的西南乃至南亚的重要“大陆桥”，成了川、渝、滇、黔、桂结合部的区域“立交桥”。公路方面，水黄高等级公路、水盘东线建成通车，两水线、刘坪线、晴新线油路改造工程全面完成，水盘高速公路建设继续推进，镇胜高速公路、红威公路、玉马公路等一批高等级公路相继建成通车，实现了市区到贵阳通高等级公路、县县通油路、乡乡通公路。六盘水月照机场开工建设，立体交通体系即将形成。这种“枢纽位置”为人流、物流、信息流和资金流提供了十分有利的发展条件。

进入 21 世纪，随着企业改革不断深化，国有大中型企业重新焕发生机和活力，非公有制经济的异军突起，六盘水市迎来了新一轮工业经济发展的热潮。2000 年，六枝工矿集团公司挂牌成立，通过煤炭产业集中化建设、非煤产业集优化建设，发展进入快车道，销售收入年平均增长 28% 以上，上缴税费年平均增长 34% 以上，利润年平均增长 47.6%，2002~2007 年连续入围“全国煤炭工业企业 100 强”。2004 年，中共中央决定把总装机 360 万千瓦的六盘水盘县响水电厂列入西部大开发的 10 项重点工程。2005 年初，水城水泥股份有限公司再次扩建，建成日产 2000 吨熟料干法生产线，从而使水城水泥股份有限公司生产能力达到 180 万吨，成为贵州省最大的水泥生产企业。2005 年 4 月，水钢与首钢总公司重组，2007 年水钢钢产量突破 300 万吨，销售收入跃上百亿；盘江煤电集团原煤产量突破 1000 万吨。新建了一批省内外国有资产项目，建成了盘县电厂、野马寨电厂、盘南电厂，发耳电厂、响水煤矿、发耳煤矿、玉舍煤矿、神仙坡煤矿、义忠煤矿、晋家冲煤矿等一批重点项目，煤化工建设项目取得实质性进展。驻市国有大中型企业纷纷改制，做强主业，分离辅业和企业办社会职能，推动了企业主辅业的扩张。水钢异地扩建工程——首黔钢铁公司在盘县鸡场坪征地 8000 亩，新建一座年产 500 万吨特种钢的现代化钢城。水钢博宏公司、水矿群联公司不断发展壮大。水矿集团玉舍煤矿的建设和水城水泥厂改制后，企业效益明显提高。

六盘水在西部大开发和“西电东送”战略部署中是西南唯一的“西电东送”和“黔煤外运”并举的地区、国家规划的全国十大煤炭基地之一。2003 年夏天，六盘水成功举办了首届中国凉都消夏文化艺术节；之后，每年举办一次。消夏文化节成为六盘水集中展示城市形象、民族文化、自然资源、人文景观的窗口，也成了各地商家到六盘水投资签约的平台。固定资产投资迅猛增长。2010 年，全社会固定资产投资完成 335.51 亿元，是 1978 年的 184.35 倍，年均增长 17.7%。其中，基本建设投资完成 118.01 亿元，是 1978 年的 75.65 倍，年均增长 14.5%；更新改造投资完成 47.81 亿元，是 1978 年的 298.81 倍，年均增长 19.5%。2010 年全市招商引资实际到位资金达 85.68 亿元，是 1978 的 188 倍。此外，六盘水市积极参与“泛珠三角”、“南贵昆经济区”和西南六省区市区域合作等，经济实力由弱变强。

煤电产业集群优势日益显现。2010 年，全市原煤产量达到 6001 万吨，比 1978 年增长 7.18 倍，焦炭产量达到 496.73 万吨，增长 7 倍；发电量为 319.67 亿千瓦时，增长 65.5 倍；钢产量为 328.31 万吨，增长 799.8 倍。同时，全市工业增加值达 278.58 亿元，是 1978 年的 131 倍，工业增加值占全市生产总值的 55.6%；规模以上工业总产值完成 636.52 亿元，比上年增长 27.6%，其中，轻工业总产值为 3.3 亿元，增长 26.3%；重工业总产值为 633.22 亿元，增长 27.7%。重工业总产值中，采矿业占 23.4%，制造业占 38.3%，电力、燃气、水的生产及供应业占 17.9%，其他工业占 20.4%。六盘水基本形成了一个以煤炭工业为基础，以冶金、电力、水泥、机械制造为主体的能源、原材料工业基地。2011 年，原煤产能达到 8000 万吨，电力装机容量达到 700 万千瓦，钢铁产能达到 500 万吨，水泥产能达到 500 万吨。老鹰山煤化工一期工程建成投产；新兴产业不断涌现，西南天地煤机制造、明阳风电设备制造等一批机械制造项目开工建设；经济开发区及产业园区建设全面展开。

多年来，通过坡改梯、农业综合开发、石漠化治理、退耕还林、小型农田水利设施建设等措施，农业综合生产能力明显提高，生态环境明显改善。2010 年，实现农林牧渔业总产值 50.07 亿元，是 1978 年的 21.13 倍，年均递增 9.8%；粮食总产量达 77.78 万吨，比 1978 年增加 40.02 万吨，增长 1.06 倍，年均增长 2.3%。种植业结构进一步优化，油菜子、烤烟、蔬菜、茶叶等经济作物均有较大发展。农产品基地规模不断扩大，建成省级、市级龙头企业 61 户。畜牧业发展步伐加快，产值占农林牧渔业总产值的比重由 1978 年的 16.8% 提高到 2010 年的 35.82%，提高了 19.02 个百分点。农村改革全面深化，全面免除了农业税及附加税，粮食流通体制改革也取得了积极进展。扶贫工作取得明显成效，农村综合配套试点改革启动，农村新型合作医疗改革、农村社会保险改革试点实施顺利。农村基础设施、农业生产生活条件明显改善。以核桃乳、洋芋片、富硒茶、山城啤酒、矿泉水、生物制药为代表的系列绿色产业得到较快的发展，并将成为六盘水的后续支柱产业。

各项社会事业全面进步，经济社会发展的协调性逐渐增强。科技机构从无到有，科技投入不断增加，科技队伍逐渐壮大，科技对经济增长的贡献作用逐渐增强；教育事业稳步发展，师资力量得到增强，教学条件明显改善。2010 年，全市适龄儿童入学率达 100.0%，比 1978 年提高了 16.7 个百分点。农村“两基”攻坚任务取得明显成效，城市幼儿教育取得新的成绩，在初等教育逐渐壮大的同时，六盘水师专成功升格为六盘水师范学院，六盘水职业技术教育也取得了较大发展。医疗卫生条件进一步改善，城镇、社区卫生服务，农村合作医疗和初级卫生保健体系进一步健全。文化、广播电视事业取得较快发展，邮政、电信事业发展取得了巨大成就，移动电话从无到有，目前已实现了乡乡通电话和大部分村通电话的目标。

城市消费市场迅速增长，农村消费市场进一步发展。2010 年全市社会消费品零售总额实现 131.34 亿元，是 1978 年的 69.5 倍。

随着各项支农惠农政策措施的贯彻落实，促进了农民收入的增加，2010 年，全市城镇居民人均可支配收入达到 13919 元，是 1978 年的 44.6 倍，年均增长 12.6%；农民人均纯收入也由 1978 年的 78 元提高到 3601 元，提高了 45.2 倍，年均增长 12.7%。城乡居民住房条件有了较大改善，居住面积大幅度增加。农村居民人均住房面积由 1978 年的 9.1 平方米增加到 2010 年的 27 平方米，城镇人均住房面积由 1978 年的 3.8 平方米增加到 2010 年的 28 平方米。2010 年，全市人口自然增长率为 5.60‰，比 1978 年下降了 1.77 个百分点。

经过改革开放 30 多年的建设，全市经济发展步入快车道，地区生产总值、固定资产投入、财政总收入三项主要经济指标连续两年名列全省第一，“十一五”时期，生产总值年均增长 15.2%，高于全国、全省平均水平。2010 年，全市国内生产总值突破 500 亿元大关，达 500.64 亿元；经济结构进一步优化，第一、二、三产业占地区生产总值的比重由 1978 年的 33.9：42.4：23.7 转变为 2010 年的 6.04：60.57：33.39，第一产业比重大幅度下降，第二、三产业的比重稳步提高。产业结构从“二、一、三”为主调整为“二、三、一”为主的轨道上来，国民经济总量从主要依靠第一、二产业带动转变到主要依靠第二、三产业带动，第二产业的龙头支柱地位日益显现，第二产业特别是工业经济的增长构成了六盘水市经济快速增长的主要动力。财政收入也实现了大幅度的增长，2010 年全市财政总收入达到 107.89 亿元，比1978年增长了135倍。2011年，全市生产总值完成613.4亿元，是2006年的2.4倍，年均增长15%；人均生产总值突破3000美元；财政总收入和一般预算收入分别完成128.46亿元和70.84亿元，是2006年的3.14倍和4.2倍，年均增长25.71%和33.27%。全社会固定资产投资五年累计完成1506.84亿元，是上一个五年的3.5倍。社会消费品零售总额完成157.61亿元，年均增长18.7%。城镇居民人均可支配收入和农民人均纯收入分别达16370元和4437元，年均实际增长7.9%和11.1%。2011年年末，金融机构存、贷款余额分别为577.02亿元和416.97亿元，是2006年年末的2.54倍和2.49倍。

2012年1月12日，国务院出台了《关于进一步促进贵州经济社会又好又快发展的若干意见》，贵州省迎来了千载难逢的发展机遇。六盘水市将全面坚持“加快发展、加快转型，推动跨越”主基调，按照“全党抓经济、重点抓工业、首要抓园区、核心抓招商、突破抓转型、跨越抓项目”的思路，大力实施工业强市、城镇化带动和农业现代化提升三大战略，大力实施国民经济和社会发展第十二个五年规划，深化改革，扩大开放，增加就业，保障民生，推进生态文明、环境友好、资源节约、和谐社会建设，打造现代特色都市，努力建设经济发达、政治昌明、文化繁荣、社会稳定、人民幸福的实力六盘水、魅力六盘水、活力六盘水、文明六盘水、幸福六盘水，为与全省全国同步实现全面小康打下坚实基础。

第二节　城市规划与建设

一、城市规划

1958年，《贵州省区域规划初步方案》编制完成上报国家。同年，国家建筑工程部北京第一工业设计院派工作组来贵州，编拟了《贵州省五个地区建筑基地规划》（水城为五个地区之一），拟在五个地区各新建一个建筑基地，为包括水城煤矿、水城钢铁厂、水城水泥厂在内的一批工业建设项目提供了基础资料。1964年5月，根据中共中央工作会议精神和中央领导“三线建设要抓紧”的批示，国家计委、煤炭工业部派员到西南勘察设计，经过比较，认为贵州西部六枝、盘县、水城三县蕴藏着丰富的煤焦和动力煤，确定把三县煤炭开发列为“三线”建设中与攀枝花配套的重点项目。7月，中共中央西南局召开“三线”建设规划会，研究了六盘水矿区建设规划。会后，规划工作根据“三线”建设的指导思想，选点、布局均遵照“靠山、分散、隐蔽、进洞”的方针和“先生产、后生活”的原则，将多数厂矿的生活区安排在远离城镇的山区。1966年2月，在批准建设工业特区时，中共中央国务院《关于贵州省设市和特区问题的批复》又强调，“新特区的建设，必须贯彻执行‘工农结合、城乡结合、有利生产、方便生活’的方针，发扬延安作风、学习大庆革命精神，一律不搞大城市、大马路、楼堂馆所和高标准的民用建筑”。这一系列规定使六盘水此后形成与众不同的城市格局。

1978年12月，六盘水经国务院正式批准建市后，市人民政府把编制城市总体规划工作提上议事日程。六盘水市城市规划工作至1983年第一轮总体规划编制以来，历经1997年第二轮总规、2006年第三轮总规，已建立起一整套各层级相对完备的规划体系，有法可依、有章可循，城市规划得到了全面发展和推进。

（一）第一轮城市总体规划（1983~2000年）

六盘水市第一轮城市总体规划《六盘水市暨市中心城区总体规划》由六盘水市规划设计研究院于1983年10月编制完成，1984年4月经贵州省内外专家论证修改后，上报贵州省人民政府批复实施。市人民政府相继于1985年、1986年拨款120万元，对市中心区进行控制性详细规划的编制工作。城市性质定位为：六盘水是以煤炭、电力为主的能源基地，兼有钢铁、建材等工业，系城乡结合的新兴城市。中心城的城市定位为：水城是六盘水政治、经济、文化和科学技术的中心，是以钢铁建材为骨干工业，为全市工矿（主要是煤炭工业）服务的中心城。中心城市人口规模规划近期1990年总人口为14.14万人；规划远期2000年达23.7万人。用地现状为9.2平方公里，远期城市用地规模为27.7平方公里。在中心区职能上提出在发展工业的同时，要为全市工矿和煤炭工业提供服务，丰富了中心区综合职能，为中心区职能从单一的生产型向生产服务型打下基础。确定了4个生活居住片区，开辟了大专科研教育区。在工业布置上，划分出重工业区和轻工业区，并对不同地区工业做出了相应规定。安排了东西向3条城市干道，特别是南环路的建设，为以后分解城市过境交通提供了出路，完善了路网结构。理顺了中心区原较为混乱的用地布局，为城市进一步发展打下了一定基础。

（二）第二轮城市总体规划（1997~2010 年）

随着城市社会经济和各项建设不断发展，特别是“三线一站”的建设，第一轮城市总体规划对市中心城区用地规划部分和部分专业规划的局限性日益显现，规划已明显滞后，加之第一轮总体规划中近期规划年限已到，经六盘水市人民政府同意，委托中国城市规划设计研究院承担六盘水市总体规划第二轮修编工作，由市长、副市长以及政府有关委、办、局、特区、县（区）、水钢、矿务局和开发区等 29 个单位组成总体规划第二轮修编小组，收集资料，制定大纲、规划编制阶段等，于 1998 年提交成果——《六盘水市第二轮城市总体规划》，经省内外专家、教授和领导认真审查，获一致通过，贵州省人民政府同意该规划并准予实施。

六盘水市域辖一县两特区，即盘县、六枝特区、水城特区。市域面积为 9914 平方公里，1996 年底全市总人口为 261.98 万人，共有 98 个乡以上的居民点，其中，一个中心城、32 个建制镇、65 个乡。第二轮规划总面积为 502 平方公里，城市定位为西南地区能源、原材料、煤化工生产基地和重要铁路交通枢纽之一，贵州西部中心城市。中心城的城市定位为：六盘水市政治、经济、文化、科教信息中心，原材料生产基地，西南重要铁路枢纽之一，贵州西部地区中心城市。中心城规划面积为 127.7 平方公里。人口规模 2005 年为 25 万人左右，2010 年为 30 万人左右，2020 年为 45 万人左右，并留有 50 万人口大城市规模发展的余地。中心城的发展目标是：建立高水平的社会服务设施和基础设施，建立完善的商业、金融、信息和商贸服务业，为全市以及黔西南其他地区服务。加强通信、交通设施及其他设施的建设，提高城市综合服务功能，建立文化、体育设施，建设面向未来的科研、教育设施。创建优美的居住环境，提高居住水平。加强城市绿色空间的建设，建立良好的生态环境。建立良好的经济秩序，加快中心城经济发展的步伐，增强中心城的经济实力。人均居住面积 16 ~ 18 平方米，人均公共绿地达到 9 平方米以上，人均道路广场面积达到 10 平方米以上。

（三）第三轮城市总体规划（2006~2020 年）

在总体规划的指导下，各项城市建设取得了令人瞩目的成就，六盘水市的跨越式发展使得各项指标均提前达到了第二轮城市总体规划确定的各项指标。2004 年，市政府根据六盘水市经济社会和城市建设发展实际做出重要工作部署，向省人民政府提出修编规划的申请。贵州省建设厅代省人民政府于2004年同意六盘水市进行第三轮总体规划修编。根据省建设厅的批复文件和市人民政府的工作安排，市人民政府成立了第三轮城市总体规划修编领导小组，办公室设在市规划局，着手总规修编的前期工作。在与重庆市规划设计研究院和贵州省城市规划设计研究院的共同努力下，2006年年底完成了城市总体规划第三轮（2006~2020年）的修编并经过专家审查；2007年6月27日，经六盘水市人大常委会审议通过，报省人民政府批准实施。新规划将城市定位为：贵州西部大城市；西南、华南地区的新型能源、原材料、煤化工基地；西南地区重要的铁路交通枢纽。中心城区的城市性质是：六盘水市政治、经济、文化、信息中心；全国重要的消夏避暑胜地。城市规划区包括黄土坡办事处、荷城办事处、凤凰办事处、德坞办事处、老鹰山镇、大湾镇、月照乡、滥坝镇、董地乡、汪家寨镇、大河镇、比德乡、双嘎乡、纸厂乡和玉舍乡，总面积为1110平方公里，其中大湾、汪家寨、比德、大河、玉舍为卫星镇。中心城区面积为293平方公里；近期中心城区人口50万人，建设用地规模45平方公里；远期80万人，用地规模76平方公里，人均91平方米。第三轮城市总体规划优化了市域城镇体系结构。到2020年，全市形成市域中心城市1座、次中心城市2座（红果、平寨）、中心镇11座、一般镇（含独立工矿点）28座的城镇体系结构。市域中心城由中心城区及5个卫星城镇构成，其中英武、野钟、南开、木岗、发耳由原来一般的乡、镇上升为重点镇，盘江、断江、洒基由重点镇调整为一般镇。形成钟山—平寨、钟山—红果、CZ65沿线城镇带；中心城区和卫星城镇形成紧密的城市协调发展区域。中心城区城市空间结构为“一城、七片、带状组团式”布局。“一城”即中心城；“七片”分别是：钟山片区（由黄土坡组团、荷城组团、松树坪组团、杨柳组团组成，是市级行政办公，商业、文化教育，娱乐中心和公路铁路客运交通枢纽）、石龙片区（分为石龙和朝阳两个组团，是市级铁路货运交通枢纽，以教育、物流、高新技术产业为主）、柏杨坡片区（分为石桥和红山两个组团，是中心城区城市发展的主要拓展方向，以居住、研发、轻工、高新技术产业、物流、机械制造为主要功能）、德坞片区（分为德坞和天生湖两个组团，以居住、职业教育和旅游休闲为主要功能）、水月片区（分为水钢和月照两个组团，以工业为主要功能，配套生活居住）、双水片区（分为双水和以朵两个组团，以居住、商业、文化娱乐、行政办公、大型综合市场为主要功能）、老鹰山片区（城市重点拓展的区域之一、重要的煤化工基地，以工业、仓储为主，配套生活居住及商业服务）。规划在钟山路与川心路交叉口城区形成集商贸、金融、文化、娱乐、城市广场为一体的多功能、综合性现代化的市级中心。城市风貌强化自然山地城市生态格局，创造山、水、城、人和谐共生的生活意境，保持山中有城、城中有山、山水相映、环境优美的高原山地型城市特色。

二、城市建设

建市初期，市中心城区仅仅是一个人口不足5万人的小县城。随着经济社会的发展和城市化进程的加快，至2011年，中心城区建成面积已发展为60平方公里，拥有人口52万人，城镇化率为35.3%。

（一）城市化进程步伐加快

1. 小城镇建设发展迅速

六盘水市辖2县、1区、1特区，总人口为310万人；有乡级行政区98个，其中设乡64个，设镇30个，设街道办事处4个。小城镇建设起步于20世纪80年代。由于当时资金投入少，小城镇建设规模小、品位低、规划简单。所谓的小城镇建设也就“一条街，两边房”而已，并没有将小城镇建设作为农村经济发展的战略问题来考虑，小城镇效应并不明显，1990年，全市城镇化水平仅为10.9%。1995年，全市小城镇建设步伐加快，至1998年底，全市城镇化水平达到16%，但仍然低于全国、全省平均水平。2000年5月，六盘水市委、市人民政府出台了《关于进一步加快小城镇建设的决定》，提出小城镇建设的发展目标，从资金投入、户籍管理、健全市场体系、基础设施建设等方面完善政策措施，小城镇建设进入更快的发展时期。从2000年开始，各级投入小城镇建设的资金大幅增加，当年市级投入由上年的75万元增加到200万元，以后逐年递增。到2004年年底止，全市60%以上的乡镇得到上级拨付的小城镇建设补助资金，全市累计投入小城镇建设专项资金为15747.6万元（不含水利、农业等部门投资），其中省级投入464万元，市级投入1698万元，县以下投入13785.6万元；此外，还带动社会资金投入8.694万元。新建和改扩建小城镇道路230公里，硬化133.43公里，新建130余座公厕，共2160平方米，建成市场面积18274.6平方米，新转移农村人口12.7万人，带动城镇建设民房310.2万平方米。2005年，城镇化水平为26.2%。2005年以后，全市小城镇建设步入省、市、县补助，乡镇配套，群众自愿投入，社会力量参与的良性发展时期。2010 年，全市城镇化水平超过 33%，比 2005 年的 26.5 提高了 6.5 个百分点，高于全省 29.1% 的平均水平 3.9 个百分点，低于全国 44.6% 的平均水平 11.6 个百分点。

为推进城镇化带动战略，2011 年 3 月 2 日，中共六盘水市委、市人民政府发布了《关于加快城镇化进程的决定》，提出六盘水市城镇化发展目标任务：2015 年城镇化水平达 50% 以上；市中心城区人口达 80 万人以上；力争 2020 年建成 120 万人以上的特大城市；盘县红果成为大城市，六枝平寨建成中等城市。推进红果、钟山两个省级开发区和岩脚、木岗、郎岱、鸡场坪、保田、发耳、玉舍、董地、蟠龙、水月、大湾、汪家寨 12 个市级园区建设；大力推进老鹰山—滥坝、汪家寨—大河、玉舍—勺米等组团发展；推进大湾、木果、南开、化乐卫星城镇建设；推进岩脚、柏果、鸡蛋场坪、响水、老厂、英武、发耳、野钟、龙场等小城市和中心镇建设。

2010 年，全市有 15 个乡镇财政收入过亿元。盘县亿元乡镇有红果镇、柏果镇、淤泥乡、松河乡、大山镇、乐民镇；水城县亿元乡镇有滥坝镇、发耳乡、鸡场乡、勺米乡、化乐乡；钟山区亿元乡镇有黄土坡办事处、荷城办事处、老鹰山镇、大湾镇。亿元乡镇的出现，助推了小城镇建设的发展。

2. 中心区旧城改造加快

在绿化、美化、亮化、文化、现代化的城建思想理念和统一协调、分片区开发建设的战略思维指导下，钟山开发区、双水新区、凤凰新区、德坞新区的开发建设使市中心城不断向东、南、西三个方向拓展。按照新区建设与旧城改造齐头并进、单体建筑各具特色的原则积极推进城市现代化进程。钟山苑、唐人街等旧城改造按照仿古建筑模式，建筑别具特色，彰显市中心城的文化韵味和繁华与典雅。

钟山苑位于市中心城区重要地段，紧靠钟山公园，临市体育馆与田径场，地理位置十分优越。该区总占地 5.23 公顷，其中一期拍卖用地约 1.6 公顷，原址是六盘水最大的农贸市场。农贸市场搬迁后，拆除原建筑进行改造，建筑以低层为主，容积率为 3.0，建筑密度为 40%。其建筑风格多为二至三层以吊脚楼为主的仿古建筑，2005 年改造完成以后，成为市民休闲、娱乐、购物的主要场所，这是六盘水市区最早实施城区改造的项目。

宝隆国际购物中心地处六盘水黄土坡（体育馆对面）文化商业中心圈，商业氛围成熟。其原址是六盘水市工人文化宫，周边原是低矮破旧的民房，其原貌与城市发展极不相称。2007 年市人民政府决定以拍卖方式转让该地块土地经营权，对该片区实施改造。宝隆国际商业中心为总建筑面积 15.6 万平方米的经营、商住建筑群，总投资为 2.6 亿元，打造成为智能化金融、商业中心，以及高档住宅小区和高档购物中心。改造完毕后的宝隆国际商业中心经营面积达 4 万平方米，拥有 600 个停车位、约 1 万平方米主题广场，集娱乐、休闲、购物、餐饮于一体。

唐人街位于六盘水市荷城花园凤池湖畔，紧靠水城老城西边，是凉都唯一定制的四合院建筑。该街区为业主量身定做，依山傍水，具有得天独厚的地理环境、独立围合庭院、仿古厅堂。2005 年规划建设仿古建筑一条街，2010 年建成占地 2226 平方米青瓦红墙的仿古建筑，项目建成标志着老城改造的开始。

3. 老城整体改造分步实施

2011 年开始对老城实施改造，以“水、彩、荷、城”为主题，按照“生态、和谐、休闲、宜居”的要求，彰显老水城的文化底蕴，展现老城风貌与现代建筑的完美结合，改善当地市民居住条件和居住环境。“水”——强调维系当地良好的风水格局，保护和绿化山体，恢复护城河，再现当年“环山浓翳水无波，四望城浮一叶荷”的胜景；同时在城内重要景观轴线交点处规划“荷芯湖”，以两条水街与外侧水系沟通，以水之灵动盘活商业气氛，沿线布置滨水酒吧、休闲购物、滨水餐饮等，拓展古城商业界面。“彩”——以农民画为代表的多彩民俗反映了当地人文特色，在重要的开放商业空间和游线上布置错落的五彩建筑和彩色亭廊，凸显水城形象和古城特色。“荷”——规划以“荷合”中央景观步行轴和荷芯湖组成的“荷茎”串联三个功能区：以七星公园、凤池书院、城隍庙等为主体的文化娱乐区，以当地居民生活和客栈经营为主的家庭住宿区，以荷合商业轴、沙田步行街和百货大楼商业集市为主的古镇商业休闲区，总体上形成“一心、一轴、三片”的“荷”理分区。“城”——通过对给排水、污水处理、电力电信、环卫设施的综合规划改善古镇风貌，规划宜居古城；通过对建筑年代、建筑风貌和建筑质量的综合评价区分文物保护建筑、重要历史建筑、风貌协调建筑、风貌不协调建筑，并针对提出重建、修缮、整修改造、拆除等改造方案，提高建筑质量，统一建筑风貌。

（二）路网建设和大型公共建筑发展迅速

市中心城区的钟山路、人民路、凉都大道与南北向的西宁路、德宏路、康乐路、向阳路、明湖路、水西路、川心路、其林路、水东路、凤凰路、花园路为主干的道路网络已形成，城区道路路面硬化，照明、绿化设施配套。2003~2005年，对钟山路、人民路、南环路（后改为凉都大道）进行全面改造，使城市环境全面改善。2004年7月，长20.2公里、宽40米的钟山路全线改造完工，成为六盘水市景观大道。1978年以来，新建和改扩建了水西铁路Ⅰ号和Ⅱ号桥、钟山东路下穿铁路桥、凉都大道东穿铁路桥、明湖高架桥、白鹤高架桥、龙井路高架桥和水西南路桥等一批城市大型桥梁，并在城区水城河上建设过河桥十余座，形成四通八达城市交通路网。到2011年底，市中心建成区面积扩展到60平方公里，凉都大道、人民路全线贯通，水黄路入城段改造工程如期完成，红桥大道建设加快，市中心城区路网逐步形成。

20世纪80年代，中心城区建成第一座高层建筑——12层综合楼，建成市体育中心建筑群，包括田径场、体育馆、训练馆、游泳馆等；90年代，建成青少年活动中心、人民广场、凉都宫等公用建筑。1992年，设立钟山经济开发区，中心城区建成高层建筑电信大厦、信息大厦、供电大厦、建行大厦，农行大楼、石化大楼、开发区大楼、开投大厦、报业大楼、燃气大厦等数十幢。以水景花城、德维国际、海鑫广场、世纪天易、雨田广场、山海观天下、城中湾畔、宝龙国际等高层或超高层商住楼和商住小区数以百计。六盘水火车站、水城汽车站的改建，明湖高架桥、白鹤高架桥和水城河绿化美化工程的建成，增加了城市的现代化气息。

（三）城市环卫设施建设逐步配套

20世纪80年代，中心城区在各小区、路段砌筑垃圾池收集垃圾。1995年起，在市中心区建设垃圾中转站，按500米半径在各小区、片区设置垃圾中转站，集中清收、封闭清运和无害化处理。1994年8月，市东郊垃圾无害化处理场一期工程建成投入使用，日处理垃圾100吨；1995年10月，二期工程建成，日垃圾处理能力达到250吨。2003年，投资5000万元建设岔河垃圾填埋场，2005年5月建成，占地面积350亩，可填埋垃圾390万立方米，日处理垃圾400吨，预计使用21年。

1998年，建设中心城污水处理厂一期工程，2001年基本完工，日处理污水5万立方米；2006年10月，委托贵州创业水务公司进行托管试运行，实现城市生活污水处理达标排放。水城双水污水处理厂项目总投资4208万元，工程于2010年初投入试运行，日处理污水1万吨。钟山区德坞污水处理厂项目总投资4968万元，2011年建成投入使用，日处理污水可达1.5万吨。

（四）城市人居环境不断改善

六盘水作为实施住房制度改革较早的试点城市，房改走在了前列，而且给市民带来了实实在在的利益。1985 年，六盘水市城镇人口人均居住面积为 5.48 平方米。1992 年，六盘水市试点进行住房制度改革，采取国家建设经济适用房、鼓励有条件的单位集资合作建房、出售公有住房、住房分配货币化等政策，促进了房地产市场的快速发展，对改善人民住房条件起到积极作用。2007 年，在建商品房面积超过 500 万平方米。房地产市场的发展，让广大市民居者有其屋，同时也让有条件的家庭进一步改善居住条件。2010 年，城镇居民人均住房面积超过 35 平方米。

按照绿化、美化、亮（靓）化、现代化的城市建设管理理念，开展环境整治。在中心城区陆续建成了一批公园园林绿化设施，清碧公园、钟山公园、水钢笔架山公园、麒麟公园、凤池园、人民广场等设施改善了城市环境。

人民广场以绿地和灯光为主，广场中央有乌蒙铁塔，在绿地上有零星小型雕塑多座，西边设有舞台兼观礼台，东边有廊亭，东南面是科技发展史浮雕。其北广场工程于 2000 年 10 月完成；2005 年扩建南广场，占地面积 5.5 万平方米，内设叠泉、水池、名人雕塑等景观。其中心部由石碑、铜雕《凉都赋》及音乐喷泉组成，与北侧乌蒙铁塔呈直线型排列；其东部由名人雕塑广场、假山、紫薇园、茶花园、银杏园组成；西边有艺术石雕文字、桂花园、红枫园、银杏小广场和书屋；南面是 4.5 万平方米的凉都宫。

水城县双水会议中心广场位于市中心城东部双水新区，该区为水城县政府所在地。广场面积为 1.32 万平方米，1999 年建成，东面是县会议中心，南面有小山，广场边缘有水城风情壁雕，广场中央有劳动雕塑，四周有绿化草地。

钟山区人民政府广场位于凤凰新区钟山区政府大楼前，占地 3.4 万平方米，2004 年 7 月建成。广场集假山、水景、绿地、凉亭于一体，山水园林品位突出，是市民休闲的好场所。

六盘水市动物园是在原清碧公园的基础上改建的，清碧公园位于人民西路与沪昆铁路之间，占地 98 亩，1987 年 6 月建成；2007 年投资 1400 万元对公园按动物园进行改建，2008 年 1 月建成开园。

凉都森林公园规划总面积为 1415.5 公顷，森林植被保存较好，有种子植物 120 科 34 属 544 种，其中裸子植物 7 科 17 属 21 种、被子植物 113 科 326 属 523 种；有药用植物 348 种，自然分布有国家Ⅱ级保护的植物 2 种、省级保护植物 2 种，森林覆盖率为 78%。野生动物资源分布兽类 7 目 11 科 23 种，鸟类 10 目 25 科 62 种。

以朵森林公园位于市中心城东南，双水片区的以朵组团以东，占地约 4.5 平方公里，是以以朵林场和浪都苗圃场为依托的一个城市近郊森林公园。2008 年 1 月首批设施建成投入使用，对外开放。

乌蒙山国家地质公园 2004 年启动申报工作，2005 年 9 月获国土资源部批准建立。公园位于青藏高原东坡，云贵高原向广西丘陵过渡地区，面积 338 平方公里，是一座以喀斯特地质遗迹和地貌景观、山原和峡谷地貌景观、古生物化石和古人类踪迹地质景观为主，以自然生态和人文景观为辅，集科学价值与美学价值于一体的综合型地质公园，包括北盘江大峡谷和碧云洞溶洞群两个园区，及韭菜坪喀斯特地貌、金盆天生桥、阿勒河和南部的盘县三叠纪的古生物化石群落、盘县大洞古人类遗址等五个景区，2008 年 10 月开园。

麒麟文化公园位于市中心城区的麒麟山，公园分为康体活动区、科教文化区、苗木观赏区、儿童游乐区、服务区等，与麒麟洞国家地质公园景观形成一座立体式的文化主题公园，一期工程于 2009 年建成。

儿童乐园位于钟山区德坞钟山大道与人民路交汇处，2007 年 9 月开工建设，2008 年 6 月 1 日开园，占地面积 380 亩，集儿童地上娱乐、水上娱乐、奇石、盆景、花鸟、休闲娱乐、乐园商业配套设施等为一体，功能设施齐全，娱乐项目丰富多样。

白鹤公园坐落于市中心城区钟山西路白鹤高架桥下，2008 年 7 月 1 日开园，占地 6.87 万平方米。园内广场建设以白鹤为主题，有市民休闲广场、人工瀑布、樱花园、银杏园等景区。

（五）市域交通建设步伐加快

1. 公路建设

国道：G320 国道（黔滇公路）盘县境内由普安县三板桥入境，经英武、刘官、两河、红果、火铺、平关至胜境关进入云南省富源县，全长 86.654 公里。

省道：212 省道（刘坪线）在原盘兴公路基础上延伸，起于盘县原县城（今城关镇），经赵官、忠义、朴西垭口入兴义境，经猪场至坪东，全长 118 公里。两水公路（两河—水城）起于盘县的两头河，经断江、盘关、柏果、洒基、坪地、四格翻越八旦山进入水城境。册盘公路（册亨—盘县）和柏火公路（柏果—火铺）全长 80.15 公里。五一桥—宣威出境段（晋级改造）：起于柏果镇五一桥，接省道煤兴线，止于与云南宣威交界的黑乌丫口，二级公路，全长约10公里。

县境内省级公路于20世纪50年代初起步修筑，随着1953年水威路建成通车，省道建设步伐加快。50年代末期掀起一次建设高潮，但由于山高坡陡，槽谷深幽，修建十分困难，如水煤线历时26年才建成。至2008年，水城县境内有省级公路5条，共长249.9公里。贵烟线（贵阳—威宁烟堆山）起于黔滇公路124公里处大山哨（属镇宁县），经水城县陡箐至双水收费站，穿越市中心城区，经梅花山至烟堆山，长139公里，县境内长47.9公里。煤兴线（昭通煤炭包—兴义）境内长156.3公里，往南经玉舍、杨梅、发耳、鸡场入盘县。艾大线（艾家坪—大湾）为水煤线和贵烟线的连接线，长3公里。德姚线（德坞—姚家营）起于钟山区德坞，至双戛乡姚家营，连接水煤线，长13.1公里。清水线（清镇—水城）在县境内风家丫口至四岔路，长29.6公里，经滥坝、小河、立火入纳雍县。

高等级公路和高速公路：2003年年底通车之水黄高等级公路，为水城县第一条高等级公路。2007年12月26日，水盘高速公路开工。2009年12月18日，六枝至镇宁高速公路开工。2010年12月21日，杭瑞高速六盘水境内段和水城至六枝高速路开工。水（城）—盘（县）高速公路属贵州省"三、三、八、八网"的一纵联络线，是杭瑞高速的支线，起点是水城的俄脚，终点为兴义市。一期工程俄脚至海铺，全长89.96公里，在盘县境内有42公里，设计时速80公里，路基宽度21.5米、四车道高速标准，总投资62.3亿元。盘（县）—兴（义）高速公路属于二期工程，全长93.4公里，盘县境内有66公里，总投资86亿元。

2. 铁路建设

20世纪60年代，为了六盘水的煤炭开发，沪昆铁路六盘水境内段建成通车；70年代，由云南曲靖通往盘县小营尚的盘西支线建成通车；80年代，沪昆铁路境内段电气化改造完成；90年代，株洲至六盘水建成复线；21世纪初，六盘水至柏果接盘西支线铁路建成通车；2009年，六盘水至沾益复线铁路开工建设；2010年，长沙至昆明铁路客运专线境内段开工建设；毕节—水城—兴义铁路在规划中。

3. 民用航空

六盘水支线机场选址在距市中心15公里的钟山区月照乡花竹林，保留占地面积2180亩，机场飞行等次近期按3C级、中远期按4C级进行规划，2004年启动该项目前期工作，2007年11月选址报告经过中国民航总局正式批复。

2008 年 4 月，预可研报告通过了国家发改委委托专家组的评审。2009 年 12 月试验段开工建设，预计 2014 年建成通航。规划到 2020 年，机场旅客吞吐量为 25 万人次，货邮吞吐量为 1250 吨，飞机起降量为 3500 架次。

4. 城市公交

六盘水市公共交通总公司始建于 1972 年，前身是水城县（特区）人汽公司，2004 年上划组建市公共交通总公司。20 世纪 80 年代中期，个体中巴、小面包、小型出租车等社会客运车辆进入城市公交客运市场。2004 年初，在水城县公共汽车公司的基础上组建六盘水市公共汽车总公司，承担城市公共客运主要任务，有营运车辆 163 辆（其中公营车辆 61 辆）、营运线路 12 条；城区有公交线路 16 条。2008 年，部分燃气环保公交车投入运行。20 世纪 80 年代初，以私营为主的小型出租车业兴起；2010 年，市区营运的小型出租车有近千辆。

（六）供电系统及电网建设初具规模

六盘水有电始于 1945 年，是年水城中学教导主任肖奇富自购了一台发电机为自家打米作动力。时值抗战胜利，每遇学校文艺演出，便无偿提供给学校发电照明。

1965 年以前，作为六盘水地区行署所在地的水城，各机关单位靠安装在土桥的一台锅驼机带 2 台 48 千瓦的发电机供给照明，城镇居民和附近农村仍处于蜡烛和煤油灯时代。

根据国务院西昌会议的统一部署，水电部于 1966 年 7 月 8 日批文设立六盘水电力指挥部，直属西南电业建设管理局领导，下设发电工程部和供电工程部，从领导、管理人员到工人，全部由山东省电管局包干支援；9 月，140 余人（包括发电部分）先期到达水城，从此六盘水有了正式的供电企业和专门从事供电工作的职工队伍。六盘水供电发展经历了三个重要阶段。

1966~1979 年为第一个发展阶段。1967 年 9 月，六盘水电力指挥部撤销，成立六盘水地区供电所，隶属贵州省电力办公室领导，到 1974 年，更名为“六盘水供电所”。1966 年起，水利电力部由省外先后调来八台列车发电站，用来解决当时“三线”建设用电；同年，西南电力设计院、云南送变电工程处、煤炭工程兵 41 支队等分别对 110 千伏贵水输电线的六水段和水野段、110 千伏盘关变电站、110 千伏杉树林变电站等输变电工程进行设计、土建施工和电气安装，地区电网建设全面铺开。到 1979 年，四条 110 千伏线路、四座 110 千伏变电站及相应配套的输变电设施陆续建成投入运行，建成了六盘水电网雏形。1971年11月22日，杉树林变电站110千伏半自动准同期并列装置和自动解列保护安装调试成功，实现了云贵两网并列运行。

1980~1997年为第二发展阶段。1980年3月29日，六盘水供电所更名为“六盘水供电局”，通过一系列重大改革，加强了管理，安全生产、电力营销有序进行，企业稳步发展不断壮大，供电量逐年上升。1982年8月开始筹建兴义供电工区；1983年12月，110千伏沙天线建成投入运行，供电范围延伸至黔西南州和广西百色地区的天生桥水电站建设工地。1985年10月，网内第一条220千伏普水线和220千伏水城变电站建成投入运行，继后又扩建一台12万千伏安主变压器。在铁路沿线，建成六枝、二道岩、水西和树舍4座110千伏牵引变电站，原110千伏六水线分别在六枝和二道岩断开接入水城变电站。新架设六枝到普定110千伏普六Ⅱ回线。1992年11月，先后接收威宁自治县电力局、赫章县电力公司、普安县供电局为代管单位，供电范围进一步扩大。1994年3月，110千伏城中变电站建成投入运行，中心区电网形成多回路、多电源的供电网络。1994年元月，盘县电厂一期工程首台20万千瓦发电机组建成投产；同年10月，第二台20万千瓦发电机组建成发电；1996年10月，第三台20万千瓦发电机组建成投入运行，进一步改善了六盘水电网的供电条件，并开始向云南电网供电。1994~1995年，对“老大难”的水城老城和场坝两个片区的配电网络进行彻底改造，接着又陆续改造了川心、黄土坡等片区，改善了城市配电网结构，提高了供电可靠率。同时，农电建设也有突破性进展，用于农电建设的投资达734万元，兴建农村配电网络，为消灭网内无电乡和无电村迈出了坚实的一步。到1997年，全网共有220千伏变电站1座、110千伏变电站9座、35千伏变电站6座，变压器总容量为52.75万千伏安；有35千伏及以上输电线路28条，总长达1000公里。至1997年，全网最大负荷为23.6万千瓦，年售电量为14亿千瓦时，是1967年建局时期的57.4倍；职工人数729人；资产总额为3.57亿元。

1998起为第三个发展阶段。1998年起，“三线一站”建设（内昆铁路、株六复线、水柏铁路、六盘水南编组站及其枢纽工程）全面启动，相继建成梅花山、威宁、老锅厂、滥坝、平田、平关、茅草坪、松河、白鸡坡等9个110千伏铁路牵引输变电工程和相关35千伏及以下变配工程，加上原有的六枝、二道岩、树舍、鲁番、水西铁路牵引变电站，六盘水电网共覆盖14个110千伏铁路牵引变电站及输电线路。1999年1月，农村电力体制改革，六盘水供电局先后代管钟山、六枝、盘县、水城4个地方电力公司（供电局），加上原代管的威宁电力局和普安供电局（赫章县电力公司划归毕节供电局代管），共计代管6个地方电力企业，并对其改制、整顿，完善管理机构。从2000年起，电网城网、农网建设和改造工作全面铺开，至2005年，进行了一、二期工程和节余农电资金后续工程，新建220千伏滥坝变电站和红果变电站，增容45万千伏安，新建110千伏变电站11座及配套输电工程，新建或改造35千伏变电站35座及配套输电工程；大规模开展农村配电网建设，使电网覆盖到六盘水市及威宁、普安两县的全部行政村。“十五”期间，投入“两网”改造资金5.45亿元，电网日臻完善。

（七）城市给排水工程日臻完善

市中心城区供水系统和排水设施于20世纪80年代相继建成。市中心城区的明湖水厂建成于1979年，窑上水库扩建工程于20世纪90年代初建成；同期建成朝阳水厂，市中心城区日供水达到3万立方米，供水水质综合合格率常年保持在98.7%。2002年，开工建设玉舍供水工程，总投资2亿元，新增日供水10万立方米。投资14亿元的双桥水库于2010年11月开工建设，建成后可向市中心城区供水8889万立方米。

中心城区1980年建成花渔洞排污工程；1990年建成钟山加油站至水城河排污排洪工程；1998年9月，开工建设城区大排污工程的水城河两岸9.4公里排污干管，同时在九洞桥建设5万吨/日污水处理厂，2004年投入运行。2010年，水城双水、钟山德坞污水处理厂相继建成投入使用。

（八）城市供气能力不断提高

六盘水市是贵州省最早使用管道煤气的城市，1990年民用煤气投入使用，日供气能力为2.5万立方米。1998年，煤气一期技改工程完工，日供气增加3万立方米，达5.5万立方米。2009年建成一座10万立方米气站，至2010年，城市民用煤气日供气能力为15.5万立方米。

第三节 城市产业发展

一、农业产业化经营稳步推进

解放后，尤其是改革开放以来，六盘水把农业农村工作放在重中之重的位置，制定了稳定农业生产、促进农民增收的一系列配套政策措施，加大资金投入力度，加强农业综合生产能力建设和生态环境建设，以科技为支撑，大力调整和优化农业内部结构，农业经济取得了明显成绩。农村各项社会事业蓬勃发展，农业生产水平逐年提高，农民生活质量显著改善，农村面貌发生了翻天覆地的变化。

（一）农牧业生产稳步增长

2010 年，全市农业总产值为 50.07 亿元，全市粮食总产量达 86.02 万吨（2009 年数），是 1978 年 37.76 万吨的 2.28 倍，农民人均占有粮食达到 358.65 千克，比 1978 年增加 131.78 千克。全市大牲畜存栏 45.64 万头（匹），生猪存栏 109.1 万头，羊存栏 26.52 万只，禽存栏 589.22 万羽；出栏牛 6.55 万头，出栏猪 102 万头，出栏羊 13.14 万只，出栏禽 646.45 万羽，禽蛋产量 0.56 万吨，水产品产量 1200 吨，水产养殖面积 191 公顷；有牛杂交改良点 189 个，羊杂交改良点 142 个，猪杂交改良点 617 个，共投保能繁育母猪 9.71 万头，肉类总产量达 10.88 万吨。

（二）农村生产生活条件改善

实施社会主义新农村建设试点工作，全市各级共确定试点村 118 个，占全市行政村总数的 10%。2006 年以来的五年，硬化村寨道路 125 万平方米，硬化庭院 133 万平方米；改造农村防氟灶 7 万户，新建村活动室 103 个、村卫生室 312 个；建设乡敬老院 15 所、村娱乐场所 31 个；整合涉农项目资金 3 亿元投入农村各项社会事业。

至 2010 年年底，全市 80% 的行政村通电话，移动电话信号覆盖率达 90% 以上；全市广播、电视覆盖率分别达到 87.8% 和 93.8%；农村交通、文化、教育、卫生等得到明显改善，农村通电率达 96%，通乡油路达 85%，通村公路达 95%，基本解决了农村的饮水困难；全市共建沼气池 11.07 万户，改厕所 35969 座，改厨房 30036 间，改猪圈 32740 间，新建沼气生态示范点 20 个；“两基”巩固提高和“普实”成效显著；全市 98 个乡（镇、办）均有卫生院，1014 个村有卫生室，新型农村合作医疗稳步推进，参合率达到 97.45%；农村低保基本覆盖了低收入人群，基本实现应保尽保；新型农村社会养老保险启动。通过“美好家园”建设、茅草房改造等项目的实施，初步建成了一批环境优美、设施配套、生活便捷、特色鲜明的社会主义新农村。

（三）农民收入快速增加

实施工业反哺农业效果明显，全市有 342 家企业和 214 个村结成村企共建新农村对子，试点村农民年收入最高的达 4500 元以上，最低的达到 3500 元以上。2010 年，农民人均纯收入 3600 元。

（四）农业产业化经营稳步推进

建设高标准的原材料生产基地，在马铃薯、茶叶、生姜、苦荞等方面已经初步实现产业化经营。2005~2010 年，全市杂交玉米种植面积从 82.32 万亩提高到 104.64 万亩，杂交水稻种植面积从 25.64 万亩提高 28.64 万亩，马铃薯种植面积从 84.59 万亩提高到 208.31 万亩（其中脱毒马铃薯从 56.43 万亩提高到 166.65 万亩），蔬菜种植面积由 34.16 万亩提高到 45.89 万亩；优质稻、茶叶、白芸豆、生姜、荞麦、中药材等优势特色产业种植面积从 17.38 万亩、3.64 万亩、5 万亩、6 万亩、5 万亩、1770 亩分别调整到 23.7 万亩、6.1 万亩、8 万亩、5 万亩、12 万亩和 1.5 万亩，打造了六盘水马铃薯、郎岱蔬菜、发耳生姜、六枝优质米、"水城春"牌茶叶、四格乌洋芋、猴场红心猕猴桃等特色农产品品牌。

畜牧业发展速度加快，生态养殖小区、规模化养殖场和草地畜牧养殖逐步发展，2010 年全市有年出栏生猪 50 头以上的规模养猪场（户）824 个，有年出栏 10 头以上的规模养牛场（户）423 个，有年出栏 30 只以上的养羊场（户）978 个，有饲养量 500 羽以上的蛋鸡场（户）68 个，有年出栏 2000 羽以上的规模养鸡场（户）135 个；特色养殖发展较快，目前建有野鸡养殖场 10 个、野猪养殖场 7 个、养兔场 6 个、野鸭养殖场 4 个、冷水鱼养殖场 2 个、梅花鹿养殖场 2 个、大鲵养殖场 1 个，以及香猪养殖场、竹鼬养殖场、蝗虫养殖场各 1 个。全市获无公害畜禽生产产地认定证书养殖企业 21 个，其中 6 家获无公害肉猪产品认证。新建了一批农副产品加工企业和农副产品批发市场，有省级龙头企业 6 家、市级龙头企业 33 家。2010 年，全市有农业产业化组织 333 个，其中农民专业合作经济组织 293 个。农业产业化组织固定资产总值为 4.6 亿元，销售收入达 13.82 亿元。已通过认证的无公害农产品 17 个（含绿色产品 2 个）、无公害农产品基地 23 个。

（五）新农村建设卓有成效

2006 年，市政府把新农村建设纳入工作规划，完成了六枝陇脚乡月亮河村、水城县纸厂乡前进村的村庄整治规划，并通过评审；完成了盘县红果镇化屯村、水城县蟠龙乡沙坡村、钟山区大河镇大桥村的整治规划方案。2008年，完成了盘县老厂镇南星村、马依镇螳螂村、平关镇石脑村、两河乡冯家屯村、钟山区月照乡玉顶村的新农村整治规划；建设连户便道3163米、排水排污沟2361米、庭院硬化6212平方米、厕所改造36座，规划农村危房集中安置点4个。至2010年，全市完成新农村村庄整治规划修编35个。从2008年起，实施农村危房改造，当年试点改造1200户；2009年分两批实施，第一批扩大试点2903户，第二批15775户；2010年改造20028户。三年共完成农村危房改造39906户。

2010年，结合新农村建设，在全市实施美好家园建设工程。沿铁路、高速或高等级公路、风景名胜区等地域推进农村美好家园建设，以“六建”（建设美好民居、建设农业产业化、建设城乡旅游经济、建设农村庭院经济、建设文明乡风、建设和谐村寨）和“六改”（改路、改厕、改厨、改圈、改院、改池）为主要内容，对农房进行外装改造，建设农村亮丽工程。首批试点盘县平关镇胜境村、红果镇舍勒村、水城县蟠龙乡法那村、六枝特区中寨乡新场村、水城县猴场乡对原有房屋每户补助5000元，按“青瓦、灰线、白墙”民居建筑风格改造或新建，全市共实施5200户。

二、坚持走新型工业化发展道路

（一）六盘水工业发展历史

市境内农村工业历史悠久，以竹编、酿造、冶炼工业为主。西汉末年，境内炼铁业兴起，生产铁制农具和家庭用品。明代出现煤炭开采、生铁冶炼、雄黄、铅锌、砖瓦、造纸、酿酒、豆制品工场和作坊。民国时期，境内煤炭开采、炼铁、造纸、陶瓷、建材、纺织、铅锌、商业、驮马运输业进一步发展。新中国成立后，境内煤炭、炼铁、铸造、铅锌、商业、运输业逐渐复苏，农村食品加工、竹木制品、纺织作坊相继发展。中共中央于20世纪60年代初提出“大搞三线建设”，经过五年左右，建成水城钢铁厂、水城矿务局、水城发电厂、水城水泥厂、盘江矿务局、六枝矿务局等国有大中型企业，基本构成六盘水工业支撑体系；1966年提出“在有条件的地方，也要由集体办些小工厂”，部分公社、大队利用当地资源和技术办起了集体小煤厂、砖瓦厂、造纸厂、农具厂等企业，社队企业正式诞生。1993年，六盘水市委、市人民政府制定了《关于加快乡镇企业发展的规定》，把全市经济工作的重点转移到发展乡镇企业上来。一是抓煤炭的开发利用，加快乡镇煤矿的整顿和骨干矿井建设，改扩建和新建骨干矿井158对，新增生产能力442万吨。二是抓铅锌行业的建设，新建了一批开采、洗选、冶炼企业。三是发展建材业。四是发展第三产业。五是发展绿色产业。

（二）探索新型工业发展道路

进入21世纪，六盘水市迎来了新一轮工业经济发展的热潮。一是新建了一批省内外国有资产项目，以煤炭开采和火力发电项目为主，有盘县电厂（3×20万千瓦）、盘南电厂（4×60万千瓦）、发耳电厂（4×60万千瓦）、野马寨电厂（3×20万千瓦）、响水煤矿（1000万吨/年）、松河煤矿（800万吨/年）、发耳煤矿（400万吨/年）；二是驻市国有大中型企业纷纷改制，做强主业，分离辅业和企业办社会职能，推动了企业主辅业的扩张。水钢异地扩建工程——首黔钢铁公司在盘县鸡场坪征地8000亩，新建一座年产500万吨特种钢的现代化钢城。水钢博宏公司、水矿群联公司涉足多种行业生产经营，不断发展壮大。水矿集团玉舍煤矿的建设和水城水泥厂效益明显提高。三是由于城市容量的扩大，为城市生产生活服务的基础性产业显出规模效应。四是通过对煤炭企业的整合和焦化、洗煤企业的技术改造，非公有制经济不断做大做强，健康持续发展，成为六盘水市工业经济三大支柱之一。2010年，营业收入上亿元的非公有制工业企业有84户，非公有制工业企业成为地方财政收入的重要来源。

2010年，全市人均GDP为16700元，全社会固定资产投资达335.51亿元，其中基本建设占35.2%，工业占57%。全市生产总值中，第一产业为30.25亿元，占6%；第二产业为303.2亿元，占60.6%，其中工业278.6亿元，占55.6%。从三次产业结构看："八五"期间是18.56：48.59：32.85，"九五"期间是16.29：49.02：34.69，"十五"期间是10.99：53.67：35.34，"十一五"期间是6.54：60.33：33.13。第一产业下降12个百分点，第二产业上升12个百分点。从规模以上工业总产值看：2010年全市工业总产值为635.5亿元，其中采矿业占23.4%，制造业占38.3%，电力、燃气、水的生产及供应业占17.9%，其他工业占20.4%。按隶属关系分：中央省属工业企业占62.9%，市县国有工业企业占5.6%，非国有工业企业占31.5%（2010年全市非公有制经济规模以上工业企业是497户，但只纳入140户进行调度，所以占的比例小）。从主要工业产品产量看：2010 年全市生产原煤 6001.15 万吨、洗煤 2103.8 万吨、焦炭 496.73 万吨、钢 328.31 万吨、钢材 321.44 万吨、生铁 324.28 万吨、水泥 377.64 万吨、砖 7874.46 万块、发电量 319.67 亿度、饮料酒 568.28 千升、原铝 12.41 万吨，铝板 5.69 万吨。全市有纳入重点调度的中央省属企业 16 户、地方重点国有企业 4 户、地方重点非国有企业 12 户，纳入统计监测的规模以上工业企业 160 户。

（三）工业经济呈现四大特点

一是经济总量得到较大扩张。2010 年，全市工业总产值为 635.5 亿元，是 1978 年的 159 倍；第二产业增加值为 303.2 亿元，是 1978 年的 178 倍。

二是经济结构不断优化。三次产业结构由 1978 年的 33.9 ：42.4 ：23.7 调整为 2010 年的 6 ：60.6 ：33.4。2010 年全市形成生产原煤 6000 万吨，钢、铁、材 320 万吨，水泥 380 万吨，发电量 320 亿度的重工业生产格局，轻重工业比是 0.5 ：99.5。

三是主要工业企业产能合理快速增长。煤炭行业有大中型煤矿 40 座、地方煤矿 321 座。电力工业有 4 座大中型火电厂，全市电力装机容量为 818.62 万千瓦。冶金行业水钢已形成钢、铁各 300 万吨以上生产能力，年营业收入上 100 亿元。电解铝及铝板生产能力达 18 万吨，年营业收入 25 亿元。建材行业建成 5 个水泥厂，形成新型干法水泥生产线产能 420 万吨，六盘水恒远新型建材有限公司粉煤灰空心砌块生产线已形成产能 45 万立方米。装备制造业集中在水城钢铁集团公司、盘江煤电集团公司、水城矿业集团机械制造分公司、贵州宏师煤机制造有限公司 4 家，主要从事综采液压支架、中重型刮板输送机、半煤岩巷道掘进机、矿用运输机械、电气设备、支护设备和冶金机械设备等研究与生产。煤层气开发有盘江煤电集团已建成投产的瓦斯发电站 5 座，2009 年累计发电 2978 万度，2010 年开工建设 10 个瓦斯发电站、部分余热利用项目以及瓦斯民用项目等，水城矿业集团装有 500 千瓦的瓦斯发电机组 52 台，装机功率为 2.6 万千瓦，六枝工矿 2009 年瓦斯发电用气 449 万立方米，发电量为 1239 万度；民用气为 341 万立方米。煤焦化行业企业有 6 家（碳化室高度在 4.3 米以上），设计总产能为 390 万吨；回收煤焦油加工的企业有水钢、水城泓权化工 2 家。

四是非国有工业发展加快。2010 年，全市非公有制经济从业人员为 39.8 万人，创造增加值 180 亿元，占全市 GDP 的 36%，其中创造工业增加值 110

亿元，占全市工业增加值的 39.5%；全市非公有制经济上交税金 45.6 亿元，占全市财政总收入的 42.3%，其中规模企业上交税金 32.2 亿元，占全市财政总收入的 29.9%；固定资产投资 73.3 亿元，占全市固定资产投资的 21.8%；农民人均从非公经济获得的工资性收入为 1839 元，占全市农民人均纯收入的 51%；非国有工业完成总产值 344 亿元，占全市工业总产值的 54%，上交税金 34.48 亿元，占全市财政总收入的 32%。

三、第三产业发展增速

（一）物流业整体水平不断提升

目前，物流业的建设发展呈现出以能源原材料为主的特点。运输以铁路、公路为主，铁路货运量小于公路货运量，仓储物流量和联营物流量比重较小。货物运输以煤炭、矿石、钢铁、建材等大宗货运为主，造成运力特别是铁路运力紧张，这种局面还将维持相当长一段时期。物流发送量大于输入量，物流顺逆差率较大。农村物流业处于起步阶段。

物流业发展环境和条件明显改善，服务水平有所提高。2006~2010 年，全市物流相关行业即交通、仓储及邮政业等完成生产总值分别为 26.32 亿元、32.9 亿元、34.6 亿元、35.05 亿元和 41.38 亿元，同比增长 11.9%、16.2%、1.1%、8.7% 和 14%，占服务业的比重为 31.1%、31.9%、29.2%、24.62% 和 24.75%。物流业已成为六盘水市服务业的支柱产业，为六盘水市发展现代物流业提供了极佳的条件。现代物流业正在起步，主要是输出型物流，今后物流业发展将以综合交通运输体系为依托，以服务于川滇黔桂结合部的区域经济发展为中心，以信息技术为支撑，以市场建设为抓手，整合规划区各类物流资源，协调构筑贵州西部 1 小时经济圈内物流基础设施、物流信息、物流配套设施和物流产业政策体系四大平台，建立多功能、多层次的现代物流服务网络体系，实现物流的社会化、专业化、信息化，促进产业结构调整，使六盘水市成为继昆明、贵阳之后中国西部崛起的重要的陆路口岸城市。

（二）商贸流通业蓬勃发展

改革开放以来，六盘水市流通业的建设规模、发展速度、流通主体、流通方式都发生了深刻变化。特别是“十五”以来，全市商品流通市场环境有了很大改善，商品市场体系基本建立，流通体制改革不断深化，流通领域结构明显优化，市场监测体系开始形成，流通经济已进入了一个新的发展阶段。“十五”期间，社会消费品零售总额年均增幅达 15.21%，高于同期 GDP 增速 1.51 个百分点；社会消费品零售总额累计完成 176.90 亿元（其中 2004 年和 2005 年的社会消费品零售总额以经济普查数据为准），比“九五”时期增长一倍多。2004 年，社会消费品零售总额实现 52.58 亿元。2005 年，全市实现社会消费品零售总额 58.06 亿元，较 2004 年增长 10.40%，其中：批发零售贸易业完成 50.51 亿元，同比增长 11.40%；住宿、餐饮业完成 6.97 亿元，同比增长 9.90%；其他行业完成 0.58 亿元，同比减少 35.20%。从消费地域构成看，县以上占 80.09%，县以下占 19.91%。全年完成税收 6.8 亿元，占税收总额的 20%，是第四位纳税行业。

2010 年，城区社会消费品零售总额为 98.26 亿元，比上年增长 22.32%，占全市的 58.77%。市中心城区大中型商场（购物中心、超市）经营面积约 7 万多平方米，年销售额上亿元；专业市场（商贸市场）经营总面积为 45 万平方米，经营的项目主要集中在小商品百货、食品粮油、蔬菜水果、建材装饰、汽车交易五大类，涉及农产品、食品、日用化工品、服装、机动车、钢材、木材、水泥、矿产品、五金、废旧物资回收、牛马销售、生猪屠宰及交易、文化用品等具体项目数十种，年交易额约 9 亿元。商业零售网点布局面宽、点多，基本满足城市居民日常生活需要。根据《贵州省重点农产品批发市场建设发展规划（2007～2015 年）》，六盘水市重点建设的农产品交易市场为六盘水市粮油批发市场、盘县畜产品批发市场、水城中药材批发市场等 20 余个。商贸流通业已成为服务业的支柱产业，成为第三产业中总量较大、贡献率较高、拉动力较强的支柱行业。

（三）金融保险业逐步完善

随着西部大开发的深入，金融业也进一步完善，2006～2010 年，金融保险业的增加值分别为 6.99 亿元、8.0 亿元、9.0 亿元、16.89 亿元和 18.45 亿元，占服务业增加值的比重分别是 8.3%、7.7%、7.6%、12.03% 和 11.04%，增速分别为：8.5%、9.9%、5.6%、17.6% 和 5.9%。2010 年年末，全市金融机构人民币各项存款余额为 499.05 亿元，比年初增加 75.15 亿元；人民币各项贷款余额为 360.89 亿元，比年初增加 52.65 亿元。

保险业方面，2010 年全市商业保险保费收入为 10.09 亿元，比上年增长 43.31%，其中，财产险保费收入 4.54 亿元、寿险收入 4.91 亿元。全年支付各类赔款及给付 2.75 亿元，较上年增加 19.18%。

（四）房地产业不断发展壮大

职工住房分配工作本着按劳分配及效率优先、兼顾公平的原则，严格按照资产职工分头算账，过去将来两相衔接，存量按工龄补偿，增量分步理入工资，租售价格统筹调整，多种支付并存过渡的总体要求，全面实行住房分配货币化模式，对各单位所收取的住房款项和住房租金由产权单位统一存入建行房地产信贷部专户，实行专款专用。于 2004 年对已出售的房改住房全面推行市场准入制度。至 2007 年底，全市共办理房改房上市准入证 6150 户，收取土地收益金 3100 万元。

2000~2007 年，全市房地产开发投资总额为 51.84 亿元，全市施工商品房总面积为 1100.30 万平方米，全市共销（预）售商品房总面积 259.66 万平方米，实现商品房销售总金额 38.87 亿元。

2010 年，房地产开发完成投资 4.96 亿元，同比减少 81.66%，房地产投资占固定资产投资比重为 1.48%。受宏观调控的影响，2010 年改变了近年来房地产投资占固定资产投资比重逐年上升的趋势。“十一五”期间，预期目标开发投资 60 亿元，竣工面积 840 万平方米（7.8 万套）。根据“十二五”社会经济环境和宏观调控政策变动，总量变动幅度控制在 ±10% 之间，其中，中低价位、中小套型普通商品住宅（含经济适用住房）和廉租住房占 70% 以上。预计到 2015 年末，城市人均住房建筑面积达到 30 平方米。

（五）旅游业展势头日益强劲

“十一五”期间，累计完成旅游业投资 10.979 亿元，其中非公有制资本为 7.637 亿元，占总投资的 69.56%。建成了六枝陇脚乡月亮河村、盘县四格乡坡上草原、丹霞山、火铺杜鹃林等景区公路及旅游景区（点）游览步道、停车场、厕所等基础设施；新建了乌蒙山国家地质公园核心园区、以朵城市公园、凉都森林公园、动物园、儿童乐园等；新建了凉都大酒店、时代假日大酒店等酒店、宾馆；新建了桃源山庄、大山杜鹃山庄等旅游休闲、度假山庄。对盘县会议会址“九间楼”等文化古迹景点进行了维修和修缮；有序推进三线建设博物馆、沃尔玛购物超市、文化宫、俱乐部、图书馆、保龄球馆、休闲中心、游泳中心等服务设施的建设。旅游可进入性初步改善，接待能力提高。全市有星级饭店 11 家（4 星级 2 家、3 星级 4 家，2 星级 5 家）、纳入行业管理的非星级酒店 29 家、旅行社 21 家、旅游集散中心 1 座、旅游车队 1 支、休闲健身娱乐服务个体单位 172 个，有获批全国工农业旅游示范点 3 个、列入省乡村文化旅游重点示范村寨 3 个，玉舍国家森林公园列入省森林旅游度假基地，水城县百车河获省级休闲农业与乡村旅游示范点。2006~2010 年，国内游客人数分别为：201.27 万人次、231.95 万人次、195.33 万人次、287.75 万人次和 275.89 万人次。“十一五”累计接待游客 1192.19 万人次，旅游接待人数年增长 15.2% 以上；实现旅游综合收入 49.6 亿元，年均递增 30% 以上。2010 年全市旅游总收入为 10.61 亿元。

四、打造特色城市名片

随着经济建设的快速发展，文化基础设施不断完善，文化事业和文化产业日益繁荣，六盘水市连续举办了多届“中国凉都 · 六盘水消夏文化节”、“金秋乌蒙”等重大文化活动。利用气候优势，打造“凉都”品牌，繁荣“凉都”文化，这些动感、时尚的现代文化与悠远厚重的历史文化、缤纷多彩的民族民间文化以及风味独特的高原饮食文化共同交织成魅力无穷的六盘水文化，形成了六盘水的城市底蕴，也成为六盘水的靓丽名片。

（一）时尚的“凉都”品牌

2004 年，“中国凉都·六盘水消夏文化节”全面启动。2005 年，中国城市气象学会对“中国凉都·六盘水”课题组提交的报告进行了多轮质询和论证，向六盘水市人民政府颁发了“中国凉都·六盘水”证书，使六盘水成为中国第一个以气候资源优势得到首肯而命名的城市。凉爽的气候成为永续利用的珍贵资源，依托文化与气候组合优势，举办凉都消夏文化节成为六盘水创建“凉都”品牌的重要载体。文化成为一年一度“凉都消夏文化节”的有力支撑，而由“凉都消夏文化节”滋生的节庆经济成为拉动六盘水地方经济发展的重要手段之一，同时也让“中国凉都 · 六盘水”的知名度与美誉度得到空前提升。由它衍生出来的品牌、文化和形象为六盘水优化产业结构、改善投资环境，发展旅游经济、会展经济和消夏避暑产业提供了广阔前景和发展空间。

（二）悠远厚重的历史文化

2000 多年前，司马迁在《史记·西南夷列传》中记述了战国至西汉时期夜郎古国一段扑朔迷离的历史，六盘水市六枝特区茅口境内的牂牁江畔就流传着许多关于古夜郎国的传说，六枝岩脚老坡底遗址是贵州省首次发现的河流阶地上新石器晚期和夜郎时期的聚落遗迹，这在夜郎考古上是一个重大突破。

1973 年，市境内发现距今约 10 万年的旧石器时代中晚期古人类文化遗址——水城硝灰洞遗址，在该遗址居住的“水城人”使用的打片技术“锐棱砸击法”创造了贵州在“旧石器时代”的辉煌，其用火遗迹则是中国华南地区古人类用火最为可靠的证据。1983 年，市境内发现距今约 5 万年的新旧石器文化并存的史前遗址——六枝桃花洞遗址，该遗址对研究晚期智人向现代人进化的过程有着特别深远的意义。

1990 年，市境发现距今约 30 万年的旧石器时代早期古人类文化遗址——盘县大洞古文化遗址，在该遗址居住的“大洞人”属早期智人。盘县大洞古文化遗址被评为 1993 年度全国考古十大新发现之一，1996 年国务院批准公布为全国重点文物保护单位。盘县大洞是目前世界最重要的古人类洞穴遗址之一，对研究南亚人类的起源、进化和环境演化有着极其重要的意义。

六盘水市有不可移动文物 624 处，尤以古遗址、古建筑、近现代革命史迹、历史文化名镇和少数民族文化生态博物馆五大类最具代表性，拥有盘县大洞遗址、盘县古城墙、盘县普安州文庙、盘县丹霞山护国寺、盘县红二和红六军团总指挥部旧址、六枝郎岱古镇、六枝岩脚古镇、六枝毛口月亮洞古墓、六枝毛口古驿道、六枝梭嘎生态博物馆、水城野钟古铅锌矿遗址、钟山区大硝洞古代制硝遗址、三线建设博物馆临时指挥部旧址等众多文物保护点。

（三）绚丽多彩的民族民间文化

六盘水是一个多民族杂居的地区，已识别的少数民族成分多达 41 个，世居民族主要有苗族、彝族、布依族、仡佬族等。各民族在六盘水市境内开荒、耕种、养殖、冶炼、繁衍生息、代代相传，并以他们固有的生产生活方式、生存状态、特有的习俗共同创造了六盘水市丰富多彩的民族民间文化，也使六盘水市的民族民间文化带上了鲜明的地域色彩和神秘色彩，比较有代表性的有：

（1）粗犷原始的民间音乐舞蹈。民间舞蹈种类繁多，包括习俗舞蹈、宗教祭祀舞蹈、社交舞蹈、自娱舞蹈、体育舞蹈等。水城南开乡、青林乡一带的苗族芦笙舞，汪家寨镇的彝族铃铛舞，六枝落别、陇脚等地布依族的铜鼓舞和竹筒舞，新窑乡四印苗的花棍舞，中寨乡的彝族铃铛舞，盘县彝族中流传的海马舞、毕摩舞、羊皮鼓舞、斗牛舞、铃铛舞等，是非物质文化遗产中的瑰宝。民间音乐也十分丰富，各民族均有各自的特点和调式，同一民族中各支系之间的曲调又各不相同。随着各民族之间的长期交往，一些歌谣曲调及器乐曲调也同时在不同民族间演唱和流传。民间器乐大多原始、简单、古朴，其中影响较大的有盘县马场乡滑石板村的苗族同胞吹奏的大筒箫，南开、青林一带的苗族芦笙，六枝梭嘎箐苗支系民族的三眼箫，以及布依族中流传的姊妹箫等。

（2）工艺精湛的民族服饰。民族服饰外形艳丽多变、样式独特、装饰手法和图案花纹多样，有的还具有特别的纪念意义，体现了各地各支系民族特有的传统文化审美理念和心理感观特征，同时也是各民族重要的文化标志，具有丰富的文化内涵。最有代表性的有苗族的服饰、彝族服饰、布依族服饰等。

（3）绚丽夺目的民间歌谣。民间歌谣是文化遗产中的一朵珍贵奇葩，有如下特点：一是调式多，民间有“隔山隔水歌不同”之说；二是内容丰富，有叙述历史、民族史的古歌、时政歌，有婚嫁中的酒歌、酒令，还有情歌、劳动歌等；三是形式多样，有喊歌、酒令、坐歌等；四是演唱场合讲究，有不分长幼、不分男女相聚一堂时演唱的酒歌、礼歌，有局限在同辈人之间并且只能在野外演唱的山歌、情歌等；五是多为“尖声山歌”；六是多为即兴之作；七是多用比兴手法、白描技巧、夸张手法，语言简洁、明快、生动。

（4）别具一格的民间工艺品。民间工艺品在各民族中均有分布，主要集中在服饰制作、生活用物两个方面，其中以苗族的挑花、彝族的彩布贴花、布依族的剪纸、汉族的木刻纸马，以及水城的纸扎、盘县的砂陶、发耳的乌木烟杆等都较为著名，还有工艺手法较为原始古老的蜡染、编织、雕刻等。此外，在部分地区尚有近年发展起来的根雕、盆景、草编、烙画、拼贴等工艺品种流行。

（5）粗犷古朴的水城农民画。水城农民画是在传统民间艺术基础上产生和发展起来的新型造型艺术，属现代民间绘画的新画种。它以多变的线条组合和强烈的大色块对比营造出独特意韵，于粗犷古朴中见奇巧，简明轻快中透含蓄，具有浓郁的民族特色和地域特点，其题材多为市境内原始古朴的民风民俗、农耕时代的生产生活、美丽的自然风物和节庆游乐等，具有深厚的文化内涵和强烈的艺术感染力。水城农民画多次获中国各级政府奖，有近 50 幅作品被中国民间美术博物馆和国家有关部门收藏，有的还销往世界各地。1988 年，水城县被文化部社会文化局命名为“中国现代民间绘画画乡”。水城农民画正逐渐探索走产业化发展的道路。

（6）古朴神奇的民俗节庆。境内的各聚居民族依照本民族的风俗习惯、典章文物、宗教仪式、服饰礼仪、民间艺术等展开了一系列精彩而繁多的节庆活动，如苗族的跳花节、彝族的火把节、布依族的对歌节、仡佬族的吃新节、箐苗（长角苗）的祭箐节等。每年农历正月初三至三月初三,六枝折溪乡的彝族同胞在村里演出傩戏以祭神驱鬼。每年正月初一到十五，滑石板村和邻村邻县数千苗族同胞聚集于村东侧的一个洞前，唱情歌，吹芦笙、直箫，谈情说爱，故名“采花洞”。每年农历二月十五，水城县南开乡三口塘都要举行当地小花苗同胞最喜庆的“跳花坡”，成千上万苗族同胞身着盛装载歌载舞，这是贵州省规模最大的民族节日之一。每年农历六月二十四，玉舍乡海坪都要举行盛大的彝族“火把节”，所有活动均在篝火旁、月色中举行，又称为“晒月亮”。

（7）风情浓郁的乡村特色文化。“高山苗，矮仲家，不高不矮是彝家，仡佬住在石旮旯”的民谚，充分反映了六盘水市四个主居民族的地理分布情况和自然生态环境。苗族大多聚居在凉山、半凉山峡谷高寒山区。彝族大多居住在气候温和、降雨量充沛的半坡地带，少数居住在河谷坝子或高寒山区。布依族主要居住在北盘江及其支流沿岸的河谷和丘陵的坝子地带。仡佬族分散居住在深山箐林里。各民族村落聚居点或依山而建，或傍水而居，环境优美，民风古朴，服饰独特，文化风情浓郁，成为旅游业发展的宝贵资源；主要特色村寨有原国家主席江泽民和挪威国王哈拉尔五世共同出席签字仪式的第一座民俗生态博物馆——六枝梭嘎生态博物馆所在地六枝特区梭嘎乡陇戛寨，以及六枝凉都 · 月亮河夜郎布依文化生态园所在地陇脚乡月亮河布依村寨、六枝特区新窑乡桥梁堡村青苗支系民族聚居村寨，盘县羊场乡和宝鸡乡以布依族文化风情为主的张家寨、陆家寨，盘县淤泥乡麻郎垤村彝族村寨，盘县马场乡滑石板村花苗支系民族聚居村寨，水城县陡箐乡以苗族文化风情为主的坪箐村寨、猴儿关村寨、夹岩村寨、蜂子岩村寨，水城县青林乡海发村小花苗支系民族聚居村寨，南开乡偏坡村小花苗支系民族聚居村寨等，水城县玉舍乡海坪村彝族村寨和发耳乡新光村布依族村寨，钟山区月照乡马坝村苗族村寨，等等。

（四）风味独特的高原饮食文化

（1）盘县特色菜。以家常菜为主，盘县大肉、糯米鸡、辣子鸡、焦盐白果、山野菜和农家菜等滋味清爽可口，是市民餐饮消费的主流。

（2）乌蒙羊肉系列。以高原黑山羊为基础原料的水城羊肉粉，以汤鲜、味美、滋补著称；其次为羊肉汤锅，全羊一锅煮熟，配以佐料，深受食客称赞。另有干锅羊肉、清炖羊肉、红烧羊肉等，味道独特。市区有羊肉汤锅一条街，尤受外地来客青睐。

（3）水城羊肉粉。这是六盘水人早餐的主食，羊肉熟透而不烂，米粉雪白，汤汁鲜淳红亮，辣香而味浓，油大而不腻。

（4）烙锅洋芋。因其香辣爽口、味道奇香、开胃可口、油大不腻而获得中央电视台经济频道"西部名小吃"的称号。市区内比较有名的烙锅店有"全有福烙锅"、"老城烙锅"、"小纳雍烙锅"、"八家寨烙锅"等。

（5）荷叶糯米鸡。荷叶清香扑鼻，糯米润滑可口，鸡肉味道完全渗透到糯米之中，回味悠长，开胃爽口，风味独特，是传统小吃，也是宴会中一道名菜。

（五）得天独厚的旅游资源

（1）六枝牂牁江风景名胜区。含牂牁江景区、回龙溪景区、洒耳景区三个景区，共112个景点。牂牁江景区：主要景点有虎跳石、花雨岩巷、茅口天险、万丈赤壁等。回龙溪景区：主要景点有梭嘎长角苗风情、水落洞歪梳苗风情、回龙溪、观音洞等。洒耳景区：主要景点有滴水滩瀑布群、坝湾布依风情。

（2）盘县护国寺。该寺位于贵州省六盘水市盘县水塘镇的丹霞山上，距县城17公里。丹霞山海拔1888米，石灰岩地貌，溶洞遍布，气候温和，雨量充沛，阳光充足，宜于林木生长，古有"林海"之称，为天然的动植物园。护国寺始建于明万历年间。地理学家徐霞客亲临丹霞山考察，并将资料写入《徐霞客游记》，大大提高了丹霞山的知名度。到丹霞山旅游者必到护国寺。护国寺有山门、弥勒殿、大雄宝殿、玉佛殿、千手观音殿、斋堂、观音堂等建筑。中国佛教协会会长赵朴初先生亲笔题写了"丹霞山"、"护国寺"及"大雄宝殿"等匾额。寺中珍藏有光绪皇帝御赐之物，还有赵以炯、翁同龢等人的题匾、楹联、书画等。美国纽约妙觉寺住持洗尘法师捐助寺内计有玉佛、贴金弥勒佛、地藏菩萨、千手观音及法器等。另藏有历次传戒所用的黄铜"金刚光明宝戒宏范印"及具有千年历史的《贝叶经》、《贵州省盘县丹霞山莲花峰千佛戒同戒录》

等。寺属名胜古迹有：丹霞山玉佛寺、隆普墓塔、观日楼、梓木洞等。

（3）盘县大洞竹海风景名胜区。该景区由盘县大洞古人类文化遗址、万亩竹海、万亩杉林、大山垭百里杜鹃、水库群、瀑布群、典型地质剖面、古树名木、竹根水、温泉、林场、溶洞、天生桥、湖泊、寺庙、古桥、古建筑、古驿道、古造纸坊、特色村寨等26个自然景物和人文景物组成，相对集中地分布在大洞竹海片区、大山垭百里杜鹃片区、邓家湾林场—新民温泉片区中。

（4）盘县古银杏风景名胜区。总面积140平方公里，含石桥、乐民镇景区、城关镇景区、水塘镇景区、火铺镇景区，有千株古银杏林、碧云洞、丹霞山、火铺杜鹃林、滇黔古驿道等数十个著名景点。

（5）盘县坡上草原风景名胜区。由万亩坡上草原牧场、万亩矮杜鹃林、沙河龙潭口溶洞、天生桥、格所河峡谷大出水洞、天然大天窗等资源组成，还包括有古榕树群、草原湖泊、千亩杜鹃林、千亩天然林、龙天佑古墓、彝族村寨、彝族"火把节"、白族"火把节"以及岩溶峰林、峰丛等自然风光、人文景观景点42个。

（6）六盘水南开风景名胜区。该景区是贵州省级风景名胜区，总体上分为南开三口塘苗族跳花节、青林苗族文化村、阿勒河景区、金盆干河天生桥景区、二道坪景区，整个风景名胜区总面积为60平方公里，以高山峡谷、溶洞、古代工业文明和苗族、彝族文化为特色。

（7）六盘水玉舍森林公园。林场内以松树、杉树树种居多，有国家一级保护植物光叶珙桐和国家二级保护动物白腹锦鸡栖息,5月份能看到珙桐花开；还有二级保护植物西康玉兰以及不同种类的天然杜鹃花林。

（8）国家二级保野钟自然保护区。该保护区位于水城县野钟乡的北盘江地段，距市中心81公里，属省级自然保护区。区内有国家一级保护动物黑叶猴，二级保护动物猕猴、小灵猫、斑羚、林麝等珍稀动物13种。

第四节 发展趋势与展望

一、发展机遇

（一）循环经济试点城市

2009年10月，国务院办公厅下发了《关于应对国际金融危机保持西部地区经济平稳较快发展的意见》(以下简称《意见》)。《意见》指出，为推进资源有序开发，引导资源富集区可持续发展，将在贵州六盘水与青海柴达木、内蒙古鄂尔多斯、四川攀枝花、新疆准噶尔五个西部城市开展循环经济试点。“循环经济试点”是块金字招牌，用“试点”可以争取政策支持，用“试点”可以包装推介项目，用“试点”可以吸引外来投资，用好、用足、用活“循环经济试点”这块牌子，必定会给六盘水发展谋求到更大的利益。

（二）西部大开发和西电东送

西部大开发是六盘水经济发展最大、最直接的历史性机遇。六盘水是国家规划的全国“十大煤炭基地”之一，是贵州省唯一定位为“西电东送”煤电基地和“黔煤外运”基地并举的地区。2001~2010 年，六盘水市招商引资实际到位资金超过 400 亿元，年均递增 26% 以上，其中 2010 年招商引资到位资金 85.68 亿元。“十一五”期间，固定资产投资超过 1000 亿元；“十二五”期间，全社会固定资产投资将达 4000 亿元，其中工业投资将达 2500 亿元，这将大幅提升六盘水在西南地区“能源大市”的地位。一批沿铁路线布局的大型坑口电厂项目将陆续开工建设，全市火电装机将超过 1200 万千瓦。同时，西部开发使六盘水交通等基础设施有了国家的投资支持，极大地改变了基础设施落后的面貌。此外，西部开发实施的退耕还林工程、天然林保护工程、长江和珠江上游生态建设等工程的实施，为六盘水农村产业结构调整和生态环境整治提供了资金、政策和技术，对农村发展和区域社会经济的可持续发展具有深远意义。

（三）区域经济合作

开展区域合作为六盘水市创造了更加广阔的发展空间，具有重大影响的区域合作机遇主要有两个方面：一是依托西南出海通道等交通干线和中心城市建设南贵昆经济区（带），提升了六盘水市的区位优势，中国—东盟自由贸易区的建立，为六盘水市提供了在对外开放中整合资源、调整结构的机遇，加快外贸发展的机会。二是通过泛珠江三角洲省区的经济合作，为加快六盘水市资源优势的转换提供了市场需求，也为吸引东部企业投资创造了更为便利的条件，六盘水市与广东、福建等具有很强的互补性和合作空间。

（四）国家东部产业转移

随着土地、人力、运输等成本的不断上升，发达地区的传统资源型加工业正在向西部转移，特别是珠江三角洲资源密集型、劳动密集型工业的空间转移，六盘水市所具有的资源组合、劳动力优势以及工业基础，是东部的产业转移的理想之地。这一机遇极利于六盘水市进行产业结构调整和升级。

（五）主要资源和产品市场需求强劲

国内煤炭、电力、钢铁需求不断增长的大好机遇，为六盘水市经济腾飞缔造了良好的市场氛围。

（六）国务院《关于进一步促进贵州经济社会又好又快发展的意见》为六盘水发展注入强大动力

2012 年 1 月 12 日，国务院《关于进一步促进贵州经济社会又好又快发展的意见》出台实施。文件对六盘水市基础设施建设、能源化工基地建设、特色农业开发、生态环境建设、扶贫开发、保障和改善民生等提出明确要求，为加快六盘水市优势资源开发和建设大型能源化工基地、喀斯特山区特色农业示范区、现代服务业基地提供了有力支撑，为加速六盘水市的跨越发展注入强大的动力，对于六盘水市紧紧抓住深入实施西部大开发战略机遇，以“两加一推”为主基调，大力实施工业强市、城镇化带动和农业现代化提升战略，与全国、全省同步建成全面小康社会，具有重大而深远的意义。

二、未来展望

（一）总体发展思路和战略

按照“五年打好基础、十年重点突破、十五年初见成效”和“加油提速，能快则快”的要求，坚持和完善实施西部大开发的发展思路，发展壮大传统支柱产业，积极培育煤化工等高附加值产业，加强以交通为重点的基础设施建设，加快以市中心城区及城郊卫星城和县城所在城镇、重点城镇为主的六盘水市大城市体系的构建，解决好城市供水和农业旱地灌溉等工程性缺水问题，大力发展旅游业和畜牧业，积极推进生态环境建设，切实加大扶贫开发力度，巩固提高“两基”成果，建立完善的公共卫生体系和医疗卫生服务网络，完善社会保障体系，依靠科技进步，在重点领域和关键环节实现跨越式发展，大力推进“生态立市、循环经济”。

（二）城市发展的主要目标

到2020年，全市生产总值达2000亿元左右，在2010年的基础上翻两番，年均增长12%以上；人均生产总值突破5700美元，在2010年的基础上翻两番以上，经济发展的实力显著增强；财政收入大幅增加，经济调控的能力逐步增强，财政总收入达350亿元，年均增长16%左右；城乡居民收入稳步增长，城乡收入差距扩大的趋势初步得到控制，农民人均纯收入达1.2万元，年均增长9%以上；城镇居民人均可支配收入达4.5万元，年均增长8%以上；城镇化发展步伐加快，城镇化水平提高到50%左右，城镇对经济的带动能力逐步提高；继续巩固普及九年制义务教育成果，高中阶段毛入学率达90%以上，高等教育毛入学率达50%以上，全社会科技研发投入占生产总值的比重达到5%以上；生态环境建设将取得新的成绩，森林覆盖率达45%左右，达到贵州的平均水平；人口自然增长率控制在6‰以内，基本解决现有贫困人口的温饱问题；城镇人均住房面积达35平方米，农村人均住房面积达30平方米以上；建成适应经济社会发展需要的综合交通运输体系；建成城乡水资源供给安全体系；教育、科技、卫生、文化等社会事业发展滞后的状况得到明显改善；建成贵州西部重要的重化工基地，建成和谐文明、现代开放的中心城区市，建成更具活力、更加开放的优势产业和特色经济体系；经济、社会、环境更加和谐，城乡居民生活在总体达到小康水平的基础上向更高的小康社会迈进。

（三）城市发展的方向

中共六盘水市委、市人民政府明确提出，围绕“凉都”城市品牌，把六盘水建设成为西南、华南地区的能源原材料基地、“两江”上游生态屏障、川滇黔桂四省区“立交桥”。实施大开放战略，通过“以外引外”，“以优引优”等多种形式，吸引世界500强和国内500强企业入驻，主动融入南桂昆经济区和泛珠江三角经济圈。加快产业转移，既要发挥优势资源产业，更要注重可持续发展产业、后续产业。一是要从六盘水市优势资源出发，发挥六盘水市能源与原材料的资源组合优势，按照国家安排和省的要求，加快把六盘水市建设成为全国南方重要的能源、原材料和煤化工基地；二是发挥六盘水市区位优势，依托铁路、公路网，打造川、滇、黔、桂区域重要交通枢纽和物流中心；三是加快城市建设，增强和完善城市功能，把六盘水发展成为川、滇、黔、桂区域重要城市和贵州省大城市；四是依托六盘水市优越的旅游、文化资源和良好的生态环境及气候条件，把六盘水市发展成为面向全国、辐射西南的西部地区旅游和文化中心。

（四）做大经济总量，推动转型升级，着力建设实力六盘水

1. 大力发展工业经济

按照“立足煤、依托煤、超越煤、跳出煤”的思路，做大做强传统支柱产业，培育新兴产业，发展关联产业，延长产业链、拓宽产业幅，提高附加值。

煤炭产业：加强煤炭资源整装勘查和开发，新建、改造一批安全高效矿井，提高产业集中度，建成2个3000万吨级、5个1000万吨级特大型煤炭企业，矿井数量控制在100个以内。到2016年，煤炭产业产能稳定在1.5亿吨左右，原煤入洗率提高到70%以上，煤炭产业产值达到1150亿元以上。

电力产业：建设一批燃煤电厂、矸石电厂、水电站、煤矿瓦斯发电和风力发电站，发展企业自备电厂、热电联产车间。寻求在大用户直供电上取得突破。到2016年，电力装机容量达到1500万千瓦以上，电力产业产值达到300亿元以上。

钢铁产业：支持首钢水钢（集团）公司升级改造，把其建设成为西部长材精品基地。加快首黔公司300万吨钢材生产项目建设，大力发展钢铁精深加工。到2016年，力争钢产量达到1000万吨以上，钢铁产业产值达到500亿元以上。

有色产业：发挥能源优势，建设高技术、高载能园区，重点实施双元铝业扩能改造，积极引进铝、锰精深加工项目。到2016年，铝及铝产品年产能达到30万吨以上，有色产业产值达到100亿元以上。

煤化工产业：依托炼焦煤资源，坚持传统煤化工和现代煤化工并举，以六盘水（六枝）煤电化一体化基地、老鹰山煤化工二期工程、首黔公司煤电钢一体化基地等项目为载体，大力发展煤化工产业。着力发展煤制烯烃，统筹推进煤层气、焦炉煤气和过境天然气的综合利用。到2016年，力争达到年产能焦炭1800万吨、煤焦油45万吨、甲醇240万吨、二甲醚40万吨、煤制烯烃80万吨，煤化工产业产值达到700亿元以上。

建材产业：围绕固体废弃物的综合利用，建成六枝畅达（二期）、水城豪龙、老鹰山新型干法水泥项目、恒远新型建材（二期）等工程。到2016年，

达到年产能水泥 2000 万吨以上、新型墙体材料 1000 万立方米以上，建材产业产值达到 200 亿元以上。

装备制造产业：建成西南天地煤矿成套设备制造、明阳风电设备制造、贵州盘江矿山机械公司煤矿机械制造、六枝变频电机车及新型带式输送机生产等项目，把六盘水打造成西部重要的矿山装备制造基地。到 2016 年，装备制造产业产值达到 300 亿元以上。

新兴产业：积极培育节能环保、信息技术、生物制药、农副产品加工、食品加工、特色旅游商品加工等新兴产业，促进产业轻型化、高新化、多元化。到 2016 年，新兴产业产值达到 120 亿元以上。“八大产业”工业总产值达到 3370 亿元以上。

2. 大力发展特色农业

以建设六盘水喀斯特山区特色农业示范区为目标，加快推进设施农业、有机农业、标准农业、观光农业的发展。在突出特色上下工夫，重点抓好“九大产业”。马铃薯产业：种植面积 200 万亩左右，总产量 300 万吨以上，产值 40 亿元以上；蔬菜产业：建成商品蔬菜基地 30 万亩以上，总产量 60 万吨以上，产值 9 亿元以上；茶叶产业：建成茶叶基地 50 万亩，产值 30 亿元以上；油茶产业：建成油茶基地 50 万亩，产值 20 亿元以上；猕猴桃产业：建成猕猴桃基地 30 万亩以上，总产量 45 万吨以上，产值 90 亿元以上；核桃产业：建成核桃基地 70 万亩，总产量 11 万吨以上，产值 22 亿元以上；中药材产业：建成中药材基地 30 万亩，产值 9 亿元以上；烤烟产业：建成烤烟基地 20 万亩，总产量 50 万担以上，产值 6 亿元以上；畜牧产业：总产值 67 亿元以上。“九大产业”的总投入累计达到 100 亿元以上，全部达产后年产值达到 300 亿元以上。到 2016 年，将粮经比调整到 20∶80。

围绕实现以上产业发展，要重点建设郎岱、大用、保田、米箩等现代农业产业园区，打造一批年销售收入超亿元的大型生产基地和龙头企业。建立农村土地流转制度，大力推进农田水利基础设施建设，夯实现代农业发展基础。强化科技兴农，提升农业科技支撑。大力实施新型农民培训工程、农村劳动力转移培训工程，造就有文化、懂技术、善经营、会管理的新型农民。

3. 大力发展现代服务业

切实抓好以旅游业为重点的生活性服务业，将旅游业作为优化经济结构的战略重点来抓，以 2013 年省第八届旅游发展大会在六盘水召开为契机，强力推进旅游基础设施、配套服务设施和旅游接待设施建设，推动旅游与文化、体育、工业、农业等融合发展，大力发展城郊乡村休闲旅游。

重点推进北盘江胖硐湖旅游区、凉都森林公园、水城县百车河休闲旅游区、玉舍国家森林公园、盘县坡上草原旅游区、妥乐古银杏景区开发和首钢水钢全国工业旅游示范点建设，推进老鹰山石河景区“三线”遗址建设和六枝煤矿工业旅游开发，着力打造“中国凉都”避暑旅游休闲度假胜地和“乌蒙之巅”、“夜郎故地”、“‘大三线’探秘”、“亚高原运动”等特色旅游品牌，把六盘水打造成贵州西部旅游集散中心和川滇黔结合部重要旅游目的地城市。

加强对商贸、餐饮等传统服务业的提升改造，积极发展家政服务、病患陪护、物业管理等家庭服务业和社区服务业。大力发展房地产业，带动相关产业快速发展。切实抓好以物流业为重点的生产性服务业，依托能源资源、产业基地和交通枢纽，加快建设物流节点城市；推动重要工业产品、大宗矿产品、农产品等专业市场建设，发展一批物流园区；加快用现代信息技术改造传统物流业，引进一批物流企业，与优势产业、重点企业联动发展，推动物流产业做大做强。鼓励企业开展服务外包，大力发展法律、会计审计、咨询代理、资产及信用评估、策划设计和生产资料（设备）租赁，促进生产、服务的专业化、产业化。

（五）改变城乡面貌，提升城市影响力，着力建设魅力六盘水

以建设现代特色都市为目标，发挥“中国凉都”品牌效应，高起点、高标准、高质量推进城乡规划建设管理，着力提升城市功能和品位，不断提升城市知名度和美誉度。

（1）全力打造生态环保之城。坚持开发与保护、节能与减排、治山与兴水相结合，大力发展循环经济、低碳经济、生态经济，扎实推进资源节约型、环境友好型社会建设。以退耕还林、石漠化综合治理为重点，继续实施天保、珠防等生态工程建设，全面推进城镇公共绿地、环城林带、交通沿线、景区景点绿化建设，到 2016 年，全市森林覆盖率达到 45% 以上。实施重点流域水污染治理和水生态建设，加强对森林、草地、湿地等生态系统和自然保护区、饮用水源地的保护。提升全社会生态文明理念，积极倡导低碳生产、生活和消费方式。

（2）全力打造宜居宜业之城。完成第四轮城市总体规划修编，加强城市控制性详细规划、修建性详细规划编制，实现乡镇、村庄整治规划全覆盖。以城市路网建设为先导，拉大城市框架，加快推进市中心城区向特大城市、

盘县红果向大城市、六枝平寨向中等城市的目标迈进，力争到 2016 年全市城镇化率达到 60%。注重城市建筑风格和色彩控制，着力抓好“城中村”和旧城改造，5 年内基本消除市中心城区城市棚户区。全面启动城市综合交通、绿化、水系、灯饰“四大系统”建设，切实加强供排水、供电、通信、供气管网等市政设施及学校、医院、保障性住房、养老服务等功能性设施建设。全面启动国家级卫生、环保、园林、旅游、双拥“五城联创”计划；全面提升城市管理水平，加强社区建设，推进社区服务；强化城市产业支撑，引导产业向城市集聚，为市民提供更多就业岗位；统筹城乡基础设施建设，推动城镇道路、供水、生活垃圾处理等基础设施向农村延伸，公共交通、公共服务向农村拓展。以“四在农家”为载体，大力实施“新农村建设工程”，推进村庄整治和农村危房改造，用 5 年左右时间，全面完成全市 60 万户新民居建设和改造。

（3）全力打造宜游宜购之城。建成一批功能突出、业态完整、聚集力强的重点商贸设施项目，同步优化城市商业网点结构布局，搞活商贸流通，建成覆盖城乡、辐射周边的商品集散地。着力建设一批现代服务产业聚集区、综合功能配套区和特色商贸区，打造城市中心商业圈，吸引国内外著名品牌和知名连锁店入驻。不断丰富消夏文化节内涵，定期举办各类大型商务会展、商业演出、文体活动，以凉都品牌推动旅游，以办节办会增扩承载，全面提升城市要素吸纳力、辐射带动力和综合竞争力。

（六）坚持改革开放，推进科技创新，着力建设活力六盘水

（1）不断深化重点领域改革。抓住国家支持六盘水市开展统筹城乡综合配套改革试点的历史性机遇，大力实施城乡综合配套改革，着力推进城乡规划、产业布局、基础设施建设和公共服务一体化，重点在户籍制度、社会保障、土地流转、管理创新等方面加大改革力度，加快构建统筹城乡发展的体制机制。深化国有企业改革，普遍建立现代企业制度。深化投融资体制改革，努力形成投资增长的内在机制。继续深化教育、医疗、文化、财政、收入分配等方面的改革。大力发展民营经济，到 2016 年，民营经济占全市经济总量的比重达 60% 以上。加强扩权强县工作，进一步简政放权，建立加快县域经济发展的政策体系，支持六枝奋力攻坚、盘县加速崛起、水城全力突破、钟山率先跨越，确保盘县 5 年内进入全国百强县行列，水城县 2 年、六枝特区 3 年进入全省经济强县行列，钟山区 2 年内在全省经济强县中的排名进入前 5 位。

（2）大力发展开放型经济。加快构筑以高速公路、快速铁路、城际轻轨、民用航空为重点的现代综合交通运输体系，不断完善经济发展基础条件，聚集各类生产要素。联手推进攀西—六盘水经济区、毕水兴资源富集区规划建设，广泛参与珠三角、长三角、东盟自贸区等区域合作，加快形成对外开放新格局。加强与对口帮扶城市、友好城市、川滇黔十市州的交流，积极开展互访考察和经贸交流活动。加强招商引资工作，提高招商引资的质量和效能，力争招商引资实际到位资金年均增长 30%。

（3）着力建设创新型城市。强化科技创新，加大应用技术研究与开发投入，支持科研院所到我市设立分支机构，建设一批市级以上重点实验室和工程技术中心、企业技术中心，打造一批在煤炭清洁高效利用、装备制造、新材料、新能源、节能环保、现代农业等领域掌握关键技术的知名品牌企业。加强知识产权工作；大力实施创新人才和科技创新团队培育工程。进一步健全柔性引才、稳才机制，创新人才政策，把我市建设成为高端创新人才的聚集地。

（七）大力繁荣文化事业，推进文化改革创新，着力建设文明六盘水

（1）实施文明素质提升工程。以创建全国文明城市为目标，广泛开展群众性精神文明创建活动。深入推进文明市民教育，积极开展各种群众性评先选优活动，注重典型引路，示范引导，积极营造文化育人、榜样引人、环境造人的良好氛围。

（2）实施特色文化保护工程。加强文化和自然遗产保护与利用，深入挖掘夜郎文化、民族文化、长征文化、工业文化和“三线”文化，在保护中开发利用，在继承中创新发展。大力培养基层文化骨干、民间艺术人才，扶持发展地方民间艺术表演团体。

（3）实施文化服务惠民工程。完善覆盖城乡、结构合理、功能健全、实用高效的公共文化服务体系，建成市级“七馆四中心”、县级“四馆两中心”，以及乡镇精神文明活动中心、综合文化站、公共电子阅览室，村级农民文化家园、农家书屋和一批公共文化场所。广泛开展丰富多彩的群众文化活动，推动公共文化资源向社会免费开放，保障人民群众的基本文化权益。

（4）实施文化产业培育工程。加快培育文化产品市场和要素市场，加强重大文化项目和文化品牌建设，大力发展文化产业。积极打造“中国凉都”避暑文化产业聚集区，大力实施“六大文化产业重点工程”。注重文化人才培

养、文化品牌培育和文化企业扶持，建成一批特色文化产业园区和基地，使文化产业逐步成为全市经济发展新的增长点，文化发展主要指标和综合实力进入全省前列。

（八）加强社会管理，改善人民生活，着力建设幸福六盘水

（1）千方百计增加城乡居民收入。坚持富民优先导向，实施“城乡居民收入倍增计划”，加快构建居民收入持续较快增长的多元支撑体系。实施更加积极的就业政策，加强就业培训和就业援助，鼓励自主创业，推动以创业促进就业，力争城镇新增就业16万人。

（2）进一步完善社会保障和救助体系。围绕“人人享有基本社会保障”的目标，建立完善社会保险、社会救助、社会福利相互衔接和覆盖城乡的社会保障体系。继续扩大城镇居民社会养老保险和新型农村社会养老保险覆盖面，实现城乡居民社会养老保险全覆盖。推进城镇职工、城镇居民基本医疗保险和新型农村合作医疗制度建设。提高失业、工伤、生育参保覆盖率。加快推进保障性住房建设，改善城乡中低收入群众的住房条件。强化防灾、减灾、救灾工作。

（3）加大扶贫攻坚力度。紧紧抓住国家以乌蒙山片区、滇桂黔石漠化片区等集中连片特殊困难地区为扶贫攻坚主战场的契机，实施“减贫摘帽”工程，加大扶贫开发力度，确保六枝、盘县、水城3个国家级贫困县全部实现“减贫摘帽”。

（4）统筹推进各项社会事业发展。坚持教育优先发展战略，办好更加规范的学前教育、更加均衡的基础教育、更具特色的职业教育、更高水平的高等教育和更加开放的民办教育，加快建设教育强市。加快完善覆盖城乡的医疗卫生服务体系和健康保障体系，推动城乡医疗卫生资源优化配置，不断满足人民群众基本医疗卫生需求。加快发展体育事业，发展竞技体育，深入开展全民健身活动，开工建设一批体育场馆，建成老王山国家生态型多梯度高原运动训练示范基地。加强计划生育工作，统筹解决好人口问题。

（5）全面加强和创新社会管理。坚持党委领导，强化政府责任，加大社会协同和公众参与力度，建立科学有效的利益协调、诉求表达、矛盾调处和权益保障机制，坚决纠正损害群众利益的行为。加大公共安全投入，强化安全生产监管，严格责任追究，严肃查处重大安全生产事故背后隐藏的违法违纪案件，健全完善安全生产长效机制，确保反映全市安全生产水平的各项指

标接近或超过全国平均水平。认真实施“六五”普法规划，推进依法治市。深入开展“平安凉都”建设，采取更加强硬的措施严厉打击危害国家安全和社会治安的各种违法犯罪和黑恶势力，坚决扫除黄、赌、毒等社会丑恶现象，保障人民群众生命财产安全，提升群众安全感满意度。加强社会主义精神文明和民主法治建设；支持国防建设和法院、检察院工作；加大妇女儿童发展规划实施力度；做好民族、宗教、外事、侨务、老龄、对台、档案、工会、共青团、地方志、红十字、残疾人等工作。

（撰稿人：余朝林　毕　封　戴宇霖　汪舞龙　宋　兵

余顺丽　胡　松　张忠胜）

第三章　中国革命老区——遵义市

第一节　概　况

遵义市位于贵州省北部，处于东经105°36′~108°13′、北纬27°8′~29°12′之间，东与铜仁市交界，南与黔东南自治州、黔南自治州、贵阳市相邻，西南、西北与毕节市、四川省泸州市毗连，北与重庆市接壤。

遵义市国土面积为30762平方公里，占全省总面积的17.46%，市域东西绵延247.5公里，南北相距232.5公里，2010年末有总人口764.16万，有仡佬、苗、土家、布依、彝、侗、回等46个少数民族，少数民族人口89万，占全市总人口的12.2%。

遵义市辖3个区、8个县、2个民族自治县，代管2个市，即红花岗区、汇川区、新浦新区、赤水市、仁怀市、遵义县、桐梓县、绥阳县、正安县、凤冈县、湄潭县、余庆县、习水县、道真仡佬族苗族自治县和务川仡佬族苗族自治县，共辖164个镇、54个乡、8个民族乡、15个街道办事处。

“播州”是古代遵义的称谓。唐贞观十三年（639年），将隋代所置郎州更名为播州，领辖今黔北的大片地域。播州土司统治历经五代、宋、元、明至明末“平播之役”结束，存在962年。

“遵义”之名最早出现在唐贞观十六年（642年），将播州所领的罗蒙县更名遵义县。遵义之名沿用至今已有1370年。除县名外，还有过遵义砦、遵义军、遵义军民府、遵义府、遵义专区、遵义行政公署、遵义市等建制名称。

大娄山山脉构成市内地形的主要骨架，是乌江水系与赤水河的分水岭，又是贵州高原与四川盆地的界山。其横亘本市中部的一段呈现向东南突出的弧状，海拔在1500~2000米之间，相对高差多在500米以上。著名的娄山关处于大娄山主脉的脊梁上，古称“万峰插天，中通一线”，十分险要，历来为兵家必争之地。

全市有土地总面积 4617.11 万亩，其中：农用地及宜农用地 4493.64 万亩，占 97.33%；非农用地 123.47 万亩，占 2.67%。在农用地及宜农用地中，有耕地 1413.05 万亩，占 30.6%；园地为 16.44 万亩，占 0.4%；林地为 1976.07 万亩，占 42.8%；有牧草地 285.29 万亩，占 6.2%；有水域 51.7 万亩，占 1.1%；未利用地为 751.08 万亩，占 16.3%。市域土壤类型多，既有发育在亚热带地区的地带性土壤——黄壤，又有发育在温暖带地区的地带性土壤——黄棕壤；既有反映母岩特点的石灰土、紫色土，又有反映水文条件的半水成土、水成土潮土、水稻土。

市域处于中亚热带高原湿润季风气候区，四季分明、雨热同季，无霜期长，多云寡照。绝大部分地区冬无严寒，夏无酷暑。因地形复杂，部分地区气候类型多样，垂直差异明显。全市热量资源丰富，光、热、水匹配较好，年平均气温在 13.1~18 摄氏度，年平均日照时数为 1000~1300 小时，年平均降水量为 1000~1300 毫米，无霜期达 205~350 天。

境内野生动物资源有陆栖脊椎动物 634 种、其他爬行类 101 种、鸟类 328 种、兽类 43 种、鱼类 106 种；属于国家一、二级保护动物有 37 种，其中国家一级保护动物有黑叶猴、金丝猴、云豹、豹、华南虎、黑熊、梅花鹿、短尾信天翁、黑鹳、中华秋沙鸭、黄腹角雉、白颈长尾雉、白冠长尾雉、黑颈鹤、白鹤、白枕鹤等 17 种。

遵义是全国主要中药材产区之一，有中药材品种 2122 个，其中植物药材 2048 个品种，资源量为 12 万吨；动物药材 56 个品种，资源量为 17 吨；矿物药材 18 个品种，资源蕴藏量约为 600 万吨。

市内属长江一级支流的有乌江、赤水河和綦江，二级支流主要有洪渡河、芙蓉江、桐梓河、湘江、湄江和余庆河。全市地表水资源量为 179.72 亿立方米，地下水资源量为 41.48 亿立方米，人均占有水资源量 2611 立方米，耕地亩均占有水资源量 2958 立方米。市内已发现矿热泉水点 17 个，热水钻孔 2 个，是省内热水出露最多的地区。水力（能）资源丰富，理论蕴藏量为 350.60 万千瓦，可开发量为 428 万千瓦，已开发水电装机容量 440 万千瓦。

遵义市是贵州省经济发展较快的地区之一。“十一五”期间，主体经济指标实现翻番，国内生产总值从 2005 年的 388.59 亿元增加到 2010 年的 908.76 亿元，年均增长 13.1%；财政总收入从 60.11 亿元增加到 141.30 亿元，年均增长 18.6%；一般预算收入从 22.16 亿元增加到 57.59 亿元，年均增长 21%；

工业增加值从 137.91 亿元增加到 321.81 亿元，年均增长 14.4%；全社会固定资产投资从 194.01 亿元增加到 551.84 亿元，年均增长 23.3%；社会消费品零售总额从 122.24 亿元增加到 290.25 亿元，年均增长 18.9%；城镇居民人均可支配收入从 8207 元增加到 15279 元，年均增长 13.2%；农民人均纯收入从 2319 元增加到 4207 元，年均增长 12.7%。2010 年末，银行业金融机构存贷款余额分别为 1156.99 亿元和 598.16 亿元，是 2005 年末的 2.7 倍和 2.5 倍。强县建设和脱贫工作同步推进，2010 年，遵义经济技术开发区升格为国家级经济技术开发区，仁怀市获全省第二轮经济强县（市）考核第一名、位列中国西部百强县第 33 位，遵义县位列中国西部百强县第 41 位，红花岗区、汇川区、赤水市等建强考核位次前移，桐梓县进入第三轮经济强县行列；全市累计投入扶贫资金 8.45 亿元，实施项目 7193 个，30.3 万人脱贫。

遵义是首批国家历史文化名城，1935 年 1 月，中央红军长征到达遵义并召开了举世闻名的遵义会议，铸就了“历史转折、出奇制胜”的丰碑，留下了“实事求是、独立自主、民主团结、坚定信念、务求必胜”的遵义会议精神。如今的遵义是黔北经济、文化、交通中心，是昆筑北上和川渝南下之要冲、西南地区重要的能源、新材料基地和全国绿色产业基地。

遵义旅游资源品位高、组合好、有特色、开发潜力大，人文景观星罗棋布，磅礴雄浑的红色资源、醇香四溢的国酒茅台、悠远绵长的历史人文与问鼎世界的丹霞奇景相映生辉，美名、美景、美酒荟萃。“以红带绿”，“遵义会议”、“四渡赤水”、“国酒茅台”、“丹霞遗产”、“中国茶海”五大旅游品牌影响力日益扩大。

遵义素有“黔北粮仓”之称。遵义为“全国十佳绿化城市”，全市森林覆盖率为 44%，高于贵州省和全国比率。中心城区绿化面积为 1479 公顷，绿化率达 40.59%。全市已建自然保护区、风景名胜区、森林公园 46 个，总面积达 5523 平方公里，占全市国土面积的 17.96%，包括著名的国家级赤水风景名胜区、赤水桫椤自然保护区、习水中亚热带常绿阔叶林自然保护区和赤水森林竹海、燕子岩、红花岗区凤凰山国家级森林公园。赤水、余庆、绥阳、湄潭、凤冈等 5 个县（市）被列为国家级生态示范区。

遵义有以国酒茅台为代表的白酒支柱产业，有以赤天化为代表的化学工业，以铝、钛为代表的冶金工业，以电冰箱、锂电池为代表的机电工业……，已形成全省乃至全国重要的钛、锰、烧碱、高性能钢丝绳等原材料生产基地。贵州茅台酒集团、贵州钢绳厂、遵义钛厂、061 基地等一批企业及其产品在国内外有较高知名度。

遵义有水火相济的电力工业，特别是“西电东送”工程的实施，包括乌江电厂、遵义电厂、习水火电厂、构皮滩水电站等在内的遵义电力装机达到665万千瓦。全市在1500米深度以上的煤炭资源总储存量在260亿吨以上，已探明储量达50.4亿吨。遵义作为西部重要的能源建设基地，已构成“水火电并举”的电力格局。

多彩的遵义文化异彩呈纷。遵义文化底蕴深厚，具有“自信、包容、进取”的显著特征。东汉时期的尹珍开西南文化教育的先河，清代沙滩文化的代表郑珍被誉为“西南巨儒”,《遵义府志》被梁启超誉为“海内府志第一”；抗战时期浙江大学因在遵义教学科研成果突出而获得“东方剑桥”的美誉；“三线”建设中的十万大军带来了发达地区的先进文化；改革大潮中出现的“黔北作家群”在当代中国文坛上拥有一席之地；杂技艺术节目《依依山水情》被评为国家舞台艺术十大精品剧目之一；绥阳县、正安县被誉为“中国诗乡”、“中国民间文化之乡（小说）”。

遵义连续十年蝉联“全国双拥模范城市”称号，城乡建设开创新局面。“十一五”期间，已累计完成全社会固定资产投资1720亿元，是“十五”时期的2.6倍。《遵义市城市总体规划（2008~2030）》、《遵义市土地利用总体规划（2006~2020）》获省人民政府批准。实施中心城区土地“五统一”政策，土地市场有效激活。新蒲新区、新火车站片区、国酒新城等新区开发全面启动，旧城改造同步推进，重点小城镇建设成效明显，城镇化率达34.5%，比“十五”期末提高6.3个百分点。成功创建了“国家卫生城市”、“中国优秀旅游城市”、“国家园林城市”、“国家森林城市”、“全国人居环境范例城市”等16张国家级城市名片。以“富在农家增收入、学在农家长智慧、乐在农家爽精神、美在农村展新貌”为核心内容的“四在农家”创建活动，新增创建点8225个，覆盖率达70%，成为全国新农村建设品牌。

立体交通网络初步形成，全市高速公路、二级公路通车里程分别达212公里、652.3公里，比“十五”期末增长214%、61.9%，乡、村公路通达率为100%。开通遵义至北京、上海、广州始发列车；黔渝快铁前期工作顺利推进。乌江、赤水河航道整治取得成效。遵义机场成功试航，茅台机场开工建设。初步形成连通成渝经济圈、泛珠江三角洲经济圈和贵阳城市经济圈的高速公路通道。

回顾历史，展望未来，从南宋淳熙三年（1176年）播州十二世土司杨轸筑城建堡到清咸丰、同治年间老城新城城墙合为双联城池，从“三线”建设时期的城市大建设、大发展到改革开放后的城市扩容步伐南移，从撤地设市到“东扩西控、南北充实、优化中心、完善功能、突出特色”的城镇化思路，遵义的城镇建设在经济社会发展中的引领作用越来越突出，以特色城镇化建设促进新型工业化进程，以新型工业化发展带动特色城镇化建设的发展思路，已成为黔北大地上同心共振的认识与心声。而今，遵义这片红色土地只争朝夕的生动实践，无不展现出历史文化与现代文明相辉映、生态环境同人文景观相协调，以及经济繁荣、文化浓厚、环境友好、功能完善、特色鲜明的生态宜居宜业城市的新风貌。

第二节 发展历程

一、历史上的行政建置与城镇发展

（一）远古至唐代

1. 远古时期

（1）旧石器中期——岩灰洞“桐梓人”。1971年，中国科学院和贵州省博物馆考古专家在桐梓县西北26公里的九坝岩灰洞发掘出两枚人类牙齿化石和12件旧石器，还有25种哺乳动物化石和烧骨。这两枚牙齿的大小和形态特征与北京猿人的十分相似，而与现代人显著不同，经科学测定，为距今20万年的猿人化石。它的发现填补了人类历史发展的重要一环，学术界将其定名为“桐梓人”。根据迄今已有的发现，“桐梓人”是华南地区古人类最早用火者。

（2）旧石器晚期——鞍山、风帽山遗址。20世纪80年代初，中国科学院考古专家在桐梓县城附近的马鞍山观音洞发掘出大量石器、骨器，其中，骨箭头为国内首次发现，刻纹骨棒和带倒刺的鱼叉为国内第二次发现，骨铲为第三次发现。洞内还有丰富的用火遗迹，经铀系法测定，年代距今为1.8万年。在遵义中心城区北郊汇川区风帽山，还发现相当数量锤击法为主的石器和各种古动物化石，证明该处是一个旧石器晚期的人类文化遗址。

（3）新石器文化——磨制石器与陶片。在赤水河流域的元厚镇米粮村境内，专家采集到19件打制而成的石制品。这些石制品被确认为新石器时代古人类使用的工具，用砂岩砾石和燧石做成，包括石锤、石核、石片、断块、短片、石器等。现场还找到 1 件红褐色橄榄形陶网坠和 2 块夹砂陶片，其中一块红褐色陶片胎壁较厚、火候颇高。此外，在习水县境内先后发现许多石斧、石锛、石网坠，在务川仡佬族苗族自治县境内的院子箐发现数件绳纹陶片，说明这些地方是新石器时代人类活动的重要地域之一。

2. 秦汉时期

春秋时期，今红花岗区、汇川区及遵义、桐梓、绥阳等县属鳖国；习水四周是鳛国；赤水、仁怀一带为蜀国东南境；正安、道真、务川属巴国南境和楚国西境。以乌江为天然屏障，乌江以北地区今称黔北，司马迁称南夷，即夜郎的北端。

春秋之后，秦在统一战争中消灭了蜀、巴、楚诸国，夜郎地区纳入秦的版图，成为秦的一部分郡县。汉武帝建元六年（公元前 135 年），唐蒙入夜郎初置的犍为郡，以鳖为郡治所在。稍后汉王朝“罢西南夷”，令鳖固境自理。这时的鳖县包括今红花岗区、汇川区及遵义、桐梓、绥阳、正安各县的南部。黔西北的赤水、习水在东汉时属江阳郡符节县（四川合江县），黔北今正安县之北部、道真仡佬族苗族自治县属巴郡涪陵县，务川仡佬族苗族自治县属汉代武陵郡辖地。

汉武帝元光五年（公元前 130 年），将夜郎国乌江以北地域与广汉郡南部地域组建为犍为郡，领 12 县，郡治在鳖县（相当于今红花岗区、汇川区及遵义、绥阳、桐梓等县一带）。夜郎侯入朝汉廷，封为夜郎王，从此代表奴隶制的夜郎国被统一的多民族的郡县制所代替。从战国时期到西汉，夜郎国存在 250 多年。这一时期中原人与西南地区的经济文化交往增多，赤水河流域、芙蓉江流域、洪渡河流域发现大量的汉墓群及汉砖、铜鼓等文物数千件。在本土产生的文化名人有舍人、盛览和尹珍，史称“汉三贤”，他们是黔北乃至贵州从事教育、传播中原文化的先驱。

3. 唐代

唐贞观九年（635 年），以隋朝牂牁郡的北部地置郎州，领恭水、高山、贡山、牁盈、邪施、释燕 6 县。贞观十三年，以废郎州的 6 县地置播州（明代解释“播”字，为番之有才者，即招抚蛮夷所置的州）。贞观十四年，改播州恭水县为罗蒙县。贞观十六年，改罗蒙县为遵义县。播州为乌江北岸朝廷实际控制的经制州，派汉官治理，统计户籍田亩上报朝廷，并征收赋税。天宝元年（742 年），改播州为播川郡。播州各属县是以山区古代僚人部落的地域和人口为基础，按势力范围划分的行政区域。

唐肃宗至德二年（755年），李白受永王李璘谋反罪牵连，被判处长期流放于夜郎，留下众多遗迹。今桐梓县夜郎坝有太白故宅，太白望月亭和太白听莺处均在夜郎坝附近；夜郎街侧泉井石壁上有“太白泉”3个大字；太白书院与碑亭在夜郎镇东10公里之新站镇隔溪相望。千百年来，李白的流风遗韵，沾概深远。

（二）唐宋时期播州杨氏土司的兴衰

播州建置从唐贞观十三年起，至明万历二十八年（1600年）止，存在962年。至明代，其统治范围南及牂牁，西至僰道，东西广1220里，南北袤1040里，即以遵义城为中心，包括今遵义市境域和黔东南自治州、黔南自治州部分地方都为播州辖地。

唐乾符三年（876年），杨端率部由四川南进军播州，击败罗闽部，据有播州，并世袭其地。历史上一位重要的土司杨粲，系播州土司杨氏第十三代统治者，出生在南宋，字文卿，小字伯强，于宋宁宗嘉泰初年袭职，称播州安抚使。杨粲自幼接受儒家经典教育，继承了祖、父两代优良传统。他于南宋宁宗嘉泰年间袭职，掌政30年，播州的政治、经济、文化皆有明显进步与发展，成为杨氏入播以来最为强盛的时期，被誉为“播州盛世”。其统治特点首先是治政宽简，促进了社会稳定与生产发展，促成了分裂数代的杨氏的统一；其次是兴文教，重建设，建儒学、梵刹、桥道多处，如今尚存的普济桥（俗称高桥）即为其中之一；再次是反对分裂，维护国家统一，以兵力与物质支持了南宋的抗金斗争。

杨粲精通古代“寓兵于农”的治军之术，亲自组织训练，在加强土司统治、巩固边防等方面发挥过重要作用。治军经验被子孙后代当做传家宝继承下来，故杨价、杨文统治时期，在西南成为抗金、抗元的重要战场时，杨家军攻关守隘，杀敌致胜，屡立奇功，传为美谈。

播州农牧业和手工业不断发展。《宋史》说：播州自然条件优越，“土熟，多霖雨，稻粟皆再熟”，庄稼可收两季。明代李化龙写道：“环播幅员千里，田地无虑数千万亩”，“白田坝沃壤数百里”，播州所辖真州一带“川原平衍，商贩周游”，“其地方殷富，人物颇华”。宋元间，播州修建了一批水库、渠道，建造了148处庄园，大批养马，向朝廷进贡斑竹、蜡、丹砂、茄子、粗布、葛粉、铜鼓、虎皮、战马、雨毡、金丝楠木、名茶等物品，并缴纳粮赋。

今列为国家级文物保护单位的杨粲墓为杨粲与其夫人的合葬墓。墓占地

64 平方米，在西南已发掘同类宋墓中居于首位。墓内外石刻装饰内容丰富，技艺精湛，极具艺术价值，被誉为“西南石刻艺术宝库”。

明神宗万历元年（1573 年），杨应龙袭任播州宣慰使职务，是播州杨氏第二十九世土司。万历十七年（1589 年）杨应龙叛乱，播州土司与明王朝的矛盾加剧。万历二十八年（1600 年）正月，明朝发动“平播之役”，命四川总督李化龙统数省 24 万兵力八道并进攻打播州，三省五总兵抽精锐设云梯轮番仰攻半月余，于六月初六凌晨破囤，杨应龙自缢死。至此，杨氏自唐以来历经 29 代、724 年于播州建立的世袭统治宣告结束。

“平播之役”的主战场遗址——海龙囤，是保存完好的“中世纪军事城堡”，1982 年被评为贵州省文物保护单位，2001 年被评为全国重点文物保护单位。

（三）明代改土归流后遵义军民府的发展

平播次年，即明万历二十九年（1601 年），对播州实行改土归流，原播地一分为二，建立了遵义、平越军民府。

遵义军民府隶四川，辖遵义县（今红花岗区、汇川区、遵义县）、桐梓县、绥阳县、仁怀县（今仁怀市、赤水市及习水县）和真安州（今正安县、道真仡佬族苗族自治县）。平越军民府隶贵州，辖黄平州、湄潭县、余庆县、瓮安县。设龙泉县（今凤冈县）隶贵州石阡府。

遵义府全境及湄潭、余庆、凤冈 3 个县即为今遵义市 14 个县区（市）中的 13 个，另 1 个县为务川自治县，于明永乐十二年（1414 年）思南、思州二土司改土归流时属贵州思南府管辖。

通过改土归流，朝廷在遵义、平越军民府境内推行新政，派官吏，开军屯，设将领，复驿站，正疆域，丈田粮，定赋税，招抚流民入籍承种，将播州纳入了中央集权制轨道，为经济社会发展创造了条件。

播州改土归流后，将 145 处官庄分给军屯和民屯，扩大了耕种面积。改土归流之前，播州地区尚未引进黍、稷、小麦、花生等作物品种；改土归流之后，楠竹、蚕桑、玉米、红薯等粮食和经济作物品种大量增加，丰富了饮食种类和结构。从赋税看，贵州布政司所属各府夏税粮（不包含卫所屯科粮）共 29239 石，而遵义一府竟达 12478 石。遵义虽属四川管辖，但按当时的“协济”政策，遵义府所征的税粮大都解纳贵州。

播州实行改土归流，在建立政权和发展经济的同时，立即建儒学府及先师庙，设各县县学。据道光《遵义府志》载："……于是遵义县始建社学一十四所，社师十四人；正安州二所，五人；桐梓县二十二所，二十二人；绥阳县二十七所，二十七人；仁怀县二十二所，二十二人。都社学八十七所，社师九十人。遵义文教，实开于此。"

（四）清代改隶贵州之后至解放前的发展

清雍正六年（1728 年），"以四川遵义府所辖遵义、正安州、绥阳、桐梓、仁怀五州县隶贵州，改永宁县（今叙永）隶四川"，自此，遵义府所属地域由川东南变成了"黔北"。直至宣统三年（1911 年）清朝灭亡，皆为清代贵州遵义府时期，长达 184 年。

遵义府在清代中后期是贵州经济较为富庶、文化较为发达的地区。

1. 经济方面

清代中叶，遵义因养蚕而成为富甲全省之区。《遵义府志》记述了道光年间的盛况："纺织之声相闻，槲林之阴迷道路。邻叟村媪相遇，惟絮话春丝几何，秋丝几何，子弟养织之善否。"养柞蚕，织丝绸，正是遵义千村万户的主要副业，已成四乡百姓重要的生活内容。"遵绸之名，竟与吴绫、蜀锦争价于中州、远徼，界绝不邻之区。"之所以如此，与乾隆年间陈玉壂引蚕入遵、徐阶平助民种桑密切相关。

赤水县是西南地区竹种植面积最大的县，也是全国 15 个年产 1000 万根楠竹的县之一，被誉为"楠竹之乡"。楠竹成为赤水的重要产业，乾隆年间引竹兴乡的黎理泰功不可没。

乾隆、嘉庆年间，贵州习水人袁锦道一心兴办实业，繁荣乡梓，共办厂 48 家，包括铜厂、锅厂、纸厂、碗厂和钱币厂，还修建宜于运输的石板道，联通各作坊，开筑通往矿山、林场及江津水陆码头的道路，计修道路 300 公里。袁锦道办厂筑路方便了当地人民的生产生活，促进了当地的开发与发展。

遵义知府袁玉锡，在兴办新学、开拓文化、发展实业等方面都卓有建树，他在任期间创办了黔北第一间中学堂，并开办遵义第一张白话报纸和书局。他还选派人才到京师大学堂和日本学习以培养师资，采用募捐、彩票等方式筹集办学经费，并首创遵义初级师范学堂，开遵义现代教育之先河。

2. 文化方面

"沙滩文化"影响深远。从乾隆后期至民国初期，以遵义沙滩黎氏为主体，包括郑、莫二氏的文化人集团，数十位作家、艺术家和学者人各有集，文化成果辉耀一世，享誉海内外，人们誉之为“沙滩文化”。沙滩黎氏为遵郡望族，先世自四川广安迁来，自清乾隆以后，世有贤才。郑、莫、黎三家互为婚姻，衡宇相望，流风余韵，沾概百年。其代表人物是西南硕儒郑珍、杰出学者莫友芝、著名外交家黎庶昌。郑、莫、黎三家均以教书育人为职志，桃李满黔中。“沙滩文化”成果丰富，不仅对地域文化影响深远，有的在全国也有较高地位。

清政府划遵入黔，遵义府改隶贵州省，翻开新的历史篇章。宣统三年 11 月 4 日，贵州宣告脱离清政府统治，成立大汉贵州军政府，各地设府、厅、州、县；11 月 9 日，遵义军政府成立，府下设县。

民国时期，民国元年仍保留遵义府；民国二年（1913 年），贵州省分为黔中、黔东、黔西三道，黔中道驻贵阳，今黔北地域为其所辖；民国九年（1920 年）废道，81 县皆直属于省；民国二十四年（1935 年）国民党执掌政权后，贵州建 11 个行政督察区；民国二十五年缩为 8 个督察区，黔北大部地域属 5 区。民国二十四年和民国二十七至二十八年（1938~1939 年），遵义专员公署两度设在桐梓，其余时间皆在遵义。

民国三十七年（1948 年）浙江大学出版的《遵义新志》载：民国二十四年遵义城区人口 5.79 万，仅次于省城贵阳。抗日战争爆发，沿海人口大量内迁，城区人口急剧增加，民国三十二年（1943 年）为 6.65 万。次年冬，日军侵至独山，外省及省内人口大量向北迁徙，驻湖南、广西的中央机关也有较多迁至遵义。民国三十四年（1945 年）5 月，城区人口增至 8.83 万。抗日战争胜利后，外省人员陆续迁出，至民国三十四年 9 月，城区人口降为 7.21 万。1949 年底，遵义总人口 9.42 万，其中，城区人口 6.06 万，郊区人口 3.36 万。

二、解放后的城市发展

（一）遵义县、市分置，原遵义属地改为遵义专区（后称地区）

1. 解放后遵义地区行政建制

中华人民共和国建立之初，全国分为六大行政区，贵州省属西南行政区。遵义专员公署是省人民政府的派出机构。原第五行政督察区改为遵义专区，以遵义县城为中心分设遵义市，隶属遵义专区。行政公署设在遵义市，成为全省 8 个专区之一。

1951 年，遵义市改为遵义城关区，仍属遵义专区。1952 年 7 月，恢复遵义市；1955 年 3 月至 1958 年 12 月，遵义市直辖于省，1958 年以后仍归属于遵义专区。

1956 年，原属镇远专区的余庆县划入遵义专区；1958 年，原属安顺专区的息烽县划入遵义专区。

1959 年，遵义县并入遵义市，道真、正安二县合并，称正安县；凤冈、余庆、湄潭三县合并，称湄潭县。婺川县改为务川县，鳛水县改为习水县。1961 年，恢复道真县、凤冈县、余庆县、遵义县。

1963 年，原属贵阳市的开阳县划入遵义专区。1965 年，息烽、开阳二县划归安顺专区。1970 年，遵义专区改称遵义地区；1997 年，遵义地区撤地设市，原遵义市改为红花岗区；2003 年 12 月成立汇川区；2009 年 5 月 4 日设立新蒲新区。1992 年 7 月，成立省级遵义经济技术开发区，2010 年升级为国家级经济技术开发区。

2. 经济恢复与国民经济五年计划建设

1949 年底遵义地区解放后，各级人民政府便立即着手进行经济的恢复和发展工作。在胜利完成清匪反霸、减租退押和征粮等任务的基础上，农村开展了轰轰烈烈的土地改革运动，摧毁了封建土地制度；同时，开展“三反”、“五反”运动，整顿城镇经济秩序，各行各业的生产经营活动得以迅速恢复和发展，人民安居乐业。

1953 年起，开始执行国民经济发展第一个五年计划。这一阶段，顺利完成了对农业、手工业和资本主义工商业的社会主义改造，城镇和农村都建立了公有制为主体的社会主义经济基础。社会经济及各项事业蓬勃发展，1957 年超额完成了“一五”计划规定的各项指标，全地区工农业总产值达 8.29 亿元，比 1949 年增长 1.72 倍，平均每年增长 13.3%；在工农业总产值中，工业产值比重上升到 5.4%；粮食总产量达 118.19 万吨，比 1949 年增长 76.9%，平均每年增长 7.4%；社会商品零售总额达 1.43 亿元，比 1949 年增长 2.09 倍，平均每年增长 15.1%；财政收入达 3303 万元，比 1949 年增长 3.59 倍，平均每年增长 21%。

3. “三线”建设带动遵义城市发展

贵州是“三线”建设的重点地区之一。1965～1978 年，国家在遵义地区集中大量人力、物力和财力进行了以铁路为先导，国防科技工业为重点，能源、冶金、机械、电子、化学工业等相互配套的大规模基本建设，累计投入资金超过 20 亿元，约占贵州省“三线”建设总投资的 1/3，重点新建国防工业项目 7 项、民用重点项目 24 项，其中新建 10 项、改扩建 11 项、续建 3 项，成为中华人民共和国成立以来遵义地区经济社会建设的“黄金时期”。

（1）国防科技工业建设。这是遵义市“三线”建设的重点。根据国家总体安排，第七机械工业部根据“靠山、分散、隐蔽”的方针和“大分散、小集中”原则，在遵义地区的遵义市（今红花岗区、汇川区）、遵义县、绥阳县、桐梓县境内建设了航天产品科研、生产基地——061 基地。基地下属企事业单位 35 个，其中，建在原县级遵义市境内的有梅岭化工厂、风光木器厂、江南机电设计研究所、新工艺研究所、3427 医院、印刷所、航天职工大学、航天中学、航天小学、航天幼儿园、721 通讯站 11 个企事业单位和 061 基地机关；遵义县境内有群力锻造厂、群英铸造厂、群建机械厂、群岭机械厂、井冈山仪表厂、南江机电厂、朝阳电器厂、五岭化工厂、朝晖电器厂、南风车辆改装厂、龙泉建筑厂、新峰仪器厂、洪江机械厂、乌江机械厂、高原机械厂、技工学校、航天工业学校 17 个企事业单位；绥阳境内的有风华电器厂、长新机械厂、天宁无线电厂、红光机械厂、红光机电厂 5 个企业；桐梓县境内的有林泉机械厂，内设研究所和航天工业部 0616 所各 1 个。1968~1970 年，第三机械工业部在遵义市（今汇川区）境内建成隶属 011 基地的天义电工厂；第四机械工业部贵州电子工业基地在遵义县境内建成由新风无线电厂、振华无线电厂组成的 083 基地。

（2）铁路建设。川黔铁路是贵州通向西北地区的主要干线，是西南铁路网的重要组成部分，北起成渝铁路小南海站，南至贵阳站，全长 415 公里。遵义境内路段北起桐梓县木竹河站，南至遵义县的小水村隧道交息烽县境，全长 175.5 公里。新中国成立后，川黔铁路全线开工建设。其中，赶水至贵阳段 1956 年动工兴建，小南海至赶水段 1958 年动工改造，1961 年全线停工，1964 年复工，1965 年 7 月全线贯通，同年 10 月 1 日交付运营。全线通过桐梓县、汇川区、红花岗区、遵义县的 17 个乡镇，境内有董公寺、遵义北、遵义南、南宫山、南白镇 26 个站。

（3）机场建设。新舟机场距遵义市 54 公里，位于遵义县新舟境内，1969 年 12 月 17 日动工修建，1980 年 1 月竣工投入使用。机场跑道长 3000 米，全部工程由 370、343 工程兵部队和 86491 场站共 4000 多人以及地方大量民工修建。机场附属设施完善，可供各类型飞机起降，是现代化的二级机场。

（4）能源建设。乌江渡水电站是“三线”建设中贵州最大的水电站，也是西南地区单机容量最大的水电站。1979 年 12 月，1 号 21 万千瓦机组投产；

1981年12月，2号21万千瓦机组投产；1983年1月19日，3号21万千瓦机组投产全部并网运用。3台机组总装机容量达63万千瓦，年发电量为33亿千瓦时。

（5）冶金工业建设。冶金工业是遵义地区“三线”建设的重要内容，建设总投资约3.3亿元，为“三线”建设时期遵义工业建设投入最多的项目。新建了国内生产钢丝、钢丝绳大型企业——贵州钢绳厂和国内最大的海绵钛生产厂家、全国唯一的海绵钛全流程熔炼企业——遵义钛厂。扩建遵义铁合金厂，生产能力从1964年的1万吨扩大到1983年的7.6万吨，成为国内唯一具有采矿、选矿、烧结、冶炼工艺体系的大型铁合金企业。

（6）机械电子工业建设。机械电子工业是遵义地区“三线”建设项目较多的行业。1964年下半年，国家计委和第一机械工业部决定，由上海市组织内迁厂在遵义市建设以高低压电器元件及成套控制设备为主的电器工业基地。1966~1978年，投资8000万余元建成国内电器生产五大基地之一的长征电器基地（长征电器公司）。公司所属单位有永佳低压电器厂、长征电器一厂、三厂、四厂、七厂、八厂、九厂、十厂、十一厂、控制设备厂、成套厂、胶木厂（集体所有制）共12个工厂和长征电器试验研究所、子弟学校、技工学校、物资供应公司、电器成套公司、劳动服务公司等。1965年，国家投资468万元新建了遵义无线电仪器厂，该厂为国内3个生产低频仪器专业厂之一。1972年，第四机械工业部投资175万元将原遵义无线电修配厂改建为遵义无线电厂，年产半导体收音机2万台、扩大机500台。

（7）化学工业建设。“三线”建设时期，遵义地区列入改建扩建的项目有遵义碱厂，新建年产3000吨聚氯乙烯车间和与之配套的50立方米/小时氮氧站，烧碱生产能力提高到年产1万吨；成功研制高效低毒农药杀虫双，1978年获全国科技大会奖。遵义化工厂增建过氯乙烯超细纤维滤布生产车间和电解二氧化锰车间。第二化工厂建成年产20吨焦性没食子酸和年产20吨鞣酸生产线。遵义火柴厂通过扩建，年生产能力提高到15万吨。1974~1978年，在赤水县兴建了年产合成氨30万吨、尿素40万吨的国有大型企业、贵州省最大的化肥生产基地——赤水天然气化肥厂。全地区化肥产量从1964年的0.27万吨增至1978年的3.57万吨。

（8）医药卫生教育事业建设。遵义医学院为省属高等院校，前身为大连医学院，创建于1947年；1969年为支援“三线”建设南迁至遵义，更为现名。1966年国务院部属企业内迁遵义后，061系统先后兴建了3417医院和3427

医院（1999 年两院合一，更名为航天医院）。061 系统、长征电器公司、天义电工厂、水电部第八工程局、贵州省冶金厅和第八机械部先后在遵义中心城区、遵义县、桐梓县境内开办了技工学校、子弟学校。八五厂、八七厂、遵义钛厂、遵义碱厂等也先后开办技校、子弟学校和职工医院，不仅解决了内迁企业职工就医、子女入学问题，同时也解决了企业驻地周边城镇、农村居民的就医、子女入学问题。

"三线"建设对遵义经济和社会发展有着重大而深远的影响：一是新型工业长足发展。"三线"建设期间遵义新增一大批工业企业，工业结构和工业布局得到较大改变，成为拥有国防科技、冶金、机械、电子、化工、能源、食品、轻纺、建材等行业门类比较齐全的新型工业城市。1978 年，遵义地区规模以上工业企业共有 1200 家，其中国有企业 326 家，分别比 1964 年增加 1.8 倍和 2.3 倍；全地区工业生产总值达到 2.96 亿元，比 1964 年增长 4.72 倍；工业生产总值占国民经济生产总值的 32.9%，比 1964 年提高 17.8%。二是交通运输条件根本改善。通过"三线"建设，川黔铁路建成通车和公路国道、省道、县道的扩建改造，形成了以遵义市为中心的铁路、公路运输网。三是科技实力迅速增强。通过"三线"建设，内迁企业较为严格、周密、科学、合理的有效管理办法为遵义地区各类企业发展提供了重要的经验。同时，大批科研人员、教学人员、医务人员、工程技术人员以及一批先进设备设施的入驻，扩大了遵义的科技力量，拓展了遵义的科学技术研究领域，增强了遵义科学技术实力。1978 年，遵义地区科研开发机构人数达到 1300 人，比 1964 年增长 5.4 倍。四是推动了社会事业的发展。"三线"建设给遵义带来了发展机遇，在推动城市建设和文化进步方面做出了巨大贡献。"三线"企业的创业和发展，为遵义留下了具有历史、文化、技术、建筑等社会价值的工业文化遗产。

4. 实现战略转变与改革开放

从 1978 年起，全地区根据中共中央提出的社会主义现代化建设新时期的总路线，坚持以经济建设为中心，改革经济管理体制，开放对外经济往来，调整工农业生产结构，积极发展商品生产，加快城镇建设步伐，经济社会出现了持续、稳定、协调发展的好势头。特别是进入"七五"计划时期后，遵义县、绥阳县被列为全省综合改革试点县，赤水市被列为地区综合改革试验区，全地区在不断深化地情认识的基础上坚持从实际出发，确立了一系列战略思路和重大原则，提出"要把全区各项工作的出发点和落足点放到富民上来"，实行"放开、搞活、富民"的基本原则和"三让利、三不搞"（让利于民，不搞保护政策；让利于外，不搞地区封锁；让利于基层，不搞以权取利）的基本政策；确定“拆掉城墙、发挥优势、紧靠重庆、挤进沿海”的发展战略思路，以及“立足大娄山南部，中路突破、两翼展开、形成扇面”的经济发展策略；明确经济发展的重点是“强化农业基础地位，放手发展乡镇企业，努力提高地方工业，积极开发利用资源”，对粮食实行“稳征、减购、压销”政策，农业生产上“坚持科技兴农，积极推行以五突破（杂交良种，水稻两段育秧，冷烂锈田半旱式栽培，旱地分带轮作三熟制，地膜覆盖和育苗移栽）为主要内容的各项农业适用技术”；在实际工作中，强调“思想更解放一些，措施办法更灵活一些，工作更扎实一些”；制定两位数（经济发展速度10%以上）三同步（产值、财政收入、人均纯收入同步增长）发展目标。这些思路和原则的实践，使经济社会发展出现了新的生机和活力，人民生活有了明显改善和提高。

（1）工业。1978年后，遵义工业生产迅速发展壮大。一是轻重工业比例关系不断得到调整，对一些重点企业进行技术改造，扩大生产能力，使重工业的比重继续上升。二是“六五”时期加快了卷烟、烟叶复烤、饮料酒为主的食品工业的发展，促进了全地区轻工业的快速发展。三是随着经济体制改革的不断深入和对外开放的扩大，打破了长期单一的经济模式，国有工业企业总产值在全部工业总产值中所占比重逐步下降，其他工业（包括股份合作、私营、联营、个体等）在全部工业总产值中所占比重逐步上升。在此期间，“三线”工业发挥了较大作用，奠定了遵义工业在全省的地位。全地区大中型工业企业有较快发展，先后对遵义发电厂、茅台酒厂、遵义铁合金厂等进行了扩建，乌江渡发电厂、贵州钢绳厂、遵义钛厂、赤水天然气化肥厂、遵义卷烟厂、长征电器公司、遵义铝厂等成为遵义大中型骨干企业。1997年，全地区拥有大中型工业企业30户（不含军工），比1978年增加22户；拥有固定资产128.4亿元，比1978年增长20倍。由于农村推行了家庭联产承包责任制，剩余劳动力逐步由农业转向第二、第三产业，促进了农村工业的发展。1997年，全地区农村工业总产值达50多亿元，占全部工业总产值30%以上；全地区工业总产值达155.64亿元，工业企业实现利税总额16.21亿元；与1978年比较，发电量增长9.5倍，原煤增长3.3倍，水泥增长20.3倍，化肥增长8.2倍，铁合金增长5.5倍，饮料酒增长5倍。

（2）农业。1978年以后，全地区认真贯彻实施国家制定的一系列发展农业生产的路线、方针和政策，促进了农业生产的快速发展。粮食产量在

“六五”时期突破 150 万吨大关，结束了 20 多年来长期徘徊在 120 万吨左右的历史。粮食产量大致占全省总量的 1/4，素有“黔北粮仓”之称。1988 年同 1978 年比较，全地区农业总产值增长 4.63 倍，粮食总产量增长 14.73%，烤烟增长 3.26 倍，油菜子增长 3.96 倍，茶叶增长 1.29 倍，蚕茧增长 80.39%，水果增长 4.47 倍。1989 年，中共遵义地委、遵义地区行署提出，全地区各县大力推广“五突破”（以“两杂”良种为主的五项农业适用配套技术），实施 4 个万亩丰产工程。1990 年，实行粮食生产人均增长目标责任制，使“五突破”向纵深发展。以“超双千、奔小康”为农村工作重点，强化常规农业基础。1991 年，粮食产量首次突破 200 万吨大关，再创新纪录。“八五”时期，基本实现良种化，杂交水稻占 90% 以上，杂交玉米占 92.5%，小麦良种占 89%，杂交油菜占 70%，两段育秧占 90%，杂交玉米和油菜育苗移栽分别达 93% 和 86%，旱地小麦和稻田小麦实现了规范化种植。“九五”开始后，在巩固“五突破”的基础上，推广了玉米营养苗单株定向移栽、水稻旱育稀植、水稻抛秧等农业适用技术。1997 年，全地区农林牧渔业总产值为 118.16 亿元，粮食总产量为 284.59 万吨，比 1978 年分别增长 21.93 倍和 1.15 倍；乡镇企业营业收入增长 294.56 倍；农民人均纯收入达 1554 元，增长 9.79 倍。

（3）乡镇企业。1990 年，全地区有在社队企业基础上发展而来的乡镇企业 7.36 万个，从业人员 20.05 万人；总产值为 8.88 亿元（占全地区工农业总产值的 22.7‰），比 1980 年增长 11.4 倍。主要产品产量及占全区同类产品总量的比例是：原煤 421 万吨，占 92.6%；水泥 27.7 万吨，占 55.9%；砖 5.22 亿块，占 77.2%；铁合金 2.11 万吨，占 19.4%；化肥 2.87 万吨，占 10.7%；饮料酒 2.42 万吨，占 46.3%。全地区水泥行业 1990 年评出优胜企业 7 家，其中 6 家是乡镇企业。不少乡镇企业产品不仅满足了本地生产生活的需要，还出口创汇，遵义县尚嵇生产的铝矾土 1990 年获法国欧罗杯奖。

（4）交通运输。1978～1989 年间，建成贵州省延续里程最长的一条三级公路，即马合公路（习水县马临至四川省合江公路，贵州境内 71.42 公里），组织修建道真洛龙至四川省（今重庆市）武隆、务川泥水至四川省（今重庆市）彭水的公路，增加了出省通道；新建和改建了一批达到国家技术标准的县乡公路。至 1989 年底，全地区通车里程达 8187.8 公里，其中达到国家标准的公路 1549.1 公里，养护里程 5105 公里。1997 年，全地区公路通车里程达 1.2 万余公里，其中等级公路达 45%。贵遵高等级公路建成通车。与此同时，交通运输工具不断改善，公路运力不断发展。至 1997 年，全地区民用汽车拥有量达 25250 辆；遵义市有奥托出租车近 800 辆，加上周边县、市的出租车，有 1200 多辆；公路货物运输量达 1864 万吨，货物周转量为 10.08 亿吨公里；公路旅客运输量为 1.01 亿人，旅客周转量为 14.47 亿人公里。1997 年，以赤水河、乌江航运为主的水运货物运输达 66 万吨，货物周转量为 1.97 亿吨公里；旅客运输量为 44 万人，旅客运输周转量为 1854 万人公里。

（5）邮电通信。1978 年，全地区长途电话业务电路达到 144 路，其中有自动电路 24 路、半自动电路 4 路，遵义至贵阳电路有 38 路，地区至各县均 4 路以上。1985 年，全地区省内二级电报电路实现中转化，电报陆续增设了中文译码机、电子电传机、用户电报集中器，进入全国自动转报网。1989 年，全地区已有业务报路 28 路，其中电传电路 20 路、自动转报电路 3 路。市内电话总容量达 8800 门，其中自动电话容量为 4000 门。农村电话大量应用环路载波机、特高频收发信机，实现了县至区载波化。全地区农村电话交换机容量达 8525 门，有载波电话终端机 120 部、环路载波终端主机 20 部、分机 93 部。1997 年，建成遵义—绥阳—正安—道真—务川—凤冈—余庆—湄潭—遵义的 SDH 光环系统和网管系统，长途电话为 4407 条，长途交换机达 5000 线，城市电话网总容量达到 29 万门，实现了全地区乡镇全部开通光纤数字程控电话。各县（市）全部开通会议电视系统，无线寻呼发展到 4 个频点，覆盖全区 3 个县市及部分乡镇。低速寻呼系统容量为 12 万户，并实现数汉兼容无线寻呼系统内同播联网和全省联网。全区电话交换机容量近 20 万门、电话机近 12 万部，其中市内近 10 万部、农村近 2 万部、移动电话 1 万余部。

（6）商业贸易。1990 年，全地区商业机构和网点达 43356 个，有从业人员 8.8 万人；每万名居民拥有网点从 1959 年的 15.5 个上升到 70.6 个，从业人员由 70.9 人上升到 143.2 人。国营商业和合作商业国内商品纯购进总额为 16.56 亿元，纯销售总额为 15.90 亿元。同时，饮食服务业网点也在迅速发展，1990 年达 6043 个，有从业人员 9565 人，分别比 1959 年增长 8.2 倍和 52.5%。1981～1990 年，全地区共投入 1990.7 万元修建市场 19 万平方米。全地区城乡共有市场 463 个，1990 年成交额达 6.03 亿元。1990 年，地县共有外贸公司 21 个，自办外贸加工厂 6 个，外贸出口商品收购总值达 7090 万元，主要有粮油食品、轻纺化工、土畜产品、五金矿产、茶叶、名酒、烟叶等 100 多个品种，远销 20 多个国家和地区。至 1997 年，全地区社会消费品零售总额达到 42.32 亿元，比 1978 年增长 9.79 倍；有批发零售机构 668 个、网点 5.17 万个、从业人员 7.84 万人，与 1978 年相比，网点增长 2.91 倍，从业人员增长 2.27 倍。在商业网点和从业人员中，国有商业网点有 1343 个，从业人员 1.06 万人；集体商业网点有 1385 个，从业人员 3923 人；股份制商业网点有 6 个，从业人员 404 人；个体商业网点 4.89 万个，从业人员 6.35 万人。另有餐饮业机构 11 个、网点 9920 个、从业人员 1.79 万人。1997 年，全地区商品购进总额为 86.18 亿元，商品销售总额为 91.24 亿元，年末库存总额为 38.6 亿元。

（7）财政金融。1990 年，各区（镇）乡（镇）均建立了财政所、组，财政收入为 6.62 亿元，比 1950 年增长 91 倍；财政支出为 6.54 亿元，比 1950 年增长 377 倍。1997 年，全地区地方财政收入达 9.81 亿元，比 1978 年增长 9.5 倍。1990 年，全地区有人民银行等金融机构 1165 个，比 1978 年增长 38.9%；各项存款 22.75 亿元，比 1978 年增长 8.5 倍，其中城乡储蓄 11.78 亿元，比 1978 年增长 36.7 倍；各项贷款 31.18 亿元，比 1978 年增长 7.6 倍，其中工业流动资金贷款 10.82 亿元，比 1978 年增长 18.6 倍。全地区开展保险险种 56 个，国内投保价值 68.6 亿元，保险费收入 3688 万元，比 1980 年增长 119.9 倍。国内保险支出 1392 万元。1997 年，全地区人保系统保费收入为 1.75 亿元，其中财产险收入 8000 万元；人身险保险收入 9546 万元，财产险赔款金额 3346 万元，人身险给付金额 1506 万元。1997 年，全地区金融机构各项存款余额为 108.73 亿元，比上年末增长 19.5%，其中城乡居民储蓄存款余额为 71.64 亿元，增长 20.2%，占银行存款的比重达 65.88%。年末银行贷款余额为 131.47 亿元，增长 17.3%。全年累计货币净投放 8.44 亿元，比上年减少 1.55 亿元。

（8）科教文卫。教育：1990 年，全地区各级各类学校有 4643 所，其中高等学校 4 所、中专（技）学校 21 所、普通高中 73 所、普通初中 372 所、农职中 47 所、小学 4124 所；共有教职工 5.32 万人，其中专任教师 44675 人；有在校生 111.37 万人，学龄儿童入学率为 95.9%，巩固率为 96.2%，毕业率为 94.8%，普及率为 91%。经省检查验收，全地区非文盲率达 94.1%。成人教育和幼儿教育也有一定发展，全地区成人学校仅大专就有 3 所，有教职工 396 人，其中专任教师 178 人，有在校生 1773 人。全地区有幼儿园 266 所、保教人员 1945 人、入园幼儿 3.58 万人。1997 年，全市各类学校在校生人数达 118.75 万人，其中，高等院校学生 3348 人、中等专业学校学生 1.16 万人、技工学校学生 4338 人、普通中学学生 24.82 万人、职业中学学生 1.78 万人、小学学生 88.08 万人。全市学龄儿童入学率为 98.18%。科技：1990 年，全地区有独立的科研机构7个，有各类科技研究会、学会、协会1044个，会员5.6万人。1978-1990年，全地区共申报科技成果720项，其中获国家科技进步奖1项，获省科技成果奖51项，获地区科技奖285项。文化：全地区文化机构发展到1448个，有报社两家，发行量为4万份；有国营和集体图书发行网点263个，有文化馆、博物馆、群众艺术馆、图书馆、文化站、文化中心和俱乐部631个；有电影院、队586个；有大中功率广播电视发射台7座，小功率电视差转台、转播台155座，电视台2座，电视卫星地面接收站172座，广播节目综合覆盖320.3万人，电视节目综合覆盖375.1万人；有艺术表演团体4个。1997年，有县以上公共图书馆12个、文化馆13个、博物馆1个；有有线电视发射及转播台498座、卫星电视地面接收站1368座，电视覆盖率为78.49%。体育：全地区有篮、排、足、网球场和游泳池、射击场、棋类房、轮滑场、训练馆、体育馆等体育运动场所1914个。在1988年全省第七届运动会上，遵义地区获团体总分、奖牌、金牌3个第一名。1997年共举办县及县以上运动会152次，参加人数为7.86万人次，有48.49万人达国家体育锻炼标准，其中有4.55万人达到优秀级标准。医疗卫生：1990年，全地区各类卫生事业单位发展到1186个，其中有医学院1所、中等卫生专科学校2所、各级医院756家，卫生防疫站、疗养院和妇幼保健机构31个；有卫技人员1.6万人、病床1.06万张。到1997年撤地设市时，全市有卫生机构5个、专业卫生技术人员11618人，其中，医生4397人，护师、护士2965人。全市共有病床1.02万张，其中医院病床6832张。

（9）人民生活。除建成遵义市和赤水市外，全地区有建制镇62个，其中城镇人口超万人的有30个。各县城（区级镇）建成区面积共1214万平方米，房屋建筑面积为603.98万平方米，其中住宅面积275.39万平方米；乡级镇建成区面积为6320万平方米，其中房屋建筑面积490.6万平方米。农村住户1990年与1981年相比，人均生活用房面积（17.89万平方米）增加6.68平方米，生产用房面积（5.49平方米）增加3.27平方米。1990年，全地区国民收入达46.8亿元，比1978年增长4.1倍；人均国民收入为764元，比1978年增加586.5元。全地区职工年平均工资为1687元，比1978年增长1.74倍；城镇人均年末储蓄存款为720.9元，比1978年增加673元；农村居民人均纯收入为480元，比1981年增加284元；农村人均年末储蓄存款为42.6元，比1978年增加35.7元；年内现金收入（425.6元）增加303.1元，现金支出（412.0元）增加289.9元，年末手存现金（111.9元）增加101元。1990年同

1981 年相比，人均主要实物消费量：粮食（原粮）241.6 ：236 千克，食用油 5.4 ：3.3 千克，肉类 20.7 ：15.6 千克，蛋类 0.84 ：0.7 千克，卷烟 25.7 ：10.6 合，化纤布 1.4 ：0.8 米。1990 年，农村人均文化生活支出 17.13 元，比 1981 年增长 2.4 倍。1997 年，城镇居民人均可支配收入为 4530 元，扣除价格因素，实际增长 1.8%；农民人均纯收入 1554 元，扣除价格因素，与 1978 年相比，实际增长 6.8%；城镇每百户居民家庭拥有彩色电视机 105 台、电冰箱 86 台、洗衣机 95 台；每百户农民家庭拥有电视机 66 台、收录机 19 台、电风扇 28 台、洗衣机 14 台。

（二）撤地设市，经济社会实现跨越式发展

1997 年，经国务院批准，遵义撤地设市，给遵义人民带来了发展机遇。遵义市委、市人民政府坚持加快发展这一主题，扭住结构调整这条主线，深刻认识和准确判断遵义发展的阶段性特征，继承、深化和创新，提出了切合市情的发展思路。为尽快改变遵义市“小城市、大农村”的状况和适应国企改革的需要，中共遵义市第一次代表大会提出了“巩固农业的基础地位、确立城市经济的主导地位和形成非国有经济的主体地位”的发展思路。新世纪之初，国家实施西部大开发战略，城市化进入加快发展期，地区经济实力提升和结构优化，遵义市发展的环境条件发生着深刻变化。为适应新形势，实现新跨越，中共遵义市第二次代表大会提出“强力推进工业化、城镇化、农业产业化，建设现代化经济强市”的发展思路。通过奋力拼搏，全市经济社会协调健康发展，结构调整取得实效，城乡面貌明显改观，社会事业全面进步，人民生活水平较大提高，为建设全面小康社会和构建“和谐遵义”奠定了坚实基础。

1. 经济综合实力显著增强，发展进入总体小康阶段

从 1997 年撤地设市到 2007 年，全市生产总值年均增长速度达到 10.9%，比 1978～1997 年的年均增长速度加快近 1 个百分点，经济总量连跨上 4 个百亿元台阶。2007 年，全市生产总值达到 538 亿元，是 1997 年 189.45 亿元的 2.8 倍；人均生产总值由 2765 元增加到 7126 元；人民生活水平实现由初步解决温饱向总体小康阶段的跨越。这 10 年，全市财政总收入和地方财政收入分别以高于经济增长速度 5.4 个和 2.5 个百分点的水平增长，2007 年财政总收入达到 83 亿元，是 1997 年的 4.5 倍，占 GDP 的比重由 9.65% 上升到 15.4%，其中地方财政收入达到 31.2 亿元，是 1997 年的 3.5 倍。

2. 着力培育壮大优势产业，经济结构明显优化

（1）紧紧围绕农民增收目标，在“五突破”取得显著成效后大力实施“新五突破”（建设、农产品加工销售、科技推广应用、农业基础设施建设和深化农村改革的突破），启动“六个一百工程”（通过分期建设，使茶叶、中药、蔬菜和辣椒生产基地各形成百万亩的规模，畜牧业产值达百亿元，新种竹百万亩，建设百万口沼气池）建设，推进农业结构调整和产业化经营，使农业综合生产能力和市场化水平得到较大提高。这10年，粮食、油菜、烤烟产量分别稳定在300万吨、24万吨和160万担以上；畜牧业快速健康发展，畜禽品种优良率稳步提高，畜牧业产值年均增长6.8%，占农林牧渔业总产值的比重达到42%，比1997年提高10个百分点。按照“西竹、东茶、南药、北菜、中辣椒”区域布局，优势特色农产品基地建设成效明显，并逐步向规模化、标准化方向发展，初步形成了以仁怀、习水、赤水、桐梓为主的竹业种植基地，以湄潭、凤冈、余庆片区为主的特色绿茶生产基地，以习水、遵义（县）、道真、绥阳为主的药业种植区，以桐梓、绥阳、遵义（县）及两城区为主的商品蔬菜生产基地，以遵义（县）、绥阳为主的辣椒生产基地，竹、茶叶、中药材、商品蔬菜和辣椒种植面积分别达255.11万亩、34.3万亩、82万亩、77万亩和98万亩。通过政府扶持、市场运作，培育了金旭、康康、天阳、百花等龙头企业162家，其中市级以上企业52家（有国家级2家、省级10家），10年中全市龙头企业吸纳从业人员达8000多人。农村经济组织得到发展，全市已有各类农村专业合作经济组织917个、会员10万余人，服务30多万农户。依靠龙头企业带动和农村经济组织推动，依托大型农产品交易市场，创建了茅贡米、小叶苦丁茶等优势特色品牌，促进了像余庆满溪村金橘业、上里村蔬菜业和红花岗勤乐村葡萄业等“一村一品”现代效益型农业发展模式的兴起。

（2）加快“三六工程”（“六大标志工程”、“六大基地”、“六个百亿行业”）建设，工业化水平逐步提高，工业在国民经济中的主导地位得以确立和巩固。通过积极实施“退二进三”，着力优化产业布局和推进结构战略性调整，使传统支柱产业和优势特色产业发展加快，一批优势企业发展壮大，贵州航天高新技术产业园（遵义园区）、遵义药业园区、赤水河谷名酒工业园区和新材料产业化基地建设启动，能源、原材料、机电、化工、制药和食品加工等六大基地已具雏形。以烟酒为主的传统支柱产业巩固发展，茅台酒年生产能力达到1.5万吨；遵义卷烟厂产品结构得到提高和优化，成为对经济发展贡献最

大的行业。能源新兴支柱产业加快发展，“西电东送”标志性工程构皮滩电站开工建设，完成了乌江电站扩机工程，建成了习水电厂、鸭溪电厂，芙蓉江、洪渡河干流梯级开发全面启动，2007 年全市电力总装机 355 万千瓦，是 1997 年全市电力装机容量的近 4 倍。电煤基地建设扎实推进，原煤产量超过 1000 万吨。冶金、化工、机电、建材等产业优化发展，传统生产工艺水平和产业集中度提高，竞争力增强。赤水 20 万吨 / 年竹浆林纸一体化项目于 2007 年底试车投产，海绵钛产量实现万吨目标，遵义县 80 万吨 / 年氧化铝项目开工建设，新蒲瑞安、湄潭江葛等大型水泥生产线建成投产。以轻工家电、汽车配件、高低压电器、电子元器件、节能变压器等为主的机电工业有了新的发展，海尔冰箱年生产能力达到 100 万台。医药、食品工业快速健康发展，家诚、环宇、百花等 14 家制药企业生产线通过 GMP 改造，生产经营水平提高，已成功开发出一批名优产品。引进“老干妈”产品落户遵义，康康、金旭、天阳等食品加工生产线建成投产，带动了农产品基地标准化、规模化建设。2007 年，全市工业增加值达到 223.83 亿元，比 1997 年净增 146.5 亿元，年均增长 15%，占生产总值比重由 28.2% 提高到 37.2%，工业企业提供的税收已占财政总收入的 85% 以上。

（3）城镇化建设步伐加快。到 2007 年，全市城镇建成区面积达 250 平方公里，城镇人口为 247 万人，城镇化水平达到 34.9%，年均提高 1.5 个百分点，比 1997 年提高 13.1 个百分点。全市已初步形成以中心城区为核心，遵义（县）、绥阳、桐梓、湄潭、仁怀为卫星城，其他县城为支点，重点集镇为结点的城镇体系。城镇在区域经济社会发展中的集聚效应大大提高，促进了第三产业年均保持 13% 的较快增长。餐饮、住宿等传统服务业发展水平得以提升，交通运输、地质勘探业等因“西电东送”工程及原材料开发项目的实施增长较快，金融保险、房地产、现代物流、信息、中介、社会服务等新兴服务业发展较好。2007 年共接待游客 780 万人次，综合收入达 51 亿元，10 年内翻了两番。2007 年，全市社会消费品零售总额实现 160 亿元，比 1997 年将近翻两番。

（4）三次产业协调发展，产业结构逐步优化。在撤地设市 10 年内完成了几次产业结构大的转变：2000 年产业结构排序由“一、二、三”调整为“一、三、二”，2001 年调整为“三、一、二”，2003 年调整为“三、二、一”，2004 年实现向“二、三、一”的重大转变。2007 年，三次产业比例调整为 20.07 ：43.68 ：36.25，第二、三产业比重比 1997 年提高 20.62 个百分点，成为支撑国民经济加快发展的主导产业，全市已步入工业化发展中期的初始阶段。

3. 加强重点基础设施建设，基础设施条件明显改善

撤地设市 10 年是全市全面建设小康社会打基础的关键时期，全市抢抓国家实施西部大开发的历史机遇，争取国家、省对全市交通、水利、城镇等基础设施加大投入，10 年累计完成全社会固定资产投资 1300 亿元，年均增长 26.5%。

（1）以公路为主的交通基础设施建设取得新突破，初步形成了以城区为中心的高级、次高级公路和铁路、内河航运相互贯通的交通综合运输网络，制约经济发展的交通“瓶颈”较大缓解。遵崇高速公路、贵遵高等级公路建成通车，扎佐至南白、白腊坎至茅台高速公路开工建设，习水至桐梓、绥阳至道真、湄潭至余庆二级路改造全面实施，建成了一批出境公路，改造提升通县公路，实现了县县、乡乡通油路，“四纵三横”骨架公路网基本形成，公路总里程超过 2 万公里，等级公路通车里程增加到 5899 公里，公路通达深度和运输能力大幅度提高。乌江、赤水河内河航道整治加强，新舟机场、茅台机场建设前期工作启动。

（2）农业农村基础设施得到加强。实施了遵义灌区一期、海龙水库等重点水利工程，对一批小型水库进行了除险加固，加快烟（粮）水配套及“三小”水利工程建设，解决了 219.55 万人和 162.08 万头牲畜饮水困难，新增有效灌溉面积 20.6 万亩，治理水土流失面积 1954.3 平方公里，极大地提高了全市重点防洪能力、灌区的抗灾能力和农田保灌能力。以提高农业综合生产能力为着力点，积极实施坡改梯工程和农业综合开发，实施坡改梯工程 74.97 万亩。加快农村能源建设，完成农村一户一表改造 121 万户，建成沼气池 13.2 万口，农民生产生活用能质量有较大提高。以“四有、五通、三改、三建”为切入点，扎实开展“四在农家”创建活动，社会主义新农村建设稳步推进，农村水、电、路、通信、广播电视等基础设施建设取得明显成效，农民生产上活条件进一步改善。

（3）城镇基础设施较大改善，城镇面貌发生巨大变化。中心城区按照“水在城中、城在绿中、人在景中”的山水园林城市建设目标，坚持“南北拓展、东西贯通、改造老城、建设新区”的工作思路，加大南部新城、北部新区开发建设和旧城改造力度，新建、扩建了一批城市干道，实施了中心城区污水截流、10 万亩风景林、图书馆、博物馆等环卫、园林绿化、市政公共服务工程，建成了汇川艺术中心、汇川体育中心、凤凰山科技会展中心等标志性工

程，城市功能日趋完善，人居环境明显改善，山水园林城市特色凸显。2007年，建城区面积扩展到46.8平方公里，常住人口接近80万，初步构建1个中心（丁字口）、4个片区（董公寺、忠庄、南宫山、南白）的带状组团式城市格局，确立了承载百万人口的城市框架。

（4）建成了覆盖全市所有乡镇的电信光缆和电视光纤传输网络，“数字遵义”建设步伐加快，数字电视整体平移工程启动实施，电子政务建设积极推进，开通了“中国遵义”门户网站群与公务员办公业务资源网。

4. 社会事业全面发展，人民生活水平显著提高

（1）基础教育进一步夯实，素质教育全面推进，教育教学质量不断提高。“两基”攻坚目标提前两年于2005年完成，普及九年制义务教育的人口覆盖率达100%。2007年，农村义务教育免除学杂费和书本费1.6亿元，55所农村寄宿制学校、100所农村薄弱学校改建工程全部完工。“两免一补”全面落实，高中教育新增2所省级示范高中，达到11所。高考录取率达到55.8%；职业教育加快发展，招生人数达到2.76万人。高等教育加快发展，遵义医学院、遵义师范学院、遵义职业技术学院、遵义医药高等专科学校，高等教育办学规模极大提高，教育结构更趋合理。

（2）公共卫生服务体系、疾病预防控制体系、医疗救助体系和卫生执法监督体系建立健全，城镇社区卫生服务、农村卫生工作不断加强。2007年对所有县级医院、乡镇卫生院进行了改扩建，建设了13个县级疾控中心和12个县级传染病院（区），恢复了部分村卫生室，医疗卫生基础设施条件和人民群众就医条件大为改善，新型农村合作医疗制度覆盖全市，惠及600余万农民，“看病难”、“看病贵”问题得到缓解。

（3）实施“少生快富”试点工程，促进人口与经济社会资源环境协调发展。全市进入低生育水平阶段，2007年，遵义市人口出生率为10.68%，自然增长率为5.13%，常住人口符合政策生育率为96.5%。实现了人口总量控制目标，人口素质不断改善，婴儿死亡率、孕产妇死亡率有所下降，人口预期寿命超过68岁。

（4）文化、广播事业健康发展。全市县级文化馆、图书馆建设完成，全国文化信息资源共享工程扎实推进，市级图书馆、博物馆建成投入使用，城镇文化设施、服务网络和文化产品大幅增加，城市形象、品位得到提升。加大力度改善农村公共文化基础设施条件，完善公共文化服务体系，保障农民基本文化权益；大力实施广播电视“村村通”工程和数字化改造工程，着力

提高农村广播、电视综合覆盖率，农民群众“看书难”、“看戏难”、“看电影难”、“收听收看广播电视难”的问题得到有效缓解。抓好塑造遵义文化形象的重大项目和工程建设，成功打造了国家十大舞台精品工程《依依山水情》、《红色之舞 1935》、《娄山关月》等体现遵义特色、反映时代精神、具有国家一流水准的文化艺术精品，也创作生产了许多适应人民群众需求的优秀文化产品，丰富了群众文化生活。体育基础设施不断改善，全民健身运动广泛开展，竞技体育实现奥运会奖牌零的突破。

（5）人民生活水平进一步提高。2007 年，全市城镇居民人均可支配收入为 9658 元、农民人均纯收入为 2592 元，年均分别增长 7.9% 和 5.2%；城乡居民人均消费性支出年均分别增长 6.8% 和 7.2%，综合恩格尔系数由 62.41% 下降为 44.3%；通信、娱乐、保健、教育等服务性消费增长较快，城镇居民拥有彩电、电脑、空调等高档电器大幅增加；轿车进入普通居民家庭，农村相当部分家庭拥有了电视、电话、组合音响等家用电器，生活质量有较大改善；实施积极就业政策，就业总量稳步增长，就业结构进一步优化，就业局势保持基本稳定，城镇登记失业率控制在 4.5% 以内；扶贫开发成效显著，易地扶贫搬迁人口 1.99 万人，累计 111.9 万贫困人口越过温饱线。

5. 深化改革开放，发展活力明显增强

对外开放水平进一步提高。多形式搭建招商引资平台，招商引资成效显著，2006 年，全市招商引资到位资金 86.6 亿元。全方位开展区域经济文化交流与合作，积极参与“泛珠三角”地区合作，与重庆等周边省区和对口帮扶城市、沿海发达地区在资金、信息、技术、人才等领域的合作得到加强。成功举办了“中国民营企业家遵义行”、纪念遵义会议暨红军长征胜利 70 周年、中国政府文华奖第四届和第五届全国青少年杂技大赛等系列重大活动。

第三节 现状与特点

一、城市经济建设和发展成就

（一）新型工业化进程加快

遵义工业发展起步较早，20 世纪 60 ~ 70 年代，国家进行“三线”建设，一批企业落户遵义，奠定了遵义工业发展的基础。1997 年遵义撤地设市后，中共遵义市委、市人民政府坚持把加快推进工业化作为全市经济社会发展的主导战略，先后出台了《关于加速工业化进程的决定》、《关于加快推进新型工业化的决定》、《关于加快工业园区建设的意见》等文件，不断创新工业发展的理念，完善工业发展的政策和措施，加快推进新型工业化；特别是“十一五”以来，有效克服和应对了重大自然灾害、金融危机、节能减排等重大困难，工业在加快发展的过程中实现结构转型。大力实施“工业强市”战略，坚持以市场为导向，以结构调整为主线，以园区建设为平台，着力调整和优化产业结构、延伸产业链条，转变经济发展方式，完善工业体系，积极培育新的经济增长点；大力推进从工业化到新型工业化的转型，扩张和提高了工业经济的规模、速度、质量和效益，优化和提升了工业内部结构，实现了工业经济跨越式和可持续发展。

工业化进程加速发展，全市依托“三线”建设时期形成的工业基础，按照全党抓经济、重点抓工业、突破在项目的思路，集中力量加快发展“三个六”工程。一是建设工业“六大基地”，即建设以构皮滩水电站为代表的水火并举的“西电东送”能源基地；以铝、钛为代表的“国家新材料产业化基地”；以 20 万吨竹浆林纸一体化、桐梓煤化工、绥阳煤电化为代表的化工基地；以茅台酒为代表的食品加工基地；以“国家航天军转民制造业”为代表的机电制造业基地和以忠庄药业园区为代表的药业基地。二是培育“六个百亿元行业（企业）”，即围绕能源、铝业、化工、新材料、机电、食品行业逐步实现年销售收入上百亿元的行业（企业），形成产业配套完善、技术领先、质量一流的产业集群。三是建设“六大标志工程”，即赤水 20 万吨竹浆林纸一体化工程、桐梓煤化工、遵义 80 万吨氧化铝项目、绥阳煤电化、习水二郎火电厂、桐梓火电厂等标志工程。

1. 工业经济总量和经济效益不断提升

2007 年，全市工业增加值完成 223.83 亿元，比 1978 年增长 116.58 倍，年均增长 17.83%；占 GDP 的比重达 41.41%，比 1978 年提高了 16.46 个百分点。其中，规模以上工业增加值由 1978 年的 1.69 亿元增加到 2007 年的 175.45 亿元，增长 103.82 倍，年均增长 17.36%；占 GDP 的比重达 32.46%，比 1978 年提高了 10.51 个百分点。全市规模以上工业实现销售收入 350.78 亿元，比 1978 年的 3.37 亿元增长 103.1 倍；利润总额为 66.83 亿元，比 1978 年的 0.27 亿元增长 246.5 倍；工业税收占全市税收收入的 85% 以上，对财政收入的贡献不断提高。

2010年，全市工业增加值完成321.81亿元，是2005年的2.33倍。其中规模以上工业增加值完成299.25亿元，是2005年的2.49倍，实现了翻一番以上的增长。“十一五”时期，工业增加值、规模以上工业增加值年均分别增长14.4%、15.3%；全市工业加速发展，工业增加值从180.96亿元增加到321.81亿元，规模以上工业增加值总量首次超过贵阳市，跃居全省第一。全市已从工业化初期向工业化中期加速迈进，并进入了工业化中期的初始阶段，工业发展站在一个新的历史起点上。

2. 工业结构调整优化，产业特色更加突出

轻工业比重进一步提升，2010年，在全市规模以上工业企业中，轻工业所占比重为66.1%，比2005年占比上升18.1个百分点；国有企业所占比重为60.0%，比2005年占比上升18.2个百分点。2010年，农副食品加工、食品制造、饮料制造、烟草等全市传统优势产业规模以上工业实现增加值192.36亿元，占规模以上工业增加值比重达61.4%；以酒、烟为重点的食品工业是全市经济增长的强力支撑，行业地位更加巩固。2010年，全市规模以上白酒工业实现白酒产量14.58万吨，是2005年的1.4倍，白酒行业实现增加值143.10亿元；遵义卷烟厂产量达57.14万箱，是2005年的1.4倍，卷烟行业实现增加值33.67亿元。

机电工业加快发展，2010年，海尔冰箱厂家用电冰箱产量达192.58万台；圆通汽车通过技改年产能力达6600辆；大型成套设备、机电设备、高低压电器元件等都取得长足发展。

能源工业大市地位更加突出，2010年，电力行业实现增加值25.40亿元，发电量为187.93亿千瓦时，是2005年的1.5倍；煤炭行业实现增加值32.92亿元，比2005年增长819.6%，年均增长155.9%。

基础工业品生产快速增长，2010年，原煤产量达1441.18万吨，是2005年的1.3倍；水泥产量达802.59万吨，是2005年的2.2倍；铁合金产量为27.82万吨，比2005年增长45.7%；电解铝产量为23.04万吨，是2005年的3.0倍。

资源型基础工业发展进一步壮大，2010年，全市有规模以上企业523家，形成了能源、原材料、化工、机电、制药等几个特色的产业经济带，其中产值达亿元的企业有126家，工业总产值上亿元企业占全市规模工业企业的24.1%，企业集中度进一步凸显。工业总产值排名前10位的行业有：饮料制造（204.99亿元）、电力生产和供应（109.49亿元）、煤炭开采和洗选（67.64

亿元）、黑色金属冶炼及压延加工（48.57 亿元）、烟草制品（47.02 亿元）、非金属矿物制品（46.94 亿元）、电气机械及器材制造（44.73 亿元）、有色金属冶炼及压延加工（43.04 亿元）、农副食品加工（35.71 亿元）、医药制造（33.12 亿元）。这 10 个行业实现的工业总产值占全部规模工业总产值的 94.7%。

3. 非公有制经济发展活力增强

2007 年，全市共有私营企业 6349 户、个体工商户 94339 户、从业人员 39 万余人，非公有制经济总量达到 138.22 亿元，占全市 GDP 的 29.75%；208 户规模以上非公有制工业企业完成工业增加值 30.33 亿元，占全市规模以上工业增加值的 17.3%。桐梓铝厂、老干妈食品公司、百花药业公司等一批非公有制企业通过发展壮大，不但为全市经济社会发展做出了重要贡献，而且成为吸纳国有企业改革分流人员的主渠道和农村劳动力转移的主载体。全市就地转移就业的农村劳动力中，有 12 万人在非公有制经济领域就业。2007 年，全市实现新增就业 3.12 万人，其中在非公有制经济企业就业的占 70% 以上。各项非公有制经济发展的政策法规得到进一步贯彻，“中小企业成长工程”深入实施。服务体系进一步完善，融资性担保机构已达 10 户，有小额贷款公司 11 户，14 个县区市建立了中小企业服务中心，在非公有制经济和中小企业融资服务上的作用进一步发挥。2010 年，非公有制经济占 GDP 总量的 40% 左右。

4. 工业项目和园区建设加快推进

按照中共贵州省委、省人民政府关于“加快建设名酒名烟名茶基地、新材料基地、机电基地，全力打造黔北综合经济区”的战略决策，在全市重点地区规划机电工业集聚区、忠庄—龙坑—南白制药工业集聚区、遵义循环经济新材料工业集聚区、东部绿色食品工业集聚区、赤水河谷名酒工业集聚区、东北部铝工业集聚区、桐梓循环经济型煤化工工业集聚区、绥阳循环经济型煤电化工业集聚区、赤水循环经济型竹加工工业集聚区、习水循环经济型煤化工集聚区等 10 个工业集聚区，大力推进能源、原材料、食品、化工、机电、医药等六大基地建设，加快建设桐梓煤化工基地、绥阳重化工基地，搞好赤水 20 万吨竹浆林纸一体化工程项目达产的配套服务，做好构皮滩电站投产准备工作，抓紧启动二郎电厂、桐梓电厂项目，形成能源、化工、食品、冶金、建材、医药 6 个集群产业，培育工业增长的加速器，有效地推动了全市工业经济的快速发展。

2010 年，南部城区四大重点企业异地搬迁项目实质性启动。“10+7”工业园区建设取得突破性进展。17 个重点园区中，6 个园区组建了副县级园区管委会，10 个园区完成规划编制，13 个园区启动了基础设施建设，遵义经济技术开发区升级为国家级开发区，仁怀名酒园区获批国家新型工业产业示范基地。到2010年底，各园区累计完成固定资产投资37.29亿元，引进了银河集团风电设备制造、飞能达节能灯、重庆长安配件总厂汽车配件和江西泰豪集团等企业；同中电投、中铁集团、中国航天科工集团、中国恒天集团等中央企业签订了项目投资协议。

5. 科技创新能力增强，可持续发展水平提高

全市实施了一批技术改造和创新项目，装备、工艺和技术水平整体提升。2006~2010年，全市累计淘汰水泥、铁合金、电解铝等行业落后产能349.62万吨，淘汰小火电25万千瓦，拆除63户企业落后生产线101条。2006~2009年，全市工业能源消费呈逐年下降态势，单位工业增加值能耗不断降低，4年降幅分别为5.6%、13.2%、11.6%、8.2%。同时，围绕煤炭、铝、竹等资源的开发，规划建设了一批循环经济项目和循环经济园区，赤水竹浆纸一体化项目和茅台酒循环经济项目列入国家循环经济试点，桐梓煤化工和绥阳循环经济重化工基地项目列入省级循环经济试点，部分项目已建成投产，资源的利用效益和附加值不断提高。

“十一五”期间，工业领域新增13户省级企业技术中心、1户国家级企业技术中心，32个产品获国家级新产品称号，17个产品获省级优秀新产品称号，47个产品获国家或省级名牌称号，新产品产值达48.1亿元。遵义“国家火炬计划”军转民特色产业基地获得批准。引进了煤化工、纸浆等先进生产工艺技术，采用国内先进350KA预焙阳极电解槽改造电解铝生产工艺，自主研发了倒U形还原蒸馏联合法海绵钛生产技术。信息网络基本实现全覆盖，“两化”融合步伐加快。

6. 新型工业化助推绿色城镇化和劳动力转移

新型工业化助推绿色城镇化的快速发展。汇川区高桥镇坪山社区共有457户1742人，村改社区前人均纯收入不到500元；村改社区后，社区利用地理优势发展以汽车贸易、房地产和农贸市场为主的34家企业，解决200余名社区居民和1000余名社会人员就业；2009年，村集体资产超过亿元，社区每年纯收入500万余元，居民人均纯收入超过9600元。遵义县龙坑镇紧紧抓住杭瑞高速、绕城高速公路建设机遇，强力推进工业园区建设、物流中心打造和共青湖旅游开发，着力建设绿色农产品交易中心、汽车博览中心、茶酒博览中心、煤炭交易市场等12个市场，倾力打造总部经济，大力发展现代物流，已有18家国内外知名品牌汽车4S店入驻，农副产品日交易额超过500吨，

交易额达700万元，使该镇农民人均纯收入保持15%以上的增速，城镇建设面积由2005年的1.8平方公里上升到2010年的10平方公里，城镇化率达到52%，城镇居住人口增至2.2万，全镇已有1.15万户3.3万人由农业户口转变为居民户口，占原农业人口的94.2%。余庆县松烟镇采取“合作社+基地+农户”的产业模式，推动构建农产品深加工产业链，通过建设返乡农民工创业园，引导5000人以上的20余户中小企业入驻园区，就近解决了农民工创业和就业，2009年固定资产投资2亿元，农村村庄集镇化有序推进，完成建房27栋3200平方米。仁怀市茅台镇依托茅台酒大力发展白酒产业，促进农民变市民、农民变工人，该镇已有资产规模上亿的酒类企业6户、千万元以上的30余户，其余企业规模均在500万元以上，全镇1.5万农村劳动力中的8600余人转为产业工人。

（二）新农村建设巩固提升，农业产业化发展较快

1.“黔北粮仓”谱新篇

遵义素有“黔北粮仓”之称，粮食、油菜、烤烟、茶叶、畜禽等主要农产品产量占全省的1/4~1/3。1949年，遵义专区粮食作物播种面积为604.41万亩，总产量为66.82万吨；1950~1957年，是农业生产恢复发展时期，粮食作物播种面积达到906.89万亩，总产量为118.19万吨。1963~1965年，经过调整，全区农业生产得到一定程度的恢复。1978年，中共十一届三中全会后，农业生产出现了良好的发展势头。在1978~1996年的18年间，粮食总产量由132.54万吨增加到267.99万吨；尤其是20世纪80年代，在全区范围内推广农业生产“五突破”，提高了种植水平，粮食生产得到较快发展，杂交水稻、杂交玉米、双低油菜等作物良种推广均达95%以上，小麦良种化达90%以上；传统的种植习惯被先进的科学种植技术所替代，水稻基本采用两段育秧或旱育秧，玉米育苗移栽达95%以上。

1999~2000年，全市组织实施了贵州省重大科技攻关项目——水稻100万亩高产攻关工程，两年共完成203.85万亩水稻种植，平均亩产570千克，并总结了一整套适合遵义市水稻生产的技术模式。此外，还在全市连续实施了省人民政府的粮食增产工程，开展了水稻、玉米超高产试验，水稻最高亩产达856千克，玉米最高亩产达835千克。由于先进农业实用技术和各项高产工程的实施，全市粮食生产跃上了快速发展的台阶：粮食总产量1990年突破200万吨，1998年突破300万吨，2000年突破330万吨，2010年产量达

338.07 万吨。湄潭县生产的优质粮食品牌“茅贡米”种植面积达到 20 万亩，产品经过精深加工销往重庆、广州等地，供不应求；余庆县的“大凉山”牌优质米、凤冈县的“凤欣”牌优质米同样在省外市场上畅销不衰。

2. 农村经济全面发展

改革开放以来，全市加大对农业的投入，农村经济发展迈出新步伐。2007 年，完成第一产业增加值 125.2 亿元，比 1978 年增长 28.6 倍；畜牧业产值占第一产业的比重由 1978 年的 21.55% 提高到 41%；粮食产量由 1978 年的 132.5 万吨上升到 330.2 万吨。以农业技术“五突破”为代表的农业适用技术推广及非耕地开发取得明显成效，继而实施了农村基础设施及农产品基地建设、农产品加工销售、农业先进科技运用、农业农村改革“新五突破”。

“四种工程”、“科技增收工程”扎实有效。实行最严格的耕地保护制度，加强基本农田保护和中低产田改造，大力实施山、水、林、田、路综合治理，遵义灌区工程、湄凤余灌区等工程有序推进，病险水库治理、烟水配套工程建设加快，节水灌溉面积不断扩大，解决了 219.55 万农村人口的饮水安全问题。农网改造、水利渠系配套、农业机械化综合运用、防灾救灾等工作扎实推进。全市有效灌溉面积比 1980 年新增 44.41 万亩，达到 256.41 万亩；治理水土流失面积 1954.3 平方公里，达到 2782.4 平方公里。农村交通发生了巨大变化，实现了乡乡通油路、80% 以上的行政村通公路。大力发展农产品精深加工，乡镇企业规模不断扩大，品牌优势进一步显现，市县级以上龙头企业从无到有，至 2010 年已发展到 162 家。

3. 农业产业化发展加快

中共遵义市第二次代表大会上将农业产业化纳入“三化一强”战略部署。“十一五”期间，遵义市委、市人民政府提出实施“七个一百”工程，加速传统农业向现代农业转型的过程，提升农业产业化经营水平，有效推动了烟、酒、茶、畜牧、竹、药、辣椒七大主导产业的发展，“七大产业航母”已具雏形，竹、茶叶、商品蔬菜（辣椒）、中药材、畜牧业产值和沼气池“六个一百万”工程有序推进。2010 年，全市种竹面积 288 万亩、茶叶面积 103 万亩、中药材面积 97 万亩、商品蔬菜面积 106 万亩、优质辣椒面积 100.3 万亩、红高粱面积 61.04 万亩，畜牧渔业产值达到 100 亿元，培育市级以上农产品加工龙头企业 105 家（其中国家级龙头企业 6 家、省级龙头企业 44 家）。同时，大力发展以农产品加工为主的工业园区，狠抓特色产业集聚发展。建成湄潭绿色食品工业园区、凤冈有机生态工业集聚区、遵义县龙泉食品工业园区、红花岗药业园区，特色产业链条不断延长。在巩固发展“黔北粮仓”战略地位的同时，初步形成了具有特色产业优势的“中国西部茶海”、“中国西南辣椒城”。

（1）“中国西部茶海”。茶叶培育已成规模化建设、标准化生产、系列化加工、一体化经营、社会化服务的农业主导优势产业。2010 年底，全市茶园基地面积达 100 万亩，实现打造“中国西部茶海”的目标。东部和北部的湄潭、凤冈、余庆、务川、正安、道真两条线的 500 里茶廊已基本形成。

市内茶园基地栽培的品种主要是福鼎和黔湄、名山系列。另外获得有机、绿色和无公害认证的茶园分别为 4.6 万亩、0.9 万亩和 3.7 万亩。2009 年，全市茶叶总产量达到 2.1 万吨，其中名优茶叶 5253 吨，大宗茶叶 1.57 万吨，实现总产值 9.96 亿元。

全市有一定规模茶叶加工企业 516 家，其中有国家级龙头企业 2 家、国家级农业扶贫龙头企业 1 家、省级龙头企业 4 家、市县级龙头企业 28 家，还有小型加工作坊 1193 家。全市茶叶加工企业获得 QS 认证的有 61 家，获 ISO 认证的有 16 家。市内的市、县、乡（镇）三级均建立了技术服务机构，专门从事茶叶产业的技术人员有 268 人，其中大专以上学历的技术人员 198 人。有 7 个茶叶主产县成立了 40 个专业合作社（协会），辐射带动种植茶叶的农户 208 万户，辐射面积达 15 万亩。

市人民政府资金投入量每年均在 1000 万元以上，各茶叶主产区的党委、政府和有关部门也积极争取项目资金投入，并大力拉动民间资金进入茶产业。2009 年，全市共投入茶叶产业的资金达 6.9 亿元，其中财政资金为 1.28 亿元、民间资金为 5.62 亿元。

市内已建立大型茶叶产品交易市场 1 个，年交易量为 2700 吨，交易金额达 3.2 亿元。在各茶叶主产区的乡（镇）、村建立了茶青交易市场共 25 个，年交易量为 7000 吨，交易金额为 2.2 亿元。

（2）辣椒产业。1998 年，绥阳县辣椒种植面积为 8 万亩，干辣椒产量达 1 万吨。1999 年，全县形成“五镇百村百户”发展格局，种植面积扩大到 10 万亩，干辣椒产量达 1.2 万吨，产值 1 亿元。绥阳朝天椒在 1964 年就被评为全国出口七大名椒之一，1983 年获国家对外经济贸易部颁发的《荣誉证书》，是出口免检产品，远销东南亚、日本、德国、美国等国家和地区，年出口总额最高年份达 1001 吨。1999 年 9 月，绥阳县被中国农学会特产经济专业委员会命名为“中国辣椒之乡”。

从 1998 年起，遵义县狠抓辣椒产业，种植面积从 1998 年的 10 万亩发展到2010年的37万亩，干辣椒产量达6万余吨，产值达3亿余元。全县种椒农户达20.5万户，从业人员25.8万人，种椒5000亩以上的基地镇有20个，种椒1000亩以上的基地村有152个。遵义县的干椒、青椒和辣椒制品已具规模优势，在全国占有一定的市场份额，辣椒产品逐渐走向重庆、四川、湖南、湖北、上海、新疆等20多个省（市、自治区）以及日本、韩国、马来西亚、尼泊尔、印度等10多个国家。2003年，遵义县被中国国艺学会辣椒研究会授予“全国优质干辣椒生产区”称号。2004年，经中国果蔬产业论坛组委会评审，授予遵义县“全国辣椒产业十强县”称号。2005年，中国食文化研究会通过实地考察，确定遵义县为“中国辣椒之都”。

全市已形成以遵义、绥阳、湄潭、凤冈4县共60余个乡镇为代表的重点区域红色产业带和以正安、余庆、习水、桐梓等10余个县（区、市）的30余个乡镇为代表的一般区域红色产业带。2010年，全市辣椒总产值达27.2亿元。

（3）“中国西南辣椒城”。遵义县虾子镇辣椒市场2006年交易量达5.5万吨，交易金额为7亿元；2010年市场交易量为7.5万吨，交易金额为10亿元，各项指数居西南之首，是全国最大辣椒专业市场之一。虾子辣椒市场是本市及周边县、邻近省辣椒的主要集散地，跨区域吸引椒农、批发商和大宗用户，辣椒商品辐射国内大中城市和东南亚等地。虾子辣椒市场占地7300平方米、主体建筑面积为4600平方米，专用库房140余间，1999年新建长廊式开放型市场，沿326国道建设，总长为1500米、宽60米，修建“仓储+住房”370套，总投资3400万元，年吞吐量为6万吨，已被国家农业部确定为“农产品产地批发市场”。虾子镇属遵义县。遵义县辣椒营销人员有2.7万人，占全县劳动力的2%，其中虾子镇有5000多人直接服务于辣椒产业，从事辣椒经营、产品包装、货物搬运、剪柄选椒或在辣椒加工厂务工。虾子镇有辣椒经营大户1500户，其中经营资金100万元上的有15户，50万~100万元的有230户，10万~50万元的有300多户。虾子辣椒市场上有两个辣椒专业运输公司，共有各种运输车辆300余台，年运输量达10万吨；有服务业个体工商户771户，年营业收入达8500万元，每年给国家创税100多万元。

（三）现代服务业和房地产业迅猛发展

“十一五”期间，遵义市努力加快推进城镇化进程，围绕打造“转折之城、会议之都”的目标，建设高星级酒店、会展中心等，制订商贸物流业发展规划，推进城乡市场、商贸街区和物流园区基础配套建设，继续发展吃、住、行、娱、购等传统服务业，推动金融保险、物流配送、电子商务、邮电通信、保健健身等新型服务业发展，实施“家电下乡、汽车下乡”等惠农服务活动，加快城乡流通体系建设，繁荣城乡市场，确保了第三产业的蓬勃发展。2010 年，全市第三产业实现增加值 400.70 亿元，是 2005 年的 2.7 倍，“十一五”期间年均增长 15.9%；第三产业增加值占 GDP 的比重为 44.1%，比 2005 年提高 3.7 个百分点；对 GDP 增长的贡献率达到 39.7%，拉动经济增长 6.0 个百分点。

1. 交通运输业

随着全市工业和固定资产投资增长步伐的加快，公路运输业实现快速发展。2010 年，全市公路货物周转量实现 62.37 亿吨公里，公路旅客周转量达 64.07 亿人公里，分别是 2005 年的 3.8 倍和 2.4 倍，“十一五”期间年均增长 30.7% 和 18.9%；交通运输、仓储和邮政业实现增加值 80.61 亿元，是 2005 年的 4.34 倍，“十一五”期间年均增长 23.5%。

2. 消费市场

2010 年，全市社会消费品零售总额实现 209.25 亿元，是 2005 年的 2.4 倍，“十一五”期间年均增长 18.9%；批发和零售业实现增加值 115.37 亿元，是 2005 年的 3.0 倍，“十一五”期间年均增长 16.6%。

3. 金融保险业

2010 年，全市金融机构存款余额实现 1156.99 亿元，是 2005 年 2.7 倍，“十一五”期间年均增长 22.2%；贷款余额实现 598.16 亿元，是 2005 年的 2.5 倍，“十一五”期间年均增长 20.2%；金融保险业实现增加值 28.67 亿元，是 2005 年的 3.1 倍，“十一五”期间年均增长 21.8%。

4. 旅游业

“十一五”期间，全市积极打造旅游精品，推进“三新一强”发展战略，大力发展红色旅游、生态旅游、文化旅游、乡村旅游和休闲旅游，旅游业逐步成为经济发展新的增长点。2010 年，全市接待游客 1662.31 万人次，是 2005 年的 5.2 倍，“十一五”期间年均增长 38.3%；实现旅游总收入 140.83 亿元，是 2005 年的 9.3 倍，“十一五”期间年均增长 56.3%。旅游业的快速发展促进了住宿和餐饮业的增长。2010 年，全市住宿和餐饮业实现增加值 30.83 万元，是 2005 年的 3.2 倍，“十一五”期间年均增长 19.8%。

5. 其他服务业

2010 年，全市其他服务业实现增加值 122.35 亿元，是 2005 年的 2.2 倍，“十一五”期间年均增长 13.1%。其中：营利性其他服务业实现增加值 44.14 亿元，是2005年的2.5倍，“十一五”期间年均增长17.4%；非营利性其他服务业实现增加值78.21亿元，是2005年的2.0倍，“十一五”期间年均增长10.9%。

6. 房地产业

2010年，全市商品房销售面积为207.17万平方米，为2005年的1.2倍，“十一五”期间年均增长为4.0%；全年房地产业实现增加值22.87亿元，是2005年的1.5倍，“十一五”期间年均增长4.3%。

“十一五”期间，全市房地产投资年均增长30%，完成投资282亿元，开工面积2130万平方米，竣工面积1690万平方米，房地产年投资额由“十五”期末（2005）的23亿元，增加到“十一五”期末（2010年）的120亿元；城建固定资产投资完成385亿元，年投资额由“十五”期末（2005年）的31亿元，增加到“十一五”期末（2010年）的180亿元；截至2010年底，全市有房地产开发企业共346家、物业服务企业189家、房地产中介机构21家。

“十一五”期间，全市实施旧城改建、新城开发和县城小城镇建设并举，房地产业保持了相对较快的发展，成为国民经济中比较重要的产业。在此期间，商品房个人消费不断得到升级、扩大，全市房地产投资完成额从23.76亿元发展到44.57亿元，总量增长1.9倍。为了防止房地产业发展过热，从2007年起，国家开始对房地产业进行调控，全市房地产企业步入了稳健发展阶段。2005~2010年，全市竣工房屋面积累计完成605.27万平方米，按2010年全市城镇人口总户数为45万户来计算，平均每户竣工面积13.45平方米左右；以每户80平方米计算，已为7.56万户居民改善了住房条件，占总户数的16.8%。

（四）遵义经济指标在全省国民经济中的比重

1. 主要经济指标与全省平均水平对比

从发展现状看，2000~2009年，所列6项总量指标中，遵义市占全省比重增加的指标有3项：GDP（从19.34%增加到20.0%）、社会消费品零售总额（从14.9%增加到19.6%）、规模以上工业增加值（从19.0%增加到21.7%），固定资产投资（从21.9%下降到20.7%）；占全省比重“下降”的指标有1项：地方财政收入（从13.6%下降为11.1%）。

所列4项人均指标中，遵义市比全省平均水平高的指标有3项：人均GDP（从100.53%增加到111.93%）、城镇居民人均可支配收入（从101.81%增加到108.03%）、农民人均纯收入（从125.3%缩小为121.8%）。

从发展增速看，所列10项指标中，“十五”期间遵义市平均增速高于全省同期平均增速的指标有 5 项：GDP、人均 GDP、固定资产投资、社会消费品零售总额、财政总收入；低于全省同期平均增速的指标有 5 项：规模以上工业增加值、地方财政收入、人均地方财政收入、城镇居民人均可支配收入、农民人均纯收入。“十一五”期间，全市平均增速高于全省同期平均增速的指标有 5 项：GDP、人均 GDP、规模以上工业增加值、人均地方财政收入、城镇居民人均可支配收入；低于全省同期平均增速的指标有 5 项：固定资产投资、社会消费品零售总额、财政总收入、地方财政收入、农民人均纯收入。

“十五”、“十一五”期间，遵义市平均增速与全省同期平均增速相比，增速呈“放慢”趋势的指标有 7 项：GDP、人均 GDP、固定资产投资、社会消费品零售总额、财政总收入、地方财政收入、农民人均纯收入；增速呈“加快”趋势的指标有 3 项：规模以上工业增加值、人均地方财政收入、城镇居民人均可支配收入。

2. 主要经济指标与全省各地州市对比

从发展现状看，2000~2009 年，所列 10 项指标中，遵义市的第一产业保持全省第 1 位，第二产业、第三产业保持全省第 2 位；位次保持不变的指标有 8 项：GDP（保持在第 2 位）、人均 GDP（保持在第 3 位）、固定资产投资（保持在第 2 位）、社会消费品零售总额（保持在第 2 位）、规模以上工业增加值（保持在第 2 位）、地方财政收入（保持在第 2 位）、城镇居民人均可支配收入（保持在第 2 位）、农民人均纯收入（保持在第 2 位）。

从发展增速看，所列 10 项指标中遵义市平均增速大多处于 9 个地州市中等偏下水平。“十一五”期间以来，所有指标增速全部下滑到全省第 5 位以后，且处于全省后 3 位的指标从 2 项增加到 5 项，一直低于全省平均增速的指标有 2 项（地方财政收入、农民人均纯收入）。通过“十五”和“十一五”期间平均增速对比，遵义市在各地州市中增速位次上升的有 1 项——人均地方财政收入（从第 7 位上升到第 6 位）；增速位次下滑的有 4 项——固定资产投资（从第 5 位下滑为第 7 位）、社会消费品零售总额（从第 4 位下滑为第 6 位）、地方财政收入（从第 7 位下滑为第 8 位）、农民人均纯收入（从第 4 位下滑为第 8 位）；增速位次保持不变的有 4 项——GDP（保持在第 4 位）、人均 GDP（保持在第 5 位）、规模以上工业增加值、城镇居民人均可支配收入（保持在第 5 位）。

综上所述：西部大开发 10 年来，遵义经济发展水平高于全省平均水平，在全省仍处于第 2 位，但发展速度明显偏慢，与处于第 1 位的贵阳市的差距拉大，与其他地州市相比优势在缩小（具体比较见表 2-1）。

表 2-1 遵义市与全省、各地州市主要经济指标对照表

指标名称		贵州	遵义	贵阳	六盘水	安顺	毕节	铜仁	黔东南	黔西南	黔南	遵义在各地州市中位次	遵义占全省比重（%）或比全省平均增速增减百分点
年末常住人口（万人）（2009 年为常住半年口径）	2000 年	3755.72	692.37	337.45	287.83	252.3	690.63	374.77	422.49	296.53	379.78	1	18.4
	2005 年	3730	725.50	353.09	302.7	264.25	725.12	392.84	441.72	311.73	396.39	1	19.5
	2009 年	3798	687.03	396.79	298.34	256.57	703.41	373.16	402.41	305.07	375.22	2	18.1
	“十五”平均增速（%）	–0.14	0.94	0.91	1.01	0.93	0.98	0.95	0.89	1.00	0.86	5	0.9
	“十一五”前四年平均增速(%)	0.45	–1.08	2.96	–0.36	–0.73	–0.76	–1.28	–2.30	–0.54	–1.36	6	–2.4
GDP（亿元）	2000 年	1029.92	199.21	274.70	87.61	60.50	120.91	71.87	78.84	59.89	101.28	2	19.3
	2005 年	2005.42	388.59	525.62	207.93	106.03	231.02	128.05	145.40	119.93	168.27	2	19.4
	2009 年	3893.51	777.64	971.94	430.16	195.70	500.01	251.74	269.73	280.02	309.20	2	20.0
	“十五”平均增速（%）	10.41	11.81	13.20	14.18	10.99	12.47	9.90	10.69	11.61	10.41	4	1.4
	“十一五”前四年平均增速(%)	12.52	12.65	14.22	15.08	12.37	13.74	12.37	12.35	13.24	12.16	5	0.1
人均 GDP（元）	2000 年	2759	2774	8216	3119	1869	1769	1930	1878	2069	2685	3	100.5
	2005 年	5119	5241	14934	6879	4026	3200	3271	3304	3864	4256	3	102.4
	2009 年	10258	11322	24585	14422	7630	7111	6748	6705	9182	8243	3	110.4
	“十五”平均增速（%）	9.3	10.83	12.03	12.58	9.73	11.23	8.80	10.37	11.03	9.43	5	1.5
	“十一五”前四年平均增速(%)	11.9	12.27	13.59	14.48	11.74	12.96	11.55	11.70	12.45	11.58	5	0.3

（续表）

指标名称		贵州	遵义	贵阳	六盘水	安顺	毕节	铜仁	黔东南	黔西南	黔南	遵义在各地州市中位次	遵义占全省比重（%）或比全省平均增速增减百分点
50 万元以上固定资产投资（亿元）	2000 年	273.62	60.01	106.80	30.54	12.97	16.62	15.39	21.90	12.10	14.90	2	21.9
	2005 年	913.21	194.01	327.30	106.41	20.58	65.83	61.73	77.49	45.80	38.88	2	21.2
	2009 年	1814.69	376.07	676.02	177.28	53.01	128.31	115.39	105.89	134.16	104.97	2	20.7
	“十五”平均增速（%）	27.3	26.5	25.1	28.4	9.7	31.7	32.0	28.8	30.5	21.1	6	4.6
	“十一五”前四年平均增速(%)	18.7	14.2	19.9	13.6	26.7	18.2	16.9	8.1	30.8	28.2	7	–1.5
社会消费品零售总额（亿元）	2000 年	355.58	52.87	108.52	18.51	21.21	19.01	17.35	20.47	17.62	27.05	2	14.9
	2005 年	615.75	122.24	204.32	58.06	28.02	38.93	31.7	48.25	36.78	38.61	2	19.9
	2009 年	1247.25	244.24	412.72	110.88	59.09	94.9	64.53	103.22	74.79	82.87	2	19.6
	“十五”平均增速（%）	11.6	18.2	13.5	25.7	5.7	15.4	12.8	18.7	15.9	7.4	3	6.6
	“十一五”前四年平均增速(%)	19.3	18.9	19.2	17.6	20.5	25.0	19.4	20.9	19.4	21.0	8	–0.4
规模以上工业增加值（亿元）	2000 年	216.99	41.23	91.84	22.70	16.37	11.65	5.28	8.57	12.94	16.52	2	19.0
	2005 年	585.85	98.43	191.8	66.61	17.75	38.33	11.49	22.28	33.66	36.78	2	16.8
	2009 年	1170.29	254.46	292.31	178.26	53.25	114.42	41.1	44.16	80.07	94.96	2	21.7
	“十五”平均增速（%）	17.68	14.81	11.79	19.66	–1.95	22.43	12.70	16.80	16.81	13.22	5	–2.9
	“十一五”前四年平均增速(%)	15.04	22.71	7.51	23.76	27.35	27.19	33.07	14.81	20.17	22.66	5	7.7

（续表）

指标名称		贵州	遵义	贵阳	六盘水	安顺	毕节	铜仁	黔东南	黔西南	黔南	遵义在各地州市中位次	遵义占全省比重（%）或比全省平均增速增减百分点
财政总收入（亿元）	2000 年	153.04	24.15	—	—	—	—	—	—	—	—	1	15.8
	2005 年	366.16	60.11	133.15	27.39	14.7	34.81	12.57	13.18	16.12	22.23	2	16.4
	2009 年	779.58	115.03	252	74.04	32.87	91.34	27.13	28.82	45.1	43.99	2	14.8
	“十五”平均增速（%）	19.1	20.0	—	—	—	—	—	—	—	—	—	0.9
	“十一五”前四年平均增速（%）	20.8	17.6	17.3	28.2	22.3	27.3	21.2	21.6	29.3	18.6	8	-3.2
地方财政收入（亿元）	2000 年	85.23	11.60	24.15	4.74	3.56	7.16	3.64	4.82	4.17	5.54	2	13.6
	2005 年	182.5	22.16	49.81	13.23	7.44	14.84	7.19	7.73	8.28	9.55	2	12.1
	2009 年	416.46	46.28	105.36	37.12	16.19	43.51	13.75	17.43	21.91	20.85	2	11.1
	“十五”平均增速（%）	16.4	13.8	15.6	22.8	15.9	15.7	14.6	9.9	14.7	11.5	7	-2.6
	“十一五”前四年平均增速（%）	22.9	20.2	20.6	29.4	21.5	30.9	17.6	22.5	27.5	21.6	8	-2.7
人均地方财政收入（元）（按年末人口计算）	2000 年	227	162	716	165	141	104	97	114	141	146	3	71.6
	2005 年	489	298	1411	437	282	205	183	175	266	241	3	60.9
	2009 年	1097	674	2655	1244	631	619	368	433	718	556	4	61.4
	“十五”平均增速（%）	16.6	12.9	14.5	21.6	14.8	14.6	13.5	8.9	13.6	10.6	7	-3.7
	“十一五”前四年平均增速（%）	22.4	22.6	17.1	29.9	22.4	31.9	19.1	25.4	28.2	23.2	6	0.2

（续表）

指标名称		贵州	遵义	贵阳	六盘水	安顺	毕节	铜仁	黔东南	黔西南	黔南	遵义在各地州市中位次	遵义占全省比重（%）或比全省平均增速增减百分点
城镇居民人均可支配收入（元）（增速按现价计算）	2000 年	5121	5214	6453	4808	4633	4311	4800	4991	4726	4922	2	101.8
	2005 年	8147	8207	9928	8032	7337	7215	6719	7710	8022	7393	2	100.7
	2009 年	12863	13806	15041	13116	13327	13053	9647	12465	14118	13219	3	107.3
	“十五”平均增速（%）	9.7	9.5	9.0	10.8	9.6	10.8	7.0	9.1	11.2	8.5	5	–0.2
	“十一五”前四年平均增速（%）	12.1	13.9	10.9	13.0	16.1	16.0	9.5	12.8	15.2	15.6	5	1.8
农民人均纯收入（元）（增速按现价计算）	2000 年	1374.16	1722	2104	1313	1360	1248	1276	1285	1364	1348	2	125.3
	2005 年	1876.96	2319	3135	1863	1828	1795	1700	1728	1785	1846	2	123.6
	2009 年	3005.41	3661	5316	3083	3110	2920	2742	2717	2758	3190	2	121.8
	“十五”平均增速（%）	6.4	6.1	8.3	7.2	6.1	7.5	5.9	6.1	5.5	6.5	5	–0.3
	“十一五”前四年平均增速（%）	12.5	12.1	14.1	13.4	14.2	12.9	12.7	12.0	11.5	14.7	7	–0.4
招商引资到位资金（亿元）*	2006 年	—	86.67	217.24	42.03	21.1	33.5	46.23	87.16	45.42	46.15	3	—
	2007 年	—	100.4	258.07	49.79	31.12	56.23	39.37	50.1	52.29	52.42	2	—
	2008 年	—	130.18	309.34	60.57	45.18	91.34	48.27	50	57.73	60.21	2	—
	2009 年	—	175.61	368.52	74.52	52.55	150.4	56.19	39.85	64.88	83.8	2	—

* 此项数据为市招商局提供，其他各项数据为市统计局提供。

二、城市社会发展成就和特点

（一）文化旅游强市建设

遵义市历史文化深厚、山水秀美，拥有以遵义会址和红军四渡赤水遗迹为代表的红军长征文化、以国酒茅台享誉世界的酒文化，以及荣登世界文化遗产保护名录的赤水丹霞等自然风光，红色旅游、生态旅游、特色文化旅游目的地建设成效显著，2005 年，获“中国优秀旅游城市”称号。

以“遵义会议会址”为中心的“黔北黔西红色旅游区”被中办、国办《2004～2010 年全国红色旅游发展规划纲要》列为国家重点培育的 12 个红色旅游区之一，在全国规划的 30 条红色旅游精品线路中，遵义市有 1 条；全国 100 个红色旅游精品景点中，遵义市有 7 个；培育发展了 1 个国家级风景名胜区、3 个国家级自然保护区、1 个国家级地质公园、6 个国家级森林公园，初步形成了以遵义会议会址为代表的红色旅游，以赤水、习水自然风光为代表的生态旅游，以国酒茅台为代表的酒文化旅游，以海龙囤、沙滩等历史景区为代表的地域文化旅游，以“四在农家”为主的乡村旅游。旅游“八个一”工程建设发展加快，旅游设施不断改善，开通了遵义至北京、上海、广州的始发列车，积聚了更多的人气和商机，旅游发展态势进一步向好。

为加快推进中共遵义市第三次代表大会确定的建设社会主义新农村、推进新型工业化、培育创新型城市和打造文化旅游强市（即“三新一强”）战略目标，实现遵义市旅游产业跨越发展、科学发展，2009 年 7 月 27 日，中共遵义市委三届六次全会审议通过的《关于加快建设文化旅游强市的意见》成为遵义市旅游业发展进程中的里程碑。

全市旅游业发展着力抓好“六个重点（定规划、破“瓶颈”、树品牌、建精品、强配套、抓营销），提升“五个品牌”（遵义会议、四渡赤水、国酒茅台、丹霞竹海、中国茶海），打造“四大精品”（“遵义会议”红色经典旅游区、中心城区精品旅游圈、“遵义—仁怀—习水—赤水”和“遵义—湄潭—凤冈—余庆”两条精品旅游线，简称“一区、一圈、两线”），实现“三个转变”（由旅游过境地向旅游目的地转变，由观光型旅游向休闲度假型旅游转变，由数量增长型旅游向效益增长型旅游转变），把文化旅游业培育成为全市服务业发展的龙头产业和区域经济发展的支柱产业。

全市围绕红色旅游和生态旅游加大资金投入力度，着力打造精品景区、景点。1998~2007年，完成老城历史街区建筑改造，红军山烈士陵园基础设施和环境整治、红军四渡赤水纪念地配套设施和娄山关风景区基础设施建设等一批景区、景点建设。2010年，实施旅游项目63个，完成投资4.98亿元，比2005年增长4倍；进一步完善了遵义会议会址、娄山关、乌江渡、四渡赤水、温泉古镇等景区的配套设施，观音岩景区、湄潭县“天下第一壶”茶文化主题公园相继建成，茅台镇环境整治及旅游开发也全面启动。在推进景区开发的同时，大力加强营销宣传，先后在中央电视台、重庆电视台等媒体投放旅游宣传片，并在上海世博会期间开展旅游推介活动。为打造“红色旅游”、“会议之都、转折之城”历史名城新形象，先后召开了中国绿茶博览会、中国（遵义）酒类博览会、全国新农村建设试点交流会和第四届贵州旅游发展大会，到遵义观光、旅游、休闲的人不断增多。红色旅游与乡村游、生态游相结合的“红加绿”模式正在受到游客的青睐，成为遵义红色旅游基地的发展模式。

（二）教育、科技和人才培养

改革开放以来，全市教育形成了以基础教育为坚实基础，普通高等教育为龙头，职业技术教育和成人教育为两翼的规模适量、结构合理、质量和办学效益不断提高的教育格局。“十一五”期间，“两基”攻坚通过国检，小学入学率达99.7%，初中、高中阶段毛入学率分别提高到106.3%、52.8%。2010年，全市有幼儿园465所，在园幼儿为14.6万人；全市有高（完）中78所，在校生12.3万人，高中阶段毛入学率为52.8%；有省级示范性普通高中16所；全市有中等职业学校29所，在校生5.1万人。中职招生规模扩大，当年招生3.9万人，中职学生就业率为96%；全市有特殊教育学校9所，“三残”儿童在校生（含随班就读）为2188人，入学率为87%，市特教学校首批13名高中毕业生在全国普通高考中全部被高等院校录取；全市有高等院校6所、在校生5万余人、专任教师2000余名，全市基本形成涵盖普通高等教育、高等职业教育和成人高等教育协调发展的高等教育体系和以“医、师、农、工、商”等为主的学科专业体系。“十一五”时期，市本级累计投入教育发展经费4.72亿元，是“十五”时期的2.6倍，年均增长17.2%。

撤地设市后，至2008年，全市拥有各类科研机构41家，建成国家级高新技术企业32家、高科技农业示范园区和星火密集区各1个、新材料产业化基地1个、国家级和省级工程技术中心共11个、省级实验室3个、高科技工业园区 1 个、军转民科技产业示范基地 1 个，培育发展民营科研机构及科技型企业 323 家。各个领域广泛开展科学技术推广和运用，至 2010 年，实施省级以上科技项目 778 项，获专利授权 1500 件，分别比“十五”时期增加 478 项和 300 件；新增 30 家高新技术企业，占全省的 25%。

2008 年 7 月 21 日，中共遵义市委三届四次全体（扩大）会议通过《关于提高自主创新能力，建设创新型城市的决定》，把遵义建设成产业优势明显、引领作用突出、创新人才荟萃、创新氛围浓厚、具有较强创新活力和创新动力的城市。

“十一五”期间，遵义市深入实施“科教兴市、人才强市”和知识产权战略。2010 年底，全市专利申请超过 2230 件，其中发明专利约占申请量的 30%；全市专利授权量超过 1450 件。企业主体创新意识持续增强，创新环境不断优化。遵义市本级财政投入科技经费 2862 万元，年均增长 47%。累计获专利授权 1800 件、市级以上科技成果鉴定 263 项；高新技术企业达 35 家；创建国家知识产权试点城市通过验收，获“国家商标战略实施示范城市”称号。

2006 年，中共遵义市委、市人民政府从遵义经济社会发展实现历史性跨越的角度出发，提出打造“15851 人才工程”：在 5 年内培养造就 10 名在全国有一定影响的专家学者，50 名在全省有一定影响的高级人才，800 名以上在全市经济社会发展中起重要作用的高层次人才，5000 名专业技术骨干人才，10 万名农村实用型人才。

从 2008 年开始，遵义市每年拿出 2500 多万元，3 年累计投入近亿元发放副高以上职称的人才津贴。遵义市先后吸引 207 名博士及副高级以上的专业技术人才来遵义工作。仅 2010 年，该市就为园区引进规划、建筑等方面的人才 236 人。已评选“15851”人才工程第一层次人才 14 人、第二层次人才 60 人、第三层次人才 856 人、第四层次人才 5619 人、第五层次人才 100617 人，初步形成选人、育人、用人、留人的良性机制，高层次人才引领带动作用和人才集聚效应明显。

2009 年 7 月，遵义医学院陈玲教授带领她的科研团队在结核耐药机制研究中识别出 4 种从未发现的结核分枝杆菌基因突变点和类型，系世界范围内首次发现。经美国基因委员会确认后，正式为其注册了基因库号，并同时向日本和欧洲基因库开放和共享，在国际上产生影响。

2010 年 12 月 20 日，因为梅岭电源在国家探月工程嫦娥二号发射任务中的突出表现，梅岭化工厂被中共中央、国务院、中央军委授予突出贡献单位称号，厂长魏俊华代表该团队在人民大会堂领奖。

三年来，第一、二层次74名培养人才获国家自然科学基金、省长基金、省优秀青年科技人才专项资金、省级科研基金等经费资助的科研项目及科研课题共156项，25人次获国家科学技术奖、全国科研成果特等奖、贵州省科学技术进步奖、贵州省青年科技奖、全国劳动模范、贵州省科学技术成果转化奖等荣誉。第三、四、五层次培养人才完成研究课题263项，发表论文5520篇，获农业部农牧渔业丰收奖、全国先进实验教师、全国优秀农村信息员、全国课题研究优秀成果奖、全国植物保护学会科学技术奖、贵州省农业丰收奖、贵州省科技进步奖等荣誉。

体育事业快速发展，全民健身活动参与人数众多、内容丰富多彩、形式灵活多样，竞技体育成绩显著。2008年，体育健儿在国际、国内比赛中获得金牌102块、银牌76块、铜牌92块，获得世界冠军3个。邹市明在48千克级拳击比赛中获得金牌，实现了遵义市乃至贵州奥运金牌零的突破。

（三）特色文化建设

遵义是1982年国务院公布的24个历史文化名城之一。遵义市的历史文化、土司文化、长征文化、抗战文化、酒文化、杂技艺术、民族民间文化等是贵州文化的重要资源宝库。

1. 历史文化

20万年前，在黔北这片古老的土地上，远古人类桐梓人在此生息、繁衍，创造了马鞍山洞远古文化。到汉代，大儒尹珍师从许慎，在遵义传经讲学，开元诵道，成为中国文字学的一代宗师。儒学家舍人和散文家盛览与尹珍被后人合称为“汉三贤”。清代“沙滩文化”代表人物郑珍、莫友芝、黎庶昌是贵州文化史上的杰出代表。晚清以后的100多年间，这里走出了几十位文人学者、两位外交官和大批有作为的官吏。学者们的研究领域极其广泛，从经学、文字学、版本目录学到地理学、天文学、农学、医学，都有颇高造诣。黎庶昌故居、沙滩文化陈列馆、文化景观和其他服务设施成为集祭拜先贤、学术研究、文化交流、休闲娱乐为一体的文化公园。

2. 土司文化

以海龙囤和杨粲墓为代表的土司文化独树一帜，成为宋元时期遵义文化的典范。杨氏土司疆域广阔，财力雄厚，励精图治之余大兴土木，在构筑了关隘重重的囤堡之外，也营造了别具一格的文化氛围。海龙囤地势险峻，易守难攻，是中国仅存的保存较为完好的中世纪古军事城堡。杨粲墓内外分布着内容丰富、技艺精湛的石刻艺术珍品，有人物、动物、花草、器物等图案，为西南地区首屈一指的石雕艺术宫殿。海龙囤和杨粲墓分别于2001年和1982年被国务院公布为全国重点文物保护单位。

3. 长征文化

如果说长征是中国革命史上一个奇迹的话，那么遵义便是创造这个奇迹的转折点。1935年1月的遵义会议，确立了以毛泽东为代表的新的党中央的领导地位，在极端危险的时刻挽救了党，挽救了红军，挽救了中国革命。1961年3月，国务院将遵义会议会址列为全国第一批重点文物保护单位。1997年6月，遵义被中共中央宣传部命名为全国100个爱国主义教育示范基地之一；是年12月，被中共贵州省委、省人民政府命名为贵州省爱国主义教育示范基地。遵义现存有保存完好的遵义会议会址、遵义县革命委员会旧址、遵义县万人大会场、老鸦山红军战斗遗址、红军烈士陵园等多处红军长征遗址，每年都会有超过20万的游客踏上遵义这块红色的圣地，瞻仰革命先烈。中共遵义市委、市人民政府近年来逐步加大以遵义会议会址为代表的革命历史的文化建设力度，多方筹措资金，恢复修建了秦邦宪故居、苏维埃银行旧址，对毛主席旧居周边环境进行了整治，修建了遵义会议陈列馆。娄山关地势艰险，历来为兵家必争之地。娄山关战役是红军长征以来获得的第一次大胜利，它揭开了遵义大捷的序幕。此战役后，毛主席作词《忆秦娥·娄山关》，讴歌革命的艰难与胜利。娄山关战斗遗址已成为人们瞻仰革命先烈的重要胜地。枫香、鸭溪红军旧址、四渡赤水的茅台渡口、土城青杠坡战斗遗址都已逐步恢复，四渡赤水遗址和博物馆等也都对游客开放。

4. 抗战文化

抗日战争爆发后，国立浙江大学于1940年初西迁，分驻遵义、湄潭两地，广大师生开展了一系列话剧、歌咏、壁报等革命文化活动，成为了遵义抗战时期革命文化活动的一个重要组成部分。当时中国海军司令部的“海军学校”从福建马尾内迁至遵义桐梓县城继续办学，成为八年抗战史乃至于现代中国海军史上的一个亮点。桐梓县已修复海校遗址并筹建海校陈列馆。

5. 酒文化

遵义自古就是著名的酒乡，得天独厚的自然地理条件和蕴涵丰富的饮酒文化使遵义名酒纷呈、酒厂林立，以国酒茅台酒、董酒为代表，包括习酒、湄窖、珍酒、鸭溪窖酒在内的一批名优酒饮誉海内外。由于荟萃了众多风格独特的高级优质酒以及遵义所蕴含的悠久的酿酒历史和丰富的酒文化，遵义市被国家命名为“中国酒文化名城”，国家唯一的酒文化博物馆——中国贵州酒文化博物馆也落户遵义。茅台国酒文化城占地3000余平方米，建筑面积8000余平方米，建有汉、唐、宋、元、明、清及现代共7个馆。每馆均体现各个时代建筑美学的典型风格：汉馆古朴巍峨，唐馆富丽堂皇，宋馆古典玲珑，元馆粗犷明快，明馆精巧别致，清馆华丽凝重，现代馆明晰流畅。酒文化多姿的风采反映出人们在造酒、用酒、饮酒过程中表现的思维方式、民族性格、宗教信仰、伦理道德和精神情操。

6. 杂技艺术

杂技是遵义的文化品牌。遵义市杂技团成立于1958年，迄今已在亚、欧、美洲的51个国家和地区留下了友谊和文化交流的足迹，获得国内外100余项金、银、铜奖。国家文化部将遵义确定为每4年一届的全国青少年杂技比赛的定点赛场。在2002年第四届全国青少年杂技比赛上，遵义杂技健儿夺得3金、4银、1铜和1个创新奖。在2002~2003年度国家舞台艺术精品工程的初评中，遵义杂技团创作的大型杂技歌舞《依依山水情》在全国参评的166台舞台艺术剧目中脱颖而出，成为国家首批十大舞台精品工程。2003年9月18日，《依依山水情》被国家文化部命名为2002~2003年度国家舞台艺术精品工程剧目。

7. 茶文化

遵义茶文化始于唐，兴于宋，盛于抗战时期浙大西迁湄潭。2010年，全市茶园基地面积达100万亩，成为“中国西部茶海”。湄潭的天下第一壶，将观茶、采茶、制茶、品茶、茶艺过程上升到“天人合一”，形成富有地域民族特色的高雅文化；通过对茶文化提升，突出遵义市自然人文元素，传承历史文脉，彰显地域文化，打造城市品牌。

8. 民族民间文化

仡佬族是遵义古老的农耕民族，道真自治县和务川自治县是遵义仡佬族最集中的地区。傩戏成为两自治县境内文化的代表，它融合了民族民间表演艺术的风采，演绎出表现生产劳动、民间故事、神话传说等民间文化。傩戏面具包括佛、道、儒等各种流派，被中外学术界称为“中国戏剧的活化石”。1990~2002年，日本专家还专程到道真、务川进行实地考察研究。

除傩戏外，戏曲有高台戏、板凳戏、花灯戏、木偶戏等，少数民族歌谣有打闹歌、山歌、薅草锣鼓、哭嫁歌、哭丧歌、仪式歌、情歌、立房上梁歌、钉门歌等，音乐舞蹈有劳动号子、花灯歌舞、龙灯舞、打篾鸡蛋、淘盆打挂子舞等。民间工艺有雕刻、剪纸、刺绣、编织等。高台舞狮、上刀梯、爬花杆、吞竹钉已成为黔北少数民族的绝活。民族歌舞《黔北风 仡佬情》在贵州省第二届少数民族文艺汇演中获一等奖。高台舞狮、傩戏成为仡佬族文化的两个品牌项目。高台舞狮在2003年全国民运会上获银奖，在2002年省民运会上获特等奖，并到广东、上海、重庆等省、市进行商业演出。遵义市的文化带建设，民间艺术之乡、蒲公英农村儿童文化园的建设和丰富多彩的民族民间文化活动都独具特色，海龙的薅秧歌和号子、凤冈的唢呐等在民间广为流行。至今，已有桐梓县娄山关镇、湄潭县湄江镇、绥阳县旺草镇、赤水市中区、凤冈县天桥乡分别被省文化厅命名为“灯谜之乡”、“漫画之乡”、“书画之乡”、“竹艺之乡”、“唢呐之乡”；绥阳县、正安县被国家文化部命名为“中国诗歌之乡”、“中国民间文化（小说）之乡”。

（四）国家级创业型城市创建活动

2009年，遵义市开展创建国家级创业型城市工作，全市各级各相关部门都相继成立创建工作领导小组，设立了覆盖市、县两级的15个创业指导服务中心和创业就业小额贷款担保中心。为了充分发挥国家扶持创业带动就业和创建国家级创业型城市先行先试的政策优势，切实强化政策落实，已兑现创业补贴、贴息和奖励资金2100余万元，减免税费4.1亿余元；提供创业贷款2.45亿元，其中两年全额贴息的创业贷款近1亿元。全市已建成创业培训基地17个，有师资115人、创业实训基地13个，开展各类培训2万多人，其中创办和改善你的企业（SIYB）培训9300余人，参训人员创业成功率达56%。充分发挥全市200多名创业指导专家的作用，开展“门诊式”、“会诊式”创业指导专项服务活动26场次，多形式为创业者提供创业指导和帮助，选编创业项目1000余个。与此同时，还举办了两届“青春遵义·激情创业”设计大赛、“中国·正安第二届农民工节暨创业发展大会”，“创建国家级创业型城市征文大赛”、“多彩贵州”旅游商品能工巧匠选拔大赛暨创业型城市宣传活动和“创建国家级创业型城市”摄影展；开展了创业型城市政策进高校、进社区、进园区等系列主题宣传活动，先后建立了红花岗区老城红军街、汇川区广珠（广州路、珠海路）创业示范街14条，建立了“遵义市创业孵化园”、“汇川区农民工返乡创业示范园区”、“龙坪返乡农民工创业园”创业孵化基地、创业园区26个；实施重点扶持创业项目137个，新增创业实体6.5万余户，带动就业26万余人，其中农民工返乡创业的有7100余人，带动就业 3.1 万人。

（五）医疗卫生和社会保障事业

一是卫生事业不断进步。1950 年，全市仅有医院 9 家、卫技人员 84 人、病床 103 张，农村更是缺医少药。到 2010 年末，全市有医院 59 家、卫生院 227 所、医疗机构病床位 1.79 万张，其中，医院有病床 1.11 万张、执业（助理）医生 7333 人、护士 6455 人。2010 年，市财政安排用于医疗卫生的支出比上年增长 69.6%，开工建设了 508 所村卫生室，新建和改扩建 11 个县医院、4 个县中医院、63 个乡镇卫生院。预防保健水平进一步提高，各种传染病得到有效控制，发病率大大降低，医疗技术水平和医疗设备日趋先进。遵义市第一人民医院成功创建“三甲”医院。

二是社会保障机制健全和完善，人民生活逐步提高。撤地设市后，逐步建立和完善了以五项社会保险为主的社会保障体系，建立了“应保尽保”的城乡低保动态管理机制。2008 年，544 万农民参加新型农村合作医疗，参合率达 92.4%。首创计划生育家庭养老保障制度并在全国推广；健全和完善城镇企业、机关、事业单位养老、工伤保险等制度，按时足额发放养老保险金。截至 2009 年 4 月，城镇居民参保人数已达 53 万人，实际居民参保率为 89%。在全省率先建立农村低保制度，14.5 万户近 33 万名困难群众实现应保尽保。“十一五”期间，城镇居民基本医疗保险参保率、新型农村合作医疗参合率分别为 86.9%、95.4%，新型农村社会养老保险试点顺利启动，7.1 万名城镇低保对象、66.4 万名农村低保对象享受最低生活保障，2.4 万名农村“五保”供养对象生活质量有效提升；改造农村危房 5.5 万户。

三是就业工作取得成效，1997~2008 年，累计新增城镇就业人员 20.11 万人，其中城镇下岗失业人员 8.91 万人实现再就业，为零就业家庭提供就业援助，城镇登记失业率控制在 4.5% 内。“十一五”期间，新增城镇就业 20 万人，转移农村劳动力 50 万人，城镇登记失业率为 3.56%。

三、城市化进程加快，城市的辐射带动功能增强

（一）基础设施建设

1950~2007 年，遵义的城市道路、市政公用设施建设、城市供水、供气、园林绿化变化显著，中心城区和各县（市）城市（镇）道路、供水和公共设

施园林绿化建设日臻完善。1998～2007年，全市累计投入城镇建设资金195亿元，中心城区仅2007年就完成重点工程项目13.06亿元。2010年，实施城市基础设施建设项目270个，完成投资85.29亿元，比2005年增长5.1倍。国家卫生城市复检和创建国家无障碍建设城市通过检查验收。

城市道路：至1989年，中心城区改造和新修了20条主要道路，总长35.5公里，面积61.6万平方米。1982～1989年，用于城市（镇）道路建设的投资达1亿余元，各县县城的道路骨架基本形成。从1996年起，中心城区道路建设加快，至2007年，完成城市各类道路92条，长142.5公里，总面积达315.3万平方米，其中主干道面积208万平方米，城市人均道路面积7.5平方米。全市城市道路总长已达552公里，总面积1015万平方米。同时，加快建设遵义快铁站，改建新舟机场，新修平庄大道、汇川大道、昆明路、苏州路、温州路、官井路、北海路等，大大改善城市交通状况。城市主次干道亮灯率达98%。全市共出让城市客运车辆经营权137辆，出让收入约0.41亿元，万人拥有公交车15.7标台，城市公共交通分担率达38.46%。完成了城区主次干道54个公交港湾式停靠站、50个出租汽车临时停靠站和南部忠庄公交始发站的建设。

城市桥梁和无障碍建设：中心城区的永固性桥梁主要分为石拱桥、钢筋混凝土桥和人行天桥。1989年，市政养护管理城区桥梁18座。1996年8月30日，位于中心城区苟家井市场大门前跨度26米、净空5米、桥面标高5.62米的遵义市首座人行天桥落成。随后又修建了中华南路毛泽东主席居住处人行天桥、中华北路东风小学处人行天桥、新文小学处人行天桥、万里路丰乐小学处人行天桥和大连路遵义医学院处人行天桥。2007年，遵义市被确定为全国100个创建无障碍城市建设之一。全市结合“一建双创”要求开展创建全国无障碍城市建设工作，已建成无障碍缘石坡道515个，建设盲道5.07万米。全市14个电信营业厅全部建了低位服务台，中心城区10家大中型重点商贸流通企业（超市、商场）建设了21条无障碍电梯、30条无障碍通道和5个无障碍厕所，出入口全部坡道化处理。凤凰山广场、河滨游园、植物园、遵义动物园、遵义公园、九节滩游园、书香园等公共绿地入口处进行了坡道化处理，建成无障碍设施公共厕所22座，遵义会议纪念馆、红花岗剧院、遵义市博物馆、遵义客运总站、茅草铺客运站、忠庄客运站出入口进行了坡化处理，同时还增设无障碍设施洗手池及厕所，完善主通道无障碍设施，设立低位窗口，设立无障碍标志牌及无障碍通道示意图；改造上车站台，提高了无障碍建设的质量和水平。

城市供水供气：1953 年 1 月 1 日，中心城区建成遵义地区第一座自来水厂。到 1989 年，中心城区有自来水厂两座，供水能力达 5.9 万吨 / 日，有主次供水管道 263.5 公里，包括自备水源，则日供水能力达 31.8 万吨。正安县城 1962 年建成自来水厂，到 1988 年习水县城建成自来水厂，遵义地区所有县城都有了自来水供应，总计投资 2000 万余元，供水规模为 7.64 万吨 / 日，铺设主管线 180 余公里，供水率达 70% 以上。至 2007 年，中心城区供水管网总长为 230 公里，南郊水厂、北郊水厂日供水能力达 20 万吨。全市自来水供水管道长 823 公里，城市自来水综合生产能力达 43.7 万立方米 / 日，全年供水量为 9179 万立方米，其中生活用水为 7100 万立方米，城市自来水普及率为 91%。2010 年，遵义市供排水公司向遵义市中心城区售水 3120 万吨，总产值 9218 万元；县城以上城镇供水普及率达 93%，中心城区供水普及率达 99%，水质综合合格率达 99.5%。20 世纪 80 年代，遵义地区始有民用燃气使用。1998 年，中心城区煤气（人工、天然气）供气总量为 26 万立方米，供气人口 0.49 万人；液化石油气供气总量为 1985 吨，供气人口 14.58 万人。2002 年，遵义市有燃气供应企业 8 家、燃气供应点 102 家，其中中心城区有 66 家。2006 年，中心城区有液化石油气储配总罐容 1140 立方米、燃气用户 10 余万户；建成燃气管网 23.123 公里，其中主管网 9.272 公里，小区庭院管网 13.85 公里。2007 年，中心城区有燃气经营网点 110 家和 13 家燃气经营企业，石油液化气年用量为 12000 吨，各县（市）均建有储配站和经营网点。2010 年，中心城区累计建成通气中压管网 23 公里，安装开通居民用户 2 万户、商业用户 140 户，累计完成投资 9000 万余元，天然气用量为 1400 万平方米，燃气普及率达 81.5%。

污水处理和生活垃圾无害化处理：遵义市中心城区建有生活垃圾无害化处理场 1 座、医疗垃圾处理场 1 座、垃圾中转库 8 座、果皮箱 2007 个、垃圾箱 137 个、垃圾池 110 座。两城区共有垃圾清运车辆 185 辆、环卫作业人员 2218 人（包括清扫保洁人员），日清运垃圾 760 吨，日处理垃圾 750 吨，处理率为 98%。生活垃圾收运实行统一领导、分区负责、专业人员管理与群众管理相结合的原则。即城区道路、广场、小街小巷的环境卫生由环卫专业队伍负责；居住区、楼群院落的环境卫生由街道办事处（镇）负责；火车站、客车站、公园等公共场所、各机关团体企事业单位的环境卫生由业主单位自行负责。投资 1.3 亿元修建的遵义市生活垃圾无害化处理场是贵州规模最大的现代化垃圾处理场，工程于2000年开始建设，2002年投入运行，垃圾日处理量近700余吨，服务范围为遵义市中心城区。该场每年用垃圾制作的各类有机肥达5.3万吨，再生塑料364吨，垃圾减量率为54.4%，减害率为73.2%，解决了城市生活垃圾对周边土壤、大气和水源的污染问题，实现了垃圾处理的无害化、减量化、资源化，2007年被国家建设部和中国环境卫生协会评定为城市生活垃圾无害化处理二级填埋场。根据城市规划，垃圾无害化处理填埋场二期工程已启动实施。该项目投资5710万元，服务人口100万，设计使用年限为10～12年，工程于2009年6月建成。全市医疗垃圾集中在位于汇川区高桥镇十字村班子岩的医疗垃圾站进行处理。该项目总投资1076万元，于2006年4月建成投入使用，服务于全市14个县、区（市），设计处理规模为5吨/日，日处理医疗垃圾量3吨/日。通过与各医疗机构签订处理协议，派专业人员和医疗废物专用运输车对医疗机构产生的医疗垃圾进行收运后运到处理场进行专业处理。中心城区建成两座污水处理厂，日处理污水8万吨，建成截流管（沟）35.5公里，各县（市）城区建有下水道排泄污水，其中赤水市、仁怀市、遵义县等修建了污水处理厂。至2007年，全市污水处理能力为15万立方米/日，城市污水处理率为32.4%，全市城镇排水管道总长648公里。2010年，高桥污水处理厂完成污水处理810万吨，颜村污水处理厂完成污水处理1050万吨，污水处理率达50%，垃圾无害化处理率达100%。

城市园林绿化：至1989年，中心城区有公园2座、游园4座、街道绿化地1219.7亩、风景林2000余亩，绿化覆盖率为36.2%，人均占有绿地20.1平方米；各县县城绿化覆盖率平均为20%。1999～2005年，财政投入6亿元进行园林绿化建设，注重特色，市中心城区建成区绿地率达37.3%，绿化覆盖率为42.16%，人均公共绿地面积11.44平方米，森林覆盖率为55%，城区道路绿化普及率为95%，城区道路绿化达标率为82.05%，单位绿化达标率为70%。城市公园绿地从1997年的7处增至2005年的25处。实施中心城区10万亩风景林建设工程，共造林8万余亩，初步形成城乡绿化一体化，体现了"城在绿中、水在城中、人在景中"的园林城市特色风貌。2010年，全市森林覆盖率达48.56%，城区绿地面积为2266.4万平方米，绿地率与绿化覆盖率分别为34.6%和36.5%，人均公共绿地面积为9.5平方米，遵义市的天保工程落实天然林管护1734万亩，完成公益林建设272.23万亩；退耕还林造林423.7万亩；完成赤水河沿岸300里竹廊建设，种竹26万亩；百万亩种竹工程种竹190万亩；完成城市防护绿地，城市周边隔离林带建设21.3万亩。贯通了以赤水河和乌江为骨架的水系生态廊道，完成了长度35.25公里的中心城区河流治理绿化工程，水岸绿化率达86%。贯通了以铁路、公路为轴线的绿色廊道，完成道路绿化1.5万余公里，道路绿化率达82%。森林生态系统的完善，为长江上游构筑了绿色屏障，为发展西部生态旅游建造了绿色长廊。2000年3月，遵义市获“全国造林绿化十佳城市”称号。2002年，被国家建设部评为“全国园林绿化先进城市”。2004年，获“全国绿化模范城市”称号。2006年，获“国家园林城市”称号。2010年，被全国绿化委员会、国家林业局授予“国家森林城市”称号。

（二）城镇化建设

1997年撤地设市后，中共遵义市第二次代表大会上提出“城镇化”发展战略，中共遵义市委、市人民政府先后于1998年10月6日、2003年12月26日出台了《关于进一步加快小城镇建设的意见》、《关于加快城镇化进程的决定》，制定了小城镇建设“以奖代补”政策、小城镇户籍改革办法等一系列加快城镇化发展的政策措施，使遵义市城镇化建设得到了快速发展，城镇化率从1997年的18.55%提高到2010年的34.6%。

旧城改造：1997年撤地设市后，按照“改造旧城、开发新区、南北拓展、东西贯通”的基本思路，在中心城区实施了一大批市政重点建设工程，对万里路片区、桃溪片区、杨柳街历史街区进行了建设和改造，掀起了新一轮城乡建设高潮，带动了全市城镇化发展。正安县在旧城改造过程中按照“政府规划、利益引导、市场开发”的运作方式，政府只投入15万元启动资金，招商引资达2.1亿元，共拆除旧房12万余平方米，新建24万多平方米小区住宅。桐梓县拆迁房屋55.88万平方米，新建房屋96.96万平方米。遵义县城镇化建设做大做强产业规模，营造宜居环境，因地制宜，突出特色，形成了南白工业物流、乌江旅游餐饮、虾子农产品大市场等一批有特色的城镇化带动产业，同时加快旧城改造和基础设施建设，城镇功能日趋完善，全县城镇化率在45%以上。1998年，遵义市实施以老城纪念区为重点的保护性改造工作，以传统的黔北民居建筑形式改造历史街区，保持了历史街区传统的文化氛围。2001年，老城纪念区改造工程获得建设部“全国人居环境范例奖”。2009年，为迎接全省第四届旅游发展大会在遵义市召开，根据《遵义历史文化名城保护规划》，启动实施了遵义历史文化名城保护区及协调区环境整治工程。坚持“显山、露水、透绿”的规划管理原则，采取强有力的措施保护城市天际线、湘江水际线和风景林区绿线，并在中心城区实行“三个一律停止审批”，即对城区风景林区周边的建设项目、对建成区“见缝插针”的房地产开发项目、对湘江河两岸20米范围内的建设项目一律停止审批。

红花岗区南部新城：1997年起，随着海尔大道、东欣大道、状元路、银河路等城市主次干道先后建成通车，红花岗区委、区政府行政办公中心南迁落户，忠庄高新技术产业园、坪桥循环经济新材料产业化基地奠基落成，南部城区六大企业异地技改搬迁启动。到2010年，已建成近10平方公里，占红花岗区中心城区建城区面积的30%；有人口8万，占该区中心城区人口总数45万（其中流动人口10万）的18%；新建道路15条，计15.411公里，其中城市主干道7.6公里、次干道7.8公里；建成遵义市第一高级中学桃溪学校、清华中学、遵义市十一中东欣分校、桃溪小学等4所中学和3所小学；遵义医药高等专科学校附属医院已迁入南城，占地6000平方米、投资900万元的青少年活动中心已投入使用；规划建筑面积2万平方米、投资8000万元的南城体育中心已启动建设。通过“造城”运动，红花岗区南部新城完成房地产开发面积182.32万平方米，大规模的商业楼盘聚集于此，形成了桃溪片区、海尔大道片区、南岭公园东片区、忠庄立交桥片区等几个较大的城市新版块。

汇川区北部新城：一是自1992年7月开工建设香港路，至2008年，城区面积已发展到23平方公里；行政区划由过去的14平方公里，增加到695平方公里；按照中心城区“拓展北部、延长西线”的城市道路建设思路，先后建成深圳路、南京路、澳门路、大连路，之后又相继建成了宁波路、广州路、珠海路、苏州路、北海路等长近30公里的17条主干道，纵横交错的市政道路网络格局基本形成；通过平整荒山、改造旧城，开发出“四通一平”标准建设用地60多万平方米，已成片开发近40万平方米，建设房屋面积达150.32万平方米，城市住房面积由建区前的90多万平方米，发展到450多万平方米；人均住房面积由原来的13平方米增加到27平方米以上；累计完成城市建设总投资达60亿元，城市人均拥有道路达10平方米，户均拥有绿地超过5平方米。二是通过修公园、建学校、兴医院、办托儿所，完善各种文化、体育、通信、供水、供电、供气等设施，城市功能日益彰显。在开发区内，已有两所大学，30多所中专、技校和普通中小学，3家大型医院；多家银行、信用社也纷纷进入落户。青岛海尔集团在开发区内建有贵州海尔电器公司，已形成年产 50 万台电冰箱的规模；希望集团投资开发区建起了嘉好饲料公司；茅台集团年产 10 万吨的茅台啤酒厂也落户区内。通过招商引资、引进项目，已构筑起航天工业园区、高桥食品工业园区和董公寺工业园区。三是 2006 年 5 月汇川大道竣工并全线通车；2008 年 10 月 6 日，汇川区党政部门整体搬迁到汇川大道的行政办公中心。至此，标志着汇川新区政治、经济、文化中心的北移，也预示着又一座新兴城市的诞生。随着汇川体育文化中心、市党政办公中心、遵义报业大楼、遵义供电大厦、乌江发电厂远控大楼、遵义医学院内外科大楼、遵义医院门诊大楼、遵义师范学院新校区及图书馆、博物馆、遵义市商行大楼、遵义市农行大楼等标志性建筑坐落区内，“北部板块”正成为一座功能完善、欣欣向荣的北部新城。

新蒲新区：2009 年 5 月 4 日，中共遵义市新蒲新区工委、管委会正式挂牌成立。新蒲新区按照中共遵义市委、市政府确定的“两年打基础，三年见成效，五年大发展”的战略目标，全面启动新区“三大组团”（新火车站城市组团、新蒲城市组团、新舟空港城市组团），加快推进工业园区基础设施建设，以及学校、医院、供水、供电、供气、通信等市政公用设施及配套设施建设。“三大组团”的规划已基本完成，新火车站城市组团“三纵三横”道路基础设施正在建设，“一横”为东联 2 号路东城大道至礼仪坝段，“二横”为新南大道和“二纵”即迎宾大道已开工建设，“三横”为汤家湾路招标工作已完成，“一纵”的滨河路和“三纵”的建设路正进行施工图设计，棚户区改造工程也在加紧建设中。2010 年 12 月，新蒲新区加快推进征地拆迁工作，已累计完成征地 12000 余亩，签订房屋拆迁安置补偿协议 1001 户，拆除房屋 527 栋，搬迁各类企业近 200 家。新蒲新区项目建设如期推进，已开工项目 19 个，累计完成总投资 30.13 亿元。其中，新火车站城市组团已开工项目 12 个，完成总投资 19.42 亿元；新蒲城市组团已开工项目 6 个，完成总投资 9.53 亿元；遵义机场改扩建工程完成总投资 1.36 亿元，航站区初步设计通过评审进入招标程序。2011 年机场成功试飞，迎宾大道建成通车。

总之，中心城区围绕建设山水园林城市“城在绿中、水在城中、人在景中”的目标，按照“南北拓展、东西贯通、改造老城、建设新区”的思路，加快了基础设施及配套服务设施的建设。实施了遵义会议陈列馆、红军山烈士陵园、杨柳街历史街区保护等纪念体系建设工程；实施了图书馆、博物馆等文化建设工程；实施了汇川大道、官井隧道、洗马路和九节滩、高桥、遵湄路口三大入口改造等交通疏解工程；实施了湘江河污水截流、10 万亩风景林、中华路街心花园等环境整治工程；实施了中心城区小街小巷整治、饮用水源保护、垃圾无害化处理厂、医疗特殊垃圾处置厂等环境保护工程。相继完成了市人民政府行政办公大楼、报业大楼、汇川艺术中心、遵义会议陈列馆、汇川体育中心、凤凰山科技会展中心等公共建筑，建成了以凤凰山文化广场、市民广场等为代表的一批城市绿地广场，使城市承载能力进一步提高，服务功能更加完善，城区面积扩展到近 50 平方公里，城市常住人口达 70 万人，加上流动人口达 80 万人，中心城区承载 200 万人口的框架基本确立。

（三）以“四在农家”为载体的新农村建设

“十一五”期间，按照中共遵义市委、市人民政府“三新一强”战略和新农村建设“二十字”方针的要求，全市紧紧围绕农村经济发展重点，以农民增收为目的，以产业建设为基础，以改善农民生产生活条件为突破口，以管理民主为保障，达到农民素质不断提高，生产水平不断发展，生活条件不断改善，农村文明不断进步，村容村貌不断变化，加快农村公共事业覆盖率，强化农村社会管理，促进农村社会全面进步。2001 年以来，全市在“三农”工作实践中把农村经济、政治、文化、社会建设有机结合起来，探索出以“富在农家增收入、学在农家长智慧、乐在农家爽精神、美在农村展新貌”为核心内容的“四在农家”为载体的社会主义新农村建设模式。“四在农家”创建活动以引导农民致富增收为前提，以农村一家一户得实惠为根本，以“五通三改三建”（通水、通路、通电、通电话、通广播电视，改灶、改厕、改环境，建图书阅览室、建文体场所、建宣传栏）为切入点，引导农村走向文明发展、发展文明的全面小康之路。“四在农家”活动的主要内容是把“富、学、乐、美”落实到“七个一”和“五通三改三建”基础设施建设上。这“七个一”是：有经济产业支撑，农户找到一条致富增收的路子，小康户达 80% 以上，农民人均纯收入高于或等于当年全市水平；家家户户有一幢宽敞整洁的住房；有一套好的家具和家用电器；安装一门家用电话；掌握一门以上农业适用技术；有一间卫生厨房和厕所；有一种以上健康有益的文体爱好。2007 年，全市共建成“四在农家”示范点 4600 多个，覆盖全市所有乡（镇）、1300 多个村，300 多万农民群众受益。在实施“四在农家”的过程中，创造性地实施了“财政补助、单位帮助、群众自助、社会资助”的投入机制，2001 年以来，全市各级财政投入 3 亿多元，各级部门帮扶 5600 多万元，社会捐助 5200 多万元，整合各种项目资金 15 亿元。

“四在农家”活动顺应了农民群众追求美好生活的强烈愿望，农民群众投资投劳的热情高涨。9年来，“四在农家”创建活动拉动农民投资投劳折合人民币近30亿元，各创建点农民人均纯收入普遍高于全市平均水平400元，达到3700元以上。大规模的农村基础设施建设和黔北民居的新建与改造，不仅培养造就了2万多名有资质的专业建筑工匠，使近10万农村劳动力实现了就近就地就业，拉动了建筑、建材、装潢、木艺雕刻、运输、服务等相关产业的发展，还在农村兴起了新一轮家电、家具消费热。同时，通过“四在农家”创建活动还培育打造了近1000个乡村旅游点（农家乐），累计接待人数达500万余人次，实现旅游现金收入3.2亿元。

截至2010年，全市“四在农家”新增创建点1125个，有21万户农户近100万余农民群众受益；共投入各类资金10.8亿元，其中市级财政投入2000万元，县乡财政投入1.14亿元，部门社会帮扶1540.5万元，农民自筹7.34亿元，项目投入1.8亿元，全市“四在农家”创建活动覆盖232个乡镇、1300多个村，累计创建覆盖率达71.1%；受益农民达到310万人，占全市农民总数的59.8%。

（四）城市规划

1997年以来，城市规模不断拓展。围绕“把遵义建设成为历史文化与现代文明交相辉映、生态环境同人文景观相协调、具有生动个性和鲜明特色的现代化城市”的总体目标，确立规划的龙头地位，先后组织编制了《遵义市市域城镇体系规划》、《遵义市中心城区综合交通规划》和《遵义市历史文化名城保护规划》，对中心城区和各县（市）的城市总体规划进行了修编，并编制了35个重点小城镇建设规划。新编制的《遵义市城市总体规划（2008~2030）》、《遵义市土地利用总体规划（2006~2020）》获省人民政府批准。以中心城区为核心，依托国道、省道公路网络和航运线路，实施梯度推进，基本形成以中心城区为核心、县城所在地和中心镇为节点、向周边辐射的城镇发展体系，新蒲新区开发建设、城中村改造、棚户区改造加快推进。2007年，中心城区建成区面积达60平方公里，是1978年的10倍，基本确立了中心城区承载100万人口的框架，城镇承载能力增强，城镇化率自1997年以来每年提高近2个百分点。

遵义城市规划中把遵义建成由一个中心区，多个副中心、卫星城、卫星镇组成的城市格局，以现有建成区为中心区，北部以汇川区行政办公中心及董公寺片区为一个副中心；南部以海尔大道片区、桃溪寺、南宫山片区为一个副中心；南白片区（含龙坑）为一个副中心，东部以新蒲片区为一个副中心。以上构成约900平方公里的城市区域——中心城区。中心城区周边以8个有发展优势的镇为卫星镇，以绥阳、湄潭、桐梓3个县城为卫星城，城区总面积将达到1050平方公里左右，构成200万以上人口的区域性中心城市的城市框架和用地发展设想方案。

承载200万以上人口城市规模的关键是产业支撑。遵义市将规划布局3个经济带：中路经济带（桐梓至乌江），重点发展新材料、装备制造、化工、制药等主导产业，加快发展高新技术产业和现代服务业，打造现代工业经济走廊；西部经济带重点发展酿酒、化工、能源、竹加工产业，建设特色产业经济带；东部经济带重点发展茶叶等农产品加工业，大力发展小水电，择优发展资源工业，培育绿色产业集聚区。

随着黔渝高速公路通车或铁路复线的规划建设，杭（州）瑞（丽）高速公路的规划建设，新舟机场的即将启用，扎南公路的改造完成，“四纵三横三联二环”交通网络的不断建设，直达北京、上海、广州三大城市列车的开通，以及贵（阳）广（州）高速公路和铁路等交通设施的建设，给遵义市的产业结构调整和升级带来了极大的机遇，产业能做大做强，城市发展战略规划就能得到实现，中心城区的规划面积也将从222平方公里扩大到900平方公里左右。为加快推进新一轮城市发展，遵义市在2008年及时对城市总规进行了修编，并经省人民政府批准。在先策划后规划的基础上，明确提出了“东扩西控、南北充实、优化中心、完善功能、突出特色”的城市发展思路，以打造200万城区人口为目标，强力推进全市城镇化建设，为推动遵义的经济社会的跨越式发展奠定坚实的基础。同时，按照“中部快速崛起、西部加速突破、东部提速开发、北部全速攻坚”的区域发展战略，有效实施了各县（市）城区所在地建成区面积拓展2平方公里以上的目标。

市中心城区两级政府积极推进城市环境综合整治，在“显山、露水、透绿”上下工夫；以“创卫”等各类创建活动为载体，实施中心城区污水截流、湘江河环境整治、小街小巷整治、无害化垃圾处理、中心城区10万亩风景林、饮用水源保护、植物园和红色旅游基础设施等工程建设，采取拆棚户区建绿化带的措施对遵湄路口、高桥入城口、九节滩入城口等所有城市出入口进行了改造。大量的环境整治推动了大批公共建筑、公共设施建设，城市功能和品质明显提高。

第四节 趋势与展望

一、机遇与挑战

国务院《关于进一步促进贵州经济社会又好又快发展的若干意见》的颁布，正好处于遵义市提速转型发展的关键时期，指明了遵义发展方向和发展定位。遵义市要抢抓重大历史性机遇，推动经济社会快速发展。

一是根据未来10年西部开发的总体目标、重点任务和政策措施，国家加快西部地区基础设施建设，推进交通、水利、通信、生态等基础设施建设。加快对渝黔铁路、成都至遵义和赤水经正安至沿河等高速公路、遵义机场、茅台机场等建设，开展黔北等机场前期工作，推进乌江构皮滩等水利枢纽通航设施建设。全面实施“三位一体”规划，努力消除工程性缺水和生态脆弱的“瓶颈”制约，加快供电、信息网络、能源通道等设施建设，抢抓机遇，全力以赴逐项抓落实。

二是加快培育壮大特色产业，增强自我发展能力。遵义市要发挥能源产业、资源深加工产业、装备制造业、特色轻工业等优势产业，要依托遵义国家级开发区加快发展航天产业；要利用赤水河流域资源和技术优势发展名优白酒，使其成为全国重要的白酒基地；要建设遵义新材料产业基地，建设创新型城市。以产业园区建设为载体，以提高科技创新能力为支撑，着力培育工业十大特色优势产业和农业八大产业，加快建设百亿级园区和千亿级产业，大力发展现代服务业，加快发展文化旅游产业，促进第一、二、三产业协调发展。

三是黔中经济区、贵阳—遵义城市带的规划建设和成渝经济圈发展对遵义工业经济加快发展提供新的机遇，随着黔中经济区被列为国家“十二五”规划重点开发区域，成为新一轮西部大开发布局重点经济区，将促进贵州工业化、城镇化发展加快推进和区域经济重要增长极加快形成，对遵义工业发展将直接产生有力的带动和辐射效应。遵义与西南地区经济文化中心成都和重庆相邻，自古联系紧密。随着国家加快成渝经济圈建设和重庆统筹城乡综合配套改革实验区建设，重庆“两江新区”成立，四川、重庆的发展势头更为强劲，有利于遵义通过合作交流、资源共享、优势互补推动工业经济加快发展。遵义市将坚定不移地推进开放开发战略，按照“共建黔中、融入成渝、连通闽粤、伸向沪宁”的思路，着力构建大开放格局，加速融入“重庆经济圈”，以重庆市“两江新区”为代表的开发开放给遵义带来发展契机，符合贵州省委、省人民政府将遵义作为黔渝合作桥头堡的要求和定位。2011 年春，遵义和重庆市人民政府成功签订了深化渝遵战略合作框架协议，搭建了区域协调沟通机制，将在电子信息、能源产业、汽摩、金融、商贸、旅游产业及基础设施等方面建立长期、稳定、全面的合作关系。这个协议就是遵义主动融入“重庆经济圈”的方向标和路线图，给遵义人民带来发展机遇。

四是全省实施工业强省战略，加快推进新型工业化，将为遵义工业加快发展提供强大推动作用。中共贵州省委、省人民政府对工业发展空前重视，将工业强省战略上升为全省经济社会发展的主导战略，出台了《关于实施工业强省战略的决定》、《关于促进工业园区发展的若干意见》，加大对工业发展的政策支持。遵义是贵州工业的重要增长点，工业加快发展面临十分有利的政策环境。

五是以高速公路和快速铁路为重点的现代交通运输体系建设将极大地改善遵义发展的条件。“十二五”期间，随着贵广、杭瑞高速公路和贵广快速铁路的建成，全省“六横七纵八联”高速公路网和贵阳到重庆、成都、昆明、长沙、南宁等 5 条快速铁路将逐步规划建设，途经遵义境内的云南昭通—重庆綦江、渝黔铁路、遵义—泸州 3 条铁路以及遵义机场的建设，使遵义市的交通基础条件将从根本上得到改善，同时其区位条件也将得到显著改善，对外开放新格局将逐步形成。一方面，遵义将成为西南地区通往中部和东部地区的重要交通枢纽；另一方面，遵义连接周边各大经济区（试验区）的交通更加便利，洼地效应更加明显，更加有利于承接东中部地区及周边地区的辐射带动。

同时也要清醒地认识到，遵义与全国发展水平相比，与沿海发达地区相比，与邻近的重庆市和贵阳市相比，还有很大的差距，遵义经济社会发展水平与遵义在全国的知名度还很不相称，仍属于欠开发、欠发展地区。制约遵义加快发展的因素还比较多，如经济发展质量不高，粗放经营比较普遍；产业层次比较低，农业人口和农村经济比重较大，城市经济比重小；工业经济不强，初加工比重大，深加工能力严重不足，科技含量不高，附加值水平低；农业仍然是以“靠天吃饭”为主，抵御自然灾害的能力较弱；市县财力不强，特别是部分县财力太弱，自有财政收入保“吃饭”都很困难，自我发展能力不强；尚有 4 个贫困县没有实现整体脱贫，脱贫攻坚任务还未完成，等等。“十二五”时期是遵义市加快转变经济发展方式的关键时期，是遵义市经济更快发展、实现突破的重要历史时期，必须进一步增强机遇意识、发展意识和责任意识，进一步解放思想，抢抓机遇，应对挑战，齐心协力，励精图治，扎实工作，奋力开拓，加快步伐，才能促进全市经济社会又快又好地发展。

二、发展趋势

2011 年，遵义以决战开局、起步冲刺的决心，攻坚克难，奋力拼搏，顺利实现了“十二五”开好局、起好步的目标。遵义已进入全面建设小康社会新的发展阶段，处于工业化、城镇化、农业现代化的加速发展期。认真落实中共遵义市第四次代表大会做出的实施“三大战略”、建设“三宜”城市、在全省率先实现全面小康的重大决策部署，按照既定思路不动摇、瞄准一流抓发展、实实在在抓落实，创造一个高于过去、高于全省的“遵义速度”。

（一）经济发展提速

主体指标要全部实现两位数以上增长，一些指标无论是总量还是速度，都呈现出前所未有的增长态势，实现“六大突破”：一是地区生产总值突破 1000 亿元，成为贵州省第二个经济总量跨越 1000 亿元的城市；二是人均固定资产投资突破 1 万元，这标志着遵义经济进入加速发展的新起点；三是规模以上工业增加值突破 400 亿元；四是财政总收入突破 200 亿元；五是社会消费品零售总额增速突破 20%；六是招商引资突破 900 亿元。

（二）结构调整加快

2011 年，遵义坚持以加快转变经济发展方式为主线，着力实施工业强市、城镇化带动和农业产业化三化同步发展战略，大力推进经济结构调整，三产业结构调整为 12.9 ：44.3 ：42.8。

工业经济提速发展：工业对经济增长的贡献率达 48%，工业园区建设加快推进，完成工业园区投资 140 亿元，引入工业产业项目 202 个。

农村经济持续发展：完成一产增加值 144 亿元，实现粮食总产量 227.12 万吨，收购烤烟 185.14 万担；茶叶、辣椒、畜牧业等“八大产业”快速发展，市级以上龙头企业达到 203 家。

第三产业加快发展：完成增加值480亿元，增长17.3%。全年接待游客2590万人次，实现综合收入235亿元。

（三）建设速度强劲

为加快项目建设、破解发展难题，遵义创造性地提出了项目建设“三基本”原则，掀起项目建设新高潮。

产业项目加速推进。完成工业投资300亿元，桐梓煤化工、遵宝钛业、遵义拉法基等一批重大项目建成投产，桐梓火电厂、茅台酒新增2600吨技改等项目扎实推进，容光、花秋二矿等大矿基本建成，贵州钢绳异地技改、长征风电等重大项目开工建设，湘江、楚米（重庆）IT等园区一批产业化项目加速推进。

城建项目快速实施。完成城乡建设和房地产开发投资520亿元，新蒲新区、南部新城、国酒新城及各地新区建设进展顺利。全市累计完成城乡建设和房地产开发投资503.5亿元，比上年同期增长105.5%。全市城镇化率比上年提高1.5个百分点，达37%，全市县、区（市）城镇化率高于全省的发展态势。

表2–2　2011年遵义市县、区（市）城镇化率　单位：%

遵义市	红花岗	汇川区	赤水市	仁怀市	遵义县	桐梓县	湄潭县
37	65.65	55	44.6	43	45.5	41.8	40.3
凤冈县	余庆县	绥阳县	习水县	正安县	道真自治县	务川自治县	新蒲新区
28.86	37.6	37.6	41.8	38.4	32	30.6	—

交通水利设施不断改善。完成交通投资120亿元。新建续建高速公路、通乡油路、通村公路（油路）3507公里，实现100%行政村通公路。遵义机场成功试航，茅台机场顺利开工。完成水利投资18亿元，正安石峰、仁怀石板塘等水利项目有序推进。

（四）发展动力增强

开放合作呈现前所未有的发展态势，渝遵战略合作开创新局面。开放平台加快形成，成功申报了娄山关、仁怀等5个省级经济开发区，增设了遵义市人民政府驻成都、南京、杭州3个办事机构。积极参与酒博会、渝洽会等重大节会活动。外贸服务体系不断完善，出口加工保税区、国家中低压电器检测中心和绿茶检测中心申报工作进展顺利。民营经济呈现快速发展、活力增强的良好态势。

（五）社会事业进步

投资 90 亿元完成“十大民生工程”，其中，教育基础设施持续改善，67 个“薄改工程”、1629 个农村学校食堂全面完成，65 个学前教育突破工程全部开工，24 个高中阶段教育突破工程进展顺利；文化体育事业快速发展，市射击馆全面完工，市民健身中心主体工程基本建成，88 个乡镇综合文化站、60 个数字“农家书屋”及 9 个乡镇、218 个村体育健身工程和 78 条全民健身路径工程全面完成；城乡居民生活环境不断改善，完成 2700 户异地扶贫搬迁，20547 套保障性住房全面开工，45881 户农村危房改造基本完成。

三、未来展望

按照中共贵州省委关于“增比、进位、突破”和把遵义建成贵州发展的一翼的要求，“十二五”期间，遵义市主要经济指标都明显推进。到 2015 年，全市 GDP 将达到 2140 亿元，年均增速 18.9%，比“十一五”提高 6 个百分点左右。

把遵义建成贵州发展一翼。突出强工业，重点抓园区，实施工业强市战略。一方面要夯实发展平台，按照“布局集中、产业集聚、土地集约”的要求，加快“10+7”工业园区建设步伐。各县（市、区）建成一个以上 10 平方公里左右的园区，加快推进遵义国家经济技术开发区建设，争取新建 5 个以上省级经济技术开发区。一方面要强化支撑，即加快振兴白酒、建筑材料、装备制造、能源、化工、“两烟”、茶、竹、特色食品、中药等十大工业产业，实现综合收入 2000 亿元以上，其中白酒产量达到 30 万吨，煤炭产能达到 3000 万吨，电力装机达到 1000 万千瓦。到“十二五”期末，把遵义建成西部乃至全国具有知名度和影响力的名烟名酒名茶基地、能源基地、资源深加工基地、化工基地、绿色食品基地和现代化中药基地。

建设大城市。加快城镇化建设是实现提速赶超、转型跨越的重要平台，要更加注重城乡统筹、辐射带动，实施城区倍增计划，不断完善城市功能，着力加快城镇化建设进程。县城建城区要新增 2 平方公里控规、“10 ＋ 7”工业园区控规、5 个省级经济开发区规划、乡（镇）总规等编制。加快遵义县撤县设区步伐，推动桐梓、绥阳、湄潭、习水撤县设市和仁怀撤市设区。到 2015 年，中心城区建城区面积达 150 平方公里以上，人口达 120 万以上，形成承载 200 万人口城市框架；各地县城所在地共承载 100 万人以上；中心镇和重点集镇承载 100 万人以上；城镇化率达 43% 以上。

新增铁路里程，改善发展环境。交通引领经济，"十二五"期间，全市公路总里程新增 1 万公里以上，其中高速公路新增 800 公里以上，公路等级率提高到 60% 以上。建成黔渝快速铁路（遵义段）、昭通至黔江铁路（遵义段）等骨干铁路，新增里程 460 公里，铁路营运总里程达 600 公里以上；建成新火车站。

全力抓好水利项目规划建设。各县（市、区）要立足长远，规划建设一批大、中、小、微型水库和配套水利设施，从根本上解决农村人畜饮水不安全问题，全面解决城市供水和工业生产用水问题。

加快输变电网设施建设。新建遵义东（绥阳）、遵义北（务川）、深溪等 500 千伏变电站，加快 220 千伏电网建设和城乡电网改造，形成以 500 千伏变电站为支撑、220 千伏电网为骨架的城乡输配电网。

在统筹城乡发展方面，加快建立以工促农、以城带乡、城乡互动的政策体系，促进各类要素在城乡之间自由流动，加速城乡一体化进程。在繁荣城市经济方面，加快黔渝旅游"金三角"、黔北渝南和武陵山区等旅游景点区开发，突出提升遵义会议、四渡赤水、国酒茅台、丹霞遗产、中国茶海"五大品牌"，打造"一区、一圈、两线"四大精品，游客人数、旅游综合收入分别实现 5000 万人次和 500 亿元以上，年均分别增长 25%、30% 以上。

到 2020 年，中心城市实现基本小康，市域经济在全省经济中的比重有一定程度提高，基本建成区域性新材料基地、能源基地和绿色食品基地；城乡差距缩小，建立起相对完善的社会服务体系和文化体系，社会主义新农村与城市协调发展。

到 2030 年，在全国迈入中等偏上发展水平行列，成为贵州省重要经济增长极和川黔渝交界地区经济中心，全面建成西南地区新材料基地、能源基地和全国绿色食品基地，实现全面小康社会。

到 2050 年，市域基本实现现代化，人均地区生产总值实现翻三番，成为经济活力强、文明程度高、具有较高国内外知名度的现代化、区域性中心城市。

（撰稿人：周远德　邱　洪）

第四章 高新技术产业基地——安顺市

安顺市位于贵州省中部偏西南，处于东经 105°15′~106°35′，北纬 25°21′~26°38′之间，东与贵阳市、西与六盘水市和黔西南布依族苗族自治州、南与黔南布依族苗族自治州、北与毕节市分别接壤。全市行政区域面积为 9267 平方公里，占全省总面积的 5.26%。

安顺地处苗岭西段，海拔在 1000~1300 米之间，平均海拔 1219 米，山地面积占 46.8%，丘陵面积占 38.2%，山间平坝面积占 15%，地貌以岩溶丘陵为主。安顺是世界上典型的喀斯特地貌集中地，喀斯特地貌面积占总面积的 71.52%。

安顺处于亚热带季风地带，气候温和湿润，冬无严寒，夏无酷暑，雨量充沛，多云少照，气候宜人，年平均气温在 14.5~16.7 摄氏度，年降水量为 1053.6~1524.2 毫米，年日照时数为 1224.6~1243.5 小时，年平均相对湿度为 80%。

安顺是世界喀斯特地貌风光旅游优选地区，境内拥有国家级和省级风景名胜（森林公园）7 处、国家级和省级文物保护单位 29 处，其中，黄果树大瀑布群、龙宫地下水溶洞自然奇观和云山屯、本寨屯堡文化村落建筑均列入吉尼斯世界纪录，关岭“红崖天书”、普定“穿洞古人类文化遗址”、王若飞故居、安顺府文庙蜚声中外，还有独具特色的浓郁的民族风情，是全国六大黄金旅游热线之一。

2010 年年末，安顺市户籍人口为 279.79 万人，常住半年以上人口有 230.04 万人。按全国第六次人口普查资料，城镇人口为 69.01 万人，城镇化率为 30.0%。安顺是一个多民族聚居的地区，境内有布依族、苗族、回族、仡佬族、彝族等 39 个少数民族，少数民族人口约占全市总人口的 39%。

2010 年，全市生产总值为 232.92 亿元，比上年增长 12.1%。其中，第一产业实现增加值 40.43 亿元，增长 6.1%；第二产业实现增加值 88.59 亿元，增长 13.3%；第三产业实现增加值 103.9 亿元，增长 13.1%。同时，财政总收入为 48.6 亿元，比上年增长 47.8%；一般预算收入为 19.84 亿元，比上年增长 22.6%；全社会固定资产投资达 111.34 亿元，比上年增长 32.2%；社会消费品零售总额为 70.08 亿元，比上年增长 19.0%。

安顺是全国唯一的多种经济成分共生繁荣改革试验区、贵州省加快发展的经济特区、民用航空国家高技术产业基地、黔中经济区核心城市、贵州省重要的能源基地和“西电东送”工程的主要建设地区。安顺素有“西部之秀”之称，是国家最早确定的首批甲类旅游开放城市，是中国优秀旅游城市、世界喀斯特风光旅游优先地区、全国六大黄金旅游热线之一和贵州西部旅游中心。安顺历史文化底蕴丰厚，是贵州省历史文化名城。

第一节　发展历程

一、从夜郎邑到安顺州城

春秋时期，安顺为古牂牁国北部中心，称夜郎邑；战国时期为夜郎国首府。

汉元封三年（公元前 110 年），置牂牁郡，领 17 县。今市境各县属夜郎县。

秦、汉、唐、宋时期，在安顺境内外设置郡县，但因土司、土酋互相争夺，领地多变，终未形成永久固定的行政邑所。今市境建立城池的确切记载是元至正十一年（1351 年）置安顺州，即建安顺州城（今旧州城），古旧州城内有钟鼓楼、清元宫、万寿宫、城隍庙、胡广庙等古建筑。

2007 年，安顺西秀区宁谷郡遗址被确认为贵州省第一个中央集权地方政权。宁谷遗址建筑群是汉代牂牁郡的治所，为安顺之地最早的城市雏形。

二、明代的安顺府城、州城、卫城

（一）安顺府城

明洪武五年（1372 年），元普定路女总管适尔归附明朝，朝廷以其地置普定土府；洪武六年正月十三日，改为普定府。后普定叛明，明军于洪武十四年（1381 年）十二月十一日攻克普定，复置普定府，隶云南都司；洪武十五年正月初七，设普定卫指挥使司；二月初三日升为普定卫军民指挥使司。

据《大定志》记载；“普定卫明建城碑记，安陆侯吴复洪武十四年十二月二十日钦依旨于普定府选择地名阿达卜建筑卫城。洪武十五年闰二月二十七日完备。”普定卫城选在阿达卜修建的原因，一是此地为兵家必争之地；二是阿达卜寨在元时已形成以钟鼓楼为中心的东西南北4条通道，有建城基础。

普定卫城明初规模为城墙总长1257丈，高2丈，宽2丈，有垛口2223个，城楼7座，小月楼11座，水关3座。城中心有钟鼓楼，分三层，高8丈。以钟鼓楼为中心向四方扩宽，形成东南西北四条大街。除北街近钟鼓楼处为2丈，往北不足2丈外，其余3条均宽3丈。城开4门：东朝天，南怀远，西永安、北镇夷。由此奠定了安顺城600多年的格局。

鉴于安顺的地理优势，明朝廷在建卫城时即着手以安顺取代普定土府和安顺土州的地位。洪武十六年（1383年）、十八年（1385年）分别撤普定府和普定县，将习安州并入安顺州。成化年间（1465～1487年），将安顺州从州城（今旧州镇）迁入卫城，与卫城同城而治。万历三十年（1602年）九月二十三日，升安顺州为安顺军民府，普定卫城即成安顺府城。这座城池完成了从军事重镇到权力中心的转变，成为黔中政治、经济、文化中心。经明代二百多年的经营，被称做“五星归汇处”的安顺府城已成为贵州行省的主要城市之一。崇祯十一年（1638年），徐霞客见到安顺城时曾记道：“普定城垣峻整，街衢宏阔；南半里，有桥，又南半里，有层楼跨街，市集甚盛。”

（二）州城、卫城

明代，除安顺府城外，还于今市境内建了几座城，即今安顺市的几座县城。

安庄卫城：洪武十五年五月，安陆侯吴复于纳吉堡建城，次年十二月城竣，命名为安庄；二十三年（1390年）五月，置安庄卫，卫署即设于安庄城，安庄卫城即今镇宁自治县县城。

平坝卫城：洪武二十三年闰四月置平坝卫，同年卫指挥金镇始筑平坝卫城，即今平坝县县城。

普定北城（定南城）：洪武十四年指挥佥事顾成于普里冲蜡尔里筑城，名定南城，今为普定县县城。

永宁州城：洪武二十五年（1392年）置关索岭守御千户所，隶安庄卫。建文二年（1400年）筑关索城墙，高1.2丈，宽1.1丈，全长2.4里，城东、西、南各置东门、西门、南门。城南门外，有中大街一条、上水巷和下水巷街各一条，驿马房街一条，场坝一个。嘉靖十一年（1532年），徙永宁州治于关索岭守御千户所城。

三、清代安顺府城

清初承袭明制，安顺仍为安顺军民府。顺治十六年（1659年），安顺军民府领镇宁、永宁、普安三州；顺治十八年（1661年）设普安县，隶安顺军民府；康熙二十六年（1687年），安顺军民府改为安顺府。

清代，安顺军民府（安顺府）仍治明安顺军民府城，即今西秀区城。镇宁州治安庄卫城，永宁州治关索岭城，普定县与府同治，安平县治平坝卫城，清镇县治威清卫城。乾隆二十四年（1759年），建郎岱厅城；雍正八年（1730年），建归化厅城（今紫云自治县县城）。至此，安顺府有1府城、2厅城、2州城、3县城。雍正九年（1731年）至清末，安顺府领镇宁、永宁2州，郎岱、归化2厅，普定、安平、清镇3县，加上府亲辖地，称为“八属”。

安顺府城为清政府统治云贵的重镇。顺治十七年（1660年），设云贵总督总揽云贵军政大权，令云贵总督半年驻曲靖，半年驻安顺。康熙元年（1662年）罢云贵总督，改设贵州总督衙门于安顺，至康熙五年（1666年）撤贵州总督，设云贵总督，移驻贵阳。康熙六年（1667年），贵州提督自贵阳移驻安顺，至清末。

清代，安顺府是贵阳以西的政治、经济、文化中心，地方工商业有所发展，形成“黔中商埠”，商业之盛，甲于全省。安顺府城的建设也逐渐完善，除建起各种官署衙门外，还修建了府学宫、县学宫、学政试院，以及众多的庙宇、禅院、寺院、宗祠等50余座，石坊木坊11座，重修了钟鼓楼和西秀山石塔，两次疏导贯城河。经明、清几百年的扩展，在四大街的基础上形成小街小巷数十条。安顺府城规制整齐，建筑量多且雄伟，环境优美和谐。《滇城纪行》中称赞道：“安顺府，围城九里，环市皆壮丽宏敞宫室。人家以白石为墙，石片为瓦，贾人云集，远胜贵阳。”足见清后期安顺府城已是繁华闹市。

四、民国时期的安顺城

清宣统三年（1911年）八月初十，辛亥革命爆发，清王朝的统治终结；

九月十四日（11 月 4 日），贵州省宣告独立，成立大汉贵州军政府，所属府、州、县的行政建置仍保留。

民国元年（1912 年），因普定县与安顺府同治而撤销，以其地属府；民国三年（1914 年），撤安顺府置安顺县；恢复普定县，并移治定南城；归化厅改为紫云县，郎岱厅改为郎岱县，镇宁州改为镇宁县，永宁州改为关岭县，安平县更名平坝县。

安顺县城即清代安顺府城。民国时期，军阀割据，战乱频繁，政府在城市建设上无力全面顾及，官府办公用房都是维修、改造明清时留下的署衙，只是在公路街建设了一些工程。该时期安顺县城已是一个繁华的商业城市，是贵州西路的商品集散地。大十字附近的街道发展为商业繁华之地，主要商号、店铺集中在东街。安顺城发展成省内著名的手工业城镇，主要行业有纺织、铁器打造、酿酒等。城内几乎户户织布，布匹产量和销量为全省之最。安顺产的三刀（菜刀、剪刀、皮刀）、“周茅”酒等在全省也极为有名。

商业的繁荣促进了金融、邮电、卫生等行业的发展。民国时期，先后成立了中国银行安顺办事处、中国农业银行安顺办事处、交通银行安顺办事处、贵州银行安顺办事处，创办了义成电灯厂、安顺贵大电灯厂、安顺县自用电灯消费合作社，开通了电报、长途电话业务；建立了新医药房、天神诊所、安顺县卫生院。

五、解放后的安顺城

1949 年 11 月 22 日，中共安顺临时县委、安顺县人民政府建立，均驻安顺县城。1958 年 7 月 1 日，设置安顺市（县级），市、县分设，同城而治；同年 12 月 29 日，撤销安顺县，合并为安顺市。1963 年 1 月 1 日，撤销安顺市，恢复安顺县。1966 年 3 月 16 日，设立安顺市，以安顺县城关区为安顺市的行政区域，市、县第二次同城分置。1990 年 3 月 2 日，撤销原安顺市和安顺县建制，建立新的安顺市。2000 年 12 月，撤销安顺地区设立地级安顺市，县级安顺市改为西秀区。解放后的安顺城是县级安顺市和安顺县驻地，并且先后是安顺地区行政督察专员公署、安顺专区人民政府、贵州省人民政府安顺专员公署、安顺地区革命委员会、安顺地区行政公署、安顺市（地级）所在地。

第二节 现状和特点

一、城市规划

（一）民国时期的城市规划

民国三十七年（1948 年）十一月，安顺县政府对城区市政建设做了一次规划，对城内道路系统、城市卫生、市容治理、公用设施进行了具体规定，但该规划未来得及实施。

（二）中华人民共和国成立后的城市规划

20 世纪 50 年代规划。1956 年 8 月，安顺专员公署基建委员会根据省建设厅会议精神，着手安顺未来的发展规划，于 1960 年完成。规划要点是扩宽东西南北四大街为 22 米，定为一级路面；修筑西北环城路，打通城区的对外交通卡口。另外，还布置了商业及部分轻工业用地范围，将规划范围扩展到城郊华严村及城东大西桥集镇。

20 世纪 70 年代规划。1972 年，安顺市（县级）革命委员会生产领导小组建工局制定了 1975～1985 年十年规划。结合安顺城区 10 万人口和郊区 1.6 万人口的现状，规划到 1988 年人口规模为 20 万人。以此为基础编制出 9 个主要部分的规划，包括工业布局规划、郊区规划、行政中心规划、旧城改造规划、道路规划、排水规划、防洪规划、文教规划和商业服务规划。

20 世纪 80 年代安顺市总体规划。1980 年 12 月，安顺市（县级）成立安顺规划领导小组，从事城市总体规划的编制工作。1981～1982 年，完成了安顺市总体规划，经安顺市人大常委会和地区行政公署审查批准后报贵州省人民政府，省人民政府于 1983 年 3 月批准实施。此次规划比较详尽，主要内容包括：城市现状特点，发展方向及城市规模，总体布局和功能分布。

20 世纪 90 年代规划。1990 年 12 月，安顺市（县级）规划局结合安顺市历史沿革、地理位置、自然资源、人文状况以及 2020 年前安顺市城镇化水平等因素，提出今后安顺市的发展应从东往西逐步发展，东从东关扩展到头铺，西扩展到杨家桥水库及宋旗镇，南扩展到宁谷镇，北抵轿子山镇部分地界，总面积为 137 平方公里。规划除考虑当前发展外，还为 2000 年以后三级城镇体系做了较为科学的设想，修改了20世纪80年代规划的不足部分，将西抵杨家桥、北抵飞机场、南抵贵昆铁路共49平方公里的面积辟为开发区，招商引资进行技术开发。

21世纪的城市规划。进入21世纪，中共安顺市委、市人民政府高度重视城市规划工作，提出以科学规划为龙头，提高城市建设水平，要遵循建设现代化城市的客观规律，高起点、高标准、有远见地编制城市总体规划，制定和完善控制性、修建性详细规划和小区建设规划，要突出旅游商贸特点，从城市的总体空间布局到局部地段的建筑群体设计，从小区规划到重要建筑的单体设计都要合理，着力城市个性和形象塑造。建筑物的材料、外观、体量、色彩、风格、分布都要强调新观念、新设计，注重建筑物的艺术审美价值，避免单调、平庸、低俗。尊重历史风貌和资源特点，丰富城市文化内涵和底蕴。从区域整体出发，明确县城和小城镇的职能分工。合理布局区域基础设施，避免重复建设，因地制宜，突出不同城镇的建筑特色和风格，形成“布局合理、协调发展、环境优美、各具特色”的黔中城镇群。为此组建了城市规划专家委员会和专门的规划机构，加强规划设计专业队伍建设，严格规划的依法执行和管理，体现规划的权威性和稳定性，不断提高城市建设水平。

为全面落实科学发展观，统筹城市各项建设活动，促进全市经济社会全面协调、可持续发展，保护和管理城市空间资源，指导城市有序发展，提高城市建设和管理水平，整合城市空间布局，2001年，安顺市人民政府着手编制《安顺市城市总体规划（2001~2020）》；2002年，安顺市规划局委托贵州省城市规划设计院编制完成《安顺市市域城镇体系规划》。《安顺市城市总体规划（2001~2020）》和《安顺市市域城镇体系规划》于2004年8月经省人民政府批准实施。规划范围为安顺市行政辖区范围，总面积为9264平方公里；规划安顺中心城区人口规模为50万，用地42.5平方公里；规划确定了安顺市市域城镇布局总框架。

2006年，在国家西部大开发政策的有力支持以及区域经济全面发展的环境形势推动下，中共贵州省委、省人民政府明确提出，进一步加快安顺城市发展进程，将安顺培育成为有较强实力的百万人口的大城市。为实现贵州中共省委、省人民政府将安顺培育成百万人口生态旅游城市的战略目标，安顺市启动了《安顺市城市总体规划》的修编工作，并正式委托武汉华中科技大学城市规划设计研究院编制。2006年7月，安顺市组织对《安顺市城市总体规划修编纲要》进行初审。2006年11月，安顺市人民政府就《安顺市城市总体规划（2001~2020）》修编事宜请示省人民政府。2007年2月，省建设厅复函要求安顺市先行组织编制《安顺城市发展战略研究》。2007年6月，安顺市人民政府委托武汉华中科技大学城市规划设计研究院进行《安顺市城市发展战略研究》编制工作。2008年1月，根据市人民政府2007年12月26日第27次市长办公会议精神，成立安顺市城市总体规划修编工作领导小组，全面启动了安顺市城市总体规划修编工作。

2008年3月，《安顺市城市发展战略研究》通过省级评审。2008年4月，省建设厅复函安顺市人民政府，同意安顺市开展新一轮城市总体规划修编工作；7月，《安顺市城市总体规划修编纲要》通过市城规委审查；10月，《安顺市城市总体规划修编纲要》通过省级专家评审；12月，《安顺市城市总体规划修编（2008~2030）》通过市城规委审查。2009年4月，《安顺市城市总体规划修编（2008~2030）》通过省级专家评审。2010年，《安顺市城市总体规划修编（2008~2030）》经省人民政府批准实施。

《安顺市城市总体规划修编（2008~2030）》立足长远，着眼未来，突出前瞻性、指导性和可操作性。规划提出，将在节约资源、环境友好的基础上构建平安有序、社会安定、公平正义的和谐安顺，积极培育安顺成为贵州重要的交通枢纽，彰显“城在绿中，山在城中，人在景中”特色，构建城与自然和谐的安顺城市风貌，打造魅力历史名城；充分利用安顺独特的气候条件、地理环境以及良好的生态品质，打造舒适的城市空间，促进城乡协调发展，完善市政及公共服务设施，营造居民工作与生活条件优良的生态宜居城市。

二、城市经济发展

（一）多种经济成分共生繁荣改革试验区

1987年，中共贵州省委，省人民政府做出一系列加快贵州社会主义现代化建设的决策，其中包括把“贯彻多种经济成分，多种分配形式”这样一个长远方针作为加快贵州经济步伐、加快兴黔富民的战略问题来对待。

1988年2月29日，时任中共贵州省委书记的胡锦涛同志提出，在安顺市建立“深化改革，促进多种经济成分共生繁荣，加快发展”的省级经济试验区；同年4月8日，试验区经省人民政府批准正式成立。安顺经济改革试验区的发展经历了三个发展阶段。

第一阶段（1988~1990年）：安顺试验区建立初期，遵照胡锦涛同志关于安顺试验区的一系列重要指示，以深化改革为手段，以多种经济成分共生繁荣为主题，以发展城镇经济为突破口，以加快发展为改革试验目的，制定了改革试验总体方案和与之配套的 8 个方面的具体方案。改革试验在第一阶段取得的成就主要有：国民经济以高于全省和贵州城市平均增长率的速度递增；多种经济成分共生繁荣局面初步形成，城乡一体化初露端倪；商品经济日趋繁荣，购销两旺；对外开放取得突破，外向型经济发展迅速。这一阶段的主要经验是，“依法征税，建立基金、择优扶持，记国家股，暂缓分红或分红再投入。”中共贵州省委、省人民政府充分肯定了安顺试验区“好在自费，贵在探索”的改革经验。

第二阶段（1991~1997 年）：试验区坚持“以公有制为主体，多种经济成分共生繁荣”的试验主题，改革内涵不断丰富，外延不断拓展，成功创办了省级安顺经济技术开发区，并使其成为改革开放的窗口、招商引资的良田、东西合作的典范和共生繁荣的沃土。

第三阶段（1998~2008 年）：2003 年，开发区建立一级财政，并托管宋旗镇、么铺镇组建了西航街道办事处，形成“一办两镇”格局，辖区面积从 26.73 平方公里扩大到 170 平方公里，人口从 5.2 万人增加到 14 万人。区内聚集了双阳飞机制造厂、云马飞机制造厂、龙岩飞机制造厂、贵航集团飞机设计研究所、602 库、风雷机械厂、双阳飞机场等军工企业和 200 多家公有制企业。2004 年，中共安顺市委，市人民政府决定将试验区扩大到全市各县区。中共贵州省委办公厅、省人民政府办公厅发出《关于支持安顺深化改革促进发展的复函》，同意给安顺一系列优惠扶持政策，包括积极支持安顺加快发展旅游业；对安顺市推进农业产业化经营给予倾斜；积极支持帮助安顺市工商局按程序向国家工商总局申请外商投资企业登记管理权；对在安顺市实施的跨区域项目，在建设期间产生的税费除省人民政府明确规定的外，相应部分由安顺市负责征收；同意安顺经济技术开发区、黄果树风景名胜区在向省有关部门申报项目时实行单列。2007 年，中共贵州省委，省人民政府成立安顺试验区工作领导小组，要求安顺试验区要“在加快民营经济发展、重塑国有经济新优势、促进军地结合、扩大开放统筹城乡发展上取得新突破，全面开创安顺试验区改革发展的新局面”；并明确提出把安顺试验区建设成为“贵州省加快发展的经济特区”，“争取和赋予其超前探索、先行试验、封闭运行、大胆创新的权力”。在新世纪新阶段，安顺试验区以高于全国、全省平均水平的增长速度进入历史性跨越的快速发展时期。

2010年，安顺试验区经过22年的改革探索，不断取得新突破，实现新发展，积极探索“贵州加快发展的经济特区”的发展途径，不断深化试验区改革；行政管理体制改革有序推进，市县乡三级政府机构改革顺利完成，政府职能转变加快；市县两级分税制改革成功实施，财税管理体制逐步理顺；城市商业银行挂牌成立，投融资体制改革成效显著；市属国有企业改制基本完成；农村土地承包经营权流转稳步开展，集体林权制度主体改革顺利推进；新闻媒体、医疗卫生、文化体制改革进一步深化；全面推行政务公开，简化行政审批，强化效能监察，深化民主评议行风，发展环境不断改善；招商引资工作力度加大，2006~2010年，累计引进到位资金208.8亿元；开展多种形式的对外交流与协作，与“珠三角”和“长三角”地区、对口帮扶城市和友好合作城市的交流与协作进一步加强，“九顺合作”、“农安合作”取得明显成效。

安顺试验区成立以来，安顺市非公有制经济从无到有，从弱到强，不断发展壮大，取得了突出的成绩。一是非公有制经济已成为安顺市国民经济增长的重要推动力，2010年，全市非公有制经济增加值占地区生产总值的比重达52.2%。二是非公有制经济已成为吸纳新增就业的主渠道，“十一五”时期为全市提供了80%以上的新增就业岗位，对缓解就业压力、增加城乡居民收入、改善人民生活、维护社会稳定起到了重要作用。三是非公有制经济已成为全市财政收入增长的重要来源，2008年，非公有制企业税收占财政总收入的60.1%，对增强财政实力发挥了重要作用。四是非公有制企业已成为社会事业建设的一支重要力量。

（二）产业结构调整成就

1. 三次产业协调发展

2000年起，中共安顺市委、市人民政府实施了“农业稳市、工业强市、旅游兴市”的经济发展战略，对全市经济结构进行战略性调整。调整的思路是：以构建能源、制药、化工、食品、汽车五大工业支柱为目标，延长产业链，带动采矿、机电、种植、养殖、运输、包装、印刷等其他各业的发展。经济结构调整的方针是：国有、集体、非公有制经济一起上，一手抓内涵扩大再生产，一手抓外延扩大再生产，盘活存量，扩充增量，提高工业经济运行的质量和效益。总的要求是：“全市一盘棋”，合理布局生产力，在努力增加固定资产投资的同时巩固第一产业，优化提高第二产业，加快发展第三产业。坚持在发展中推进经济依法调整，在经济结构调整中保持快速增长。经过 10 年的努力，三次产业协调发展，不断壮大，三次产业结构由 2005 年的 22.7 ∶ 36.9 ∶ 40.4 调整为 2010 年的 17.4 ∶ 38.0 ∶ 44.6。

2. 三次产业发展成就

第一产业以繁荣农村经济、增加农民收入为目标，适应市场对农产品优质化和多样化的需求，依靠科技进步，提高农业、农村经济整体素质和效益，坚持市场为导向、因地制宜、分类指导和充分尊重农民自主经营权的原则，引导农民发展特色农业、高效农业和绿色产业，大力发展现代农业、商品农业和观光农业。一是以市场为导向，优化品种结构，发展高产、优质高效农业；调整农产品结构，形成粮食作物、经济作物、饲料作物合理构成的三元结构。经济作物主要发展蔬菜、烤烟、茶叶、药材、香料的种植。二是加快发展畜牧水产业，积极发展特种养殖，把养殖业作为农业产业结构调整的突破口，实施“双十亿工程”，重点发展肉牛、肉羊、灰鹅养殖；渔业重点发展淡水虾、冷水鱼。三是加快发展畜产品精加工，扶持一批农产品加工龙头企业和中介组织。四是优化农产品区域布局，以“一乡（镇）一特，一村一品”乃至“多乡（镇）一特，多乡一品”方式发展农村规模经济。根据自然条件，土地分布状况，制定农业分行业、分品种（品质）的区域布局规划，加强分类指导。五是增加非农业在经济中的比重，抓好乡镇企业结构调整，推进第二次创业，加强技术改造和企业管理，提高产品质量，增强市场竞争力。“十一五”期间，农业和农村经济稳步增长，粮食产量稳定在 80 万吨左右；农业结构调整成效显著，蔬菜、茶叶、烤烟等特色种植业规模不断扩大，种植水平不断提高，产量和效益不断增长。2010 年，蔬菜、茶叶种植面积分别比上年增加 10.5 万亩和 3.9 万亩；完成烤烟收购 21.57 万担；水果、中药材种植面积不断扩大；畜牧业发展加快，在全省保持领先水平，畜牧业产值占农林牧渔业总产值的 45.1%，年均提高 1.4 个百分点；农业产业化步伐加快，成功引进雨润集团、柳江集团等大型龙头企业，全市有国家级龙头企业 1 家、省级龙头企业 20 家、市级龙头企业 87 家，有力地带动了农村经济的发展。扶贫开发成效显著，减少农村贫困人口 13 万人。新农村建设取得明显成效，完成 134 个新农村试点示范村建设。2010 年，第一产业实现增加值 40.32 亿元，比上年增长 6.1%。农林牧渔业总产值为 62.61 亿元，比上年增长 7.4%。

第二产业按照“面向市场、开发资源、适应全局、扩大总量”的原则，加快工业结构优化升级，积极培育支柱产业。一是运用“西电东送”政策，大力发展水火并举的能源工业。依托能源工业大力发展煤电工、煤电化、煤电一体化等能源工业。二是进一步发挥军工企业人才和技术装备优势，加快提升装备制造业水平，支持民用飞机、高级教练机、飞机维修等航空工业项目，引进一批民用航空产业配套项目，加快把安顺建设成产业特色鲜明、竞争力强的民用航空国家高技术产业基地。依托军工企业优势，积极探索军民结合的市场化途径，促进军企与地方经济共同发展。三是大力发展电子信息、生物技术、汽车及零配件、制药、食品、环保等技术带动新型产业发展。四是巩固和提高以能源为依托的电化学产品加工业，以精细化工为主的新型化学工业。五是围绕黄果树、龙宫为品牌的旅游业，发展有特色的旅游产品加工业。经过不断调整，工业经济规模效益显著提升，能源、原材料等优势产业进一步壮大，光照电站、董菁电站建成发电，马马崖电站开工建设；原煤产量逐年增加，超宇水泥、黄果树铝业、宏盛化工等企业发展迅速。2010 年，全市发电量达到 87.1 亿千瓦时，水泥产量达到 223.9 万吨。以航空、汽车为重点的装备制造业稳步发展，民用航空产业国家高技术产业基地落户安顺，天马轴承、青年莲花汽车等企业顺利投产。以药品、食品为重点的特色轻工业发展加快，百灵集团成功上市，安酒公司重组恢复生产。全市纳入地方统计年主营业务收入 500 万元以上的工业企业达 215 家，较“十五”末增加 97 家，总产值达 55.1 亿元，是“十五”末的 2.46 倍。工业园区建设初见成效，安顺经济技术开发区、民用航空产业国家高技术产业基地、西秀工业园区、黎阳高新区、夏云工业园区、普定循环经济工业基地等园区配套基础设施建设力度加大，入驻企业达 347 户，实现工业总产值 97.5 亿元。2010 年，全市全部工业实现总产值 224.80 亿元，首次突破 200 亿元大关。

第三产业成为新的经济增长点。安顺独特的喀斯特地貌形成的秀丽自然风光、悠久历史的人文景观、绚丽多彩的民族风情汇集成安顺丰富多样的旅游资源，全市风景区面积占辖区面积的 12% 以上，高于全国 1% 和贵州省 4.2% 的比例。安顺独具特色的旅游资源不仅量多面广，而且开发潜力大，拥有发展旅游产业得天独厚的优越条件。加上优越的区位、宜人的气候、便利的交通等条件，使安顺成为贵州西部乃至全国著名的旅游目的地。1985 年，安顺被确定为全国甲类旅游开放城市；2006 年，被贵州省确定为优先发展重点旅游区及西线旅游中心。到 20 世纪末，安顺旅游已初步形成由黄果树、龙宫两大国家级风景名胜区、贵黄旅游线和安顺旅游中心城区组成的“两区、一线、一中心”的旅游空间格局。进入 21 世纪后，中共安顺市委、市人民政府高度重视旅游产业的发展，树立“大旅游、大市场、大产业”的观念，以建立世界喀斯特旅游中心和中国西部旅游重点地区为目标，实施“旅游兴市”战略，加快建设安顺旅游经济区，以旅游为龙头，带动第三产业及相关产业发展。为了达到上述目标，安顺市制定了《安顺市旅游发展总体规划》，按照旅游资源开发要坚持开发与保护并重的原则，以黄果树、龙宫为重点，实施“贯穿东西、展开南北、形成一线撑两翼”的思路，突出重点，由点到面，逐步推进。以市场为导向，突出特色，从低水平、小规模缓进发展向高起点、高品位、超常规发展转变；点线联动，综合保护，实现资源永续利用；实现旅游方式由单一的观光旅游向参与性强的民族风情旅游、历史文化考察、休闲度假、购物、探险等多样化旅游发展，努力造就一个独具特色的高品位黔中旅游板块。2006年，中共贵州省委、省人民政府把安顺确定为贵州省优先发展重点旅游区后，中共安顺市委、市人民政府紧紧抓住这一机遇，提出了“走进安顺、走进自然、走进历史、走进文化”的旅游定位。首先是进一步加大了旅游开发力度，加强了旅游基础设施建设，实施了黄果树新城及配套设施建设，整治景区环境；加快了龙宫风景区深度开发（二至五进龙宫），扩大规模，完善服务设施；加快了格凸河穿洞风景区、关岭大峡谷风景区、引子渡电站湖风景区、夜郎湖风景区和红枫湖南片区的深度开发；修缮了王若飞故居并建设了故居陈列馆；修缮了府文庙古建筑，整治了文庙周边环境；修复了市区内圆通寺、武庙；建设了“安顺明清风情小区”、穿洞古人类遗址博物馆、关岭古生物化石博物馆和黄果树奇石馆。其次是开发丰富多彩的民族风情旅游资源，抓好一批民族旅游村（寨）的建设，一批新景点向游客开放，努力提升城镇旅游服务功能，建设全市旅游信息咨询服务体系。建设城市购物中心及一批三星级以上旅游宾馆；组建一批高档次旅行社；培养一批旅游专业各类人才，不断提高旅游服务队伍的综合素质；加强旅游交通线路的建设，提高现有旅游公路等级，具体要求是：国家级风景名胜区达到二级以上旅游公路连接，省级风景名胜区达到三级以上旅游公路连接，一般旅游区及景点达到四级以上旅游公路连接。整合旅游资源，加强与周边地区合作，共同打造跨区域精品旅游线路。重点推出一批以安顺为中心的1~5日游精品线路，新路线涵盖了安顺市的主要景点和周边市州的旅游景区，增加游客在安顺停留和住宿时间，为游客提供多样选择。以强化促销为突破口，开拓旅游市场，利用“中国·贵州黄果树瀑布节”、油菜花节、旅游推介会、新闻媒体宣传等多种形式，积极宣传安顺旅游，推出一批旅游精品景区和精品路线，进一步拓宽市场。“十一五”期间，安顺市旅游产业发展迅速，景区景点保护开发力度加大，黄果树、龙宫成功申报为国家首批5A级旅游景区，夜郎洞成功申报为4A级旅游景区；黄果树国家公园景观规划编制完成。旅游基础设施建设成效显著，一小时交通圈基本形成。黄果树新城建设投资2亿多元，建设了迎宾大道、屯堡酒店、管委会办公楼、演艺中心、停车场、黄果树旅游公司大楼及石牌坊大门。2010年，全市有旅行社13家、旅游车队1个，有车70辆；有星级宾馆、星级酒店26家，其中四星级2家、三星级13家、在建星级酒店10家（4家按五星级标准建设）。全年全市累计接待游客1325万人次，比上年增长9.7%；实现旅游收入112.84亿元，比上年增长12.8%。旅游业成为安顺新的经济增长点。

安顺市旅游产业得到快速发展的同时，交通运输、商业贸易、邮电通信、金融保险、饮食娱乐、信息技术等其他第三产业也取得了较快的发展，第三产业成为安顺重要的经济增长点。2010年，全市交通运输业完成货物周转量9.8亿吨公里，比上年增长11.9%；完成旅客周转量21.45亿人公里，比上年增长11.3%；全年社会消费品零售总额为70.08亿元，比上年增长19.0%；零售业实现产值64.21亿元，比上年增长20.8%；邮电通信业务收入8.36亿元，比上年增长8.6%；全市固定电话用户达27.47万部，比上年增长2.4%；移动电话用户达137.23万部，比上年增长24.4%；年末互联网用户达9.47万户，比上年增长39.9%；餐饮业实现产值4.54亿元，比上年增长6.3%；年末金融机构人民币存款余额为362.19亿元，比年初增长30.3%；金融机构贷款余额为229.65亿元，比年初增长7.9%；全市商业保险保费收入为5.14亿元，比上年增长20.1%；第三产业实现增加值103.09亿元，比上年增长13.1%。

（三）基础设施及能源、信息、生态环境建设成就

1. 能源建设成就

安顺市有丰富的水能资源，年均径流量为62.17亿立方米，可开发量为1592.93兆瓦。煤炭是安顺市的资源优势，储量较大，资源总量为197.25亿吨。丰富的自然资源使安顺的能源开发具有水火相济的基础优势，成为中国南方重要的能源基地和贵州省实施“西电东送”的重要地区。

安顺市的能源建设主要包括电力、煤炭、燃气三个方面。发电供电方面：2010年，安顺有火力发电企业1个、水力发电企业11个，全市电力装机容量达259.2万千瓦，电力生产工业总产值为22.02亿元，主营业务收入21.37亿元；有电力供应企业8个，总产值为27.55亿元，主营业务收入27.57亿元；

电力热力的生产和供应完成固定资产投资 11.69 亿元。在采煤方面：2010 年全市有煤炭开采和洗选企业 59 个，完成固定资产投资 3.99 亿元；原煤产量（全社会）为 1108 万吨，比上年增长 12.0%。在燃气方面：贵州燃气集团安顺市燃气有限责任公司成立于 2007 年 10 月，拥有安顺市中心城区和黄果树风景名胜区 30 年管道燃气特许经营权，主要从事城市管道燃气的建设与运营，燃气的供应与销售，车用燃气加气站的建设与运营，燃气用具与设备销售维护。安顺市管道燃气工程项目是贵州省 2008 年重点工程项目之一，项目分两期完成：一期工程 2008 年初启动建设，已建成液化天然气（LNG）储配站一座，储气能力为 12 万立方米，铺设城区输气主干管近 50 公里，为 6000 户居民和 50 余户公建用户及工业用户开通了清洁高效的管道天然气，结束了安顺无管道燃气的历史。二期工程计划投资 10.8 亿元，建设中缅长输管道天然气门站一座、环城高压管网 50 公里、城际干线 145 公里、城镇中压干线 126 公里、11 座天然气汽车加气站及供气设施。到 2015 年，城市燃气普及率将达到 70%，用气规模为年 6000 万立方米；2020 年普及率达 90%，用气规模为年 1 亿立方米。

2. 交通建设成就

在公路建设方面，1986 年建成贵州省第一条高等级公路贵黄路。到 1990 年，全区改扩建公路 112 条，总长 76.12 公里。2000 年以来，安顺市委、市政府大力推进以交通为重点的基础设施建设，按照“南北贯通，东西扩展，完善功能，建设新区”的思路，加强以路网为中心的城市公路建设，启动市中心放射状的主干道建设，形成“五横、五纵、三环线”的市区道路基本骨架。2001 年起，先后在市境区改扩建的公路主要有：清镇—黄果树、水城—黄果树，紫云—黄果树、安顺—紫云、安顺—普定、镇宁—胜境关、普定—镇宁、镇宁—坝草、镇宁—乐纪、紫云—罗甸、织金—普定、关岭—兴仁、六枝—大山、安顺—望漠、平坝—长顺、平坝—引子渡、黄果树—望漠、惠水—紫云—兴仁等 20 余条高速、高等级公路。厦蓉高速公路通过市境，在平坝、安顺西、关岭设 3 个站。修建了云马厂等 5 个军工企业的进厂公路、平坝黎阳大道、镇宁南北大街、镇宁环翠路、黄果树新城主干道等。到 2010 年底，关岭坝陵河大桥顺利开通，沪昆高速公路安顺段建成通车，普定至安顺及安顺西绕城高速公路、惠兴高速公路、六镇高速公路建设稳步推进，高速公路通车里程为 136.1 公里，在建里程为 152 公里；建成通乡油路 495.2 公里、通村公路 4616.6 公里，实现所有乡镇通油路，所有行政村通公路，公路通达总里程为 9150 公里，公路密度达到每百平方公里 96.9 公里，高于全省平均水平 16 公里。

在铁路建设方面，贵昆铁路于 1966 年建成，1970 年 12 月交付营运，1980 年进行电气化改造。2001 年，株六复线建成通车，安顺市的过境铁路实现了从单轨营运到双轨营运的提升。长昆铁路客运专线顺利开工，境内 3 个站点的规划建设同步进行。黄桶—织金铁路建成通车。铁路通车里程为 192.2 公里，在建里程为 173.3 公里。

在航空建设方面，距安顺市区 3 公里的双阳军用机场 1992 年经国务院批准为军民两用机场，改建后更名为黄果树机场，于 2004 年建成通航。现已达到国家 4 级标准，可以起降波音 737 大型客机。

在水运建设方面，全市江河湖泊库区通航 113 公里，航道主要位于乌江上游三岔河上的夜郎湖库区以及珠江上游北盘江。被列为贵州省“两江一河”高等级通江达海航道建设工程的坝草码头改扩建工程竣工，开通了南盘江经红水河入海通道。

3. 水利建设成就

安顺市位于长江水系和珠江水系分水岭脊线上，区境内虽有大小河流 185 条，但多为山区雨源型河流，径流变化规律与降水变化规律一致，10 月至下年 4 月为非汛期，此间径流量只占全年的 12%~32%。安顺市属典型的喀斯特地貌，岩溶洞穴遍布，地表水少，地下水量丰富，但深埋地下，洪枯流量变化大，难以利用。这就造成枯水季节人畜饮水困难。安顺中心城区地势高于四邻各县，靠过境客水的侧渗补给，造成工程性缺水。工程性缺水问题不仅制约了安顺经济发展，影响人们生活，也是城市发展的阻碍。20 世纪 80 年代以后，水利事业以除病治理、续修配套为主。到 1995 年，全区已建成蓄水工程 1969 处，总库容为 2.54 万立方米，有效灌溉面积达 48.21 万亩。这些水利设施缓解了农业用水和人畜饮水的困难，但工程性缺水问题未根本解决。2000 年以后，政府加大水利建设的力度，把它作为城市基础设施建设的重点。水利建设事业紧紧围绕解决全市工程性缺水问题，坚持兴利与除害相结合，水利建设与生态建设相结合，蓄、引、提、排、节相结合，以蓄、节为主，大、中、小、微相结合，以中、小为主，新建与挖潜相结合的工作思路，以王二河水库、安西灌区节水续建配套工程为重点，加快病险水库除险加固、“三小”工程和烟水工程配套工程建设，以解决农田灌溉、人畜饮水困难。经过多年的艰苦努力，到 2008 年年底，已建成地表水和地下水供水基础设施共计 2.09 万处，其中蓄水工程 672 处、引水工程 1325 处、提水工程 957 处、调水工程 2 处、水井工程 358 处、集雨工程 17611 处，供水能力为 7.4 亿立方米。其中，乌江流域供水设施有 2496 处，现状供水能力为 4.1 亿立方米。

在农田水利基本建设方面，截至 2009 年 4 月，累计动工各类水利工程 603 处，新增节水灌溉面积 3.8 万亩，治理水土流失 32 平方公里。2010 年，全市共投入水利建设资金 5.64 亿元，治理病险水库 11 座，新增有效灌溉面积 4.97 万亩，新建"三小"工程 0.6 万个，完成地方水力发电 5.4 亿千瓦时，解决农村 18.2 万人饮水安全及饮水困难问题。整个"十一五"期间，水利建设共投入 13 亿元，鲁嘎水库、油菜河水库等"滋黔工程"完工，安西灌区节水改造工程、农村饮水安全及病险水库治理取得成效，新增有效灌溉面积 29.4 万亩，新增水电站装机容量 6.3 万千瓦，解决了农村 70.08 万人饮水安全，治理病险水库 50 座。安顺市工程缺水的根本解决主要靠黔中水利枢纽工程。黔中水利枢纽工程是国家西部大开发的标志性工程，也是贵州省首个大型跨地区、跨流域、长距离调水工程。整个黔中水利工程干渠总长为 156.5 公里，覆盖面积达 4711 平方公里，总灌溉面积为 65.23 万亩，可以解决 39.5 万人畜饮困难。一期工程已于 2009 年 11 月 30 日开工建设，安顺市积极配合工程的实施。竣工后安顺市区城市供水和普定南部、镇宁北部、关岭中部、西秀南部和东部，平坝南部的农田灌溉，以及 5 个县城 36 个乡镇的供水问题都可以得到解决。

4. 生态环境建设成就

安顺全区碎屑岩多为二迭系等古老地层，易于剥蚀、搬运，加之原生植被受到破坏，致使一些碎屑岩分布区水土流失严重，产生石漠化现象，生态脆弱。解放后，安顺市开展了全民义务植树运动，林业部门年年造林。1979 年，《中华人民共和国森林法（试行）》颁布后，植树造林掀起高潮。20 世纪 90 年代，实施了长江防护林工程、贵黄绿色工程、世界粮农组织援助的 3146 工程造林项目等。2003 年，中共安顺市委、市人民政府高度重视生态建设，提出"环境立市"的口号，把生态环境建设提到与农业、旅游、工业并重的战略地位；2007 年，进一步提出以生态建设和环境保护为目标、保住青山绿水也是政绩的观念，加大生态建设。中共贵州省委、省人民政府提出了把安顺建设成百万人口生态旅游城市，生态建设显得更加重要，既是旅游业发展的最根本条件，更是安顺的城市名片。2001 年以来，全市加强了打邦河、王二河、格凸河、三岔河、刑江河等小流域的综合治理，实施了天然林保护工程、珠江防护林工程、退耕还林工程、水土保持工程、石漠化综合防治试点工程，清镇高速公路绿色通道工程，市境内国道和省道的绿色通道工程，城市环城林带建设工程以及城区绿化工程；黄果树风景名胜区实施了生态保护绿色工程。到 2010 年，全市完成造林 150 万亩，退耕还林 111 万亩，封山育林 90 万亩，石漠化治理 4995 亩，治理水土流失面积 1210 平方公里，全市森林覆盖率达到 38%，中心城区绿化率达 30.69%。

在水环境保护方面，根据国家有关部委的部署，安顺环境保护部门深入开展“整治违法排污企业、保障群众健康”的环保专项行动，对全市企事业单位排污情况和污染治理设施运行情况进行检查，加大污染源监管力度，认真执行环境影响评价制度，从源头上防止污染和破坏生态。2009 年，全市工业废水处理能力达 14.52 万立方米 / 日；工业废水排放量减小，工业废水排放达标率为 96.20%，工业废水重复利用率达 96.86%；工业废水中化学需氧量排放量减少。市区和各县城已建成污水收集系统和污水处理厂，城市生活污水问题得以解决。切实抓好饮用水的安全，对夜郎湖饮用水源地及各县城区集中式饮用水源地开展监测。2002 年，贵州省人大常委会通过了《贵州省夜郎湖水资源环境保护条例》，夜郎湖水资源受到法律保护。2004 年，安顺市率先在全省开展饮用水源地立法保护工作，制定了《关于划定饮用水源地保护区和切实加强饮用水源污染防治的通知》。环保部门完成了市城区及 5 县城集中式饮用水源保护区的划定工作；同时将桂家湖饮用水源保护区作为市级饮用水源保护区进行划定，严禁在生活饮用水源保护区建设有污染的项目和畜禽养殖场，对危及饮用水安全的排污口限期搬迁或关停。根据贵州省环保厅 2010 年 2 月发布的《2009 年贵州省环境质量简况》记载，安顺市总体水质为优，优良水质占 100%，是全省 9 个地州市中唯一优良水质占 100% 的城市。市境内国控断面黄果树自 2007 年以来均达地表水环境质量Ⅱ类标准（开展目标为Ⅲ类标准），市境内跨界河流三岔河、北盘江全河段水质达《地表水环境质量标准》Ⅲ类标准，城市集中式饮用水源地夜郎湖、桂家湖等水质达《地表水环境质量标准》Ⅱ类标准。

在大气环境保护方面，加大节能减排工作力度，认真落实节能减排工作目标责任制，组织开展节能减排专项督查，加快推进节能项目建设。2010 年，全年完成节能项目 3 个，形成节能能力 9 万吨标准煤，淘汰落后产能 23.6 万吨，淘汰小火电机组 13 台 2010 千瓦，全年单位生产总值消耗下降 4.17%。加强对发电、铁合金、电解铝、水泥等重点污染行业和重点污染企业的监督管理，督促其稳定达标。开展了城市环境综合治理，解决煤烟型污染的突出问题。在市城区、黄果树、龙宫等风景名胜区内取缔1吨以下燃煤锅炉和所有营业性燃煤炉灶，改用清洁能源，并在市城区安装燃气管道，开通管道燃气。经过不断整治，到2010年，全年单位生产总值消耗下降4.17%，全市化学需氧量排放总量和二氧化硫排放总量双双下降，分别控制在1.33万吨和9.37万吨以内。2010年，安顺市区和各县城区环境空气质量均达国家环境空气质量二级标准，黄果树、龙宫风景区空气质量达国家环境空气质量一级标准。市城区自2007年以来空气污染指数变化范围在39~76之间，环境空气质量优良率一直为100%。

在固体废物治理方面，2009年，全市纳入环境统计的工业固体废物产生量为243.44万吨，综合利用140.37万吨，综合利用率为57.66%；固体废物处置量为75.50万吨，处置率为30.0%；工业固体废物贮存量为27.62万吨，贮存率为11.35%。同时，市城区及各县城建设了垃圾处理厂和垃圾填埋场，垃圾填埋场日处理垃圾能力为310吨，库容为303.8万立方米。在安轿公路青山坡处建有垃圾压缩中转站，日处理能力为450吨。同时垃圾处理工程配有渗滤液处理站，处理后的水质达到国家一级排放标准。2009年，市城区生活垃圾产生量为18.28万吨，生活垃圾无害化处理率达92%；市城区医疗废物产生量为100.92吨，全部进行无害化处理。

5. 信息工程建设成就

邮电通信事业发展成就：新中国成立初期，全市只有邮电局（所）75处、城乡电话室10个，发电报用原始的莫尔斯码发报机，通话用手摇磁石电话机，邮寄靠人挑马驮。1958年，实现了社社通邮路。20世纪60年代后期，一些大中型厂矿兴建，加大了对邮电通信的需用量，全市先后设立了厂邮电支局（所）36处，厂区邮件采取汽车运输投递，电报由人工机改为电传。20世纪70年代，实行“邮电合一”统一机要和军邮通信，组成了“全程全网、联合作业”的通信企业。各（县）邮电所相继成立，并调整了农村邮电网点。

“八五”期间，全市基本实现电话程控化（城镇达到100%，农村达到80%），开通了贵黄公路沿线模拟移动电话通信系统，建成了无线寻呼系统，实现了全市人工联网和电报自动转接；数据通信、光纤通信等先进手段被广泛采用。1995年，全市实现了以数字、光纤传输的格局；1996年，建成县以上的数据通信网，开通了数字移动电话和自动寻呼系统；1997年，建成全市长途区号统一的本地网，在黄果树、龙宫开通了程控电话和移动电话，在天星桥景区建成了光纤传输数字电话，安顺市南华支局、东关支局、黄果树正街和龙宫支局建成电子化营业厅，全市移动电话全部联网并行，县以上移动电话网以及数字移动电话基站建成；1998 年，新增电信光缆 20.5 公里，市话交换机容量达 7.6 万余门，移动通信数字交换机达 3 万余门，新建数字基站 19 个，本地电话、移动电话、长途电话“三分天下”的局面形成，市县区电视电话会议工程投入使用，实现了乡乡通电话。到 1998 年，电报进入了全国自动转报网，170、130、168、200、800 号业务开通使用，计算机多媒体广泛应用，并开通了因特网。

“十五”以来，全市邮电通信发展迅速。各通信运营企业，如电信、移动、联通等相继建成覆盖全市各县和主要乡镇的 3G 同步数字传输 SDH 自愈网；铁通在西秀区建成覆盖城区的 3G 同步数字体系（SDH）光传输四纤自愈环；中国网通安顺分公司于 2003 年建设城域网。程控交换机、光纤通信、数据通信、卫星通信、移动通信和多媒体通信等先进技术正在通信网络上得到广泛应用，窄带、宽带、有线和无线等各种接入手段被广泛应用。互联网已覆盖全市，拥有 16988、16300、165、172、95868、视通宽带等多家接入服务的互联网服务平台，先后开通了 X2.5、ZSDN、ADSL、CABLE MODEM、短消息、移动数据、IP 电话等新业务和接入平台。远程教育、远程医疗、数据库服务、电子商务等兴起，各通信运营公司分别建成了 1860、1861、100、10000 等售后服务和业务查询、客户投诉受理管理系统。截至“十五”期末，全市通信服务网点已达 500 余个。到 2010 年年底，实现了行政村“村村通电话”、“乡乡通宽带”。2010 年，邮政电信业务收入为 8.36 亿元，固定电话用户数为 27.47 万户，移动电话用户数为 137.23 万户，互联网上网用户数为 9.47 万户。

信息化应用不断深入广泛：金融、电力、铁路、烟草、税务、医保、教育等行业根据自身的业务特点，建立了自身的计算机应用系统。“金卡”工程取得一定成就，银行储蓄卡得到广泛应用，并实现了通存通兑。全市商业银行基本实现应用计算机处理业务，主要柜面业务基本实现电子化处理，电子化网点覆盖率大幅度提高，人民银行和商业银行的网点与各自上级银行相连，基本实现了内部网上资源共享。市医保 2001 年年底建成职工医疗保险信息管理系统，职工可以持卡到指定医院和药店就诊和购药。税务部门建立了办税服务系统，西秀区地税局 2003 年建成了覆盖全区所有乡镇的城域网，开通了发票稽核系统。2004 年，市计划生育局建成了市到各县的局域网，构建了计生网站，开通了视频会议系统。中共安顺市委、市人大、市人民政府、市政协建成了内部计算机办公局域网，开发了安顺市人民政府国际互联网“信息与决策”服务系统软件。1999 年 5 月，建成了安顺市政府国际互联网网站和“黄果树之窗”；2000 年，开通了市人民政府网站，市直各部门相继建成内部局域网。因特网普及应用程度逐年提高，2003 年年底，全市有因特网接入网络 5 个。市政府及各县区、管委会网站均已开通，通过因特网发布自己网站的企事业单位日益增加。

三、城镇化建设

安顺地区城镇人口较少，城镇化水平较低。以安顺市中心城区（西秀区）为例，解放初城区人口仅 2.4 万人，1964 年城区人口只有 7.8 万人。1990 年第四次人口普查时，市区人口增加到 15 万人，40 年间仅增加了 12.6 万人。到 2000 年底，全市总人口为 252.29 万人，城镇人口为 62.52 万人，城镇化率为 26.0%，高于全省平均水平 2.1 个百分点，低于全国平均水平 10 个百分点。2001 年年初，中共安顺市委、市人民政府制定了《安顺市国民经济和社会发展第十个五年计划纲要》，其中提出：积极稳妥地实施城镇化战略，充分发挥政府引导和市场机制推动作用，集中力量把安顺市发展成为大城市，积极培育发展五县城和黄果树新城，有重点地发展小城镇，走多样化的城镇化发展道路。通过加强城镇基础设施建设，大力发展有特色的城镇经济，增强聚集人口能力，发挥城镇的辐射带动作用，建立以市区为中心，以县城为依托，以建制镇为重点的互相促进、分工有序、功能互补、结构合理、特色鲜明的城镇网络体系，逐步实现农村人口向城镇转移。由于采取了积极措施，“十五”期间全市城镇人口每年平均增加 1.95 万人，城市化率年均增加 0.5 个百分点。2005 年末，全市总人口为 264.25 万人，城镇人口为 75.3 万人，城镇化率为 28.5%，高于全省平均水平 1.6 个百分点。

《安顺市国民经济和社会发展第十一个五年规划纲要》对加快城镇化步伐做了进一步的具体规划：围绕建设百万人口的大城市，加快推进城镇化进程，培育发展五县城和开发建设黄果树新城，优先发展重点乡镇。通过加强基础设施建设，大力发展有特色的城镇经济，增强城镇集聚人口能力，发挥城镇的辐射带动作用。优化区域城镇布局，以市区为中心，以国道主干线（G265）、铁路（株六复线、贵昆铁路、隆百铁路）、省道 211（安顺—望谟）为纵轴，构成城镇发展布局的轴线网。以此辐射展开，由点到线，由线到面，形成市域东北密、东南疏的城镇空间布局形态。到“十一五”期末，安顺市城镇化率为35%，年均提高1.3个百分点。

在基础设施建设方面，围绕把安顺建设成初具现代化特征的重要旅游中心城市和实力较强的大城市目标，创建中国优秀旅游城市、省级和国家级历史文化名城，安顺市加快了城市基础设施建设。新建改造城市道路81.6公里，城市路网骨架基本形成。在两城区修建、扩建、改造的道路主要有：王若飞大道、黄果树大街、东二环路、市府路南段、南体路、体育路、中华东路、中华西路、塔山东路、塔山西路、龙泉路、龙青路、建军路、军民路、武当山路、南航路、西航路、虹山湖环湖路，北郊路、教场路、西水路、科学路、民主路、迎宾路、马鞍山路、运输路、绕城西路、安顺—七眼桥、安顺—幺铺、西秀工业园区大道等。镇宁环翠路建成；开工建设武当路、安普路、黄果树大街延伸至安大厂道路、平坝昌兴大道；治理中心城区的小街小巷33条。

在中心城区旧城改造方面，启动了中华西路片区、北山片区、龙泉路片区、安普路片区棚户区改造工程。

在城市水环境建设方面，为了改变安顺城区水环境，安顺市政府实施了“引千入虹”工程、虹山水库除险加固综合治理工程和贯城河综合治理工程。“引千入虹”工程是将西秀区轿子山镇千峰山河地表径流通过新建隧洞引入安顺城区贯城河东支流上的虹山水库。整个工程涉及千峰河、木档河及棕树、洋坝两座水库，集水面积为91平方公里。通过改造和新建2.62公里的引水渠，新建8.85公里的引水隧洞，枯水年可将1533万立方米水量引进虹山水库，增加水库库容，交换4~5次水体。该工程本寨取水口以上沿河两岸可灌溉面积为9500亩。流域涉及西秀区轿子山镇、蔡官镇36个行政村，可解决3.83万人、1.5万头牲畜的饮水问题。该工程集防洪、灌溉、工业用水、人畜饮水、市民休闲娱乐于一体，已于2010年8月8日动工，计划2013年完工。这一小型蓄水工程将改变城区缺水的现状。2001年起，对虹山水库大坝进行加固改造；2005~2006年实施环湖建设，先后陆续完成了路灯、水榭、茶室、公厕等配套设施建设及绿化工程。如今的虹山湖，成了市区的一大景观，市民休闲游乐的首选地。2001年年初，市政府投入资金6513万元，启动贯城河综合治理一期工程建设；2003年完成一期工程，拆迁房屋3.8万平方米，整治河道2.36公里，加宽加深河道，筑实了河坝，修建了几座石拱桥，修建了石雕凭栏和人行石道，实施了绿化、亮化、美化工程。

2006 年起，实施贯城河综合治理二期中心防洪工程建设，二期工程投入 5130 万元，修建 2013 米河道（南门大桥至新七眼桥）。整个工程分河道的疏浚及堤防工程、截污及桥梁改造、河道美化等，2010 年二期工程主体完工。贯城河综合治理不仅提高了河道的过洪能力，消除了安全隐患，更成了城区特殊景观。

“十五”以来，全市实施了大量市政工程，主要有：新建成镇宁（1.5 万吨/日）、紫云（1 万吨/日）、平坝（2 万吨/日）、普定（1 万吨/日）、关岭（1 万吨/日）、黄果树新城（0.6 万吨/日）6 个自来水供水工程，建设了梭筛引水工程（5 万吨/日），全市自来水供水能力达到 19.8 万吨。完成中心城区和镇宁县的供水管网改造 99.8 公里。中心城区实现了电网入地。铺设燃气管道 26.5 公里。改造中心城区及县城道路污水管网，建设了 7 个污水处理厂，污水处理能力达到 8.3 万吨 / 日。建成垃圾处理工程 5 个，日处理垃圾能力达 470 吨。中心城区完善了垃圾收运系统，新建了垃圾转运站和垃圾填埋场。中心城区道路实施了“白改黑”工程，沿路更换了路灯，设置了花圃，种植了行道树，园林绿地建成面积达 397 公顷，公园绿地面积为 62 公顷，城区绿化覆盖率达 31.89%；更换了路牌，改造了城市公厕 72 座，沿街设置果皮箱 1200 个。建设了塔山广场、若飞广场、文庙广场、金钟广场、南马广场、百灵广场等城市广场。市文化中心、市体育场、电影城、殡仪服务中心投入使用。塔山公园、虹山湖休憩区建成开放；新建了 10 个农贸、大牲畜、花鸟鱼虫、百货等专业市场。

四、社会事业发展

（一）教育事业发展成就

中共十一届三中全会以后，安顺教育事业逐渐走上正轨。1985 年，《中共中央关于教育体制改革的决定》颁布；1986 年，《中华人民共和国教育法》及其他教育法律法规相继颁布实施，使全市教育走上依法治教、依法办校的轨道，安顺教育事业走上健康发展之路。“十五”时期以来，在中共安顺市委、市人民政府大力实施“科教兴安”战略，安顺市教育事业持续、快速、健康发展，成就辉煌。

一是“两基”攻坚和巩固提高工作得到稳步推进。“十五”期间，全力推进“两基”攻坚，进一步完善“以县为主”的义务教育管理体制，加大对“两基”攻坚经费的投入，确保教育经费做到“三个增长”，确保农村税费改革转移支付资金的 50% 以上用于农村教育。经过努力，全市实现了基本普及九年义务教育，“普九”人口覆盖率为 100%；15~50 周岁青壮年人口中非文盲率达 98.56%。全市顺利通过省人民政府的“两基”复查和“普实”验收，通过了“两基”“国检”。2010 年，全市有普通小学 953 所、在校生 27.94 万人，小学入学率为 97.99%；有普通初中 121 所、初中在校生 13.46 万人，初中阶段毛入学率达 96.70%；人均受教育年限达到了 7.5 年。

二是大力实施高中教育战略调整，普通高中办学规模不断扩大。2010 年，全市有普通高中 25 所、在校生 3.01 万人，比 2000 年的 1.26 万人增加了 1.75 万人。普通高中招生规模由 2000 年的 5407 人扩大到 2010 年的 10035 人。

三是职业教育和成人教育取得新进展。2002 年，成功将原财校、卫校、农校、工校、虹轴机械职工大学等合并组建为安顺职业技术学院。职业教育办学规模扩大，2010 年有高等职业教育学生 4505 人。2009 年，安顺民族职业技术学校被评为省级重点职业学校。2010 年，安顺职业技术高级中学被评为全国重点中职学校，全市有职业技能鉴定站（所）9 个，鉴定工种涉及汽车驾驶、钳工、焊工、电工等 50 余个。2010 年，全市有中等职业学校 15 所、在校生 11647 人。

四是加快普通高等教育的改革和发展，整合高等教育资源，高校办学规模和效益明显提高。安顺师专申办成安顺学院，有效地推动了高等教育大众化进程。2010 年，安顺学院有普通高等教育在校生 7085 人、成人高等教育学生 259 人。安顺电大、航空职大培养了各级各类专门人才近 5000 人。

五是中小学办学条件得到显著改善。通过实施“国家贫困地区义务教育工程”、“农村中小学危房改造工程”、“农村寄宿制学校建设工程”、“农村薄弱学校改造工程”等教育建设工程，全市共实施教育工程项目 1103 个。中小学校舍建设面积从 2000 年的 115.2 万平方米增加到 2010 年的 220.88 万平方米，增加了 91.74%。实施中小学现代远程教育工程，投入资金 7813 万元，建成农村中小学远程教育站点 1494 个，其中光盘播放点 420 个、卫星接收站 1008 个、农村中学信息站 66 个，远程教育学校覆盖率达 100%。有 310 多所学校开通 ADSL 宽带上网。建成中小学计算机室 658 间，建成多功能教室 748 个。全市中小学校大力普及试验教学，共投入资金 1.1 亿元，建成物理、化学、生物及小学科学试验室 2087 间，中小学校基本配齐了实验教学设备，全市 6 个县（区）基本普及试验教学。

六是师资培训培养速度加快，师资队伍整体素质得到提高。全市建立了市、县、乡、校四级教师培训网络，通过实施中小学教师继续教育工程，通过上岗前培训、在岗培训、提升学历培训等方式，使全市中小学教师的整体素质得到明显提高。到2010年，全市有小学专任教师13410人，比2000年增加2424人；有高中专任教师1648人，比2000年的850人增加了798人。全市小学、初中、高中专任教师学历合格率与2000年相比，分别提高了7.44%、12.24%和15.67%；初中专任教师达到本科以上学历的比例从2000年的8.83%提高到51.10%，高中专任教师达硕士研究生学历的比例为0.6%，教师的学科结构、年龄结构明显改善，教师队伍的数量、学历合格率和学历层次不断提高。建立了中小学学科骨干教师队伍，拥有国家级、省级、市级骨干教师192人。

七是农村教育管理体制改革顺利推进。建立并完善“以县为主”的农村义务教育管理体制，建立了义务教育政府投入为主、多渠道筹措教育经费的教育经费投入机制和教师管理体制，以及政府为主、社会参与、多渠道、多形式资助贫困学生就学的助学机制。义务教育实现免费教育。

八是素质教育全面推进，教育质量不断提高。

九是中小学人事制度改革顺利推进。积极推行“三制一管理”（校长负责制、教师聘任制、岗位责任制，教育工作目标管理），教师队伍建设进一步加强。

十是办学体制改革进一步深化。认真贯彻执行《民办教育促进法》，按照“积极鼓励，大力支持，正确指导，加强管理”的方针，鼓励支持企事业单位、个人和其他社会力量多渠道、多形式办学。

（二）科学技术事业发展成就

中共安顺市委、市人民政府积极推进“科教兴安”战略，科学技术事业得到迅速发展。“十一五”期间，安顺科学技术事业持续发展，成果显著。

一是建立财政性科技投入的稳定增长机制。各级政府把科技投入列入预算保障的重点，保证每年财政科技投入的增长幅度高于财政经常性收入的年增长幅度，逐步提高财政科技投入占地区生产总值的比例。2006~2010年，市本级应用技术研究与开发经费分别为727万元、825万元、899万元、872万元和953万元，达到了本级财政经常性支出的1%以上，五年间累计投入4276万元；争取国家科技部、省科技厅科技项目资金累计5140万元。2009

年，全社会科技投入为3.73亿万元，达到GDP的1.9%。初步形成了多渠道、多形式的科技投入新体系。

二是加强人才队伍建设，科技人才队伍不断壮大。“十一五”期末，全市各类人才总量为12.63万人，占全市总人口的4.92%。全市共有省管专家8人、市管专家131人、享受国务院特殊津贴31人、享受省政府特殊津贴21人、中青年优秀专业技术人才147名。

三是全市5县1区全部通过省级科技进步先进县（区）考核，进入省级科技进步先进县（区）行列，其中，西秀区进入全国科技进步考核先进县（区）行列。安顺市整体率先进入省级科技进步先进市，成为贵州省继贵阳市之后第二个进入全国科技进步先进市的城市；同时，西秀区和平坝县也进入了全国科技进步先进县区行列。

四是安顺市被确定为贵州省4个科技特派员试点城市之一，全市5县1区全部进入科技特派员试点县区，基本形成了“科技特派员＋企业＋农户”、“科技特派员＋协会＋农户”、“科技特派员＋示范基地＋农户”、“科技特派员＋种养大户＋农户”四种科技特派员制度的主要运行模式。

五是科技支撑能力增强，科技项目成效显著。“十一五”时期以来，全市共组织实施各类科技计划334项，其中，国家级26项、省级100项、本级财政安排项目208项，项目总投资为2.37亿元，其中，国家和省科技引导资金5140万元、市级科技引导资金4276万元、科技贷款8955万元、企业和农民自筹7004万元。据不完全统计，实现新增产值5.86亿元，为国家提供税收1.03亿元，企业获利1.45亿元，农民和企业获利9460万元。

六是涌现出一大批科技成果，获省级科学技术进步奖和省科技成果转化奖16项，获市级科技进步奖55项；专利申请数达1305件，专利授权数为888件。

七是加强对外科技合作交流，科技合作迈出新步伐。

（三）卫生事业发展成就

一是健全完善了卫生服务体系。2010年，全市共有各级各类医疗卫生机构1693个，其中，医院41个、卫生院82个、妇幼保健院医院（所、站）7个、诊所（卫生所和医务室）137个、社区医疗卫生机构44个、村卫生室1366个、急救中心1个、采血供血机构3个，有病床6158张，每千人拥有2.67张；有执业医生1862人，每千人有0.8人；有注册医师2107人，每千人有 0.9 人；有万元以上设备 768 台（件），包括全身 CT、核磁共振仪、800MA 及以上 X 光机等大中型设备，其中 100 万元以上的有 14 台（件）。一个以市城区为中心，县（区）、乡镇、村三级医疗卫生机构为骨干的医疗预防保健网络初步形成，基本上满足全市及周边人民不同层次的医疗卫生需求。

二是加强公共卫生体系建设，人民健康水平明显提高。市人民政府确定了公共卫生体系建设的内容、保障措施、部门职责和工作任务，加强组织协调，科学指导全市公共卫生体系建设。“非典”之后，中央、省、市共投入资金 3300 万元，建设公共卫生体系项目 23 个，重点加强市紧急救援中心、市县疾控中心、传染病院（区）和乡镇卫生院建设，改善了公共卫生机构的基础设施条件。积极推进卫生监督与疾病预防控制体制改革，2002 年 10 月，组建了市疾控中心和卫生监督所。到 2003 年，全市 5 个县区全部实现两个机构分设，共设立疾病预防控制中心 6 个、卫生监督所 6 个。强化疾病综合预防措施，加强对艾滋病、传染病、麻风病和传染性非典型性肺炎等重大疾病的防治，有效控制了传染和蔓延。计划免疫冷链运转正常，五苗接种率保持较高水平，目标疾病得到有效控制。大力推行卫生集中综合执法，网上监督覆盖率城市达 95%，农村达 60%。规范采血管理，确保血液质量和用血安全；城区无偿献血率达 100%。通过防病治病措施的强化和卫生知识的普及，提高了人民的生活质量和医疗保健水平，人均期望寿命男性为 67.86 岁，女性为 71.63 岁。

二是突出抓好农村卫生工作，积极推行新型农村合作医疗。2004 年，全市所有乡镇卫生院均实现了县办县管，乡村卫生管理一体化覆盖率达 100%。通过农村三项建设、重点卫生院建设、消灭“老三件”卫生院、院长培训、乡村医生学历转化教育和外科内科临床检验、急救等一系列项目建设，乡镇卫生院的房屋、人员、设施等基本配套，诊疗技术迈上新台阶。2010 年，新农合实现全覆盖，参合率达 97.58%。全市累计建成卫生厕所 6.13 万户，占农户的 12.18%，农村改水受益人口达 75.33 万人，占农村人口的 40.26%。

四是全面深化卫生改革，大力推行行业管理。实施医疗机构分类管理；推行药品收支两条线管理，全面实施国家基本药物制度；推行卫生事业单位领导人员聘任制、任期目标制和全员聘用合同制以及医疗卫生单位内部人事分配制度；卫生行政部门转变职能，把工作重心由办卫生转变到管卫生、加强公共卫生体系建设、农村卫生基础设施建设、维护基本卫生医疗公平和保障公众卫生安全上来。

（四）文化产业发展成就

一是实施文化精品战略。中共安顺市委、市人民政府提出“加快发展文化产业，满足人民群众文化需求，深入发掘黔中文化内涵，推动文化产业与旅游产业相结合”的战略方针，着力挖掘“黔中文化”深厚底蕴，积极培育文化产业龙头，精心铸造安顺人文精神，打造安顺文化产业的精品名牌。从2001年以来，安顺市大力实施了“四个系列”文化精品工程，即以构建地方文化知识谱系为总目标的“安顺文丛系列”、“安顺艺丛系列”、“安顺音像系列”和“安顺舞台系列”，创作排演了具有地方民族特色的大型文艺节目，制作出版了音像制品和文艺作品，构成了“四个系列”的文化精品。

二是以文化服务为主体的文化产业初步形成。2005年，安顺市文化局对局机关和下辖的13个直属事业单位进行整合，组建了安顺文化经济发展中心、安顺文化艺术培训中心、影业发展中心、黄果树演艺中心，成立了安顺市黄果树艺术团文化发展有限责任公司。引入民营资本1000万元新建安顺电影城；成立了安顺市新农村数字电影院线有限公司；建设了屯堡文化博物馆和安顺地戏陈列馆、文庙仿古建筑群和文庙广场；组建了安顺广电传媒集团公司和安顺市旅游文化发展集团公司。黄果树旅游集团公司投资建设了黄果树奇石馆。普定县作为安顺市文化改革试点县，投资70万元完成《穿洞文化园战略定位暨项目规划》和《穿洞文化园控制性详细规划》。平坝县开发屯堡文化，建设了沈万山纪念馆、石文化博物馆。紫云自治县格凸河旅游开发公司借助“蜘蛛人”攀岩这张强势品牌，制定了“格凸河文化旅游产业园”实施方案。兴伟文化发展有限责任公司投资上亿元，建成兴伟古生物化石博物馆，成为贵州省首个国家级文化产业示范基地。2010年，《安顺日报》完成体制改革，成立了下辖1个母公司3个子公司的贵州黔中报业发展集团有限公司，《安顺日报》、《黔中早报》、《安顺文艺》全面改版。

三是新建了一批文化基础设施。到2010年年底，全市共有市级群众艺术馆1个、市级图书馆1个、县级文化馆6个、县级图书馆5个、乡镇综合文化馆站42个、文化信息资源共享工程县级支中心4个和村级基层点1686个、农家书屋615个。

四是深入打造文化遗产品牌，依托丰富的民族文化资源，深入挖掘、整理和开发利用民间歌舞、民俗民风、历史遗迹、名人故里、宗教文化、饮食文化、民间工艺等各种形态的旅游文化产品。同时，以对全国重点文物保护单位宁谷遗址古汉墓进行抢救性清理为契机，加强对古夜郎文化的研究，积极打造夜郎文化品牌。加快文化旅游产品开发，已成功开发的屯堡文化系列产品有旅游食品、酒类、驿茶、服装、工艺品等近百种。

五是民间文化不断得到发掘并走向市场。普定县马官镇马堡农民艺术团自成立以来，参加各种演出 800 多场次，仅 2009 年演出收入就达 17 万余元。该团多次组织地方戏团队代表贵州省赴京参加“中国非物质文化遗产珍稀剧种展演”、赴保加利亚参加第 19 届佩乐尼克国际假面化妆艺术节开幕式演出，受到好评，为安顺乃至贵州赢得了荣誉。

六是培育文化市场，增强文化产业整体实力。到 2009 年底，全市有各类民营文化经营单位 1300 余户，提供劳动就业岗位万余个，每年创造产值 2000 万元以上。

七是注重农村文化的发展，积极探索农村文化产业发展的新路子，利用中国民间艺术之乡打造新型农村文化产业运行模式，开发特色文化旅游景区和农业文化旅游景区，发展产、供、销联袂，集观光、旅游、休闲、度假、购物、美食、消费于一体的农村文化经济。市影业发展中心自 2005 年走农村电影放映市场化道路以来，经过探索和实践，以广阔的农村市场为平台，在市场中求得效益，在市场中求得发展，在农村电影的运营、管理及发展模式上摸索出一些成功经验。

（五）广播电视事业发展成就

“十五”时期以来，广播电视事业发展迅速。2001 年 9 月，完成了安顺市至各县区、管委会以及周边厂矿和沿途乡镇的广播电视传输网、SDH 传输干线网的建设。2003 年 3 月，连通了国家广播电视光缆骨干网，并在此基础上建成了与中央、省连通的会议电视系统。全市有 1 千瓦以上大功率电视及调频转播发射台 1 座、县（区）电视及调频转播台 5 座，有线广播电视站 5 座、乡（镇）广播电视站 80 个、“村村通”卫星地面接收站 960 座，网络总长为 2969 公里，其中光缆干线 316 公里、电缆 2553 公里。2010 年，全市电视覆盖率达 92.22%，广播覆盖率达 88.12%。

有线电视综合信息平台建设卓有成效，2001 年，建成有线电视数据综合业务平台和 IP 城域网，提供了可供 FTTB+LAN、Improve CDH、CABLE MODEM 等多种用户上网的接入方式；经进一步的建设和改造，还可以在有线电视网上运行 IP 对话、可视电话、会议电视等多种可供选择的业务和接入服务。2004年，省有线网络中心在安顺建成数字电视前端，标志着安顺广播电视的数字化进程迈出了实质性的一步，安顺有线电视网开始同网传输模拟和数字电视节目，安顺广播电视网上传输的模拟和数字节目总数达90余套。随着广播电视数字化发展加快，实现了安顺广播电视全网数字化和数字电视整体平移。

（六）社会保障和人民生活

1. 社会保障

中共安顺市委、市人民政府高度重视民生工作，坚持把保障和改善民生作为一切工作的出发点和落脚点，认真解决好事关人民利益的问题，努力实现发展成果由人民共享。实施积极的就业政策，全面促进就业和再就业。"十一五"期间，累计新增城镇就业7.53万人；积极开展再就业培训，认真组织劳务输出，使城镇登记失业率控制在4.5%以内。城市社会保障体系和救助体系进一步完善，凡是符合条件的对象，全部纳入城市低保范围，实现了应保尽保。新型农村社会养老保险试点工作稳步推进，城镇居民基本医疗保险制度全面实施，医疗救助和临时救助制度实现全覆盖，基本养老、失业，工伤和生育等保险覆盖面进一步扩大。提高了城市低保标准，发放低保金和物价补贴，增加了企业退休人员养老金。2010年，全市城镇居民享受最低生活保障的为17635户、36171人，资金支出6628.8万元；农村居民享受最低生活保障的有14.98万户、37.37万人，资金支出21480.8万元；五保供养人数为8271人，资金支出846.1万元。新型农村合作医疗实现全覆盖，参合率达到97.5%。建成廉租房43.4万平方米，解决了10806户城镇低收入家庭住房困难问题；完成农村危房改造3.79万户。

2. 城乡居民生活

随着全市经济的快速发展，城乡居民的收入逐年增加。1997年，全区城镇居民年人均收入为4045元，农民年人均收入为1236元。2010年，全市城镇居民年人均可支配收入由2005年的7337元增加到14504元，年均增长14.6%；农民年人均纯收入由2005年的1828元增加到3526元，年均增长14%。随着城乡居民收入的提高，消费结构随之变化，人民的生活追求已经从"温饱型"转为"享受型"，市民的生活质量不断提高，高档耐用消费品已进入寻常百姓家。据《2010年安顺统计年鉴》：2010年末，城镇居民每百户耐用品拥有量为：移动电话171部、彩色电视机126台、洗衣机99.5台、电

高新技术产业基地安顺市

安顺新大十字

安顺南马广场

贵航集团山鹰高级教练机

安顺城区一景

国家级风景名胜区——黄果树瀑布

安顺市西秀区概貌

国家级风景名胜区——龙宫

清咸丰元年（1851 年）重修的安顺西秀山石塔

安顺文庙

国家级非物质文化遗产——安顺屯堡地戏

（安顺市图片摄影作者：吴忠贤、何雄周、罗永忠；提供单位：安顺市史志办公室、安顺市旅游局）

高原桥城都匀市

都匀市辈子桥

都匀市区一景

都匀文峰塔河岸

都匀市住宅小区

都匀文峰路旧貌

都匀文峰路新貌

都匀市概貌

都匀市开发区

（都匀市图片摄影作者：申军、申树武、彭成清、戢刚、谢泽华、谭文明；提供单位：都匀市政府办公室、都匀市档案馆）

都匀市民族路

黔滇桂通衢兴义市

兴义市城区概貌

汕昆高速公路兴义东出口匝道

国家级风景名胜区——马岭河峡谷

兴义何应钦故居

国家级非物质文化遗产——布依古乐八音坐唱

兴义市瑞金大道

兴义万峰林

（兴义市图片摄影作者：张霆；提供单位：兴义市规划局）

冰箱 94 台、固定电话 78 部、淋浴热水器 57.5 台、家用电脑 47.5 台、微波炉 41.5 台、组合音响 35 套、照相机 28 架、高档乐器 5.5 件、家用汽车 5 辆、摩托车 5 辆、钢琴 4 架、摄像机 5.5 架、空调器 6.5 台、消毒碗柜 12 台。2010 年年末，农村居民每百户耐用消费品拥有量为：彩色电视机 91 台、移动电话 85 部、影碟机 67 台、洗衣机 51 台、固定电话 37 部、摩托车 36 台、电冰箱 21 台、自行车 5 辆、微波炉 3 台、热水器 3 台、汽车 1 辆、照相机 1 架。随着物质生活的丰富、满足，人民生活质量大大提高，生活内容多姿多彩。人们广泛参加各种文学艺术活动、体育活动，通过广播电视、互联网获取各种各样的信息。

第三节　发展趋势和展望

一、机遇与挑战

（一）城市发展的机遇

2012 年 1 月 12 日，国务院颁布了《关于进一步促进贵州经济又好又快发展的意见》。这是自 1990 年以来首个从国家层面支持贵州省加快发展的综合性、纲领性文件，充分体现了中共中央、国务院对贵州的亲切关怀和国家有关部门对贵州的鼎力支持，标志着贵州省经济社会迎来新一轮历史性机遇，对贵州实现与全国同步建成全面小康社会具有划时代的里程碑意义。这对安顺同样是一次千载难逢的良机，该意见中直接点到安顺的就有 11 处之多，其他涉及安顺发展的还有很多，一些事关安顺长远发展的基础性、战略性、全局性的重大战略问题纳入国家战略层面实施，许多过去想做而做不成的大事将得到国家大力支持，对加快安顺发展意义重大、影响深远。

该意见的出台，为安顺加快发展指明了方向。该意见把“加速发展、加快转型、推动跨越”的主基调和“工业强省、城镇化带动”两大战略上升到国家战略层面，提出了充分发挥黔中经济区辐射带动作用，把安顺作为黔中经济区的核心区域来打造，加快建设贵安新区，推进贵阳—安顺经济一体化发展。这些发展战略思路和重大决策部署进一步凸现了安顺在全省加快发展中的重要位置，明晰了安顺加快发展的思路、重点和目标。

该意见从财税、投资、产业、土地等 7 个方面实实在在地制定了优惠政策措施，着力解决主要问题，化解突出矛盾；特别是赋予贵安新区在土地、投资、科技创新等方面先行先试的权利。这些政策措施含金量高、针对性强，是加快安顺发展不可或缺的重要力量。

2012 年，中共贵州省委、省人民政府颁发了《关于进一步支持安顺加快经济社会发展的意见》。该文件明确了安顺在全省的战略定位为黔中经济区重要增长极、黔中城市群重要中心城市、生态文化旅游融合发展的示范区和开发型经济示范区。支持安顺发展的具体目标是，到 2015 年，人均生产总值达 32000 元，达到全省平均水平；到 2020 年，人均生产总值在 2015 年的基础上翻一番以上，达到黔中经济区平均水平，综合竞争能力显著增强。安顺加快发展的重点任务是大力实施工业强市战略，加快培育壮大特色优势产业；大力实施城镇化带动战略，推动城乡统筹协调发展；促进生态文化旅游融合发展，提升服务业水平；夯实农业基础，促进现代农业发展；加强基础设施建设，加快改善发展支撑条件；深化改革开放，增强发展动力和活力；提高公共服务水平，切实保障和改善民生。支持安顺重点打造西秀区、平坝县和开发区以飞机及零部件、汽车及零部件、能矿产业装备和工程机械为主的装备制造业，重点发展飞机、高级教练机、民用无人机飞机发动机。按照打造百万人口的目标，做大做美中心城市。中共贵州省委、省人民政府在扩大县域经济管理权限、扩大人事机构编制管理权限、区域统筹、产业发展、财政税收价格、金融发展、国土资源、生态环境、农业及扶贫等方面给予安顺特殊政策支持。

以上两个文件的出台，是安顺经济社会实现加快发展、赶超跨越的良好机遇，具有重要的历史意义。

安顺地处黔中腹地，是黔中经济区的重要组成部分，属黔中经济区发展条件好、潜力大的区域。安顺能源资源组合条件好，生物文化旅游资源丰富，产业技术优势明显，具备了加速发展的基础条件和有利因素，正处在大发展、大跨越的关键时期。实施西部大开发以来，安顺经济社会持续较快发展，综合实力不断增强。2010 年，全市生产总值、全社会固定资产投资、财政总收入分别是 2000 年的 3.7 倍、5.5 倍和 7.7 倍。特别是“十一五”以来，生产总值年均增长 12.3%，全社会固定资产投资年均增长 18.8% 以上，财政总收入年均增长 27%，城镇化率每年提高 1 个百分点以上。经过多年的发展，2010 年，全市人均生产总值达到 1366 美元，城镇化率达到 35%；内生动力不断增强，已进入加快发展的阶段。这为安顺城市未来发展奠定了坚实基础。

（二）城市发展的挑战

安顺市的城市发展既充满机遇，也存在挑战。由于多方面的原因，安顺经济社会发展与全省的距离拉大，成为发展较为落后的地区，发展慢、活力差是安顺的主要矛盾。安顺发展面临诸多突出的矛盾和问题，主要是：思想不够解放，体制机制不活；经济总量小，增长速度慢，产业结构不合理，规模不大，竞争力不强；城乡二元结构问题突出，城镇化水平较低；社会产业发展相对滞后，一些与群众切身利益密切相关的问题还未得到有效解决；执行力和落实力不强，行政效能不高，发展环境落后等。

二、发展趋势

（一）黔中经济区重要增长极

2011 年 7 月 5~6 日，在北京召开了西部大开发工作会议，在会议文件《中共中央国务院关于深入实施西部大开发战略的若干意见》中，黔中经济区被列为全国主体功能规划的 18 个重点开发区域之一，是实施新一轮西部大开发布局的重点经济区。中共中央、国务院提出，黔中经济区要率先发展，形成省域经济增长点，并成为贵州城市化的重要平台。黔中经济区的打造，体现了贵州通过城市化调整城乡二元结构、带动经济发展的战略意图。

2012 年 1 月 12 日，国务院发布的《关于进一步促进贵州经济又好又快发展的意见》（以下简称《意见》）明确指出：要建设以贵阳—安顺为核心的黔中经济区，推进贵阳—安顺经济一体化发展，加快建设贵安新区。中共贵州省委、省人民政府发布的《关于进一步支持安顺加快经济社会发展的意见》则将安顺定位为黔中经济区重要增长极。

1. 打造黔中经济区重要增长极

为了把安顺打造成黔中经济区重要增长极，国务院发布的意见针对安顺产业发展方向提出：加快建设安顺三期等一批大型坑口电厂和路口电厂；在安顺建设全国精细碳酸钡生产和研发基地；支持安顺民用航空产业国家高技术产业基地加快发展，建设通用飞机、无人机、教练机等生产和试训基地，配套发展通用航空工业；在安顺等地培育生物医药、生物育种产业，大力发展节能和环保产业；实施山地高效立体农业，建设安顺山地农业机械示范区。安顺将大力实施工业强市战略，坚定不移地走新型工业化道路。按照市场需求的导向，发挥资源优势，优化空间布局，加快构建现代产业体系，加快把资源优势转化为产业优势和经济优势。正确处理好“好”与“快”、“赶”与“转”的关系，把上述产业发展方向和重大产业部署转化为一个个具体的项目，用项目支撑产业，推进产业结构优化升级，在壮大特色优势产业方面取得突破，实现黔中经济区重要增长极的战略目标。

2. 推进贵阳—安顺经济一体化发展

加快推进贵阳—安顺经济一体化发展，对于加快推进黔中经济区尽快发展成为中国西部经济增长新高地至关重要。作为黔中经济区的核心，安顺将集中力量加快以交通为重点的基础设施建设，通过建设城市快速干道和建设信息共享网络，尽快实现贵阳—安顺无缝对接。统筹考虑产业布局和分工，加快建设贵阳—安顺工业走廊，打造贵阳—安顺产业带。充分发挥安顺的比较优势，着力打造黔中经济区先进制造业基地、战略性新兴产业发展基地、循环经济工业基地、现代物流业基地和统筹城乡协调发展示范区。加快把西秀区、平坝县、普定县、开发区规划建设成为统筹城乡协调发展的示范区，推进贵阳—安顺公路沿线小城镇建设。构建贵阳—安顺的工业走廊，大力发展商贸、物流、房地产、观光农业和乡村旅游等产业，打造贵阳—安顺的城市带和产业带。把贵黄公路安顺至清镇段建设成为城市干道。规划建设夏云经马场、湖潮至石板，天龙经白云、羊昌、高峰、克酬水库至党武连接花溪二道的两条横向城市干道；以及平坝经白云、刘官至旧州，夏云经高峰、羊昌至东屯，清镇经马场、凯佐至广顺的三条纵向城市干道。以城市快速干道和轻轨等交通设施为依托，加快安顺与贵阳的无缝对接，促进安顺与贵阳一体化发展，形成与贵阳功能分区合理、资源共享、互为市场、产业互补的发展格局。

3. 贵安新区

“加快建设贵安新区”是国务院发布的《意见》的最大亮点之一。贵安新区主要建设区位于老贵黄公路以南，北抵红枫湖南岸区域，地跨贵阳花溪、清镇和平坝、西秀区 4 县（区）市。贵安新区范围包括贵阳主城区、安顺主城区及中间区域，进一步可以扩大到普定、镇宁两县。贵安新区分两个片区：湖潮—马场片区（天河潭—马场一带）和安东片区（西秀区旧州镇、黄腊乡和平坝县天龙镇、白云镇一带）。贵安新区涉及贵阳市金阳新区、花溪区，清镇市的 8 个乡镇和安顺市的西秀区、平坝县的 14 个乡镇，约 2000 平方公里。新区规划面积为 1500 平方公里，可用土地 500 平方公里，规划用地 180 平方公里。贵安新区规划人口超过400万人，年经济总量达5600亿元。

贵安新区被列入国务院《西部大开发“十二五”规划》的西部重点城市五大新区之一。贵安新区定位是：内陆开放型经济示范区，形成以航空航天为代表的特色装备制造业基地、重要的资源深加工基地、区域性商贸物流中心和科技创新中心、绿色食品生产加工基地和旅游休闲目的地。贵安新区分六大功能区：两湖国际生态文化功能区、天河潭—党武科技创新商务新城、马场战略新兴产业集聚区、平坝—邢江城乡一体化发展示范区、天龙—旧州文化旅游发展示范区、双堡特色资源深加工和装备制造业集聚区。六大功能区中有五个在安顺市行政区范围内。贵安新区是黔中经济区的核心区域，将建成黔中经济区最富活力的增长极，是贵州经济发展的引擎。贵安新区既是贵州工业化的“承载区”，也是城镇化的“承载区”，是贵州推进城镇化建设着力打造的核心区域。通过规划建设贵安新区，将贵阳市、安顺市连接成带，打造成为区域发展中心和示范区。以贵阳和安顺为依托，在中间地带打造建立新体制、高科技开发型的新型产业集聚区和具备人文文化、现代化、生态化的新型城市带。贵州将通过打造贵安新区带动贵阳和安顺逐步实现“八同”，即城市规划统筹、市场同体、交通同网、产业同兴、科教同振、旅游同线、信息同享、环境同治。

建设贵安新区安顺有三大优势：一是从贵阳到安顺的南线即贵黄公路以南及红枫湖以南一带地势平坦，基本没有大山、大河阻隔，具有发展大型新区的先天条件。二是历史沉淀的优势，安顺建城早于贵阳，自古安顺就是商业极为发达的城市，交通便利，商贸发达，可开发土地资源多。三是东部地区正面临经济转型期，而安顺可控土地资源以及较多的劳动力资源、便宜的水电能耗费用正可以承接东部产业转移。

目前，贵安新区建设已经启动。2011年11月28日，平坝—花溪的快速城市干道开工；2011年8月16日，位于安顺市平坝县马场镇的黔中新兴产业示范园区挂牌成立，规划面积为193平方公里，核心区为75平方公里，人口为40万人。这是一个集工业化、城市化为一体的新兴产业示范园区和山水田园城市。

（二）黔中城市群重要中心城市

1. 安顺在黔中城市群中的作用

在推进城镇化方面，贵州将以黔中城市群为重点，加快构建贵州特色网络城镇化体系，重点支持以贵阳为中心，以遵义、安顺、都匀、凯里为支撑的黔中城市群加快形成。中共贵州省委、省人民政府发布的《关于进一步支持安顺加快经济社会发展的意见》，把安顺的发展定位为黔中城市群重要中心城市。早在2006年全省经济工作会议上，中共贵州省委、省人民政府就明确提出大力实施大中城市带动战略，支持安顺率先发展起来，带动其他城市和小城镇发展；提出安顺要扩大中心城市规模，建设百万人口生态旅游城市。作为黔中城市群重要中心城市，安顺将发挥更为重要的作用，为黔中经济区构建以下几大支撑体系：一是现代综合交通运输设施支撑体系；二是航空航天、装备制造、高端旅游、民族医药、高新技术和物流商贸等现代支撑体系；三是构建层级分明、结构合理、点轴结合的现代城市支撑体系；四是培育发展区域市场支撑体系；五是完善生态环境支撑体系。

2. 安顺发展的重点

安顺的发展重点主要集中在四个方面：一是坚定不移地实施工业强市战略，突出抓好园区发展，促进工业经济大提速，力争到2016年工业经济占全市生产总值的比重达40%以上。二是实施城镇化带动战略，突出抓好中心城市带动，促进城乡面貌大改观，围绕建设百万人口生态旅游城市的目标做大做美中心城市，确保到2016年中心城市建成面积达到62平方公里以上，人口规模达60万人以上，城镇化率达44%以上。三是突出抓好旅游业的转型升级，带动第三产业发展，以建设国际旅游目的地为目标，着力打造宜居休闲旅游城市。四是继续推进农业现代化，按照“三化同步”的战略部署把“三农”工作作为重中之重，着力发展特色农业、观光农业、休闲农业。

（三）生态文化旅游融合发展的示范区

1. 建设生态文化旅游融合发展的示范区的优势

旅游产业是安顺特色支柱产业之一。2006年，贵州省委、省人民政府发布了《关于支持首届贵州旅游产业发展大会承办地安顺市加快旅游业发展的意见》，提出把安顺综合旅游区率先建成在国内外有重大影响力的旅游目的地的要求；同年，在全省经济工作会上提出，将安顺市建成百万人口生态旅游城市。2012年，贵州省人民政府将安顺发展定位为生态文化旅游融合发展的示范区。

自然景观、空气、气候是安顺特殊的生态旅游资源。为了保住青山绿水，安顺市将加大生态建设力度。以建设长江、珠江上游生态屏障为重点，加大水土流失和石漠化治理力度。实施退耕还林还草、天然林保护、长江和珠江防护林保护、特色优势林业资源建设、森林公园建设，巩固扩大生态建设成果，促进资源合理开发利用和保护。推进城镇公共绿地、环城林带、交通沿线绿化带的建设，加强风景名胜区的生态保护，加强中心城区和景区景点的环境保护工作。通过上述措施，使安顺河流水系、空气、气候保持优良。

安顺历史文化悠久，文化旅游资源丰富。安顺将深度发掘、整理牂牁文化、夜郎文化、屯堡文化资源，深入挖掘、整理、开发和利用民间歌舞、民俗民风、历史遗迹、名人故里、宗教文化、饮食文化、民间工艺等各种形态的旅游文化产品，开发特色文化旅游景区，精心打造文化旅游精品。

2. 加快建设生态文化旅游融合发展示范区

围绕这一目标，安顺将坚定不移地把旅游业作为战略性支柱产业来发展。以整合资源、突出特色、打造精品、拓展服务为重点，推动安顺从旅游资源大市向旅游经济强市的转变，将安顺建设成为西南重要的旅游中心组群，加强与周边地区旅游的合作，加快建设泛黄果树大旅游圈。

围绕这一目标，安顺市将加快旅游基础设施建设步伐，健全和完善集公路、铁路、水路、航空“四位一体”的现代综合交通运输系统，建立高速的对外交通网络；在中心城区加快建设一批星级酒店，各县区也建设一批星级酒店，全面提高安顺旅游接待能力；加快综合产业园区建设，加快建设一批专业市场，大力发展金融保险、交通运输、信息服务、会展等现代服务业；完善旅游要素，精心设计旅游线路；打造美食一条街，塑造“吃在安顺”的品牌；培育一批地域标志性旅游商品，建设特色旅游商品集中购物区，打造具有安顺特色的体育旅游品牌赛事活动和文化旅游精品；充分利用良好的空气、气候资源优势，开发建设一批避暑养生度假区。

理顺旅游管理体制，积极探索旅游资源一体化管理模式，实现景区统一管理，鼓励社会资本参与安顺市旅游业发展，建成一批大型旅行社。支持黄果树旅游集团上市融资，与海航集团合作开发安顺旅游资源；用市场化的方法开展旅游宣传营销，举办旅游节庆活动。

通过以上措施，安顺市将建设成为以喀斯特生态旅游和屯堡文化、夜郎文化旅游相融合示范区。到 2015 年，旅游总收入将达到 310 亿元左右，接待国内外游客 220 万人次以上，旅游商品销售收入占旅游总收入的 20% 以上，旅游对地方财政和带动就业的作用增强。

（四）开发型的经济试验区

1. 全新的定位

2006年6月，中共贵州省委、省人民政府在提出把安顺试验区建设成为“贵州加快发展的经济特区”时，要求安顺试验区在加快民营经济发展、重塑国有经济新优势、促进军地结合、扩大开放、统筹城乡发展等五个方面取得新突破，全面开创安顺试验区改革发展新局面。2012年，贵州省人民政府又将安顺市定位为开发型的经济试验区。

2. 积极的措施

针对扩大改革开放问题，2012年国务院发布的《关于进一步促进贵州经济又好又快发展的意见》提出了三项重点工作，分别是：推进体制机制创新，深化区域合作，扩大对外开放。特别是在对外开放方面明确提出：“把贵安新区建设成为内陆开发型经济示范区，鼓励在土地、投资、科技创新等领域先行先试。”

站在这一新的历史起点上，安顺市将继续坚定不移地解放思想，实事求是，与时俱进，进一步推进理论创新；紧紧抓住这一难得的发展机遇，加快创新体制机制，敢闯敢试，敢为人先，在土地、投资、科技创新等领域大胆创新，大胆尝试；将以正在规划建设的安顺黔中新兴产业示范园区为先导，吸收借鉴其他省份新区发展的做法，加快建设贵安新区；把先行先试贯穿于贵安新区建设的全过程，充分释放这一区域的发展潜能，将其加快培育成为黔中经济区的经济增长极；同时，进一步扩大开放，加大招商引资力度，加强对外交流合作，积极承接产业转移。

三、近期展望

（一）做强三次产业，建成实力安顺

未来5~10年，安顺市将坚定不移地实施工业强市战略，做强三次产业，做大经济总量，建设实力安顺。通过工业的发展，带动第一产业，促进第三产业，推动三次产业协调发展，全面提升综合经济实力。

坚持把工业作为推进全市经济社会发展的突破口，把园区建设作为工业经济的突破口，迅速膨胀工业经济，新增规模以上工业企业200家以上，工业总产值突破600亿元。建设以装备制造、高新技术、特色食品为主导产业

的产业园区；加快园区基础设施建设，加快水、电、路、通信等设施配套完善，力争到 2016 年，把安顺民用航空高技术产业基地、西秀工业园区、黎阳高新技术产业园区、普定循环经济工业园区打造成为百亿园区，把装备制造业、煤电产业、原材料产业、特色轻工业打造成为百亿产业，把安顺打造成为全省乃至西部重要的装备制造业基地、特色轻工业基地和能源原材料基地。

坚持“三化”同步，加快农业现代化进程。在稳定粮食生产的基础上，加快推进农业产业结构调整，着眼贵阳和黔中经济区市场的需求，大力发展特色优势产业。大力发展生态畜牧业，促进产业化经营。努力发展特色休闲观光农业；积极推进农产品加工业的发展。提高林业产业的经济效益、社会效益和生态效益。提高农业水利化、机械化和信息化水平，加快安顺国家丘陵山区山地农机化示范区建设。扶持壮大农民专业合作社，培育壮大市场主体。引导扶持农业企业向园区集中，重点培育一批跨地区、跨所有制的大型龙头企业，组建大型农业产业集团，把安顺打造成全省乃至西部的特色农产品生产加工基地。加大扶贫开发力度，不断降低农村贫困面，到 2015 年，农村贫困人口减少 18 万人以上。

加快发展以旅游为龙头的第三产业，全力打造黄果树国家公园和国际旅游目的地。加大旅游产品开发力度，建设黄果树旅游环线、大屯堡旅游区和贯城河沿线历史文化、休闲娱乐旅游带；加快体育公园建设，全力提升以旅游业为主的现代服务业，到 2016 年，建成 10 家五星级酒店和一批四星级酒店，提升旅游接待能力，年接待国内外游客 2200 万人以上。大力发展现代物流业，高起点建设黄桶—幺铺物流园和专业市场，把安顺打造成服务黔中经济区，面向泛珠三角至东盟自由贸易区的区域性现代物流中心城市。大力促进金融保险、商务会展、住宿餐饮、文化娱乐、信息咨询等现代服务业全面发展。

到 2016 年，全市生产总值达到 980 亿元以上，年均增长 28% 以上；地方财政一般预算收入达到 92 亿元以上，年均增长 30% 以上；人均生产总值接近全省平均水平，主要经济指标在西部地级市中的排名实现赶超进位。

（二）推进城镇化进程，建成宜居安顺

安顺将坚定不移地实施城镇化带动战略，促进城镇化进程加快，统筹城乡协调发展，建设宜居安顺，力争到 2016 年城镇化率达到 44% 以上，每年提高 1.5 个百分点以上。

做大做美中心城区，坚持旧城改造和新区开发“双轮驱动”，加快中心城区建设改造步伐，以城市快速干道路网建设带动城市规模扩大，力争“十二五”末期完成城中村改造，初步形成黄果树大街一线和塔山片区、新火车站片区、北部新区、西秀新区、航空城五大组团的框架格局。到2016年，中心城区建成面积达到62平方公里以上，人口规模为60万人以上。

以贵安一体化建设为突破口，促进城乡统筹协调发展。抓住黔中经济区建设机遇，加快黔中新兴产业园区基础设施建设，努力将其打造成为黔中经济区的经济高地、创新基地和休闲度假目的地，打造成以航空装备制造、电子信息、新材料、特色轻工业等新型环保、低碳产业为主导的产业示范园和职教基地。

大力发展县域经济，加快西秀、平坝、普定和安顺经济技术开发区新型工业化和城镇化步伐，增强产业要素集聚能力，提升县域实力。推进镇宁、关岭、紫云生态文明建设，创建“镇关紫”全国生态文明建设示范区。加快县城和小城镇发展，加快推进平坝、普定、镇宁与中心城市一体化发展，把关岭、紫云建设成为区域性中心城市，把黄果树新城建设成为黄果树旅游圈的区域旅游集散中心。着力培育一批基础设施条件好、生态环境优良、有一定产业基础的旅游、工贸、商业服务型特色小城镇。

加强基础设施建设，提升城镇综合承载能力。健全完善现代综合交通运输体系，在全省率先实现县县通高速，2016年，70%的行政村通油路或水泥路。配合做好黔中水利枢纽工程建设，积极推进黄家湾水利枢纽工程等一批重点水源工程建设。加强农田水利、病险水库治理、中小河流治理、水土保持和饮水安全等民生工程建设，进一步提高农村人均有效灌溉面积，建成人均半亩基本口粮田。巩固城乡供水安全保障体系，增强防旱除涝、防灾减灾能力。加快完善城镇供电网络，确保供电稳定可靠。完善公共信息网络，推进三网融合，建设“数字安顺”。加强生态环境建设，保护秀美山川。增强城镇公共服务能力，加强公共服务设施建设。创新城镇管理体制和工作机制，提高城市管理水平。

（三）优化发展环境，建设开放安顺

安顺市将坚定不移地深化安顺试验区改革，用好用足“贵州省加快发展的经济特区”的政策，创新体制机制，突破“瓶颈”，优化环境，扩大对外开放，建设开放安顺。

深化重点领域改革，增强经济发展活力。继续深化行政管理体制、投融资体制、财税体制、社会事业体制改革和农村综合配套改革、林权制度改革、要素市场改革等重点领域的改革。积极发展村镇银行和小额贷款公司，建设股权体制和产权交易市场，助推大企业上市融资。深化户籍制度改革，探索建立城乡一体化户籍管理模式。全面推动社会领域改革，提高基本公共服务均等化和社会管理科学化水平。

提高对外开放和招商引资水平，促进固定资产投资快速增长。以开放促招商，以招商引项目，以项目增投资，以投资推跨越。继续在发达地区设立驻外办事处，依托企业、商会、协会及中介组织以商招商。进一步完善招商引资优惠政策，鼓励社会各界利用安顺市区位、交通和资源等方面的优势，开展全民招商。突出“招大商，引强企”，主动承接东部沿海地区产业转移，力争引入国内500强、世界500强等大型企业落户安顺市。着力在产业发展、城市建设、交通水利基础设施方面实施一批带动性大、关联性强的大项目，拉动固定资产投资快速增长。鼓励、支持、推进有能力的企业积极参与国际竞争，培育出口企业，扩大对外贸易，加快发展外向型经济。

鼓励支持全民创业，发展壮大非公经济，把非公经济作为做大做强安顺市经济的着力点。鼓励科技人员用科技成果作为生产要素参与投资创业；鼓励支持外出人员返乡创业，支持小微型企业加快发展，重点扶持一批服务地方经济、具有地方特色、有较强带动能力的个体工商户。加大对拥有自主知识产权、发展较快、产品市场前景好的企业的扶持力度，加快中小企业创业孵化园区建设，为企业提供服务。营造适合企业发展的软环境，让企业一心一意抓开发、抓生产、抓市场。支持具备条件的非公企业发行债券、上市融资，壮大企业实力。设立政府创业投资引导基金，鼓励发展中小企业信用担保机构；引导非公企业提高管理水平，推进非公经济快速发展，在全市“作表率，走前列”。

（四）推进民生工程建设，建设平安安顺

安顺市将坚定不移地加强和创新社会管理，推进民生工程建设，健全民主法治，建设平安安顺。完善党委领导、政府负责、社会协同、公众参与的社会管理综合治理格局，寓管理于服务之中，提高社会管理科学化水平。加强群众自治组织和各类社会组织的建设和管理，大力开展和谐社区创建活动，推进城市管理重心下移。加大对重点场所和敏感地区的管理力度，创新互联网综合管

理机制，着力解决虚拟社会管理问题。建立科学有效的利益协调、诉求表达、矛盾调处和权益保障机制，以及卫生信访工作责任制和基层分类调解机制。加强社会治安防控体系建设，建立卫生突发事件应急管理处置机制，增强灾害应急救援和防灾减灾能力。强化安全生产管理，落实安全生产责任制，坚决遏制重特大事故的发生。加强政法队伍建设，提高科技装备水平，增强快速反应能力。加大对违法犯罪活动的打击力度，促进社会稳定和谐，增强人民群众的安全感和满意度。

坚持保障和改善民生，让人民生活更加舒心。坚持发展经济与造福人民相统一，让人民从经济增长中得到更多实惠。加快普及高中教育，大力发展职业教育，办好安顺学院。实施积极的就业政策，加大就业技能培训力度，着力做好高校毕业生、退伍军人、农民工和困难群体的就业工作，确保每年新增就业 2.2 万人以上。提高城乡居民收入水平，建立多层次、多渠道住房保障体系，完善保障性住房建设和农村危房改造，改善城乡居民住房条件。完善城乡基本养老保险、基本医疗保险、新型农村合作医疗和城乡居民最低生活保障制度，逐步提高保障水平。大力发展社会福利、社会慈善公益事业，实现城乡社会救助全覆盖。深化医药卫生体制改革，建立覆盖城乡的公共卫生服务系统，完善农村三级医疗卫生网络，培育、引进优质卫生资源，加强疾病预防控制工作，为城乡居民提供安全、方便、价廉的医疗卫生服务。全面做好人口计划生育工作，确保实现“双降”目标，促进人口长期均衡发展，争创全国人口计划生育综合改革示范市。加大扶贫开发工作力度，努力减少贫困人口。建立完善殡葬制度，逐步推进基本殡葬服务均等化。加快发展社会养老，提高养老服务社会化水平。加强残疾人保障服务体系建设，促进残疾人事业发展。

四、远景遥望

遥望安顺远景，到 2030 年以后，国务院和中共贵州省委针对安顺确定的目标任务已经完成，经济社会发展全面实现跨越，同全国全省同步进入全面小康社会。在安顺市的名片上，除了原有的内容外，又写进一串名词：黔中经济区重要增长极、黔中城市群重要中心城市、贵安新区——内陆开放型经济示范区、国际旅游目的地城市、泛珠三角至东盟国际大通道上 100 万人口的重要城市。

未来的安顺是贵州重要的交通枢纽，将建立适应经济社会发展的现代综合交通运输体系。贵阳—安顺—六枝的城市轻轨加快了安顺与贵阳的同城化发展，交通的方便快捷使安顺自古发达的商贸业更加繁荣。幺铺—黄桶现代物流园、天龙物流园等一批物流园的建成，将使安顺成为泛珠三角至东盟陆路大通道上重要的物流基地。黔中水利枢纽工程的建成，将使安顺工程性缺水问题根本解决，农田灌溉、农村人畜饮水安全问题随之解决。

安顺经济实现提速发展，赶超跨越。工业强市战略实现，特色优势产业发展壮大；贵阳—安顺工业带建成；安顺电厂三期等一批大型坑口电站和路口电站建成；安顺成为全国精细碳酸钡生产和研发基地；建成国家民用航空高技术产业基地；黔中新兴产业园区等一批特色工业园区建成；白酒生产基地、民族药园等特色轻工业基地建成。农业稳市战略实现，农业现代化水平显著提高，安顺成为全省乃至西部的特色农产品生产和加工基地，以及国家丘陵山地农业机械示范区；基本实现农业产业化、机械化、信息化；农业和农村经济快速发展，农村贫困人口脱贫。旅游兴市战略实现，安顺从旅游资源大市向旅游经济强市转变，建设成为西南重要的旅游中心组群，旅游产业成为全市的支柱产业之一。与周边地区实现旅游合作，建成泛黄果树大旅游圈。黄果树国家公园、关岭化石群国家公园、黔中国际屯堡文化生态园、普定穿洞文化园、安顺多彩文化旅游区等一批旅游园区建成，安顺成为具有较强国际旅游接待能力和地域文化特色鲜明的生态型现代化城市。三次产业跨越发展，使安顺成为经济较强的城市，2030 年，全市生产总值达到 2250 亿元，人均 GDP 超过 6.8 万元，地方财政收入达到 118.5 亿元。

加快城镇化建设方面取得突破。2030 年，《安顺市城市总体规划修编（2008~2030）》中的远景规划实现，形成比较完善的城市框架，公共设施与基础设施配套完善。中心城区“南限、北拓、东优、西扩”的城市发展战略实现，形成“西动、东进、南秀、北新、中兴”的城市格局。形成“一心一片、两点三轴”的城镇空间布局结构：“一心”指安顺中心城区，“一片”指安顺城镇组群发展区，沿北部贵昆高速公路形成城市带，并与东部的贵阳对接，成为构成黔中经济圈和贵阳城市经济圈的重要组成部分；“两点”为关岭、紫云县城；“三轴”为沿贵昆高速公路及南北两条交通廊道沿线城镇发展轴以及“安顺—贵阳发展轴”三条城镇发展轴。中心城市总体结构形成“两片、三轴、五心”的空间布局模式：“两片”指由塔山组团、西秀组团构成的南部片区和航空城组团及北部新城组团构成的北部片区；“三轴”指城市绿化生态轴、综合发展轴和综合交通轴；“五心”为塔山组团商业文化综合中心、北部新城行政服务中心、双阳组团公共服务及旅游接待中心、西秀组团商业及公共服务中心和宁谷组团旅游休闲接待中心。城市规划区总面积为650平方公里，总人口控制在330万人，城镇人口达到198万人，中心区城市人口达100万人；城镇化水平达到60%。

到2030年，中心城区的集聚与辐射功能增强，具有较高水平公共服务设施和旅游接待设施，拥有完善的城市基础设施，形成高效的城市管理体系，保持优良的城市生态环境。在古城区外将建设塔山、北部新城、西秀、宁谷组团等居住片区。人均居住使用面积达到35平方米，住宅成套率达到100%；新建居住区的社区服务设施建设要与住宅建设同步进行。人均道路面积达到10.82平方米，人均公共绿化面积达到14.59平方米，城市污水处理率达100%，城市垃圾处理率达100%。

2030年，全市城镇居民恩格尔系数小于25%，农村居民恩格尔系数小于30%；高中阶段毛入学率达90%，高等教育毛入学率达30%；城镇职工养老保险覆盖率达100%；万人拥有医护人员数达到40人，新型农村合作医疗覆盖率为100%。

实施城市绿地工程，中心城区形成“一廊、两脉、多园”的空间格局，建成公共绿地面积1008.3公顷，建成市级公园11处，建成生态绿地面积2080.47公顷，人均公共绿化面积达到14.59平方米。2030年，全市万元生产总值能耗降至1.4吨标煤，环境噪声达标区覆盖率达95%，森林覆盖率达50%。

安顺市城市的面貌发生巨大变化，古老的安顺城生态环境更加美好，一个到处充满绿色生机、空气清新优良、气候适宜、整洁美观的生态宜居城市展现在国内外游客和本地人面前。

未来的安顺将是经济发达、社会和谐、环境秀美、人民幸福、生活舒适清闲的宜居城市。

（撰稿人：张汝明）

第三篇　不设区城市的发展

第一章　高原桥城——都匀市

都匀市位于苗岭山脉南侧，地处贵州省南部偏东，是黔南布依族苗族自治州首府，也是川、滇、黔、渝出海的重要通道和黔中城市群的核心城市之一，总面积为 2274 平方公里。2011 年，全市总人口为 49 万人，有布依、苗、水、瑶等 33 个少数民族，少数民族人口占总人口的 67.1%；辖 1 个省级经济开发区、5 个办事处、10 个镇、8 个乡（其中有 3 个水族自治乡）。2010 年，全市经济总量突破 75 亿元，人均 GDP 达到 2100 美元，城市建成区总面积为 24 平方公里，市区人口为 23 万人。

都匀市环境优美，城市建设成绩突出，先后荣获中国优秀旅游城市、全国卫生城市、全国广播电视先进市、全国体育先进市、全国文化先进市、全国园林绿化先进市、全国科技进步先进市、全国食品卫生示范先进市、贵州省经济强县（市）、中国西部经济百强县（市）、贵州省园林城市、贵州省文明城市、“全球绿色城市”等荣誉称号。

都匀市地处长江流域沅江源“九江归一”的剑江河畔，有“高原桥城”之美誉。剑江贯穿全市长达 10 多公里，水域面积为 80 余万平方米，是国家重点风景名胜区——斗篷山·剑江风景名胜区的组成部分。在贯穿都匀全市的剑江上，有各种不同建筑风格的桥梁近 100 座，有全国大中型桥梁中斜度最大的剑江斜桥，以及民族风格浓郁的百子古桥、玉砌雕栏的银狮桥、凌空飞架的彩虹桥、清雅隽秀的月亮桥等横跨在涵抱全城的剑江河上。一座座风格独具的桥梁融古典情调与现代风格、宏宏大观与纤纤绢秀于一体，都匀因之被誉为“桥梁博物馆”。

都匀交通便利，扩能改造后的黔桂铁路纵贯全境，北接成渝、南出湛江北海的贵新高速公路以及国道 G321、G210 等公路多达 184 条，总里程为 1259 公里，市区通往各乡镇的沥青路面达 100%，形成了以都匀市为中心、辐射周边各县市的快捷交通网络。都匀北距贵阳龙洞堡机场、南距荔波机场均为 100 公里左右。厦蓉高速公路和贵广快速铁路已开工建设，建成后，都匀至贵阳的里程将缩短为 80 公里，行驶时间比贵新高速公路缩短一半。2007 年开工的贵阳经都匀到广州的快速铁路（贵广快速铁路）时速将达 200 公里，使都匀到广州的列车行车时间不超过 5 个小时。

随着城市功能的进一步完善，为都匀经济社会各个领域的发展注入了活力。教育事业发展迅速，人才资源丰富，为科学研究以及创办高新技术产业创造了条件；能源丰富、交通便利，为创办及发展工业、农业、制药业、畜牧业、服务业提供了方便；实行招商引资优惠政策，为投资创业提供了有利的条件，2006 年以来，连续被评为全省招商引资环境第一名；"优秀旅游城市"、"中国毛尖茶都"、"西部斗牛城"、"中国摄影城"、"全球绿色城市"等知名品牌，以及优美的山水风光和充满文化内涵的人文景观，使旅游业更加兴旺。都匀市弘扬"自我加压、奋发有为、不断创新、跳跃发展"的精神，抢抓争快、创新升位，按"南北拉动、东西扩张"战略，不断拓展城市空间，呈组团状沿周边发展的城市空间格局，打造成为具有布依、苗、水族特色的旅游休闲城市、区域性加工制造基地、区域商贸物流中心城市。

第一节　发展历程

一、历史上的都匀

文献记载，都匀春秋时期属于牂牁古国；战国及秦、汉时期，分别属夜郎古国所辖的且兰国和毋敛国。部族在都匀剑河一带辗转迁徙，寻找定居点，逐步形成聚落，直至形成中心聚落和城邑，秦汉时为毋敛县地。西汉元鼎六年（公元前 111 年）设牂牁郡，都匀属之。唐贞观三年（629 年）设置应州（羁縻州），都匀属之；宋属邦州；元至元二十九年（1292 年）置都云县。明洪武十九年（1386 年）置都云安抚司。明洪武二十三年（1390 年），平羌将军何福残酷镇压都云苗族人民起义后上奏朝廷，认为"云之为物，变化莫测"，应改为"匀"，取"均匀"之意。皇帝准奏，都云从此改为都匀，至此"都匀"第一次出现在史册上。清康熙十年（1671 年）置都云县。弘治七年（1494 年）置都匀府；洪武二十九年（1394 年）筑土城，开启都匀城市建设；

1914 年改都匀府为都匀县。1956 年，黔南布依族苗族自治州成立，都匀县为州府所在地。1958 年撤销都匀县设置都匀市。

民国时期，都匀的民族工业、官僚资本主义工业有了一定程度的发展，给一度封闭、衰落的都匀城的发展带来了转机，逐渐形成一些繁华街市，城区进行了少量的市政建设。都匀市西北部山区生产的“都匀毛尖”茶在明朝末年已成贡品，1915 年获巴拿马万国博览会金奖（1983 年被评为“中国十大名茶”之一）。随着 1937 年抗日战争的爆发，日军侵占独山，逼近都匀，严重摧残了工商业。到都匀解放前夕，城区人口仅万余人，城市基础设施简陋，面貌破旧不堪，处于奄奄一息的境地。

二、曲折发展时期（1949～1978 年）

由于自然、人文等多种因素的原因，都匀城市发展滞后于西部地区。直至 20 世纪 40 年代末，都匀还是一个传统的内陆县城，近代工业几乎没有。中华人民共和国成立前夕，都匀是一座凋敝的小县城。新中国成立以后，在中国共产党的领导下，开始了对城市的改造和建设。由于受政治、经济、行政区变更等的影响，其发展过程是曲折的，大体可分为两个阶段。

（一）城市功能的重构与发展阶段（1949~1957 年）

1949 年 11 月 15 日，都匀解放，隶属独山专区。此后，在中国共产党的领导下，进行了巩固人民政权、民主革命、恢复城市功能和发展城市经济等工作。经过几年的努力，城市社会经济状况和基本功能得到恢复。

三年恢复时期，通过治理剑江河、改造社会风貌、开展市政建设，城市社会经济状况有很大的改变。1953 年，独山专员公署迁至都匀改为都匀专员公署，都匀县为专员公署所在地。此时，城市建设的方针是围绕工业化有重点地建设城市。1954 年，开始对城市总体发展进行规划，但没有完整的规划成果，主要对文峰路及人民大会场做控制性规划，对火车站前、龙潭口一带及市政府门前一带做了干道网规划。开辟了工人路东段、民族路西段及剑江中路、剑江南路。1956 年，撤销都匀专员公署，成立黔南布依族苗族自治州，都匀为州府所在地。州直属办公机构和生活居住用地集中一批州级文化、商业、体育等公共设施围绕行政中心相继建成，对外的交通条件有所改善，城市的科学教育文化事业也有一些改变，都匀城市规模再一次得到扩大。经过 5

年的努力，一批毛麻纺织工业、日用消费品工业、电子工业在都匀建成投产，为都匀建成“八大厂”打下基础。1949~1957 年，城区面积扩大至 1.75 平方公里，市区人口达到 5.96 万人。

（二）城市建设曲折发展阶段（1958~1978 年）

社会主义制度的确立和第一个五年计划的完成，为都匀城市发展创造了良好的条件。从 1958 年起，国家进入了第二个五年计划时期，同年 6 月设置都匀市，城市建设迎来了新的发展机遇；特别是“三线”建设，给都匀城市发展注入了生机和活力。但是，由于 1958~1976 年期间受到“大跃进”、“人民公社化运动”、“文化大革命”等的影响，都匀经济和城市建设经历了较大的曲折。

从 1958 年开始的三年“大跃进”，由于工业建设项目多、上马快，农村人口大量涌入城市，1961 年都匀人口达 6.29 万人。为适应“大跃进”的形势，都匀对“一五”期间的规划进行修改，所做的规划调整方案是依据工业大跃进的需要进行的，主要对城市的重要工业进行布局，并实施了部分道路建设。城市特征为组团式结构，由市中区、南工区、北工区及小堡工业区组成都匀市区。由于工业建设规模过大，城市人口过多，超过了城市人口承载能力，造成城市住宅、市政公用设施严重不足，制约了工农业生产的发展和城市人民的生活改善。1964 年 5 月，中共中央做出建设“三线”的重大战略决策。贵州电子工业基地——083 基地（现振华电子工业公司）的企业分布在黔南布依族苗族自治州、黔东南苗族侗族自治州和遵义市境内，083 基地本部在都匀；都匀成为了“三线”建设时期国防科技工业的基地之一。经过“三线”建设，都匀建成了多门类的具有一定科技实力的工业企业，形成了以电子为主，冶金、医药、化工、机械、轻纺、食品加工等门类的工业体系。一批国防电子工业企业在此兴起，使都匀由工业体系十分薄弱的城市转变为贵州的一个重要的国防工业基地，同时改变了交通条件，扩大了城市空间，增加了城市人口，完善了市政设施。1966~1976 年的“文化大革命”，使都匀市的城市建设、经济发展、工业交通、科教文卫等遭到了严重干扰和破坏，城市规划管理混乱，生产与生活用地混杂，对建设工程的合理布局、城市基础设施的综合协调等规划要求被忽略，历史文化的保护观念淡薄，历史文化资源遭到不同程度的破坏，城区人口密度和建筑密度无序增长，城市空间受到很大的冲击。到 1976 年，都匀市区城市人口为 10.68 万人，建成区面积为 3.76 平方公里。

三、稳步发展时期（1978～1991年）

中共十一届三中全会以后，都匀市在对原有工业进行改造的基础上引进了大批先进技术和设备，发展了一批轻工企业和电子企业，大中型骨干企业的技术装备水平得到提高，初步形成在市中区、南工区、北工区及小堡工业区的工业布局，形成一定规模的杨柳街、甘塘、大坪、牛场、马寨等工业集镇。都匀城市建设得到补偿性快速发展，新建了数个居住小区，新建了市级文化、体育、商业设施，进一步完善了城市基础设施。到1991年，绿化覆盖率达10.33%，建成区面积扩大到9平方公里，非农业人口增加到13.55万人。

四、快速发展时期（1992～2010年）

中共十四大以后，从都匀的交通、区位、资源及城市发展基础等比较优势出发，都匀市定位为全州政治、经济、文化中心，贵州南线旅游服务中心，以发展电子、建材、化工、轻纺、机械为主的综合性工业城市及山水桥城。根据城市发展战略目标的要求，1998年，都匀市政府创造性地提出了“资本置换”这一经营城市的战略理念，以“滚雪球”的方式壮大城市经营资本。2005年，都匀投入建设资金5605.12万元用于城市外环东路和城区9条小街小巷改造，人均道路面积达到8.1平方米；建设规划区，使绿化覆盖率达到36.7%，人均公共绿地面积达到8.68平方米；生活垃圾处置率达100%，人均住房面积达到21.32平方米；环境保护投资指数、烟尘控制区覆盖率、空气污染指数、环境噪声达标区覆盖率、城市水域功能区水质达标率均在达标范围内。城镇化水平达到46.2%，新建城区面积为24平方公里。

2006年，中共贵州省委、省人民政府做出了把都匀建设成为南贵昆经济区重要节点城市、贵州省南部以发展现代工业及旅游业为主的生态园林城市的战略决策。根据城市发展战略目标的要求，都匀城市建设和发展结构布局形成按紧密相连的五个片区、四个服务中心、南北3条主轴、东西11条主轴的布局形式。2010年，都匀市总面积达2274平方公里，城市建成区面积达24平方公里，比1949年增长12倍。全市总人口为23万人，城镇人口达21.58万人，比1949年和1978年分别增加634%和198.4%；城镇化水平达51.3%，比1949年和1978年分别增长634.0%和198.5%。城市公用设施进一步完善，市政道路总里程达 80 公里，有公共汽车 276 辆，比 1978 年增长 6 倍；出租车从无到有，发展到 300 辆。全市自来水普及率达 100%；生活垃圾处置率达 100%；全市移动电话用户为 24.57 万户，互联网用户为 2.86 万户。人均住房面积达 26.83 平方米，为 1958 年的 3.53 倍。全市森林覆盖率达 55.4%，市区建设规划区绿化覆盖率为 39.4%，人均公共绿地面积为 8.67 平方米。

第二节　现状与特点

2010 年，都匀市完成了城市总体规划、建成区控制性规划、剑江河两岸景观规划等编制工作。经济综合实力显著增强，跨入中国西部百强县（区、市）行列。工业经济活力增强，基本形成以机械装备、医药食品、建材化工等为支柱的产业集聚发展格局。固定资产投资强势增长，“十一五”时期累计达到 214.5 亿元，是“十五”时期的 3.53 倍。城市建设卓有成效，城市自来水供水率达 100%，垃圾处理率为 100%，生活污水处理率为 80%，人均公共绿地面积为 8.66 平方米，城市空气质量优良率达 100%。2012 年 6 月，都匀市获“全球绿色城市”殊荣。民生工程有力推进，2010 年荣获“中国最关注民生县（区、市）”称号。

一、经济及城市建设发展成就

（一）综合实力显著增强

经济总量扩大。2010 年，全市生产总值为 76.21 亿元，比上年增长 15.89%。“十一五”期间，财政收入以年均 22.81% 的速度增长。2010 年，完成财政总收入 8.02 亿元，比上年增长 25.5%；城镇居民人均可支配收入为 14636 元，比上年增长 7.9%；农村居民人均纯收入为 4627 元，比上年增长 13.4%。经济结构不断优化，2010 年，第三产业增加值达 41.16 亿元，比上年增长 15.8%；商品房销售额为 17.46 亿元，比上年增长 98.5%；旅游综合收入为 34 亿元，是 2005 年的 14.05 倍。全市三次产业结构由 1978 年的 18.03：50.67：31.31 调整到 2010 年的 9.03：36.50：54.47。

（二）工业强市战略成效显现

改革开放 30 多年来，都匀市工业经济规模由小到大，由弱变强。“十一五”

以来，全市工业经济增长的步伐明显加快，2010 年，工业总产值完成 94.93 亿元，比上年增长 22.5%；规模以上工业总产值完成 69.07 亿元，比上年增长 23.4%。其中：市属规模以上工业总产值完成 29.85 亿元，比上年增长 42.5%；规模以上工业增加值完成 13.19 亿元，比上年增长 27.7%。由于狠抓技术改造、产业升级，大力促进中小企业发展，基本形成了以机械装备、医药食品、建材化工等为支柱的产业集聚发展格局。贵州省都匀装备制造科技产业示范基地的建设已经启动，甘塘、墨冲产业聚集区的建设规划和前期工作积极推进。

（三）投资规模日益扩大，基础建设日新月异

1949～1978 年近 30 年时间，全市累计投资不足 1.4 亿元，基础设施相当薄弱，工业投入严重不足，社会事业欠账多，严重制约了全市经济社会的发展。改革开放以来，全市人民利用有限的财力和资金逐渐加大了固定资产投资力度，基础设施建设日新月异，从根本上解决了其“瓶颈”制约。特别是“十一五”时期以来，都匀市抢抓机遇，依托资源优势，狠抓重大工业项目建设，加速建成贵州南部新型工业基地、资源深加工基地、装备制造业基地、协作配套基地，投资力度空前加大。2010 年，招商引资实际到位资金 23.39 亿元，比上年增长 37.2%；累计争取新增中央投资项目 18 大项 122 小项，总投资 1.45 亿元。全社会固定资产投资强势增长，2010 年达到 72.5 亿元，比上年增长 24.0%。“十一五”时期固定资产投资累计达 214.5 亿元，是“十五”时期的 3.53 倍。

（四）城镇化进程加快推进，城市规模不断扩大

解放初期，都匀城镇人口规模很小，1949 年城镇人口为 2.94 万人，仅占全市人口 19.65%。1949～1978 年的城市发展进程中，一方面原有的城市规模在不断扩大，城镇的数量不断增多；另一方面在城市发展的同时，由于城乡的分隔，商品经济的萎缩，劳动密集的小型工业发展不足，新形成的小城镇的数量却不多，形成了城市结构头重脚轻的格局。改革开放以来，小城镇数量迅速增长，1978 年全市只有建制镇 3 个。2010 年年末，全市共有城区街道办事处 5 个、建制镇 10 个，比 1978 年增加 7 个。新建的建制镇大多由原乡建制发展而来，是分布广泛的乡村中心，并正在发展成为以农业服务、商贸旅游、工矿开发等多种产业为依托的、各具特色的新型小城镇。

与农村工业化的发展相伴生的小城镇发展打破了城乡分割的体制，推动了都匀市城镇化发展。到 2010 年，城镇人口增加到 21.58 万人，城镇人口比 1949 年和 1978 年分别增加 634.01% 和 198.53%，城镇化水平率达到 51.27%，建制镇建成区面积为 4.08 平方公里，人口密度为 8879 人/平方公里，小城镇聚集效应逐步显现。

二、城市社会事业发展成就

（一）教育事业稳步推进

改革开放以来，教育事业进入快速发展时期，义务教育、高等教育、职业教育等都得到迅速发展。2010 年，普通高等学校在校学生为 1.06 万人；教育普及程度明显提高，高等教育毛入学率达到 89.6%；高中阶段毛入学率为 71.4%；初中阶段毛入学率为 111.0%；小学净入学率达到 99.8%。高中阶段（包括普通高中、成人高中、中等职业教育）在校生人数为 15247 人。

（二）公共卫生服务体系不断健全

“十一五”期末，社区卫生服务中心、乡镇卫生院遍布城乡，医疗服务体系日臻完善，医疗综合服务功能大为增强，基层医疗卫生队伍规模逐渐扩大，基本公共卫生服务覆盖面由城镇向农村扩展，城乡卫生面貌发生了根本性的变化，人民健康水平显著提高。2010 年，免费向全市城乡居民提供疾病防控、计划免疫等 9 项基本公共卫生服务；建设 3 个社区卫生服务中心、18 个乡镇卫生院、90 个村卫生室，总建筑规模共计 2.26 万平方米，总投资 2154 万元；新型农村合作医疗得到巩固提高，参合率达到 98.5%，基本医疗保障制度已全面覆盖农村居民。2010 年，五岁以下儿童死亡率降到了 24.12‰。医疗卫生事业在保障广大人民群众身体健康和促进全市经济社会发展中取得了卓著成就。

（三）文化设施不断完善

至 2010 年，全市共有公共图书馆 1 个、文化馆 1 个、乡镇综合文化站 20 个、村图书室 109 个、村文化室 109 个、文化信息资源共享工程基层服务点 21 个、村级服务点 88 个，完成村村通广播电视工程建设 30287 面，投入资金 1170 万元，广播电视综合覆盖率达 94.0%。文化体制改革稳步推进，都匀市各文艺院团、出版社积极进行体制改革；都匀市歌舞剧团改革工作和文化广播部门行政管理整合改革工作进展顺利，效果明显。文化市场发展主体进一步确立，文化发展热情进一步激活，文化产业龙头企业进一步培育。

（四）社会保障体系初步建立

2010年，全市以基本养老、基本医疗、失业、工伤和生育保险为主的社会保障体系进一步完善，覆盖面不断扩大，参保人数分别达到3.5万人、12.6万人、1.6万人、2万人和1.1万人。2010年，发放城市低保13.47万人（次），共计发放低保金1677.09万元，全年共有12194户34821人享受农村低保，通过乡镇农村信用社“农低保”专用存折实行社会化发放，共发放低保金1736.77万元。大力加强保障性安居工程建设，2010年，投资1026万元完成农村危房改造1053户，投资2000万元建成廉租房424套，投资8760万元建成经济适用房71228平方米。

三、市政公用设施建设成就

（一）交通基础设施规模和服务水平得到显著提升

城市道路由建市时的11条主要街道总里程7公里，逐步发展到“三纵、九横、五出口、六连线”的城市道路网，市政道路总里程近80公里，城区95%以上的市政道路得到改造。2010年，全市通车里程达1430.3公里，乡镇全部通油路或水泥路，100%行政村通公路；改扩建剑江北路、剑江南路等30余条重要城市路段，市政道路里程达914公里；公共汽车达到276辆，是1978年的6倍；出租汽车总量达到300辆。城市设置了公交优先车道或专用车道，公交线网覆盖面不断增大。节能环保和更加舒适的车辆逐步充实到运营服务中，公共交通信息化、智能化建设取得长足进展。建立了公共交通出行系统、线路运行显示系统、运营调度系统、站点和停车场站管理系统，有效提高了城市公共交通服务水平。

（二）邮电通信迅速便捷

2010年，全市邮电业务收入为2296万元，邮电局（所）数达25处，家用电话、移动电话、IP电话业务发展突飞猛进。移动通信网络已经实现全覆盖，其中城区基本实现了全覆盖，主要交通干线和旅游风景区也基本实现了无缝覆盖；室内覆盖有了明显的改善，城区基本建立了完善的室内覆盖系统。

2010 年，全市移动电话用户已达 24.57 万户，国际互联网用户达 2.86 万户。

（三）住房建设步伐加快

建市时，全市住房多数为宿舍，少量建住宅，没有严格的户型标准；住宅内部设施简易，集中供水，集中供电，无贮藏设施，无阳台。20 世纪 80 年代中期，开始建设单元型住房。1990～2000 年，全面实现住房单元化，有独立的供水、供电设施，卫生间、厨房也单设。2000 年后，商品房大量出现，住房向小康水平迈进。2000 年以来，商品房新开工面积达 474 万平方米，竣工面积达 382 万平方米，人均住房面积由建市初期人均不足 8 平方米增加到人均 26.83 平方米。积极发展廉租房和经济适用房，解决低收入人群住房困难问题。2010 年，累计建成六期廉租房 942 套 45636 平方米，改造危房 2958 套 23.66 万平方米。都匀由此荣获“中国最关注民生县（市）”称号。

（四）城市供水设施能力大幅提高

建市以来，全市供水综合生产能力大大增加，城市供水管网一、二期改造工程累计投资 1.44 亿元，完成管道 119 公里。中心城区日供水能力增强，日供水能力达 12.2 万吨，全市自来水普及率达到 100%。实施农村饮水安全工程，166 处工程已完工，累计完成投资 5461.93 万元。

（五）生态文明建设稳步推进，节能减排成效明显

“十一五”以来，按照都匀城市规划——“打造具有民族特色的旅游休闲城市”的定位，以“绿色机关”、“绿色学校”、“绿色社区”、“生态乡村”建设为载体，构建全体市民达成共识的生态文明道德规范，着力打造可持续发展的生态城市，彰显“山水桥城·魅力都匀”的城市特色。先后在剑江河上修建了 10 多座集蓄水、防洪、景观、环保为一体的水力自动翻板闸门坝，并通过实施退耕还林、天然林保护、石漠化治理等重点工程，以及植被恢复、绿色通道建设项目，全面推进生态建设步伐，地区生态环境明显改善。2010 年，全市森林覆盖率达到 55.4%，建成区绿化率达到 40.0%，人均公共绿地面积为 8.66 平方米。2012 年 6 月 18 日，在巴西里约热内卢召开的联合国可持续发展大会（里约 +20）专题会议——全球电动绿色出行论坛暨可持续人居发展会上，都匀市荣获“全球绿色城市”殊荣。这是贵州省首个、中国第 8 个、全球第 24 个获此殊荣的城市之一。2010 年，积极组织开展茶园水库饮用水源

保护区的污染治理和茶园水库周边生态恢复工作，切实加强集中式饮用水源地保护，茶园水库保护区污水治理一期工程已完成招投标；集中力量对城市经营性燃煤炉灶进行整治，全年空气质量全部实现优良以上；制定减排计划，细化目标任务，加强对重点减排工程的监督，减排工作顺利开展。在二氧化硫减排工作中，投入200多万元，对黔南吉星烟叶有限责任公司、都匀贵航东方机床有限公司、都匀吉诚纸业有限公司等企业的锅炉进行改造，关停都匀水泥厂产能为28万吨的旋窑生产线、产能为12万吨的立窑水泥生产线和开磷剑化产能为10万吨的合成氨生产线，确保了完成二氧化硫排放量控制在1.58万吨以内的目标。投入4000万元对城市生活污水处理厂污水收集管网进行改造，确保污水处理厂投入正常使用。重点抓好都匀市匀诚肉类联合加工有限公司屠宰废水的治理，确保完成化学需氧量排放量控制在0.3685万吨以内的目标。资源节约和综合利用水平进一步提高，全市万元生产总值能耗和规模以上工业增加值能耗完成州政府下达的目标任务，万元生产总值能耗降低4.6%，规模以上工业增加值能耗降低6.1%，城市空气优良率达100%。

第三节　趋势与展望

一、发展条件

（一）有利条件

“十二五”时期，世界进入后金融危机时代，和平、发展、合作仍是时代主流。中国在国际上的重要性和影响力显著提升，有利于都匀市更好地利用两个市场、两种资源加速发展。国家坚持实行扩大内需的方针，转变经济发展方式，更加注重社会建设和改善民生，加大对少数民族地区发展的支持力度，为都匀市的建设提供了良好的政策环境。国家将深入推进西部大开发，把区域发展、城市群培养放在优先地位，将黔中经济区列入国家重点经济区之一，为位于黔中城市群中的都匀市加速发展带来了历史机遇。深入实施西部大开发战略，中央企业加速扩张，东中部地区产业加快转移，有利于都匀市积极争取中央大力支持和借助市外力量加速发展。省、州大力实施“工业强省”和“城镇化带动”战略，积极推进黔中经济区建设，着力构建现代交通体系和水利体系，为都匀市加快工业化进程，加快公路交通和水利基础设施建设，加快融入黔中经济区建设，做大做强中心城区，加快发展特色优势产业，带来了重大机遇。经过长期艰苦奋斗，“十一五”期末，都匀市经济总量突破75亿元大关，人均GDP达到2100美元以上；工业化、城镇化进程明显加快，基础条件显著改善，物流条件极大改善，产业基础不断增强，园区建设顺利推进，综合经济实力不断提升，集中力量办大事的能力逐步增强。全市广大干部群众盼发展、谋发展的愿望强烈，有利于遵循经济增长规律、顺应社会前进趋势加速发展。

（二）面临的挑战

都匀市经济社会发展需要解决的矛盾较多，经济总量小，城市规模小，进一步加快发展基础比较薄弱；城乡二元结构突出，工业化水平低，城镇化进程慢，城乡发展不平衡，产业结构不合理；加快城市发展面临土地资源、工程性用水、生态环境保护等的制约；社会事业发展总体滞后，科技支撑能力弱，劳动力素质偏低，高层次人才严重缺乏。加快城市发展，对各级政府提高社会管理和公共服务能力形成一定挑战。省内外各城市的快速发展，给都匀市的发展带来一定的竞争压力。社会利益矛盾更趋复杂，新旧矛盾交织，统筹协调各方面利益的难度和保持社会和谐稳定的压力进一步加大。

二、发展趋势

《都匀市城市总体规划（2010~2020年）》，明确了壮大都匀城市的规模。都匀市按“南北拉动、东西扩张”的战略，大力推进都匀经济和甘塘产业聚集区的建设，不断拓展城市空间，形成“两片三区一点”为骨架、呈组团状沿周边发展的城市空间布局，打造成为具有布依、苗、水族特色的旅游休闲城市、区域性加工制造基地、区域商贸物流中心。在未来10年内，都匀城市发展将呈现以下发展趋势。

（一）工业化进程提速

1. 区域经济发展格局优化调整，将全面融入黔中经济区发展

国家和贵州积极推进黔中经济区建设，给都匀带来了重大机遇。都匀大力实施“借势发展、借梯发展”战略，更加积极主动地融入黔中经济区发展，将都匀打造成为黔中经济区重要的产业聚集区和新的增长极。工业化将加快

发展。都匀有较好的工业基础，自解放以来，陆续建设的各类工业企业涉及电子、建材、冶金、医药、化工、机械、纺织、食品加工等门类，使都匀的工业经济具有一定的规模，产业结构渐成体系。另外，国家进一步加大实施西部大开发战略的力度，都匀将发展优势特色产业，将资源优势转化为经济优势，在加快工业化的进程中发挥更大的作用。支柱产业和特色优势产业将会大力培育。依托交通、区位和资源优势，以发挥比较优势为核心，以培育支柱产业、发展特色经济为重点，以延长产业链、转变经济增长方式为主线，发展壮大磷煤化工、冶金工业等产业。积极发展特色食品及农特产品深加工等特色食品加工业，加快发展以高新技术为先导的先进制造业，改造和振兴轻纺工业和装备制造业，努力形成以精细磷化工、冶金为主的资源深加工产业，以绿色食品和农副产品加工为重点的特色食品工业，以发展电子信息、制药、新材料为主导的高新技术产业，以轻纺、机械制造和承接产业转移为重点的制造业，以水泥、化学建材为主的新型建材工业等五大主导产业，初步形成现代工业体系和特色优势产业集群。

（1）优化发展以化工、冶金、煤炭工业为主的资源深加工产业。依托磷、煤资源和现有工业基础，以精细磷化工为核心，加快资源深加工产业快速发展，重点发展磷化工，配套发展煤化工，规划提升煤炭、冶金工业，大力引进一批有实力的企业。创新体制和机制，加大政府扶持和引导力度，加快形成技术先进、结构合理、产业链长、具有较强市场竞争力的资源深加工产业集群。一是磷化工产业加快发展。加强与开磷集团和瓮福集团的密切协作，延伸产业链，大力发展精细磷化工、补链配套煤化工，积极发展循环经济，形成磷化工产业集群。大力引进省内外战略投资和大型磷化工企业，在适度发展大宗高浓度磷肥和硝基复合肥、配套发展合成氨等产品的基础上，以磷酸、黄磷等中间产品为基础，发展湿法精制磷酸，生产磷酸盐；以黄磷为原料，发展磷化物和精细磷酸盐；延伸磷化工深加工产业链，重点发展食品级、电子级专用产品。二是传统冶金工业巩固提高。按照新型工业化发展的要求，坚持走“优质、环保、高产、低耗、高效”的发展路子，积极引导铁合金行业优化，调整产品结构。重点推广铁合金精炼技术，生产低碳、低磷、低硫和微碳等精炼铁合金产品。着力开发高纯硅铁等产品，加快发展硅锰系列合金、工业硅、铅锌冶炼、精炼铁合金，通过技术改造扩大生产规模。三是煤炭及石化工业稳步发展。按照贵州省有关部门批准的《都匀市煤炭资源整合结构调整布局规划方案》及煤炭工业设计规模的要求进行矿井设计，重点推进企业扩能改造，加强煤矿先进科学技术推广及应用，努力扩大煤炭生产规模；严格按照煤炭工业设计规范的要求进行矿井设计，加强开发建设和改进采煤方法，不断提高回采率。重点加强都匀市兴和煤矿年产 60 万吨矿井建设，积极推进年产 22 万吨石化气生产项目建设。

（2）以绿色食品和农副产品加工为重点的特色食品工业加快发展。积极支持一批民营食品加工企业做大做强，提高市场份额，加快壮大市场营销规模，加快形成食品工业龙头企业。重点发展都匀毛尖茶、匀酒、肉类加工、奶制品加工、保健食品、方便食品、旅游食品、饮料酒、精炼植物油、特色蔬菜加工等特色食品，着力培育发展一批龙头企业和国内知名品牌。

（3）以电子信息、制药、新能源和新材料为重点的高新技术产业快速发展。一是振兴电子信息产业。依托 083 基地未迁企业现有技术设备和人才，整合现有闲置厂房和土地等要素，积极引进跨国公司、省内外国有大企业和有实力的民营企业参与其企业资产重组，结构调整，促进以新型电子元器件为重点的电子信息产业发展。通过技术引进、结构调整和科技创新，重点发展新型电子元器件、半导体材料、光电子材料、高性能磁性材料、特种数据电缆（军用、铁路、通信等）、光纤光缆、电子功能陶瓷材料、绿色电池材料，以及覆铜板、印刷电路板、电子零配件、信息家电、汽车电子、电子封装材料等产品及技术。二是加强医药工业发展。依托本地中药材资源优势，以现有制药企业为基础，加大对企业技术进步、新药研发和扩大生产规模的支持力度，大力引进国内外优强制药企业，加快发展以中药、民族药、保健药品为重点的制药业。三是培育发展新材料工业。围绕电子信息、机械制造、轻纺、冶金和精细磷化工等产业发展的需求，引进和培育一批有核心竞争力的新能源、新材料企业。通过资源整合和技术集成，发展太阳能光伏材料、高性能合金材料、新型电子信息功能材料、新型化工材料、纳米材料等新材料产业，形成一批有国内先进水平的特色优势产品。

（4）改造并振兴以轻纺、机械制造和承接产业转移为重点的制造业，提升轻纺工业。一是抓住“东桑西移”的战略机遇，依托都匀市纺织工业基础，加强纺织业招商引资力度，推进企业改革改制，加快纺织业结构调整和技术进步。以苎麻为特色，加快发展麻与多种纤维混纺、交织、色纺、色织系列产品，着力开发适应市场需求的毛纺、麻纺、针织等新产品。积极承接珠三角及沿海发达地区的纺织产业转移，大力发展技术含量高、附加值高、资源消耗低的纺织行业和纺织服装加工。积极引进大型纺织加工贸易企业，促进原料—产品两头在外的纺织加工业加快发展。二是振兴装备制造业。依托现有机械装备制造业的基础，大力引进省内外国有大企业和有实力的民营企业整合重组机械制造等产业资源，加快装备制造业技术进步和结构调整，振兴汽车零部件、数控机床、铸锻件等制造业，重点推进农用车、数控机床、铸锻件项目、仪器仪表、煤化工机械、汽车零部件制造等发展；重点引进和培育3~5家年产值达10亿元以上主机设备制造或加工贸易龙头企业。加快建成年产10万辆农用车技术改造、年产150台数控龙门机床、年产100台深喉口液压闸式剪板机开发及产业化、年产50万件以上铸锻件，以及每年50台旧设备数控化改造等项目，努力把都匀市建设成为黔中经济区重要的装备制造业基地。三是创新发展以包装印刷为重点的劳动密集型加工制造业。依托都匀产业聚集区建设，积极承接产业转移，主动融入珠三角地区产业体系，大力引进一批省外国外优强品牌食品企业和大型包装印刷企业，配套发展包装印刷业，发展纸制品包装、塑料包装、包装印刷和可降解绿色包装产品。

（5）大力发展以水泥、化学建材为主的新型建材工业。进一步加大对建材工业发展的扶持力度，采取引进、改造、资产重组、股份制等形式，培育一批开发生产新型建筑材料的重点骨干企业。依托丰富的非金属矿产资源优势，重点发展水泥、建筑陶瓷，加快发展化学建材和装饰装修材料，积极发展以综合利用为主的新型墙体材料和混凝土用冶金渣超细微粉添加剂，加快形成以水泥、陶瓷、化学建材为主的新型建材工业和产业集群。

2. 新型工业园区建设加快，产业聚集能力提高

坚持把工业园区建设作为聚集工业发展和加速发展的主要载体和重要方式，按照统筹规划、集聚发展的原则，结合都匀市城市空间优化布局，强化规划引导和要素聚集，优化工业发展布局，大力推进优势工业的集群化发展，引导优势产业和大型企业向工业园区聚集，形成资源综合利用和清洁生产的工业生态链，加快建成工业发展增长极。

“十二五”期间，推进工业园区建设，重点加快建设洛邦—大坪产业聚集区、甘塘产业聚集区、墨冲产业聚集区。洛邦—大坪产业聚集区规划建设面积为20平方公里，重点发展以机械（铸锻件、农用车）制造、精细磷化工、生物制药、食品和轻工产品、现代商贸、现代物流等产业，做大做强优势产业，重点吸纳生产规模大、产业链长的重大产业化项目入驻。吸引产品相互关联的企业集聚发展，形成主业突出、专业化程度高、分工明确、协作紧密的产业集群，着力构建具有发展潜力和竞争力的特色经济体系。甘塘产业聚

集区规划面积为 86.68 平方公里，重点发展食品加工、纺织、酿酒等轻工业，以及装备制造、新能源、新材料、电子等高新技术产业。墨冲产业聚集区规划面积为 87.05 平方公里，以发展循环经济为主线，着力构筑以资源深加工为主，综合利用和清洁生产为主体的生态工业体系。积极争取省、州支持，举全市之力，集中配置资源，加快工业园区基础设施建设，降低物流成本，尽快完成洛邦—大坪、甘塘和墨冲产业聚集区“七通一平”等基础工作，提高聚集区配套服务能力，尽快形成贵州南部新型工业基地，并打造成黔中经济区承接产业转移和配套的先行示范区。

3. 服务业加快发展

一是发展生产性服务业。紧紧围绕工业强市、城镇带动战略，大力发展生产性服务业，推进服务业结构优化，为工业规模扩张和城市容量不断扩大提供支撑。

二是优化提升生活性服务业。把加快生活性服务业发展作为培植都匀市服务业持续发展的重大措施来抓。重点推进生活服务业的技术层次提升，优化生活性服务业内部结构。

三是加快发展旅游业。抓住“两高”全面贯通的机遇，加快旅游景区景点的建设和拓展，完善旅游宾馆、商店、道路、娱乐等设施，提高旅客的接待能力和水平。加快休闲度假产品、生态旅游产品和民族文化等特色旅游产品的开发，提高旅游产品的档次和水平，把都匀市初步建成贵州南部最大的旅游集散地、服务中心、旅游物流中心、商务、会务及休闲度假目的地。

四是培育发展文化产业。充分发挥都匀作为黔南自治州政治、经济和文化中心的作用，进一步提高文化产品生产能力和文化服务功能，实现文化生产要素的快速聚集和高效组合。深度挖掘布依族、水族、苗族的文化内涵，开发相关产品。加快发展文化演艺、创意设计、广告会展、新闻出版、广播影视、动漫游戏等产业，力争成为贵州文化产业开放程度高、发展活力强、最具核心竞争力的地区之一。

（二）城镇化进程加快

1. 实施城镇化带动战略，城镇对农村的辐射带动力将会增强

按照城市 100 万人口、建成区面积 100 平方公里的“双百城市”建设的总体要求，始终把加快城镇化进程作为优化资源要素空间布局、加快经济发展方式的重要途径。建立健全加快城镇化发展的领导体制、工作机制和政策

体系，优化城镇发展布局，突出中心城区加快发展，不断推进城镇化快速发展。

（1）城镇化发展布局进一步优化。按照“统筹规划、合理布局、功能完善、以大带小”的原则，依托贯穿都匀市南北的黔桂铁路、贵新高速公路、210国道形成市域城镇发展纵轴，厦蓉高速公路（贵州段）、贵广快速铁路、321国道作为市域城镇发展横轴，丹寨（坝固）—都匀中心城区—惠水（摆忙）、王司—墨冲—凯口公路作为市域城镇发展次轴，以点轴发展和增长极发展相结合，促进市域城镇体系在地域空间的均衡发展。以中心城区（以文峰、新华、广惠、沙包堡、小围寨等5个办事处为重点的老城区，以洛邦—大坪、甘塘—杨柳街为重点）东西两翼新城区为核心，以墨冲卫星城为支撑，以坝固、王司、摆忙和凯口等重点城镇为节点，以石龙、沙寨、奉合、基场、江洲、平浪、阳和、河阳、良亩等一般小城镇和产业聚集区为基础，大力推进中心城区、卫星城镇、区域中心城镇和一般城镇协调发展。加快建设形成一批具有产业支撑的工矿型、商贸型和旅游型特色城镇，着力构建“一城”（中心城区）、“三区”（老城区、甘塘—杨柳街新城区和洛邦—大坪新城区）、“一星”（墨冲卫星城镇）、“四镇”（坝固、王司、摆忙和凯口重点城镇）、“多点”的规模等级适当、职能类型丰富、空间布局合理的市域城镇空间结构体系。强化城乡统筹建设规划的引导作用，坚持绿色城镇化理念，科学确定城镇发展定位，紧紧抓住综合交通、土地利用、水利资源和生态环境四个关键环节，强化城镇空间布局和产业发展导向，高质量编制和实施好城乡统筹建设规划。加强中心城区、重点城镇和一般城镇规划的实施和管理，加强市域内快速交通网络的建设，促进市域内经济要素的流通，促进市域城镇体系的协调发展；按照统筹城镇发展的要求，积极做好一批村庄建设和整治规划，推进中心城区、重点城镇和一般小城镇基础设施向农村延伸和城镇公共服务向农村覆盖；努力把都匀市建设成为布局合理、功能完善、有产业支撑的贵州南部大城市。

（2）中心城区将扩大，城市的辐射带动能力将增强。按照“整体布局合理、产业特色鲜明、集聚规模显现、基础设施完备”的要求和“南北拉动、东西扩张”的发展战略，以加快建成“双百城市”为目标，进一步拓展中心城区发展空间，不断扩大城市容量，拉开中心城区建设骨架。按照“依托老城区开发新城区、依靠新城区促进老城区优化”的发展原则，强化老城区与新城区全面融合发展，完善城市功能，增强新老城区在更大范围、更宽领域、更高层次上集聚产业、吸纳人气。加强新老城区燃气管道、城市给排水雨污分流系统等重大工程项目建设；抓好道路绿化、污水处理、公园建设、管道燃气、电网改造、垃圾处理、人防工程和给排水工程等公用设施建设。加快老城区改造。积极推进剑江北路、广惠路、环西路、龙山大道、河滨东路、会云桥等城市干道的改扩建，加快大街小巷治理，积极推进生态文明小区建设。优化老城区服务业发展空间，丰富发展消费性服务业，积极拓展生产性服务业。大力发展总部经济和楼宇经济，积极推进剑江文化产业带建设，完善以食汇街、石板古街为重点的特色街区建设，积极打造新城民族特色一条街。进一步优化老城区交通结构，加快发展公交事业。全面推进违章占道、交通秩序等专项治理，美化净化市容市貌，重点抓好“一江、二泉、六公园”建设，综合解决城市空气、噪音、粉尘污染等问题。按照“一体两翼”的原则，积极调整生产力布局。充分发挥两个积极性，在配合开发区搞好洛邦—大坪城市新区和产业聚集区建设的同时，大力推进甘塘—杨柳街城市新区和产业集聚区的建设，重点加强机械、电子仪表、建材、化工、医药、轻纺、现代物流、房地产开发、商贸和旅游等产业发展，大力发展劳动密集型、资金密集型和技术密集型企业，积极稳妥引导老城区“退二进三”，加快老城区工业向甘塘新城区转移。积极推进甘塘片区、杨柳街片区、大坪片区、洛邦片区纵横交错的城市路网建设，完善城市功能，增强各个片区的人口和产业聚集能力。老城区与新城区的一体化发展，要按照“老城区＋新城区”的城市发展布局，坚持城市路网引领城市发展的思路，加强新老城区城市主干道与管网连接。千方百计筹措资金，加快推进“三纵、九横、五出口、六连线公路网”工程建设。加快建成环东路、西山桥、东出口快速干道（173 至大坪马寨）、大龙大道（龙潭口至东冲）、沿江大道（小围寨至大坪马寨）、西出口快速干道（纬八西路至厦蓉高速公路都匀西匝道口）、新火车站广场等重点项目。

（3）加强卫星城镇和重点城镇建设，提高城镇综合承载能力。按照“布局集中、产业聚集、土地集约、生态环保”的原则，以提高城镇综合功能、满足城镇居民生活需要为目标，完善中心城区和重点城镇的功能分区，强化中心城区、重点城镇和一般城镇的产业功能分区。一是加速墨冲卫星城镇建设。按照把墨冲建设成为都匀市的卫星城镇、产业聚集区及区域性商贸物流中心的要求，大力支持墨冲旧城改造，积极构架城镇新区，扩大城镇总体规模，提高城镇承载能力和人口集聚能力。规划建设墨冲产业聚集区，重点发展重化工、新型建材、农产品加工、特色食品、旅游商品等特色产业，促进墨冲城镇经济快速发展。二是把平浪、河阳和良亩纳入墨冲卫星城市建设总体规划。依托墨冲产业聚集区建设，积极推进墨冲与河阳、良亩的一体化建设。三是加快中心城区与墨冲卫星城镇的快速干道连接，完善墨冲内外通道网络，重点加强城镇道路、供水、供电、通信和污水、垃圾处理等市政设施建设。规划建设墨冲商贸物流中心、购物中心、文化中心，积极推进城镇房地产及商业贸易开发。四是完善城镇的教育、医疗、卫生等配套服务设施。进一步发挥中心城区和卫星城镇的辐射带动作用，大力推进坝固、凯口、摆忙、王司等条件较好的重点城镇建设。积极支持江洲、沙寨、石龙、奉合、阳和、基场等一般小城镇建设，以满足城镇居民生产生活需要为目标，以提高城镇承载能力为重点，完善城镇功能。突出抓好市政公共服务设施建设，完善公共设施及配套设施，整治和绿化城镇环境，大力发展结构优化、技术先进、清洁安全、附加值高、吸纳就业能力强的城镇经济。五是依靠科技进步，提升传统服务业发展。积极发展为农业和农村服务的相关产业和乡村旅游业，加快形成一批有产业支撑的特色小城镇。结合特色农业基地建设，支持有条件的重点城镇和一般小城镇规划建设 1 ~ 5 平方公里的加工制造业小区，增强城镇聚集人口的能力。

2. 创新城镇管理体制和工作机制

积极运用信息化、现代化手段，提高城市管理水平，统筹解决城镇化进程中的各种社会问题。一是创新城镇投融资体制机制，发挥政府资金的导向作用。改变城镇基础设施建设单一的政府投资模式，放宽市场准入。在统一规划、统一管理的前提下，按照“谁投资、谁经营、谁受益”的原则，采取独资、合资、合作、股份制、BOT（建设—经营—转让）、BT（建设—移交）等多种形式，鼓励外资和国内各类社会资本投资城镇基础设施建设和经营，逐步建立起多元化的城镇基础设施建设投融资机制，多渠道筹集城镇建设资金。二是改革和理顺城镇规划和建设管理体制，保障城镇化健康发展。积极推进城乡建设用地增减挂钩工作，探索集约用地的新型城镇化发展模式。积极推进行政区划调整，切实消除阻碍城镇化发展的思想观念和体制机制。三是注重从制度上解决好农民工权益保护问题。积极探索农民退出农业的体制机制，抓紧制定并出台一系列政策措施，认真解决进城落户人口的户籍准入、子女就学、行政管理、社会保障、劳动就业等相关问题，增强中心城区和城镇吸纳农民进城的凝聚力。四是以改善农村环境为目标，稳步推进全市农村居民点整治和新农村建设。大力推进城镇基础设施向村寨延伸，逐步消除城乡差别，积极推进农村城镇化发展。优先发展城镇公共交通，促进城市公交向郊区和农村延伸。五是强化服务意识，做好社区建设和管理工作，切实维护好公共安全与社会稳定。加强社会治安综合治理，保障发展环境不断优化。加强农民市民化的分类指导，促进城乡统筹发展的整体协同推进。对符合落户条件的农业转移人口，要逐步转化为城镇居民。加强和改进城市人口管理，放开中小城镇户籍限制，加快农业人口向城镇转移。

三、未来展望

（一）近期发展目标（2010~2015 年）

到 2015 年，都匀将建设成为具有全国影响力和一定国际知名度的集居住、创业、旅游、康体、休闲于一体的宜居城市，成为黔中经济区重要的工业基地、富有活力的经济增长极、贵州南部区域中心城市，成为中国喀斯特地貌和少数民族地区旅游集散地、西部少数民族地区可持续发展的先进实验区。

（1）经济发展目标：到 2015 年，全市生产总值在 2010 年的基础上翻一番以上，达到 172 亿元；人均 GDP 达到 4700 美元以上；支柱产业和特色优势产业初具规模；三次产业结构调整为 5.8：41.9：52.3。

（2）城市建设目标：到 2015 年，城市中心区建成区面积达到 40 平方公里以上，城区人口达到 40 万人以上；城镇居民人均居住面积达到 27 平方米；城镇化率提高到 56% 以上；节能减排指标控制在贵州省下达的指标范围内；市区主要街道全部绿化、亮化，城市建成区绿化率达到 40%；城市垃圾粪便无害化处理率达到 100%，城市污水集中处理率达到 95%；初步建成以高速公路为主干线、城市干道为骨架的交通网络，公路通车里程达到 1537 公里，城市建成区人均道路面积达到 11 平方米；城市用水普及率达到 100%；建成覆盖城乡的电网和通信网，信息化水平显著提高。

（3）社会发展目标：人民生活水平明显提高，城镇居民人均可支配收入年均增长 10.0% 以上；五年累计城镇新增就业 3 万人以上，城镇登记失业率控制在 4.0% 以内，在黔南自治州率先建成小康社会。

（二）中期发展目标（2015~2020 年）

把都匀建设成为综合实力与社会、经济、人口、资源、环境全面协调发展的城市；成为有较强辐射力和吸引力、经济繁荣、交通发达、秩序优良、文明富庶的区域性中心城市。

（三）远期发展目标（2020~2030 年）

到 2030 年左右，力争实现现代化，建设经济繁荣、生活富裕、环境优美、城乡协调、体制完善、社会文明的小康社会。

（撰稿人：王　彬）

第二章　苗侗名城——凯里市

凯里市是黔东南苗族侗族自治州首府，位于贵州省东部的苗岭山脉东段北麓，东接台江县，西抵麻江县和福泉市，南连雷山县和丹寨县，北邻黄平县，西距省会贵阳市 160 公里；地处东经 107°41′~108°12′、北纬 26°24′~26°48′之间，东西长 57.8 公里，南北宽 44.3 公里，总面积为 1306 平方公里，占全州总面积的 4.3%。

明弘治七年（1494 年）设清平县。民国二年（1913 年）9 月，经贵州省民政长官唐继尧以清平县与山东省清平县重名为由，呈请改清平县为炉山县，以境内香炉山而得名。1949 年 11 月 11 日，炉山县解放。1952 年 9 月 26 日，成立炉山苗族自治区（县级）。1955 年 1 月 7 日，改为炉山苗族自治县。1956 年 7 月 23 日，黔东南苗族侗族自治州成立，凯里被定为州府所在地；同年 12 月，炉山苗族自治县复改炉山县。1959 年 1 月，凯里县在麻江成立；翌年 2 月正式迁驻凯里。1983 年 8 月 19 日，经国务院批准，撤销凯里县，以原行政区域设立凯里市。1984 年 1 月，凯里市正式成立。2010 年，全市设 9 个乡镇、7 个街道办事处、201 个村民委员会、17 个社区、14 个居民委员会、1478 个村民小组，全市有常住人口 42.08 万人、流动人口 3.67 万人，城镇化率为 59.5%。境内气候温和，雨量充沛。清水江、重安江、巴拉河等河流纵贯其间，小河及溪流众多；煤、铁、铝土矿、铅锌矿、重晶石、石英砂、石油和天然气等矿产资源丰富；有林业用地、牧地和宜林宜牧地 154 万亩，占总面积的 78%。辖区生物多样，珍稀古树有 10 余种，野生动物有数百种，药用动植物有 400 余种。

凯里是一个以苗族为主体的多民族聚居城市，是全国少数民族人口比重较大的城市之一，少数民族人口占全市总人口的 75.5%，也是全国苗族人口最多的县级市，民族风情独具特色。“三里不同风，十里不同俗”，是它的真实写照。这里是“百节之乡”、“歌舞的海洋”，民族文化绚丽烂漫，芦笙会、斗牛、赛马、踩铜鼓、对歌等节日活动丰富多彩，吃新节、苗年和牯藏节等传统民族节日尤为精彩。“中国·凯里国际芦笙节”暨甘囊香芦笙节更是举世瞩目。在牛王争霸赛上，千对银角争奇斗艳、万把芦笙欢奏乐曲、万众齐声颂飞歌的壮观场面都极具观赏和审美价值，被中外游客、专家学者赞誉为“露天的原生态民族文化博物馆”、“全球最友善的旅游目的地”、“中国特色魅力城市”、“苗岭新都”、“苗岭大地上的明珠”，是世界乡土文化保护基金会列为全球 18 个生态文化保护圈之一，被联合国教科文组织推荐为世界十大“返璞归真，重返自然”的旅游胜地，被中外游人誉为“人类心灵疲惫的最后家园”。境内有 585 米风雨长廊的中国最具苗侗特色的凯里民族体育场、具有苗侗民族建筑风格的陈列黔东南丰富民族文物的中国民族博物馆黔东南分馆。凯里市民族村寨吊脚楼等建筑风格独特，工艺精致。长廊式屋檐瓦顶苗族花桥也是一大建筑特色，其代表为格冲同牛花桥、旁海地午水寨花桥和南花苗寨花桥等。精美的刺绣、蜡染、银饰等民族工艺品吸引着众多中外游客。巴拉河畔南花苗寨、季刀苗寨、煤都龙场镇的革家麻塘寨、西家石板寨、鸭塘街道的清新苗寨和马鞍苗寨、舟溪镇的甘囊香芦笙堂、情郎苗寨（翻鼓节）、芦笙制作工艺精湛的新光苗寨等民族风情浓郁，令游人流连忘返。境内新近发现的凯里古生物化石群是世界三大古生物化石群之一，引来了许多国内外专家学者的考查研究。

经过几十年建设，凯里市城区面积由解放前夕的 0.3 平方公里发展到 2010 年的 39 平方公里，全市生产总值达到 78 亿元，财政总收入达到 11.02 亿元，全社会固定资产投资额为 72.45 亿元，城镇居民可支配收入为 14059 元。1999~2000 年，凯里连续荣获“全国科技进步先进市”称号；1999~2005 年，全市科技进步考核顺利通过省专家组的验收，科技进步对全市经济增长的贡献达到 49.5%。2010 年，全市电视覆盖率达 96%；行政村卫生组织覆盖率达 100%，新型农村合作医疗覆盖率达 70%；精神文明建设取得新成绩，创建“凯里文明”的高潮迭起，全市人民的思想道德和科学文化素质不断提高，精神面貌发生了深刻变化，并荣获“中国优秀旅游城市”、“省级文明城市”、“省级双拥模范城市”、全省城市环境综合治理“黄果树”杯竞赛第一名、“中国特色魅力城市”、全省“卫生与秩序”创建先进市等 10 余项省级以上荣誉称号，被首届中国区（县）域经济（广州）高层论坛组委会授予“关爱生命公德工程”奖。

第一节　发展历程

一、明初建卫至 1949 年炉山县解放

凯里市自古以来即为少数民族聚居区域，明洪武五年（1372 年），置清平堡；二十二年（1389 年）六月，改为清平长官司；二十三年（1390 年）六月，署清平卫，在石仙山南坝筑卫城。弘治七年（1494 年）五月二十一日，改清平长官司为县。清康熙十年（1671 年），复置清平县，并卫入县。凯里至今尚存清平堡和清平长官司署遗址、清平古城遗址、安宁宣抚司署遗址、凯里古城遗址、香炉山二屯崖古城遗址，这些城堡构成了凯里城镇的雏形。在明清时期，凯里城区曾有“小京州”的美称。当时民间传诵着：“东有二龙抢宝，西有满架葡萄，南有七星伴月，北有五子夺魁，城内九楼八阁，城外美女晒羞，日看千人拱手，夜观万盏明灯。”明清时期，境内有两条驿道——黔湘驿道，清平—凯里—丹江驿道。清咸丰同治时期（1862~1874 年），县乡道得到较大发展，驿道及其支道逐步改成大道。至民国时期，境内有大道 9 条。乾隆二年（1737 年），清平县辖永清里、太平里、凯里里。民国三年（1914 年），炉山县划为 3 个大区、9 个分区。民国二十九年（1940 年），推行“新县制”，撤销区的设置，改联保为乡、镇，其下仍为保、甲，全县共划分为 3 镇、10 乡。1949 年，炉山县总人口为 12.39 万人，而凯里却是一个小镇，人口仅 1000 余人，面积 0.3 平方公里，街道狭窄，贫穷落后，交通闭塞，生产力水平很低，商品经济很不发达。

二、人民政权建立与州府治凯里

1949 年 11 月，炉山县解放，成立了炉山县人民政府，建立了民政、公安、建设、工商、税务等工作机构。剿匪斗争胜利后，通过开展镇压反革命运动，建立和巩固了基层政权，社会秩序迅速稳定，国民经济较快发展，第一个五年计划顺利完成，并完成了对个体农业、个体手工业和资本主义工商业的社会主义改造，为社会主义建设打下了基础。解放初的炉山（凯里）工业几乎是空白，全县官办工业企业为只有一台发电机仅供县城照明的发电厂。

1956年，凯里被确定为黔东南苗族侗族自治州首府后，工业发展较快。1957年，开始兴办第一家地方国营煤矿。1958年起，又陆续新建了农机厂、农业通用机械厂、机制砖厂、软木厂、水泥厂、印刷厂、酱油厂、纺织厂、烤胶厂、皮鞋厂等。1956年，凯里至雷山公路建成通车。1959年，凯里至麻江、榕江、三穗、丹寨的4条公路又相继建成通车。

三、"三线"建设推动了城镇的发展

1964~1978年，以工业和交通为重点的"三线"建设促进了凯里城镇的发展，以国防科技工业和电子工业为主的"083"基地有10家企业在凯里成立，一批省外企业和部分科研教学单位的进驻，增强了凯里城镇的工业和科技实力。此间，城镇人口也有较大幅度的增长，1978年全县人口达29.51万人。

"三线"建设虽然在一定程度上促进了凯里城镇的发展，提高了城市工业化水平，加强了民族团结，为长期滞后的凯里建设起到了重要作用；但由于这种大规模的建设是根据"备战"的要求，并在"文化大革命"这种复杂的历史环境中进行，实行的是"靠山、分散、隐蔽"的方针，以致许多重要的工业设施远离城镇，藏身深山沟，使城镇得不到健康的发展。

此间，凯里的交通运输和邮电通信事业也有很大发展。1972年7月，湘黔铁路铺轨到凯里，从根本上改变了凯里的交通面貌。湘黔铁路通过境内的里程为53.5公里，建有7个车站；有4条干线公路与邻县相连，乡村公路达306公里。此外，流经境内的清水江、重安江可以通航。

中共十一届三中全会后，凯里逐步清除"左"的思想影响，端正城镇建设发展的指导思想，推进城镇的改革、开放，城市建设开始走向健康发展的道路。

四、撤县建市，城市建设发展迅速

1984年，经国务院批准，凯里撤县设市后，中共凯里市委、市人民政府对城市的地位和作用进行再认识，加快工业改革开放的步伐，凯里逐步发展成为电子、轻纺、建材、煤炭、造纸、制药、制革、食品等新兴的工业城市；不断研究发挥城市组织经济的作用，探索改革城市经济管理体制以及加强城市规划和管理工作。作为贵州省东部的新兴城市和黔东南自治州的首府，把经济体制改革的重点从农村转移到城市，经济建设、城市改革都取得明显成效。

（一）修编城市总体规划

为加快城镇建设和推动城市经济的发展，中共凯里市委、市人民政府按照城市建设发展的工作思路，先后多次对凯里的城市建设规划进行了修订完善，继 1983 年版城市总体规划后，1993 年，又组织有关单位、专家和规划人员对凯里市城市规划进行全面论证。1996 年 10 月，《凯里城市总体规划（1996~2010 年）》编制完成。《总体规划》拟定城市总面积为 111.25 平方公里；城市性质定位为：黔东南苗族侗族自治州首府，全州政治、经济、文化中心，以发展工业、商贸为主，具有山地特点和民族特色的贵州东部旅游服务中心城市。城市规模为：建成区人口规模 2010 年控制在 25 万人；建成区建设用地规模控制在 20.8 平方公里。

1996 年版总体规划自批复实施以来，指导了全市远景规划和各项专业规划的编制，较好地引导了凯里市城市建设健康有序发展。中共凯里市委、市人民政府坚持以城市总体规划为依据，强化城市总体规划对全市经济社会发展和城市建设的指导和调控作用，经济发展取得一定成效，城市面貌明显改观，城市用地结构逐步优化，城市基础设施建设逐步完善。2010 年，全市生产总值为 78 亿元，财政总收入为 11.02 亿元；城镇居民人均可支配收入为 14059 元，农民人均纯收入为 4081 元。国民经济发展保持健康、快速发展态势，结构逐步改善，社会各项事业全面进步，综合实力进一步增强。

（二）新建和改造城市道路

为改变城市道路基础设施滞后、道路等级差、破损严重、形不成网络的问题，在 20 世纪 90 年代，先后开始对城市道路进行新建、扩建和改造。一是改造通往火车站的必经之路清江路，总投资为 580 万元，1993 年底完工。二是建设西起湾溪路口、东至二龙、全长 8.5 公里的南外环公路（320 国道城区过境段），车行道宽 12 米，总投资 2935 万元，1996 年 12 月全线建成通车。三是改造东起二龙加油站，经洗马河岗亭、清江路收费站、州供销车站、杀人坳岗亭，止于湾溪，环整个城市北面的城北路。四是建设清平南北路、博南路（后称宁波路）。此外，还先后新建和改造了友庄路、红州路、博西路、广场路、韶山南路延伸段等 10 余条道路，总里程近 30 公里，总投资上亿元。安装新路灯及绿化、美化城市环境。

（三）修建大十字地下通道

该工程总投资为 630 万元，1996 年 11 月动工，1997 年竣工投入使用，有效地利用了地下空间，促进城市资源的优化配置，缓解了城市中心地面交通拥挤状况。

（四）改造洗马河和金井河

凯里城区有洗马河、金井河两条河流穿过城区注入清水江。为防止洪涝灾害，市人民政府分别于 1995 年和 2006 年对两河进行改造治理，修建防洪堤和护栏围堤。洗马河已改造完毕，防洪能力为 50 年一遇。金井河已完成部分改造。

（五）建设大友庄开发区

为推动凯里城区的改革开放和经济发展，中共凯里市委、市人民政府于 1993 年 5 月成立凯里大友庄经济综合开发区，依托全省、凭借全州、面向全国，充分运用试验区的特殊优惠政策，按照“统一规划、分步实施、量力而行、滚动发展”的要求，加快开发区交通、给排水、能源等基础设施建设，改善投资环境，引进电子、轻纺等高新技术产业，形成新的生产力，提高凯里的产业水平，形成新的经济增长点，扩大了城市建成区面积 5 平方公里。2010 年，开发区国内生产总值达到 11.81 亿元。

五、抢抓西部大开发机遇，城市建设突飞猛进

随着西部大开发的实施，国家加大了对西部基础设施建设的投资力度。凯里市结合实际，提出强化区域中心城市的龙头意识，树立经营城市理念，以创文明城市为契机，狠抓城市品位的提升，将民族文化与凯里文明有机融合，促进城市发展。2001 年，全社会固定资产投资为 5.15 亿元，比上年增长 124.5%，居全省 20 个经济强县前 5 位。2005 年，全社会固定资产投资达到 16.64 亿元，完成了城区“三纵四横”城市道路网络建设，先后完成凯里至周边县际油路改造，配合完成凯（里）麻（江）、凯（里）玉（屏）高速公路和株六铁路复线建设，加强了凯里与外地的联系，并率先在全州实现了村村通公路。2009 年，覆盖城乡的环形道路网及辐射周边县的道路格局基本形成。

修建了仰阿莎广场、行政中心绿化广场、罗汉山公园、凯里民族体育场、体育场馆、G60高速公路西出口民族文化公园，对大阁山公园进行改造，民族文化广场地下工程建设完工投入使用。初步建成了5平方公里功能完善、交通便捷、充满活力的博南新区，全市建成区面积由1999年的17平方公里增加到2010年的38平方公里；建成区绿化率由2005年的38%增加到2010年的43%。“十一五”期间，完成了凯开大道、仰阿莎广场至三棵树、宁波东西路延伸段、迎宾大道、环城东路等26.2公里城市主干道建设。2011年，全面启动投资为21亿元的滨江道路系统工程，仰阿莎广场至三棵树城市干道和凯开大道建成，并与迎宾大道顺街贯通，加之滨江道路系统工程的全面启动，为实现“东联、西延、南扩、北展、中优”的城市扩容目标奠定了坚实的基础。

第二节　发展成就

一、经济发展

民国时期，凯里铁器加工、纺织、造纸等手工业生产有一定发展；但抗日战争结束后，由于政局动荡，到解放前夕，这些手工业已几乎停业，1949年，从业人员仅348人，年产值仅6万元；农业生产是刀耕火种，生产力水平低下。

解放后，凯里市的工业不断发展并达到一定规模。1949年，全市生产总值为687万元，1978年为1.35亿元，1991年为5.42亿元。随着改革开放的深入及西部大开发若干项目的实施，凯里市的经济社会得到迅速发展。2010年，全市生产总值达到78亿元，财政总收入为11.02亿元，全社会固定资产投资为72.45亿元，同比增长49%；市属规模以上工业企业总产值为23.9亿元，规模以上工业增加值为6.3亿元，同比分别增长51.4%和61.2%；炉山工业园区完成投资7.02亿元；全市农业总产值为11.13亿元，同比增长5.31%；全市实现旅游综合收入50.95亿元，同比增长15.25%；接待游客480.14万人次，同比增长12.94%；全市各类金融机构存款余额达162.62亿元，同比增长25.92%；全市房地产业完成投资16.13亿元；城镇居民人均可支配收入为1.41万元，同比增长12.79%；农民人均纯收入为4081元，同比增长15.17%；城市基础设施建设完成投资35亿元，一批交通、城市基础设施建设项目相继竣工，城市功能得到进一步完善，市容环境整治力度加大。凯里城区面积由2005年的21平方公里拓展到2010年的38平方公里，城镇化率达到59.7%。城市功能日益完善，城市品位不断提升。“十一五”期间，凯里市通过成功举办和承办北京奥运火炬传递、贵州第三届旅游产业发展大会、凯里原生态民族文化节、凯里甘囊香国际芦笙节等活动，促进了旅游业健康快速发展，实现旅游总收入109亿元，接待游客1088万人次。国际旅游城市雏形已基本形成。

二、社会事业发展

解放后，特别是改革开放以来，凯里市社会发展迅速，各项社会事业协调发展，精神文明建设蒸蒸日上。教育事业通过自筹资金和争取国家项目支持，加快教育基础建设和师资队伍建设，使教育事业步入发展的快车道。2010年，全市共有各类学校205所、在校学生14.53万人；“两基”和“普九”工作分别通过国家和省的复查、验收，荣获“全国教育督导先进县”、“全国幼儿教育先进县”称号；全市已形成学前教育、职业教育、成人教育等多层次的教育网络。科技事业成绩显著，1999~2000年连续荣获“全国科技进步先进市”称号；1999~2005年，全市科技进步考核顺利通过省专家组的验收，科技进步对全市经济增长的贡献率达到49.5%。文化体育事业迅速发展，2010年，全市文化注册经营户为195家，有文化馆1个、图书馆2个，公共图书馆总藏书量达14万册，艺术团、体育馆等文化体育设施不断完善，电视覆盖率达96%，广播综合覆盖率达到100%；成功举办10届“中国凯里国际芦笙节”，群众性文化艺术活动得到大普及；民间文艺、美术、书法、摄影、音乐舞蹈大放异彩，一批批文艺新人脱颖而出。人口与计划生育工作成绩突出，人口自然增长率由1978年的15.62‰下降到2010年的7.16‰，成为全国首批99个计划生育优质服务县（市）之一。卫生事业长足发展，医疗卫生条件进一步改善，行政村卫生组织覆盖率达100%，新型农村合作医疗覆盖率达70%。精神文明建设取得新成绩，创建“凯里文明”的高潮迭起，全市人民的思想道德和科学文化素质不断提高，精神面貌发生了深刻变化，先后荣获“中国优秀旅游城市”、“省级文明城市”、“省级双拥模范城市”、全省城市环境综合治理“黄果树”杯竞赛第一名、“中国特色魅力城市”、全省“卫生与秩序”创建先进市等10余项省级以上荣誉称号，被首届中国区（县）域经济

（广州）高层论坛组委会授予“关爱生命公德工程”奖。

三、城区规划

（一）1983~2000 年凯里城市总体规划

1983 年 1 月，黔东南自治州规划设计院为凯里市编制《凯里城市总体规划》（简称 1983 年版总规）。1985 年 1 月 16 日，省人民政府批复凯里市 1983 年版总规并付诸实施。总规确定凯里城市性质为：黔东南苗族侗族自治州首府，是全州政治、经济、文化中心，以发展电子、建材工业为主，以木材加工为特色的中小工业城市。规划区东至永华厂、赵家村，东北至七里冲、三板桥，东南至 242 厂、小坳，南至小高山北坡、芦笙场，西南至棉纺厂，西至郭家坪，东西长 6.5 公里，南北宽 7 公里，总建设用地 31.1 平方公里。城区人口规划：近期（1990 年）12 万人，远期（2000 年）15 万人。建成区规划近期（1990 年）控制在 9 平方公里；远期（2000 年）控制在 13.06 平方公里。城市规划布局东北面为农机修配服务区，东面为文化区，北面为食品、仓库和对外交通区，西面为建材、木材加工区，东南及南面为电子、轻纺工业区。

（二）1996~2010 年凯里城市总体规划

随着社会主义市场经济体制的逐步建立和完善，改革开放使城市经济社会发生了巨大的变化，1983 年版总规已不适应新形势下城市经济社会发展的需要。凯里市人民政府于 1996 年开始编制新的城市总体规划，2001 年 6 月 20 日，经省人民政府批准，1996 年版总规付诸实施。该总规确定凯里市是黔东南苗族侗族自治州首府，全州政治、经济、文化中心，以发展工业、商贸为主，具有山地特点和民族特色的贵州东部旅游服务中心城市。规划区包括市区 5 个街道所辖的大部分地区及鸭塘镇所辖的川新、凯旋厂，万潮镇所辖的普舍寨火车站，三棵树镇所辖的蒿支坪、康巴水库，即东至黄土屯（龙井村）、白果井（赖坡），西至马家庄、普舍寨火车站，南至制革厂，北至花岭岩、狮子坡，总面积为 72.85 平方公里，其中城市建设用地 23.66 平方公里。城市宜向东南蒿支坪一带发展，使其成为城市工业生活新区。规划近期（2000 年）总人口为 44 万人，其中市区人口为 17 万人，城市化率为 36.3%；规划远期（2010 年）总人口为 55 万人，其中市区人口 25 万人，城市化率为 43.8%，城镇结构为中心城—卫星镇—建制镇，鸭塘、三棵树、龙场 3 个镇作为中心城市的卫星镇，近期人口为0.24~0.51万人，远期为0.33~0.71万人；炉山、旁海、湾水、万潮、舟溪、大风洞6个建制镇（乡），近期人口为0.12~0.37万人，远期为0.16~0.52万人。

中共凯里市委、市人民政府以城市总体规划为依据，强化城市总体规划对全市经济社会发展和城市建设的指导和调控作用，经济发展取得一定成效，城市面貌明显改观，城市用地结构逐步优化，城市基础设施逐步完善。在城市总体规划的指导下，合理编制各层级规划，先后编制城市绿地系统规划、城区东片区控制性详细规划、中心区控制性详细规划、城南片区控制性详细规划。完成仰阿莎广场绿化、环城西路民族街区、洗马河街区景观、火车站广场、友庄路街景绿化、环城北路景观、马坡井居民点、新台村居民点、永华厂居民点、斗牛场居民点、安居新村等规划。同时，结合“十五”规划的发展要求，适时编制《凯里市近期建设规划（2003~2005年）》指导“十五”期间的城市建设工作。在规划区内安排了凯里市非公有制经济园区、大坡工业园区等基础工业项目，重点建设了城南的博南新区及城西南新区；修建了友庄路、宁波路、迎宾大道、大阁山隧道、金泉湖水厂、污水处理厂等一大批重要基础设施建设项目，完善了城市功能。截至2005年底，城区常住人口为24.5万人，建成区面积为23.8平方公里，人均占有公共绿地面积为4.2平方米，用水普及率为96%，财政收入为3.5亿元，生产总值为38.2亿元；有学校202所，小学入学率为98.8%；全市广播覆盖率为100%，电视覆盖率为96%；有卫生机构26个、卫生技术人员2229人。随着住房制度的改革，凯里市房地产业逐步发展成为城市经济发展的支柱产业之一，全市完成房地产开发总投资4.2亿元，商品房销售50万平方米。1996年版总体规划确定的目标在2005年已基本实现。

（三）2009~2030年凯里—麻江城市总体规划

进入21世纪后，随着经济的快速发展，凯里的对外交通条件与外部环境发生了巨大变化。中共黔东南州委、州人民政府调整全州经济结构布局思路，全力推进“城镇带州”战略的实施，打造“凯里城市经济圈”，提升凯里城市的中心积聚和辐射作用。面临新的发展机遇，1996年版总规已不能满足未来发展的要求。为此，凯里市人民政府根据《中华人民共和国城市规划法》，并经贵州省人民政府批准，决定编制新版《凯里—麻江城市总体规划2009—2030年》（简称2009年版总规）。

2009年版总规确定凯里现城区为凯里—麻江城市的中心城市，麻江是凯里城市的补充，是卫星城镇。凯里城市区域包括原凯里市、凯里经济开发区和麻江县的全部行政辖区，总面积为2525.1平方公里，规划区面积为1510平方公里，城市中心面积为792.4平方公里。规划到2015年，凯里、麻江总人口控制在85万人以内，凯里中心城区人口达到40万人，开怀片区人口为5万人，开发区为10万人，下司片区为3万人，炉山片区为2万人，总计城市人口达到60万人。

2009年版总规体现了突破性、超前性、战略性的指导思想，突破《城市规划修编办法》中规划限期15~20年的限制，站在全省、全国及全球的高度，用历史发展的眼光，用创新、开放的思路来谋划凯里城市远景发展，做出了战略性的规划。该总规以科学系统的观点，敢于解放思想，放开思路，对城市发展模式、产业结构调整、空间拓展、用地布局、交通组织、城市形象特色等方面做了深入的研究，在更大的区域范围内进一步整合资源，推进扩容进程，提升城市综合功能，注重城乡统筹、区域统筹协调发展，构建和谐的凯里—麻江城市。该总规根据凯里—麻江的各种资源及国内国际的市场前景分析，从较高的角度来透视和确定凯里的城市定位，目标是将凯里建设成为具有原生态民族文化和自然风光为特色的国际性旅游城市。该总规坚持"以人为本、生态优先、持续发展"的原则，以凯里—麻江城市丰厚的自然生态和民族文化为基础，立足于凯里市建设和扩容过程中生态环境的保护与可持续发展，为区域内居民提供享受物质文明与精神文明的依据和保证。

四、城镇建设

（一）城区建设

1. 中心城区逐步扩容

1956年，凯里被确定为黔东南自治州首府，省规划部门为凯里城市做了初次规划。城区范围以大十字为中心，4条道路向东、西、南、北延伸，城区面积为3平方公里。1958年，州建工局对原规划方案进行了修改，城区范围扩展到9平方公里。1964年，州计划委员会根据州人民政府指示，对城市规划方案再次进行了修改，城区范围扩展到12平方公里。1983年，州规划设计室为凯里城市编制比较系统、规范的总体规划，将城区范围扩大到31.1平方公里。1996年，凯里市人民政府组织对1983年版总规进行修编，将城区范围发展到 72.85 平方公里。2009 年，贵州省城乡规划设计研究院为凯里编制《凯里—麻江城市总体规划（2009~2030）》，将城区面积定为 792.4 平方公里。中心城区面积在建设中不断扩大。

2. 城市道路网建设

凯里城区道路规划一直以大十字为中心，街道沿东西南北四个方向延伸，基本形成了以北京东西路和韶山南北路为主骨架的城市中心。自 1992 年起，先后对清江路、凯运大道、光明大道、清平南路、北京东西路、韶山南北路、营盘东西路、永乐路、金井路、文化北路、军民路、环城北路、市医路、州府路等进行改造。在实施 1996 年版总规期间，委托同济大学、重庆建筑设计院、省规划设计院等设计单位编制城南片区、中心区、城西南片区、城东片区等控制性详细规划和城市绿化系统规划等专业规划。在实施专业规划的过程中，打通了大阁山隧道，先后新建了文化南路、北京东路延伸段、迎宾大道、市府东西路、凯丰一路、凯丰二路、广场路、友庄路、永丰路、永丰东路、宁波路等 14 条约 12 公里的城市道路。至 2009 年，城区共有道路 73 条，总长 85 公里，其中，主干道 14 条共 29 公里，次干道 25 条共 23 公里；实现了城市主干道与 320 环线互通，次干道与主干道互连，基本形成了“五纵五横”的城市道路网络构架，并且实现了城市道路高标准建设。一是城市基础设施建设同步进行，在新建或改造道路时，都要求排水、绿化、路灯、综合管线下地，交通标志标线等同时配套建设，避免重复建设而影响城市环境；二是加大生态环境建设，近年来，新建绿化面积达 35 万平方米，使城区绿化覆盖率达 39%；三是彰显苗侗民族文化内涵，在主次干道上设置公交车辆停靠站，修建具有民族风格的候车长廊，突出了凯里的原生态文化特色。

3. 城区房屋建设

1949 年解放前夕，凯里城区有房屋 3.9 万平方米，其中私房为 3.5 万平方米。解放后，房屋建设逐年增多，1957 年，城区房屋面积为 23.09 万平方米，其中住宅面积为 21.3 万平方米。20 世纪 70 年代末，房屋面积增至 134.36 万平方米，90 年代末增至 408 万平方米。进入 21 世纪后，凯里城区的房屋建设速度突飞猛进，至 2008 年，住宅小区、商品房、集资房、经济适用房和廉租房（一期工程 5 万平方米）以及私人建房等居民住宅总面积达 785 万平方米，人均住宅面积达 25 平方米。另外，办公用房、商业服务用房、文化娱乐用房、政法军警用房、教育用房、医疗卫生用房、交通用房、邮电电信用房、金融用房以及厂矿生产生活用房等如雨后春笋般拔地而起。房屋建设用地

（含居住用地）达 982.9 万平方米，占城市建设用地的 44%。在房屋建设上特别强调体现民族特色，彰显苗侗建筑文化内涵，如民族体育运动中心及其雕塑、体育场、大十字中心雕塑、主次干道公交车停靠站、凯麻高速凯里西站收费站及北京东西路、韶山南北路、宁波路、步行街等沿街建筑。

4. 公共设施建设

（1）供水。1958 年，开始修建龙井自来水厂，翌年 10 月建成投产，日供水量达 140 吨，供水范围以州机关单位为主。1962 年，自来水管开始以大十字为中心逐渐向四周延伸，供水量逐年增加，至 1978 年，供水量达 470.5 万吨 / 年。供水部门采取以小片区、庭院、几户、十几户、几十户为一总表单位方式供水，独家设表供水极少。20 世纪 80 年代后，供水逐步实行一家一表制，供水区域逐年扩大。1985 年，城区人口达 12.2 万人，供水量直线上升，龙井水源已供不应求。1985～1987 年，凯里市人民政府投资 100 余万元打井 8 口，日取地下水 8000 余吨，供求矛盾有所缓解。1990 年，自来水厂综合生产能力为 2.3 万吨/日，有 100 毫米以上供水管道 28 公里，年供水量为 680 万吨，供水达 115 总表户，供水普及率为 96.6%。2009 年，凯里城区由龙井、普舍寨、金泉湖 3 个水厂供水，日供水量为 9.5 万吨，供水面积为 32 平方公里，用水人口达 20.40 万人，给水管道密度为 17 公里/平方公里，用水普及率为 99%，人均生活用水量为 180 升/日。

（2）排水。1958 年前，凯里城区均以明沟排水，无地下排水设施。北京东西路、韶山南北路的大十字路网修建时始设地下排水沟。1990 年，凯里城区共有地下排水通道 18840 米，下水道宽 0.7～1 米，深 1.3～1.6 米，其中涵拱 820 米，日排水量为 3 万立方米。截至 2006 年，凯里市区的排水一直是雨污水共一条排水道注入清水江，给清水江造成一定的污染。为了改善城市环境质量，促进生态环境建设，实现可持续发展战略，凯里市人民政府于 1998 年做出了建设凯里市第一（龙头河）污水处理厂和第二（洗马河）污水处理厂的决定。2010 年，两座污水处理厂均已竣工投入运营，日处理污水 8 万吨。

（3）防洪。凯里有洗马河、金井河两条河流穿过城区注入清水江，历年时有发生洪涝灾害。为防止山洪灾害，市防汛抗旱指挥部于 2006 年编制了《凯里市城区防洪预案》实施工程。其中，洗马河防洪工程防洪堤总长为 38503 米，河道宽 8～10 米，堤高 6.5 米，过水流量为 289 立方米/秒，防洪能力为 50 年一遇，保护面积为 1.87 平方公里，保护人口约为 4.77 万人；金井河河堤整体防洪能力提升，金泉水库至四小河段防灾能力为 10 年一遇，从凯里四小河至韶山路桥段为4年一遇，韶山路桥至中共黔南州委党校为7年一遇，中共黔南州委党校至清水江汇合口为10年一遇。

（4）城区生活垃圾处理。1972年，成立凯里镇环境卫生管理站，首次招收正式环卫工7人，配2.5吨卡车一辆作清运工具，清扫面积为10万平方米。1984年，环卫站划归凯里市市政公用事业管理局管理，环卫站更名为凯里市环境卫生管理所，配备各种环卫机动车辆14辆。2003年，凯里市生活垃圾无害化处理工程动工修建，次年竣工投入使用。该工程位于洗马河街道所辖的新台村大坡冲，占地面积117.08亩，总投资3721.91万元，日处理生活垃圾250吨。凯里市环境卫生管理处按照“七无五净”的工作质量标准，在认真搞好城区32条主次干道和51条小街小巷清扫保洁工作的基础上，加强对社区院落、城郊结合部等薄弱环节的整治，使城市整体环境卫生质量得到明显提高，生活垃圾无害化处理率达100%。2006年，凯里市环卫处被国家建设部评为“市容环境卫生先进集体”。

（5）供电。凯里城区目前由南方电网公司凯里供电局供电，该公司拥有220千伏变电站5座，其中1座220千伏变电站是主要向凯里城市农村分配电能的枢纽变电站，除向凯里城市分配电能外，还向周边县输送电能；有110千伏变电站36座，其中凯里供电局有7座110千伏变电站，承担着向凯里城市、湘黔电气化铁路及城市周边地区的供电任务，有220千伏输电线路8条，总长434公里；110千伏送电线路54条，总长1384.6公里。凯里城市供电网的供电面积为42平方公里，用电人口为21.6万人，供电可靠率达99.78%，供电量为9.79亿瓩时。

（6）电信。有线电信方面，电信业务由电信和铁通两家电信运营商运营，建成本地网络系统，全州统一使用区号0855。电信网络采用一级汇接的二级网络结构，全网已实现交换程控化、传输数字化。市境共有局所、交换点36处，交换机容量为12.7万门，固定电话用户为12.41万户，普及率为27.3部/百人，其中城区普及率达47.43部/百人。无线通信方面，移动通信系统由中国移动、联通公司等运营商运营。移动通信网由GSM网、GDMA网组成，GSM交换机容量为35万门，GDMA交换机容量为12万门，目前有基站能基本覆盖城市、农村和公路沿线大部分地区。

（7）城市公园。大阁山公园位于大十字北侧，占地面积65公顷，山顶建有魁星阁，故名。魁星阁始建于清朝乾隆年间，1984年，州市两级人民政府拨款18万元、群众捐资2.9万元重新修建。登上阁楼可鸟瞰凯里市全景。罗汉山公园位于城东罗汉山南侧，占地面积78.9公顷。2000年，在公园中的山坳处，以“深山藏古寺”为特色修建新峰寺，其建筑模式与贵阳黔灵山的弘福寺相似，规模仅次于弘福寺。金泉湖公园位于小高山北麓，占地面积47.75公顷。其南侧是凯里市革命烈士陵园，西侧是仰阿莎广场。苹果山公园位于大十字南侧，占地面积8.53公顷，公园里设有花卉区、树苗区、娱乐区、休闲健身区、遛鸟区、科普区、动物小区、儿童娱乐区等。

（8）城区广场。新建主要有金泉湖公园的仰阿莎广场、州博物馆前的民族文化广场、大阁山南麓的大阁广场、步行街中心的中博广场、行政中心的绿化广场、迎宾大道和友庄路交汇处的丰球绿化广场，城市公园和广场已成为市民休闲娱乐的主要场所。中国优秀旅游城市标志“马踏飞燕”雕塑矗立于丰球绿化广场中。

（二）卫星镇及炉山工业园区建设

“十一五”时期以来，凯里中心城市对乡镇城镇化建设发挥了重要的辐射和带动作用，使境内一批小城镇建设得到迅速发展，促成了城乡一体化发展的良好趋势。

1996年版总规确定鸭塘、三棵树和龙场三个镇为凯里城市的卫星镇，而炉山镇是具有悠久历史的苗乡文化古镇，城镇化底蕴深厚。自凯里建市以来，这四个小城镇建设发展迅速，成就喜人。

（1）鸭塘镇建设。该镇位于凯里市区南侧，距凯里市区8公里。2010年，该镇辖7个行政村1个居委会，总人口为10442人。20世纪60~90年代，先后建有州畜牧场、204厂、凯里化肥厂、冶炼厂、制革厂、省林业汽车场、州乳牛场、果园场、养鱼场、种鸡场、凯里变电站、州农校实验场、省地质六队、省农业机械学校、州民族干部学校、棉纺厂、706中波转播台、镰刀湾电站等企事业单位。20世纪90年代以来，该镇大力开发以沼气建设为纽带的生态农业，境内7个村建有沼气池共755口。其中，清新村在开发98强回流沼气建设方面规划好、质量高、配套完善，综合利用效益明显；建有优质果品基地3650亩，建成复合材料温室蔬菜大棚50个，占地9600平方米，有州内最大良种鸡养殖场，日产蛋3.5万枚，被国家农业部命名为“生态家园富民计划示范村”称号。2010年7月9日，市人民政府将鸭塘镇改为鸭塘街道办事处，纳入城市管理范围。

（2）三棵树镇建设。1995年7月，经省人民政府批准，撤销开怀乡和挂丁镇（乡级）合并建立三棵树镇。2009 年该镇辖 32 个行政村、1 个居委会、1 个社区，总人口为 57151 人。该镇位于凯里市城区东侧，距凯里市区 9 公里，是凯里市城东旅游、文化、商业和交通的中心。炉（山）榕（江）省道和 320 国道在此交汇，凯（里）麻（江）和凯（里）玉（屏）高速公路在此衔接，凯里至三棵树城市一级公路的建成通车，为该镇发展创造了更好的交通条件。投资 770 万元的金刚砂厂和投资 2000 万元的万利硅有限公司以及鸿泰饮水厂、伟业陶瓷厂、三凯电杆厂、东林木板厂等一大批企业先后在镇境落户。镇区常住人口从建镇时的 200 多人发展到 2010 年的 6000 多人。该镇被列为“省级生态示范镇和省级小城镇建设试点镇”。2010 年，凯里市人民政府设开怀街道办事处，将该镇所属 10 个村划入开怀街道办事处，纳入城市管理范围。

（3)龙场镇建设。该镇位于凯里市城区西北部，距城区 20 公里。2010 年，全镇辖 16 个行政村、3 个居委会，总人口为 23159 人。境内建成渔洞溶洞、麻塘革家寨和石龙西家寨等旅游景区，已被确定为贵州东部重要旅游线路之一。该镇内煤储量占全州的 57%，占全市的 80%，建有国有煤矿 3 家、私营煤矿 20 家。2008 年，全镇工农业总产值为 1.8 亿元，其中工业总产值 6941 万元，农业总产值 4819 万元，乡镇企业总产值 7262 万元；农民人均纯收入为 2200 元。

（4）炉山镇建设。该镇位于凯里市城西北面，距市区 38 公里，全镇总面积为 190.4 平方公里，辖 27 个行政村、2 个居委会。2010 年，全镇总人口为 37163 人，粮食总产量为 1.93 万吨，烤烟为 25.5 万公斤，农业总产值为 1.18 亿元。全镇有各类企业 310 家，乡镇企业总产值达 13.4 万元，农民人均纯收入为 4250 元。截至 2010 年，炉山镇先后被评为“全国亿万农民健身活动先进乡镇”、贵州省“小康镇”，被省人民政府指定为“十一五”期间小城镇建设重点乡镇，省建设厅将该镇列为百强中心试点小城镇，省发改委将其列为综合改革试点镇，黔东南自治州人民政府将其列为经济强镇，凯里市人民政府将其划为凯里市的工业园区。为尽快适应工业园区内企业落户建设需要，该镇目前正加紧水、电、路、通信等基础设施建设，日供水 15 万吨的水厂、日处理 7 万吨的污水处理厂、220 千伏和 500 千伏变电站、炉山至碧波和炉山至虎庄二级公路、炉山至白秧坪 13 公里铁路专线等基础工程正抓紧建设中。至 2010 年，已有 5 户中型以上工业企业落户园区投资建设。凯里市“十二五”规划要求，至 2015 年，炉山工业园区确保工业产值 300 亿元，力争达到 400 亿元，成为拉动凯里经济发展的巨大引擎。

五、城市管理

1984 年，凯里撤县建市后，经过 20 多年的发展，如今一跃成为全省的经济强市、全省文明城市、中国优秀旅游城市，城市管理不断完善。

“十一五”时期以来，凯里市以“做文明市民、创文明城市、建美好家园”主题创建活动为契机，切实开展城市建设管理和“整脏治乱”专项行动，与时俱进，开拓创新，全面提高了城市道路、园林绿化、环境卫生、公共交通、城市给排水、路灯照明、供气、污水处理、垃圾处理等市政设施维护管理水平和运行质量，改善了全市人民生活的环境质量。全市公交线路四通八达，新型大容量公交车、浏览观光大巴车驶上了市区主次干道，成为市区流动的风景线。城市出租车发展迅速，车容车貌、服务水平都有很大提高。城市公交车与出租车相互补充，为全市人民及往来客商提供方便、快捷、优质的出行服务。目前，城市日供水能力达 7.25 万吨，日处理污水能力达 8 万吨。城区道路总长已达 85.9 公里，全市拥有 2 万余盏路灯，各种灯具造型别致，形成了“一路一灯型，一路一景观”的城市路灯景色。随着文明城市创建的不断深入，环境卫生清扫保洁延伸到每条背街小巷，实行一把扫帚扫全城，提高了市民居住的环境质量。如今的凯里城市道路纵横交错，宽阔便捷，路平车畅，树绿灯美，干净整洁。

（1）公交客运。2008 年，根据“公交优先”的政策精神，对运营的公共汽车、出租车统一换发“U”字车牌，优化城市公交线路。2008 年 11 月 11 日，公司公交 IC 卡收费系统正式启用，为提高管理水平创造了条件，发挥了公交在城市交通中的主导作用。2010 年，凯里市有公交车辆 799 辆，其中公共汽车 280 辆、出租车 519 辆有公交运营线路 13 条。

（2）路灯。建市前，凯里城区少数广场、建筑物、街道安装有简单照明灯，城市照明率很低，总体水平和科技含量不高。建市后，凯里市为了大力推进城市照明“提档升级”工程建设，严格按照以路灯、广场及单体建筑照明为主体，广告、店面照明为衬托，树木、桥梁照明为点缀的工作思路，全力推进城市照明工程建设，对市区近 100 条主次干道及社区、小巷进行了新装或改造，共建设各种灯型 30 种 2 万余盏，凯里市城区现有景观照明已增加到建市之初的 300 余倍，亮灯率达 99% 以上，基本上形成了点、线、片相连。

（3）供排水网编织。建市后，凯里市先后新建了龙井、普舍寨、金泉湖、炉山4个水厂和龙头河污水处理厂、洗马河污水处理厂。截至2010年12月，凯里市已拥有DN100以上主干管线175公里，日最大供水为7.25万吨，供水面积覆盖40平方公里，厂区绿化面积达30亩，用水人口达30余万人，并拥有完善的制水、消毒、水质检测、管线测漏等先进设备。截止2010年，凯里市建成污水处理厂2座，规模为日处理污水8万吨，解决了城市污水处理问题，改善了生态环境。

（4）卫生文明。凯里环卫清扫保洁已由建市时的几条街巷扩大到现在的以主次干道为骨架、辅以小街巷，基本覆盖了全城区的作业网络；生活垃圾清运已由人工挑运发展为专业车辆作业的机械化清运，从业人员由临时请人发展到有职工1000余人的专业队伍；环卫设施由一无所有发展到拥有19辆作业车辆、23座公厕、37个垃圾中转站、1410个果皮箱、2座生活垃圾填埋场。2011年，环卫处负责每天对城区51条主次干道、54条小街巷、2条河道、8个破产企业宿舍区、公共场地等230万平方米的清扫保洁和降尘洒水。投资3000多万元建设的小干沟生活垃圾填埋场已基本完工，即将投入使用。现全市生活垃圾收集运输系统正在组织实施，届时，凯里市将基本上达到垃圾收集容器化、运输机械化、管理科学化、处理无害化的目标。

（5）园林绿化。建市前，凯里各街道两侧的树寥寥无几，主要干道和生活区道路栽植行道树仅有3575株。建市后，随着城区道路改造及增修，城市园林绿化纳入统一规划、建设和管理的轨道，城市园林绿化建设取得了突破性进展。先后建设、完善了小高山公园、罗汉山公园、大阁山公园、金泉湖公园、万博广场、西出口民族文化园、奋达休闲广场等市民休闲场地，建成区绿地面积为1232公顷，绿化覆盖率为38.5%，人均公共绿地为52.8平方米，城市园林绿化得到进一步加强，市容市貌焕然一新。

第三节　趋势与展望

一、机遇与挑战

（一）有利条件

（1）国家深入实施西部大开发的历史性机遇，尤其是国家在深入实施西部大开发中把黔中经济区建设作为西部大开发的重点实施，而凯里市又是黔中经济区建设的重要组成部分。

（2）中共贵州省委、省人民政府提出了“加快发展、加快转型、推动跨越”作为“十二五”时期全省经济社会发展的主基调，并提出了强力实施工业强省战略和城镇化带动战略，在全省形成了争先创优、争比进位、一心一意谋发展、一心一意搞建设的良好干事创业氛围。

（3）黔东南州委、州人民政府提出了举全州之力支持凯里率先发展的战略部署，进一步给予了凯里区域性中心城市的定位，为凯里市发展松绑、放权、开绿灯。

（4）历届中共凯里市委、市人民政府为凯里市经济社会发展奠定了良好基础，尤其是“十一五”时期的快速发展，为全市经济社会加速发展创造了良好的基础条件。能源、矿产、生物、文化、旅游等资源丰富，通江达海的物流条件不断改善，区位优势更加凸显，产业基础不断增强，后发优势正逐步显现。

（5）贵广高速铁路、沪昆高速铁路、厦蓉高速公路、凯里至羊甲高速公路、凯里至余庆高速公路、凯里至雷山高速公路以及凯雷二级公路、凯施二级公路和凯里黄平机场的建设，使凯里市交通优势和区位优势进一步凸显。

（6）凯里城市总体规划的修编完成和实施，以及炉山工业园区建设初见雏形，为凯里市城市扩容和凯里城市产业经济的发展奠定了坚实基础。

（7）经过近几年的运作，初步构建了适应凯里市经济社会发展的融资平台，为全市经济社会发展奠定了必要的经济基础。

（8）历届中共凯里市委、市人民政府培养了一支特别讲奉献、特别能吃苦、特别能战斗、能干事、会干事、干成事的干部队伍。

（二）面临的挑战

（1）国际金融危机对世界和中国经济发展的影响并没有完全消除，在某些行业和领域还有加剧的可能。

（2）国家根据世界和我国经济发展的情况，实行了稳健的货币政策，对凯里市建设融资工作将带来一定的影响和困难。

（3）经济总量小、经济质量不高、底子薄、发展慢，仍制约着全市社会经济的发展。

（4）工业经济小而散、科技含量不高、核心竞争力低的现状在短时间内很难改变。

（5）城市基础设施功能不全，尤其是市区交通路网、工业园区路网、仓储、物流市场、旅游接待能力等城市功能十分薄弱，在一定时期内会制约全市经济社会的快速发展。

（6）随着城市建设和工业经济的快速发展，征地拆迁工作带来的社会矛盾将会进一步加大。

（7）各类专业人才缺乏，已成为制约经济社会快速发展的“瓶颈”。

（8）本市干部尤其是领导干部的思想不够解放，认识不够统一。

二、发展趋势

（一）城市发展定位

中心城市地位与功能：一是全国性的具有一定国际影响力的苗、侗文化旅游中心；二是贵州省二级中心城市和黔东南区域性中心城市；三是黔东南政治、经济、文化中心。

城市发展的功能定位：黔东重要经济中心及国际性旅游城市。

环境定位：绿色生态环保型城市。

形象定位：独特的原生态苗侗民族文化城市。

发展定位：高效、集约的现代化城市。

凯里城市性质：黔东中心城市、黔东南州首府，以原生态民族文化为特点，积极发展现代工业的国际旅游城市。

“十一五”期间，凯里市积极抢抓机遇，围绕培育具有苗侗民族文化特色国际旅游城市的总体目标，确立了建设“大凯里”和凯里经济圈的发展理念，聚精会神搞建设，一心一意谋发展，不断推进改革开放，不断加强项目实施和招商引资工作力度，经济社会发展取得新的重大成绩，全面、超额完成了“十一五”规划确定的主要目标任务。“十一五”时期，经济持续快速增长，经济实力明显增强，产业结构进一步优化：特色优势产业加快发展，炉山循环经济区建设取得突破，工业聚集效应初步显现，“退二进三”步伐加快，城镇化水平不断提升。城市扩容建设取得了历史性突破：以交通、水利为重点的基础设施建设取得重要进展。经济社会发展的基础条件进一步改善：生态环境建设和环境保护成效明显，生态环境优势得到进一步巩固；扶贫攻坚成效显著，城乡面貌和人民生活明显改善；改革开放不断深化，经济社会发展的活力不断增强；教育、卫生、科技、文化、人口与计划生育、文体广电和社会保障等各项事业全面发展，民生不断改善；社会主义民主政治和精神文明建设不断加强。这些都为凯里市“十二五”又好又快、更好更快发展奠定了坚实基础，宏观环境总体趋势向好。具体主要指标实现情况如下表。

表 3-1　“十一五”规划主要指标实现情况

指　标	2005 年	“十一五”规划目标（年均增长 %）	2010 年	“十一五”期间年均增长率（%）
生产总值（亿元）	38.2	12	78	13.46
人均生产总值（元）	8301	13400	18471	10
三次产业结构	11 : 38.7 : 50.3	10 : 40 : 50	8.5 : 33.8 : 57.7	
城镇登记失业率（%）	4.3	4.7	4.4	
财政总收入（亿元）	3.5		11.02	25.77
地方财政收入（亿元）	1.8	13	6.54	30
全社会固定资产投资（亿元）	16.64	15	72.45	34.2
社会消费品零售总额（亿元）	16.55	15	48.11	23.57
畜牧业总产值占农业总产值比重（%）	27.5		33.72	1
非公有制经济增加值占生产总值比重（%）	56	70	71	3
建成区面积（平方公里）	23.8		39	
城镇化率（%）	39.7	50 以上	59.5	3.9
人口自然增长率（%）	9.06	7 以下	7.16	
城镇居民人均可支配收入（元）	7707	9.05	14059.4	12.78
农民人均纯收入（元）	2177	6.5	4081	13.39
森林覆盖率（%）	38.71	43.51	53.5	
单位生产总值能耗（吨 / 万元）	4.66		完成指标	

三、未来展望

（一）城市疆域与发展规模

《凯里—麻江城市总体规划（2009～2030）》，确定凯里现城区为凯里—麻江城市的中心城市，麻江作为卫星城镇，是凯里城市的补充。凯里城市疆域包括原凯里市、凯里经济开发区和麻江县的全部行政辖区，总面积为 2525.1

平方公里，规划区面积为 1510 平方公里，城市中心区面积为 792.4 平方公里。规划到 2015 年，凯里、麻江总人口控制在 85 万人以内，凯里中心城区人口达到 40 万人，开怀片区人口达 5 万人，开发区达 10 万人，下司片区达 3 万人，炉山片区达 2 万人，总计城市人口达到 60 万人。城镇化率达到 75%，城市建成区面积达到 80 万平方公里。

（二）经济社会发展目标

（1）经济发展提速。到 2015 年，凯里市生产总值确保实现 280 亿元，年均增长 28% 以上，力争达到 350 亿元，人均生产总值达到 3.5 万元以上；财政总收入达到 35 亿元，年均增长 25% 以上，力争达到 50 亿元；地方财政收入达到 20 亿元，年均增长 25%；城镇化水平提高到 75%；全社会固定资产投资五年总量突破 1000 亿元以上，确保达到 1200 亿元，年均增长 45% 以上；社会消费品零售总额年均增长 25% 以上；招商引资到位资金达到 200 亿元以上，力争达到 300 亿元；物价总水平控制在全省平均水平范围内。

（2）经济结构调整加快。支柱产业和特色优势产业不断发展壮大，工业增加值占生产总值的比重进一步提高；三次产业结构由 2010 年的 8.5∶33.8∶57.7 调整为 2015 年的 3.6 ∶56.4 ∶40；工业增加值占生产总值的比重由 2010 年的 30% 提高到 40% 以上；农业结构调整步伐加快，粮食总产量稳定在 13.5 万吨左右，优质农产品产值和畜牧业产值占农业总产值的比重提高到 80%；非公有制经济占全市生产总值的比重达到 80% 以上；培育形成两户以上工业产值超过 100 亿元、5 户工业产值超过 10 亿元、15 户工业产值超过 1 亿元的优强企业；服务业就业比重提高到 50% 左右。

（3）基础设施建设有新突破。初步建成以高速公路和快速铁路为主干线的交通网络，全市通铁路里程达 96 公里；公路通车里程达到 1900 公里，其中，高速公路 85 公里以上；加快农村公路建、管、养、运一体化进程，实现村村通油路；城市基础设施显著改善，新增城市道路 1146 公里，重点乡镇道路硬化率达到 100%；基本解决农村生活和生产用水问题，农村安全饮水普及率达 95% 以上；全市有效灌溉面积达 10197 公顷，农村人口人均有效灌溉面积达到 1 亩，人均基本口粮田 0.5 亩；建成覆盖城乡的电网和通信网，信息化水平显著提高。

（4）城乡区域经济协调发展。中心城市建成区面积达到 80 平方公里以上，城市人口达到 60 万人以上，城镇化率提高到 75% 以上。力争五年累计转移农村劳动力 5 万人以上；培育形成凯里—麻江经济带和一批市域经济增长极，城镇生产总值占全部生产总值的比重提高到 70% 以上；落后乡镇经济发展条件明显改善，社会公共服务能力明显提高。

（5）科技人才发展能力增强。到 2015 年，本级财政用于技术研究与开发资金投入占当年本级财政一般决算支出的比重达 1.7%；引进和培育高新技术人才，高层次人才队伍中本科以上学历人才总量提升 5%，增加到 4463 人，比“十一五”期末净增 1550 人；专业技术人员高级职称人员达到 691 人，中级职称人员达到 3897 人。

（6）资源节约和环境保护加强。确保凯里市耕地总面积为 50.26 万亩；森林覆盖率达到 60%；治理石漠化面积 89 平方公里；城镇建成区绿化面积达到 42% 以上。城镇生活污水处理率继续提高，城市生活污水处理率（二级）达到 100%，污水再生利用率达到 30%；工业废水排放达标率大于 90%。城市生活垃圾无害化处理率达到 100%，生活垃圾分类收集率达到 60%，一般工业固体废弃物综合利用率大于 30%，工业危险废物处置率和医疗废物集中处置率达到 100%。全面完成“十二五”时期节能减排目标。

（7）社会事业全面发展。实施教育优先发展战略，加快教育事业发展，2015 年，适龄儿童入学率和普及九年制义务教育覆盖率均保持在 99% 以上，普及学前义务教育和高中义务教育，城乡居民平均受教育年限提高到 9 年以上，幼儿学前教育毛入园率达 95%，高中阶段毛入学率提高到 95%；全面实施免费中等职业教育。新建两所二级甲等医院，完成全部乡镇卫生院改扩建，全部行政村卫生室达到甲级卫生室标准。建成市体操馆、市歌剧院，完善市图书馆、文化馆及群众艺术馆等基础设施，设施设备条件达到国家建设标准，启动 7 个街道文化站建设工程。

（8）人民生活和民生保障不断改善。调整收入分配结构，建立凯里市老龄补贴制度，城镇居民人均可支配收入和农民人均纯收入分别年均实际增长 12%；城镇新增就业 10 万人以上，城镇登记失业率控制在 4.5% 以内；人口自然增长率控制在 7‰以内；保持新型农村合作医疗参合率为 100%；新型农村养老保险参保率达到 100%，城镇职工基本医疗保险、城镇居民基本医疗保险、城镇基本养老保险覆盖率分别提高到 100%、80% 和 80%；农民工参加社会保险人数达到 1 万人以上；人均预期寿命提高到 73 岁。城乡居民生活质量明显改善；扶贫开发要取得新成效，贫困人口减少一半以上。确保全市 95% 以上贫困群众住上廉租房或经济适用住房，全面完成农村危房改造。防灾减灾及应对突发事件的能力增强，社会治安和安全生产达到全省先进水平。

（三）加快城镇化进程，促进城乡协调发展

1. 积极构建城镇化发展新格局

坚持“统筹规划、合理布局、功能完善、以大带小”的原则，秉着将凯里建设成独具苗侗民族文化特色国际旅游城市为目标，以沪昆铁路客运专线、凯麻高速公路和余庆—凯里—丹寨高速公路等交通干线为城镇发展主要轴线，发挥中心城区和不同城镇的比较优势，做大做强凯里—麻江中心城区（含凯里老城区、开发区、开怀城区、下司城区、炉山城区）；以炉山矿产资源、清水江和巴拉河资源优势，形成炉山—碧波产业带、清水江休闲旅游带和巴拉河风光带；依托凯里老城区发展形成的城市主中心，开发区形成的城市副中心及以炉山、开怀、巴拉河三个功能区形成的各片区中心，大力发展以旁海、舟溪等交通节点镇为重点镇，万潮、龙场、大风洞、凯棠、湾水等乡镇为补充的“两轴、三带、多中心”城镇化体系。

2. 加快做大凯里中心城市

按照完善功能、打造环境、改善品质、集聚发展的要求，重点发展凯里市域中心，优化中心城区空间布局，强化中心城区外延扩展，延伸到麻江碧波片区和下司片区，将中心城区分为凯里市的老城区、开发区、开怀片区、下司片区和炉山碧波片区等几个组团的空间结构体系。“十二五”期间，依托工业发展扩大就业；依托旅游资源开发，重点发展以民族文化、自然风光和休闲度假相结合的特色旅游业；依托区域性中心城市，重点发展以商贸流通、现代物流、房地产、餐饮服务、信息服务、金融保险、教育、文化娱乐为重点的现代服务业，规划、建设好一批有竞争力的特色市场带、金融中心、物流中心、文化中心、会展中心、商务中心、科教中心、现代物流园区和物流基地，大力优化、升级服务业，增强中心城区聚集人口的能力。

3. 培育发展城市组团

围绕提升老城区、培育开发区、拓展两片区、保护巴拉河的目标，加快形成“一主、三副、多片区”的组团式城市空间形态，建成以凯里老城为城市中心，以开发区、麻江县城及碧波片区和龙山—宣威片区发展形成的三个城市副中心，以炉山、碧波、下司、开怀及巴拉河五个功能区为重点的城市片区中心，做大、做强、做优、做美中心城区。

4. 加强城市基础设施建设，增强城市辐射带动能力

完善中心城市和城镇配套设施建设，加快中心城区发展。“十二五”期间，

继续强化路网引领城市发展，重点解决好各城市组团区之间的联络问题，同时完善各区内路网。全力打造四条城市发展主轴线，即三棵树—凯里中心城区—开发区—下司城市主干道；火车站—北出口—玻璃厂—下司滨江道路系统；凯里永丰南路—化肥厂—沪昆高铁客运站—下司—龙山的凯里都匀城市主干道；炉山—碧波—麻江城市主干道，为构建凯里—都匀城市群打下基础。同时，完善开怀片区路网建设，建设二龙—鰟支坪、北京东路—开怀、高速公路东出口—开怀等城市道路。加快沪昆铁路客运专线及客运站建设力度，加强区域内物流设施建设。加强中心城区供水、绿化、污水处理及垃圾填埋等基础设施和市政设施建设，提高城市供水保障能力。加快城镇防洪工程、公共消防设施建设，增强防灾减灾能力。加快建设输配水管网工程、污水管网工程、城区污水收集系统、生活垃圾卫生填埋场及民用燃气厂，提高城镇垃圾、污水处理率和供气普及率。建成医疗垃圾处置中心，完善城市危害废弃物处置系统设施。完善城区电网，提高城镇供电保障能力。加强清水江休闲旅游带沿线基础设施和绿化美化建设，加快老街片区改造，推进新城区建设，力争完成凯里市民族文化园、民族风情园、开怀片区主题公园项目及森林公园等城市景观建设等项目，完善相应的设施配备，做大城市规模。

5. 统筹城乡发展，推进城乡一体化

积极推进产业集聚区建设，重构农村非农产业发展内生机制。通过产业集聚小区建设，引进一批非农企业，发展乡镇工业，形成吸引、集聚生产要素的有力载体。提供一定的建设用地指标，或者通过鼓励农村土地整治获取建设用地指标，农村自身通过现有建设用地整治和耕地复垦获得的用地指标，优先用于农村城镇化。对于布局农村产业集聚区的项目，在财税上予以必要的优惠支持，如企业增值税、所得税可享受农村税率，甚至参照农业企业标准；对雇佣当地劳力的，可减免社会保险费等。

6. 积极创新城镇化发展的体制机制

（1）创新城镇化建设的投融资机制，实施积极的财政政策，加大公共财政投入力度，整合有效国有资产，搭建政府融资平台，重点打造好凯里城镇建设投资公司这一投融资平台，保持高强度的城建投入。同时，发挥政府资金导向作用，放宽市场准入，在统一规划、统一管理的前提下，打好“经营城市”这张牌，按照“谁投资、谁经营、谁受益”的原则，采取独资、合资、合作、股份制等多种形式，鼓励外资和国内各类社会资本投资城镇基础设施建设和经营，逐步建立起多元化的城镇基础设施建设投融资机制，多渠道筹集城镇建设资金。

（2）创新城镇管理体制和工作机制。加快户籍制度改革，把符合落户条件的农业人口逐步转化为城镇居民作为推进城镇化的重要任务。加强和改进城市人口管理，放开中小城镇户籍限制，加快农业人口向城镇转移。统筹解决城镇化进程中的各种社会问题，探索建立统一、协调、高效的“大部门”行政管理体制，进一步强化政府制定规划、统筹发展和协调重大问题等职能，进一步规范规划、建设管理行政行为，提高工作效率。改革和理顺城镇规划、建设管理体制，积极推进行政区划调整，切实消除阻碍城镇化发展的思想观念和体制机制。

（3）以制度创新推进城乡一体化。坚持城乡统筹发展，凡是在城镇定居的农民，不仅要赋予其城镇居民户籍，还要在养老、医保、就业、子女入学、劳动工资、最低社会保障等方面与城镇居民拥有同等权益，以此调动农民进城落户的积极性。配合户籍制度改革，将现行的针对城镇的就业促进政策和最低工资保障政策覆盖城乡，只要是本市、本省户籍，都进入这一政策体系的实施范围，统一城乡就业市场，让农村就业人员进入有政策保障的正规职业。推进农民住宅商品化改革，形成市场化的流转机制。要促进农民宅基地可流转，具有资产属性。可以向农民的住宅发放私有房产证，然后规定宅基地使用权 50 年或 70 年不变，不管是住宅的所有权和宅基地的使用，都可以进入市场交易，让其获得真实的资产收益，从而为进镇落户提供原始性积累。同时，统筹城乡房地产交易市场，让农民住房成为其中的一个重要组成部分，激活农村房产交易。

（撰稿人：王建林　夏光辉　钟　燕　潘元本）

第三章 黔湘渝鄂边境枢纽——铜仁市

铜仁市（2011 年 10 月改设为碧江区）位于贵州省东北部、铜仁地区的东部，地处贵州高原向湘西丘陵过渡的斜坡地带，即武陵山脉主峰梵净山和湘西台地主峰雪峰山之间，是铜仁地区的政治、经济、文化中心。发源于国家级自然保护区梵净山的大、小两江穿城而过，市内有国家级风景名胜区一个、国家级重点文物保护单位一处。该市素有“黔中各郡邑，独美于铜仁”之美誉。

铜仁历史悠久，远在新石器时代就有人类在这里生息繁衍，漾头镇的杜家园和岩董两处新石器古文化遗址出土的石器残片和夹砂红陶、灰陶残片，反映了数千年前人类祖先定居在这片青山绿水之间的历史。在历史发展长河中，铜仁或设府、或置县、或建市，一直沿用“铜仁”之名，直到 1949 年 12 月 1 日成立铜仁县人民政府。1987 年 8 月 21 日，撤销铜仁县，建立铜仁市。2010 年，铜仁市辖 7 个民族乡、5 个镇、5 个办事处，全市总面积为 1513.61 平方公里，其中城区面积 25 平方公里，年末总人口为 38.17 万人，其中城镇人口 21.55 万人，城镇化率为 56.5%，居住在城区的人口达 20 万人。

铜仁处于东亚季风区，属中亚热带季风湿润气候，年平均气温 16.9 摄氏度，年降水总量 1303 毫米，年日照时数 1171 小时，无霜期 280 天，四季分明，光照充足，雨水充沛。境内溪河密布，独具特色的山、水、林、瀑、石、洞等自然资源为发展旅游业创造了良好的条件。

铜仁地处黔东门户，自古就是湘、黔、川、鄂四省边区中心枢纽，如今由高速公路、铁路、机场、水运构成的立体交通网已经形成。新中国成立以后，特别是改革开放以来，铜仁的城市建设经历了跨越式发展，2010 年，全市 GDP 达到 56.4 亿元，人均 GDP 为 1.63 万元。

第一节 发展历程

一、明初以前漫长的古代城邑孕育期

1981 年 6 月，在铜仁市锦江河南岸漾头镇杜家园出土的夹砂红陶高脚杯残片和青砂灰陶斧残片，以及锦江河南岸灯塔办事处岩董村采集到的磨制石器残片和夹砂红陶残片，证明了铜仁在新石器时期就有人类在这里生息繁衍。

2009 年，贵州省文物考古部门在锦江河沿岸的施滩、落鹅、坳田董、笔架冲和鱼梁滩的磨刀湾等 18 处又发现了新石器遗址。从这些遗址的分布情况看，先民大多是逆锦江逐步向上游发展的。

春秋时期，铜仁属于楚国的黔中郡。战国时期，秦国于公元前 223 年灭掉楚国。秦始皇帝二十六年（公元前 221 年），分天下为三十六郡，铜仁属于黔中郡，是贵州最先纳入中央版图的地方。汉高祖五年（公元前 202 年），改黔中郡为武陵郡，辖 13 县，铜仁地属武陵郡辰阳县，治所在今湖南省麻辰溪县西南，隶属荆州刺史部。

隋文帝开皇九年（589 年），废梁、陈设置的麻阳戍夜郎郡、县，于其西北部的今铜仁之地设置静人县。唐朝垂拱二年（686 年），分辰州麻阳县地及开辟少数民族地区置锦州，设置锦州所辖的万安县，治所在原铜仁府城西大江之左（按古人面向南，则东为左的定方位规矩，这个地方在今铜仁市的铜江开发区一带）。唐朝天宝元年（742 年），锦州更名卢阳郡，并移万安县治于铜仁府西南大江坪，更名常丰县。虽然在隋唐两朝铜仁都有过县的设置，但当时是否建有县城，史无记载。唐末动乱，各地的首领纷纷分据其地，自署为刺史，原唐朝设置的州县自然消失，成为当地首领割据之地，即旧志所称的“没于蛮”。

历经了五代十国几十年的动乱，宋太祖赵匡胤建立了宋朝，但由于“北有大敌，不遑远略”，赵匡胤对西南少数民族采取羁縻政策，以求相安无事，其控制更为宽松，仅在边区设置了一些称为“砦”的军事行政单位。当时铜仁属锦州砦。直到北宋末年的宋神宗熙宁八年（1075 年），才“并锦州砦人户及废招谕入麻阳，为一县”，属沅州，隶属荆湖北路。

元朝至元二十年（1283 年），四川行省参政曲立吉思讨平九溪十八洞，以其酋长赴阙，定其地可以设官者与其人可以入官者，大处为州，小处为县，

并立总管府，听顺元路宣慰司节制。当时因为在铜仁的大小两江汇流处曾出水了儒、道、释三个铜人，元朝廷便在这里设置了铜人大小江等处蛮夷军民长官司，治所在今铜仁市古城内，隶属思南宣慰使司。古人考证："铜仁（人）之置，大约系（至元）二十年事。"虽然长官司属于土司世袭的统治，但铜仁毕竟再度纳入了中央版图。

由于古代陆路交通远逊于水路交通，紧靠锦江这条黄金水道的铜仁因为舟楫之利，聚集了人群，形成了街市，自然也成了隋唐的县治和元代的长官司司治首选之地。

二、发展兴盛期

元朝末年，朱元璋已经控制了中国的大部分江山，思南宣慰使田仁智派遣都事杨琛向朱元璋交纳夏明玉珍所授予的宣慰使"告身"（古代授官的凭信，类似现在的任命书）以示归附。朱元璋仍以其地设置思南宣慰使司，田仁智仍为宣慰使。

明洪武五年（1372 年），改"铜人大小江等处蛮夷军民长官司"为"铜仁长官司"，隶属思南宣慰使司。"铜仁"由此定名。

思州田氏在元朝末年因知镇远州军民事的三房田茂安不愿接受承袭思州宣抚使的侄子田仁厚的管辖，分裂成思州、思南两个宣慰使司；明永乐九年（1411 年），思州宣慰使田琛同思南宣慰使田宗鼎这两个堂兄弟因在今铜仁万山敖寨的岩屋坪、梅子溪一带为争夺"沙坑"（开采朱砂的矿井）发生战争，朝廷屡禁不止，于是命令镇远侯顾成领兵五万压境，解除了田氏的武装，并导致永乐十一年（1413 年）二月初二废除思州、思南两宣慰司的大规模的改土归流，以两宣慰司管辖的 39 个长官司分设铜仁、思南、思州等八府，并同时设置了省级行政机构贵州布政使司，以总管这新设置的八府及境内原有的贵州宣慰司和安顺、镇宁、永宁三州。

建铜仁府时，没有修筑城墙，城市仅靠树立一些木栅栏防卫。明正统十四年（1449 年），洪江苗族起义，这些栅栏以及知府办公的衙署都焚烧殆尽。

两年后的明景泰二年（1451 年），四川巴县进士朱鑑任铜仁府知府，开始夯土筑城。新筑的铜仁城西面和南面以小江和锦江为界，东面和北面则沿着东山依山就势，蜿蜒起伏。城墙周长 758 丈（约三里许），城池面积为 0.24 平方公里，并开启了东、南、西、北四个城门，城门上同时修建了城楼。

明代的改土归流对铜仁城市的发展起到了巨大的推动作用。首先，使贵州正式成为全国的一个行省，加强了中央政府同边远少数民族地区的联系。其次，改土归流抑制了土司们的为所欲为，使铜仁府属地百姓人身权利有所改善，从而促进了生产力的发展。再次，改土归流促进了各民族之间的交往，增进了各民族之间的文化、科学技术的交流，发展了当地的教育事业，为铜仁培养了众多的人才。据光绪《铜仁府志》记载："自改土以来，流寓是邦者，多吴、楚、闽、蜀人，各从其方之旧，相杂成俗。"这些外来的人民带来了吴、楚、闽、蜀等地进步科技和先进文化，促进了铜仁和中原地区文化的交流和发展。

明弘治十八年（1505 年），知府刘瑜修葺年久坍塌的旧城，并增筑北门城墙 135 丈；明正德七年（1512 年），知府周汝端增筑迤西一带临河土城；明嘉靖十三年（1534 年），知府敖文祯增筑东北府城。这几次的"增筑"虽然逐步扩大了铜仁府城的规模，解决了逐渐增多的外来人口的安居乐业问题，但所筑的仍然是夯土城。

土筑的城墙一直维持到明嘉靖二十一年（1542 年）。这一年，云南昆阳人李资坤任铜仁府知府。第二年，李资坤为了解决治下"城狭民稠"、"民多居郭外"的现状，勘探了东北城外地势宽广平坦的地方，决定废旧城增扩新城，以扩大铜仁城的规模。同时，鉴于以前土筑的城墙容易被雨水特别是洪水毁坏，李资坤决定这次重筑的城墙改用砖石砌成。

新城规模的扩大和筑城材质的改变，使其庞大的费用成了李资坤要解决的第一个难题。为了解决资金困难，他用新开拓的地盘换取增筑新城资金的办法来筹措资金。这一次的扩建由城东一带向西增筑 350 丈，并将东面的城墙东移到了傅家山一带，城池面积扩大到 0.6 平方公里，虽然规模和质量都和以前大不相同，但由于采取了用土地置换资金的办法，收到了"官不苦费、民不知劳"、"兴大役而事不烦、民不扰"的效果。古人评价："自来筑城，成功易而诸费约，未有如斯者。"

明嘉靖二十九年（1550 年），分守思仁道的参议刘望之命令铜仁守备张大儒、经历刘仲芳等再次修筑铜仁城墙。城墙长共计 936 丈，城垛 868 个，城楼 7 座，角楼 3 座，串楼 803 间；开启了正南（江宗）门、中南门、下南门以及东门、北门、西门、便水门等 7 个城门；城东、南、西三面襟带双江，约四里许；自北门向东一带凿有城壕（无水），长约 300 步（约 480 米）、深一丈、宽一丈八。

明万历二十六年（1598 年）四月十六，废除铜仁长官司，改设铜仁县。新设的铜仁县与铜仁府共处一城。

明万历三十年（1602 年），城墙被洪水冲塌，贵州巡抚郭子章发官银 590 余两，行文命令驻铜仁兵巡道副使路云龙、铜仁府知府何大缙、铜仁县知县何三让等修砌府城，并增建铜仁县土城于府城之北。万历三十五年（1607 年），城墙再次被洪水冲圮。这年冬天，巡抚冯奕垣又发官银九百余两，加上当地军政官员捐资，撤去串楼，重修城墙，在旧墙的基础上加高 3/10、加厚 3/5，于次年秋天建成城堞 3264 个、门楼 7 座、角楼 4 座，城墙共计 1088 丈，并增扩县城 1100 丈。这次府、县城墙的修建不仅"工筑坚实，雉堞嶙峋，卓冠黔中"，而且基本上奠定了铜仁古城区 1.18 平方公里的规模。

铜仁城七个城门的格局一直延续到清乾隆二十六年（1761 年）。这一年增修了新东门、后水门两处水门，以方便百姓取水。

中华民国成立后，北洋政府颁布《划一现行各省地方行政官厅组织令》，规定府、厅、州一律改县。1913 年 11 月 26 日，铜仁府改为铜仁县。铜仁县自民国二年起，一直为一等县。

铜仁"虽非泽国，犹为鱼米之乡"，加上外来的进步科技和先进文化，农业生产有了很大的发展，城市商业也随之繁荣起来。同时，得益于锦江黄金水道的舟楫之利和铜仁地处湘、黔、川边区的重要地理位置，早在宋代就有湖南、四川、江西的客商来此贸易，常以日用百货、陶器换取当地的土特产。明代改土归流后，各地商贾云集铜仁，建立同乡会馆。明洪武年间，四川客商在江宗门对岸建立的"川主宫"（也称"吾蜀乡馆"）清代改为"四川商帮会馆"；清康熙年间，江西客商在铜仁建"万寿宫"（也称"江西会馆"），到清朝末年，江西客商分化成主营棉花布匹的"丰城帮"、主营桐油的"临江帮"和主营中药材的"新淦帮"；清嘉庆年间，两湖客商在铜仁城北建"禹王宫"，清光绪七年（1881 年）改为"两湖会馆"，光绪二十一年（1895 年），"两湖帮"分化成主营棉花布匹业和油脂业的"常汉帮"，主营书纸、印刷业的"长沙帮"，主营瓷器、铁具业的"宝庆帮"，主营水银、朱砂业的"衡州帮"。此外，在铜仁建有会馆的还有陕西客商在坝盘建的"王爷庙"、山东客商建的"山东会馆"和山东、福建、湖南客商在中南门共建的"天后宫"、"飞山宫"等。

随着商业的繁荣，各种与之配套的运输业、饮食服务业、手工业也应运而生。当时铜仁"商贾樯帆、络绎不绝"，国家征税每日百两以上，素有"黔东护商栈"之誉。清末民初，铜仁滨河"船舶往来，日凡数十百号，商务不衰。外商在铜开设洋行五六家，城内有大中商户 400 余家，成为黔东和川东一带的各种土特产和省外常德、汉口等地工业品的集散中心和销售市场。

1915~1918 年，城区人口在短短三年内由 1.2 万余人猛增至 2.3 万余人。同时，铜仁的商号开始走向专业化，更趋于集中经营，出现了“八大商号”。1919 年，八大商号仅经营山货土产一项，每家所获的纯利都在 10 万大洋上下。当时铜仁的西门、中南门、便水门、后水门、江宗门等货运码头和东关、下南门等关卡码头上停满了船只，白天帆樯林立，入夜则桅灯闪烁，灿若繁星。1917 年曾任省溪县（今万山）县长的潘富文见到了铜仁的繁华景象后，在其《咏铜仁》的诗中大加赞美：“铜仁原是小长安。”

三、发展衰退期（民国时期）

神奇美丽的锦江，滋润着黔东这片青山绿水，灌溉着这青山绿水之间的千顷良田，也孕育了黔东这片神奇土地上的千古文明，促进了铜仁城市的发展。但自从 1935 年湘黔公路通车后，公路运输异军突起，铜仁中南门、西门几大码头商旅辐辏、异常繁荣的景象日渐衰退，锦江这条上千年的黄金水道在运输史上的辉煌已风光不再。当时，以八大商号为主的商业机构先后向公路运输方便的晃县转移，铜仁仅保留一些必要的庄号和分店，市场日渐萧条。

抗日战争爆发后，华北及沿海滨江（苏、浙、皖为主）的 460 所中学的学生 1600 余人、教职工 270 余人及其家属于 1938 年春陆续沿锦江乘船来到铜仁，创办了贵州国立临时中学（1939 年春改名为国立第三中学，简称“国立三中”）。当时为了抗战的需要，铜仁加紧了公路的建设。1940 年 8 月 1 日，铜仁城南至鲇鱼铺（今玉屏县大龙镇）段这条耗资 35.7 万元、全长 63.64 公里的铜仁第一条公路竣工通车。但由于锦江河宽水深，公路只通到铜仁城南郊的桐梓巷。次年 12 月，在铜仁东门水浅处开始修建铜仁的第一座公路桥。1943 年秋，东门大桥竣工。

1935 年湘黔公路通车后，国民党中央势力进入贵州，解除了贵州军阀王家烈的军政大权，使得早在三年前已颁布而未能在贵州施行的《行政督察专员条例》得以推行，贵州分区设置了 11 个行政督察专员公署，作为省政府的派出机关。当时铜仁县属第九行政督察区，专员公署驻铜仁。1937 年抗日战争爆发后，为适应形势变化，全省行政督察区做了相应调整，行政公署改驻镇远。1943 年增设第六行政督察区，专员公署仍驻铜仁，所辖的铜仁、松桃、江口、玉屏、思南、沿河、印江、石阡、德江九县一直沿袭至今，使铜仁得以保持了作为黔东地区政治、军事、经济、文化中心的地位。

行政督察区专员公署驻地的特殊地位、国立三中的两三千人涌入铜仁城、公路的通车，以及抗战期间日寇封锁了长江水道，数十万吨军工物资如钢板、钢条、铜板、铜条、铅丝、锰矿砂、盐硝、铅锭等从湖南沅陵经锦江、乌江航运到重庆第二兵工厂，加上数万吨的川盐返运到湖南，使得抗战时期的铜仁再度繁荣。

这时，铜仁旧有的街道不再适应战时城市发展的需要。1943 年 7 月 1 日，江西人冯步洲任铜仁县县长，见到铜仁城区的街道基本仍是沿袭明、清时期的规格，即八尺为街、五尺为巷，青石板铺路，街巷狭窄，路面破烂，很不适宜一度繁华的后方城镇。冯步洲下车伊始，便向商家和各乡镇多方筹集经费 400 余万元，拓宽街道。到 1944 年年底，共花了一年多的时间，将铜仁城区的街道改扩建成甲、乙、丙、丁四种规格，并在主街修暗沟、背街修明沟。其中甲种路为主干线，路面宽 7 米，两旁人行道各宽 1 米，三合土路面，建成的街道有县府路、达铨路、中正路、中山路、三民路、三三路、林森路、中华路及碎石路面的无名路 6 条；乙种路为联络干线，路面宽 5 米，两旁人行道各宽 1 米，三合土路面，建成的街道有信义路、明德路、新生路、育才路；丙种路为两头畅通的小巷，路面按原有的宽度翻新，铺以三合土或碎石，建成的街道有子惠路、忠孝路、和平路、仁爱路；丁种路为两头通达的小巷。这次街道改扩建不仅基本定型了铜仁老城区街道的格局，而且也完善了城市的排水系统。

抗战胜利后，国立三中停办，各省的师生员工于 1946 年 6 月 15 日返回原籍（学校由贵州省教育厅接管，改名为“贵州省立铜仁中学”。黔、湘籍学生 388 人继续在“省中”就读）。1948 年 8 月，在法币发生严重通货膨胀面临崩溃的情况下，国民政府宣布币制改革，发行金圆券；8 月 23 日，铜仁货币改用金圆券。由于金圆券并无现金准备，发行又无限制，结果发生了比法币更为迅猛的膨胀，物价暴涨。金圆券在铜仁发行仅 70 天就开始崩溃，1949 年春，铜仁已开始拒用金圆券，自发起用银元等金属货币在市场上流通。

由于急剧贬值的金圆券的冲击，铜仁商家和市民深受其害，1949 年，铜仁只有较大商业行号 27 家、中小个体工商业户 783 家、摊贩 201 户，全县人口为 14.53 万人，城镇人口为 1.24 万人，只剩下了 1918 年的一半人口。

四、解放后的发展新时期

铜仁自明代建府以来，城市格局基本没有什么变化，城镇人口基本上集中在 1.18 平方公里的老城区里。1949 年 11 月 1 日，铜仁解放后，随着国民经济的发展，特别是第一个五年计划期间，工业及其他建设事业迅速展开，铜仁城镇人口占全县总人口的比重逐年上升。

1951~1953 年，西门大桥建成；同年 7 月，铜（仁）思（南）公路通车，铜仁的汽车站由桐梓巷迁到西门桥头。从此，在铜仁城郊区的绿野青畴上，一些工厂纷纷建成。20 世纪 50 年代中期，在铜仁城西郊建起了地区机械厂、县印刷厂、地区水泥厂，驻进 103 地质队，迁来汽车六场（地区运输公司）；在南郊建起了化肥厂、地区肉联厂、县针纺厂、地区皮革厂；在北郊建起了地区猪鬃厂，同时还有军分区、铜仁师范学校等机关学校。1959 年，城镇人口为 3.65 万人。10 年中增加了 2.41 万人。

20 世纪 60~70 年代，在西郊建起了五监狱建材厂、铜仁县酒厂、铜仁县中药厂、地区粮油机械厂、铜仁县二化厂（竹器社）、铜仁县白水泥厂、贵州电扇厂（原机合厂），以及东方红饭店；在南郊建起了砖瓦厂、地区印刷厂、县橡胶厂、地区氧气厂、地区酱菜厂、地区卷烟厂、氮肥厂等；在东郊建起了地区造纸厂；在北郊建起了小五金厂、地区师范专科学校。这一时期，除 1960~1962 年大批城镇职工、干部下放农村参加农业生产劳动，城镇人口从 1959 年的 3.65 万人减少至 3.02 万人、城镇人口逐年下降，净减少 6293 人外，1963~1978 年，城镇人口又逐年回升。这一方面是由于城市人口战备疏散下放农村、知识青年上山下乡等使农村人口有所增加，另一方面国家建设有所恢复，城镇人口也有较大增长。1978 年，铜仁城镇人口为 5.37 万人。

解放后，仅有少量的农村青年通过招工以及参军、升学后被安排到城市工作，虽然城镇人口相比 1949 年翻了两番多，但由于城市户口和农村户口的限制，城市之间除了一些商业、物资部门有一些采购人员以及外出调查人员在各地往来奔波外，在很长的一段时间，城市几乎没有什么流动人口，城市人口的增长处于一个相对缓慢的时期。

五、改革开放后城市化水平迅速提升期

1978 年下半年到 1979 年初，铜仁县的一些生产队自发地进行了生产体制改革。瓦屋公社土坪大队的土坪、小溪、新田湾、板桥、干溪刘家、干溪满家 6 个生产队在刘兴才等人的倡导下，率先推行了“包干到户”生产责任制，茶坳、庙冲两个生产队实行了“包干到组，联产计酬，超产奖励，多收归己”

的生产责任制。此后，包干到户（组）在农村陆续出现，1980~1981 年，全县 2427 个生产队全部实行了家庭联产承包责任制，生产力得到了解放，农村富余劳动力摆脱了土地的束缚，开始向城市涌入。

随着改革开放的推进，城乡集贸市场逐步复苏，1978 年恢复市场 21 个，均按传统场期赶场。这一时期一些个体户开始出现，1979 年，全县有个体工商户 73 户；1980 年，全县有个体工商户 110 户、从业人员 110 人，同时还有饮食服务业 156 个、从业人员 259 人。随着改革开放的进一步深入，外来人口大批涌进，铜仁的商业再度繁荣。由于 20 世纪 70 年代湘黔铁路过境铜仁的设想未能实现，使铜仁受到怀化市发展造成的巨大冲击。这种状况直到 2007 年渝怀铁路通车后才得以缓解。

1958 年、1982 年、1988 年和 1999 年，铜仁分别进行了城市总体规划的编制和修编，城市建设严格按照总体规划的要求实施，一个传承历史的新铜仁以其崭新的面貌屹立于黔之东部。2010 年，全市总人口达到 38.17 万人，其中城镇人口 21.55 万人，城镇化水平达到 56.5%，比 1949 年和 1978 年分别增加 30 个百分点和 24.5 个百分点；城区面积为 25.50 平方公里，其中建成区面积为 23.0 平方公里；市政设施水平显著提高：城市供水普及率达到 95.65%，比 1978 年提高 71 个百分点；城市燃气从无到有，普及率达到 34.78%。1995 年开始发展公交车，1997 年发展至 60 标台，2010 年发展至 72 标台。人均道路面积达 6.92 平方米，比 1978 年增加 4.7 平方米；人均公园绿地面积为 6.38 平方米。

第二节　现状与特点

一、城市规划

中华人民共和国建立以来，铜仁共编制过四次城市总体规划。

（一）1958 年铜仁县城总体规划概况

1958 年，为适应社会主义建设和发展的需要，铜仁县人民政府对城区进行了粗线条的规划。规划范围：东起落茶，西至坝里岗，南起熊家屯，北至两板桥。功能分区及布局：河东老城及沿江两岸为居住商业区，北门外为文化教育区，工业分布在城郊，铜仁卫校及北门医院门诊楼、东方红饭店均是按此次规划实施的标志性公共建筑。本次规划第一次突破了老城墙的范围，对未来城市的发展起到了一定的作用。

（二）1982 年铜仁县城总体规划概况

本次规划第一次确定了城市性质及发展规模。

城市性质：铜仁地、县的政治、经济、文化中心，是以发展轻工业和农副产品为主的食品加工业的小城市。同时积极进行园林绿化和风景区的开发，为旅游开发奠定基础。

人口规模：近期（1985 年）5.8 万人；远期（2000 年）8.4 万人。

功能分区：南门桥至熊家屯为新建工业区，西门坳至八里岗为仓储区，柑子园至鹭鸶岩为交通运输区，北门至清水塘为文化教育区，居住、商业中心以旧城区为主。远期城市规划面积由 13.63 平方公里增加到 22 平方公里，城市建设面积由 4.76 平方公里增加到 8.2 平方公里（此规划在 1998 年得以实现）。

（三）1988 年铜仁城市总体规划概况

1987 年 8 月 21 日，国务院批复撤销铜仁县，建立铜仁市（县级）。随后铜仁市着手编制《铜仁城市总体规划》。

城市性质：铜仁地区的政治、经济、文化中心，是以轻工业为主，辅之以适当的重工业，工农业协调发展、旅游开发、环境优美的综合性服务城市。

城市规模：至 2010 年，城区人口控制在 12 万人，人均用地指标为 105 平方米。

城市布局：基本上是在 1982 年总体规划所确定的功能分区的基础上进行局部修改和完善。

（四）1999 年铜仁城市总体规划（修编）概况

规划期限为 1999 ~ 2020 年，城市规划区范围为原河西、环北、市中一个办事处的行政辖区及谢桥办事处的小云南、桃家湾以北区域，面积为 150 平方公里，城市发展基本限定在自然山体合围的谷地范围内。

城市性质：全区政治、经济、文化、信息中心，是发展商贸、轻工业及旅游服务为主的山水园林城市。

主要发展目标：2020 年的国内生产总值达 60 亿元，地方财政收入为 9.5 亿元，全市总人口达 42 万人，城镇化水平为 65%，城区人口达 20 万人，建成区面积为17.9平方公里，人均建设用地89.8平方米，城市仍以河流和山体分界，形成旧城、谢桥、灯塔三个片区。旧城片区以公共设施和居住为主；谢桥片区以居住为主，适度布局无污染工业；灯塔片区以工业和仓储为主。

（五）2009年铜仁市城市总体规划概况

发展目标：在科学发展观的指导下，紧紧抓住国家西部大开发战略的深入实施，充分发挥资源和文化优势，借助区域城镇群的带动和重大区域基础设施的建设，把铜仁市建设成贵州省东北部、湘渝交界地区的区域性中心城市、城乡统筹发展的大城市和国内知名、具有一定国际影响力的旅游中心城市，全面实现小康社会和城乡现代化。

城市性质：贵州东北部中心城市和黔湘渝交界区域商贸、旅游的核心城市，是发展新材料、生物制药、特色旅游商品、绿色食品、航空用品等的生态产业循环经济区，中国宜居的精品城市。

城市发展规模：城市人口近期（2015年）30万人；中期（2020年）50万人；远期（2030年）80万人。建设用地：近期（2015年）30.02平方公里，人均100平方米；中期（2020年）48.5平方公里，人均97平方米；远期（2030年）78.78平方公里，人均99.74平方米。

规划范围：铜仁城市规划区为铜仁市的茶店、谢桥、市中、环北、河西、灯塔、川硐、滑石、松桃县的大兴等共9个乡镇（办事处）行政辖区及坝黄镇锦江两岸可视范围，总面积为757.61平方公里。

二、城镇建设

（一）城区建设

1. 城区演变及拓展

铜仁古城位于三面环江、北面依山、一个狭长1000米的半岛之上。

中华人民共和国建立后，工商业兴起，人口增长，开始向西跨江发展，在西门方向建立工厂、居民住宅。1958年，新建西门大桥，为向西发展创造了条件。此后相继建立铜仁地区机械厂、地区大修厂、汽车六场（20世纪80年代改称铜仁运输公司）、五监狱、铜仁地区粮食储备仓库等企业及职工住宅。20世纪60年代起，在西门坳建西门体育场；西门至凉水井一带建立地区百货公司仓库、地区五金公司仓库、铜仁地区卫校、铜仁县第二中学、铜仁县农机厂；西门坳至坝地岗一带，建地区盐业公司、县酒厂、县食品站、103地质队。20世纪80年代初，铜仁地委、地区行署从老城迁至河西的花果山。

1993年，铜仁市成立“铜江经济开发区管理委员会”，开始向南跨江发展，把铜江大队（原蔬菜队）的蔬菜地和果园地，以及少数单位、工厂的16万平方米土地实施开发建设。经过3年多的建设，“铜江商城”初具规模，建成主干道2条、次干道7条，总长3380米，新建房屋441栋，建房面积20.9万平方米，其中单位建房367栋、个人建房74栋。开发区内的水、电、路、通信、排污等问题自行解决，基本形成了一个与老城隔江相望的商业和住宅新区。

为了给城市发展创造良好的条件，铜仁市先后在大江、小江、锦江上修建了东门大桥、西门大桥、大江坪大桥，以及瓦窑河坝上桥、兴市桥、清水大桥，金滩大桥、瓦窑河大桥、锦江大桥、下南门大桥等10余座桥梁，犹如一座座彩虹飞架在三江之上，既为人们生产生活提供了方便，又美化了城市的形象，所以人们又把铜仁称之为“桥城”。

进入21世纪，城市扩容掀起新一轮高潮，在河西新华村地段上把南起凉水井，北至清水桥头的2000余亩土地进行开发，形成东太大道和两边的商业店面及住房，较为有影响的有水果市场、南长城装饰材料批发城。后又向南对金滩（原浅滩）一片进行开发，一层为商场，二层以上为住房，出现在全省有重要影响的金滩综合批发城等，成为铜仁商业批发规模最大、品种最齐全、吸纳消费者最多的商业热圈。

随着渝怀铁路的修建，北门至清水塘一带又掀起开发建设的热潮，东太、江华、伍寰等房地产开发公司纷纷抢滩火车站片区，先后修建火车站金马码头商住区、公园道一号高层建筑群，其中江华国际五星级宾馆为铜仁目前最具现代特色的高级宾馆。火车站广场对面的桐梓坳地段是伍寰现代家俱城，已建成高楼林立的商住区。

2007年，中共铜仁市委、市人民政府为了解决城市扩容的需要，大胆提出了“南扩北移”的构想，南向谢桥、茶店方向，北向川硐、滑石方向发展。向北，现已建立川硐教育新区、大兴科技工业园区；向南，已于先期建立了谢桥工业区，招商引入10多家企业在此建厂兴业。中共铜仁市委、市人民政府2008年12月已迁至谢桥境内。学校、政府的搬迁带动城市的扩展和沿线的发展。2009年，铜仁市在城东建成40米宽的滨江大道。2010年，继续实施滨江大道—三寨—滑石—大兴的城市外环线建设工程，为城市向东北方向发展打下良好的基础。铜仁城区又打通了凉水井至鹭鸶岩的西外环城市干道，既改善了城市的交通环境，又为城市扩容和道路两边的开发建设创造了十分有利的条件。

经过 60 多年的快速发展，铜仁城市面积已由 20 世纪 50 年代初的 2 平方公里增加到 20 世纪 70 年代末的 4 平方公里，又增加到 2000 年的 12 平方公里，再增加到 2010 年的 26.6 平方公里；人口也由解放初的 2 万人增加到 2010 年的 18 万人。

（1）旧城改造。铜仁旧城改造始于 20 世纪 90 年代，主要集中在市中片区。1998 年 2 月，铜仁市引进广西北海国恒房地产公司，投资 4300 万元对小十字与北门之间的官塘小区实施改造。该区地势低洼，房屋破旧，阴暗潮湿，可开发面积为 1.1 万平方米。改造后新建房屋面积 4.5 万平方米，其中商业面积 8500 平方米、住宅面积 3.5 万平方米、其他用房 1500 平方米；拓宽民主路长 245 米、宽 20 米；新建农贸市场 1 处、停车场 2 处，小区公厕一座，铺设地下管道 1000 米，新建人行天桥 3 处。通过改造，大大地改善了居住和经营环境，为旧城改造发展提供了新的模式；特别是小十字农贸市场的建立，彻底改变了铜仁市以街为市的传统陋习。大十字商贸中心改造：大十字是铜仁市旧城商贸中心，由于道路狭窄，房屋低矮，对城市发展极为不利。1998 年 12 月，铜仁市引进重庆三维房地产开发公司，投资 2400 万元对该区房屋进行综合开发，开发面积为 4300 平方米。改造后新建房屋面积为 2.5 万平方米，其中商场面积 6700 平方米、住宅面积 1.83 万平方米；新建商业步行街 3 条，新建冲水式公厕 1 座，把原以居住为主的小区改造成为以商业为主的城市金融、商贸中心。民主路步行街南端改造：该区原为单位和居民混杂区。1999 年元月，引进重庆市黔江县水电建安公司投资 1500 万元实施改造，开发面积 1500 平方米。改造后新建房屋面积 1.7 万平方米，其中商业面积 4960 平方米、住宅面积 1.2 万平方米，新建商业步行街一条，新建水冲式公厕 1 座，配套建设人行天桥 2 座。同时，该公司还开发改造北门商业一条街，占地 3000 平方米，改造新建商业门面和住房 2 万平方米，总投资 1200 万元。此外，大十字、小十字局部范围的旧城改造也在同步进行，先后在大十字的龙井巷、道坳上、新华书店、金讯商厦、地区电影院一带进行改造；特别是对天天见超市至华联超市一片进行了旧房改造，建成了铜仁三大超市——天天见超市、华联超市和一品阳光超市。地区电影院北侧即下塘坎改造修建了小十字中心市场，小十字北外侧至北门口一带的旧城改造建成了文化步行街。通过 20 多年的改造，铜仁城旧貌换新颜，高楼林立、道路宽广、环境整洁、街市繁华，初具现代旅游城市的雏形。

（2）工业区建设。铜仁工业起步于解放初期，先后在河西片区建立了一些工厂；20 世纪 70 年代，在城南片区建立了一些企业。20 世纪 80 年代开始，实行经济体制改革，由于本地资金、技术、管理等跟不上形势发展的需要，造成企业严重亏损，多数工厂停产关闭，部分厂处于半停产状态。到 2000 年，铜仁工业除一些特殊企业，如铜仁地区卷烟厂、地区复烤厂、地区电力公司、市电力公司、市供水公司、市铁合金厂、市化工厂继续生产发展外，其余的地、市工厂已全部停产、关闭或改制，有的地盘已被房地产开发商收购，作为房地产开发之用。在一些老企业不景气的同时，一种新兴的工业企业正在应运而生，那就是民营企业。一些私营企业家纷纷在铜仁建厂投产，产值以每年两位数比例增长，使铜仁工业经济恢复了生机和活力。2004 年，铜仁市提出“兴工富市”的口号，开始把发展工业的希望寄托在引资企业上，注重新产业、新技术和新材料的加工生产。为了给引资企业创造良好环境，铜仁市建立了灯塔工业区，引进锰、硅、铁合金等 8 家冶炼企业。在谢桥工业区，引进贵州神奇制药厂和川主科技助农公司，食品、羽绒等 10 多家企业的入驻，奠定了铜仁新型工业化发展的基础。2009 年，铜仁地区行署提出全力打造“两带两圈”产业体系，实现 6 个新跨越的战略构想。2010 年，开工建设 5 平方公里的大兴科技工业园区，为高科技绿色产业引入铜仁创造了有利条件，也为铜仁工业产业升级和向科技型、环保型、智慧型发展奠定了坚实的基础。

2. 城区住房建设

新中国成立以来，铜仁城区建筑主要由地、市几家建筑公司承担，建房单位主要是机关、企事业单位，私人建房较少。从 1985 年开始出现一些新的建筑企业，或是私人建筑企业，或私人挂靠集体的建筑企业，如铜仁市房地产开发总公司、福霖房地产开发公司、东太房地产开发公司和铜江经济开发公司等。1994 年后，又先后引进了广西北海、四川、重庆等外省、区、市企业到铜仁进行小区房地产开发、销售。据统计，在近 10 年中投入房地产开发的资金达 4.5 亿元，开发新房面积 75 万平方米，其中商场 10 万平方米，住宅 65 万平方米。

2000 年起，东太房地产公司对河西车站对面的市粮食局仓库、地区机械厂片区进行开发，占地面积为2.3万平方米，建设房屋总面积为9万平方米，其中，营业面积6.5万平方米，住宅面积2.5万平方米；建成了东太装饰材料批发商城，楼下为店铺，楼上为住宅；2004年，对地区大修厂片区进行开发，占地面积为2.7万平方米，建筑总面积为8.4万平方米，其中，营业面积2万平方米，住宅面积6.4万平方米；建成了铜仁第一个高档住宅小区——“御风锦江”，树立了铜仁居住小区新的形象和品牌。

河西房地产公司对西门桥头百货公司、西门体育场片区进行开发建设，占地面积为12万平方米，建筑总面积为47万平方米，其中，营业面积7万平方米，住宅面积38万平方米；新建锦江广场2.4万平方米；广场空间由别墅、商场、住宅、公共图书馆、市老年活动中心及文化艺术培训场馆构成，形成了市中心区供市民活动的一个多功能广场。

铜仁聚龙房地产开发公司对盐业公司、酒厂片区进行了改造建设，建成铜仁商贸城，占地面积为3.5万平方米，建筑总面积为7万平方米，其中，营业面积2.8万平方米，住宅面积4.2万平方米。

重庆市伟映实业有限公司对河西赵家湾片区水塘、荒地进行了开发建设，占地面积为4.8万平方米，建筑总面积为20.06万平方米，其中，营业面积4.7万平方米，住宅面积15.36万平方米。新建的时代商汇电梯楼群外观新颖、布局合理，极具现代特色，很受市民欢迎。

铜仁市东信房地产开发公司对鹭鸶岩路进行了开发，占地面积为1.5万平方米，建筑总面积为3.7万平方米，其中，营业面积2000平方米，住宅面积3.5万平方米；新建丽景明苑街1条。

代维房地产开发公司对锅厂片区进行了开发，占地面积为1.2万平方米，建筑总面积为4.13万平方米，其中，营业面积9215平方米，住宅面积3.21万平方米；新建锦鸿休闲街1条，占地面积1000平方米。

北门片区的房屋建设也在如火如荼进行。2002年，修建了北门批发城。2004年，对地区武警支队右侧一片进行建设，修建了国防新村。2005年，对黑松塘一带实施改造。2006年，对瓦窑河片区进行改造，改变了原来的旧面貌，建立起了集绿化、休闲、商住于一体的现代城市新风貌。2007年，东太房地产公司对原地区林业汽车场片区进行改造，建成了园林式的住宅小区——“凯旋春天”，其建筑的总体布局、环境绿化、室内功能分区设置均得到市民的好评。

在房地产开发建设的同时，住房制度改革也在进行。1988年，铜仁市开展城镇住房制度改革。1993年，地、市房改方案先后出台，并进入房改实施阶段。到1998年底，城区省、地、市参加房改的单位有323个，住户16697户，房改面积为142.1万平方米。其中，铜仁市直单位参加房改的有127个，共有面积43万平方米，住房3497户。这次房改包括成本价售房、标准价售房和集资建房三类。通过住房制度改革，促进了干部职工“住房商品化观念”的形成，促进了住房由实物分配向货币分配的转化。1994年1月起，铜仁市全面开展成本价出售公有住房和集资建房工作，到1995年10月，全市共有86个单位以标准价出售公有住房1534套，面积达8万余平方米；按标准价集资建房的有46个单位、756套、4.93万平方米，总投资1778万元，其中职工自筹资金680万元。集资建房改善了居住条件，从过去普遍住平房变成住楼房，面积由每户30平方米提高70平方米左右，缓解了城镇住房紧张的矛盾，加快了城市建设的步伐。

从1995年11月至1998年底，全市购部分产权的2377户中有2258户转购为全部产权，转购全部产权率为95%，职工补购成本价676万元，成本价或全额集资建房45个单位、921套、6.3万平方米，总投资为2858万元，其中职工自筹1916万元。

2001年，全面实行住房分配货币化改革方案，职工存量补贴160余个单位、3800人，全年核定职工存量补贴2343万元；2002年，存量补贴106个单位，其中企业28个、行政事业单位78个，核定存量补贴总额为2038万元。

在加快住房制度改革的同时，逐步解决城市无房户、住房困难户和中低收入职工的住房问题。1995年，铜仁市安居工程建设发展中心成立，投资978万元，一共实施了三期安居工程（经济适用房）：第一期，九龙路80套，6013平方米；第二期，九龙路76套，6696平方米；第三期，环西路74套，6008平方米。委托代建代销安居住宅工程302套、24392平方米，投资1065万元。资金来源采取中央财政补助、地方财政补助和个人出资共同承担。1998年，保障性安居住房体系确立。2007~2008年，全市保障性安居建设任务为600套，因项目用地难落实，地方政府配套资金困难及审批程序复杂等原因，只开工建设60套，占任务量的14%。

2009~2011年，地区下达的保障性安居建设任务是5554套、2.77万平方米，其中2009年建设任务为2304套，新增1500套，上年未完成16套，共3820套，总建筑面积为19.6万平方米，需征用土地150亩左右。其中，河上田安排800套、4万平方米，总投资4000万元；枇杷湾916套、4.58万平方米，总投资 4580 万元；响塘龙 1088 套、5.44 万平方米，总投资 5440 万元；跑马坪 800 套、建筑面积 4 万平方米，总投资 4000 万元，可解决化工厂困难群众住房问题；锅厂 200 套、建筑面积 1 万平方米，总投资 1000 万元，可解决锅厂片区、地市供销社系统困难群众的住房问题。

2010 年，为加快工程建设速度，市人民政府决定保障性安居工程由开发商或建筑施工方代建，征地、拆迁和各项建设内容全部进入成本，建设期间政府不投入或只投入中央财政补助资金，余款待房屋销售后结算。计划每套安居房面积 55 平方米的占 15%，主要用于出租，解决无力购房群众的需要；每套 70 平方米左右的占 50%，用于解决人口较多家庭的需求；超出 50 平方米的部分，按经济适用房价格销售；其余的全部用于建设 100 平方米的大户型。

3. 公共设施建设

为了解决城区居民工作、生活等方面的需求，铜仁市从 20 世纪 50 年代就着手开始城区供水、供电、通信、交通等公共设施方面的建设，为城市发展创造良好的环境。

（1）供水。1958 年，由城区机关干部和市民集资 3 万元，省补助 26 万元，利用城东的井水资源修建了鱼梁滩水厂，把水抽上来在付家山建立蓄水池，解决了中心城区一带 4000 余人的生活用水。1971 年，修建清水塘水厂。1982 年，修建云董坡蓄水池，由于它位置高、压力大，基本满足了河西一带居民用水的需求，区域内所有地方都能用到水。1988 年，铜仁市修建了桐梓坳一、二期水厂，日供水 3 万吨，可以满足了城区所有地方的用水需要。随着城市扩容，人口增长，需水量的日益增多，1998 年，市政府通过贷款建设了日产 10 万吨的鹭鸶岩水厂，可满足 30 万人今后 15 年的需求。2005 年，建立了长岩坡加压站和蓄水池，城区管网建设也日臻完备，可以贯通城区每个地方，为城市扩容和产业发展创造了必备的条件。

（2）排水。主要是为解决城市低洼地区汛期的积水问题。历史上铜仁城市排水曾建有官塘、县塘坎、雷家塘及西门排水设施。“十一五”时期，城市排水通过规划建设，已先后建成城区 6 大排水系统：瓦窑河排水系统，汇水面积 1 平方公里，已初步建成北校场—二完小—瓦窑河排水沟 1500 米；便水门排水系统，汇水面积 2 平方公里，已初步建成官塘—县塘坎—张家洞排水沟 2000 米；西门排水系统，汇水面积 0.5 平方公里，初步建成杀牛坳—龙井巷—大十字—西门口排水沟约 800 米；中南门排水系统，汇水面积 0.5 平方公里，已建成道坳上—学门口—中南门排水沟 1200 米；下南门排水系统，已建成杀牛坳—专医院—下南门排水沟 800 米；客车站排水系统，在城西片区，汇水面积 3 平方公里，已初步建成从 103 地质队—酒厂—棕树塘—客车站排水沟约 2000 米。1997 年，投资 80 万元新增排污管道直径 900×105 米、直径 600×250 米。2002 年，疏通城区下水道 6000 米，对临街门面的下水道进行改造，净化了街道环境。2004 年，对道坳上全长 69 米排水沟进行改造和对道坳上农贸市场排水沟进行清理。2005 年，投资 16 万元，新建火车站安置区排水（污）系统，彻底解决了该片区年年汛期成灾的问题；对南长城片区进行了清淤与疏通，并对损坏沟盖板进行了更换，做到全年汛期无灾难发生；对棕树塘医院排水（污）沟进行清淤 80 米，确保该区排泄通畅；完成了环北路、环西路、中华路、共青路、周逸群故居、道坳上等路段全线清淤疏通。2006 年，中央投资 526.8 万元，地方财政投入 20 万元，埋设排污管网系统 13.43 公里，包括火车站、东太商城、金码头、御风锦江、金滩、阳光小区、锦江广场、鑫竹小区等片区清理疏通。2007 年，投资 1000 万元，完成城市排水管网改造工程 16.02 公里。

（3）污水处理工程。过去，铜仁城区的污水一直是直接排入锦江，锦江水质受到严重污染，致使鱼类减少，人们不敢下河游泳。1999 年 11 月 27 日，铜仁市污水治理工程经省人民政府批准立项，2001 年成立了铜仁市污水治理有限公司，12 月动工建设。2008 年 7 月 1 日，污水处理厂正式运行，并通过 7 条污水截流管道把三江两岸城市几个片区的工业、生活污水引入污水处理厂，处理后实施无污染排放，免除了对锦江河的污染。

（4）公厕建设。1998 年，城区有公厕 11 座。2009 年，铜仁城区共有公厕 77 座，其中，市中片区 18 座、环北片区 26 座、河西片区 33 座，基本上可以满足行人在公共场所如厕的需要。

（5）垃圾清运。1998 年，城区有环卫机动车 11 辆、多功能吊斗车 6 辆、粪便车 2 辆、清运车 1 辆、洒水车 1 辆、工具车 1 辆、人工手推车 40 辆、垃圾斗 58 个、果皮箱 62 个、垃圾堆放场 1 个（邱家寨）。2002 年，投资 38 万元，新建 9 座垃圾中转站，添置园林绿化洒水车和道路清扫车各 1 辆。2004 年，购环卫车 3 辆，翻新垃圾桶 255 个，新安装 229 个。2005 年，投资 70 万元，新建地埋式垃圾中转站 3 座。是年，城区有果皮箱 410 个、垃圾中转站池 19 个，在城区主次干道及居民小区新增果皮箱 480 个，维修翻新 290 个。2006 年，在主干道新增果皮箱 212 个，建地埋式垃圾中转站 1 座，新建垃圾中转站 4 座、垃圾房 17 座。为解决垃圾处理问题，2001 年，经专家组实地调查和充分论证，选定谢桥小龙山场址，投资5050万元，设计容量可满足铜仁城处理垃圾20年以上的需求。2003年5月30日动工，2004年10月建成。设计规模为日处理垃圾210吨，实际日处理垃圾240吨。

（6）供电。20世纪90年代，铜仁市辖区内有铜仁地区供电局管理的挞扒洞一、二、三级电站和芦家洞电站，有铜仁汞矿管理的砂罗岗电站和龙潭电站，有乡、镇、村自建自管的农村小水电站，以及铜仁市地方电力公司直接管理的漾头电站、施滩电站和瓦窑河电站。全市从20世纪70年代起，在电力生产与电网运行中实行统一调度和分级管理的办法。1985年5月，县电网与地区电网并网时，双方签订了县城用电由地区电网按原负荷区供电，农村用电由县电网供电，以及上、下网电价互利等内容的协议书。1991年，漾头电站建成投产后，市管理的水电站共有1.97万千瓦发电能力，在丰水期勉强可维持全市的工、农业生产和生活用电。为了保证城区供电，市内建有城区供电所，主要以喻家坪和熊家屯变电站为枢纽，部分以锦江和浅滩变电站为起点，以10千伏供电线路把电力输往各用电客户。城区供电所有12条共182公里10千伏供电线路、90公里400伏配电线路、245台配电变压器，其中专用变压器有54台。城区供电所还专设1个电力大客户服务中心，对漾头35千伏线路供电给漾头硅厂、鑫星硅厂、铜仁烟厂、复烤厂、化肥厂、电解锰厂、喻家坪水厂等由电力大客户服务中心提供专门服务。2006年，城区供电所全年供电量为9040万度，销售电量8461万度，其10千伏线路线损率为5.85%，400伏线路线损率为9.38%。2006年，地、市两家电力企业调整全市辖区内供电区域：城区以锦江干流为界，锦江以北为铜仁地区供电局管理供电；锦江以南为铜仁市地方电力公司管理供电；同时把谢桥办事处也划归铜仁市地方电力公司管理供电。

（7）通信。解放初期，铜仁始设业务组管理信报投递工作，实行“邮发合一”，只有2名投递员。随着城区面积不断扩大，投递线路的增加，1996年投递员增加到12人，负责邮件及报刊的投递。电报业务：1950年，全年发报为0.8万次。由于电信高科技的快速发展，光缆接通，程控电话在境内开通，电话进入百姓家庭，高速发展的现代通信网络完全满足了人们生产生活现代节奏的需要。

（8）公共交通，1957年7月，在西门桥头建铜仁客车站；1969年迁至大庆路43号（即现在的位置）。铜仁市运输公司客车站1989年元月建立，站址在大庆路14号。1995年12月，建立武警停车场城北客车站，位于北门广建路2号武警停车场。2004年12月，在铜仁市陆场路127号建立铜仁汽车客运南站。2006年9月，建立铜仁金滩汽车客运站，该站是由铜仁金顶旅游公司和贵州南长城企业集团合资建立的从事客运经营的企业。2007年12月，在清水南路万货城内建立铜仁城北客运站，该站是铜仁全通汽车有限公司直辖的从事客运站经营的企业。建市之初，铜仁城市客运靠300多辆人力车“慢慢游”；1997年随着城市的不断扩容，人力车被取消，改由三轮车载客；2001年城市公交再次革命，618辆三轮车被取消，居民出行全部改乘公交车城市公交正式投入营运。2010年，城区有公共交通车523辆，其中市内中巴、大巴车87辆，出租汽车436辆；同时，为了减少噪声和污染，城市的主要干道进行了大规模的油路改造。

（二）小城镇建设

铜仁市在推进城市现代化进程的同时，小城镇建设也在紧锣密鼓地进行。

1985年，铜仁市设云场坪镇。1992年，实行机构改革，撤区并乡，又增置川硐镇、坝黄镇、茶店镇、漾头镇。这些镇既是国家基层政权机构，又是介于城乡之间经济、文化的交汇点，其建设规模次于城市而优于乡村，所以称为小城镇。小城镇的建设是随着国家经济发展和自身特点而发展的，极具地域特色。

1. 川硐镇建设

川硐镇位于铜仁市北部，距城市13公里，处在铜仁通往湖南省吉首、怀化县和重庆秀山县的公路干线上，是铜仁市北部农村的重要中心集镇。解放前，川硐是一个仅有四五十户人家的小场镇，多为茅草屋；解放后，逐渐建设成为农村的中心集镇。1998年，全镇有常住人口350户、1320人，其中非农业人口为794人。2000年底，集镇建设区面积达250公顷，各类房屋建筑面积为20.91万平方米。2004年，铜仁至大兴公路改造，结束了以公路为市的历史，并新建街道一条。2010年，该镇各类房屋建筑达36.82万平方米。

2. 坝黄镇建设

坝黄镇位于铜仁市西部铜（仁）思（南）公路干线上，距城市21公里，是铜仁市西部农村重要中心集镇。解放前，坝黄是铜仁至江口水运航线上的一个农村场镇，称老街。1998年，集镇有常住人口310户、1200人，其中非农业人口为550人。2000年，集镇建设区面积约为250公顷，有各类房屋建筑面积 31.80 万平方米。2005 年，实施移民搬迁，在街的西段公路边修建了一排排崭新的移民房，建筑面积扩大到 65 万平方米。市场移到外侧原粮食仓库地段，结束了以公路为市的历史。

3. 茶店镇建设

茶店镇位于铜仁市南部铜（仁）玉（屏）公路干线上，距城市 24 公里，是铜仁市南部一个重要的农村集镇。解放前，茶店是个 60 余户人家的小场镇；1995 年，被列为贵州省“双百”试点小城镇。1998 年，集镇有常住人口 280 户、950 人，其中非农业人口为 540 人。2000 年，集镇建设区面积为 198 公顷，有各类房屋建筑面积 37.15 万平方米。2004 年，新建了农贸市场。2005 年，铜玉高等级公路修建，公路改从集镇外面通过，结束了过去赶场天人车混杂、拥挤不堪的历史。2010 年，集镇房屋建设、镇容镇貌、环境卫生有了新的变化。

4. 漾头镇建设

漾头镇位于境内东部边缘，与湖南麻阳、芷江两县相交，距城市 27 公里。因其处于锦江干流贵州与湖南的交界点上，历史上曾是一个重要的水运码头集镇。由于历史变更，几经沧桑，解放初，它是一个不足百户人家的小集镇。1991 年，漾头电站建成发电，装机容量为 1.6 万千瓦，成为全市城乡主要供电基地；同时，集镇建设也有了新的发展。2007 年，渝怀铁路通车后，漾头成为铜仁第一个通火车的集镇。2010 年，集镇建设区面积为 126 公顷，有各类房屋建筑面积 21.6 万平方米，其中住宅 9.3 万平方米，镇内常住人口为 356 户、1432 人。

5. 云场坪镇建设

云场坪镇位于铜仁东北部边缘湘黔两省交界处，与湖南凤凰县仅一山之隔，距城市 21 公里。云场坪镇是大硐喇汞矿驻地，与万山、岩屋坪矿区合称“中国汞都”，归属于贵州汞矿。2010 年，集镇建设区面积为 102 公顷，有各类房屋建筑面积 34.35 万平方米。镇内有中小学、医院、书店、电影院，还有旅馆、饭店、百货商店、烟酒店、电气维修等经营服务行业。

此外，铜仁市还有 7 个乡，它们分别是大坪、鱼塘、桐木坪、和平、滑石、瓦屋和六龙山。由于乡政府所在地既是当地政府的办事机构，又是当地的集贸市场，近年来随着商品贸易的发展，汇集的住户和经营人员不断增多，其房屋建设规模也不断扩大，但面积大小不一，比镇略小，所有的政府机构、公共设施、商品贸易与镇政府所在地一样俱全。

三、城市管理

（一）城市管理新阶段

铜仁市建立以来，城市管理经历了县城管理和市级城市管理两个阶段。

1987年，铜仁撤县建市后，每年将综合整治城市面貌、创建卫生城市纳入政府的日常工作。1991~1995年，为创建国家卫生城市，先后制定和颁布了《铜仁市管理监察处罚规定》、《铜仁市环境卫生保护管理暂行办法》等一系列文件。为改善城区卫生环境，先后筹资720万元，解决环西路、大庆路、环北路、共青路、北门至师专的照明路灯问题。1992年，铜仁市城管大队成立，直属市建设局，专门负责城区环境卫生及市场的管理工作。1996年，为彻底根除市区主干道"脏、乱、差"现象，中共铜仁市委、市人民政府把创建"文明卫生城市"的工作落到实处，除发放《铜仁市市民守则》和《关于创建"文明卫生街道"的通告》等宣传品外，还聘请了100名离退休干部、工人及街道干部参与管理。城建、工商、爱卫、交警、城管、办事处各自分工负责，按照城管的有关规定，切实管理好个体摊位、车辆运行秩序，以及乱搭乱建、门前"三包"、垃圾清运、街道保洁等环境卫生工作。这项工作尽管取得了一定的成效，但由于设施不配套，制度不完善，管理不规范，"脏、乱、差"反弹现象比较严重，管理工作稍一松懈，就会出现马路当市、垃圾遍地、污水横流、人车乱行、秩序混乱的局面，这与创建文明城市的要求极不相称。铜仁市委、市政府痛下决心，决定把城市管理工作纳入政府工作的重要议事日程。2001年9月，城管大队从建设局分出，组建城市管理局，专门负责城区的环境卫生管理工作。

2003年12月25日，铜仁市正式启动"四创"工作，即创建"中国优秀旅游城市、省级文明城市、省级卫生城市和省级园林城市"活动，以此为契机，强力推动城市环境卫生的改善。主要街道设置公共信息栏，使乱贴小广告现象得到有效控制；建立城市交通秩序管理机制；在城市客运公交行业持续开展"党员示范车"、"星级出租车"、"青年文明号"、"优秀驾驶员"评选等活动，推动了城市客运向着"乘客满意、政府认可、规范有序"的目标发展。

（二）提高城市管理效率和水平

2004~2006年，因铜仁城市发展过快，功能不完善，硬件设施跟不上，难以适应发展的需求，给管理造成严重困难。为此，围绕文明创建目标，开展了“净化、绿化、亮化、美化、亲水、畅通”六大工程。

（1）净化工程。为净化城市环境，改善城市面貌，城区全面推行“门前三包”责任制，建筑工地封闭施工，建筑车辆净车上路、密封运输，使城市环境卫生得到全面加强。同时，加强卫生队伍、设备和制度建设。一是提高环卫工人工资福利待遇，稳定环卫队伍。二是购置吸尘车、清运车，新建和更换垃圾桶、果皮箱。三是强化考核监督机制，将城管队员和环卫工人的工作捆绑在一起，明确职责任务，相互协作监督。四是拆除影响市容市貌的违章建筑。五是成立稽查队，对各路段的岗位和工作完成情况进行督查。

（2）绿化工程。加大城区、城郊园林绿化建设的投入，2009 年，铜仁市实施锦江绿化、三江公园、花果山广场建设项目。为使市民拥有更多的休闲娱乐活动空间，政府还斥巨资从开发商手中回购土地为老百姓建设休闲、娱乐广场，完成火车站广场、北门三角地带休闲广场绿地建设。

（3）亮化工程。实施城市道路、桥梁及城区锦江沿岸的亮化工程，实现了道路亮、桥梁亮、标志建筑亮、门面亮、橱窗亮、广告亮，营造了优美的城市夜景。“梦幻锦江”的灯光工程，打造出了夜游锦江的环城游览线路。

（4）美化工程。积极开展市容整治、临街污染店面整治、户外广告整治。2010 年，进行临街建筑物立面美化改造、公交车站台美化改造、临街道路和空地绿化美化工程，并以打造“奇石城”来突显武陵山区城市特色。至 2011 年，沿江两岸林荫道建设已初步完成，为游客观光、游钓锦江创造良好的环境。

（5）亲水工程。2009 年，投资 1.5 亿元的污水处理厂已投入使用，城区 85% 以上的污水进入污水处理厂，从根本上解决了锦江污染的问题。同时，引资对锦江进行综合治理和开发。2010 年，锦江污水截流、淤泥清理、河面保洁等综合治理工作已经完成；筑坝储水、提高锦江水位 5 米的工程已近尾声，“梦幻锦江”旅游开发项目业已开始实施。

（6）畅通工程。投资 6700 多万元实施东太大道、锦江大道、清水路、梵净山大道、花果山路等城区主干道的“白改黑”工程，使道路变得更加宽阔通畅。为使城市交通井然有序，铜仁市积极组织城管、交警、客运等部门开展交通秩序专项整治行动，推动了城市客运向着文明、规范、有序的方向发展。

经过短短 8 年时间的努力，铜仁市城市面貌焕然一新，街道整洁，环境优美，秩序井然，锦江秀丽，得到了干部、群众、游客的一致好评，先后获得“中国西部名城”、“省级卫生城市”、“省级文明城市”、“省级园林城市”、“全国绿化模范市”、“中国传统龙舟之乡”、“中华十大亲水美景城市”等称号。以“四创”为目标，以“整脏治乱”为主体的城市建设和管理工作，从2007年开始，一直位居全省前三位，2008年、2009年两次获得第二名，2010年跃居第一名。铜仁市正加快推进国家卫生城市、中国最佳旅游目的地城市的创建活动，举全市之力倾力打造宜居、宜业、宜游的美丽城市。

第三节 城市发展条件与展望

一、城市发展的有利条件与制约因素

（一）有利条件

1. 区位优势

铜仁是贵州省东北部的一个重要开放城市，其地域位置与重庆、湖南相邻。铜仁目前距省会贵阳的距离为377公里，距湖南长沙的距离为545公里，处于两省交界的位置。

由于铜仁的地理位置处于贵州相对偏远位置，不处于贵州“中部突破”的“十字形”交通通道区域，游离于全省经济发展重点区域之外，在经济发展上缺少大中型项目的带动，基础设施相对落后，投资环境改善缓慢，经济社会发展难度较大。在贵州省城镇体系规划中，铜仁市处于二级中心城市地位。虽然是铜仁地区九县一市的政治、经济和文化中心，但由于行政级别不高，行政辖区范围不大，因此在政策支撑、资源配置和信息掌控等方面均无法支撑作为一个地区中心城市各方面的发展。但由于铜仁地处黔、湘、渝三省市交界区域，在成渝经济圈、长株潭城市群经济辐射圈的吸引下，铜仁恰恰可以依托三省市交界的区位优势，形成三省市交界处的物资流、资金流和信息流的中心。

重庆市东南地区黔江、秀山的发展，主要依托乌江和渝湘高速公路、渝怀铁路等交通构成的发展轴，形成以黔江为核心、秀山为主要节点的点轴状城镇发展态势。怀化是全国重要的铁路交通枢纽、湘西及周边地区重要的物流中心，湘、桂、黔、渝、鄂五省（市、区）边区重要的中心城市。吉首是

湘西自治州的首府，将发展成为湘、鄂、渝、黔四省（市）边区的物流中心和旅游集散中心，将发展以商贸、旅游、优势资源特色加工业为主的中心城市。凤凰为国家历史文化名城，将发展成为全国知名的风景旅游城市。花垣将发展成为矿产品深加工为主的现代工贸城市。以上周边城市的发展态势，正可以促成铜仁在发展中形成三足鼎立的中心地位。

2. 自然资源优势

（1）水资源优势。铜仁市境内河网密布，自然天成，长度在 1 公里以上的河流就有 62 条之多。锦江、车坝河两个流域均属洞庭湖水系。锦江干流在境内的流域面积为 1277 平方公里，占全市土地总面积的 84.4%；车坝河的流域面积为 236 平方公里，占土地总面积的 15.6%。

（2）旅游资源。风景名胜区有九龙洞国家级风景区一处、一级景源三处（周逸群故居、锦江、徐氏山庄）、二级景源九处（落鹅土家族村寨、莲台峰、岩马、美人晒丝、六龙山竹海、莲池庵、六龙山峡谷、七股水、将军箭瀑布）、三级景源三处（观音寺、岩叠新石器文化遗址，岩牛寨）。

铜仁市的历史文化景点有国家级重点文物保护单位东山寺、周逸群故居、川主宫、中南门古城、铜岩亭廓等五个景点，为第六批全国重点文物保护单位。东山寺位于城市中心地带，始建于明正德十一年（1516 年），为铜江十二景之一，至今保存完好，是市民及游客喜爱的游览场所。周逸群故居位于市中心逸群路中段西侧，1997 年被列为贵州省爱国主义教育基地，2005 年入选全国红色旅游精品线路名录。川主宫与铜岩亭廓位于市区大江北路中段东侧，始建于明洪武八年（1375 年），系四川会馆。中南门古城位于铜仁市中山路两侧，始建于明初，清代续修，为铜仁至今保存完好的古城；中南门古建筑群体现了铜仁地域文化与中原传统文化水乳交融的结果。

梵净山生态旅游区：目前铜仁地区正在重点打造“梵天净土、桃源铜仁”的旅游形象，开发建设以弥勒道场、梵净山等为代表的梵净山宗教旅游、自然山水观光旅游；开发建设以自然观光、红色旅游等为主要特色的印江—江口旅游片区；开发建设以苗族历史文化、民族风情为特色的松桃旅游片区，把梵净山旅游区建设成为集游览观光、休闲度假、民俗体验和宗教朝拜等功能于一体的综合型旅游区。

九龙洞观光旅游区：以自然景观、历史文化景观为特色，以观光游览、红色旅游、休闲体验、科考探险为主要功能，以九龙洞至十里锦江、苗王城、察院山景区、玉屏北侗民族村寨、夜郎文化景区、矿坑景区等为主要景观，着重提高本旅游区的综合服务功能，进一步挖掘苗王城的历史文化内涵，完善九龙洞至十里锦江景区的建设。

3. 交通优势

（1）城市交通。铜仁城市交通目前正在根据城市总体规划实施“三纵、七横、一环”的城市道路交通系统。此道路交通系统重点增加次干路和支路，同时优化完善主干道系统，分离不同性质的交通流，采用道路功能专一化的思路，形成机动车优先道路与非机动车优先道路明确区分又紧密配合的道路网络结构。这将使铜仁的城市道路功能与等级更进一步明确，过境与入境减少不必要的干扰，从而充分发挥城区环路的作用，降低交通组织的复杂性。

（2）对外交通。铜仁城市对外交通主要有公路、铁路及航空。航空主要以旅游服务为主。铜仁大兴民航机场正在进行4D级扩建，并积极开通新航线，特别是与张家界民航机场形成互补的旅游航线。渝怀铁路复线建设的前期可行性研究和技术准备工作正在加快启动，有望早日实施。加之铜仁东站提级扩能工作的开展，铜仁铁路站场的吞吐能力将得到提高。铜仁正在推进中心城区与周边区域中心城市的公路网建设，重要的产业基地和怀化交通枢纽的高速公路将经过铜仁、江口、大兴，新建铜仁至漾头的二级公路进入湖南的怀化。

（二）发展的机遇

国家实施西部大开发战略与贵州省的“工业强省”、“城镇化带动”战略给铜仁的城市发展带来机遇。

（1）西部大开发带来的机遇。铜仁市在西部大开发中将发挥自己的资源、生态、交通等优势，充分利用国家的政策及资金支持，实现跨越式发展。

（2）东部沿海发达地区产业转移带来的机遇。国家宏观调控使东部地区众多企业由于资源及生产成本逐步攀升而被迫向中西部转移，这是产业调整招商引资的大好机遇，也是经济提升的大好机遇。

（3）泛珠三角圈发展带来的机遇。铜仁参与“泛珠三角”区域经济合作，能够更好地接受“珠三角”的辐射，努力缩小铜仁与沿海地区的贫富差距，推动黔东地区经济的发展。

（4）怀化商贸、物流扩散带来的机遇。怀化是全国重要铁路交通枢纽之一，是物流、商贸较为发达的区域中心型大城市。铜仁距怀化车程仅40分钟，其商贸、物流的升级发展与扩散，必将推动铜仁商贸、物流的升级换代发展，同时还将衍生出更多新就业岗位，实现城市聚集的突变式发展。

（5）凤凰、张家界、梵净山旅游联动发展带来的机遇。铜仁梵净山旅游与凤凰、张家界旅游具有特质的差异性和旅游目的地的互补性，其对外联系又有必然的联动性和基础设施整合利用的高效性，在以梵净山、张家界、凤凰为主要目的地的旅游消费市场内，铜仁市将是最佳的旅游集散地。以此为依托，铜仁应充分发挥自身的立体交通优势、旅游资源优势、生态环境和宜居优势，将旅游资源统筹布局，进一步整合梵净山生态旅游和九龙洞观光旅游，承担起张家界—凤凰—黔东黄金旅游线首位服务职能，进而推动自身第三产业的高效优质发展。

（6）“十一五”时期经济社会发展形成的基础。“十一五”期间，铜仁市经济实现较快增长，2010 年全市地区生产总值完成 56.4 亿元，比 2005 年增长 88.1%，年均增长 13.5%，高于全省和全区近两个百分点，成为全省经济发展较快的县（市）之一；三次产业结构由 2005 年的 19.7 ：37.7 ：42.6 调整到 15.6 ：34.9 ：49.5；城市经济圈初步形成，城镇经济占 GDP 的比重达 80% 以上；五年累计完成固定资产投资由 15.3 亿元增加到 50 亿元，比“十五”时期增长 1.9 倍，工业发展较快，规模以上工业总产值由 14.7 亿元增加到 48.3 亿元，年均增长 26.8%；财政总收入由 1.7 亿元增加到 4.67 亿元，年均增长 22.3%；进出口贸易总额累计达到 3494 万美元。改革开放的力度进一步加大，对外招商引资成效显著，“十一五”期间，全市共引进招商项目 217 个，招商引资到位资金 53.51 亿元，年均增长 22.61%；2010 年全市游客接待人数从 2005 年的 18.5 万人增至 176 万人，增长 8.5 倍，旅游总收入从 2005 年的 5557 万元增至 14.2 亿元，增长 24.5 倍；农业基础地位得到加强，农业结构调整和产业化经营步伐加快，畜牧业发展势头良好，一些特色产业、优势产业逐步凸现。城乡居民收入保持较快增长，2010 年，城镇居民人均可支配收入达到 11000 元，年均增长 10.4%；农民人均纯收入达到 4351 元，年均增长 13.1%；区域性中心城市的地位更加明显，城市功能日趋完善，城镇化水平提高到 56% 以上；以交通、水利为重点的基础设施建设、城镇公共设施建设和生态环境建设取得重大突破，形成了水、陆、空立体交通网络；城区基础设施大幅度改善，城市规模不断扩大，建成区域面积达 25 平方公里，比 2005 年增加 8.2 平方公里。城市绿化覆盖率 38.12%，人均公共绿地面积 6.85 平方米，森林覆盖率达到 51.38%，比“十五”期间提高 10.75 个百分点；城市垃圾无害处置率达到 100%。“十一五”时期各项工作的顺利完成，为“十二五”时期的发展奠定了坚实的基础。

（三）主要制约因素

（1）中心城市地位缺失的制约。在周边地区及城市中，铜仁市在经济合作体系中并不占有主导地位，铜仁构建中心城市地位的挑战相当大。

（2）旅游资源与周边地区同质化。铜仁市的旅游资源具备特质性的不多，且很分散，比较难构成独特产品特征的旅游目的地。

（3）成渝、长株潭两个试验区的建立对铜仁市的制约。这两个试验区一旦实施，外来的资金就会向这两个试验区集中，并很快形成一种积聚力量，把周边中小城市的要素资源吸引过去，对铜仁地区在黔渝湘结合部的崛起将构成挑战。

二、发展前景

（一）城市发展定位

为了适应铜仁市及铜仁地区经济社会发展的需要，强力推进铜仁中心城区发展成为大城市，实现贵州东北乃至“黔湘渝”交界区域核心城市的目标，铜仁市组织编制新一轮城市总体规划（2009~2030 年）。

总体规划将城市性质定位为“贵州东北部中心城市和黔湘渝交界区域商贸、旅游的核心城市，是发展新材料、生物制药、特色旅游商品、绿色食品、航空用品等的生态产业循环经济区和中国宜居的精品城市”。围绕这一城市发展定位，铜仁市将制定经济、旅游、社会人文、城市建设、环境提升、资源利用等分项发展目标。

（二）城市发展规模

（1）城市人口规模：近期（2015 年）30 万人；中期（2020 年）50 万人；远期（2030 年）80 万人。

（2）建设用地规模：根据铜仁的土地资源情况，铜仁城市规划确定建设用地：近期（2015 年）30.02 平方公里，人均 100 平方米；中期（2020 年）48.5 平方公里，人均 97 平方米；远期（2030 年）78.78 平方公里，人均 99.74

平方米。

（3）经济社会发展的总体目标：铜仁市经济社会发展主要以科学发展为主题，以加快转变经济发展方式为主线，大力实施城镇化带动、工业强市、农业产业化和文化旅游产业战略，着力扩大经济总量，转变发展方式，推进产业升级，强化基础设施建设，改善生态环境，完善城市功能，增强竞争力，努力建设成贵州东北部区域性中心城市，黔、湘、渝、鄂边区商贸物流中心和山水园林旅游城市。

（三）加快城镇化进程，促进城乡协调发展

城市总体规划是引导和调控城市发展、保护和管理城市空间资源的重要依据和手段，应在深入分析土地、水和能源条件，分析生态环境的承载能力，研究人口的结构和变化趋势的基础上提出城乡协调发展的策略。城乡协调主要应在城乡区域上和城乡统筹上协调发展，注重区域协调策略以加快城镇化进程。

铜仁市应利用现有的产业基础和资源优势，充分融入周边区域开发背景环境，壮大铜仁市综合实力，发挥比较优势，积极参与大武陵区域和渝怀铁路沿线区域的竞争与合作，融入成渝经济圈、南—贵—昆经济圈和长株潭城市经济辐射圈发展。以优越的区位，丰富的资源，廉价的劳动力，灵活的投资政策，吸引投资进入铜仁市，特色产业进入交通、能源、市政、环保、旅游开发等领域，在引导现有产业链条升级的同时积极承接产业的梯度转移。

（1）加强大武陵区域经济合作与开发。黔、湘、渝、鄂四省市交界区（即武陵山脉区域）是全国唯一的土家族聚居区。要使该区域获得与全国同步的快速发展，应有 2~3 个中心城市为核心支撑，从市场经济层面组织区域各有利要素，形成聚集发展态势，才能使该区域得到与时俱进的发展。铜仁以其悠久的历史文化、相对优越的地理区位和丰富的资源条件，必定率先通过跨越式发展为大城市，铜仁与怀化在一定历史期内必将统领武陵山脉地区的全面发展。

（2）积极参与贵州省域城镇开发。随着贵州省域城镇开发战略的不断深入，贵州省域城镇体系的完善越来越需要一批大、中型规模的次区域中心城市作为补充和支撑。铜仁市可抓住这一有利时机，集中优势资源，推行城市跨越式发展战略，发展成为一个 80 万人口规模的大城市，成为贵州东北部重要的中心城市。

（3）大力促进铜仁城市紧密影响区协调发展。将松桃、大兴作为铜仁中心城区的协调发展空间，统筹城市分区功能和市政基础设施、社会服务设施等方面的共建共享，为拓展铜仁市远景发展空间和市场空间，谋求区域一体化发展创造条件。

（撰稿人：刘新华　宋德成　钟清伟）

第四章　黔滇桂通衢——兴义市

兴义市地处黔、滇、桂三省（区）结合部，位于东经 104°51′~104°55′、北纬 24°38′~25°23′之间，即南（宁）贵（阳）昆（明）经济圈的重心位置，是黔西南布依族苗族自治州州府所在地和全州政治、经济、文化、信息中心，西南地区重要的交通通信枢纽，工业基地及商贸旅游服务中心，是贵州省四大主要中心城市之一，也是正在快速崛起的中国西南重要中心城市之一，在历史上是三省毗邻地区的商业集散地和通衢要塞之地。

考古发现，1.2 万年前，兴义即有古人类在此生息繁衍。史载，战国时兴义为夜郎辖地；秦代开始置吏；蜀汉设汉兴县；东晋南北朝设南兴县；唐设附唐县；宋属宋杞国；元属云南行省普安路总管府；明代改隶四川布政司，永乐十一年（1413 年）始隶贵州；清嘉庆三年（1798 年）置兴义县，兴义名称沿用至今。

兴义属于低纬度高海拔地带，具有亚热带季风气候特征，夏无酷暑，冬无严寒，雨量充沛，日照长；年平均气温 14~19 摄氏度，降水量 1300~1600 毫米。因城区青山滴翠，溪水长流，生态良好，被称为“山水长卷，水墨金州”。

2010 年，兴义市辖区国土面积为 2911.1 平方公里，辖 8 个街道、17 个镇、5 个乡；现有国家级风景区 3 个、省级风景区 5 个、各种人文景观 120 余处，城乡户籍人口共 81.3 万（其中城镇人口 35 万），城镇化率为 43%，建城区面积达 40 余平方公里。随着汕昆高速、毕水兴高速、晴兴高速、南昆铁路复线、兴义机场等对外骨架交通的投入使用，兴义的对外交通和区位优势日益凸现，“一区两园”的城市形态正逐步成型，中心城区东北部的重工业园和西南部的轻工业园正成为 100 万人口城市发展的有力支撑。2011 年，全市生产总值完成 171 亿元，比 2010 年增长 24.29%，是 2006 年的 2.26 倍，年均增长 17.70%；财政总收入突破 25 亿元，比 2010 年增长 25% 以上，是 2006 年的 3.31 倍，年均增长 27.03%；固定资产投资完成 121 亿元，比 2010 年增长 30.09%，是 2006 年的 6.15 倍，年均增长 44.10%，是贵州省经济十强县（市）。

第一节　发展历程

兴义城的建设始于清乾隆十三年（1748 年），最初为石头城。城市发展的步伐异常缓慢，直到嘉庆二年（1798 年）三月兴义建置，县城也不过 0.3 平方公里，仅 5 条街、5 座城门；同治年间，贵州巡抚署拨库银 1 万两修筑土城于老城南侧，县城有了新的拓展，增加了 6 条街，面积扩展至 0.9 平方公里；此后近 70 年，兴义城市建设几乎处在停滞不前的状态。民国时期修建 324、320 接口公路和环城路。1949 年 12 月，兴义和平解放。解放时城内有街 13 条、巷 3 条，全长 1.5 公里，面积 2.3 平方公里，均为砂石土路面，坑洼不平。解放后兴义的发展大致经历了形成、起步、发展壮大三个阶段。

一、形成阶段（1949～1988 年）

1949 年 12 月，兴义宣告和平解放，由兴义解放委员会接管兴义城；1950 年着力整顿秩序，进行社会改造，恢复城镇经济。兴义县属于兴仁专署。次年，兴仁专署移至兴义县城，称兴义专区；1956 年隶属安顺专区；1964 年 8 月恢复兴义专区，兴义地委、专员公署驻县城。

1978 年，按照《中华人民共和国城市建设规划条例》，县人民政府制定出《1979～2000 年建设总体规划》，明确兴义县城的性质是发展以造纸、酿酒、食品工业为主的轻工业城市，在老城的基础上改建。近期的主题是：建设好街心花园；抓好盘江路、云南街至湖南街、湖南街至水口庙和沙井街 3 条道路建设，逐步建成外环城线；修好穿云洞；治理好贯城的湾塘河。从此，县城建设开始按照规划进行。1985 年底，县城面积为 6.2 平方公里，比解放时扩大 6 倍。1988 年 3 月，经国务院批准，兴义撤县建市，黄草镇一直是这个区域的政治、经济、文化中心。

在历史上，作为手工业市场的物资集散地，工商业的兴衰对于兴义经济发展具有基础性作用，市区的工业发展在解放初期手工业的基础上经历了企业门类由少到多、生产规模由小到大、技术含量由低到高、经济实力由弱到强、一步一步地成长壮大的过程。据《兴义县志》和《兴义市志》记载，到1988 年，全市已经拥有以纺织、机械、电子、轻工、化工、建材为支柱的十几个工业门类。在此期间，兴义县人民政府加强了城市道路框架构建、旧城改造、住宅小区和商品房建设、城市基础设施配套等基础性工作，先后开辟和拓宽改造了盘江路、外环路、东风路、街心广场、湖南街、云南街等城区骨干道路；建成冒沙井、梅家井等抽水站，建立兴西湖引水工程、柯沙坡水厂等若干个城市饮水工程等，城市规模初步形成。

这一阶段，兴义的县城面积从 1 平方公里拓展到 7 平方公里，人口从 1 万多人发展到 6 万人，县城范围仅限于当时的城关镇（黄草坝）。

二、起步阶段（1988～2005 年）

1988 年 3 月，兴义撤县建市后，翻开了城市建设崭新的一页，进入加快发展的历史时期。1988～2005 年，是兴义城市化的起步阶段，特别是在 1992 年邓小平南方讲话后，中共兴义市委、市人民政府抢抓机遇，以兴办开发区和拓展建成区面积为突破口，拉开了兴义城市化进程的序幕，相继成立了桔山、坪东、下五屯、顶效等几个城市新区和开发区，形成了威舍、郑屯等一批明星小城镇。这一期间先后建成了国家重点工程鲁布革水电站、天生桥水电站和南昆铁路贵州段等重大基础设施，兴义城市建设发展的基础条件全面提升。

1989 年 6 月 27 日，《兴义市中心区总体规划》经省人民政府批准实施，规划范围为城区四个办事处（城南、城北、桔山、坪东）、顶效镇和丰都乡。在该规划的指导下，市规划主管部门组织编制了北京路、遵义路、延安路的详细规划、街心花园场坝及周围六条街的详细规划，以及马岭河峡谷风景区、巴谷山风景区、穿云洞公园和烈士陵园等片区详细规划。

2000 年，《兴义市中心城区总体规划》（第二轮修编）经省人民政府批准实施。此轮修编确定城市面积为 559.5 平方公里，中心城区面积确定为 103 平方公里。

2005 年，兴义市县城面积从 7 平方公里拓展至 20 平方公里，城区人口从 6 万人发展到 23 万人，城市化水平达 30%，基本实现了从小城镇到小城市的跨越。

三、发展壮大阶段（2005～2012年）

2005年，兴义市建成区面积超20平方公里，城市人口达23万人，城市化率达30%，城市化进程进入快速发展阶段。2006年5月，《兴义市城市总体规划》（第三轮修编）经省人民政府批准实施。在这一阶段，兴义市着力加快以交通、水利、信息、电力等为重点的基础设施建设，初步形成了航空、铁路、公路、水运“四位一体”的立体交通网络，经济社会发展的基础条件有了明显改善。

（一）道路交通建设

兴义市从城市路网的规划建设着手，在城乡吹响了路网建设的号角，创造并刷新了“兴义速度”。城市路网建设如火如荼，一条条宽广的大道正从城市向乡间延伸。

木贾大道是坪东大道延伸段，按城市Ⅱ级道路标准设计，起于坪东大道与西湖路交叉的转盘处，止于木贾街道办事处东贡社区长坡岭脚下，总投资8600万元，全长2.98公里，宽50米，为双向6车道，于2010年3月开工建设，2011年4月竣工投用。这条宽广亮丽的城市大道，树立起兴义“西大门”的形象。

西南环线全长9.8公里，平均宽度为45米，总投资6.27亿元，为城市II级主干道，起于下五屯街道办事处科佐屯村，止于坪东街道办事处木贾小店，与324国道相接，于2010年1月开工建设，2011年7月全线贯通。西南环线与文化路、民航大道、东环线相连，构成了目前环绕兴义城东南、西南的第三条交通大动脉。

景峰大道下五屯段全长8.3公里，规划设计道路幅宽40米，双向6车道，按城市Ⅱ级主干道标准设计，总投资3.3亿元，是兴义市承办第六届贵州旅游产业发展大会的主通道，直接从城区通往万峰林、万峰湖景区，设计工期两年半，2011年3月底工程开工建设，仅用5个月时间，大道实现全线通车，创造了兴义交通建设史上的奇迹，被称为“兴义速度”。

景峰大道则戎段起于万峰林街道办乐立村，终于则戎乡拱桥村12组，全长9.67公里，宽40米，为双向6车道，总投资4.5亿元，设计工期两年半，2011年7月30日开工建设，仅用短短两个多月时间，实现全线贯通，刷新了

“兴义速度”。

2011 年 7 月 24 日，兴义城市路网建设再掀高潮，总投资 2 亿元的民航片区金水路、A3 路、花月路及幸福水景公园和路网建设工程等同时开工建设。

至 2011 年年末，城区道路总长度为 189 公里，人均拥有道路长度为 0.64 米；道路铺装面积为 495 万平方米，人均拥有道路面积为 16 平方米；有城市桥梁 25 座，总长度 1.8 公里；城区开通公交汽车线路 9 条，有公交运营车辆 152 辆、出租车 637 辆。

（二）水利建设

“十一五”期间，兴义市抢抓国家实施新一轮西部大开发和加大水利建设、石漠化治理、生态建设“三位一体”投入力度的大好机遇，大手笔、高标准规划和实施水利基础设施建设项目，努力解决制约全市经济社会发展的水资源“瓶颈”问题，着力提升水利保障能力。至 2011 年，已实施了兴中灌区（三期）工程、晏家湾等病险水库除险加固、石漠化综合治理等工程；开工建设木浪河扩容、“引马入兴”工程以及小龙潭水库、马岭水库、纳达水库、纸厂水库等项目工程；完成《兴义市骨干水源规划》、《兴义市病险库治理规划》、《兴义市饮水安全规划》、《兴义市中小河流域治理规划》、《兴义市“五小”工程建设规划》、《兴义市防洪排涝治理规划》、《兴义市水土保持治理规划》等 7 个水利专项规划，规划总投资近 40 亿元；规划建设大（二）型水库 1 座、中型水库（其中扩建 2 座）8 座、小（一）型水库 17 座（其中扩建 1 座）、小（二）型水库 10 座、引水工程 2 处，总投资 32 亿元；具体实施了木浪河水库扩建工程、“引马入兴”工程、小龙潭水库、马岭水库、纳达水库、南湖（高卡）水库、下窑水库、“引黄入木”工程、围山湖水库扩建、纳省水库等重大项目 10 余个。

按照相关规划，“十二五”时期，兴义市计划总投资 2020 万元治理大海子、雷打田、南龙、品德 4 座病险水库；计划总投资 1.67 亿元实施饮水安全工程，力争 2013 年前解决饮水不安全问题，保障全市近 32 万人的饮水安全；计划总投资 8614 万元治理仓更河、湾塘河、丰都拦山河、顶效河 4 条中小河流域，治理面积为 21.63 平方公里；计划总投资 1.56 亿元建设小坝塘、小堰闸、小泵站、小水窖、小渠道等 3889 处“五小”工程；计划总投资 1.94 亿元，对 99 条总长为 241.42 公里的沟渠进行治理，提高防洪排涝能力；计划总投资 9298 万元实施水土保持治理工程，涉及流域 15 处，治理面积为 151.13 平方公里。

2011年年末，建成城区有自来水厂3座，铺设干线水管233公里，生产能力为12.5万吨/日，全市年工业用水164万吨、生活用水730万吨，居民自来水普及率达100%，年人均生活用水51.1吨；有排水管道78公里，建污水处理厂2座，日污水处理能力为5万吨/日。

（三）电力建设

兴义市以提高电网供电可靠性为重点，积极推进电网基础设施建设步伐，提高供电保障能力，开工建设威舍长征220千伏变电站项目，新建万峰林、清水河、合兴、万屯、泥凼等110千伏变电项目，对乌沙、城南110千伏变电工程实施技改，扩建黄角树110千伏变电工程；新建雄武、鲁屯、三江口等35千伏输变电工程，继续实施中低压电网建设和改造工程。到2015年，全市户通电率将达到100%，一户一表率达到95%以上，进一步建立起“统一开放、结构合理、技术先进、安全可靠”的供电网络。截至2011年底，已建成了威舍、郑屯、马岭等110千伏和捧乍、万屯、清水河等35千伏输变电工程，完成了城网改造工程，使城乡电网布局得到优化，供电质量进一步提高。

至2011年年末，城区拥有35千伏及以上变电站（所）14座、主变压器24台，总容量为293.9兆伏安，有高压输电线路3条，总长度3155公里，用电负荷5.55万千瓦；年售电量累计完成14.39亿千瓦时，综合电压合格率为96.65%，供电可靠率为98.88%。

（四）信息建设

兴义市不断提升信息基础条件，提高城乡有线和无线通信覆盖率；加快城乡宽带网、用户接入网等公共信息网络建设，构建多媒体网络平台，加快推进电信网、互联网、广播电视网“三网”融合，基本形成布局合理的局域网、城域网和广域网网络体系，促进互联互通和资源共享；促进物联网建设，力争取得突破；提升电子政务、电子商务、地理信息、远程教育等服务能力；建立基本完善的信息服务体系；加强网络信息安全和应急保障设施建设。

（五）城市基础建设

改革开放后，兴义市城市面积和经济建设发生了历史性的巨变，正以一个崭新的姿态成为黔、滇、桂三省（区）结合部的区域中心。2010 年，兴义城市中心区面积拓展到 38 平方公里，城市中心区人口达 33 万人，城镇化率为 41%。兴义市的经济社会发展加速，综合实力明显增强。2010 年，社会生产总值达到 141.6 亿元，比 2005 年增长 2.32 倍，超额完成“十一五”规划目标任务；财政总收入突破 20 亿元，比 2005 年增长 3.22 倍，年均增长 26.34%，为“十一五”规划的 166.2%，提前两年实现“十一五”规划财政发展目标。兴义位列西部百强县市第 35 位，综合经济实力位列贵州省经济强县（市、区）第 7 位。

日新月异的发展进程中，兴义的城市综合实力不断提升，进一步塑造了城市形象。到 2011 年底，兴义市已经获得“全国双拥模范城”、“全国文化先进县市”、“全国粮食生产先进县市”、“中国最佳休闲旅游城市”、“全国文明城市”等荣誉称号。

2007 年 3 月，中共黔西南自治州委、州人民政府做出了“州市共建兴义城”的重大决策，同时打破财政体制制约，实施积极的财政政策，每年由州、市两级财政预算安排贴息贷款 5000 万元。这一重大举措从政策、财力投入和行政管理上打破了制约兴义城市建设的“瓶颈”，撬动了数十亿元的资金融入到兴义城市建设的上百个项目中，使兴义市的城市建设驶入了快车道。

围绕建设黔、滇、桂三省（区）结合部规模达 100 万人区域性中心城市的远景规划，中共兴义市委、市人民政府突破常规，大胆探索，开拓创新，着力解决城市基础设施问题。首先，组建兴义市城市重点工程建设总指挥部，由市领导任总指挥、副总指挥，每个项目成立分指挥部，从各乡镇（街道）、部门抽调工程技术人员和基层工作经验丰富的干部近 300 名进入总指挥部，对建设项目实施集团攻坚。其次，组建兴义市博大基本建设投资有限责任公司，作为城市建设融资平台，通过金融杠杆筹集建设资金。在实施建设中，工程建设项目在哪里，城市重点工程建设总指挥部就搬到哪里。

老城区主、次干道、小巷及桔山片区路网改造，是城市建设的一台重头戏。2011 年以来，兴义市抢抓第六届贵州旅游产业发展大会召开机遇，投资近 20 亿元，对老城区进行综合改造，进一步营造宜居环境，提升城市新形象。

这一批老城区综合改造项目包括街心花园、沙井街街景改造项目和穿云洞公园环境综合整治及改造二期项目，黄草街道办事处辖区次干道及小巷综合改造项目，文化路、南环路、盘江路“三角岛”景观建设改造项目等。截至2011年，这批工程基本完成，瑞金大道、桔山大道、兴义大道等8条大道拓宽改造、景观改造全部完成，改造道路全长50余公里，实现了兴义市外环全部连接，为下一步的城市快速发展奠定了基础。新老城区40余条道路污水管网改造和80余条60余公里的背街小巷整治工程已经完成，铺设污水管网180余公里，并按照高标准建设要求为所有道路铺设了雨污管道，进行了绿化、亮化、路面油化和人行便道铺设。

连接兴义老城区与桔山新区的那坡立交桥暨延安路改造工程项目，是兴义城市建设的一个道路骨架"咽喉"工程，也是兴义市的一个城市景观标志。那坡立交桥为定向匝道与半定向匝道相结合组成的4层全互通式立交桥，总投资7.48亿元，占地0.15平方公里，建设工期为24个月。延安路改造工程总投资为5.27亿元，建设工期为12个月。那坡立交桥暨延安路改造工程采取BT模式进行建设，由太平洋建设集团承建，已于2012年6月25日开工建设。

幸福水景公园位于兴义市坪东街道办事处幸福社区，占地面积0.24平方公里，总投资1.12亿元，建成后将集滨水广场、百米长廊、水上剧院、林荫草滩、渔人码头等综合性景观于一身，成为集休闲游憩、户外健身、景观游览于一体的现代城市滨河休闲绿地。该项目将填补兴义市没有大型水景公园的空白，进一步改善城市功能和人居环境。

（六）城市绿化建设

兴义城市面貌日新月异。为了打造更加宜居的人居环境，兴义市不断加大绿化投入，以构筑多层次的城市生态绿地空间结构为目标，以"青山—碧水—田园—城市"为主题，充分利用青山环抱、河流穿城、国家风景名胜区马岭河峡谷坐落城郊等自然条件，按照"城市环境园林化、环城森林化、城市道路林荫化、小区单位花园化"的工作思路，加强城市管理和城市绿化及生态园林建设，重点实施环城道路、城市绿地和小区、公园绿化，构建优良的城市生态环境。

2007年，兴义委托贵州省城乡规划设计研究院制作了《兴义市城市绿地系统规划说明书》。规划的范围包括中心城区规划范围和市域规划范围，用地面积共2988.4平方公里。规划从"生态旅游城市"的功能出发，因地制宜、合理布局城市绿地系统，逐步把兴义建设成为人居环境良好、景观特征明显、城郊一体、具有山地特色的国家园林城市，到2010年，使兴义市绿化水平达到省级园林城市的要求；力争在2020年达到“国家园林城市”的目标。兴义市拨出专项资金，大力实施环城绿化带建设工程，组织城区8个街道办事处和马岭镇环城绿化营造景观大苗7500亩，绿化城内和环城的所有山坡。同时，在城区实施生态园林工程和机关院落、居民小区立体绿化及“拆围现绿、建绿”工程。兴义市还投资2000余万元改造街心花园绿化带，陆续完成富民路、幸福路、机场大道、峰林大道等15条道路的行道树栽植，完成了向阳路三角绿地、峰林转盘、烟厂转盘、遵义路立交桥等绿化工程建设，完善了花月广场等园林绿化设施。贵州省第六届旅游产业发展大会筹备期间，兴义市还筹资对主要街道的行道树进行了大范围的栽种，使得人居环境发生了较大改变。

2011年，兴义城市建成区绿化覆盖率达30%，绿地面积达10.8平方公里，建成区绿化覆盖率比2004年增长了12%，绿地率为24%；公园绿地面积为1.5平方公里，人均绿地面积达5平方米。

第二节　现状与特点

一、城市规划

兴义市于1979年12月开始编制《兴义县城镇总体规划》，并于1981年10月经省人民政府批准实施。至1987年，规划中的搞好一个中心（场坝）、抓好3条路（盘江路、云南街、湖南街）、逐步建成外环路、修好一个公园（大佛洞公园）、治好一条河（湾塘河）等内容均已实现。此后，为适应城市建设的需要，总体规划在执行过程中先后共进行过4次调整和修订。

（一）第一轮修编

1987年7~9月，根据兴义撤县建市的需要，中国城市规划设计研究院城市历史理论研究所兴义规划组同州、县建设局对《兴义县城镇总体规划》进行修改后，将其正式定名为《兴义市中心区总体规划》（以下简称《规划》），期限近期为1988~1992年，中期为1993~2000年，远期为2001~2010年；范围包括4个办事处辖区和顶效镇辖区，丰都乡辖区作为规划控制区，主要包括发展战略及规划两大类。发展战略明确旧城区以政治、文化、商业、服务、轻工业等职能为主，酸枣区以农副产品加工、轻工业职能为主，顶效区以铁路、公路联运为主，丰都区以重工业基地为主，在“一区、三片”间有马岭河峡谷风景区和山地绿带相联系。规划的具体内容包括工业布局、住宅建设、公共建设、道路交通、供水排水、电力、电讯、绿化及集市贸易等方面。

（二）第二轮修编

1997 年，兴义市对《规划》进行第二轮修编，规划期限为 1998 年 10 月至 2003 年。此次修编从区域实际出发，按照高水平、高标准、现代化的要求，以外部环境及国家政策的改变和调整为依据，分析兴义发展的趋势和动态，以内部资源的开发来研究发展的动力和前景，并以此解决城市发展的诸多问题。在逐步建立和完善社会主义市场经济体系的前提下，抓住南昆铁路建成通车，天生桥一、二级电站建成发电和国家加大宏观调控力度并向中西部地区倾斜的机遇，立足本市，面向西南，坚持可持续发展的原则，以经济建设为中心，以基础设施的完善为重点，努力把兴义建成滇、黔、桂三省区结合部的现代化中心城市。

（三）第三轮修编

兴义市《规划》的第三轮修编于 2003 年 5 月完成，期限为 2003~2020 年，近期为 2003~2010 年，远期为 2011~2020 年。此次编修进一步明确强制性内容，特别是城市发展用地规模、区域重大基础设施建设布局、城市取水和污水排放位置、公共设施布局、城市绿地系统、城市主干道道路走向和宽度、风景名胜区保护标志性建筑物体量和位置等，均纳入规划之中，范围分市域行政辖区、城市规划区和中心城市规划区 3 个层次。

《兴义市城市总体规划》（第三轮修编）确定兴义市城市规划区面积为 502 平方公里，其中中心城区规划面积为 73.4 平方公里，中心城区规划人口近期（2010 年）为 30 万人，远期（2020 年）为 48 万人；城市功能定位为“最佳人居环境城市”、“全国优秀旅游城市”；城市建设的目标为：到 2010 年建成黔、滇、桂三省区结合部的现代化中等城市的基本框架，到 2020 年基本建成黔、滇、桂三省区结合部的现代化中等城市。城市形态确定为：“两个中心、三条轴线、六个片区”（即以老城为依托的传统商业中心和以桔山为依托的行政办公、金融商贸、文化体育中心，以顶效开发大道、民航大道、瑞金大道为依托的三条城市景观交通轴线，以及老城、桔山、民航、马岭、下五屯、顶效六个城市片区)。

2006 年 5 月 1 日，《兴义市城市总体规划》(第三轮修编)获省人民政府批准，为兴义城市未来的发展明确了方向，绘制了蓝图。兴义第三轮城市总体规划在空间方式的设定上按中心城区、中心镇、一般镇 3 个层次对市域城镇体系进行了合理的规划布局，城市规划区包括黄草街道办行政辖区，桔山、坪东、下五屯街道办及马岭镇、顶效镇、郑屯镇等行政辖区的部分范围，总面积为 502 平方公里。

从“黔、滇、桂三省区结合部的区域性中心城市”，到“黔、滇、桂三省区结合部的现代化中心城市”，再到“黔、滇、桂三省区拥有百万人口的中心城市”，2006~2009 年，兴义城市的发展定位发生三次变化。这三次不同寻常的变化是中共兴义市委、市人民政府审时度势谋划未来发展格局取得的重大成果。从 2008 年开始，兴义市重点解决城市化发展中“土地、投资、环境”三大问题，不断拓宽投融资渠道，切实加大城市建设投入，城镇规划、建设、管理取得新突破，城镇化水平不断提升，城市功能不断完善，人居环境明显改善。城镇规划体系进一步完善，建成了城市仿真系统、城市沙盘模型，城市规划的指导和控制作用进一步增强；顺利完成了《兴义市绿地系统规划》修编，编制了《兴义市中心城区路网规划》。积极谋划“百万人口城市”，跳出兴义看兴义，从更广阔区域角度上重新审视兴义的城市性质和城市定位，重塑兴义的新形象，努力把兴义建设成为辐射黔、滇、桂三省区拥有百万人口的中心城市。

(四)第四轮编修

2011 年，省领导到黔西南视察时，要求“将兴义建设成为黔、滇、桂三省区结合部特大城市，为贵州经济社会发展做出更大贡献。”随即中共兴义市委、市人民政府果断决策，以举办“第六届旅游产业发展大会”为契机，加速发展、加快转型、强力推动城市建设跨越发展。按照省领导的指示，兴义市迅速启动第四轮《规划》修编工作，新一轮总规将兴义定位为黔、滇、桂三省区结合部的区域中心、人口超过 100 万的大城市和中国优秀旅游目的地和最佳人居环境城市。

按规划，兴义的城市发展分两步走：第一步，2011~2020 年，用 10 年的时间，实现兴义城区面积超 50 平方公里、建成区常住人口超 60 万人的黔、滇、桂三省区结合部的现代化中等城市，城镇化率超 60%；第二步，再用 10

年的时间，到2030年，实现兴义城区面积超90平方公里、城镇化率达80%，实现黔、滇、桂三省区结合部常住人口超100万的现代化大城市。

二、城市经济发展

从2008年开始，兴义市按照“提前、转型、增比、进位”目标的要求，大力实施“三化一业”总战略，着力扩大投资规模，在保持旅游城市资源特色的基础上不断调整经济结构，加快旅游业为主导的第三产业发展，加快转变经济发展方式，使第一、二、三产业互动互促，形成了金融、房地产、通信、服务、物流、商贸、旅游等支柱产业。2011年，全市生产总值实现171亿元，其中第一产业17.5亿元，是2006年的1.31倍，年均增长6.16%；第二产业70亿元，是2006年的2.23倍，年均增长17.30%；第三产业83.5亿元，是2006年的4倍，年均增长31.20%。

（一）旅游业

兴义市以争创全国优秀旅游目的地为目标，实施旅游精品发展战略，加强旅游软硬件建设，强化旅游宣传推介，旅游业发展呈现出速度快、效益好、带动强的良好态势。2011年，境内有国家级风景名胜区2个（马岭河峡谷、万峰林），省级风景名胜区有2个（鲁布革深谷湖、泥凼石林），省级以下风景名胜区21个，省级文物保护单位7处（刘氏庄园、何应钦故居、万屯汉墓群、鲁屯石牌坊、查氏宗祠、西南屏障、张口洞遗址），科普教育基地1个，爱国主义教育基地3个（兴义烈士陵园、坡岗烈士陵园、捧乍烈士陵园），国际国内旅行社11家（其中国际旅行社1家、国内旅行社10家），星级酒店18家（五星级1家、准五星级酒店3家、四星级酒店3家、三星级6家、二星级5家），其他宾馆、旅社、招待所142家，共有床位1万多张，还有旅游车50余辆。2011年，全市旅游综合收入完成18.2亿元，是2006年的3.88倍，年均增长31.20%。

2011年9月26日，第六届贵州旅游业发展大会在兴义举行。兴义市以这次大会为契机，依托区位优势、气候条件和独特的旅游资源，大力发展多民族特色文化旅游、喀斯特高原生态旅游及都市休闲度假游，使旅游业成为兴义市经济发展的支柱产业，带动宾馆酒店、商贸餐饮、文化娱乐、旅游服务、房地产开发等第三产业的发展。

（二）园区建设

兴义把项目建设和园区建设作为全市经济工作的主战场，全力推动园区发展提速和增量，以一流的园区和一流的服务承接一流的项目，坚持以大项目、好项目带动大投入，培育大产业，推动大发展，促进了财政收入快速增长。2011 年，全市财政总收入突破 26 亿元，比上年增长 33.85%，其中地方财政收入完成 16 亿元，增长 38.76%；开工建设项目 100 余个，总投资 177.08 亿元；重点行业税收完成 16.58 亿元，占财政总收入完成数的 63%；国有资产（资源）有偿使用收入实现 2.63 亿元；实施农村公益事业“一事一议”财政奖补项目 59 个，总投资约 4000 万元，惠及 35 个行政村，213 个村民组。

洒金轻工业园区：规划用地总面积为 13 平方公里，包含贵州醇酒厂片区和洒金片区。园区定位：以贵州醇酒厂为龙头，主要发展饮料制造业、电子科技产业、医药工业、食品加工和农副产品深加工。经省经济与信息化委员会审查通过，该园区列为全省重点工业园区之一。有意入驻园区的企业有 20 多家，已有 4 家制药、食品企业入园进行企业规划。通过入驻企业的聚集，园区将聚集人口 5~8 万人。

马岭轻工业园区：近期规划面积为 10.53 平方公里，包括仓储物流、新能源新材料、包装服饰、食品加工和通信电子五大轻工产业组团。省经济与信息化委员会批复将园区纳入贵州省“十二五”规划重点产业园区进行建设。园区入驻企业 30 余家，其中已建成 10 余家，在建 10 余家，签订投资协议 10 余家。

木贾商贸物流园区：总占地面积为 1.22 平方公里，计划投资 56.4 亿元，其中，基础设施建设 6.4 亿元，招商引资项目 50 亿元；预计用 2~3 年时间完成投资建设任务，完善物流园区各类功能，将其打造成为黔、滇、桂三省（区）结合部最大的商贸物流平台。园区已完成招商引资项目 3 个，计划总投资 5 亿元。

郑（屯）鲁（屯）万（屯）工业园区：位于兴义市东面的郑屯镇、万屯镇和鲁屯镇结合部，规划面积 32 平方公里。园区按照“一园三区”规划建设，主导产业有铝材加工、物流、冶炼、建材。已规划建设 150 万吨铝加工基地，分别布局在郑屯前丰、鲁屯晏家湾和万屯磨盘山；配套建设 10×30 万千瓦火电项目和 6×30 万千瓦火电项目已获批准。在壮大工业园区的同时，依托国道 324 线、南昆铁路、晴兴高速等交通优势，不断优化郑鲁万工业园区功能，打造10万人口的工业城。

清水河工业园区：规划总面积为24.98平方公里，近期规划建设面积为6.36平方公里，在布局上形成“一区、两轴、三组团”格局。按照规划布局，初步形成了以兴义火电厂为龙头的电力及煤炭精深加工为主的能源产业，以水泥、墙体材料为主的建材产业，以硝铵、硫酸为主的化工产业。园区进驻项目23个，签约资金达119亿元，到位资金62亿元，完成固定资产投资56亿元。

这一批工业园区开工建设后，兴义市将逐步形成桔山、坪东、马岭、顶效、郑鲁万、清水河等产业发展带，以产业发展带动城镇化发展，支撑兴义城市发展。

（三）金融业

作为全省统筹城乡综合配套改革试点市，兴义市坚持以改革促发展、以开放促发展的方针，不断深化改革，增强市级融资能力，使得金融业得到较大发展。至2011年，境内共有金融监管单位1家、金融业务单位7家、保险业务单位6家；金融产业实现增加值7.58亿元，比上年增加14.8%，占GDP的4.6%。至2011年末，有中国建设银行、中国银行、中国农业银行、中国工商银行、中国邮政储蓄银行、农村合作银行等六家银行和金融机构在兴义市开设了分行或设立了办事处；各类存款余额为227.8亿元，比上年增加15.1%；各项贷款余额为161.8亿元，比上年增加26.5%；保险业实现保费收入3.55亿元，比上年增加16.7%，其中财产险保费收入2.03亿元，比上年增加25.9%，人身险保费收入1.52亿元，比上年增加8.09%。

（四）商贸业

2011年年末，全市共有商业网点2.05万个、职工7.17万人，已经成为滇、黔、桂三省区结合部重要的物资集散地。全市已初步形成了以批发市场为主导、零售市场为主体的多层次、多门类商品市场体系和遍布城市、辐射农村的流通网络，以及各种经济成分、多种业态形式共存的贸易主体。商业新型业态如超市、便利店、各种中西式连锁快餐店等发展迅速，国内知名商业零售企业华联、国美、苏宁、红华等先后落户兴义。具有各种先进理念的经营方式，如总代理、总经销、厂家直销、网上购物、电子商务、拍卖等正在逐步得到推广，一批“万村千乡市场工程”和各类专业物流配送工程建设相继建成并运行，至2011年底，市内共有专门从事物流配送运输企业30余家、个体零担商贸流通企业百余家。2011年，社会商品销售总额达181.09亿元，比上年增加23.1%，其中，城镇社会商品销售总额为146.64亿元，比上年增加23%；乡村社会商品销售总额为34.45亿元，比上年增加23.2%。2011年，进出口总额为116万美元，比上年减少21%，其中出口116万美元，比上年减少21%，出口产品主要为贵州醇酒、苗药药贴、宣化的化肥等，主要销往东南亚、越南、俄罗斯等国家和地区。

（五）招商引资

兴义市采取重大节庆活动招商、组织团队外出招商、以园区招商、以商招商等方式加大招商引资力度，在实施“走出去，引进来”两大开放战略中取得丰硕成果。2006~2011年，全市招商引资到位资金累计为155亿元，其中2011年完成56亿元，是2006年的15.5倍，年均增长41%。

三、城市社会事业的发展

（一）文化艺术的发展

2011年年末，兴义市有文化艺术团体21个、会员500人，创作完成的文化艺术作品有《金银花》、《选村长》、《云湖山》、《家规三条》、《相约兴义》；有各类艺术表演团体4个、演职人员120人；有电影公司1个、电影放映单位17个、电影院1座、文化专业户110个；有文化馆（站）25个、公共图书馆（室）26个、档案馆1个、博物馆7个；还有电子网络、歌舞娱乐场所、电玩等娱乐设施。全市有文化行业从业人员3000余人，占全市社会从业人员的1.5%，其中事业单位从业人员152人；实现文化产业增加值1.2亿元，比上年增加5%，是1978年的60多倍，占GDP的1%。主要文化艺术团体有光彩文化产业公司、小天鹅舞蹈中心、市民族歌舞团。

兴义地方特色民间艺术有布依八音坐唱、布依高台狮灯、布依查白歌节、布依勒尤等，每年举办的文化节有彝族火把节、布依查白歌节、桃花节等。布依八音坐唱、布依高台狮灯、布依查白歌节、布依勒尤被列入世界（国家）非物质文化遗产。兴义市2008年被评为中国民间文化艺术之乡。

（二）教育事业的发展

2011年，兴义市有幼儿园82所，在园（班）幼儿为2.12万人，有幼儿园（含学前班）教职工 1377 人，其中专任教师 909 人；有小学 258 所，在校生有 7.72 万人，入学率达 99.72%；小升初升学率为 100%，有小学教职工 4151 人，其中专任教师 3987 人。有中学 77 所，高初中教学班共 1240 个，在校生 6.86 万人，其中，初中教学班 814 个，学生 4.44 万人，入学率 98.56%；高中教学班 426 个，学生 2.42 万人，毛入学率为 64.06%。有中学专任教师 5028 人，其中初中专任教师 2608 人，高中专任教师 1343 人。有中等职业技术学校 2 所，在校生 3703 人，有教师 134 人，其中专任教师 92 人。有特殊教育学校 1 所、学生 124 人、教职工 33 人、专任教师 27 人，全市三残儿童少年入学率为 88.64%。有大专院校 4 所，即兴义民族师范学院、贵州省广播电视大学黔西南州分校、黔西南民族职业技术学院、黔西南州行政学院（州委党校）。兴义民族师范学院在校生为 8873 人，教职工为 566 人；贵州省广播电视大学黔西南州分校在校生为 5600 余人，教职工为 60 人；黔西南民族职业技术学院在校高职生为 3517 人，中职生为 4600 余人，教职工为 450 人，专任教师为 280 人；贵州省黔西南州行政学院（州委党校）是独立设置的成人教育机构，有教职工 65 人。有县级以上重点（示范）中学 5 所，即黔西南州兴义一中、兴义市第八中学、兴义市第五中学、兴义中学、赛文学校。

2011 年度投入教育经费 8.07 亿元，国家财政性教育经费为 6.31 亿元，财政预算内教育经费 5.89 亿元，预算内教育事业经费 5.67 亿元，分别比上年增长 31.71%、38.19%、37.01%、38.69%。预算内教育经费（包括城市教育费附加）占财政总支出的比例为 20.93%，比上年降低 0.03 个百分点。

（三）科技事业的发展

2011 年，兴义市拥有地方企业科研与技术开发机构 2 个、专业技术人才 9310 人，其中，高级技术职称人员 1720 人、中级 4793 人、初级 2792 人。兴义市通过国家科技部审核，成功申报成为国家级科技进步县（市）。

（四）医疗卫生事业的发展

2011 年年末，兴义市有各级各类医疗卫生机构 672 个，其中三级甲等医院 1 所、疾病控制中心 1 个、卫生院 24 所，总共有病床 2100 张，其中公立卫生机构床位 1700 张，每千人拥有医疗床位 2.63 张，固定资产总值为 1.8 亿元。有专业卫生人员 3337 人，其中执业医师 815 人，执业助理医师 431 人，注册护士 1277 人，平均每千人拥有卫生技术人员 4.2 人、拥有执业（助理）医师 1.55 人、拥有注册护士 1.59 人。2011 年，医疗机构（门诊部以上）完成诊疗 100 万人次，住院手术 3.8 万台次，出院病人 10.3 万人次。

（五）社会保障事业发展

2011 年，兴义市城镇最低生活保障户数为 3945 户，人数为 5624 人，支出 1715.4 万元，比上年增长 45.61%，月人均支出 254.2 元，比上年增长 43.7%；城市医疗救助 248 人次，共支出 125.6 万元，比上年增长 63.96%；救助城市生活无着人员 431 人次，支出 11 万元，比上年增长 20%。农村最低生活保障户数为 20332 户，人数为 51027 人，支出 4722.59 万元，比上年增长 39.5%，月人均支出 77.12 元，比上年增长 43.4%；农村五保集中供养 20 人，支出 2.8 万元，比上年增长 13.4%；农村五保分散供养 893 人，支出 102.745 万元，比上年增长 26.4%；农村医疗救助 1802 人次，民政部门资助参加合作医疗 51340 人次，共支出 965.3 万元，比上年增长 89.4%；农村临时救济 572 人次，支出 59.4 万元，比上年增长 83.3%。自然灾害受灾人口 48.16 万人，紧急转移安置 162 人，农作物受灾面积 70.27 万亩，倒塌房屋 61 间，直接经济损失 4.14 亿元，救灾支出 512.64 万元，比上年减少 14.8%。国家抚恤、补助各类优抚对象 3930 人，安置义务兵、士官等 76 人，抚恤事业费支出 2125.8 万元，比上年增长 8.2%。发放社会福利费 872.76 万元，比上年增长 178.3%；有社会福利单位 20 个、床位 211 张。有社区服务设施 5 个，其中社区服务中心 1 个、社区服务站 4 个。有经常性社会救助工作站 1 个，全年接受社会捐款 800 万元，使 8 万人（次）困难群众受益；有福利企业 2 个，安置残疾职工 69 人，福利企业产值达 0.23 亿元。

2011 年，新增就业人员 10656 人，有 539 名下岗失业人员实现了再就业，就业困难人员实现就业 325 人；年末城镇登记失业人数为 2380 人，城镇登记失业率为 3.66%，全年共帮助 47 户零就业家庭实现每户至少一人就业。

2011 年，五项社会保险（不含新型农村社会养老保险）基金收入合计 1.48 亿元，比上年增长 20.3%，基金支出合计 0.9 亿元，比上年增长 18.4%；年末参加城镇基本养老保险共计 21325 人，比上年末增加 759 人；参加城镇基本医疗保险共计 8.12 万人，比上年末增加 0.77 万人；全市参加失业保险的共有 15853 人，比上年末增加 1226 人；参加工伤保险的共有 3.28 万人，比上年末增加 0.3 万人；参加生育保险的共有 2.27 万人，比上年末增加 0.19 万人。

（六）人口与城市市民生活

兴义城市人口增长呈现明显的阶段性特征。撤县建市前，兴义城市建设基础差、底子薄，城镇经济发展缓慢，城市人口大致每年增长 4.6%，远远低于全省同期平均增长速度。撤县建市之后，特别是“十一五”期间，全市城镇人口平均每年以 5 万人左右速度大幅增加，兴义城镇人口进入了快速增长期。2009 年底，兴义城市人口为 33 万，占市域总人口的 47%；2011 年，中共兴义市委、市人民政府审时度势，确立“把兴义建设成为辐射滇、黔、桂三省（区）结合部 25 县（市）、拥有 100 万人口的中心城市和打造全国最佳人居环境城市”目标，坚持高起点规划、高品位设计、高标准建设、高水平管理、高效能经营原则，投资近 35 亿元，大刀阔斧地进行旧城区改造和新城区建设，城市居民的生活大为改观。

（七）生态保护与生态建设

兴义市把环境保护和生态建设放到突出的位置，奋力推进环境保护“三个历史性转变”：从重经济增长轻环境保护转变为保护环境与经济增长并重，从环境保护滞后于经济发展转变为环境保护和经济发展同步，从主要用行政办法保护环境转变为用综合办法解决环境问题。坚持在发展中加强环境保护，在保护环境中促进经济发展。

1. 生态建设

一是规划实施“珠治”和“珠防”工程。仅 2008 年就投入水土保持资金 756 万元，其中国家投入 670 万元，省、州、市投入 86 万元。2003 年以来，全市共造林 36.94 万亩，封山育林 4.55 万亩；到 2007 年，全市森林覆盖率达到了 34.5%，2008 年增加到 36.6%。二是建设则戎、泥凼两个省级生态示范乡镇。

2. 城市环保

一是建立污水处理厂。2007 年，投资 7000 余万元建成日处理污水 3 万吨的桔山城市污水处理厂；2012 年，投入资金 560 万元，修建兴义市桔丰西路段、瑞金路段污水收集管网，同时投资 5320 万元建立日处理能力 2 万吨的下五屯污水处理厂。二是建立无公害垃圾处理场。2006 年，投资 5171.27 万元建成设计容量为 153.95 万立方米的“下五屯垃圾无害化处理场”，配套建成垃圾渗滤液处理系统，日处理能力为 150 立方米。

3. 矿山整治

2006 年，关停雄武、白碗窑片区对生态环境破坏严重的金矿 5 个、金矿开采点 35 个；2012 年 5 月，又对死灰复燃的部分金矿开采点进行炸封，彻底制止乱开乱采现象。2008 年，对于非煤矿山开展专项整治工作，取缔关停严重影响生态环境的砂石开采企业 5 家。

第三节　发展条件与展望

一、机遇与挑战

2012 年，国务院发布了《关于进一步促进贵州经济又好又快发展的意见》，明确了一系列支持贵州发展的政策和措施。兴义市作为黔、滇、桂三省结合部的中心城市，也迎来了前所未有的发展机遇，但在迎接机遇的同时，也应看到目前发展城镇化所面临的挑战。

（一）发展机遇

从国内、省内形势看，国家坚持实行扩大内需的方针，深入实施西部大开发战略，大力推动西部地区能源工业、资源深加工和战略性新兴产业加快发展，中央企业加速扩张，东部产业加快转移，区域经济加快发展，区域合作不断加强，以及中共贵州省委“加速发展、加快转型、推动跨越”主基调的确立和工业强省战略、城镇化带动战略的实施，都将有利于兴义市充分发挥区位、资源等比较优势，积极争取上级支持，谋求区域合作，借助外部力量加速发展；从市内形势看，兴义市坚定不移地推进“三化一业”，狠抓重大项目建设，以交通、水利、通信为重点的基础设施进一步改善，以电力、煤炭、建材、化工为主的支柱产业不断发展壮大，以教育、卫生为主的社会公共服务设施逐步完善，全市经济社会加快发展的态势明显。

（二）面临的挑战

经济总量小、人均水平低、发展速度慢仍是兴义市的基本市情和面临的主要矛盾，工业化水平低、城镇化进程慢、产业结构不合理、城乡发展不协调、农村贫困程度深、人口资源环境压力大等问题仍十分突出，公共服务水平低、传统观念束缚、办事效率差、体制机制不健全、发展方式粗放、科技创新乏力、社会矛盾增多等制约科学发展的问题也亟待解决。以上问题的存在将成为制约兴义市城镇化发展的“瓶颈”。

“十二五”时期既是兴义市大有作为的战略机遇期，又是兴义市实现全面建设小康社会的关键期，更是调整经济结构、转变发展方式的攻坚期。兴义市如不抢抓机遇、加速发展，就会在全面建设小康社会、实施西部大开发战略的进程中掉队，就会在西部百强县（市）、全省经济强县（市、区）中被赶超。站在新的历史起点上，中共兴义市委、市人民政府把思想统一到发展上，把心思集中到发展上，把力量凝聚到发展上，坚定信心，解放思想，同心同德，真抓实干，切实增强发展意识、机遇意识、忧患意识和责任意识，千方百计创造条件推动全市“十二五”时期经济社会又好又快、更好更快发展。

二、发展目标

2011 年 4 月，兴义市出台《十二五发展纲要》，为兴义城市发展指明了方向，即以“州市共建”兴义市为着力点，加快城市“北拓、东扩、西进、南延”进程，科学规划和加快建设老城商业贸易区、桔山行政商贸区、民航科技教育区、马岭轻工业发展区、顶效工业物流区、下五屯生态宜居区等六大功能片区，推动顶效开发区融入兴义市城市建设，形成全州经济新的增长极，抓紧将兴义市建设成为贵州西南部和滇、黔、桂三省区结合部的商贸物流、旅游文化、综合资源开发中心，加快发展为区域性中心大城市。到 2015 年，力争城区人口规模达到 50 万人左右，为形成远景城区面积 100 平方公里以上、城市人口 100 万人左右的城市规模打下坚实基础，完成顶效开发区扩区升级。

（一）加强城镇路网建设

大力加强环线建设，建成兴义市绕城高速公路、兴义至顶效城市直通桥工程等一批城市路网重点工程，构建城镇新骨架。

（二）积极发展城市旅游

进一步加大兴义马岭河峡谷、万峰林、万峰湖、云湖山和顶效贵州龙博物馆等一批重点旅游景区道路、供水、供电、接待服务、环境等基础设施建设，使重点旅游风景名胜区的基础设施得到显著改善。到2015年，力争打造2个5A级景区、6个4A级景区、10个3A级景区、1个全国优秀旅游目的地、3个全国优秀旅游城镇，形成5条精品旅游线路，旅游接待总人数达到2000万人次，年均增长34%以上，旅游总收入达到200亿元、年均增长45%以上。

同时，以全省旅游产业改革发展综合试点市建设为契机，进一步强化兴义市优秀旅游目的地中心地位，凸显中部（顶效、兴仁、安龙）金三角旅游精品区。积极培育奇石、花卉、特色农产品、民族服饰等一批综合性和专业性知名会展品牌，把兴义市建设成为全国知名会展城市。

不断丰富城市步行街、购物街、美食街等主题街区的文化娱乐内容，做到城市与景区景观相互和谐。

（三）大力发展广播影视业

建设兴义盘江电影文化城、兴义数字多厅影院等，扩大院线发行放映的地域和人口覆盖面，积极提升城市商业性放映规模和水平，促进数字电影产业发展取得重大突破。启动实施移动多媒体商业化营运，开展手机电视、车载电视等业务。

（四）完善商贸网络体系

将兴义市培育成为省际周边商贸物流中心，构建以兴义市为中心、各县城为节点，面向全州、辐射周边、相互配合、层次清晰、功能较为完善、布局基本合理的现代商贸网络体系。

三、未来展望

到2015年，兴义市以交通、水利为重点的基础设施建设取得突破性进展，产业结构调整取得明显成效，综合经济实力大幅提升，工业化、城镇化带动作用显著增强，农业现代化水平明显提高；单位地区生产总值能耗明显下降，主要污染物排放总量得到有效控制，环境质量总体保持稳定；石漠化扩展趋势得到初步扭转，森林覆盖率达到45%；社会事业发展水平明显提升，扶贫对象大幅减少，全面建设小康社会实现程度接近西部地区平均水平。

到2020年，适应经济社会发展的现代综合交通运输体系和水利工程体系基本建成；现代产业体系基本形成，经济发展质量和效益明显提高，综合竞争力显著增强，城镇化水平大幅提高，科技创新能力明显提升；石漠化扩展势头得到根本遏制，森林覆盖率达到50%，环境质量良好；基本公共服务达到全国平均水平，城乡居民收入显著提高，实现全面建设小康社会奋斗目标。

从兴义市当前既有的基础条件和未来发展的客观需要来看，兴义可望在未来的10年或20年成为贵州西南部远景100万人口区域中心城市和黔、桂、滇三省交界的物流中心、文化生态旅游中心、贵州西部区域经济新的增长极，毕水兴经济带的重要一环、西江上游经济区的能源和原材料深加工开发基地、珠江上游重要生态屏障、中国西部现代优质烟草基地、中国西部最佳旅游目的地和最佳人居环境城市。

（撰稿人：易青松　赵贡飞）

第五章　山水园林城市——毕节市

毕节市（2011 年 10 月改设为七星关区）位于贵州省西北部，东经 104°51′~105°55′，北纬 27°3′~27°46′之间，地处川、滇、黔三省交汇处，素有“鸡鸣三省”之称，南与纳雍县毗邻，西与赫章县及云南省镇雄县相连，北与四川省古蔺、叙永两县交界，东与金沙、大方县接壤，是黔西北的大门，解放后一直是毕节专员公署及毕节地区行政公署所在地。全市总面积 3412 平方公里，2010 年，辖 41 个镇乡、街道办事处，聚居着 23 个民族，总人口 141 万人。

全市地形西高东低，最高海拔 2217 米，最低海拔 470 米，平均海拔 1511 米，年均降雨量为 954 毫米，日照率约 31.0%，无霜期在 250 天左右，属亚热带湿润季风气候，具有冬无严寒、夏无酷暑的特点。毕节境内属喀斯特地貌，峰峦叠嶂，溪流纵横，市区群山环抱，一水中流，天然景观与人文景观交相辉映，使山城显得秀美多姿。

毕节于汉置平夷县，元代置驿，明代建卫，清康熙二十六年（1687 年）设毕节县。中国工农红军长征途中曾在此留下中华苏维埃人民共和国川滇黔省革命委员会旧址、中国工农红军第六军团政治部旧址、贵州抗日救国军司令部旧址，一起被列为全国重点文物保护单位，有“三省红都故地”之称。毕节是胡锦涛任贵州省委书记时倡导建立“开发扶贫、生态建设、人口控制”试验区的指挥中心。1994 年撤县设市以来，先后被评为全国先进文化市、贵州省科技先进县市、省级卫生城市、省级文明城市、中国十佳避暑旅游城市、贵州省高新技术产业基地、国家级生态示范县（市）、贵州省经济强县（市）。

中共十一届三中全会后，尤其是 1986 年毕节“开发扶贫、生态建设、人口控制”试验区建立以来，全市经济持续稳定增长，各项社会事业不断进步，城镇化水平不断提高。2010 年，全市建成区面积为 30.5 平方公里，城镇人口达25.79万人，城镇化率达到37.0%；城镇公用设施不断完善，城区日供水能力为12.7万吨，有农村安全饮水工程1000余个（处）；森林覆盖率达37.0%，建成区公共绿地面积为200万平方米，人均公共绿地面积为7.76平方米；全市通车里程为2748公里，其中城市道路20公里，市区有公交线路10条，公交总里程为200公里。

第一节 发展历程

一、毕节的历史变迁

（一）建置沿革

毕节在历史上曾分属今四川、云南、湖南、贵州行省。毕节之名，始于元代。时毕节东北部属永宁路（今叙永）所辖，东南部属平迟安德长官司所辖，西北部属漕泥长官司所辖。后建比跻驿，比跻系彝语，取汉文毕节。明洪武十七年（1384年），置毕节卫，领七星关千户所和左、中、右、前、后五所，隶于贵州指挥使司；洪武二十一年（1388年），置赤水卫、层台卫，与毕节卫、永宁卫合称“西四卫”，控扼川滇黔驿道。洪武二十七年（1394年），废层台卫，其辖地分别划归赤水卫和毕节卫。清初，设分巡贵西道（后改为平大黔威守备道），辖大定、平远、黔西三府（后降为州），兼管永宁、赤水、毕节卫。清康熙二十六年（1687年），裁毕节卫、赤水卫，改建毕节县，隶于威宁府。雍正七年（1729年），升大定州为府，降威宁府为州，毕节县划归大定府管辖。光绪五年（1879年），移贵西道驻毕节，县内行政区划沿用里、屯、伍、甲制，辖四里、二屯、五十二伍、十铺、六甲，东里十八伍，南里七伍二屯，西里十伍十铺，北里外二甲四伍、内四甲十二伍。

民国初，毕节县行政区划沿用清制。1932年，行政区划调整，县以下划为区、乡、镇，全县划分为10个区、163个乡（镇）。毕节县城先设东关、南关、西关、北关四镇，后并为毕阳镇。1935年，设贵州省第四行政督察专员公署驻毕节，领大方、毕节、黔西、威宁、水城五县，毕节为一等县，行政区划废除清制里、屯、伍、甲制，改为区（镇）、乡、保（联保）、甲制。全县划分为7个区、34个联保、316个保、3009个甲。1941年，全省行政区划调整，县以下的行政区划取消区和联保制，改设乡（镇）、保、甲制。毕节县划为18个乡（镇）、288个保、3874个甲；1949年划为17个乡、1个镇。

（二）城区起源和演变

毕节建立城池的历史可追溯到明洪武十五年（1382年），分别从今草海大道沿古道路、广惠路、义兴桥至东关桥到台子堡设置四座城门。洪武二十三年（1390年），另筑城墙，占地面积6平方市里2市分；次年，改建石墙，在旧城方圆之外向东延伸，占地面积8平方市里2市分。建造城门五座，依次：东为武安门，西为西定门，南为镇南门，北为拱北门，东南为通津门。街道设置由南门至西门称古道路，古道路至大东门称县署街（今广惠路）；出东大门过济古桥（今永兴桥）称箱子街、平街；由通津门转县署街称通津街；过太平桥称太平街；南门外向西称威宁街、半边街；济川桥向东沿龙盘山麓称大、小横街，向南延伸称珠市街；主要路面铺砌石板，两旁建商铺。清乾隆时期（1736~1796年），毕节大兴土木工程，引进中原地区建筑艺术，新建馆堂、寺庙、宗祠、戏院、学堂等砖木结构的房屋20余处，所修建房屋的工艺雕刻技术在当时属黔西北一流水平；对平街、威宁街、县署街等主要街道进行改造、扩建，开辟镇内通往郊区的便道，促进集市繁荣；在城南沿城修建住宅，开设商店，在西街增建盐、糖、布业市场，在城东重建棉布店、绸缎庄、客栈等；其余街道和城郊按官府、军队、学校等类规划，定点修建。此后，居住在当地的各界人士以籍贯省或地区开展集会，筹资建四川、湖南、江西、陕西等同乡会馆，并以会馆之名出资增修黄忠庙、陕西庙、寿福寺、川祖庙等。随着县城府衙、民房、会馆和庙宇等修建完善，毕节已初具县城规模。

民国初年，毕节的房屋建设由明清时代的木瓦结构发展为砖木结构，街道建设由石板路面发展为沙石路面。在大街上（今广惠路）和威宁街等几条主要街道的四周增建房屋和扩建街面。1932年，修建五龙桥至沙石路的主要通道——清毕路；拆城东南角至南关桥的城墙，连通威宁街至小校场的道路，形成城内的中心街道；街面由原来3米宽的石板路面拓宽为8米宽的砂石土质路面，城区街道在原有基础上新增8条，面积比原来增加3平方公里。

二、解放后的毕节

（一）行政区划演变

1949年11月28日，毕节解放。中国共产党毕节地方委员会宣布贵州省毕节专区专员公署驻毕节县城，毕节县人民政府驻原毕节县政府。全县划为五个行政区，设立区公所，具体为：一区毕阳镇、二区鸭池、三区高溪、四区八寨坪、五区亮岩。全县总人口约 42 万人。1952 年，全县划定 17 个区，区以下设村；1958 年，乡、镇改为人民公社，全县划分为 15 个区、135 个公社；1962 年，恢复区、公社建置，划分为 1 个镇、6 个区、76 个公社。1982 年，把公社改为乡、镇；1984 年，新建环城区，改街道居民委员会为街道办事处，全县辖 1 个镇、15 个区，区作为县的派出机构，区以下的行政区划为乡（镇）、村、组。1990 年，全县建立 124 个乡、598 个村、5702 个村民组，4 个街道办事处。1992 年，全县实施撤区、并乡、建镇后，行政区划为 36 个镇（乡）、592 个村、5702 个村民组和 4 个街道办事处、46 个居民委员会。1993 年 12 月，毕节撤县建市，全市行政区划调整为 36 个镇乡、524 个村、5416 个村民组和 6 个街道办事处、23 个居民委员会。

（二）经济社会发展

1. 解放后至改革开放前（1949~1978 年）

毕节解放初期，百废待兴，工业基础十分薄弱，农业生产水平低下。1949 年，农业总产值为 1742.2 万元，工业总产值为 237 万元。1965 年，全县经济持续稳定增长，产业结构不断优化，农业总产值实现 3728 万元，工业总产值实现 1514 万元。1966 年“文化大革命”开始，到 1978 年，全县经济社会发展受到严重干扰破坏，基本处于停滞状态。1978 年，农业总产值仅为 5699 万元，工业总产值仅为 3603 万元。

2. 改革开放后至毕节试验区建立前（1979~1988 年）

中共十一届三中全会后，在农村推行联产承包责任制，在城市实行经济体制改革，有力促进了经济社会发展。1988 年，全县实现生产总值 5.73 亿元，固定资产投资为 0.67 亿元，财政总收入为 0.4 亿元，比 1978 年分别增长了 314.6%、911.2%、292.9%。城市基础设施不断完善，农业和农村经济稳步发展，城乡居民收入持续增加，教育、卫生、医疗等社会事业全面进步，人民生活水平不断提高；按照 1983 年贵州省政府批复的《毕节城区总体规划》，不断加大城市建设力度，在原有 30 条街道的基础上，翻修街道 34 条，扩建 6 条。

3. 毕节试验区建立以来（1988~2007 年）

十一届三中全会以来，毕节地区各族人民经过艰苦奋斗，经济社会发生了深刻的变化，人民生活水平有了较大的提高，但是，贫穷落后的状况依然没有得到根本改善，1987 年，全区人均工农业总产值为 288.9 元，相当于全省平均水平的 54.7%，全国平均水平的 22.9%；农民人均纯收入仅为全省人均的 52.9%，为全国平均水平的 38.0%；平均人口密度为 209 人 / 平方公里，文盲半文盲约占总人口的 50.0%。由于人多粮缺，开发手段原始，导致生态严重恶化。全区山地占总面积的 93.3%，垦殖指数高达 46.4%，森林覆盖率仅有 8.9%，水土流失面积占总面积的 52.6%，侵蚀模数高达 4927 平方公里。人口多、植被破坏、边远闭塞引起的恶性循环互为因果，形成在短期内难以治愈的贫困“综合征”。

1988 年 6 月，为改变毕节地区人民贫困、生态恶化的现状，积极探索岩溶地区开发扶贫、生态建设的路子，在时任贵州省委书记胡锦涛倡导下，毕节地区“开发扶贫、生态建设、人口控制”试验区正式建立。试验区建立后，毕节县紧扣试验区三大主题，发扬“坚定信念，艰苦创业，求实进取，无私奉献”精神，立足实际，扎实工作，经济社会发展取得了显著成就。在这一阶段突出抓了经济结构调整，继续抓好烤烟生产、乡镇企业、非公有制经济等财源建设和农业基础设施建设等重点。农业的基础地位得以巩固，支柱产业进一步发展壮大，全市经济结构单一的状况得到一定改善。1994 年撤县设市时，全县实现生产总值 15.5 亿元，固定资产投资 3.2 亿元，财政总收入为 0.8 亿元，分别比 1987 年增长 242.6%、397.5%、190.4%。根据城市建设发展的需要，对 1989 年总体规划进行修编，并于 1992 年 6 月获省政府批复实施。修编后的城区布局可概括为“三三道路网，功能六九一”，即城区由三条东西向主干道和三条南北向主干道构成道路骨架，功能布局主要依托旧城区开发新区，统筹新区开发与旧城改造，逐步向外发展。根据城区的具体地形，划分为六个工业区、九个居住区、一个文教科研区。按照规划，有序实施了东部新城，南部新区，望湖片区，倒天河一、二期治理，倒天河大坝加高，自来水厂改造，垃圾填埋场、污水处理厂扩建，新建洪山路、天河路两条大街等一批小区开发建设和市政工程项目。至 1993 年底，全城共有街巷 80 余条，总长 30 余公里，其中水泥路面 31 条，长 10.2 公里，面积 2.56 平方公里；砌水泥预制块路面 10 条，长 15 公里，面积 0.15 平方公里；铺沥青路面 9 条，长 6.5 公里，面积 8.06 平方公里。

中共中央统战部、各民主党派中央、全国工商联、试验区专家顾问组和有关方面积极发挥自身特长和优势，为试验区的改革发展谋大计、献良策，帮助制定发展规划，促成一大批重大建设项目的落实，帮助引进各种项目 300 多个，资金 300 多亿元，培训干部 3 万多人次，改扩建学校 119 所，为推动试验区经济社会发展做出了重大贡献。20多年来，历届毕节市（县）委、市（县）政府带领全市百万各族人民紧紧围绕“三大主题”，坚持开发与扶贫并举、生态恢复与建设并进、人口数量控制与质量提高并重，取得了经济社会发展的重大成就。全市经济持续较快增长，社会全面进步，人民生产生活条件不断改善，为进一步加快发展奠定了良好的基础。

一是经济实力大幅提升。全市生产总值从1987年的4.53亿元增长到2007年的73.65亿元，年均增长8.5%；固定资产投资从1987年的800万元增长到2007年23.29亿元，年均增长33.2%；财政总收入从1987年的2800万元增长到2007年的4.36亿元，年均增长14.8%；城镇居民可支配收入从1987年的741元增长到2007年的10198元，年均增长14.0%；农民人均纯收入从1987年的181元增长到2007年的2484元，年均增长14.0%。

二是开发扶贫成效显著。重大项目建设方面，相继引进煤电化热电厂项目、煤基气化替代燃料项目、硫化工、氯磷盐煤化工、蚕桑产业、季戊四醇、日产2500吨熟料新型干法水泥等项目建设，总投资达150多亿元。完成《贵州省黔北矿区毕节区总体规划》，并经国家发改委批准，27对新设置矿权的煤矿全部取得采矿许可证，其中8对煤矿开工建设。城乡基础设施建设方面，中心城区面积从1987年的不足5平方公里扩展到2007年的17.6平方公里。完成城市总体规划修编，并经省人民政府批准。建成日产10万吨水厂、城市生活垃圾填埋场、污水处理厂，完成倒天河综合治理两期工程、城区供水管网改造工程，基本完成旧城区主要街道的改造和主要地段的拆迁及开发建设。实施了“一河两园六路”建设工程，城东新区、洪南新区初具雏形。先后完成了贵（阳）—毕（节）、毕（节）—纳（雍）、毕（节）—威（宁）、毕（节）—赤（水）等油路建设。2007年，全市基本实现村村通公路，通车里程从1987年的不足500公里增加到2748公里。建成基本农田面积17.03万亩，新建农村安全饮水等工程1000余处。农业和农村工作方面，2007年，全市粮食总产量达44.05万吨，比1987年粮食总产量21万吨增加23.05万吨，增幅为109.8%；农民人均占有粮食372.28公斤，比1987年的229公斤增加143.28公斤，粮食供给实现了由依靠调进到自给有余。同时，依托资源优势，以市场为导向，按照“集中连片、规模经营、突出特色”的要求，加大力度扶持基地建设，成功打造了马铃薯、蚕桑、中药材、生态畜牧业等一批农业产业化基地。民生事业方面，贫困人口从1987年的34.56万人下降到2007年的16.98万人，减少贫困人口17.58万人。先后实施城市最低生活保障制度，农村低保制度和新型农村合作医疗制度，实现城市最低生活保障人数达到1.1万户、2.94万人，纳入农村低保的有4.46万户、10.74万人，参合人数为94.75万人，参合率、受益人数分别达93.58%、51.98万人次。修建经济适用房4.5万平方米，启动建设廉租房4万平方米。

三是生态建设扎实推进。通过实施“长防”、“长治”、“农业综合开发”、“以工代赈”、“国家生态环境建设”等工程项目，提前两年实现10年基本绿化毕节的目标。至2007年，全市人工造林46.95万亩，封山育林34.31万亩，退耕还林28.09万亩，水土流失综合治理面积达623.32平方公里，占全市水土流失面积的26.9%，森林覆盖率从1987年的12.7%提高到2007年的32.1%，提高了19.4个百分点。

四是人口控制效果明显。经过努力，至2007年，全市人口出生率降至1.35%，比1987年的2.95%下降了1.6个百分点；符合政策生育率提高到94.3%，比1987年的56.0%提高了38.3个百分点；投入资金1.6亿元，新建、改建中小学442所，新增校舍建筑面积31.7万平方米，顺利通过“两基”验收；适龄儿童入学率、初中升学率、高中毛入学率分别从1987年的81.7%、40.5%、4.6%提高到99.2%、102.5%、33.3%，分别提高了17.5、63和28.4个百分点。

第二节　现状及特点

毕节市紧紧围绕建设川、滇、黔三省结合部区域性中心城市和山水园林城市的目标，坚持以项目建设为抓手，以城区提质扩容为主线，以体制机制创新为动力，不断加快城市建设步伐。2006~2010年，毕节市城市面积从17平方公里扩大到30.5平方公里，城镇人口从19.53万人增长到25.79万人，城镇化率从27.0%提高到37.0%，20~30米的城市道路从20公里增至30余公里，40米以上城市道路从无到有，已达20余公里。城市基础设施不断完善，城市形象品味不断提升。

一、以科学的规划引领城镇建设

（一）科学构筑“一心、五片、四翼”城镇空间体系

毕节市（县）从1983年启动城市总体规划编制，其后根据城市建设发展

的实际于1989年进行修编，修编后的城市总规较好地指导了城市建设发展。至2010年，城市建成区面积达30.5平方公里，城区人口为25.79万人，城镇化率达37.0%，初步形成以毕节中心城区为核心，以碧海片区、小坝片区、松林片区、双池经济走廊片区、草堤—十八片区的城市组团，以毕贵线、毕纳线、毕威线、毕赤线为四翼的城镇空间体系。同时，不断加强城市和周围小城镇的建设协调，推动形成中心城区—卫星城镇的城市区域空间。抓好撒拉溪镇、燕子口镇、大河乡、大屯乡、团结乡、岔河镇、小吉场镇、普宜镇、林口镇、朱昌镇、八寨镇、清水铺镇等十四镇三乡中心镇建设，形成相对均衡的片区服务中心。稳步推进其他小城镇的建设开发，不断改善城镇生产环境，提高生活水平。在此基础上，依托“一心、五片、四翼”沿线铁路、高速公路、机场高速公路等交通主干道节点，在经济基础较强、地理条件较好的地方规划建设一批规模适度、布局合理、功能完善、特色明显的小城镇。以“五园新村”（致富田园、生态庭园、特色庄园、文化乐园、和谐家园）为载体，建设一批具有一定规模、个性鲜明的特色乡村，不断完善和优化城镇空间布局。

（二）切实加强城乡规划管理

强化规划的龙头地位，坚持以科学的规划引领城镇建设发展。

一是加快规划编制步伐。配合地区全面完成已获省人民政府批准的“毕节—大方”同城化总体规划修编，完成了碧海新区、德溪新区、东城区、西片区、小坝片区和黔西北园区A区等区域共计107.8平方公里的控制性详细规划编制。实现城市总规近期规划建设范围内控规覆盖率100.0%的目标，并在具体实施过程中进一步调整完善。在综合各镇（乡）产业发展和历史区位等因素的基础上，完成城市规划区外12个镇（乡）规划编制和358个村庄规划编制。启动朱昌镇、层台镇、大屯乡、龙场营镇4个镇（乡）规划编制和剩余54个村庄规划工作，已完成地形图测绘工作。开展德溪新区、天河新区和大麦塘、燃料公司等地块的城市设计，以及相关地块的建筑设计。全面启动城市主干道和次干道城市立面设计和部分道路景观设计。

二是突出抓好规划的实施管理。自觉维护规划的严肃性，注重规划实施过程管理。及时查处建设项目违反规划的行为，大力整治各种违法建设行为，严厉打击“黑开发”。自2007年以来，毕节市相继出台了《关于抓好严厉打击城市规划区违法建筑工作的通知》、《关于解决城市规划区宅基地相关问题的若干意见》、《毕节市整治违法建筑暂行规定》、《毕节市查处城市规划区违法建设管理办法（试行）》、《毕节市2010年城市规划区控制新增违法建设目标管理办法》等管理规定和办法，进一步充实了城市规划执法大队人员，在规划区内的六办四镇组建了规划执法中队，购置执法用车及其他执法装备，切实保障了打击违法建筑的工作条件，有力打击违法建设。2008年以来，累计查处违法建设2484起共27.79万平方米；组织大规模行动102次，拆除违章建筑3.68万平方米；刑拘违法违章建筑人员（涉嫌非法交易罪）16人；有效维护了规划的严肃性。

三是建立和完善城乡规划建设管理体制。按照强化职能、理顺关系、提高效率的原则，进一步理顺城乡管理体制，健全规划管理机构，逐步形成市、镇（乡、街道办事处）、村（社区、居委会）自上而下、层级清晰、职责明确的一体化规划建设管理机制。

二、以基础设施建设促进城乡协调发展

2007年年初，中共毕节地委、地区行署明确提出，要按撤地设市的构架，以“一河、二园、六路”工程的实施为重点，以“六个高”即“高起点规划、高标准设计、高质量建设、高水平运作、高强度推进、高效能管理”为指导，把毕节市建设成川、滇、黔三省交汇处区域性中心城市和山水园林城市。按照中共毕节地委、地区行署提出的变“有多少钱办多少事”为“有多少事找多少钱”的发展理念，将毕节市的城市建设纳入地、市共建的重大项目建设范畴。以“完善功能、优化环境、提质扩容”为目标，凸现毕节城山水园林特色，走城市规模外延扩张式的新区建设和老城区改造相结合的路子。以科学规划为先导，以市区“提质扩容”为主线，以完善城市功能、培植产业支撑、增强人口集聚能力为重点，以创新城市建设管理体制为动力，进一步加快城市建设步伐，努力构建特色鲜明、环境优美、人与资源协调发展的城市环境。着力搭建融资平台，积极招商引资，强力推进城市带动战略，加快毕节城市建设的步伐。到2010年，毕节城区面积由2006年的17平方公里扩展成30.5平方公里，城区人口规模达到30万人，城镇人口达25.78万人，城镇化率达37.0%。城市人均拥有道路面积达9平方米以上，人均公共绿地面积达到全省平均水平。每年整治一座山头，使毕节城成为“城中园、园中城”。随着“六路”改造工程的完工，毕节城成功实现

了“强筋健骨”。把正在开发建设的城东新区和南部新区有机结合起来，为城市提质扩容、全力打造“山水园林宜居城市”打下坚实的基础。随着总投资5.42亿元的倒天河流域二期综合治理工程全面动工，毕节市拉开了打造山水园林城市的序幕，标志着毕节的城市建设进入了大突破、大跨越的发展阶段。

（一）以路网建设为抓手，统筹推进城市基础设施建设

“十一五”时期以来，毕节市抢抓“地市共建”的政策机遇，融资近40亿元投入城市基础设施建设，推进新区开发和旧城改造，强化城镇基础设施建设。

1. 强力推进新区开发

2006年以来，陆续实施了麻园路、东升路、迎宾路、学院路、东出口道路、南部新区道路等路网建设和倒天河二期综合治理工程。完成德溪新区1号路、百里杜鹃大道等总计4.2公里的新区骨干路网工程；完成投资1.9亿元；统筹推进德溪新区2、3、4、5号路和黔西北产业园区1、2号路，以及碧海路、同心大道、海坝路、雍阳路等新区路网建设；顺利完成了倒天河二期综合治理工程，建成了水面300亩的碧阳湖。碧水蓝天的碧阳湖、曲曲折折的河道、沿河两岸的绿化带、绘有黔西北民族民间文化图案的碑刻、连接两岸的小桥，展现出“宜居毕节”的山水神韵，成为毕节市民休闲娱乐的绝佳去处。倒天河三期综合治理工程和德溪新区1、2号路工程顺利推进。

为加快新区开发建设，毕节市继市行政办公中心驻地迁移到城东新区后，陆续将市青少年活动中心、市检察院、市公安局、市消防大队等单位搬迁到城东新区；经济适用住宅小区工程、东客站等相继建成并投入使用；兴隆佳园、白金府邸、世纪新园、东园小区等住宅小区迅速兴起，为新区开发建设注入了巨大的活力。按照“南拓北展、东进西控”的思路，大力推进洪南新区建设。在中共毕节地委、行署的高度重视下，规划总用地2.36平方公里、总建筑面积为233万平方米、居住人口达3.2万人的南部新区已初具雏形。中共毕节地委、地区行署已入驻新行政办公中心。2010年，碧阳大桥、迎宾路郭家湾高架桥建成通车，把城东新区和洪南新区连为一体，为城区提质扩容奠定了基础。实施“一河、两园、两区、六射线”（即倒天河综合治理三期工程，虎踞山公园、北镇关公园，德溪新区、碧海新区，草海大道、毕海路、观水路、碧阳二道、德溪新区2号路、毕纳路）建设，拓宽了城市框架。

2. 统筹推进旧城改造

相继改造和新建了洪南路、洪山路、拥军路、清毕北路、中华路、桂花路、威宁路、天河路、松山北路等10多条道路，完成草海路二期、碧阳大道改造、城区路面质量提升等老城区道路改造工程，完成投资8.2亿元，基本完成了城市中心地段威西、清毕、洪山等片区旧城改造，加快新街、双树路、学院路、环北路、草海路、大麦塘、古道路、东出口、双井寺、东关坡、百花山、六洞桥至花牌坊等区域的旧城改造步伐，建成了站前广场、爱民广场等。

在朱昌路口和关门山隧道侧等城市周边不能有效开发的裸露地块，依山就势建设小品广场，提升城市品位。启动了虎踞山公园、北镇关公园建设；推进老城区污水管网建设和背街小巷道路硬化，城区环境明显改善，城市形象明显提升。在城市化进程中重视历史文化的保护，注重历史文化积淀，对在旧城改造区域内的铁匠街明代古城墙、陕西庙、中国工农红军二六军团政治部旧址、周素园故居等重要历史文化建筑实施有效保护；推进天河路改造、天河古玩艺术城和天河古城建设工作。

（二）以交通网络建设为抓手，逐步突破地域边缘

毕节市作为川、滇、黔、渝三省一市交汇处的区域性中心城市，却备受交通条件的制约，其功能难以发挥出来。边缘化和贫穷化的相互影响，使毕节多年以来一直遭遇着“绿水青山枉自多”的尴尬。为了突破边缘化的困境，针对财政只够保工资和运转、没有足够的余钱投入城市建设的状况，毕节市着力搭建融资平台，做强做实融资公司。依托城投、开源、德溪、碧海、新宇、益民等城建融资平台，积极与中国农业发展银行、国家开发银行、贵阳银行实施银政合作，成功融资近30亿元。积极探索BT（建设—移交）、BOT（建设—经营—转让）、土地一级开发等融资建设模式，引进太平洋建设集团、中国对外建设总公司等有实力的公司参与城市基础设施建设。2009年9月19日，毕节飞雄机场隆重奠基；9月30日，贵州省“十一五”新增重点建设项目——黔织高速和毕威高速同时开工，拉开了毕节立体交通网络建设的序幕。2010年12月23日，成都至贵阳铁路客运专线等贵州境内7个铁路建设项目开工典礼在毕节市小坝镇隆重举行；12月26日，毕节飞雄机场高速公路和开发大道开工；12月28日，厦蓉高速公路织金—纳雍段、杭瑞高速公路毕节—威宁、黔西—织金3条高速公路开工，以及即将开工的一批铁路和公路，使毕节成为了贵州交通建设的主战场。

（三）以小城镇建设为重点，不断改善村镇居住环境

1. 着力加快小城镇建设步伐

投入上千万元用于小城镇基础设施建设，撒拉溪镇建成了康宁路、顺河路和水厂，清水铺镇建成了滨湖大街，朱昌镇实施了街道花池、昌盛街路面油化、新街路灯改造工程，普宜镇启动了银河大道和宜兴二排街建设工程。2009年，先后投入资金3000多万元，新建改扩建小城镇道路7.365公里、农贸市场2个，人行道铺装1.45公里，治理沟渠1公里，新建绿地面积2000平方米，新装路灯32盏。2010年，修建道路7.435公里，完成了6281户特色民居住房建设，新建、改建通村公路8.5万平方米、串户路6.03万平方米。2011年，毕节市按照中共贵州省委、省人民政府"城镇化带动战略"的总体部署，认真结合毕节市、镇、乡建设发展的实际，启动了普宜、清水铺、青场、撒拉溪、杨家湾、大屯、千溪等七个重点特色小城镇建设；制定出台了《毕节市小城镇建设考核暂行办法》，建立完善的奖惩激励机制，调动镇乡小城镇建设工作的积极性和主动性；以村庄建设规划为依据，对全市41个试点村庄进行了整治，并按照"五园新村"（致富田园、生态庭园、特色庄园、文化乐园、和谐家园）的要求，启动实施了小河、上小河、大南山、三官寨等民族风情村寨建设。

2. 着力实施生态文明家园建设

2008年以来，为统筹推进城乡产业发展和生态环境建设，全面加快全市城乡统筹发展和新农村建设步伐，毕节市按照中共毕节地委、行署的安排部署，着力开展黔西北民居和生态文明家园建设工作。在实施过程中，坚持"政府引导、部门帮扶、农户主体，产业支撑、效益为主、环境改善"的原则，按照"楼房景观化、设施现代化、生产无害化、庭院生态化、布局规范化"的目标，以生态自然村和农户家庭为载体，形成一批"产业聚集、循环高效、经济发展、生活富裕、环境优美、文化繁荣"的综合性、辐射带动力强的生态文明示范家园带，截至2010年，共实施生态文明家园"黔西北民居"建设38个镇乡（街道办事处）、6969户。2011年初，为进一步巩固生态文明家园"黔西北民居"建设成果，全面启动生态文明家园"五园新村"建设工作。2011年上半年，全市涉及38个镇（乡、办事处）启动生态文明家园"黔西北民居"建设30248户，竣工10709户，竣工率达43.0%。

3. 着力推进农村危房改造工程

从2008年起，按照贵州省的统一部署，毕节市全面启动了农村危房改造

工程。截至 2010 年，全市共改造危房 22700 户，投入政府补助资金 2.97 亿元，其中，五保户危房 1814 户、低保户危房 5986 户、困难户危房 11611 户、一般户危房 2526 户、地质灾害搬迁户 763 户；建成海子街、小坝、八寨、清水铺、林口、小吉场等农村老年公寓 34 所，切实解决了农村住房困难家庭“住有所居”问题。

（四）以优化人居环境为目标，逐步完善城镇服务功能

在城市道路建设中，同步规划建设供水、供电、供气、通信等各种线路管网设施。日产 10 万吨水厂建成并投入生产，使城市日供水能力从 2.7 万吨提高到 12.7 万吨。垃圾填埋场和污水处理厂的建成使用，极大地改善了广大市民的生活环境。总投资约 1500 万元建成主城区中心地带、省内第二大钢箱梁桥——麻园路交叉路口人行天桥，积极推进东心路与麻园路交叉口和桂花路中段人行天桥的建设，有效提高车辆通行效率，从而极大缓解了主城区交通压力。投资 3000 余万元建成城区智能交通指挥系统，城市道路文明交通管理水平迈上了科学化、规范化、现代化的新台阶。

助推“两创一建”（即创国家级卫生城市、创省级文明城市，建山水园林宜居城市）工作深入开展。城市排水（污水）管网工程建设有序推进，完成污水管网建设 93 公里，实施了城区输配水管网工程建设。实施了倒天河综合治理一、二期工程，总计改造里程达 9.4 公里。实施沿河两岸绿化及亮化工程，有效挖掘沿途商业价值，在为市民提供舒适的休闲娱乐场所的同时，也丰富和改善了毕节市的旅游资源和旅游环境。预计由此带动的综合旅游效益每年可达 200 万元，有效地促进了地方经济发展。

中共毕节市委、市人民政府高度重视公园的规划、建设、保护与管理，坚持因地制宜，依托优越的自然山水，突出重点，注重特色。在相继完成人民公园一二期改造、阳山森林公园改造、纱帽山公园和老城区环境整治的基础上，着力推进虎踞山公园和北镇关公园建设。2008 年，注入资金 2300 多万元，完成了公交车改制和旧车更换工作，城市公交服务业发展形象焕然一新。2011 年，已开通 10 条城区公交线路，总里程达 200 余公里，每万人拥有公交车辆达 3.84 标台。同时，把图书馆、文化馆、社区文化中心等文化设施和中小学、幼儿园等教育设施，以及医疗卫生设施、卫生服务网络等纳入城市建设规划。城镇电视模改数工程基本完成，电视覆盖率和收视质量不断提高。

三、以“两创一建”推进宜居毕节建设

2009 年，毕节市创建省级卫生城市顺利通过验收。为切实推进城市化进程，提升城市品位，围绕加快“一河两溪”（倒天河、观音河、十八河）、“一景十园”（天河风景区、毕节国家森林公园、人民公园、阳山公园、沙帽山、北镇关、虎踞山、梓橦阁、潘家大山、军分区后山、灵峰寺）建设，毕节市在全市范围内积极开展“两创一建”活动，力争 3 年打基础、5 年上台阶，实现创国家级卫生城市和省级文明城市、建山水园林宜居城市的目标。

（一）创新工作机制，实行错时制管理和网格化管理

根据城管工作的重点，突破常规，创新机制。结合岗位特点定岗定员，推行优化组合，竞争上岗，实施岗位职责量化考核。出台了《毕节市“整脏治乱”专项行动工作责任追究办法（试行）》、《关于巩固省级卫生城市创建成果的意见》、《关于建立城市管理长效机制的意见》等相关政策，不断完善奖惩激励机制。扎实开展突出治安问题排查整治工作，加强治安防范网络建设。开展“社会治安人民群众满意年”创建活动，推进“平安毕节”建设，全力维护社会和谐稳定，人民群众安全感明显提高。

（二）加大财政投入，完善市政设施

投入资金 550 余万元，购置了高压水车、微型清收车等环卫清扫、清收、清运设备，提高了环卫机械化作业水平和工作效率。2009 年以来，通过财政投入和市场化运作方式，先后投入资金 995 万元，实施了背街小巷亮化工程、沿河中国结景观灯安装工程、路灯节电改造工程、城区护栏改造工程、部分路灯 LED（发光二极管）改造工程，极大美化了市容环境，提升了城市形象。通过倒天河二期综合治理工程的实施，完成了 21 万平方米的景观绿化。投入资金 3000 余万元，对碧阳路、学院路、开行路等城市主干道绿化带改造完毕，打造城市新型绿化景观。投入资金 3300 多万元，对城市周边山头和裸露地块进行绿化，增加绿化面积近 200 万平方米。

（三）突出重点，着力整治环境卫生秩序

以“整脏治乱”、“满意在毕节”等活动为抓手，围绕卫生、秩序和人的

山水园林城市毕节市

毕节倒天河

毕节住宅小区一角

毕节峰景丽都小区

毕节碧阳大桥

七星关区（原毕节市）概貌

毕节市第二届乌蒙生态旅游文化节开幕式

力帆骏马振兴车辆有限公司生产车间

（毕节市图片摄影作者：王礼全、彭新立；提供单位：毕节市七星关区政府办公室）

新兴生态旅游目的地赤水市

赤水五柱峰

赤水杨家岩

赤水市区概貌

赤水十丈洞大瀑布

丹霞地貌奇观——赤水佛光岩

赤水国家级自然保护区一景

赤水港鲢鱼溪码头

赤天化纸业公司

赤天化厂区

（赤水市图片摄影作者：丁福秋、付树湘、刘晓武、洪开弟；提供单位：赤水市档案局）

锦绣湖城清镇市

清镇市东山巢凤寺

清镇红枫湖上三座跨湖大桥

清镇市区概貌

清镇百花湖

（清镇市图片摄影作者：何任叔、胡俯茂、段彪；提供单位：清镇市档案局）

中国酒都仁怀市

仁怀市新城区

仁怀市茅台镇全景

仁怀国酒门

“国酒”茅台生产线

茅台中国酒文化城

（仁怀市图片摄影作者：仇国钰、乔启明；提供单位：仁怀市政府办公室）

亚洲磷都福泉市

瓮福集团生产基地

年产 250 万吨磷精矿的瓮福选矿厂

贵州瓮福集团建成世界最大湿法磷酸净化装置

道教名胜福泉山

福泉苗族芦笙舞

福泉市新区概貌

福泉阳戏表演面具

全国重点文物保护单位——福泉古城小西门水城

全国重点文物保护单位——福泉葛镜桥

（福泉市图片摄影作者：张鹤林；提供单位：福泉市档案史志局）

行为等重点，开展建筑工地文明施工集中整治专项活动。加大建筑垃圾堆放、运输、消纳等三个环节的管理力度，加强源头治理，采取严管措施，杜绝施工车辆带泥上路，从源头上根治建筑弃土造成的污染。认真落实“门前三包”责任制，坚持定岗、定员、定时，实行24小时卫生保洁。积极创造条件，切实规范小区物业管理，解决院落“脏乱差”问题。进一步规范交通秩序，市容市貌得到了明显提升。

（四）深入开展“两创一建”活动，提升城市形象

以“创国家级卫生城市，创省级文明城市，建山水园林宜居城市”为目标，大力整治城区交通秩序。完善公交停靠站点建设，加强出租车辆管理，规范公交公司运营，提高城市公共客运服务质量和水平。把“整脏治乱”、“两创一建”活动与创建“文明卫生校园”、“亮丽工程”、“校园文化建设”工程相结合，对学生进行卫生知识、交通法规、文明行为教育；开展“小手拉大手”活动，不断提高市民素质。通过大力整治“五脏”、“五乱”，从严查处不文明施工，严厉打击非法营运，着力实施“亮化”、“美化”、“绿化”工程，城市环境卫生秩序明显好转，市容市貌明显改观，城市品位不断提升。

（五）全面提升绿化、亮化和美化水平

在完成天河路立面改造、青年路商业步行街建设的基础上，按照现代风格元素，启动实施并完成了碧阳路、拥军路、洪山路、洪南路和学院路等路段沿街房屋立面改造工程和亮化工程，有效改善了城区环境面貌和人居环境。按照“以点带面、点面结合”的原则，重点实施了城区周边山体绿化亮化、响水滩城市瀑布以及天河路、公园路、麻园转盘、城东新区、南部新区和东出口等城市重要节点亮化工程。完成投资1.4亿元，倾力打造动静结合、多彩宜人的城市格调，不断提升城市品味。投资1.7亿元，实施碧阳大道、开行路、学院路、百里杜鹃路等9个绿化景观改造工程，城区绿化面积得到较大提升。

四、以产业结构调整提升城市承载能力

“十一五”期间，毕节市充分发挥资源优势，大力发展能源工业，基本建成煤电一体化工业体系。初步形成了煤炭、化工、装备制造、食品加工、建

材等产业多元化发展的格局，产业结构渐趋合理。全市规模以上工业产值从2005年的30.02亿元增加到2010年的71亿元，年均增长22.5%。

（一）着力壮大城镇经济体系

着力实施“农业稳市、工业强市、城建活市、金融富市”战略，依托地域及资源优势，以产业化为支撑，以工业化为载体，以扩大对外开放为动力，科学确定城市产业发展方向，积极培育和发展优势产业。

一是加大煤矿资源整合力度，打造以煤电、煤化工为支柱，生物制药、炼硫、炼铁等延伸产业链为补充的新型工业体系。

二是用工业化理念谋划农业的产业化，发展劳动密集型产业，加快农村剩余劳动力向城镇转移，充分吸纳农村劳动力就业。实施“三江源”建设项目，加快农业产业化进程，打造以烤烟、马铃薯、蚕桑、大蒜、茶叶、优质肉猪等大宗农畜产品及特色农产品为主的精深加工产业体系。

三是加快城镇交通运输、商贸流通和仓储配送等行业向现代物流企业转变。大力发展中介业，不断扩大城镇就业容量。打造以商贸、物流、餐饮、社区服务业发展为主的商贸流通服务产业体系。

四是积极发展以住宅为主的房地产业。稳步推进房地产开发与物业管理的分业经营，构建和谐人居环境。扎实推进廉租房建设和农村危房改造工程，加大住房建设和住房保障工作力度。打造以建筑、建材、房地产为主的城镇经济龙头产业体系。

（二）着力培育工业产业经济体系

一是积极配合中共毕节地委、行署，抓好毕节高新技术产业基地建设。引导和支持农业产业化项目、主城区工业企业项目、优势企业扩张项目向城市工业园区转移。在国家各部委、各民主党派中央的亲切关怀下，中共毕节地委、行署和中共毕节市委、市人民政府充分发扬“保姆式”服务和“白加黑”苦干精神，高效推进毕节小坝高新技术产业基地力帆时骏二期技改项目。该项目自2009年12月破土动工，2010年8月全面开工，到2011年8月1日第一辆重卡、第一辆轻卡试车下线和9月6日全面下线，仅用短短一年多点的时间，就建成了西南地区最大的载货汽车制造基地，突破了常规，创造了毕节在工业化进程中的“毕节速度”；2010年5月，该基地被贵州省发改委批准为“毕节地区综合性贵州省高新技术产业基地”。高新技术产业基地规划充分体现了高新技术产业发展、现代物流、城市组团的融合与功能互补，重点发展载货汽车和先进制造技术、生物制药、新材料等高新技术产业。2011 年，基地建设面积已达 200 多公顷，征地 4000 多亩，引进工业生产项目投资近 150 亿元。随着力帆二期技改工程及研发中心、生活服务区等项目投资 37.5 亿元，配套企业投资 22 亿元，随着华锐风电科技（集团）股份有限公司、西部发展控股有限公司、香港瑞图企业发展集团等新能源、新材料制造业巨头的加盟，标志着毕节已驶入新型工业化城市发展的快车道。

二是根据“总体规划、逐步推进、产业集聚、一区一产”的原则，加快黔西北产业园区建设。突出园区资源、交通、区位特点，大力发展以现代特色食品药品、高新技术产业、白酒酿造业为主导产业的循环经济园区建设。以加强基础设施建设、提高服务质量、全力推进项目建设为工作重点，着力推进黔西北产业园区建设。2010 年，双池经济走廊已入驻企业 20 家，其中中华电热电厂、东华新能源煤电化一体化、力帆骏马一期、赛德水泥等重大工业项目已建成投产。黔西北产业园区建设加快，毕节大曲异地技改扩能、全国 500 强企业之一的江苏雨润食品产业集团、贵州百花药业等一批项目顺利推进。小坝高新技术产业园初具雏形，力帆骏马二期以及相关配套企业相继入驻。煤电化一体化配套矿井完成地质勘探，其中岔河煤矿、王家坝煤矿完成探矿权转让。夏泉、杨家湾、上鸭石、白岩脚等 8 座煤矿基本建成，投入联合试运转。

（三）着力发展新型城市产业经济

“十一五”期间，毕节市房地产业经历了一个从少到多、由弱到强、由有到优、从单体开发到综合开发的过程。2011 年，全市城区范围内共有房地产开发企业 80 余家，在建项目总计 61 个，总投资规模达 135 亿元，开发建设规模为 598 万平方米，预计完成房地产开发投资 35 亿元。“十一五”期间，全市商品房施工面积从 36.3 万平方米上升到 222 万平方米，年均增长率为 43.7%；商品房竣工面积从 9.2 万平方米上升到 31 万平方米，年均增长率为 27.4%；商品房成交面积从 12.76 万平方米上升到 41 万平方米，年均增长率为 26.5%；房地产开发投资从 1.636 亿元上升到 28 亿元，年均增长率为 76.7%。房地产业的健康、平稳、快速发展，极大地推动了城市化进程。特别是 2009 年以来，随着三江、博泰等本土房地产开发企业实力的壮大及部分区外房地产开发企业的入驻，三江城市花园、博泰花园、倾城、大众国际城市综合体及金源时代广场等开发项目相继动工和建成。以建筑、建材、房地产为主的城镇产业体系和以商贸、物流、餐饮、社区服务业发展为主的商贸流通服务产业体系初步形成，城镇就业容量不断扩大，城市经济健康发展。

第三节　趋势与展望

一、发展趋势

毕节市作为毕节地区行署所在地和毕节试验区中心城市，其独特的政治优势、交通优势、地理优势和资源优势必将使其在新一轮的跨越发展中抢占先机，后来居上。

（一）独特的政治优势

毕节试验区是时任中共贵州省委书记胡锦涛于 1988 年倡导成立的。20 多年来，试验区经济社会发展取得了丰硕的成果，“开发扶贫、生态建设、人口控制”三大主题成效显著，充分发挥了“近期作示范、远期探路子”的作用。2009 年 4 月 14 日，由中共中央统战部牵头组织在北京召开各民主党派中央、全国工商联参与毕节试验区建设座谈会和支持毕节试验区建设工作研讨会。会议建立了毕节试验区建设联席会议制度，并明确要在政策、项目、资金上加大对试验区的支持力度。2010 年 6 月 28 日，中共中央统战部、各民主党派中央、全国工商联参与支持毕节试验区建设工作联席会议第三次全体（扩大）会议在北京隆重召开。会议将统战部门参与支持毕节试验区建设，概括提升为统战部门服务科学发展“毕节模式”，要求紧紧围绕“开发扶贫、生态建设、人口控制”三大主题，以智力支持为主线、以改善民生为出发点、以示范带动为特色，由定点扶贫向定点扶贫与定项扶贫并重转变，由建言献策向出主意与办实事并重转变，由各自行动向体现自身优势与形成整体效应并重转变，着力打造“同心工程”品牌，努力推进把毕节建设成为综合实力雄厚、人民生活富裕、产业结构优化、生态环境优美的试验区，建设成为统战部门服务科学发展和多党合作示范区。2011 年 5 月 21 日，中共贵州省委、省人民政府在毕节市隆重召开毕节试验区新一轮改革发展推动大会，提出了“力争两年明显变化、向党的十八大献礼；五年大见成效、与贵阳、遵义一起，成为贵州省崛起的‘金三角’；十年实现跨越、建成全面小康”的奋斗目标，出台了《关于加快推进毕节试验区新一轮改革发展的意见》，赋予毕节试验区更多的权利和扶持政策。独特的政治优势必将对作为毕节试验区中心城市的毕节市的经济社会发展产生巨大的推动作用。

（二）独特的交通优势

2010年6月，国家铁道部、贵州省人民政府到毕节试验区调研后，将毕节定位为“综合铁路枢纽、现代物流中心”的中等城市。隆黄、昭黔、成贵、毕水兴铁路形成的“四线共廊七个通道”已全面开工。加上建设中的毕节飞雄机场和毕威、杭瑞、厦蓉高速公路，毕节城市将形成以铁路为支撑、以公路为重点、以机场为补充的综合运输体系，实现人流、物流、资金流的大进大出、畅行无阻。

（三）独特的气候优势

毕节市气候温和，雨量充沛，冬无严寒、夏无酷暑，享有“磅礴乌蒙，清凉毕节”的美誉。2008年7月，在《第五届中国避暑旅游城市排行榜》公布的50个避暑旅游城市中，毕节市与贵阳市、昆明市、六盘水市等名列前十位，荣获“中国十佳避暑旅游城市”的殊荣。随着毕节融入川、滇、黔、渝1~3小时经济圈，独特的气候优势必将使其成为全国特别是四川、重庆人民避暑久居的首选之地。

（四）独特的资源优势

毕节市资源丰富，地下资源主要有硫、铁、煤、锌、铜、硅铁、草炭、黏土、重晶石、大理石、高岭土、石灰岩、玄武石、石棉等20余种矿藏，地表气候温和，雨量充沛，除主产玉米、大豆、小麦、稻谷、马铃薯等粮食作物外，还盛产烤烟、油菜、柑橘、花生、茶叶、大蒜、魔芋和名扬中外的中药材天麻、杜仲、半夏等，农作物资源有73个种类455个品种，还有独具高寒山区特色的猪、牛、马、羊等产品。毕节的沔鱼河四腮鱼属全国珍稀鱼种；有森林植物700余种，林地面积99.7万亩，草地面积73.8万亩；河流总长695公里，水能蕴藏量为20.83万瓩，可开发量达11.56万瓩。全市域后备资源（荒山、荒地、荒滩、荒水）面积为105.58万亩，宜园土地面积为16.46万亩，宜林土地面积为67.94万亩，宜牧土地面积为21.17万亩；风景名胜颇多，市境内列入国家级、省级、市级重点文物共31处。

二、未来展望

2010年6月，国家铁道部、贵州省人民政府到毕节试验区调研后，将毕节定位为“综合铁路枢纽、现代物流中心”的中等城市。毕节市和大方县打破行政区划，按照同城化发展的思路启动新一轮总规编制。2011年4月28日，《毕节—大方城市总体规划（2010～2030年）》经贵州省人民政府批复。按照新的规划，毕节—大方城市性质为国家“开发扶贫、生态建设”试验区的核心及示范窗口、西南地区重要的综合交通枢纽和现代物流中心、以新兴产业为基础的山水园林宜居城市。城市空间结构为“一体两翼、一轴三核、一带六园”。其中“一体两翼”是以毕节—大方“双城一体”建设为核心，重点建设中部城市发展新区，带动东西两翼及西部毕节老城区和东部大方县城区的同城发展；中部城市发展新区是以产业、展贸、商业、教育医疗、休闲娱乐等为主的综合服务中心；西部毕节老城区是毕节地区近中期的行政、经济、文化中心，是以毕节行政中心、城东片区和德溪片区为核心区，以及以居住、商业、文娱为主导的居住生活中心；东部大方县城区是中心城区重要的产业拓展片区。“三核”指西部毕节行政文化核心、中部综合服务核心、东部经济文化服务核心。“六园”指八寨黔西北生态工业园、竹园物流园、小坝产业园、双山高新技术产业园、大方东关产业园、新铺产业园六个产业园区。前期重点发展资源型产业，重点增强对黔中经济圈的能源、资源输送，建立产业基地，发展地区经济；逐步转型新兴产业和承接转移至西部的产业，向黔中经济圈靠拢并逐渐趋于一致，最终推进区域协同发展。毕节将成为成渝—贵阳—珠三角发展轴带上重要的节点城市，成为东依贵阳、北联成渝、衔接泛珠的川、滇、黔三省交会的区域性中心城市，成为贵州省继贵阳市后的主要铁路枢纽、贵州省仅次于贵阳市的省级副中心城市之一。到2015年，中心城区规划人口规模为65万人，规划建设用地规模为78平方公里。到2020年，城区面积达70平方公里，城区人口规模达70万人，城镇化率达到50%左右。到2030年，中心城区规划人口规模将达到160万人，规划建设用地规模为190平方公里。

（撰稿人：胡书龙　石明殿　吕东华　彭大宇）

第六章　新兴生态旅游目的地——赤水市

赤水市地处贵州西北部，东经 105°36′~106°15′、北纬 26°16′~28°17′之间，东西轴线长 61.85 公里，南北轴线长 55.35 公里，处于云贵高原向四川盆地过渡的坡麓地带；东北至西北与四川的合江县接壤，西、西南与四川的叙永、古蔺县接壤，东南与贵州习水县接壤。赤水城与四川的合江九支镇一水之隔，距遵义 285 公里，距贵阳 476 公里。2010 年，赤水市辖 3 个街道、9 个镇、5 个乡，辖区面积为 1801.2 平方公里，总人口为 30 万人。

赤水地形地貌奇特，切割强烈，海拔落差 1500 米，年均气温 18.1 摄氏度，年均降水量为 1292.3 毫米，日照时数为 1290 小时，年均相对湿度 82%，非常适宜各种植物生长。全市以竹林为主的森林覆盖率达 76.17%，被称为天然氧吧。

赤水城内水资源丰富，有大小河流 352 条，水能资源蕴藏量为 35.69 万千瓦，可开发量为 23.26 万千瓦，是全国首批 100 个电气化县（市）之一。赤水河从境内穿过，河水半绕环抱赤水城，下行入川经 60 公里汇入长江。赤水城不但是市政府驻地，市域政治、经济、文化中心，而且是贵州通往四川、重庆、武汉、上海的重要门户和贵州最大的内河港口，素有“川黔锁钥”、“黔北明珠”之称。

赤水自然生态资源可观赏面积为 630 平方公里，规划面积为 320 平方公里，以丹霞地貌、瀑布、湖泊、竹海、原始森林、桫椤以及原始生存环境和生存状况为主要特色，构成雄、奇、险、秀、幽的不同风格，是一幅世间难得的“赤水丹青”，专家学者概括其有“丹霞之冠”、“千瀑之市”、“竹子之乡”、“桫椤王国”、“长征遗址”五大特征。

丹霞之冠——赤水丹霞冠华夏。2010 年 8 月 2 日，作为 2010 年中国唯一向联合国教科文组织申报的世界自然遗产名录——“中国丹霞”，在第 34 届世界遗产委员会会议上获得通过。而贵州赤水代表了丹霞地貌形成演化的早期，成为 6 个捆绑申报点中不可缺少的重要组成部分。赤水丹霞总面积为 72.18 公顷，其中核心区 27.36 公顷，缓冲区 44.81 公顷，是中国最大的丹霞分布区。奇峰、赤壁、岩廊、岩洞、巨石、窄脊、石堡、石墙、石柱、天生桥等，姿态万千，造型奇异。

千瀑之市——赤水境内海拔高度为 221～1703 米，沟壑纵横，在 352 条河流山溪之上悬挂着 3000 多个瀑布。“神州又一瀑布奇观”赤水大瀑布，又名十丈洞瀑布，高 76 米，宽 80 米，被专家誉为“空谷佳人”；秀美多姿的四洞瀑布被誉为“小家碧玉”；还有燕子岩瀑布群、神女瀑布、狮子岩瀑布群等。这些瀑布千姿百态，是赤水大力发展自然风光旅游业得天独厚的条件。

竹子之乡——赤水是中国十大竹乡之一，名列第二，有竹林面积 127 万亩，其中：杂竹 78 万亩、楠竹 49 万亩。楠竹蓄积量为 7000 万株，年产原竹 700 万株；其他杂竹蓄积量为 280 万吨，杂竹年产鲜竹 70 万吨以上。“赤水百竹园”是集竹类植物科研、生产、示范、推广和旅游观光为一体的综合性基地。赤水竹类经过长期的综合开发利用，已初步形成建材、造纸、工艺品、生活用品和竹笋加工 5 大系列、300 多个品种。全市现有竹类加工企业 300 多家，产品以竹浆造纸、竹地板、竹胶合板、竹家具、竹菜板、竹工艺品、竹笋、竹筷等为主，2010 年，仅竹业综合收入就达 20 多亿元，农民从竹业获得的收入累计达 6 亿多元，竹业收入在农民收入中占到 50% 以上。总投资 32 亿元的 20 万吨竹浆林纸一体化项目 2008 年建成投产，竹产业已成为赤水经济发展的主产业。

桫椤王国——赤水桫椤国家级自然保护区中，有两亿多年前恐龙最喜欢的食物桫椤 4 万多株。桫椤群落密集，数量多，苍劲挺拔，形若巨伞，植株高大，一般高 4～8 米，树形各异，双头、双株、三头、四头等奇异植株比比皆是。桫椤国家级自然保护区里生态完好，植被原始，涧清谷深，有古树巨藤、奇花异草、珍禽灵兽，游人至此，仿佛置身于远古的侏罗纪时代。

长征遗址——1935 年 1 月，中央红军长征来到黔北大地，召开举世闻名的遵义会议，确立了毛泽东在党和红军中的领导地位，中央红军分三路由遵义北上，向赤水河疾进。四渡赤水之战，为毛泽东军事生涯的得意之笔，谱写了中国军事史上的光辉篇章，由此红色老区赤水载入史册。1929 年成立的贵州省第一个中共地下组织——赤合特支，为配合中央红军北渡长江战略，

1935 年春，组织川滇黔边区工农红军游击队，发动了著名的石鼎山武装暴动。红军长征在赤水一渡赤水时的元厚渡口、黄陂洞战斗遗址、柏杨坎和七里坎战斗遗址、复兴场战斗遗址、箭滩战斗遗址以及留下的标语、歌谣和遗物等成为了赤水人民宝贵的精神财富。丙安古镇红一军团团部、红二师师部旧址和天台镇黄陂洞战斗遗址，2004 年被国家发改委批准建立红色旅游景区。

特殊的地理位置、特殊的生态环境、特殊的人文景观，使赤水自然成为黔北对外口岸。以丹霞奇观、长征遗址为主要内容的“红色游”和以中国侏罗纪公园、竹海森林公园、燕子岩森林公园、四洞沟景区为主要内容的“绿色游”，为赤水市“生态立市、旅游兴市、竹业强市”的发展战略奠定了坚实的基础。

第一节　发展历程

赤水河流域远古即有人类在这里生存、繁衍，夏为梁州地域；春秋战国属巴国；西汉元光五年（公元前 129 年）为益州刺史部犍为郡符县地；东晋永和年间（345~357 年）属东江阳郡安乐县地域；北宋大观年间（1107~1111 年）隶属梓州路，置仁怀县于今复兴镇；明万历二十五年（1597 年）仁怀城毁于战乱，万历二十九年（1601 年）将治所改建于留元坝（今赤水市城区）；清雍正八年（1730 年），仁怀县治所迁生界亭子坝（今仁怀市境内中枢镇），遵义府派粮捕通判驻留元坝；乾隆四十一年（1776 年），改设仁怀直隶厅，隶属贵州粮储道；光绪三十四年（1908 年）改置为赤水厅，隶属遵义府；民国三年（1914 年），赤水厅改置为赤水县；1949 年 12 月 1 日，赤水县解放，仍设赤水县，隶属贵州省遵义专区；1990 年 9 月，经国务院批准，撤县建赤水市（县级市），属遵义地区管辖。1997 年 7 月，贵州省政府《关于撤销遵义地区设立地级遵义市的通知》明确：原遵义地区的赤水市由省直辖，省委托遵义市管辖。

赤水市城最早叫留元坝。明万历二十九年，时任仁怀县县令曹一科新建仁怀县城，选址于此，并按当时城池规模五等中的二等城池修建。城垣周长 1552.67 米、高 4.67 米，有垛口 1133 处、水洞 3 处、炮台 4 座、城门 4 座，城垣严实，城楼巍峨，史称“城郭楼台雄伟壮丽，为一方之冠”。仁怀县是川盐入黔的主要口岸，又是云南的铜和仁怀的优质木材运往京都的港口。赤水河几经治理，盐运发展很快，商贸繁荣，陕西、甘肃、四川、湖北、湖南、江西、福建等省的商人蜂拥而入，修码头，建商号。到了清代，会馆家庙盛行，九宫十八庙记录了商业繁荣盛况。商家宅院兴起，多为四合院，陈家大院、崔家大院、田家大院，以及张家的大湾子、老湾子、新湾子等棋布厅城，加快了仁怀厅城的发展。盐运也带动了建筑、造船、船运、搬运、篾业、桐油业等相关行业的兴盛。商家的商务逐渐向赤水河上行延伸，沿赤水河场镇很快发展成为盐运码头。最早的县城不但是仁怀县（含仁怀、习水、赤水三县市）政治、经济、文化的中心，还是黔北的门户，贵州内河的唯一港口。

赤水森林资源丰富，采伐利用历史久远。据《道光仁怀直隶厅志》记载：明永乐四年（1406 年）少监谢安在威远卫地名石夹口、十丈洞采办大木，二十年乃迁。嘉靖二十六年（1547 年）奉天殿火灾，遣工部侍郎刘伯耀入播儒溪（仁怀厅境）伐木。雍正四年（1726 年）奉旨修建万年吉地需用楠、杉木，四川巡抚宪德采伐楠木 1738 件远运京都，作皇宫的建材。

明末清初，赤水境内的竹种很少。《光绪增修仁怀厅志》（第八卷）物产记载：境内只有斑竹、水竹、慈竹等 18 种。“楠竹，出后槽，大者围圆二尺余，厅境尚无楠竹，乾隆三十四年（1769 年），闽人黎理泰自福建上杭县携三竿竹种，今种者渐多。”经过长期扩种，发展非常快，沿河两岸方圆几十华里的山坡上均有成片的楠竹林，很快葫市、金沙、丙安就连成了一片楠竹的海洋。到了清末，楠竹就集运外销。由于葫市楠竹质量好，专供四川自贡打盐井用，多余部分远销重庆。一个竹木采伐运输行业——青山帮兴起。厅城的盐商大多是青山帮的老板，船运盐到仁怀厅城，回头装竹木出长江，减少了货物成本。厅城成了西南较大的竹木集销地和贵州唯一的楠竹产区。

林丰竹茂，山川秀美，清溪蜿蜒，瀑布悬珠。道光年间赤水就被文人墨客所青睐，优选出泮水西流、石龙东渡、天生双桥、荔枝鱼跃、瀑飞仙洞等“仁怀十景”，山水间留下了许多游人赞美大自然的诗篇。

据《道光仁怀直隶厅志》记载，道光二十年（1840 年）厅城的街道记载：“东门城内街道：下牌坊、忠镇街、节孝坊、大十字、梁家巷、上牌坊；南门城内街道：新湾子、堰塘坎、上家湾、观音堂、官井坎、仁寿坊、三宝堡；西门城内街道：下甬壁、永安桥、太平街、西泮池、老湾子、上营房；北门城内街道：永泰坊、北门后街、天后宫巷口；城外东路有半边街、桥头上、河街、石踏上、生基扁、田家湾子、双井坎、水井湾、将军山；城外南路有石柱山、积骨亭、南景天；城外西路有阴阳嘴、校场坝、米桶溪、老鹰石；城外北路有城垣碥、八角亭、黄木沟。”清道光二十年编查户籍，城厢内外首里（含天台山、鲢鱼溪、马村、夹子口、石梁上、山王坳）共3216户，按每户4人计，有12864人。厅城内以及厅城附近民房稠密，城内临街多为一楼一底的木串架房，盖小青瓦，临街大木门为可取下的木板，便于开铺经商。各地商贾在此落户大修住所，多为四合院。城外多为低矮的草房，有土墙、木架，也有搭架的“树杈房”，多为脚力、船工水手居住。

民国十三年（1924年）周西成任川军第十二师师长，兼任川南边防军总司令，率黔军第三师进驻赤水县城期间，在赤水城里衣铺街（原考棚附近）修西式洋楼一座，命名为“太极楼”；会办贵州军务善后事宜公署、教导师司令部、川南边防军总司令部均设于此；先后撤除城内旧烂牌坊，拓宽街道，石板铺砌；令城民将房檐参差不齐的进行修整，临街门面刮洗后用油漆涂面；在西门外旧校场坝扩建一宽120米、长180米的练兵场（后称校阅场）；创建军官教育团，1926年改称“陆军崇武学校”；他还在赤水城内万寿宫、禹王庙建兵工厂（俗称炮厂），兵工厂设有翻砂（铸工）、红炉（锻工）、冷作（钳工）、机电（车工）、木工房等七个工棚（车间），厂内有锅炉房自行发电；在马村办有硫酸厂、白药厂（配制弹药），厂内有3000多产业工人，主要产品是“赤造枪”、各种子弹和手榴弹。周西成在赤水还独创多项贵州第一：开贵州县份照明用电之先河；创贵州修筑长途公路之先例；乘坐贵州的第一台汽车；谱写了贵州内河首次通机动船之新篇；创贵州铸造银币之始；揭开了贵州钻探盐井的第一章。此外，他倡导建立福国纺厂、被服厂、硫酸厂、制革厂、裕国钱庄、怀阳宾馆、番菜馆和川戏院等，招来许多商贾，经贸盛况空前；还设立贵州省立二中，方便了赤水和黔北、川南十几个县的学子。周西成实施这些举措的目的是把赤水城建成他壮大实力进而夺取贵州统治权的军事要塞，但客观上把赤水城规模逐渐扩大，增加了许多基础设施，繁荣了赤水周边的文化，促进了赤水一方经济发展。

其间，部分开明士绅也争先恐后繁荣乡里。民国十六年（1927年）以后，赤水城先后建有之江书店、奎元堂、新声书店、友人书店和文化服务社，赤水人沿着前人的发展思路建设赤水。民国十六年至十七年，由县城开明士绅发起，股东筹款购制机器设备，租片放映无声电影；民国十七年在孔庙内设图书馆，尔后又开办私立博文中学、县立女子中学、简易师范各一所。民国十九年，设立“赤水县修志局”。民国二十年，修建“毛宅”、“安宅”、“挈庐”等富豪、官绅大院，街道两旁修建砖木结构的中式或西式商店楼房；同时，逐步修建了板石铺嵌整齐、两侧石砌下水道的大小街道路面，形成了以十字路口为商业中心的街道网络，建有大小街道 21 条，长 6345 米。街头巷尾修筑石质消防水缸，城外房屋多数建为比较简陋的青瓦平房、杉皮房、茅草房。民国二十九年，利用庙宇设县卫生所（院），房屋面积约 150 平方米；该年还成立了民众教育馆、赤水县文献委员会，在堰塘坎增设沙土地面球场。抗日战争爆发以后，上海大夏大学辗转迁至庐山、贵阳，于民国三十三年秋，迁来赤水。民国三十四年建中正公园，并在公园旁建体育场。

民国初年（1912 年），将赤水城的街道清代旧名改为符合民国潮流的街名，即衣铺街、中正街、十字街、福国街、交通巷等 20 条街。随着县城的发展，街道发生了变化。民国三十六年，街的称谓改成了路，重新改为中山南路、护国路、三民路、文化路、胜利路等，城内道路共 21 条、住户门牌原有 753 块；此次街道变换新增了 1031 块，计 1784 块，即赤水县城新迁入 1031 户。城墙内总面积未变，城区房屋建筑面积为 21.45 万平方米，城区人口 1.24 万人，人均建筑面积 17 平方米，房屋居住面积人均 3.2 平方米。

中华人民共和国成立后，赤水迎来解放，百废待兴，县人民政府肩负起地方经济迅速恢复发展的重任，逐步组建国营工商企业和金融机构，大力扶持广大农村的农业生产和城镇的私营工商业及小手工业。县城商贸迅速发展，文教卫生、社会福利事业蓬勃兴起，促进了县城基础建设。1951～1953 年，三次拆除东门、南门、西门长度不一的三段城墙，拓宽了各机关、企事业单位办公用房和县城居民住房。

20 世纪 60 年代初，始建县城公共设施，着手整治县城的陈旧容貌。省、地和县属企业先后在县城周边兴建，人口流量增加，带动了区域经济，城乡商贸比较活跃。1965 年 11 月，为把赤水建成林业县，习水建成农业县，经贵州省人民委员会批准，土城、醒民、隆兴 3 区的 23 个产粮公社和土城镇划给习水县辖。习水的长沙、官渡、2 区的 17 个有林公社划入赤水县辖，对生态的保护和林业的发展起到了积极的作用。

70 年代后期，工作重点转移到以经济建设为中心的轨道上来，国民经济较快发展。1980 年，县城的主要街道分期分批地改造，建成比较完善的供排水系统。加强水电建设，使之成为全国一百个电气化县之一。河道几经治理，公路陆续修建，交通运输能力提高，工业产值不断增加，乡镇企业发展壮大，农业生产连续丰收，城乡市场繁荣兴旺。1985 年末，县城建筑占地为 2.4 平方公里，房屋建筑面积增至 118.79 万平方米，常住人口为 3.45 万人。赤水县城已初具规模。

1990 年撤县设市，经济工作重心转移，城市经济体制改革的不断深入，使产业结构发生较大变化，以竹业、旅游业为龙头的第三产业异军突起。撤区、并乡、建镇，行政区划变更，政区地域面积变动，城镇体系空间分布和外部交通环境的变化，导致城市格局进行调整。城市性质定为轻化工业、风景旅游和商贸兼内河港口职能的中心型城市。

2000 年后，新区建设发展加速，城区面积扩大，房屋建筑造型多样、美观，城市基础设施逐步完善，具有现代建筑特色的高楼耸立，改善了城市的结构，提高了城市品质，推进了城市化进程。新区建设同时也带动旧城改造，赤水城市建成区面积从 1984 年的 2.3 平方公里，发展到 2006 年的 7.9 平方公里，扩大约 3.5 倍。城区街道增至 34 条，网状分布；人均住房面积达 26 平方米，城市化率为 39%。

2010 年，城市建设规划编制完成，并按该规划逐步实施。截至年底，市区建成房屋面积 405 万平方米，人均住房面积为 34.2 平方米。1999 年，赤水市获“全国园林绿化先进城市”，2000 年获“全国城市环境综合治理优秀城市”，2007 年获“中国优秀旅游城市”等称号。2010 年，赤水丹霞世界自然遗产地正式列入世界自然遗产名录；同年，又获“国际最佳休闲旅游城市”的殊荣。

第二节　现状与特点

一、经济建设

中华人民共和国成立后的经济恢复时期（1950 ~ 1952 年），经济基础薄弱，新生人民政府担当起地方经济的恢复任务，逐步组建国营工商企业和金融机构，扶持农村生产和正当经营的私营工商业。“一五”时期（1953 ~ 1957 年）的 1953 年冬，贯彻执行中国共产党在过渡时期的总路线，国家先后实行对粮食、油料、棉花、棉布的统购统销政策，农村互助合作运动全面发展，农业生产合作社逐步建立，国家扶持手工业生产，并且帮助农民组织起来走合作化道路。“二五”时期（1958 ~ 1962 年）的 1958 年，由于“大跃进”运动和人民公社化运动出现急躁冒进，造成了国民经济的虚假膨胀和畸形发展。

1963～1965 年贯彻“调整、巩固、充实、提高”八字方针，全县工农业生产得到迅速恢复，各项主要经济指标逐年增长，市场商品增加，物价稳中有降，人民生活有所改善。“三五”时期（1966～1970 年）的 1966 年，工农业总产值比上年增长 14.59%，粮食总产量比上年增长 14.2%，社会商品零售额比上年下降 8.42%，财政收入比上年减少 25.92%。1966 年，“文化大革命”席卷境内城乡；1968 年发生的“武斗”持续至 1969 年 9 月，国民经济在此期中遭受严重损失。“四五”时期（1971～1975 年），国民经济各项主要指标均稳步上升，1975 年与 1970 年相比，工农业总产值增长 39%。“五五”时期（1976～1980 年），历时十年的“文化大革命”结束后，全县工农业生产进一步发展。

中共十一届三中全会后，对国民经济实行“调整、改革、整顿、提高”方针，国民经济进入一个新的发展阶段。这一时期赤水天然气化肥厂投产，水陆运输能力大大增强，工农业生产欣欣向荣，社会商品零售额稳定增长。“六五”时期（1981～1985 年），继续贯彻执行“以经济建设为中心”，在农村实施联产承包责任制取得进展的同时，开展城市经济体制改革，工业、商业、交通运输业、建筑业逐步推行各种形式的经济责任制，并开始打破行业、地域和所有制的界限发展横向经济联系与经济联合，促进了商品经济的发展，全县国民经济各项主要指标持续增长。“七五”时期（1986～1990 年），全县贯彻执行党的“一个中心，两个基本点”的基本路线和“治理经济环境，整顿经济秩序，全面深化改革”的方针，坚持改革、开放、搞活，深化体制改革，努力扩大企业自主权。地方经济发展按“决不放松粮食生产，大力发展多种经营”的工作思路，促进和推动了农村经济建设；工农业持续发展，商贸经济活跃；国民经济发展后劲有较大增强。境内有从事能源、化工、航运、造船、机电、建材、造纸、制糖、食品、酿造、印刷、纸扇、皮革、猪鬃、纺织、服装、制鞋、竹木加工等轻化工企业 1054 家，其中，国有企业 25 家，分别是省属企业赤天化厂、华一造纸厂、赤水气矿和赤水轮船公司（含造船厂）和市属企业煤厂、水泥厂、机制砖厂、农机厂、老窖酒厂、楠乡酒厂、肉联厂、酱醋厂、食品厂、面粉厂、饮料厂、自来水厂、电石厂、人造板厂、汽车大修厂、印刷厂、电力公司、木材公司、葫市楠竹场、官渡林场、同兴林场；县属集体企业有 24 家；乡镇及个体工业有 1005 家。1990 年，全县生产总值为 2.71 亿元（当年价，下同），年均增长 9%；工农业总产值为 4.74 亿元，年均增长 5.1%，其中：农业总产值为 1.13 亿元，年均增长 6%；粮食总产量为 8.18 万吨，年均增长 7.64%，工业总产值为 3.61 亿元，年均增长

4.9%。工业主要产品中，发电量为 6741 万度，年均增长 27%；乡镇企业实现产值 3113 万元，年均增长 62.3%；社会消费品零售总额为 6733 万元，年均增长 8.56%；居民储蓄存款余额为 5512 万元，年均增长 72.2%；农民人均纯收入为 311 元，年均增长 11.42%；职工年平均工资为 1728 元，年均增长 42.46%；地方财政总收入为 5680 万元，年均增长 1.98%。

“八五”时期（1991~1995 年），赤水撤县设市以后，全市贯彻执行“抓住机遇、深化改革、扩大开放、促进发展、保持稳定”方针，以“兴赤富民”为目标，实施工作重点转移，着力提高产业结构调整，打基础、添后劲，实现国民经济的持续稳定增长。1995 年，全市国民生产总值为 7.79 亿元，年均增长 10.3%；工农业总产值为 14.9 亿元，年均增长 6.3%。“九五”时期（1996~2000 年），初步建立社会主义市场经济体制，继续不断调整经济结构、产业结构，实施“两业、两城、一市”（两业：竹产业、旅游业；两城：竹业城、生态旅游城；一市：经济强市）发展战略，大力发展两竹，抓好产业的合理布局，加快支柱产业的培育和发展，带动产业结构的转换升级，经济运行质量和效益提高，国民经济和社会发展速度加快。2000 年，全市国民生产总值为 11.44 亿元，年均增长 12.4%；工农业总产值为 22.11 亿元，年均增长 15.1%。“十五”时期（2001~2005 年），坚持以经济建设为中心，紧紧抓住国家实施西部大开发的历史机遇，遵循国家宏观调控政策，进一步深化改革，扩大开放，加快了全面建设“两业、一城（生态旅游城）、一市”和小康社会步伐，经济社会发展取得重大成就。2005 年，全市国民生产总值为 17.99 亿元，年均增长 11.6%；工农业总产值为 28.47 亿元，年均增长 5.4%。非公有制经济稳定发展，全市个体工商户达 9085 户（其中私营企业 255 户），有从业人员 44826 人。2005 年，城区面积达 8.8 平方公里，城镇化率达 37.6%，五年内共吸纳近 3 万人进城居住、务工、办企业。

“十一五”时期（2006~2010 年）是建市以来发展速度较快、人民群众得到实惠较多的时期。经全市上下共同努力，奋力拼搏，全面实施“生态立市、旅游兴市、竹业强市”发展战略，基本实现了“十一五”规划各项任务目标，综合实力跃上新台阶。至 2010 年年末，市内有贵州赤天化集团公司、赤水市电力公司、赤水市自来水公司、赤水市鸿锐电冶公司、新锦竹木制品有限公司、新宇竹业有限公司、石斛酒业、赤水老窖酒业、赤水新型发生墙体材料厂及葫市楠竹场、官渡林场、同兴林场等企事业。全市生产总值完成 33.56 亿元，“十一五”期间年均增长 12.9%（可比价）；人均 GDP 突破万元大关；三次产业结构比重由2005年的26.9 ：38.2 ：34.9调整为19.2 ：41.5 ：39.3；完成财政总收入3.2亿元，年均增长23.8%；完成一般预算收入1.83亿元，年均增长14.2%；全社会固定资产投资完成33.05亿元，年均增长17.9%，人均固定资产投资超过1万元；招商引资到位资金6.93亿元，年均增长27.3%；完成社会消费品零售总额10.94亿元，年均增长20.3%；城镇居民人均可支配收入突破万元大关，达到10638元，年均增长10.1%；实现农民人均纯收入4569元，年均增长9.9%；城乡居民储蓄存款为31.84亿元，人均存款达1万元以上；新建城镇住宅面积113.4万平方米，新增城镇人口2.68万人，全市城镇化率达到42.6%。

二、社会发展

1950年，赤水市创办了城关幼儿园，新建全县公、民办学校8所48个班，有教职工116人、在校生1846人。1951年，县人民政府利用没收侯之担的住宅大院开办县卫生院，占地面积为28621平方米，建筑面积为8945平方米，砖瓦结构，房屋及其环境均好。1952年，组建了“赤水实验川剧团”；1956年后转为“地方国营赤水川剧团”，1957年，县川剧团在旧戏园重建砖木结构剧场，建筑面积为760平方米。1954年，利用没收的住宅大院建立中医联合诊所。1957年，创办《赤水小报》，次年10月改为《赤水报》。1958年，成立赤水县电影管理站，后发展了四个电影放映队，县城电影院在城关镇公所（川会馆）；同年，在南门外将军山修建了人民剧场，建筑面积为3500平方米。1959年，电影院迁至川剧院；是年，“赤水县曲剧团”成立。1960年，开始修建公共厕所。1962年，设街道清洁工4人，负责清扫主要街道，管理街道卫生。1969年，县城区的太平街、东风街、人民街分设清洁工；同年，县体育运动委员会在县城南门外原体育场址复建公共体育场，陆续修建3个混凝土地面篮球场、1个沙土地面排球场，共占地7120平方米。1970年，县妇幼保健站在西内环路新建混合结构3层楼房，建筑面积437平方米。1972年，中医院在东门外新建混合结构3层楼房的住院部，建筑面积727平方米，在人民街设门诊部两个。

1990年，赤水撤县建市后，社会事业发展取得新进步。积极改善办学条件，新建、维修和改造校舍7万平方米，“两基”工作顺利通过国检验收，小学、初中教育教学质量进入遵义市前列。开展了《赤水市志》编纂工作。实施广播电视“村村通”工程4.5万户，基本建成了覆盖市、乡、村三级“文化信息资源共享工程”服务网络，开工建设13个乡镇文化站，成功申报1个国家级历史文化名村、2个省级历史文化名镇和4个省级非物质文化遗产。成功创建全国农村中医工作先进市，新建66个村卫生室，改建16个乡镇卫生院，建成市医院门急诊综合大楼，市计生妇幼保健中心和市中医院项目工程顺利推进，群众就医条件得到改善。农村合作医疗参合率和城镇居民医疗保险参保率均保持在95%以上。计划生育优质服务水平进一步提高，“三权＋服务”模式得到肯定和推广，低生育水平进一步巩固。

2010年，全市人口自然增长率为2.06‰以内，获评全国计生优质服务（县）市。认真落实就业和再就业政策，投入财政资金200万元启动国家级创业型城市创建工作，累计开发公益性岗位1465个，城镇登记失业率控制在4%以内，培训转移农村劳动力26350人。大力实施保障性住房建设，投资2842万元建成廉租房584套、29852平方米。城乡低保、社会保险实现较大扩面，城区最低生活保障实现应保尽保，并按照规定的标准及时发放。建立了统一的突发公共卫生事件应急指挥系统和突发公共卫生事件信息网络系统，疾病预防控制中心设施完善、设备齐全，人民的生命健康得到保障。率先在遵义市域实施并兑现了90岁以上老年人高龄津贴107.3万元；累计发放城乡低保金6.89万元，发放困难群众救济款、医疗救助款2740万元；兑现退耕还林、住房保障、家电下乡等各项惠民补贴2.65亿元。截至2010年底，城区内有中学6所、小学10所、省级示范幼儿园1所；建有文化馆、图书馆、博物馆、体育馆各一座；有医院2所、中医院1所；建工业园区1个、宗教活动场所2个、休闲文化广场3个。

（一）文化设施建设

（1）赤水图书馆。1979年成立，设在南正街万寿宫正殿内，面积142.5平方米。1996年，省、地、县三级筹资在延安路新建市图书馆，建筑面积达1540平方米，为四楼一底内廊式建筑，底层为入口大厅，与市文化广场相连，二楼层起分别设儿童阅览室、报刊阅览室及电子阅览室、资料库、采编室等。

（2）赤水博物馆。2008年成立，位于市中心城区南正街万寿宫内，占地面积2000平方米，建筑面积1000平方米，分设长河遗珠、长征壮歌、红色记忆、赤水精英、黔北明珠5部分，用实物、图片、文字、书画等形式介绍赤水历史、政治、经济、文化等方面状况。

（3）赤水桫椤博物馆。位于市区西郊夹子口地段赤水河畔，占地面积约12亩，2005年建成，同年6月开馆。馆舍为一楼一底半圆弧形建筑，建筑面积为2500平方米，由大厅、展厅、演示厅组成，框架3层，弧形玻璃幕墙，丹霞石砌体。馆内通过“繁盛的中生代”、“神奇的桫椤王国”、“原始天然植物库”、“野生动物家园”、“昆虫世界”等主题单元，运用沙盘、生态模型、生物标本、文字图表、声光影视等科技手段，形象、直观地展示赤水桫椤的历史、特征、环境、生态、景观，以提高社会环境意识，唤起社会公众参与。该博物馆系赤水有史以来兴建的第一家成规模、上档次、现代化的专业性博物馆和科普教育基地。2009年，博物馆被中国科学技术协会列为“全国科普教育基地”。

（4）赤水丹霞石刻艺术博物馆。设在位于距市城区12公里的复兴镇的古建筑江西会馆内，建筑面积1200平方米，2010年11月开馆。展区沿江西会馆中轴线和院落递进，主要分为四大区域，即宋代石刻馆、十八罗汉堂、清代赤水重要碑刻和岩刻组成的碑廊、许真人天井，展出了许多国家级文物。馆内恢复悬挂江西会馆保存的大量精美木匾。整个丹霞石刻艺术博物馆展示了赤水100多年的历史文化，是赤水对外展示黔北文明的又一重要窗口。

（5）新华书店。1953年，正式成立新华书店贵州分店赤水支店（简称“新华书店”），设于政府对门旧式木结构房内，门市、仓库、办公和宿舍面积共558平方米。2002年，在金华大道购买砖混楼门市2间，建筑面积为100平方米。全市新华书店门市一共1500多平方米。

（6）电视台。1989年10月，城区有线电视系统工程开工建设，同年竣工后有线电视用户为2290户。次年，正式建立有线电视台，开通9个频道。1991年底，天台山电视差转台建起卫星地面接收站，开始收转贵州电视台卫星信号。2006年，城区有线电视覆盖率为98%。

（7）赤水文化广场。该广场1998年建成，总面积为9600平方米，彩砖地面，四周绿化林荫，依地形配建流水喷泉、绿地。2002年，广场四周安装彩灯与椰树灯，以及广场大电视屏幕等设施。

（8）赤天化文化广场。该广场位于赤天化厂工会俱乐部和科技大楼前，2000年改建配置喷泉流水、体育设施、室外座椅和灯光夜景装饰等设施。

（9）香樟林公园。位于城南延安路旁，2004年9月开工，2005年10月竣工。该公园是以香樟林为主形成的绿地公园，现存香樟树560余株。在文化广场西侧，移栽100年以上三株黄桷树（榕树）及绿化树，形成绿地园林；

设置休闲座椅和儿童游玩设施；修建休息亭、公园便道、公共厕所等，完善其功能设施。西人民路一侧陡坡入口，新建仿山石景大门和竖立“香樟林”丹霞石字碑；设公园人行游道，疏理排水沟，增加给水装置；新添名贵树种、植物花卉，缀彩色景灯，置休闲座椅。

（10）河滨公园。河滨中路 2003 年建成绿化园地 5.4 万平方米，栽种培植名贵树种、花草以及各类小竹种，绿地间以红丹霞石叠砌 4 组山石、喷泉、瀑布，建木质休息亭、曲廊，草屋顶固定茶亭等，并配设造型各异的休息桌凳多处，设体育器具一组。

（二）教育设施建设

（1）赤水一中。该校为省级示范性普通高级中学（二类），创建于 1926 年，位于市中心城区河滨西路。校园占地面积 53333 平方米，建筑占地面积 8565 平方米，校舍建筑面积 19612 平方米，绿化面积 18198 平方米；新建办公楼 1081 平方米；大礼堂和图书馆建筑面积 1710 平方米，图书馆藏书 5 万余册；具有多媒体教室 2 间、计算机教室 3 间、语音实验室 1 间及现代理、化、生实验室各 1 间；有 36 个高中班；增建学生公寓楼 4 栋，整建了运动场 300 米跑道，建有 4 个标准篮球场和排球场、铅球场及乒乓球台 10 张。

（2）赤水三中。该校位于市中心城区人民南路，始建于 1979 年，新建于 2001 年。校园占地面积 40355 平方米，建筑面积 18508 平方米，草地花坛面积 14000 平方米；可容纳 30 个教学班；有设备完善的理、化、生实验楼和 3 间多媒体教室、1 间计算机教室；配备了多功能演出剧场、校园网络、室内操场、学生公寓、学生食堂、400 米标准田径场。校旁建有市体育场，学校许多体育活动在市体育场进行。

（3）赤水文化中学。该校属赤水市一类初级中学，位于市中心人民南路，始建于 2008 年，占地面积 30283 平方米，建筑面积 8946 平方米；共有 39 个教学班，有多媒体教室 2 间、音乐室 2 间、图书阅览室 1 间，藏书 2.5 万册；有计算机教室 1 间，设置计算机 60 台；理、化、生各科分别配有国家标准的保管室 1 间、准备室 1 间和实验室 2 间；有多媒体大小会议室各 1 间；有塑胶足球场 1 个、篮球场 4 个、羽毛球场 1 个；有塑胶五跑道 100 米和普通跑道 300 米。

（4）赤水市职教中心。该中心为省级重点培训机构，集职业教育、成人教育、学历教育为一体，位于市中心城区金华街道工矿区，创建于 2007 年；

占地面积为 57736 平方米，有实习基地 30020 平方米。该中心办学形式多样，有自办，与企业、高校、单位等横向联合办学、协作办学等；开设有旅游与酒店管理、计算机应用技术、建筑施工与室内装饰、应用电子技术、园林花卉技术、美容保健与形象设计、竹产品加工等中职专业和各类成人学历教育，同时开展"雨露计划"、"阳光工程"、干部培训等短期培训工作。

（5）赤水市市中第一小学。该校为贵州省实验示范普通小学，创建于 1905 年，位于市中心城区学苑路，占地面积 15077 平方米，建筑面积 6124 平方米；有 36 个教学班；有多媒体教室 1 间、微机室 1 间，藏有图书 3 万余册。

（6）赤水市市中第二小学。该校位于市中心城区西后街，创建于 1950 年，占地面积 4845 平方米，建筑面积 4250 平方米；有 27 个教学班；有实验室 1 间，有微机室 1 间，配置电脑 70 台；有图书阅览室 2 间，藏书 1.3 万册。

（7）赤水市市中幼儿园。该园为贵州省一类幼儿园、遵义市县（市）级示范幼儿园，位于市中心城区向阳路，建于 1982 年；建筑面积为 2176 平方米，有 11 个教学班；有多媒体活动室、幼儿阅览室、多功能组合大型玩具、钻爬、荡船、转椅、玩水池、玩沙池、种植园地等；教室配有空调、电视机、影碟机、消毒柜、风琴、活动床等。

（8）赤天化幼儿园。该园为贵州省一类幼儿园、遵义市托幼园（所）一类幼儿园，建于 1977 年，位于市城区化工路；占地面积 3500 平方米，有 8 个教学班；有现代游乐设施、音乐舞蹈室、美术室、多功能室、多媒体教室；率先引入蒙台梭利、感觉统合、奥尔夫音乐、北京幼儿舞蹈考级课程，以及亲子教育等先进教育理念。

（9）赤水市委党校。该校新建于 1987 年，位于市中心城区公园路；有教室 6 个、教学办公室 550 平方米；有学员住宅楼与学员食堂一幢，共 1000 平方米，四合院布局。

（三）医疗卫生设施建设

（1）赤水市人民医院。该院为国家二级乙等医院和爱婴医院，是赤水市医疗急救中心，担负着全市突发公共卫生事件和灾害事故的医疗救治任务；位于市中心城区公园路，占地面积 27334 平方米，建筑面积 16650 平方米。新医院 2001 年改造传染病房并扩大规模，院区已形成 3 个亭园与绿地，增加室外设施，供病人疗养。2011 年 10 月，12 层门急诊综合新大楼投入使用，全院建筑面积扩为 25225 平方米；设有地下停车场、急诊科、门诊部、医技、外科住院部、手术室等科室；内设床位200余张，配有中心供氧、中心吸引、信息网络等现代医疗设施，并新增设了重症医学科、新生儿科、血液透析等重要科室；开放床位300张，环境优美，医疗设施齐全。

（2）赤水市中医院。该院属国家二级乙等中医医院，是赤水市中医医疗人员培训、科研项目中心，位于市中心城区东正街，1986年前有业务用房1302平方米，1998年新门诊建成启用，建筑面积为3572平方米，设病床40张。2002年，改建骨科门诊楼500平方米；2011年，在红军大道新建建筑面积为5000平方米的医技综合楼，有床位80张。

（3）赤水市卫生监督所。原市卫生防疫站在西内环路，于1992年投资45万元在新西门贾家院修建1500平方米的办公楼。后撤销卫生防疫站，于2003年成立赤水市卫生监督所，设在原卫生防疫站。

（4）赤水市疾控中心。撤销市卫生防疫站后，于2003年成立赤水市疾控中心，在西门口新建1300平方米办公楼。

（5）赤水市计划生育和妇幼保健中心。原保健站设于文化广场对面，楼上并设卫生学校。2001年拆除办公楼，新建妇幼保健大楼，总投资400余万元，建筑面积为8000平方米，第一、二层为商业用房。同年，卫校迁往人民南路新建，建筑面积约1200平方米。后与计生指导站合并，改名为赤水市计划生育和妇幼保健中心。

（6）赤天化厂医院。1981年，赤天化厂在厂址住宅区东皇坡脚修建赤天化医院，占地2万多平方米，业务用房500平方米，设床位108张，对外服务，为赤水市医保定点单位。

（7）赤水市红十字医院。原设于赤水河大桥头临河一侧，由粮贸大楼底层两间门市组成；2005年，在北门路口购置房屋1980平方米。

（8）赤水市博爱丽人医院。设在赤水大桥头市卫生监督所旁，是赤水市卫生行政部门批准的一所以妇产科为重点专科的现代化综合性医院，营业面积约1000平方米，全院实行网络化信息管理。

（四）体育设施建设

全市体育场地总数为172个，其中标准体育场地110个、非标准场地62个；其中标准场地9.92万平方米，非标准场地面积4.25万平方米。全市体育场地占地面积为18.71万平方米，建筑面积为8900平方米，场地面积为14.18万平方米，人均占地面积0.49平方米，其中，教育系统的体育场地为10.87

万平方米。体育场地主要集中于城区，有 8.06 万平方米。全市体育场地于 2002 年实现“三大件”建设（即体育馆、标准游泳池和体育场各 1 个），是全省少数几个建成“三大件”的县之一。至 2004 年末，多渠道投资近 900 万元，新增了体育场地 66 个，增长率为 38%，为各种大型体育比赛和开展全民健身活动提供了场地条件。

（1）体育馆。体育馆于 1988 年定址动工兴建，1998 年 2 月 10 日投入使用，2005 年完成馆大门的建筑、绿化。体育馆建筑面积为 3890 平方米，占地面积约 7000 平方米，有观众席 2000 座，配置有电子计时计分设施和安全通道设施。馆内球场系主体空间，利用看台下部空间设置比赛服务各种用房，为赤水市第一座正规体育馆。充分发挥其全天候功能，为全民健身以及开展政治、经济和文化活动提供了一个大型室内场所。

（2）游泳中心。在体育馆侧配建标准游泳池 1 个、儿童游泳池 2 个，总投资 80 多万元。游泳中心自 2001 年 6 月开放以后，每年夏天向社会开放，满足市区群众游泳锻炼的需要，也为市青少年体育俱乐部业余训练提供了夏季训练场所。

（3）体育场。2000 年在人民南路动工修建市运动场，2003 年初竣工；占地 2.4 万平方米，建有标准 400 米跑道和其他体育设施，能满足大型田径比赛和足球比赛的需要。2003 年 11 月举办第一届市运动会时投入使用。

（4）全民健身路径。全民健身路径是国家体育总局和省、市体育局利用体育彩票公益金拼盘配置，以锻炼器械设置于户外的锻炼场地，供群众锻炼身体。市内设有香樟林健身路径、河滨路健身路径、康佳健身路径。

（5）赤天化集团公司体育场地。80 年代中期，斥资近百万元建成田径场 1 个、灯光篮球场 2 个、游泳池 2 个；还建有旱冰场、乒乓房、健身房、棋牌室和门球场等。2005 年，改建塑胶地面灯光球场，并新建健身路径 1 处。

（6）华一造纸厂体育场地。1988 年改造原有灯光看台球场 2 个，并新建旱冰场 1 个。

（7）油气公司体育场地。有灯光看台球场 2 个、门球场 1 个。

三、市政设施建设

赤水城区 2010 年有城市道路主干道 20 条、次干道 50 条，总长 17.05 公里，主要街道宽 44 米，人均拥有道路面积 8.5 平方米；相继建成五星路、河滨路、万鲢路和红军大道、赤水大道、城工大道、金华大道、文华大道等，安装各型路灯、广场装饰灯，亮灯率为100%；城市供水能力为2万吨/日，自来水普及率为100%；建成排水管总长10公里，污水处理中心排水能力为1万吨/日，城市排水管密度为4.5公里/平方公里；路面保洁面积为30万平方米，有垃圾处理场1个、垃圾运输车10辆、洒水车4辆：市区共建水冲式公共厕所10座；市区绿地面积为264公顷，人均占有绿地面积50.67平方米，绿化覆盖率为38%；使用天然气和电热的居民占总人口的83%。

（一）供水

20世纪80年代，赤水城市供水由县自来水厂供给，供水能力为6000立方米/日，城市管网与供水能力不能满足需要。为适应城市中远期供水发展的需要，1998年，自来水厂投资1522万元在人民南路海拔290米高处新建日供水能力2万立方米的制水厂，占地23亩；在甲子口新建取水泵房。1999年，为解决金华片区赤天化、华一纸厂每日生活用水4000立方米，自来水厂筹贷款1543万元进行改扩建，2001年开始向该片区供水。到2006年年底，市区供水用户为1.6万余户，供水人口达8万余人。

（二）排水

1996年，城区污水日排量约6000立方米，到2002年，日污水排放量约为2万立方米。为保护赤水河水域生态环境，加强城市污水治理，2004年，在城区下游大溪口修建2万吨/日污水处理厂，占地面积47亩；污水处理分为城区污水收集系统和AMON生化处理工艺污水输运系统22.2公里；进水泵站和大溪口污水处理设施于2006年底建成投入运行。

（三）供电

1992年前，市区内工业生产、生活用电由地方小水电供给，赤天化由川南电网供电。1995年，建成赤水至习水110千伏输电线路，接入贵州省电网。市区10千伏线路进行改造，配电网采用环网结构开环运行，缩小配电线路检修和事故停电范围。2005年，城网改造，保障城市供电质量。1986年，市区内道路照明多数随电杆安装单臂灯和吊灯为主，没有专业路灯设施。1992年人民南北路建成后，安装了规范的街道路灯。2001~2010年，市政府逐步投入资金改善市中街巷路灯照明，红军大道、赤水大道、城工大道、河滨中西东路采用高档次路灯安装，实施城市光彩化建设。

（四）燃料

20世纪80年代，赤水县为全国电气化县之一。1986年后，城区民用燃料以型煤（蜂窝煤）为主，电热户逐步增加。1995年，赤水民用天然气管线正式开通，民用能源进一步改善。2006年，赤水城区电热户为5442户，有民用天然气户7500户、液化气用户3000户。到2010年，基本取消民用生活煤。

（五）环境卫生

2010年，全市有环卫工125名，城区共有果皮箱410个、生活垃圾运输车10辆，其中3辆为封闭式压缩车；有环卫监督车2辆、洒水车4辆，基本满足市区环卫工作需要。同期，市内成立个体“保洁公司”，专营厕所、下水道疏通卫生保洁。

（六）公厕

2010年底，市区有水冲式公厕10座，设立专人保洁，厕所地面和蹲位均粘贴瓷砖，室内外墙面贴墙砖装饰，每日清扫、用自来水冲洗，定期消毒；增设夜间照明灯具，保持公厕卫生；实行免费如厕。

（七）垃圾库、场

2000年底，全市区有垃圾库12个，同时逐渐添置了4辆垃圾车，清运日产垃圾。1992年，在脱硫厂公路旁设垃圾堆放场，垃圾填埋处理；2000年，城区有常住人口6万余人，年产生活垃圾1.74万吨，垃圾处置未达无害化要求。2002年，在金华马村撮箕山修建垃圾处理场，总库容为140万立方米，日处理生活垃圾140吨，处理工程建填埋场、焚烧炉及渗滤液处理系统等，处理工艺采用普通垃圾填埋和医疗特种垃圾焚烧，2004年11月开工建设，2010年已投入运行。

（八）园林绿化

1991年，城区古树名木的保护和新建街道行道树及园林绿化由市城建局园林管理所主要负责，园林绿化得到全社会的关注和重视。1999年，城区绿化覆盖率为35.8%。2001年，市城管局按照“香化、花化、果化”的发展格局，对城区街道绿化加强。2002 年，增加行道树 500 株；2004 年 8 月，投资 26 万元移植纸浆厂工地内香樟树、桂花树 800 株，修建河滨林绿地。2005 年，投资 3 万元改造康佳街心花园和人民南路道中 1.5 米花台，改置为人行道旁花圃绿地，城区绿化向造型化发展。2006 年，人民南路和文化支路新种紫荆花 500 株；人民南北路和康佳路、文化广场、河滨中路、市府路等园林地、花坛种植三角梅 1200 株。2011 年，更换城工大道、河滨西路行道树，城区绿化逐步向山水花园型城市发展，绿化管理全面推行精细化管理模式。到 2010 年底，建城区绿化覆盖率达 38%，城区绿地面积为 2.64 平方公里，人均占有绿地面积 50.67 平方米。

（九）城市道路

解放后，用近 50 年的时间对城区实施改造和扩建，解决旧城区建筑密度大、空间小等城市痼疾。80 年代新建西内环路、学苑街建筑群和公园路街区建筑群，对太平街、东正街扩建和硬化路面。90 年代扩建南正街、人民街、太平新街、西内环路、延安路、市府路，新建人民南北路、康佳路、绵绣路、东郊路、西河路等。“十一五”期间，撤除旧房新建竹苑路、人民西路、向阳路等，城市扩容取得新进展；新建赤水大道、城工大道、红军大道、河滨中路、河滨西路等城市主干道路 5.9 公里。2010 年，中心城区建成区面积由 2005 年的 3.8 平方公里增加到 7.4 平方公里，基本实现城市扩容一倍的目标。新建城镇住宅面积为 113.4 万平方米，新增城镇人口 2.68 万人，全市城镇化率达到 42.6%。实施了城市主要道路柔性路面等市政公用设施改造。

（十）城市公交

2010 年，市区有公共汽车线路 10 条、交通营运车辆 300 辆，其中，面包车 60 辆、出租车 210 辆、公共汽车 20 辆，每万人拥有公共交通车 30 标准台。

第三节　趋势与展望

一、机遇与挑战

“九五”初期，中共赤水市委、市人民政府提出“两竹一柚”农业产业化发展思路。1990年9月，国家民政部批准撤销赤水县建立赤水市。2002年，中共赤水市委、市人民政府提出“两业（竹产业和旅游业）、一城（贵州新兴生态旅游城）、一市（贵州省经济强市）”发展战略。为把竹产业和旅游业作为赤水经济发展的支柱型产业，使发展与环境、资源的对立冲突转变成发展与环境资源互益互惠，以保护好生态环境为前提，发展竹业和旅游业。2006年，中共赤水市委、市人民政府提出“生态立市、旅游兴市、竹业强市”的发展战略。

20世纪90年代，赤水市抓住“把赤水建成林业县（市）”和国家建设“用材林基地”等机遇，出台《关于大力发展竹产业的决定》，实施基地林建设、世行贷款造林、残次林改造、楠竹林抚育等工程，大力培育竹资源，扩大了竹林面积，提升了竹林效益，推动了竹产业发展。世纪之交，国家实施天然林禁伐，对以木头经济为主的赤水市来说，既是巨大的挑战，又是难得的发展机遇。“放下斧头（不去采伐），拿起锄头（护林造林），大搞旅游。”对游客开放了竹海森林公园、燕子岩森林公园。2001年后，赤水市紧紧抓住国家实施“天然林保护”、“退耕还林”、“长防长治”生态建设工程和遵义市“百万亩造竹”、“赤水河三百里竹廊建设”工程等机遇，着力解决好“退得下、还得上、稳得住、能致富、不反弹”的问题，实施“退耕还竹”工程，超常规、高速度建设现代竹工业原料基地；同时，积极争取全国第一个年产20万吨竹浆纸一体化项目落户赤水，调动农民退耕还竹积极性，带动竹浆下游产品的开发生产。在抢抓机遇中，赤水市竹产业实现了稳定、健康、快速、超常规的发展，成为赤水市最重要的支柱产业。

1995年，国家环境保护局根据全国严峻的环境形势和各地政府在生态建设方面的探索及国家计委“绿色工程计划”，开展全国生态示范区建设试点。赤水抓住这个机遇闻风而动，于同年11月17日着手申报国家生态示范区建设试点的工作。1996年2月27日，国家环保局批准赤水市为全国首批生态示范区建设试点地区，赤水市也就成为贵州省第一个国家级生态示范区建设试点地区，赤水竹海国家森林公园和赤水燕子岩国家森林公园应运而生。2000年10月，国家旅游局批准在赤水桫椤国家级自然保护区内开设“地球爬行动物时代”标志植物桫椤及其生存环境游览观光园林，正式命名其为“中国侏罗纪公园”，保护不同类型的自然森林生态环境及其珍稀野生动植物群体，合理开发利用自然森林生态资源。

赤水全力推进生态建设、全面推动赤水经济社会发展的过程中，理清了

“既是环境，又是景观，更是产业”的思路。赤水良好的生态环境、特殊的地理条件、悠久的历史，造就了神奇的地貌、优美的自然景观和厚重的文化遗产。绚丽的旅游风光被中外专家、学者赞誉为“国内仅有，世界也属难得的旅游景区”，“堪称世界宝贵的自然遗产”。赤水旅游景区规模宏大、范围广阔、资源丰富、特色鲜明，尤以丹霞、瀑布、竹海、桫椤、长征遗迹为其特征，构成令人陶醉的绿色旅游和让人向往的红色旅游景区。

1999～2001 年之间是赤水旅游起步时期。1998 年，中共中央明确把旅游业作为国民经济新的增长点来培育，为旅游业在国民经济体系中进行定位，在发展政策中进行列队；1999 年，中共中央又做出了“调整产业结构和经济结构，大力发展第三产业”的决定，为第三产业的龙头旅游业的发展加了劲；2000 年，国家启动假日经济，假日旅游成为全国的一个消费热点。中共赤水市委、市人民政府准确把握住了三次历史机遇，超常规地强行启动了赤水旅游政府主导型产业化步伐，摒弃了“有多少钱办多少事”的陈规陋习，以新的思路、新的模式、新的发展向旅游资源开发较好的地区跨越式地追赶，并把旅游业确定为赤水社会经济发展的支柱产业之一，从此赤水成为全省乃至周边地区旅游管理体制推陈出新最活跃的地区。1999 年 6 月，催生了贵州第一个新型的政府主导型旅游管理机构——赤水市旅游管理委员会。随着赤水旅游业的迅速发展，产业化、市场化的逐步推进，以及政府机构改革的推行，市旅游管理委员会代表政府直接参与经营的各种问题逐渐暴露出来，特别是计划经济条件下留下的管理印痕仍在干扰着赤水旅游发展的思维，加大改革力度，向改革要动力、向改革要市场、向改革要效益又一次成为赤水旅游业快速发展和再上台阶的必然选择。为了实现赤水旅游发展的第二次飞跃，进一步深化旅游体制改革，中共赤水市委、市人民政府于 2001 年 10 月组建了“赤水市旅游开发投资有限公司”，把政府主导让位于市场引导。其基本模式为：由市人民政府授权投资公司对全市各景区实施“统一领导、统一开发、统一经营、统一管理”的经营管理体制，形成了所有权、管理权、经营权、监督权既相互分属又相互制衡的新机制。投资公司的组建，实现了跨行业、跨经营管理模式的企业重组，涉及 5 个景区和 1 家星级宾馆，进一步优化了资产结构，使公司达到规模经济效应，使其具备持续发展的能力，成为赤水旅游发展的“龙头”。从旅游管理委员会到旅游投资公司，赤水旅游业的体制创新取得了阶段性重大突破，旅游发展向“大旅游、大产业”方向迈进。2003 年，赤水荣获“全国优秀生态旅游城市”

的桂冠。

旅游产业体系的发展促进了旅游产品、宾馆饭店、餐饮业、旅游购物、娱乐场所、旅游交通基础设施建设，加速了城市化进程。在“让森林走进城市，让城市拥抱森林”理念的指导下，赤水市积极推进“身边增绿、森林进城”，城市生态建设不断向纵深推进，范围与规模不断扩大，活力与成效不断增强。日渐兴起的城市生态建设绿色之风，让赤水这座滨江城市更加靓丽宜居。让森林进城，让绿色染遍赤水城乡每个角落，是生态建设的重要组成部分，是改善生活环境、提升市民幸福指数、提高城市品位的重要立足点。

二、发展趋势

2011 年是“十二五”的开局年，中共赤水市委、市人民政府为推动全市经济社会的发展，在发展进程中转型，在转型中跨越，明确提出今后五年是加速期更是实现“提速赶超、转型跨越、全面发展、强市升位”的攻坚期，必须牢固树立发展意识、使命意识和责任意识，把期盼发展的愿望转化为加快“增比、进位、突破”的动力，努力促进赤水经济社会又好又快、更好更快发展，深入实施“生态立市、旅游兴市、竹业强市”发展战略，突出工业驱动和城镇带动，加快推进新型工业化、农业现代化、旅游产业化和城乡一体化，把赤水建设成为独具特色的新型生态经济强市。

2012 年，按照中共遵义市第四次代表大会“率先把赤水建成国际休闲旅游目的地”的要求，中共赤水市委、市人民政府提出了“全党抓经济、重点抓‘四化’、关键抓项目、突破抓招商”的总体方略，确立了“率先建成国际休闲旅游目的地”，努力实现“经济总量三年翻番、五年再造一个赤水城”的城市拓展目标。城市建设出现好势头，各个建设项目突飞猛进，赤水城区春潮涌动，呈现一派生机盎然的景象。

（一）赤水大道片区开发热火朝天

赤水大道开发项目是赤水城市拓展的重点项目之一，功能定位为高品质居住小区、商贸和旅游服务区。项目区域为 0.98 平方公里，项目总投资约 40 亿元，规划建设面积为 55 万平方米，规划居住 1 万人。主要道路基础设施——赤水大道（长 980 米、宽 40 米）由赤水国投公司融资 4800 万元建成。

在建项目有龙景中央国际、华泰小区、天台丽都、日盛启典、丹霞金邸、金赤世家等开发项目，廉租房、安置房等民生项目，飞龙、人和等4个户外广场，共1.8万平方米。赤金大道长1300米、宽25米，由赤水国投公司融资3600万元建设，已进入路面施工阶段。以商业用房和高档住宅小区为主的“龙景中央国际”由赤水飞龙房地产开发有限公司通过招拍挂方式以2.05亿元获得该项目开发权，建设用地为92亩，建设规模为25万平方米，总投资7亿元。“天台丽都”建设用地为18亩、建筑面积为6万平方米，总投资1.4亿元。高层塔式商住楼“日盛启典”建设用地为5亩，建筑面积为2.4万平方米，总投资4800万元。“金赤世家”建设用地为15.1亩，建筑面积为3.5万平方米，总投资1.25亿元。“丹霞金邸”建设用地为11.6亩，建筑面积为5.2万平方米，总投资1亿元；建有廉租房4.38万平方米，安置房754套、10.28万平方米。

（二）河滨大道建设日新月异

打造集休闲、娱乐、观光、亲水为一体的30里河滨城市景观大道，是赤水“率先建设成为国际休闲旅游目的地”的重点项目之一。河滨大道沿赤水河环抱城区，起止于金华办事处至复兴镇，划分为东路、中路、西路和南路四段，全长15.9公里，设计宽度为25米，预计总投资17亿元，计划2013年全面完成路基工程，2015年全面建成，建成后将是贵州省乃至全国县级城市最长的滨河景观道路。河滨东路自赤天化至东门码头，长2.6公里，于2011年12月2日开工建设，于次年内全面完成。河滨中路自东门码头至赤水大桥，长1公里，已于2005年全面建成，成为市民、游客休闲的集中区。河滨西路自赤水大桥至甲子口，长1.8公里，建设工程包括道路、防洪堤、绿化、亮化等项目，总投资2.8亿元，该道路工程已于2011年完工。该段防洪工程是贵州省中小河流治理工程项目，设计为三级护坡，人行步道采用竹集成材铺设。河滨南路自甲子口至复兴镇，长10.5公里，已完成星级酒店集聚区2.1公里道路拓宽路基工程，2012年末完成全线路基工程。

（三）星级酒店楼盘鳞次栉比

文化旅游产业是赤水市的重点发展产业。为完善旅游配套服务设施，提升接待能力，为在省内率先实现打造国内一流、国际知名的国际休闲旅游目的地奠定基础，实现从旅游资源大市向旅游产业强市的跨越，赤水市将河滨南路规划为星级酒店集聚区，成功引进高星级酒店 8 家，其中五星级酒店 4 家、四星级酒店 4 家，总投资 31 亿元，酒店建筑面积为 44 万平方米，有客房 2940 间、床位数约 5000 个。现 8 家酒店全部开工建设，金黔万丽、同盛、桂源等 3 家酒店于 2012 年内完成主体工程，2013 年五一节前投入运营，其余 5 家酒店 2013 年底前投入运营。金黔万丽大酒店（五星级）总投资为 4.5 亿元，建设规模约 18.76 万平方米，有客房数 412 间、床位 690 个；建设内容包括五星级旅游饭店、大型演艺中心、旅游特色商贸街。巨洋国际大酒店（五星级）总投资额为 5 亿元，建设规模约 19 万平方米，有客房数 400 间、床位 680 个。名人港湾酒店（五星级）总投资为 5 亿元，建设规模约 24 万平方米，有客房数 414 间、床位 686 个。双龙大酒店（五星级）总投资为 5 亿元，建设规模约 15 万平方米，建设内容包括五星级旅游饭店、生态植物园、民俗风情餐饮、购物一条街，有客房数 408 间、床位 705 个。同盛酒店（四星级）总投资为 4.5 亿元，建设规模约 15 万平方米，建设内容包括四星级旅游饭店、大型儿童游乐园，有客房 306 间、床位 490 个。福雷斯特酒店（四星级）总投资为 2 亿元，建设规模约 8.5 万平方米，有客房数 300 间、床位 505 个。桂源酒店（四星级）总投资为 2 亿元，建设规模约 6 万平方米，有客房数 300 间、床位 514 个。君诚大酒店（四星级）总投资为 3 亿元，建设规模约 6 万平方米，有客房 400 间、床位 698 个。

（四）休闲旅游度假城全面开花

根据国务院提出的贵州作为文化旅游创新区的战略定位和中共遵义市第四次代表大会提出的把赤水率先建设成为国际休闲旅游目的地的要求，中共赤水市委托深圳大学城市规划设计院按照“一个中心、三个组团”（以旧城区为中心，文华片区、国际休闲旅游度假新城和赤水经济技术开发区三个组团）的总体布局对城市总体规划进行了修编，在复兴镇和大同镇辖区范围内的长江、切角、庙坨三个半岛规划建设 8 平方公里的国际休闲旅游度假新城，着力打造集商贸物流、游客集散、丹霞展示、影视基地、休闲娱乐等为一体的城市新区，预计总投资超 160 亿元。先期实施的项目有游客接待中心、丹霞遗产展示中心和中国竹业城三个项目，项目占地 850 亩，总投资 32.3 亿元。游客接待中心项目占地为 200 亩，总投资 1.8 亿元，总建设面积为 16 万平方米，是集旅游交通接驳转换、旅游资源及产品展示、旅游商务结算、旅游购物等功能为一体的综合性服务平台，建设内容为接待中心主楼、交通接驳转换站、内部数字化管理系统等。项目建成后，将显著提升赤水旅游整体服务水平，推动整个旅游产品结构向观光、度假、休闲、体验一体化发展，全面促进赤水旅游转型升级，为赤水打造国际最佳休闲旅游目的地打下坚实基础。丹霞展示中心项目占地面积为 50 亩，总投资为 5000 万元，中心主体建筑面积约为 3900 平方米。项目分为遗产展示中心和管理用房两部分，建设内容包括丹霞展示中心、管理用房、停车场及相应的附属配套基础设施。展示中心建成后，将成为世界遗产宣传与展示的艺术平台，可通过网络系统监测遗产地的保护情况，多层次、多角度、多方位，艺术地、动感地、立体地展示自然遗产的价值所在和景观特色。中国竹业城项目占地面积为 600 亩，总投资为 30 亿元，建设工期为 5 年，总建设面积为 52 万平方米，集竹产品加工交易、竹餐饮文化园、竹生态旅游文化园为一体，包括竹饮食文化区、竹产品展销区、竹文化展示园、竹工艺品加工区、竹业科技园、竹业仓储物流区、竹景渡假区、竹业培训区、竹业风情广场和行政管理中心等十个功能分区。竹业城是为进一步推动竹类资源的有效开发利用、吸纳周边市场、扩大城市影响、提升城市形象建设的综合性项目，建成后产值达 25 亿元以上，实现年利税约 2.5 亿元。

（五）工业大道工程欣欣向荣

工业大道是工业园区连接中心城区和高速公路的主要通道，西起赤水大道与城工大道转盘，东与仁赤高速公路月亮田匝道相连，是工业园区主要基础设施项目。大道设计全长 8.57 公里、宽 40 米，为沥青混凝土路面，道路设计等级为城市道路 I 级，投资概算约 9 亿元，分三期实施。2012 年实施第一期 3.34 公里，投资概算为 3.5 亿元，采用 BT 模式建设。大道工程于 2011 年 11 月 7 日开工，完成电力、电信、移动、联通、广电以及天然气等管线搬迁 21 公里，完成 30 万平方米标准厂房规划设计并开工建设，还完成涉及 460 户农户的 5 个安置点规划设计并开工建设。

三、未来展望

赤水市是贵州黔北政治、经济、文化的重要城市，也是发展以竹加工、轻化工及文化旅游为主的山水园林城市。坚持回归自然，保护资源，持续发展之生态立市；坚持自然景观，人文景观，建筑景观之旅游兴市；坚持发挥优势，开发利用竹业强市；坚持推进城镇优化组合，实施“镇改办、村改居”，形成具有赤水特色的“以城带乡，以乡带村，城乡共荣”的城镇梯次发展格局，努力实现建设“秀美、温馨、休闲”赤水，“宜居、宜业、宜旅”赤水，把赤水“率先建成国际休闲旅游目的地”和达到“经济总量三年翻番、五年再造一个赤水城”的城市拓展目标。

（一）发展目标

10年后（2020年），赤水中心城区人口规模将达到16万人，建设用地为1378.55万平方米，人均城市建设用地86.16平方米。城市规划区为市中、文华、金华三个办事处及大同镇、天台镇和复兴镇的行政辖区范围，总面积为345.56平方公里；全市人口自然增长率控制在4‰以内；普及高中和职业教育，城市居民平均受教育程度超过12年；初步实现人人享有较为完善医疗服务的目标，城镇按每千人1~2床位的标准改造、完善医院或卫生实施；建立相对完整的社区服务体系，基本实现残疾人的充分就业。到2020年，人均住房建筑面积达到35平方米左右，住房成套率在90%以上；中心城区远期人均公共绿化地面积不少于10平方米，绿化率不低于35%；全市总人口控制在31.6万人，城镇人口达到21.5万人；市域空间以保护为主，严格控制开发建设行为的区域，主要包括基本农田、水源地保护区、风景名胜区、自然保护区、森林公园、水土保持林区及赤水河两岸30~50米笼罩地带等生态敏感区，以及文物遗址、名胜古迹、历史文化街区、特色村落、古树名木等保护用地以及其他根据需要合理划定区域。

（二）市域综合交通规划

1. 骨架公路

依托遵义市中心城区经赤水至泸州高速公路及208省道，建成“三纵、二横”的市域骨干交通网络。纵线一为遵义市中心城区经赤水至泸州高速公路赤水段，纵线二为南接习水、北接四川合江的一、二级公路，即省道208，纵线三为北接泸州、南接叙永的一、二级公路；横线一为中心城区至长沙的一、二级公路，横线二为中心城区经葫市至官渡的一、二级公路。

2. 市域公路网

建成中心城区经旺隆、葫市至元厚的三级公路；建成官渡至石堡、大同经宝源至叙永、中心城区经两河口至叙永的三级公路；按四级公路完成其余联系公路建设。

3. 航运

建成赤水河四级航道，完成元厚、丙安、黔华、复兴、鼓角 5 个码头的建设。

（三）市域旅游线路规划

完善区域旅游线路，包括贵阳—遵义市中心城区—仁怀（桐梓）—习水—赤水—重庆（泸州）、遵义市中心城区—桐梓—习水—赤水、遵义市中心城区—仁怀—习水—赤水等区域旅游路线。完善市域旅游线路，包括中心城区—大同—四洞沟—两河口、中心城区—十丈洞—香溪湖、中心城区—竹海公园—桫椤保护区、元厚—丙安—中心城区、合江—七里坝—长嵌沟等路线。

（四）市域供排水规划

划定水源地保护区范围，加强水源地的水质监测工作，确保水厂的出水水质达标率为 100%。中心城区及重点城镇污水经污水管收集后，需经污水处理厂（站）二级处理达标方可作农灌或排放。

（五）市域变电站及电网规划

新建赤水 220 千伏变电站；沙坪渡 110 千伏变电站、官渡变电站、文华变电站增容，主变容量均达到 2×31500 千伏安；调整完善市域和中心城区供电网，满足负荷增长的需求。加快习水河干流的水电开发，分期分批开发建设习水河干流赤水境内河段梯级电站，并入整个赤水市电网运行。

（六）市域电信设施规划

分期分批对各乡镇交换机进行扩容，有条件的中心村设置电信营业所，为用户提供语音、图文、数据及其他各种非话业务功能。

（七）中心城区规划

1. 总体布局

首先发展夹子口区域，2010 年后逐步发展扇子田区域、天台、复兴、切角垭片区；工业近期发展金华工业园区，远期发展天台工业区。各区的功能：

中心区以旅游服务、商贸为重点；天台片区以工业为重点；复兴片区以旅游服务、居住为主；切角垭片区重点为隆百铁路切角垭车站配套服务；金华工业园区以工业为主，重点发展竹业加工及化工。

2. 道路交通规划

对外交通：完成铁路及站场即隆（昌）百（色）铁路在中心城区的切角垭火车站、铁路站场（用地 13.20 万平方米）的建设；建成赤水河四级航道。在中心城区段设一个客运码头，占地 1000 平方米，客运码头东侧设一个货运码头，占地 800 平方米；在赤天化鲢鱼溪码头新增设一个燃油运输码头，用地 500 平方米；完成遵义至泸州高速公路自天台进入中心城区，经由赤水三桥从东北面出境公路建设；建成夹子口旅游长途客运站，占地 1.11 万平方米，为二级站；在客运码头南侧、天台、复兴、切角垭分别建设一处长途客运站，均为三级站。

客运与货运交通：规划在中心城区布局公交停车场（原客运站），在天台、复兴、切角垭设置 3 处公交场，兼作为长途客运站、火车站运换乘枢纽。规划遵义至泸州高速公路城区段为货运干道，南郊路和东南环城公路为货运次干道。在中心城区五交界处布局生活性货物流通中心，占地 3.74 万平方米；在天台片区原赤天化汽车队设生产性货物流通中心，占地 7.57 万平方米；在切角垭仓储区处布局一处货运车场，占地 0.68 万平方米。

道路系统：主干路宽为 35～42 米，次干路宽为 25 米，支干路宽为 9～18 米。规划布置 18 个停车场，总用地面积为 13.64 万平方米，人均 0.85 平方米。

3. 绿地系统规划

规划集中建成 6 处综合公园、2 处专类公园，并在中心区、复兴片区建设若干居住区公园或小区游园，包括赤水公园（占地 15.23 万平方米）、香樟林公园（占地 3.53 万平方米）、指路碑公园（占地 3.45 万平方米）、桂花园公园（占地 9.74 万平方米）、复兴公园（占地 6.85 平方米）、天台公园（占地 9.87 平方米）、红军纪念公园（占地 4.59 万平方米）、三条梁竹类公园（占地 11.18 万平方米）。

4. 供、排水工程规划

供水水源为赤水河河水。污水集中至污水处理厂处理后排放，工业废水和医院污水自行处理达到有关标准后方可排入城市污水网。自行片区污水处理厂设于大溪口，近期日处理能力为 2 万立方米，占地 3.5 万平方米；复兴片区污水处理厂规模为日处理 0.7 万立方米，占地 0.5 万平方米。两厂均采用二级生物处理。

赤水在不远的将来一定率先在全省实现全面小康，率先建设成为国内一流、世界知名的旅游目的地，成为独具特色的新型生态经济强市。

（撰稿人：郑庆元　王昌宇）

第七章　锦绣湖城——清镇市

清镇市地处苗岭山脉北坡，乌江干流鸭池河东岸，东经 106°07′~106°33′，北纬 26°21′~26°59′；东南依贵阳中心城区，西南与平坝县毗连，西北、东北以三岔河、鸭池河、猫跳河为天然界限，分别与织金县、黔西县、修文县相连；东西宽 42.6 公里，南北长 55.7 公里，总面积 1492 平方公里；辖 1 个街道、4 镇、3 乡、3 个民族乡、299 个行政村、1820 个村民组、41 个居委会。根据全国第六次人口普查，2010 年，全市常住人口为 467438 人，其中少数民族人口 101343 人，占 21.68%；城镇人口 167955 人，占 35.93%。2010 年实现地方生产总值 93.29 亿元，比上年增长 16.3%。其中第一产业完成增加值 10.74 亿元，增长 9.6%；第二产业完成增加值 41.87 亿元，增长 19%；第三产业完成增加值 40.68 亿元，增长 14.7%；人均地方生产总值为 19960 元，财政总收入完成 9.94 亿元，地方财政收入完成 5.54 亿元，全社会固定资产投资完成 98.09 亿元，社会消费品总额为 17.8 亿元，分别比上年增长 24%、20.89%、23.41%、39.59% 和 21.4%。

清镇境内有红枫湖、百花湖、东风湖、索风营湖，四湖托市，是中国西部罕见的“锦绣湖城”。红枫湖水面积为 57.2 平方公里，控制流域面积为 1551 平方公里，最大库容为 6.42 亿立方米，被誉为“高原之海”，1987 年被省人民政府定为省级风景名胜区，1988 年被国务院批准为国家重点风景名胜区，2001 年被国家旅游局评定为 4A 级旅游区；湖面分为北湖、中湖、南湖和后湖四大湖区。百花湖水面积为 14.5 平方公里，控制流域面积为 1667 平方公里，最大库容为 1.91 亿立方米，1987 年，被省人民政府评为第一批省级风景区，有“奇山秀水、避暑天堂”的美誉；沿湖两岸秀峰林立，百余个峰丛岛屿静卧水中。东风湖水面积为 19.7 平方公里，最大库容为 10.25 亿立方米，分北、南、西三个湖区。索风营湖总面积为 5.7 平方公里。红枫湖、百花湖功能由当初的发电、灌溉发展到发电、旅游，再转变为饮用水源，成为省会贵阳重要的饮用水资源地。

清镇市是黔中重要的工业基地，通过实施“环境立市、工业强市、科教人才兴市”三大战略，全面推进新型工业化，引进中国五矿、广东广铝和联塑、安徽海螺、四川科伦等一批具有较强实力和竞争力的企业入驻，已发展成一个拥有电力、化工、磨料、冶金、食品、生物制药、煤炭、建材等 18 个工业行业大类的工业基地，加快工业园区和物流园区建设，启动循环经济生态工业园区水、电、路三大基础设施建设，初步形成以铁合金为重点的冶金工业，以水泥为主的建材工业，以煤化工为主的化学工业，以水、火电结合为特色的能源工业等支柱产业和以生物制药为主的后续支柱产业体系，涌现出一批具有一定竞争力的工业企业。2010 年，全市有工业企业单位 1941 个，其中中央企业 6 个、省属企业 7 个、地属企业 6 个、县及县以下企业 1922 个；有大中型企业 17 个、高技术工业企业 7 个、规模以上工业企业 74 个。“十一五”期间，推进“工业强市”战略，一批重大项目启动，工业投资累计达 139.03 亿元，年均增长 24.4%；基础设施建设投资累计达 101.84 亿元，年均增长 38.22%；规模以上工业增加值从 16.26 亿元增加到 20.57 亿元，年均增长 9.25%；实施 10 个传统骨干企业技改项目建设，完成投资 46 亿元，其中 6 个项目建成投产。2010 年，电力生产及供应、非金属制造（磨料磨具）、医药制造、黑色金属冶炼、煤化工、建材六大产业总产值达 79.06 亿元，占规模以上工业总产值的 78.2%；产值超亿元企业从 12 户增加到 22 户，华能焦化建成首家超 10 亿元企业。

清镇是“西电东送”的重要基地，境内有清镇发电厂、红枫水力发电厂、东风水力发电厂（站）等电力工业企业 21 个，总装机容量达到 170 万千瓦，其中，清镇电厂装机容量为 65.8 万千瓦，红枫电厂装机容量为 35.95 万千瓦，东风电厂装机容量为 69 万千瓦。另外，一期装机容量为 2×60 万千瓦的清镇电厂异地技改扩容项目（华电塘寨电厂）基本建成，2010 年，全市发电量达 48.08 亿千瓦时（其中火电 24.88 亿千瓦时）。

清镇境内矿产种类多、储量大，品位高。已探明的主要矿产有铝土矿、赤铁矿、硫铁矿、磷矿、硅矿、重晶石、白云石、煤、耐火粘土、方解石等 30 多种，其中铝、铁、煤是矿产资源的三大优势矿产，储量大，开采条件好，在黔中矿产中占有重要的地位。铝土矿储量达 3 亿多吨，含三氧化二铝 70% 左右，主要分布在林歹、卫城、长冲河、麦坝、杨家庄、猫场、黄泥田、老黑山等矿区，具有好开采、运输方便等有利条件。猫场矿区面积约 80 平方公里，远景储量在 2.1 亿吨以上，是全国已知铝土矿储量区中最大的整体连片矿区；煤储量为 47.9 亿吨。

清镇是贵州省职业教育城。贵阳市政府按照“立足贵阳、面向贵州、辐射西南”的发展规划，“十二五”期间全面实施贵阳职业教育城建设，具体区域为沿清镇市城区北部老马河两岸布局，占地约 1 万亩。以省旅游学校为分界点，分别设置东区和西区。东区占地约 3700 亩，可入驻职业院校 10 所左右；西区占地约 6300 亩，可入驻职业院校 15 所左右。计划在 2015 年前，职教城实现建成占地面积 5000 亩，引进职业院校 5~10 所，在校生规模达到 5 万~6 万人；到 2020 年，力争实现聚集区建成占地面积 1 万亩，在校生规模达到 10 万人以上。坚持以高等职业教育为龙头、中等职业教育为主体，学历教育与技能培训相结合、职前职后教育相衔接的现代职业教育办学理念，建成设施配套、专业齐全、人才聚集、环境优美的西南地区重点职业教育城。2010 年 12 月 15 日，“高起点规划、高标准建设、高水平管理”的贵州省职业教育城在清镇市正式动工；2012 年已入驻的学校有贵州电力职业技术学院、贵州省旅游学校、清镇市职业教育培训中心（又称“四校合一”）、贵阳幼儿师范学校、贵州工业职业技术学院、贵州省建设学校、贵州省机械工业学校、贵阳市职教中心、贵州省工商职业学院、贵阳远洋中学、贵州交通职业技术学院等 11 所。

清镇是贵州西线交通出口，是贵阳通往安顺市、六盘水市、黔西南自治州和毕节市的必经之地。市境内公路、铁路陆路运输和红枫湖、百花湖、东风湖、索风营湖水路运输南来北往，四通八达，已形成以沪昆高速、清（镇）镇（宁）高速、贵黄高等级公路，以及贵烟等国道、省道、县道公路为骨架，连接乡（镇）、村公路纵横交错的道路交通网络，基本实现了村村通公路、乡乡通油路。2010 年，境内公路通车里程为 2509 公里，其中，高等级公路 21.83 公里，高速公路 15.7 公里，省道 71.1 公里，县道 233.7 公里，专用公路 23.2 公里。湖（潮）林（歹）、林（东）清（镇）两条铁路支线以货运为主，在市境内长 55 公里，设有火车站、工厂专用站 9 个。境内还有在建的夏蓉高速公路、清织铁路，拟建的清（镇）黔（西）高速公路。2010 年，各种运输方式完成货物运输量为 2985.4 万吨，完成旅客发送量 992.71 万人次。年末全市民用车辆拥有量为 4903 辆，其中客车 516 辆、货车 4387 辆。

清镇是全省最大的肉鸡（鸡苗）生产基地、奶牛和乳制品生产基地、绿色有机蔬菜生产基地，奶牛存栏 1.35 万头，生猪存栏 13.94 万头。2011 年，生产肉类 31213 吨、禽蛋 3000 吨、鲜奶 17025 吨；全市有可用于水产养殖的淡水水面 5000 公顷，水产品总产量为 2780 吨。卫城镇三联乳业公司有奶牛 8000 头；蔬菜种植面积为 28 万亩，产量为 30 万吨。暗流乡“生态蔬菜园”是贵州省首家“供港蔬菜”基地，获国家农业部“蔬菜标准园”称号，名优特农产品有清镇黄粑、一袋食品、阿比牛肉干、辣子鸡、清镇酥李、金银花等，绿色环保农产品有茶叶、蔬菜等。

第一节 发展历程

清镇的城镇建设从明洪武二十六年（1393 年）开始，经过 600 多年的变迁，已由明代军事组织的卫所城堡发展成为省会贵阳和百花生态新城、贵安新城城市带的重要空间区域。

一、明清时期的清镇

明洪武二十一年（1388 年）置威清站；洪武二十三年建威清卫；洪武二十六年，威清卫指挥使司指挥焦琴修筑卫城，为土筑，周长 2653 米、高 5 米，设 4 门 4 街，占地 0.56 平方公里；4 座石门东名安阜、南名振武、西名长宁、北名安远，并置城楼 4 座，转角楼 1 座。万历十三年（1585 年）改为石城，增修铺舍房屋，也筑城楼 4 座。卫指挥使署、经历司、布政分司、按察分司设在城内，又建威清仓、演武厅、卫学于城中，左、右、前、后、中五个千户所附于城外。（嘉庆）《贵州通志》载：威清卫原额军户共 5960 户，另有威清站及各铺哨兵 120 名。6000 军户，至少有 24000 人。卫所设立后，人口急剧增长，兴起规模的农业开发。

明崇祯三年（1630 年），以水西献出的水外六慕则溪地置镇西卫、威武所、赫声所，并筑城。镇西卫城与威清卫城遥相对峙，形成清镇东、西两个政治、军事、经济中心。中原式的建筑首先在卫治城出现，城内建有楼、亭、寺、庙和街市，城外立牌坊、建石桥。集市在城内兴起，商业活动频繁。卫所城堡虽是军事需要，但客观上形成了清镇城镇建设体系的雏形。

明末清初，清镇已成为贵阳、安顺、水西三角区域的贸易通道，行商贩卖者络绎不绝。

清康熙二十六年（1687 年），裁卫建县，县衙设于威清卫城内。清镇建县，正式结束军民分治、府卫分属，形成军事、政治、屯田组织合一的状况。乾隆二十七年（1762 年）重建县城，占地 0.65 平方公里，周长 2885 米，设 4 门。道光二十六年（1846 年）补修，命名四门：东育仁、南亨嘉、西义正、北贞固。设炮台五座，1660 垛。

咸丰七年（1857 年），在原县城南侧站街（今新华路）扩建新城 0.18 平方公里，城池面积增加到 0.83 平方公里；增 2 门，东曰“小东门”、南曰“大门洞”。城墙高 5 米，宽 3 米，440 垛，设炮台 2 座。道光、咸丰年间，湖南、湖北、广东、广西、四川和江西客商云集镇西卫，当时镇西卫有商号 80 余家，以棉花、烟土、食盐、绸缎、布匹为大宗。时镇西卫商业繁荣盛于县城。鸭池河有花行、绸缎布匹行、盐行 8 家，成为川盐在清镇的集散地。镇西卫、鸭池河均有“小荆州”之称。

清光绪三十一年（1905 年），县城住户为 1220 户、4594 人。卫城住户为 600 户、2745 人。清朝末年，清镇农村集镇市场已发展到 10 个。

二、民国时期的清镇

民国初（1912 年）废清代县署，设清镇县行政公署。民国十六年（1927 年）修贵安公路，从县城东门桥经接官厅沿城南侧过境。1929 年，修清毕公路穿城而过（今富强、建国路），拆除南北城墙两处。1934 年，拆除老城南门城墙，使新老城贯通，增修大门洞侧城门，城门增至 8 个（仁育、贞固、义正、复兴、自强、中华、中山、中正）。城区向外扩展，东门桥经接官厅至庙儿山公路两侧建成居民点。

抗日战争时期，邻省商人来清镇经商者日益增多，仅县城和卫城就有湖南、四川商贩 50 余户。县城丁字口仅湖南人开的店铺就有 19 家，被称为“湖南街”。县城商会共辖 15 个同业公会，有会员户 367 户。卫城商会辖 8 个同业公会，有会员户 337 户。乡村集贸市场由 21 个增加到 34 个。一批学校、工厂、医院、居民迁入，县城人口增加，服务业兴旺，商业繁荣。是时有布业 17 户、盐业 6 户、米业 8 户、酒业 7 户、油业 5 户、旅店业 20 户、餐饮业 5 户、茶业 8 户、京果业 5 户、纸烟业 5 户、理发业 5 户、酱油业 2 户、药材业 7 户、棉业 3 户、杂货业 1 户，共计 104 家。4 所中学迁驻县境，贵州省立清镇中学创立。1943 年，县城住户为 2036 户、10525 人，卫城住户为

1864户、12399人。县城占地1.2平方公里，有主要街道11条，房屋建筑面积为3.29万平方米，人均4平方米。房屋多为一层，除少数砖木、木架瓦房外，多为木架、土墙草房。

三、解放后的清镇

1949年11月，清镇解放。解放后清镇城镇的建设和发展大体经历了三个阶段。

（一）缓慢发展阶段（1950～1978年）

1950～1953年，人民政府两次拨款，动员县城内居民投入劳动力，整修新华路、新民路、府前路。至1957年，拆城墙、庙宇，修机关、学校和公共设施，城区向外扩展，人口增多。

1958年，猫跳河水电资源开发后，促进了清镇工业的发展，建电厂、钢厂。

红枫湖水库建成后，县境内相继迁入和新建红枫发电厂、清镇发电厂、贵州电力建设第二工程公司、清镇纺织印染厂、贵州地质矿产局115地质大队、贵州铝业公司302矿、贵州铁合金厂、清阳机械厂、清化精密工具厂、清平刃具厂、第七砂轮厂、贵州有机化工厂等一批大中型企事业单位，推动了清镇的经济和城镇建设的发展，形成以县城为中心，辐射周围6个工业片区的城市格局。1978年底，城区人口为1.5万人，有街道14条、巷道7条，总长7515米，面积为5.36万平方米；房屋面积为22.55万平方米，人均住房面积7.2平方米。

（二）加快发展阶段（1979～1991年）

改革开放后，城区经济发展，居民不断整修住房，机关单位扩建办公楼，城市面貌发生了较大变化。1979年，开始征收城市公用事业附加费，城市街道、市场、排水等市政公共设施逐步改善。1984年，县城建成区面积为1.67平方公里，有住户4977户、3.19万人。中共清镇县委、县人民政府提出县城发展新思路，编制了《清镇县城1986～2000年总体规划》，城区占地面积为6.6平方公里，城区建设开始按规划、有步骤地进行。

1985年，按照设计、征地、拆迁安置、施工管理“四统一”原则建红枫街，沿街相继建起机关单位办公楼和部分民用住房，逐步建成新城路、敖家坟、铁鸡巷、贵州有色地勘一总队、贵州盘江化工厂生活小区，建成水、电、通讯、排水、路灯、绿化等配套基础设施，发挥了城市功能的聚集效应和辐射效应。红枫大街的建成，是城区建设史上的一个重要转折，标志着清镇城市建设进入了新的时期。1988 年，城区建成面积为 2 平方公里，有主街 21 条、巷 10 条，总长 11.89 公里，面积 11.3 万平方米；房屋建筑总面积为 50 万平方米，2~6 层混合结构楼房占 55%，人口约 4 万人，人均住房面积为 13.8 平方米。

1991 年，清镇进行建镇并乡撤区，撤原 6 区 33 乡（镇），新建 4 镇（红枫湖镇、站街镇、卫城镇、新店镇）、3 乡（百花湖乡、犁倭乡、暗流乡）、3 个民族乡（麦格苗族布依族乡、王庄布依族苗族乡、流长苗族乡）。4 个镇政府驻地均分布在清毕公路上，构成以县城区为中心、清毕公路为主轴线，以集镇为基点向两侧辐射，中心带边远、富裕带贫困、城乡结合、工农结合的格局，城镇体系基本形成。

1991 年，全县人口为 43.68 万人，其中城镇户口 8.2 万人，红枫湖镇总人口为 16.3 万，城镇户口为 7.7 万人；全县社会生产总值达 16.11 亿元，其中农业产值仅占 9.7%；国民生产总值为 7.2 亿元，人均国民生产总值 1656 元；地方财政收入 8000 万元，人均财政收入 183 元。县城建成区面积为 3.5 平方公里，城区人口约 5 万人。城市功能齐全，城市经济格局基本形成。在人口、社会总产值、国民收入、市政基础设施等方面基本具备建市条件。

（三）快速发展阶段（1992～2010 年）

1992 年 11 月 6 日，国务院批准清镇撤县设市，城市建设得到快速发展。1993 年，修建云岭大街，道路红线宽 60 米，是当时贵州城市道路宽度之最。1998 年，建成云岭大街西段，街道两旁建起不低于 8 层的楼房，供电大楼和电信大楼高耸于南端和中段。康筑、麒龙公司沿街开发房地产，一幢幢商住楼拔地而起，先后建成云岭居民小区、天水花园、麒龙花园等商住小区，与清镇纺织印染厂居住小区相连。吸引境内外购房户涌入市区，为城区扩展增加了活力。

1996 年，清镇划归贵阳市代管，城市建设步伐加快。中共清镇市委、市人民政府提出城区向西北方向延伸，推至“两湖”（红枫湖、百花湖），建成“山连城、城连水”，“一城两湖，一河两岸”的山水园林城市。1998 年，修建云岭街中段，1999 年建云岭街下段（云岭东路）。同时加大城市绿化力度，每年绿化万余平方米，园林城市格局初步形成。云岭街的建成，标志着清镇城市建设上了一个新台阶。

“十一五”期间是清镇市城镇化建设取得重要进展、实现重大突破的时期。2004~2006年，加快旧城改造和公共基础设施建设，建成清镇客车站4835平方米及停车场8700平方米、东门桥广场1.3万平方米、人民广场1.2万平方米，东山巢凤寺修复开放。新区开发重点转向城区东北方向，云岭东路两侧建成世纪阳光城、阳光左岸、阳光水岸、红枫居、麒龙新天地、红树东方、东门桥广场商住小区。2007年，百花新城商住小区开工建设。

2007年，进行第七次城市总规编修，为保护“两湖”，调整中心城区布局，实施“东进、西调、南优、北拓”的布局，城区往东，工业往西发展。

2008年，城区面积为7.5平方公里，有住户32542户、10.41万人，城区房屋总量为344万平方米，住宅面积为295万平方米，占85%，人均住房面积为28.33平方米。城区有主干道15条、次干道14条、小区级道路35条。

2010年，加快市政基础设施建设，全年共投入5529万元用于改善城市基础设施和软环境建设。完成塔峰路人行道及管网建设、百花大道延伸段道路及管网建设、望城坡至清纺管网工程；启动星坡路、花园路、城北新区一号路、东门桥至国家级亚高原清镇陆上体育训练基地专用通道等市政干道建设，硬化、浇筑城区路面20834平方米，铺设和更换了城区主要干道人行道彩砖50887平方米，铺设盲道3100米，在东门桥、庙儿山等城市出入口和部分背街小巷安装路灯278盏，实施东门河综合治理和云岭大街生态景观绿化工程，对贵黄公路东门桥出口、塔峰路三角地带等城市重要节点进行绿化，新增绿地面积15万平方米。强化城市精细化管理，取缔、整治城区占道经营，整治城区道路交通秩序，城区集中整治环境卫生，推进城乡一体化进程。

至2010年年末，城区面积为9.6平方公里，城区房屋总量为399.34万平方米，人均住房面积达36.3平方米。城区有主干道17条，城区道路总长为44.1公里。

第二节　现状与特点

一、经济建设和发展成就

清镇市属综合型产业城市，城市经济主要由第二产业和第三产业两部分构成。合理布局、发展第二产业和第三产业是促进城市建设和综合竞争力增强的关键。

（一）第二产业发展成就

1. 工业的发展

1958 年，国家修建红枫水电站，先后在猫跳河上建成 6 个梯级水电站，为清镇工业发展奠定了丰富的能源基础。20 世纪 60 年代中期到 70 年代末期进行“三线”建设，东、中部地区一批工业企业内迁贵州。清镇作为“三线”建设重点区域，中央、省在清镇相继建成电力、化工、磨料磨具、冶金、纺织印染、军工机械制造等一批大中型国营工业企业，为清镇奠定了工业化的初步基础。能源工业建成清镇发电厂、猫跳河梯级水力发电站；化学工业陆续建成贵州有机化工厂和贵州化肥厂；磨料磨具工业建成第七砂轮厂；冶金工业建成贵州铁合金厂；机械制造业建成清化精密工具厂、清阳机械厂、清平刃具厂、伟宏机械厂；轻纺工业建成清镇纺织印染厂。中央、省属工业企业的建设及发展给清镇县带来繁荣，促进地方工业和经济的发展。1971 年，清镇县第二产业增加值首次超过第一产业增加值。

到 1978 年，建成国营工业企业 20 个，其中中央、省属企业 11 个，比 1964 年增加 10 个，县属企业 9 个，比 1964 年增加 2 个，总产值为 1.72 亿元，占全县工业总产值的 94.1%，是 1964 年的 19 倍；占全县工农业总产值的 78.32%，比 1964 年提高 44.2 个百分点；国营企业职工达 3.09 万人，占全县职工人数的 93.1%，是 1964 年的 3.7 倍。“三线”建设为清镇城市经济发展和城市人口集聚奠定了基础。

中共十一届三中全会后，清镇工业经济步入快速发展新阶段。国家、集体、个人一起上，城市、乡镇、农村全带动，“千帆竞发，百舸争流”。农村凭借丰富的资源优势发展乡镇工业，这期间乡镇工业迅速崛起，数量成十倍、百倍增长，到 2000 年，全市工业企业发展到 4334 个，其中村及村以下企业有 4212 个，比 1978 年增加 4116 个，创历史最高水平。

从“十五”时期开始，清镇市实施“工业强市”战略，在城区周边创建工业园区，引导产业集聚，互补发展，形成各具特色、自主集聚、分工协作、平等竞争的工业园区布局，工业集中度逐年提高，城镇化的产业支撑带逐步形成。至 2010 年，清镇市工业园区已形成“两区四园”格局。东区中八工业园规划面积为 25.75 平方公里，已入驻企业 16 家，其中贵州华能焦化已发展成为产值超 10 亿元企业；毛栗山工业园规划面积为 3.99 平方公里，入驻企业 13 家，其中贵州科伦入围贵阳市医药 20 强工业企业。东区工业园区重点发展装备制造、机械加工、高新技术产业、医药食品、轻型建材等产业。西区铝精深加工工业园规划面积为 30.33 平方公里，入驻企业 16 家；煤精细化工工业园规划面积为 17 平方公里，入驻企业 3 家。西区工业园区重点发展铝及铝加工、煤及煤化工、镁及镁加工、能源、建材等产业。

“十一五”期间，工业投资累计达 139.03 亿元，年均增长 24.4%。按照“城市东进、工业西进、物流南进、教育北进”的总体布局，推进产业结构调整，启动工业园区西区水、电、路三大基础设施建设工程，启动一批重点项目：投资 42 亿元的贵州广铝 80 万吨氧化铝项目、总投资数亿元年开采铝土矿 120 万吨的中铝猫场矿区 0—24 线开采工程、投资 47 亿元的华电清镇塘寨电厂 2×60 万千瓦机组项目、投资 30 亿元的山东枣庄矿配煤基地项目、投资 16 亿元的海螺盘江 440 万吨水泥、投资 5.5 亿元的贵州联和能源年产 300 万吨煤制清洁燃料循环利用项目、投资 2.3 亿元的贵州水晶集团电石渣综合利用乙炔废水环保治理工程、投资 6.99 亿元的日供气 30 万立方米的华能焦化制气四号焦炉、投资 1000 万元的贵州东方红升变性燃料甲醇项目、总投资 35 亿元的年产 3000 吨高纯高密度氧化铝的一晶相 LED 光电项目等。其中贵州广铝、塘寨电厂、海螺盘江、联和能源、华能焦化制气四号焦炉项目、贵州水晶集团电石渣综合利用项目、贵州东方红升变性燃料甲醇项目已先后建成投产或试产，同时促使一批传统骨干企业实现达产增效。全市规模以上工业企业从“十五”期末的 60 家增加到 2010 年的 74 家，产值超亿元企业从 12 家发展到 22 家，其中有超 10 亿元的企业 1 家。清镇初步形成以铁合金为重点的冶金工业，以水泥为代表的建材工业，以煤化工为代表的化学工业，以水、火电结合为特色的能源工业等支柱产业和以生物制药为代表的后续支柱产业体系。2010 年，四大工业园区实现工业总产值 58.32 亿元，占全市工业总产值的 57.2%；从业人员达 1.87 万人，占全市从业人员的 49.5%。通过工业化，使更多农民转向第二、第三产业。工业经济实力的提升，增强了工业反哺农业、城市带动农村的能力，加快了城乡一体化进程。随着工业基础设施的加强、规模不断增大，产业结构不断改善，装备水平不断提高，整体实力不断增强，集聚发展格局初步显现。工业已成为拉动全市经济增长的重要因素。

2. 建筑业的发展

随着大规模经济建设的开展，清镇建筑业蓬勃发展。1955 年，建立清镇县建筑联社，承建一些小型建筑物。1984 年，《国务院关于建筑业和基本建设管理体制改革意见》的实施，促进建筑业持续快速发展，其产业规模、结构、所有制形式、生产布局、市场管理等发生了巨大变化，初步形成工程总承包、施工承包、专业分包和劳务分包三个层次相互结合、协调发展的格局，国有、集体建筑企业初步建立了适应社会主义市场经济的现代企业制度，初步建立了统一、开放、竞争、有序的建筑市场体系。

1991 年后，乡（镇）以下的建筑队伍逐渐被淘汰，城市建筑施工企业逐年减少，建筑市场规模不断扩大，建筑业产值大幅度增长，建筑业增加值占地方生产总值的比重逐年提高，建筑业发展成为拉动区域经济快速增长的重要力量。2000 年，城市具有资质等级的总承包和专业承包（不含劳务分包企业）的建筑业企业发展到 10 家，建筑业机械设备、技术装备、技术水平发生显著变化，机械化、半机械化程度日益提高。全民、集体所有制建筑施工企业拥有单斗挖掘机、推土机、铲运机（成套的）、塔式起重机、混凝土搅拌机等 15 种主要施工机械设备 2221 台，机械设备总功率为 3.83 万千瓦，自有机械设备净值为 5176 万元，平均每个职工技术装备达 9687 元，比 1990 年增长 5.2 倍；平均每个工人的动力装备为 7.2 千瓦，比 1990 年增长了 4.5 倍。建筑业增加值为 16681 万元，比 1990 年增长了 9.4 倍。

2001~2010 年，城市具有资质等级的建筑企业 7 家。建筑企业积极参与重大工程项目、旧城改造和新区开发、小城镇建设和农村基础设施建设等工程项目的实施。2010 年，建筑业完成增加值 19.42 亿元，占地方生产总值的比重从 2000 年的 6.7% 增加到 2010 年的 20.8%，建筑业逐步发展成为促进清镇市国民经济发展的支柱产业。10 年间，建筑企业累计房屋施工面积达 317.5 万平方米，比 1991~2000 年增加 253.8 万平方米，增长 4 倍；累计房屋建筑竣工面积 139.1 万平方米，比 1991~2000 年增加 96.5 万平方米，增长 2.3 倍；累计实现建筑业总产值 133.41 亿元，是 1991~2000 年 5.6 倍；累计完成建筑业增加值 74.15 亿元，比 1991~2000 年增加 65.15 亿元，增长 7.23 倍。10 年间，建筑企业平均每年从业人员达 5880 人，比 1991~2000 年平均每年增加 547 人，年均增长 10.3%；从业人员平均劳动生产率达 24.1 万元，比 1991~2000 年增加 13.9 万元，年均增长 136.2%。

（二）第三产业发展成就

中共十一届三中全会以后，实行流通体制改革，商品结构由 1978 年以前的棉布、百货、杂货、土产为主转为以家用电器、呢绒化纤、生活用品等中、低档多种商品经营，市场日益繁荣。以棕刚玉、硅铁小型组合夹具、专用通用刃具、钻头、立铣刀、铝矾土、重晶石、棉布、油饼等为主的对外贸易日趋活跃。第七砂轮厂生产的“山牌”磨料、贵州铁合金厂生产的硅铁远销美国、德国、意大利等国家和香港地区，为国家创汇 2000 多万美元；清平刃具厂被国家经委批准为出口基地企业，是贵州省创汇大户之一，1981~1986 年，其产品除保证国家军工、民用需要外，绝大部分销往国外市场，出口累计金额达 1122.9 万美元。商业经济实现由计划经济向市场经济的转变。

“十五”时期以后，随着城市建设步伐的加快，清镇城市第三产业取得长足发展。邮电通信业建成包括光纤、数字微波、程控交换、移动通信等覆盖全市、通达全国和世界的公用电信网，建成业务种类齐全、网点密布的公用邮政网。至 2010 年，固定电话用户由 1978 年的 532 部增加到 3.03 万部，是 1978 年的 58 倍；移动电话用户由 1995 年的 152 户增加到 25.9 万户；2002 年清镇电信互联网数据服务开通了 ADSL（宽带网）业务，到 2010 年，互联网用户为 1.49 万户。旅游业转型深入推进，现代物流引领服务业加速发展。一是修编《清镇市旅游业发展规划》，自 2008 年起，每年投入资金 200 万元，重点支持 1 个乡镇发展乡村旅游业，举办了国际太极拳交流大会、国际城市围棋邀请赛、卫城乡村“生态饮食”文化节等系列活动，开发建设贺龙广场、十里竹堤、百花生态园、虎山彝寨等一批旅游项目，建成星级、准星级酒店 5 家，接待游客从 2005 年的 57.8 万人次增加到 2010 年的 270 万人次，旅游总收入从 0.58 亿元增加到 16.85 亿元，分别增长 3.67 倍和 28.05 倍。二是物流园区建设有序推进，贵州济辉商用车市场一期建成运行。三是房地产业稳步健康发展，由零星开发发展为成片开发，并逐步形成规模。至 2010 年，有 32 家房地产企业进入清镇城区投资，参与旧城改造和新区开发，房地产业完成增加值 2.05 亿元，比 2000 年增长了 4.14 倍；销售商品房 31.42 万平方米，比 2005 年增长了 2.1 倍，年均增长 31.9%；销售收入从 2005 年的 1.02 亿元增加到 7.52 亿元，增长 6.4 倍，年均增长 49.1%。四是商贸流通业发展步伐加快，建设农家店 136 个，新建、升级改造城镇农贸市场 18 个，引进家多福、万想商贸城等一批连锁店和大型超市，社会消费品零售总额从 2005 年的 7.31 亿元增加到 17.8 亿元，增长 143%，年均增长 19.74%，其中，城镇完成 12.91 亿元，占全市社会消费品零售总额的 72.53%，比 2005 年增长 148%，年均增长 19.86%。五是金融服务业进一步发展壮大，完成增加值从2005年的2.36亿元增加到5.08亿元，增长115%；中国农业发展银行2010年发放各项贷款3.84亿元。“十一五”期间，第三产业发展呈上升趋势，增加值从2005年的16.86亿元增加到40.68亿元，占全市生产总值的比重为43.6%，比2005年提高6.1个百分点，产业结构进一步优化。随着城市建设步伐加快，第三产业后发趋势越显强劲，成为促进城市建设和经济发展的“助推器”。

二、社会发展成就和特点

（一）教育事业的发展

1978年前，清镇教育事业经历了曲折发展，“文化大革命”中遭受严重破坏。中共十一届三中全会后，清镇教育事业进入健康发展时期。

1979~1982年，调整教育内部比例，加强小学，办好初中，控制高中。1983~1993年，逐步形成基础教育、职业教育、成人教育三教统筹、协调发展、共同提高的新格局，扫盲工作被评为全国100个扫盲先进县之一。1988年，清镇县被评为全国首批“农村教育改革实验县”和“燎原计划实验县”。

清镇建市后，在没有初中的乡镇建立了初级中学，基本形成地方中学与厂矿办中学相结合、普通中学与职业中学相结合、市乡分级办学、分级管理的教育格局。1994~2000年，重中之重攻“两基”，新建中学5所，扩建中学7所，维修和扩建小学160多所，教育优先发展的战略地位得到落实。1997年10月，“两基”通过省人民政府验收；2000年，通过省政府“两基”复评和“普实”验收；2001~2008年，巩固“两基”成果，促进城乡教育均衡发展，迎接“两基国检”，公办学校共接收4921名进城农民工随迁子女接受义务教育。

高中阶段教育得到迅速发展。在办好地方高中的同时，1988年，驻市中央、省、贵阳市属企事业子弟中学办有高中班43个、在校学生1366人。2002年，招收高一新生1900人，在校高中生为3500人。2003年，清镇第一中学扩建，恢复卫城中学高中招生。2006年，清镇第一中学被评为“省级示范性高中”，清镇市高中教育质量步入全省先进行业。2007~2008年，全市高中适龄人口为29696人，高中阶段在校生为11358人，高一招生2726人。2008年，子弟中学全部剥离原单位归地方管理。2010年，清镇第一中学在贵阳市70所高中学校中高考上线人数位列贵阳市第二，入出口综合评分位列贵阳市第三。

幼儿教育不断巩固提高。清镇的幼儿教育起步很早，但“文化大革命”期间仅存1所幼儿园；1981~1984年迅速发展，共有21所、31个班、入园幼儿1083人、教职工247人。1985年，幼儿教育出现滑坡。1994年，开始对幼儿园进行评估。1997年，全市有16所幼儿园、17个班、在园幼儿968人。通过“开发利用农村资源促进幼儿教育事业发展”课题研究，幼儿教育规模和质量上了新台阶。2001年，全国“农村幼儿教育发展与提高对策研究”经验交流会在清镇召开。全市10个乡镇均建有中心幼儿园，幼儿学前三年入园率为58.5%，学前一年入园率达85%以上。2007年，教育部门办幼儿园12所，其他部门办幼儿园7所，社会力量办幼儿园14所，已入园幼儿为9290人，入园率为73.3%。

1966年，全市有农业中学26所、46班、学生1553人。1984年，有农业中学11所、36班、学生1578人。11所农业中学一直延续到2008年，承担着职业教育与普通教育的双重职能。20世纪70年代中期至80年代末，驻清镇城区周边的9个中央、省属工业企业建有技工学校9所，截至1988年底，9所技工学校共招生5142人，毕业4534人。

2010年，市城区有公、民办中小学22所、在校生25152人、专任教师1341人；有初级中学3所、在校学生6959人、专任教师351人；有独立高中1所、完全高中2所、一贯制学校1所；有公、民办幼儿园18所、在园幼儿3702人、专任教师147人；有高职（专科）院校1所、在校生2000人、专任教师120人；有中等职业学校2所、在校生3407人、专任教师179人；还有在建高职（专科）院校1所。

（二）科技事业的发展

清镇市把科技创新作为城市发展的动力，坚持以科技创新支撑和引领新型工业化发展，推进创新型城市建设和经济转型升级。1978~2006年，全市获科技成果奖316项，其中国家级奖2项，省、部级奖58项，地区、省厅局级奖37项，县级奖217项；先后获得“全国科普示范市”、“贵州省科技工作先进市”荣誉称号。

科技创新工作机制由原来的部门管理上升到全市各部门协调推进的系统工程，整合各类创新资金到一个管理平台，注重新兴产业发展、平台建设、发明专利成果转化。至2010年，有各类科技创新服务组织113个，其中工业类技术服务中心 17 个（省级 7 个）、农业类技术服务中心 94 个、综合类技术服务中心 2 个；有独立科研与技术开发机构 18 个，其中，工程技术研究中心 14 家、科技企业孵化器 2 家、其他研发机构 2 家；有各类科技人才 15953 人，其中专业技术人才 7800 人、经营管理人才 2800 人、技能人才 1700 人、农村实用人才 3653 人；有 30 名专兼职专利研究人员。

为强化科技创新区域规划与布局，确立“东区城市化、西区工业化、全市生态化”城市发展战略，其中，西区工业化为科技创新拓展了发展空间，打造以省级新型工业化产业示范基地为核心的西部高新技术产业集群。

“十一五”期间，高新技术企业与创新型企业发展到 21 家，增长了 3 倍。有 26 个单位先后与清华大学、北京化工大学、贵州大学、中科院地化所等 17 所高校和科研院所建立长期稳定的产学研合作关系，共达成产学研联合项目 121 个，引进科技成果项目 118 个，实用科技成果转化 384 个，投入成果转化资金 2.1 亿元，年技术市场成交合同金额为 2.7 亿元。有 18 家企业建立自己的技术研发中心。实施年产 80 万吨氧化铝及其配套 136 万吨铝土矿开采工程的贵州广铝，采用拜耳法生产工艺以及壁式崩落开采技术进行生产，实现最大单一产能氧化铝生产线、氧化铝吨产能最节约用地和氧化铝生产系统综合能耗最低三大优势，各项综合指标达到国际领先水平。联和能源公司年产 300 万吨水煤浆清洁燃料生产线，生产和燃料应用核心技术均由公司自主研发。不断加大对医药园区企业 GMP 技术改造扶持力度，形成以贵州科伦、圣济堂、科晖等为代表的生物制药产业集群。逐步形成以高新技术为支撑、特色产业优先发展的新格局。2009 年 12 月和 2010 年 9 月，清镇黄粑、清镇酥李分别被国家质监总局批准为国家地理标志保护产品。“十一五”时期，高新技术工业产值由 3.75 亿元增长到 9.75 亿元，年均增长 22.7%；工业增加值由 1.48 亿元增长到 1.96 亿元，年均增长 23.5%；规模以上高新技术工业增加值占规模以上工业增加值的比重由 8% 提高到 9.5%，高新技术工业比重提升。

（三）文化事业的发展

清镇城市文化公共设施较为完善，文化中心作用突出，群众文化活跃，城市品牌令人瞩目。

20 世纪 50 年代，在县城建立了广播站、电影放映队、新华书店和文化馆。到 1988 年，全县城镇建成文化站（室）16 个、工人俱乐部 15 个、新华书店 1 座、图书代销店 16 个；广播站 6 个、放大站 5 个；电视台 1 座、电视差转台 14 座、卫星地面接收站 16 个；电影院 18 座、放映队 26 个、放映点 499 个。1999 年，完成“乡乡通光缆、通广播电视”工程。2000 年，实现村村通广播。2002 ~ 2004 年，实施 50 户以上自然村通广播电视工程；2005 ~ 2007 年，实施 20 户以上自然村通广播电视工程；2007 年，实施卫星转播电视工程；到 2008 年，实现有线与无线相结合、调频与地面卫星接收相结合的格局。全市有有线广播电台 431 座，广播综合覆盖率为 95.2%。2008 年，实现城区有线电视数字化，有数字化光发射机 20 台、光接收机 60 台、数字摄像机 10 台、非线性编辑系统 3 套、硬盘播出系统 2 套。

1999 年，清镇市拥有电台、电视台两个播出平台。清镇市广播电视台调频电台信号覆盖全市和周边区（县）。10 余年间，清镇市广播电视台共有 47 件作品获得贵州省广播电视新闻奖和贵州新闻奖。2008 年，中央电视台、贵州省电视台播出的清镇新闻节目名列县级电视台前列，有 3 件获中国广播电视新闻奖，专题片《贵州土陶》获联合国教科文组织国际陶艺学会第 43 届国际陶艺大会学术交流优秀作品奖。

少数民族原生态文化艺术得到挖掘、保护，增添了清镇文化的独特性和民族性。1994 年，清镇组团参加五省区在遵义举办的歌厅歌手大赛获二等奖；2002 年，参加贵阳市民族文化调演，民族歌舞《苗山笑》获二等奖，花灯歌舞《闹春》获优秀获；老年艺术团代表队参加在山东威海举办的全国老年合唱节获二等奖。从 2002 年起，每年坚持开展送文化下乡活动，年均演出 50 场（次）以上。从 2005 年起，在“多彩贵州”歌唱大赛中，2 人获金黔奖、1 人被授予贵州省旅游形象大使。“十一五”期间，为宣传清镇、展示清镇，“清镇市政协之声合唱团”4 次参加全国或国际合唱节比赛，2 次获金奖、1 次获银奖、1 次获铜奖。

清镇撤县设市以来，先后获得“西部开发贡献奖—投资环境最佳区（县、市）”、“全国最具投资潜力中小城市 50 强”、“中国特色魅力城市 200 强”、“省级文明城市”、“贵州科教进步先进县（市、区）”、“全国科普示范市”、“中国避暑之都、西部锦绣湖城”、“贵州省首批省级可持续发展实验区”、“国家可持续发展实验区”等荣誉称号，这些荣誉称号成为清镇城市名片。

（四）医疗卫生事业的发展

解放后，清镇城乡普遍建立了医疗卫生机构，医疗技术不断提高。清镇是全国计划免疫先进县、贵州省首批五个“冷链”建设装备县之一。1984年，全面推广新法接生和妇幼卫生管理工作。1985年初，正式启用“冷链”系统开展计划免疫，提高了控制、消灭严重危害人民健康，特别是儿童健康的白喉、百日咳、破伤风、结核、小儿麻痹、麻疹等疾病的技术水平。1987年，完成全县中草药资源普查任务。从1992年起，每年冬季开展消灭脊髓灰质炎活动，建立AFP监测报告系统；至1998年元月止，累计强化服苗41.89万人次，1994~1998年连续4年无脊髓病例发生。从2003年起，实行儿童入学入托查验接种证制度。2007年，计划免疫“五苗”各单苗的接种率报告显示，卡介苗为97.3%、百白破为98.8%、麻苗为97.9%、乙肝苗三为98.4%、乙肝及时接种率为69.8%。2010年，城镇有各类医疗卫生机构73个，其中，医院14个、卫生院11个。医院、卫生院共有床位1241张，有专业卫生人员1291人，其中执业（助理）医师514人、注册护士436人。重点医院有清镇市第一、第二、第三人民医院、清镇市中医院，其中，清镇市第一人民医院为二级甲等医院。

（五）社会保障事业的发展

1986~1992年，是清镇社会保险制度形成和初步运行时期；1992年底，参加社会统筹的国有企业为62家、固定职工18962人、合同制职工5595人、离退休人员1630人；参加失业保险的国有企业为79家、机关事业单位14家，参保固定职工为18994人、合同制职工为18972人、机关事业单位合同制工人为79人；境内国有企业参保率达100%，年收养老保险基金369万元、失业保险基金37万元；支付离退休费234万元，发放失业救济金1万余元；养老保险基金滚存结余为416.76万元，失业保险基金滚存结余为138.21万元。

1992年设市后，社会保障工作步入快速发展阶段。1992年，养老保险实行固定职工个人缴费。1999年，失业保险开始实行个人缴费制度，实现社会保险权利与义务相结合，一定程度上减轻了国家和企业的负担。社会保险覆盖范围由过去单纯国有企业参保扩大到集体企业、私营企业、个体工商户和自由职业者，实行社会保险一体化，形成覆盖国有、集体、乡镇企业、私营和个体工商户等全部所有制形式的社会保障网络。

1996年6月，清镇市被国务院定为医疗保障制度改革扩大试点城市。1997年6月底，全市行政、企事业120个单位、10301名职工全部参保，48个驻市省、贵阳市属企事业单位参保40个，参保职工38778人，全市单位参保率为95.2%，职工参保率为88.4%。2006年后，清镇市基本医疗保险工作纳入贵阳市级统筹，至2010年，全市参保人员共69799人，其中城镇居民参加基本医疗保险的有24811人。至此，职工医疗保险基本实现动态化管理。

1998年1月起，先对一类人员（“三无”人员，即无生活来源、无劳动能力、无法定赡养或抚养人）实行最低生活保障制度，保障面扩展到中央、省和贵阳市属驻市境内企业。2010年，全市享有最低生活保障的共有17958人，其中城镇居民享有最低生活保障的有3967人。

三、基础设施建设成就和特点

（一）街道建设

1950~1977年，政府三次拨款，动员城内居民投工投劳整修改造新华路、新民路和府前路等街道路面。到1978年底，城区共有街道14条、巷道7条，总长7515米，面积为5.36万平方米。1979~1984年，逐步完成富强路、红旗路、建设路、前进路、星坡路、建国路、齐山路、新华路、新民路、青龙路改造。1985年，进行城区第一条大街——红枫街的建设。红枫街宽30米，长1400米，水、电、路、通信、排水、路灯、绿化等基础设施综合实施。红枫街投入使用25年，从未因质量问题维修过，是具代表性的优质工程。2007年，清镇市推行城市精细化管理，在全省率先使用数字化手段管理城市，红枫街被定为“城市精细化管理示范街”。1986~1991年，城区新城路、青龙路、前进路、建国路、建设路相继新建和改建。

1992年11月设市后，街道建设步伐加快。1998年，云岭大街西段建成，全长2186米、宽60米，是城区最宽主干道。全长2400米、宽8米的东湖路与G320国道贵黄公路同步建成。1999年建成云岭东路，西接云岭西路，东接东门桥G320国道贵黄公路，全长1860米、宽40米。云岭西路和云岭东路的修建，带动周边的房地产开发和相关产业的快速发展。

“十一五”时期，随着红枫湖、百花湖功能的转变，城区开始实施“东进、西调、北拓、南优”的城市空间发展战略，注重推进路网建设支撑城市扩容，又相继建成红旗西路、百花大道两条主干道；同时启动星坡路改造，加快花园路、城北新区1号路、东门桥至国家亚高原清镇陆上体育训练基地等市政干道建设。至2010年，城区有主干道17条、次干道14条、小区级道路37条，道路总长度为44.1公里；建成或改造城市桥梁7座，总长度179.2米。

（二）房屋建筑

1985 年普查，城区内房屋属于 1949 年以前建的有 3.29 万平方米，占普查房屋总面积的 7.73%，其中公房 8068 平方米、集体房 1837 平方米、私有房 2.18 万平方米、其他用房 1115 平方米。1950~1985 年的 35 年间，城区新建房屋 39.18 万平方米，相当于原有房屋面积的 12 倍，其中，20 世纪 50 年代建房 3.38 万平方米（私房占 4.3%）；60 年代建房 5.46 万平方米（私房占 10.9%）；70 年代建房 13.72 万平方米（私房占 27.4%）；80 年代前 5 年建房 16.63 万平方米（私房占 41.4%）。建房的面积成倍增加，私人建房的比例逐年扩大，2~6 层砖混结构楼房占 55%，人均住房 11 平方米。

1989 年，贵州有色金属地质勘探一总队、贵州盘江化工厂相继迁入红枫大街下段建生活小区和办公区。之后，沿红枫街两侧先后建成市烟草公司综合楼、知识分子住宅楼、财政局综合楼、科委楼、农业局综合楼、建设银行综合楼、红枫二小、建设局办公楼、环保局综合楼等城市公共服务功能用房，较为完善的市政设施也在红枫大街陆续投入使用，展现出城市功能的聚集效应和辐射效应，从而带动城区第三产业的发展和繁荣。到 1991 年，城区住房面积累计为 52.16 万平方米，人均住房面积达 13.8 平方米。

1992 年后，实施城镇住房制度改革，停止住房实物福利分配制度，公房出售、建设安居工程等房改相继开展，并按国家、集体、个人集资建房等方式解决干部职工住房困难。1993~2001 年，城区范围内先后有 141 个行政机关、企事业单位共计出售公有住房 7447 套，出售面积 48.4 万平方米，其中，旧房 21.3 万平方米、集资建房 27.1 万平方米、安居工程 235 套，面积 2.5 万平方米。到 2001 年年底，市城区住房面积累计为 154.56 万平方米，人均住房面积达 18.7 平方米。

2001 年后，实行住房分配货币化，全面停止集资建房，城镇居民住房由房地产商品市场调节。至 2010 年，先后有 10 家建筑业企业、32 家房地产企业进入清镇城区投资，实施以云岭东路两侧土地开发为重点的新区建设和新华路、新民路、建国路、红旗路、前进路等旧城改造项目，建成佳鑫花园、恒鑫商住楼等一批具有现代城市气息的居民小区。到 2010 年年末，市城区住房面积累计为 399.34 万平方米，人均住房面积达 36.3 平方米，与 2001 年比较，10 年时间人均住房面积增加 17.6 平方米。

从 2008 年起，实施“住有所居”民生行动计划，着手进行城镇廉租房、经济适用房建设。至 2010 年，建成廉租住房 1.26 万平方米，完成 2005 户廉租住房户租赁补贴发放及一期经济适用住房申购工作。

（三）供电设施建设

1949 年 12 月，贵阳矿山机器厂提供 2 台 60 千瓦发电机和一台煤气锅驼机在县城文昌阁开办发电厂，1950 年初开始发电。由于功率小，只供机关和沿输电线两侧居民夜晚照明。1960 年 5 月，红枫电厂竣工发电，同时建成清镇供电所变电站 7500 千瓦主变电站；1960 年 10 月，架设 3.5 万伏清镇城关输电线，解决供电问题。1980 年，清镇变电站引进镇农线 1 万伏供县城超负荷用电，同时架设 16 条街道路灯线 9.9 公里。2008 年，建成辖区内第二座 220 千伏变电站，彻底改变了城区外守着电厂无输电网的尴尬历史，使城区由单一变电站不可靠供电变为由北门变电站、寒坡变电站、清镇变电站、水塘变电站供电的模式，提高了供电可靠性。至 2010 年，市城区有 35 千伏变电站 6 座、110 千伏变电站 4 座，变电总容量为 490 兆伏安；有 35 千伏线路 l0 条，共计 88.24 公里，10 千伏线路 58 条，共计 958.43 公里；装接配变压器 1595 台，总容量为 26.85 万千伏安。供电范围包括清镇市的 11 个乡（镇、街道）、城区周边 7 家大型工业企业以及平坝、花溪、修文、黔西、乌当等区县的部分村寨，用户达 93161 户。

（四）供气设施建设

贵阳市煤气气源厂位于清镇城区东面工二寨。1991 年，清镇县成立煤气输配工程指挥部，先后建成计量站、区域调压站；安装中压管 40 公里、低压管 50 公里；1994 年，完成输配管网压力、气密性试验，首先开通伟宏机械厂 360 户用气；12 月，又开通用户 1400 户。清镇市是贵州省第一个使用管道煤气的县级城市。为解决招商引资企业用气问题，2003 年 9 月，新建日供气量 3 万立方米煤气储备站一座，配套安装中压管 2852 米，日供气规模为 20 万立方米，2007 年投入运行。至 2010 年，累计安装煤气用户 17429 户，其中居民用户 102 户。煤气管网基本覆盖了建成区，形成东至医药工业园区，西至贵阳弘业纺织印染有限公司，南至温氏集团，北至 115 地质队的供气管网，基本解决了城区生活和工业用气问题。

（五）供水设施建设

解放初期，清镇城区有水井 11 口，全城人都使用井水。l962 年，建金盆提灌站，兼向城区供水。1986~1989 年，投资 353 万元建成清镇水厂，日供水 16400 立方米，经 2780 米管道送水到白龙洞过滤、消毒，再经 3500 米管道送入城区供水。1999 年起，城区扩展，用水量剧增；是年 4 月，在贵阳西郊水厂引水隧洞 4 号竖井（扁坡村）建东郊水厂，规模为日产水量 10 万立方米，2008 年建成投入使用，经 2000 米管道向市中心城区供水。到 2010 年年末，城区自来水综合生产能力日供水 11.64 万立方米，城区供水 DN100 管道以上长度达到 141 公里，供水普及率为 100%。

（六）排水设施建设

1978 年前，县城区为自由排水和明沟排水，街道均以散水方式向东西方向排放。1981~1986 年，整修新华路、富强路、新民路排水沟，新修富强路连接红枫路段排水暗渠 325 米，完成红枫路上段、青龙路、新城路排水暗沟砌筑 592 米，在红枫路下段修建宽 1.5 米、高 1.6 米排污暗渠 720 米，解决城区东北面排水。1993~1998 年，修建云岭路时，分别路段汇水面积，修筑不同断面石砌暗沟 2186 米，解决城区西南面排水。2001 年，建设云岭东路，两侧人行道分别设直径 0.6~1 米雨污分流混凝土管各一条，总长 7440 米，为市区第一条雨污分流道路。2002 年，云岭路人行道两侧分别生活用水量的不同，增设直径 0.6~1.2 米排污混凝土管，总长 4372 米，改原雨污合流为雨污分流，南端排入娃娃桥，北端排入北门河。

（七）污水处理

1996 年 1 月，《贵州省红枫湖、百花湖水资源环境保护条例》开始实施。为确保百花湖饮用水源水质，1999 年，贵阳市政府将清镇市污水处理厂与小河区污水处理厂捆绑立项，开始实施城市水污染防治基础设施建设。2003 年 12 月，总投资 1.23 亿元、日处理生活污水 2.5 万立方米的朱家河污水处理厂建成投入运行，至 2007 年，污水处理能力仅达设计处理能力的 48%。2008 年 7 月，委托贵州优特鸿恒有限公司对朱家河污水处理厂进行运行管理，同时利用分期实施新旧管网并网方式，将建成的污水管网二期部分管网与城区一期污水管网贯通并网，以增大城区污水的收集面和收集量。是年，朱家河污水处理厂污水处理能力实现每日 2.2 万立方米，城区生活污水处理率达 88%，有效缓解了城区生活污水对百花湖的污染。2009~2010 年，投资 3.13 亿元建成城区生活污水收集、处理系统，污水处理能力达到每日 5 万立方米，基本解决了城区生活污水未经处理或处理不达标不排入百花湖。

（八）城区生活垃圾无害化处理

从2000年开始，清镇市按国家建设项目申报程序申报城区生活垃圾无害化处理建设项目，规模为日处理300吨垃圾卫生填埋工程暨治理和保护“两湖”的配套工程，2007年4月完成《可行性研究报告》的编制工作，5月8日省发改委对项目予以批复；2009年2月，获得贵州省发改委初步设计批复。项目总投资为6870万元，占地面积246亩，选址于距市城区25公里的站街镇中寨村。2009年5月，正式启动项目建设，投入运行后，主要接收处理市城区、红枫湖镇、站街镇和百花湖乡的居民生活垃圾。

（九）公共交通

1996年，清镇市城区开通两条小公共汽车营运线路。随着市城区的不断拓展，已不能满足客流需求；2004年12月，将城市公共客运进行公开招标，由清镇市公共交通有限公司全额投资经营。是年，城区内有公交车24辆，开通营运线路5条。到2010年，城区开通公交汽车运营总里程为59公里，有公交运营车辆206辆，其中汽车31辆，年客运量为598万人次；出租车175辆，年客运量为1022万人次。

（十）园林绿化

1978年，在城区青龙山陆续植树造林，并在原红旗路广场建有台式花园2个、条栏式花园2个，种有桂花等树木及花草。1980年，开发白龙洞，建成园林面积4660平方米，种植法国梧桐等树木及花草。1985年，规划修建庙儿山公园，在岩山上挖坑植树1.04万株。新建的红枫大街、云岭大街、云岭东路等城区主干道皆设计有双排行道树和街心花园。1998年，在红枫路、红旗路补种香樟、樱花、玉兰，在原塔山路栽种杨树，红枫路中央修筑绿化台，种植花石榴、夹竹桃、女贞球等花木，在清镇市委大院种植草坪1万平方米。市委大院、新华中学校园、机关幼儿园、红旗路广场、东门桥入口处、云岭大街街心花园等绿化成型，初步形成园林城市的格局。2001~2003年，对云岭路下段人行道、街心花园绿化；于东门桥至花园组段沿河两岸种植柳树，在云岭东路两侧栽种梧桐树。2004年10月，东门桥广场竣工，面积为1.3万平方米，绿化面积为6000平方米。2006年12月，人民广场竣工，面积为1.2万平方米，绿化面积为4000平方米。至2010年，建成区园林绿地面积为380.9公顷，建成区绿化覆盖面积为393.8公顷，其中公共绿地面积为60.3公顷，人均公共绿地面积6.7平方米。

四、小城镇建设

清镇的小城镇建设起步于20世纪80年代初。由于受集镇区规模小、居住人口少、就业吸引力不高等因素影响，小城镇开发建设速度缓慢。1991年建镇并乡撤区后，新建的乡（镇）驻地在规模、居住人口、就业吸引力等方面得到发展。按照城镇建设与产业布局相结合的原则，围绕一城、三镇、六乡和工矿区节点的空间布局，因地制宜，突出重点，实施小城镇建设。截至2010年，先后建成建制镇驻地集镇3个、乡（民族乡）驻地集镇6个和15个工矿区集镇。1994~2010年，站街镇曾5次被列为全省、全国小城镇建设试点镇；卫城古镇2009年被评定为省级历史文化名镇；百花湖集镇被列为全省“双百”小城镇建设试点。15个工矿区小集镇或与驻地村寨、其他企业连成一片或独立成体，学校、医院、俱乐部、商店、供电、供水、公园、环境卫生等公共服务设施一应俱全，为驻地工矿企业、农村的和谐发展提供了有力保障，促进了城乡、工农协调发展，城乡一体化城镇网络体系基本形成。

五、城市管理

清镇的城市管理工作起步于20世纪70年代，经历了初级环境卫生管理、标准化管理、推行精细化管理三个发展阶段。

（一）初级环境卫生管理阶段

1972~1980年，城市环卫管理主要是对重点地段清扫垃圾，处于环卫工人少、清扫路段长、用手推车运送垃圾阶段。1981~1991年，县城环卫工作逐步纳入专业化队伍管理。新建野羊凹垃圾场，先后购置垃圾清运车8辆，负责运送城区生活垃圾，实现人力清运到车辆清运垃圾的简单过渡。

（二）标准化管理阶段

清镇设市后，单一的环境卫生管理体制已不能适应新形势的需要，创新城市管理体制成为城管部门的首要任务。1997 年，开展以治理“脏、乱、差”为重点的市容、环境卫生专项整治活动，清镇市荣获“贵州省卫生城市”荣誉称号。1998~2005 年，城市环卫工作重点转入一手抓省级卫生城市创建成果巩固提升，一手抓垃圾清运实行分类管理和深化环卫体制改革。对市区主干道、次干道全部实行密闭式垃圾车清运垃圾，在主要路段推行垃圾袋装定时收运，洒水车定时对大街洒水除尘。对道路清扫保洁质量实行“路面净、道牙净、人行道净、树窝净、雨污水口净、果皮箱净和路面无果皮纸屑、无畜粪、无积水、无遗撒物、无杂物堆积”的“六净五无”标准化管理。全面推行定路段、定岗位、定标准、定质量、定人员、定措施的“六定”岗位责任制，实行全天候无缝隙管理。将红枫大街、云岭大街和红旗路 3 条主干道的清扫保洁公开向社会竞标，每天实行从早晨 7 点 30 分至晚 22 点连续滚动式清扫保洁。2005 年 12 月，清镇市荣获“贵阳市文明城市”称号。

（三）推行城市精细化管理阶段

2006~2010 年，全面推行城市精细化管理，围绕市容环境、交通秩序、旅游景区、园林绿化、街巷院落小区、建筑工地、城市环境保护、市场秩序、娱乐场所、乡镇环境等 10 个方面，细化了 10 项具体管理内容、43 项工作标准和 109 项任务指标。成立精细化管理信息指挥中心，把各项管理标准、责任部门、责任人、完成时限、考核内容、扣分办法和主次干道档案录入城市精细化管理软件系统，由指挥中心按照工作流程进行计算机考核管理。各责任单位明确两名信息员负责对系统软件进行操作和管理，及时处理本单位存在的“脏、乱、差”问题，实现指挥中心对职能部门点对点直接指挥。开通市民免费举报投诉电话，对市民举报属实的问题，通过指挥中心督促有关责任单位立即整改，给市民满意的答复。对城管个案进行实时监控和自动处理，通过系统软件自动扣分。打造城市示范街，建立管理档案，推出包保人制，公布监督电话，对示范街行道树和果皮箱编号建档，力求达到管理无死角和盲区。采取定人、定岗、定标准、定职责、定考核、定奖惩的“六定”工作运行方式，建立“白色整改令”、“黄色告诫令”、“黑色辞职令”督办制度，根治城市环境卫生保洁质量不高的“顽症”。2008 年，清镇市获“贵州省文明城市”荣誉称号。到 2010 年，基本实现城市管理对象、管理评价、管理过程数字化的管理模式。通过全面推行城市精细化管理，城区人居环境明显改善，城市形象大幅度提升。

第三节　趋势与展望

清镇市发展的有利条件优越，发展机遇突出，发展定位准确，发展布局优化，加快城镇化发展的措施具体、有力。尤其是国务院《关于进一步促进贵州经济社会又好又快发展的若干意见》的出台，为清镇市发展提供了前所未有的有利条件，将使清镇成为贵安新城重点打造的“两湖”国际生态文化功能区。

一、机遇与挑战

清镇市发展机遇与挑战并存。除具有国家实施新一轮西部大开发战略等共性机遇外，清镇市发展还存在以下重大机遇：一是国务院《关于进一步促进贵州经济社会又好又快发展的若干意见》关于“加快建设贵安新区”，“建设清镇—黔西—织金煤电铝、煤电化循环经济示范基地”的指示，对位于贵安新区核心节点的清镇市是最大的机遇。贵安新区涉及贵阳市金阳新区、花溪区、清镇市和安顺市西秀区、平坝县22个乡镇，约2000平方公里的空间范围，规划约400万人口和500平方公里建设用地规模，将重点打造“两湖”国际生态文化功能区等六大功能区。二是中共贵州省委、省人民政府实施城镇化带动战略的机遇，即建设贵阳—安顺黔中城市带，实施黔中城镇群重点突破的重大机遇；同时，中共贵州省委做出支持贵阳加快发展的战略部署，最大限度地给贵阳市“松绑、让利、开绿灯、出政策”，全力支持建设贵阳—安顺黔中城市带，对清镇加速发展创造了有利条件。三是中共贵阳市委、市人民政府将清镇纳入城市建设发展的“五大组团”的机遇。建设贵阳百花生态新城、环城高速、环城快铁、城市公交、城市轻轨，将清镇作为铝及铝加工、煤及煤化工、能源、建材、物流、生态农业等产业布局的重点区域，发展优势明显。四是清镇处于贵州电网负荷中心和500千伏安“日”字形环网中心，清镇电厂异地改造工程为清镇提供了能源支撑。

清镇市发展面临的挑战：一是来自竞争对手的挑战。与发达地区同类城市相比，清镇市在经济总量、发展速度、市场开放、管理体制和机制上还存在差距；与全省经济强县（市）相比，前有标兵、后有追兵，且竞争日趋激烈，不进则退。二是来自自身发展能力的挑战。人才资源缺乏，自主研发能力低；在转变经济发展方式、提高执行力方面面临挑战；企业自身素质不高，大多是按传统模式进行经营管理，创建现代企业制度，提高企业素质仍然是一个严峻课题；财力不足，基础设施不够完善，在加快发展上也面临极大挑战。三是来自资源、生态环境的挑战。“两湖”是贵阳市人民的“水缸”，在加快经济发展的同时，如何在发展中做好保护，在保护中促进发展，仍然是清镇市面临的重大挑战。

二、发展趋势

2011 年，清镇市顺利实现“开好局、起好步”的既定目标，为“十二五”发展奠定坚实基础。

（一）工业化、城镇化进程快速发展

2011 年，清镇市实施城镇化带动战略，加快基础设施建设，总投资 30 亿元的“两路、一区、一园”即“百职路”、“云职路”、“百花生态新城农民搬迁集中安置区”、“诚信花园”作为百花生态新城首批建设项目开工建设。省政府将清镇铝加工、煤化工循环经济生态工业园区设为省级经济开发区，定名为贵州清镇经济开发区。全社会固定资产投资额为 150.45 亿元，其中沪昆高速公路清镇至金阳段、海螺盘江 440 万吨水泥熟料项目、贵阳联合能源 300 万吨水煤浆生产线、华电清镇塘寨电厂，以及投资 2.72 亿元的工业园区 BOT 供水工程等一批重大项目建成；贵州广铝清镇 80 万吨氧化铝项目单体试车成功；席关水库、清织铁路、金清市政干道及卫城至流长、卫城至修文两条资源通道正在建设。

2011 年年底，清镇市境内拥有全部工业企业法人单位 304 个，比 2010 年增长 3.75%，实现全部工业总产值 146.2 亿元，比上年增长 10.32%。全市规模以上工业企业达到 83 家（上亿元产值的工业企业 26 家），实现工业总产值 138.8 亿元，占全部工业企业总产值的 95%。铝及铝加工、煤及煤化工、能源、建材、医药食品等五大支柱产业基本形成。全市城镇化率从 2010 年的 39.6% 提高到 2011 年的 41.3%。

（二）经济社会发展提速、转型加快、效益较好、民生改善、后劲增强

2011 年，清镇市实现生产总值 117.1 亿元，比上年增长 20.3%；人均生

产总值达 24972 元，同比增长 20.8%；财政总收入达 13.04 亿元，同比增长 31.2%；地方财政收入达 7.8 亿元，同比增长 41.6%；全社会固定资产投资额为 150.45 亿元，比上年增加 53.4%；社会消费品零售总额为 21.8 亿元，比上年增加 20.3%；城市居民人均可支配收入、农民人均纯收入分别突破 1.8 万元和 0.69 万元，分别比上年增长 16.44% 和 26.25%；在全省经济发展增比进位综合排列第 15 位。

经济发展方式有效转变。2011 年，实施产业创百亿行动计划，推进以物流为主的服务业，发展绿色经济、循环经济，形成特色优势产业体系；三次产业结构由 2010 年的 11.52 ：44.88 ：43.6 调整到 2011 年的 9.79：48.24：41.97。电力、煤化工、建材、非金属制造（磨料磨具）、医药制造、黑色金属冶炼六大产业总产值达 113.48 亿元，占规模以上工业总产值的 82.23%；商贸物流、旅游休闲、金融等现代服务业发展步伐加快；物流园区的一期有 8 个项目入驻、1 个项目建成投入营运，物流业总投资达到 150 亿元，营业收入达到 60 亿元。

农业产业化发展成果喜人。农林牧渔业增加值为 11.5 亿元，比上年增长 4.2%。形成肉鸡、蔬菜、生猪 3 个产值超亿元产业；温氏、一代、三联 3 家龙头企业产值均达亿元以上；建成全省最大的种鸡场，全市年出栏肉鸡 1422 万只，位居全省第一位；总投资 1 亿元的贵阳荣善生物科技有限公司食用菌工厂化栽培技术项目开工建设；有 12 个农产品获得绿色食品认证，2 个农产品获得有机食品认证。

环境保护成效显著。红枫湖、百花湖水质继续稳定在Ⅲ类。全市空气质量为优或良的天数占全年天数的 90%，市区大气可吸入颗粒物年平均值为每立方米 0.066 毫克，达到国家环境空气质量二级标准；二氧化硫年平均值为每立方米 0.060 毫克，达到国家环境空气质量二级标准；二氧化氮年平均值为每立方米 0.029 毫克，保持在国家环境空气质量一级标准内；地面水环境质量保持良好状况，城市地表水水质达标率为 100%，饮用水源水质达标率为 100%。矿山生态环境得到有效改善。全市森林覆盖率从 2010 年的 39.12% 提高到 2011 年的 39.42%。建成区园林绿地面积为 465 公顷，建成区绿化覆盖面积为 498 公顷，建成区公共绿地面积为 82 公顷，人均公共绿地面积 8.75 平方米。强力推进资源就地转化，开展循环、低碳经济试点，单位 GDP 和工业增加值能耗均控制在省和贵阳市下达指标内，巩固了“国家可持续发展实验区”、省级文明城市成果。

开放型格局基本形成。2011 年，推进城乡统筹综合配套改革试点，开展“作风建设年、环境建设年、项目建设年”活动，提高政府公信力、执行力和服务水平，开展村级公益事业建设一事一议和财政奖补试点，推行乡镇财政体制改革，推进投融资体制改革，抓好农村综合改革并明晰 64.58 万亩林地产权，启动村组集体发展用地综合开发模式，开展城市基层管理体制改革试点并新组建红新、新岭两个社区服务中心。百花湖乡划归金阳新区托管。首次面向中央企业和到香港招商，美国、日本等企业到清镇市投资，实际直接利用外资 998 万美元；引进内资项目 91 项，项目计划投资总额为 411.2 亿元，实际到位金额 54 亿元。非公有制经济在国民经济中所占比重上升到 44.9%，全市个体工商户增加到 10270 户。

人民生活水平呈现持续提高。2011 年，继续实施“十大”民生工程，促进基本公共服务均等化。市财政对民生的投入比例从 2010 年的 25.46% 提高到 25.6%，全力实施“八有”民生行动计划。全年城乡统筹就业 11500 人，比上年增长 40.55%，就业困难对象实现再就业 257 人。农村富余劳动力转移 6203 人；新增就业 5035 人，比上年增长 38.59%。年末城镇登记失业率为 3.98%。城镇居民人均可支配收入从 2010 年的 15683 元增加到 2011 年的 18261 元，增长 16.44%，扣除价格因素，实际增长 10.37%。农民人均纯收入从 5464 元增加到 6898 元，比上年增长 26.25%；城乡居民储蓄存款余额为 45 亿元，同比增长 20.4%。养老、失业、医疗、工伤和生育保险覆盖面逐步扩大。全市 2011 年年末参加基本养老保险共计 4.62 万人，比上年增长 12.4%，其中在岗职工参加基本养老保险的有 3.54 万人，比上年增长 10.28%；离退休职工参加基本养老保险的有 1.08 万人，比上年增长 20%；失业保险参保的有 3.07 万人，比上年增长 9.64%；基本医疗保险参保的有 4.67 万人，比上年增长 3.77%；参加生育保险的有 3.73 万人，比上年增长 3.32%；工伤保险参保的有 3.33 万人，比上年增长 37.60%；新型农村社会养老保险参保的有 15.55 万人，比上年增长 17.62%；农村合作医疗参合的有 36.34 万人，参合率达 97.01%。城区有幼儿园 23 所、在园幼儿 4916 人；小学 20 所、在校生 12544 人；初中 5 所、在校生 8696 人；普通高中 6 所、在校生 8663 人；高职（专科）院校 1 所、在校生 2000 人；中等职业学校 2 所、在校生 3407 人。贵州电力职业技术学院、贵州省旅游学校等 11 所学校入驻清镇职业教育城，共有在校学生 1.7 万余人。市城区有各级各类医疗卫生机构 40 个，每千人拥有医疗床位 9.8 张、卫生技术人员 8.9 人、执业（助理）医师 4.2 人、注册护士

3.4人。完成地氟病防治炉灶改良61468户。建成廉租住房8.5万平方米、经济适用房3.6万平方米，改造农村危房19428户。13个乡（镇、社区）均建有文化服务中心，村级文化室、农家书屋实现行政村全覆盖，农村广播电视村村通覆盖率达95.2%。全市年末总人口为51.65万人，其中城镇居住人口为21.33万人。全年人口出生率为12.62‰，人口死亡率为6.3‰，人口自然增长率为6.32‰，继续巩固全国人口计生优质服务先进市成果；连续四次被授予“全省双拥模范城”称号。

三、未来展望

在新的形势下，清镇市的发展以农业为基础，以加快工业发展为引擎，通过实施“工业化、城镇化、生态化”三大战略，使服务业逐步成为经济主要支柱，至2015年，实现“三个翻番一个过千亿”，即生产总值确保达到200亿元，力争达到250亿元；财政总收入、地方财政收入达到22亿元、12亿元，力争达到27亿元、15亿元；城镇居民人均可支配收入、农民人均纯收入力争达到3.2万元和1.1万元；全社会固定资产投资累计突破1000亿元。实现“保前八、争前五”，即在全省27个经济强县中排名确保进入前八名、力争进入前五名。至2020年，实现东区城市化，西区工业化，农业现代化，全市生态化和全面实现建设小康社会的目标。

（一）实施“工业化”战略，实现西区工业化

清镇市将把加快推进工业化作为今后五年的核心任务之一，力争到2015年，全市规模以上工业总产值达到600亿元，年均增长34.5%；工业增加值达到120亿元，年均增长35%，占全市GDP的比重达到40%以上，全面进入工业化中期阶段。

抓好贵州清镇经济开发区建设管理。扩大开发区面积达250平方公里，在“十二五”期间，重点实施30平方公里的铝精深加工园区和17平方公里的煤精细化工园区，以及毛栗山工业园、红枫轻工业园建设。全力打造“五大基地”。一是打造中国最大“铝城”。突破电力直供，实施煤电铝联营一体化，力争氧化铝产能达到260万吨，电解铝产能达到130万吨，规模达到全国最大。二是打造黔中重要的能源基地。依托华电塘寨电厂、东风发电厂、红枫发电厂以及国电风力发电项目、气电项目，形成火电、水电、风电、气

电齐备的电力产业体系；依托山东枣庄矿，提高煤炭产能。依托联合能源水煤浆、东方红升变性燃料甲醇、华能LNG等项目，发展新型能源。三是打造黔中重要的建筑材料基地。依托海螺盘江、水晶集团等企业，力争水泥产能达到1000万吨，壮大绿洲、红枫、英迈尔、吉利陶瓷等企业；依托盘江化工，壮大民爆产业；依托联塑科技，建设西南地区最大的市政管材生产基地；依托深圳劲同、勇云峰等企业，发展新型耐火材料。四是依托贵州圣济堂，打造全国最大的糖尿病药生产基地；支持科伦、天使医疗等企业壮大生产能力。五是依托三联乳业，打造全省最大的奶牛养殖及乳制品加工基地；依托广东温氏、广西大发等企业，打造全省最大的肉鸡养殖及加工基地；依托特驱希望、黔五福等企业，力争打造全省最大的生猪养殖及加工基地；同时，支持贵化、水晶、七砂等企业深化改革，做大做强。

抓好大产业、大项目、大企业、大品牌。“十二五”期间，重点抓好煤及煤化工、铝及铝加工、能源、建材、医药食品五大产业，将煤及煤化工、铝及铝加工、能源打造成“三大百亿元产业”，产值分别达到140亿元、200亿元、110亿元以上；建材产值达到80亿元、医药食品产值达到50亿元以上。将中铝、广铝、华电三个企业培育为“三个百亿元企业”，将贵阳昊华、海螺盘江、华能焦化、三联乳业、联塑科技、圣济堂制药培育为“六个50亿元企业”，将科伦制药、盘江民爆、五矿铁合金、龙腾铁合金、鸿运铁合金、创新铁合金等培育为“10亿元企业”，抓好东风电厂、红枫电厂、达众七砂、劲同矿业等一批“亿元企业”。集中力量打造“联塑”管材、“山花”乳品、“圣济堂”糖尿病药、“山牌”磨料、“黔五福”食品、“阿比”牛肉干、“刘姨妈”黄粑、“海螺”水泥、“盘江”炸药、“环盛”陶瓷、“科伦”注射、“一代”食品等品牌。

（二）实施“城镇化”战略，实现东区城市化

2010年，清镇市城镇化率达到39.47%，已进入世界公认的城镇化率30%~70%的城镇化加速发展阶段。按照成为贵阳市未来主城区之一、黔中经济区重要增长点和贵安城市带核心区的目标，清镇市城镇化将迎来城市大开发、大建设、大跨越的关键历史时期。“十二五”期间，全市总人口将达到58万人，城镇人口将达到27万人，城镇化率达到47%以上，把清镇逐步建设成为综合功能完善、宜居宜业宜游的生态型中等山水园林城市。至2020年，全市人均道路面积将达到10平方米，建成区绿地覆盖率将达到35%以上，城镇用水普及率保持100%，市城区污水处理率达到90%以上，城镇生活污水再生

利用率达到30%以上，市城区生活垃圾无害化处理率达到90%以上。

坚持规划引领。完成城市总体规划以及控制性详细规划、小城镇建设规划等规划修编。突出“湖城国际旅游休闲度假城市”、“国际休闲体育城市”的城市定位和“清凉世界、休闲天堂”的形象定位，按照“两城一带”的规划布局展开城镇化建设。“两城”即“百花生态新城”，是贵阳市规划建设的“五座新城”之一，在北抵百花湖、南抵贵黄高速公路、东连金阳新区、西接清镇城区的区域；“贵安新城”即按照中共贵州省委、省人民政府建设黔中经济区、推动贵阳和安顺一体化发展的部署，依托红枫湖，在东抵花溪（麦坪）、南抵平坝（马场）、西抵红枫湖、北抵清镇城区的范围内建设一座新城，使清镇市成为黔中经济区的重要增长点和贵安城市带的核心区；“一带”即清镇—站街—卫城城镇带，打造城镇化的中轴带，解决西区工业化人口安置、功能服务等问题，打造站街经济重镇和卫城历史文化名镇，促进清镇、站街、卫城一体化发展。依托贵州省清镇亚高原体育训练基地、贵州红枫湖亚高原水上运动训练基地，建设跑马场、龙舟城、休闲体育公园和大冲现代版社会主义新农村等，全力打造“国际休闲体育城市”。坚持因地制宜、突出特色的原则，抓好以乡镇中心集镇为重点的小城镇建设，即王庄乡“工矿园区型”小城镇，麦格乡“民族文化型”小城镇，新店镇“综合型”小城镇，流长、犁倭、暗流“绿色产业型”小城镇。

坚持产业跟进。以物流园区建设为核心，抓好商贸物流、旅游、房地产业，创建省级物流产业集聚区，使服务业成为经济发展的主要支柱，至2015年，服务业增加值将达到75亿元以上。一是大力发展城市经济，培育和发展总部经济、商场、酒店、餐饮、会展、洗浴、娱乐等。依托城市开发建设，促进房地产业健康、快速发展。二是大力发展物流业，全面推进20平方公里的大型物流园区建设，全力抓好汽车、建材、农副产品三大联盟商城和国际物流城等项目。三是大力发展旅游业，突出“清凉世界、休闲天堂”的形象定位，以打造“国家级生态旅游示范区”、“国际休闲度假区”、“国际休闲体育城市”为目标，发展“运动养生、休闲避暑”旅游。四是大力发展职业教育，加快10平方公里的职业教育聚集区建设，力争在“十二五”期间引进职业院校15所以上，在校生规模达到10万人。

（三）实施“生态化”战略，实现全市“生态化”

保护贵阳市“两口水缸”——红枫湖、百花湖，清镇市地位特殊，责任重大。要加大以“两湖”饮用水源为重点的保护力度，确保在线监测系统和企业环保设施正常运行，充分发挥环保法的作用，确保“两湖”水质稳定在Ⅲ类以上。抓好朱家河、站街等污水处理厂、城乡和园区污水收集、东门河治理项目，全面实施农业农村面源污染治理。抓好城区粉尘、噪声、废气、废渣污染治理，确保境内矿山企业 100% 依法规范开采，矿产资源及初加工产品 100% 就地转化，矿山按要求 100% 恢复植被。抓住国家在贵州实施水利建设与生态建设、石漠化治理“三位一体”的机遇，强力推进天然林保护、退耕还林以及石漠化综合治理工程建设，建设环城林带，到 2016 年，全市森林覆盖率将达 42% 以上，城市建成区绿化覆盖率达 40% 以上，人均公共绿地面积达 9 平方米以上。加快结构调整，尽快转变燃烧型经济结构，坚决淘汰落后产能，发展循环经济、低碳经济。狠抓节能减排，确保单位 GDP 能耗和主要污染物排放总量逐年下降。倡导绿色消费、低碳生活，强化全社会环保意识，努力构建资源节约型、环境友好型社会。大力推进国家可持续发展实验区、节水型社会建设。

（四）实施“产业化”战略，实现农业现代化

通过工业化和城镇化，从根本上在更高的层次上解决“三农”问题，加快推进农业现代化，大力发展高效农业、生态农业、都市农业，确保农业增加值实现五年翻番。

加快推进工业化，推动大批农民进入第二产业。加快推进城镇化，推动大批农民转入城镇，进入第三产业。发挥城市和工业园区的功能，推进城乡基础设施建设一体化，基本完成村寨道路、串户道路硬化，实现全市行政村通畅率 100%；基本实现电视“户户通”，普及农村生态能源；抢抓贵州加快水利建设的机遇，加快实施一批骨干水利工程，切实解决王庄、新店、犁倭、流长、暗流等乡镇工程性缺水问题，提高农业抗灾能力；坚持用工业化的理念发展农业，全力扶持三联、温氏、希望、大发、清远、一代等现有龙头企业做大做强。坚持用城镇化的理念建设新农村，抓好城乡统筹综合配套改革试点工作。

狠抓粮食生产，确保粮食产量稳步提高。发展都市农业、高效农业。全力发展“烟、菜、果、茶、药、苗、鸡、猪、牛”九大产业。至 2015 年，实现特色优质烟叶产量 15 万担；蔬菜总产量 38 万吨；水果建成清镇农牧场万亩精品葡萄、犁倭玉冠山万亩“玉冠桃”；发展无性系有机茶叶 1 万亩；种植

及培育中药材 1 万亩，打造中药材 GAP 认证基地；建设以樱花、桂花为主的万亩苗木基地；肉鸡实现年产鸡苗 5000 万羽，年出栏肉鸡 3000 万羽，年产值 10 亿元以上；确保奶牛存栏 3 万头，建成日处理生鲜奶 1000 吨、年产值 40 亿元的三联乳品工业园，配套发展 9 万亩牧草种植；实现年出栏生猪 50 万头。确保“十二五”期末农业增加值达到 18.5 亿元，年均增长 13% 以上，力争实现五年翻番。

通过诚信农民建设，使农民得到更多实惠。继续推行融资平台、财政贴息、龙头企业、技术培训、依法管理、诚信教育、协调服务、保险业务、体制机制等“九个跟进”，为农业发展、农民增收提供有力保障。

同时，清镇市将进一步深化改革开放，在增强发展后劲、优化发展环境上实现新跨越，推动招商引资工作上水平、上台阶，为加快发展注入强大动力；全力改善民生，在提高人民群众幸福指数上实现新跨越，努力把教育办成清镇人民的骄傲；努力促进充分就业，努力提高社会保障水平，加大住房保障力度，提高群众健康水平；加强和创新社会管理，在建设“和谐清镇”、“法治清镇”、“诚信清镇”上实现新跨越；加强精神文明建设，在文化建设上实现新跨越；深入推进民主建设，在政治文明建设上实现新跨越；以改革创新精神全面推进党的建设新的伟大工程，为实现经济社会又好又快、更好更快发展提供坚强保证。

清镇，将是人们能够过上有尊严、健康、安全、幸福生活的地方，将是充满希望的地方，更是全市人民更加热爱、在贵州更有影响的幸福城市。

（撰稿人：苟朝忠　张德枢　兰道宇　周首书　雍贵庄）

第八章　中国酒都——仁怀市

仁怀市位于贵州省西北部，赤水河中游，大娄山脉西段北侧，东邻遵义县、桐梓县，南接金沙县，西抵四川古蔺县，北连习水县，遵赤高速公路贯穿全市，是黔北经济区与川南经济区的连接点和享誉世界的“中国酒都”。全市地域面积为1788平方公里，东西平距17公里，南北平距61.2公里。2011年，仁怀市辖18个乡镇、3个街道办事处，居住着汉、苗、布依、仡佬、白、彝等9个民族，总人口为67万人，其中城镇人口28.81万人，城镇化率为43%。城市建成区为13.1平方公里，森林覆盖率为43.6%，建城区绿化面积为20万平方米，人均公共绿地面积为6.94平方米。全市日供水能力达4.5万立方米，比2003年增加462.5%；有污水处理厂3个，处理污水能力为4万立方米 / 日，比2003年增加100%。

仁怀属中亚热带湿润季风气候类型，热量资源较丰富，无霜期长，光、热、水同季，且与植物生长旺盛期大体配合一致。仁怀地处大娄山和赤水河谷的斜坡上，地势由东南的大娄山余脉向西北的赤水河谷倾斜，东南高西北低，呈三级台地似弧状分布。地貌属高原中山峡谷，全市以山地为主，约占总面积的86.7%，地形破碎，大于5000亩的平坝仅一处。境内植被属中亚热带常绿阔叶林带，境内常见树种有65科311种，其中珍稀植物有银杏、红豆杉、鹅掌楸、水杉等。由于人类生产、生活的范围不断扩展、强度持续加大，原有植被屡遭破坏，现有植被均是次生植被和人工植被，全市森林覆盖率为43.6%。市内流域面积大于1000公里的有赤水河及其支流桐梓河，河长大于50公里的有7条。仁怀市属于黔北少雨区，年平均降雨量仅有800~1000毫米。全市人均耕地面积仅有0.75亩，人地矛盾十分突出。市域内已知矿产有煤、硫铁、铜、铁等15种，其中煤和硫铁矿分布广泛，蕴藏量丰富。

仁怀历史悠久，旅游资源丰富。域内酱酒文化、古盐运文化、长征文化相互交融，形成仁怀独特的地域文化。远在汉代，仁怀先民便酿造出令汉武帝“甘美之”的佳酿。1915年，茅台酒荣获马拿马万国博览会金奖，跻身世界三大蒸馏名酒行业。赤水河茅台段是仁怀境内运河航运干线，茅台是川盐入黔四大口岸之一——仁岸。1935年，中国工农红军长征进出仁怀四次，历时68天，并在茅台渡口留下了三渡赤水的得意之笔。境内有省级文物保护单位茅台渡口纪念碑和鹿鸣塔，以及革命历史文物红军烈士公墓、中枢烈士陵园、红军四渡赤水纪念塔。仁怀曾长期隶属四川省管辖，受巴蜀文化影响较深，境内民族文化和民族风情丰富多彩。有苗族的踩山节、赶苗场，有仡佬族的仡佬节、牛王节、爬杆节，彝族的火把节等民族节日。“爬花杆”、“踩月亮”、“滚山珠”等民族传统体育项目多次参加全国、全省民运会，连夺金奖，被誉为“五彩缤纷的奇葩”。仁怀是贵州省三级风景名胜区，是黔北旅游资源密集地区之一。境内自然风光和人文景观极为丰富，已开发出盐津湖、茅台、赤水河吴公岩三大旅游区60多处旅游景点，其中，天下第一瓶、国酒文化城、巨型石刻长龙群、“美酒河”摩崖石刻四处景点被列入上海大世界世界吉尼斯记录；有青少年活动中心、仁怀市博物馆、茅台渡口红军四渡赤水纪念塔等爱国主义教育基地；温泉有霞飞温泉、盐津温泉和尚待开发的火石团结温泉（水温48摄氏度，水量1500立方米 / 日）。乡村旅游主要分布在鲁班镇生界村、五马河、茅台镇上坪村、高大坪乡银水村等地，共有旅游景点30多处。水上旅游资源集中在赤水河和桐梓河，工业旅游以酿酒工业为主，其中茅台酒厂被国家旅游局评定为工业旅游示范点。

仁怀是贵州经济强县（市）之一，2011年，全市生产总值完成258亿元，比上年增长21.3%；第一产业增加值为11.79亿元，增长1.0%；第二产业增加值为168.92亿元，增长24.8%；第三产业增加值为77.3亿元，增长17.6%。三次产业结构由上年的5.8 ：62.7 ：31.5调整为4.5 ：65.5 ：30，第二、三产业上升了1.3个百分点，三次产业结构得到进一步调整和优化。全市人均生产总值为47154元，市域经济综合实力分别是贵州省经济强县（市、区）第1位、中国西部百强县（市）第31位，是全国文化先进市、贵州省治安模范市、贵州省科技工作先进市、省级卫生城市、“双拥”模范市、国家科技富民强市试点市、全国平安农机示范县（市）和国家新型工业产业示范基地。

白酒是仁怀主要支柱产业。贵州茅台酒厂集团有限责任公司荣获“中国商标战略创新奖”，茅台品牌被确定为国家名片。2011年，6户地方规模酒类企业跃进遵义市白酒产业“一大十星”行列，8家规模酒类企业荣获“十强民营白酒企业”称号。全市新增驰名商标2个、著名商标55个、贵州名牌6个。茅台酒产量达2.8万吨，产值达200多亿元。“仁怀白酒产业集群”上榜“第三届中国百佳产业集群”，被国家工业和信息化部授予“国家新型工业化产业示范基地”。仁怀市培育国家、省级及行业名牌产品55个，4个白酒品牌入选“贵州十大名酒”。全市白酒产量达22万吨，产值达232亿元，规模以上工业增加值为180亿元。

旅游业为龙头的第三产业发展迅速。“十一五”以来，累计投资5.5亿元，建成红军四渡赤水纪念园、茅台高速公路景观走廊、生界村苗山人家等一批旅游景点；完成“美酒河”、怀阳洞等景区修复工程；有序推进国酒门温泉度假山庄、霞霏温泉旅游扩改建项目；打造三星级宾馆3家、五星级酒店1家、经济型酒店12家，日接待能力超过3500人，旅游要素进一步完善，旅游接待综合能力得到全面提升。在旅游产业的带动下，交通运输、批发零售、餐饮娱乐等服务业发展势头强劲，2011年，第三产业实现增加值77.3亿元。全市机动车拥有量增加到4.8万辆。消费品市场活跃，呈现快速增长态势。全社会消费品零售总额完成40.16万元。“引银入仁”成效明显，除原入驻这里的中国工商银行、中国农业银行、中国建设银行外，中国银行、交通银行、遵义商业银行、江苏江阴农商行、内蒙古村镇银行已落户仁怀。

“四在农家”扮靓新农村。编制《仁怀市新农村建设规划》，深入推进“四在农家”（即：富在农家、学在农家、乐在农家、美在农家）创建活动和村庄整治工程。累计投入资金1亿元，带动农民投资4亿元，农村人均有效居住面积达26平方米。以工业化带动农业产业化，实行“订单种植、合同收购”政策，全面推行高粱有机标准化生产和信息化管理，高粱种植面积发展到27万亩，产量达6.3万吨，收购单价达每公斤6.6元；粮食总产量稳定在19.15万吨。培育粮食收储、农产品加工等农业产业化龙头企业20家，其中省级龙头企业1家。建成农民专业合作社26个，农民组织化程度进一步提高。国家农业标准化示范区项目通过国家标准委验收，成功创建“全国平安农机示范县”，农机总动力达24万千瓦。实行服务农村、反哺农业政策，不断增加农民收入。建成农资经营服务网点284个、“万村千乡”农家店195个、村级综合服务站249个。累计投入各项强农惠农资金近20亿元，农民生产生活水平不断提升，农民年人均纯收入为5777元。

城乡社会和谐进步。开展全国科普示范市创建工作，仁怀市被列为国家科技富民强市试点市。全市有1个较大规模的农业科技教育培训中心、19个乡镇（办事处）科技示范基地和农民文化技术学校。“两基”通过“国检”，仁怀一中申办为省级示范高中。全市适龄儿童入学率、初中阶段毛入学率、高中阶段毛入学率分别达到99.3%、116%、63.0%，高考升学率达70.1%。建成市医院、中医院门诊综合大楼和疾病预防控制中心大楼，实施乡镇卫生院改扩建工程17个，新建村级卫生室67间。在17个乡镇135个村实施地氟病防控项目，累计投入资金3773万元，完成8.8万户改炉改灶任务，惠及农村群众37.7万人。建成市图书馆，动工修建市综合体育馆。数字电视平台平稳运行，实施广播电视村村通工程2.4万面，仁怀人民广播电台成功开播。人口自然增长率控制在3.1‰以内。社会保障体系不断完善，新增城镇就业岗位1.58万个。城镇职工基本养老、基本医疗和失业保险参保人数分别达到1.59万人、6.76万人和1.8万人。深入推进“法治仁怀”建设和社会治安综合治理，建设城区“天眼工程”，严厉打击“两抢一盗”等刑事犯罪活动。“五五普法”圆满完成，市民法律素质进一步提高，人民群众安全感达86.3%。

第一节　发展历程

早在商周时期，仁怀就有人类繁衍生息。北宋大观三年（1109年），仁怀置县，属滋州；宣和三年（1121年），降县为堡，属泸州郡。元置仁怀长官司、古滋长官司，均属播州安抚司。明万历二十九年（1601年）复置仁怀县（今赤水市辖地），属遵义府，隶属四川。清雍正八年（1730年）九月十四日，移至生界宝峰寺；雍正十一年在亭子坝（今中枢街道）建新城；雍正十三年建成，县城迁至亭子坝至民国时期。民国初（1914年）在仁怀县属地置温水分县（今习水市）；1915年改温水县为鳛水县。1949年11月27日，仁怀解放，属遵义专员公署。1950年1月20日，建立仁怀县人民政府，辖中枢、长岗、鲁班、茅坝、茅台、喜头、大坝、三合、回龙、桑木、白鹿等13个区、26个乡和2个镇、205个行政村、2167个自然村。1954年春，徙治茅台镇老鸹坪。1965年11月4日，贵州省人民委员会批准将仁怀县回龙、桑木、永安3个区18个公社划归习水县。1966年10月，迁治中枢镇。1995年11月30日，经国务院批准，仁怀撤县设市。

仁怀市城区由中枢城区和茅台城区组成。中枢城区地处仁怀市区腹地，是仁怀市政治、文化和商贸中心，建成区面积为13.1平方公里，有人口17.4

万人；茅台城区位于中枢城区以西 13 公里处赤水河东岸，是仁怀市酒业经济核心区，建成区面积为 2.7 平方公里，有人口 3 万人。中枢城区所在地原为中枢镇，2004 年更名为中枢街道办事处，2008 年分设为盐津、中枢、苍龙 3 个街道办事处。

一、仁怀县城的发展历史

仁怀县名始于宋大观三年（1109 年）六月，县治在赤水河畔今赤水县复兴区所在地，宣和三年（1121 年）七月废。明万历二十八年（1600 年）平播，于次年四月二十九日复建仁怀县。因旧治署倒塌，知县曹一科在留元坝（今赤水县城）创建新城。清顺治十五年（1658 年）十一月，属清朝，县治仍旧，因县衙毁坏，历任知县俱寓居生界坝；至康熙中，县署修复。雍正八年（1730 年）九月十四日，移治生界宝峰寺；雍正十一年（1733 年），知县杜诠在亭子坝（今中枢镇）建新城，雍正十三年（1735）建成，县治由生界移亭子坝至民国，县治沿袭旧署。1954 年春，徙治茅台镇老鸹坪。1966 年 10 月，迁治中枢镇原址。

仁怀县城起于清雍正十一年，知县杜诠领帑银 15080 两，历 3 年建成。城池为椭圆状，东邻东门河，南依青杠坡，西近夕阳山，北靠亭子石。城周开阔地外，有钟山、鼓山、珍珠山等丘陵，为护城天然屏障。城墙周长 463 丈，高 1 丈，厚五尺，设有枪眼 900 余，将台 1 座，炮台 2 座；立 4 门：东朝阳，南文明，西丰乐，北永安。城门上建楼亭，设值卫，打更为时，早开晚闭。县署正堂居中，有匾额“新德堂”，前有露台、甬道，左右六房，承发等科。前仪门外，右监狱，左仓库。正堂后为穿堂，前两柏树，亭亭古秀，匾额为“双柏堂”，后又为“太初堂”。署左县仓，仓侧为习射之箭圃。新县汛署（又称武职公署）在县署前，典史在县署右。演武厅在西门外，接官亭在城南。邮传武备设塘，县署设铺。文庙在县署后，教喻署、训导署、明伦堂等供职机构均置于内。城隍庙在县城后街，社稷坛在鹿鸣塔址，先农坛在城东北角，又名打春庙。培基书院在西门左侧，因战毁移北门，改名“怀阳书院”。考棚在城西营盘街，为光绪初修。县署同治三年（1864 年）毁于战乱，同治六年重修，未尽恢复。县城街道似七字形，只通四门，再无它路。街宽 2 米左右，均有厅棚，多为瓦面木架结构，兼有土墙茅屋。贸易花纱百货多为客商经营，城乡有煮酒、熬糖、磨豆腐、打铁和刺锈等小手工业。定期赶集，农民以杂粮、山货、土产、牲畜等在集市上交易。

民国时期，在城内增修两级高初等学堂，准女孩入学，兴办简师、县中和国营农场，创办有线电讯，改造旧街道路面，铺以青石块，为鱼背形。时以移居客户，建立了江西、湖广、四川会馆。贸易也有发展，客商多为小本经营者，座摊设铺，肩挑小贩；资本稍多，长途贩运，沟通了城乡物资交流。居民1200人左右，农业户与非农业户混住，共饮葡萄井水，其城池无变化。

二、解放后的发展

（一）仁怀县城曲折发展（1950~1994年）

1950年1月20日，仁怀县建立人民政府，驻地几经迁移，于1966年10月定驻中枢。初仍利用旧署或祠堂、庙宇安置机关单位，稍加维修改造，多为砖木结构。城区建设以县城为中心，重以保护耕地，即是兴建，以不占好田好土为宜，顺山而立。由于机构增多，向四周扩建。时至“文化大革命”，横扫“封资修”，祠堂、庙宇、城墙拆尽无遗。原公署撤掉改造，旧城轮廓消失，街道尚可见其痕迹。1983年，由乡级镇升区级镇，进行总体规划，拓宽城区面积，从中枢公社邻近的4个大队划入22个生产队。城区面积平距南北长3.7公里，东西宽3.4公里，总面积为7.25平方公里，为旧城面积的7倍多。

（二）仁怀城市快速发展（1995~2000年）

1995年11月30日，仁怀撤县设市。随着盐津河大桥、遵义经五马至仁怀公路的建成通车，仁怀与外界的交通联系得到改善。为撤县建市而编制并作为撤县建市论证材料的仁怀市1995版城市总体规划，确定仁怀城市定位为：国酒茅台产地，酿酒工业基地，全市政治经济文化中心，水陆交通重镇，以发展酿酒、旅游、化工及相关产业为主体，商业贸易为先导的小城市。城市规模：近期（1994~2000年）人口规模12.1万人；远期（2001~2010年）人口规模16.3万人，城市建设用地规模为11.29平方公里。城市空间布局：城市建设用地采用集中成片及分散布局相结合的形式，市区分为两片、两中心、四组团、七片区。城市中心设在中枢，组团范围为两路口以北至五里碑。城市次中心设在茅台，组团范围为南坳至观音寺。中茅走廊组团范围为中枢至茅台公路连接走廊及两侧绿化带所组成地区。盐津河风景旅游区包括盐津河综合水库库区、大桥及怀阳洞溶洞群在内的地区。1997 年，仁怀启动实施“三点、两线、一大道”工程。1998 年末，仁怀市国内生产总值已达 15.85 亿元，城区人口达 4 万人。2000 年，河滨大道、国酒中路、国酒大道杨子丫段及转盘、街心花园、国酒门、新车站等重点项目工程相继建成，城市建成区面积扩大到 13.1 平方公里。

（三）仁怀城市跨越发展（2001~2010 年）

进入 21 世纪，仁怀市社会经济快速全面发展，城市用地需求激增，原有的规划已不适应发展需要。根据贵州省人民政府部署，仁怀市启动了第四轮城市规划修编工作，由上海同济城市规划设计研究院于 2001 年开始编制，至 2005 年获贵州省人民政府批准实施。尽管 2001 版城市总体规划编制完成后在报贵州省人民政府批准的过程中经历了较长时间，仁怀并没有被“等审批”所束缚。2001 年 3 月，中共仁怀市委提出“培植特色产业、发展特色经济、建设特色城市”的发展思路，给仁怀城市建设提出新的要求。同年 7 月，中共仁怀市委、市人民政府决定启动酒都新区开发建设。酒都新区位于中枢城区南部，包括中枢街道办事处杨堡坝和青杠园两个村，规划区域总面积为 2.2 平方公里，是一个集政治、经济、商住、文化、交通为一体的综合性功能区。整个新区由一条长 1.4 公里、宽 42 米的国酒大道和 13 公里的路网构成骨架，由行政中心区、文化教育区、文体活动区、金融商贸区以及若干商住区组成。行政中心区主要由行政办公大楼和会展中心、市政文化广场组成；文化教育区主要由酒都高级中学、实验小学及幼儿园、图书楼、广播电视中心组成；文体活动区主要由工人文化宫、青少年活动中心和酒都体育场组成；金融商贸区主要由中国人民银行、农村信用联社、商业银行等金融机构及大型百货、建材、车辆配件等商业企业组成；另外，还包括酒都·馨天地、酒都·仁和苑、酒都·金庆花园、酒都·观景铭苑等若干商住区。至 2009 年 7 月，酒都新区开发建设共完成开发建设投资 12 亿元，建成新区 2.1 平方公里。酒都新区开发建设是改革开放后仁怀城市建设的第二轮高潮，新区开发不仅拓展了城市空间，强化了城市功能，使城市环境质量和市容市貌都得到很大改善，而且有效推进了仁怀城市房地产业快速发展，房地产经济成为城市经济的重要组成部分之一。在启动酒都新区开发以后，相继于 2004 年、2005 年分别启动了中枢旧城改造和茅台镇风貌建设工作。至 2009 年年底，中枢旧城改造完成投资 1.2 亿元，改造旧城 33 万平方米；茅台镇风貌建设完成投资 0.9 亿元，建设改造面积达24万平方米。

随着经济社会发展和城市化进程的不断加快，原有城市规划已经不能适应城市发展需要。仁怀市在2001版城市总体规划获贵州省人民政府批准之日，城市发展就已突破了规划确定范围和相关指标；特别是城市人口的快速增加，至2007年底，仁怀城区人口已逾15万，突破了2001版城市总体规划确定的至2020年城市人口规模为15万人的指标。2007年，贵州省人民政府对全省加快推进城市化工作提出具体要求，仁怀被列为须在当年立即进行城市规划修编的县级城市之一。省人民政府《关于促进贵州白酒产业又好又快发展的指导意见》提出：巩固提升“国酒茅台”世界品牌地位，创建并全力打造“贵州白酒”品牌。省人民政府《关于研究〈关于促进贵州茅台酒厂（集团）有限责任公司又好又快发展的指导意见〉等问题的会议纪要》明确：由省建设厅牵头，贵州茅台酒厂（集团）有限责任公司和遵义市人民政府按照有利于茅台酒发展生产、满足企业职工和茅台镇群众生活需要的原则，对茅台酒厂厂区、生活区及茅台镇的建设进行规划，逐步实施搬迁。按照贵州省人民政府有关城镇化工作部署和对茅台镇环境建设工作的有关要求，仁怀市立即着手开展了第四轮城市规划修编和茅台镇环境整治规划编制工作。2009年3月，以茅台镇环境整治和城镇规划建设为主要内容的仁怀市第三轮城市建设高潮正式拉开序幕，茅台居民搬迁、国酒新城建设、仁怀酱香基酒工业园区等重大项目规划建设工作全面启动实施。2009年5月5日，省相关领导赴仁怀市实地调研，5月6日在仁怀天豪大酒店会议室召开第十一届贵州省人民政府第24次省长办公会议，专题研究茅台镇环境整治及城镇规划建设工作。在省人民政府相关政策措施的推动下，仁怀市第四轮城市规划修编工作快速推进。特别是中共贵州省委、省人民政府实施工业化、城镇化带动战略后，仁怀市的产业聚集城市建设发展奔上了跨越式发展的轨道。2011年底，国酒新城醉美大道、酒都大道、磨槽湾大道等三条主干道路建成，安置区北区54万平方米安置房建设全面展开，仁怀酱香基酒工业园区坛厂配套产业区道路、排水等基础设施建设正式展开，南部新城建设规划全面铺开，逐步形成了“一城四片”的发展格局。

第二节　现状及特点

仁怀市按照“培植特色产业、发展特色经济、建设特色城市”和“生态立市、品牌强市、旅游兴市”的发展思路，着力于城市规划编制、路网建设、开发经营和小城镇建设，大力推进城镇化，在城市开发、项目融资、环境管理、形象塑造等方面都积累了较为丰富的经验，取得了十分显著的成绩。城市人居环境明显改善，城市形象大幅提升，城市经济社会繁荣，人民安居乐业。

一、第一、二轮城市规划建设

（一）第一轮城市规划

仁怀市于 1983 年进行第一次总体规划，城区面积南北长 3.7 公里，东西宽 3.4 公里，总面积为 7.25 平方公里。1983 年起，改造县城，原有街道拓宽 5~10 米，筑成混凝土路面；旧房多数已改造，居民自建钢筋混凝结构房屋，楼高 3~4 层；8 条主街、18 条巷道均已兴建或改造成型。兴建主街，车道两边有人行道、林荫树、路间花池，主街宽 12 米，最宽处 18 米。城区自来水管道、排污沟渠、邮电缆道为净深 1 米、宽 80 厘米的暗道，高压线、水银路灯井然有序。有清道工和环卫车按时将垃圾清运到郊外，适当处设有公厕。重点单位安装了消防设施，巡警昼夜巡逻，维护城区社区秩序。两条环城公路匀为沥青路面，从贵阳、遵义方向进入城区，北通习水，西通茅台、古蔺，集市之日，南来北往，各行其道，互不干扰。市容清晰，设有摊棚，各行归口，百业归市，互不兼插。机关、厂矿、企业、学校栽树种花，绿化街道。城中心为县人民政府驻地，1976 年后，改造衙署，正中为政府办公大楼，三楼一底。左侧为县人大、县政协办公大楼，后侧为财政、税务大楼。右侧为直属部门和单身职工宿舍。中共仁怀县委驻地在城区西北角钟山、鼓山脚，其办公大楼包容县委各机构和群团部门。中枢镇人民政府驻人民街中部，后侧城东片区沿东门河岸，以卫生事业部门分布为主，城西片区以文化事业单位为主，城北东风街至城中人民街，再南至建设街是主街之一，为商业、金融单位。新街中心部位为中枢乡人民政府及县、乡农业管理部门。城南至西，多以工矿布局。城区常住人口为 14979 人，临时户口约 4000 人，流动人口每日约 1500 人。

（二）第二轮城市规划建设情况

为推进撤县设市工作，于 1995 年进行了第二轮城市规划。《仁怀市城市总体规划（1995~2000 年）》确定城市规划区为原茅台镇、中枢镇的行政管辖范围约 253.7 平方公里。市区北起五里碑，南至盐津河库区一带，西起观音寺，东至东门河，总面积 35.9 平方公里。根据 1995 年版总体规划，仁怀市相继对人民街、东风街、振兴路、胜利路等市政道路进行了改建。1997 年，启动实施“三点、两线、一大道”工程。次年，街心花园、国酒大道、茅台河滨大道、解放广场、河滨公园等项目竣工投用。国酒大道宽 40 米，是城市向南部新区拓展的标志性道路。“三点、两线、一大道”工程是仁怀改革开放后的第一轮城市建设高潮，是依据 1995 版总体规划实施的城市建设。在此轮城市建设中，仁怀对征地、拆迁及其安置等工作都做出了大胆探索和实践，采取了划地安置、门面房、产权房（住宅套房）等不同方式对被征地、拆迁的对象（被拆迁人）实施安置，为后来的城市建设工作积累了宝贵经验。

二、第三轮城市规划建设

（一）2001 年版城市规划概况

《仁怀市城市总体规划（2001~2020）》确定，仁怀市城区规划面积为 60 平方公里，2020 年城区人口为 15 万人。城市主体以酒都新区、中枢旧城、茅台城区构成。城市性质为：仁怀市的政治、经济、文化、商贸中心，具有酒文化、长征文化和旅游文化特色的中国酒都。城市规模：近期 2005 年城市建设用地为 7.43 平方公里，人口规模为 9 万人；远期至 2020 年城市建设用地为 12.93 平方公里，人口规模为 15 万人。其中，中枢城区 2005 年为 6 万人，2020 年为 11.5 万人；茅台城区 2005 年为 3 万人，2020 年为 3.5 万人。规划远期人均城市建设用地为 86 平方米。空间布局：将仁怀城市规划区内的中枢城区、茅台城区和盐津河旅游度假区作为整体功能定位和规划布局。中枢城区为全市的政治、商贸和文化中心，发展全市的公共服务设施和居住设施，工业以发展酿酒工业及其配套工业为主；茅台城区是国酒茅台生产基地，以茅台酒的生产为主导，带动整个城市的酿酒产业的发展，同时发展城区配套的生活服务设施和市政基础设施；盐津河旅游度假区是与城市密切相连的旅游度假区，定位为盐津河旅游风景区的服务区，与周围的风景旅游资源开发相协调，提供城市居民及旅游者休闲度假的设施和场所。

（二）2001 年版城市总体规划建设成就

《仁怀市城市总体规划（2001~2020）》的实施，有力地推动了城市的建设，对城市结构、用地布局、道路骨架等方面起到了一定的奠基作用，形成了一城两片（茅台、中枢）的总体结构，用地功能逐渐明确化。中枢城区成为政治、文化、商贸中心；茅台城区发挥资源优势，发展酒类酿造，对整个仁怀经济发展起到促进作用。对中枢城区用地扩展的指导作用明显，有效地指导了酒都新区的建设，效果良好。酒都新区成为仁怀城区最有活力的区域，环境好，服务能力强，基础设施完善，发展态势良好。规划中提出严格控制茅台城区的人口增长，以确保茅台酒厂发展用地和净化城区空间环境，保护好国酒生产基地生态环境，为后续展开的茅台镇环境整治提供了思路与基础。规划中提出的中枢城区东西交通环线建设，对优化中枢城区交通起到很好的指导作用。规划确定的大型基础设施以及重点建设地段对城区建设起到较好的指导作用，促进了城市健康有序的发展。

1. 城镇化工作机制形成

“十五”时期，中共仁怀市委、市人民政府先后出台了《关于加快小城镇建设的意见》、《关于加快城镇化进程的决定》、《关于进一步加强小城镇建设管理工作的通知》和《仁怀市城市规划管理实施意见》，建立小城镇“重点扶持，以奖代补”机制，制定小城镇建设管理考核办法，推进了小城镇建设管理工作。组建仁怀市城市开发建设投资经营有限责任公司（以下简称城投公司），承担城市开发建设项目组织实施和城建融资工作。建立仁怀市规划评审委员会，完善了城市规划评审、备案、审批制度。成立城市建设管理办公室，实行项目部负责制，规范了城市建设管理。

2. 城乡规划体系建立和完善

在进行第三轮城市总体规划修编的基础上，2004～2005 年年底，委托贵州省建筑设计院、西南市政设计院等设计单位，完成了全市 17 个乡镇小城镇规划编制工作。2004 年 10 月，在贵州省建设厅和遵义市人民政府的重视和支持下，邀请了省内外 8 家知名规划设计单位参加茅台镇建筑风貌研讨会。在广泛听取专家对茅台镇下一步建设的意见后，委托深圳规划设计院对茅台镇建筑风貌进行规划设计。2005 年 9 月，《茅台镇风貌规划》通过贵州省建设厅的正式评审。编制了中茅旧城和酒都新区控制性详细规划，科学确定城市节点和开发地块建设经济技术指标，为城市建设提供了科学依据。

3. 城市规划管理力度加大

随着城市化进程的快速推进，在仁怀城区也产生了所有城市化进程中都难以避免的一个普遍现象——违法建设。违法违章建筑的不断发生，扰乱了正常建设秩序，破坏了城市规划，给城市规划管理增加了极大的困难。中共仁怀市委、市人民政府于2003年3月成立仁怀市拆除违法违章建筑工程指挥部，以建设、国土部门为主体，各职能部门配合，采取日常巡查和拆违相结合的工作方式，逐年加大城市规划执法力度，强力推进拆违工作。至2010年底，中茅城区拆除违法违章建筑约10万平方米。

尽管如此，仁怀作为近期崛起和发展起来的县级城市，在已产生的规划中，大多只能侧重于重点开发区域的规划和建设，相对弱化了城郊结合部的控制性规划和修建性详规编制，以致在城市化进程中大量涌进城区的农民工（包括乡镇富裕群体进城）、城郊婚嫁女性携家返城居住等群体，在各类商品房价格较高的情况下，在城郊购地并实施违章建设解决住房问题。对于上述群体的违法建筑，拆违必然导致其无居所甚至返贫，从而增大拆违难度，形成社会矛盾。对此，仁怀市利用“两房”（即经济适用住房和廉租房）建设政策和城市户籍政策，将进城居住的农民身份转变为城市居民，对拆违后无住房者利用“两房”给予住房保障，有效化解了因拆违而引发的社会矛盾，推动了城市规划执法工作的顺利开展。

4. 城市基础配套功能加强

一是仁怀市坚持以路带市，抓实城市路网建设。新建了国酒大道、环城东路、酒都新区东西侧路网、茅台环茅南路、环城路、长征路，改造了国酒中路、符阳路、兴茅西路、河滨大道等城市道路，累计建设城市道路31公里，整治改造背街小巷10公里，对中枢主城区长40公里、面积43万平方米的道路实施了白改黑工程。

二是加大供排水设施建设。扩建了茅坝沟水厂，新建了垭石庆引水工程和小茶园水厂、坛厂引水工程和水厂，以及茅坝沟6000吨水厂，城市日供水能力由8000立方米提高到4.5万立方米。新建了中枢和茅台两城区日污水处理能力为2万吨的污水处理厂两座，中枢污水处理厂新增2万吨处理能力工程已正式投入运营。仁怀市污水处理厂和中枢垃圾填埋场被国家环保部评为优质工程。

三是建设了中枢城北、城南农贸市场，茅台农贸市场和新区农贸市场。同时，还新建了仁怀市行政中心、法院、检察院、武装部、人民银行等办公大楼和会展中心、白酒交易中心。

四是加强城市文教设施建设。编制城区教育专项规划，新建酒都高级中学、城北中学、城北小学、实验小学、周林学校、酒都职业高级中学；合并扩建城南中学、育人中学，以及中枢第三小学、第二小学；建成青少年文化活动中心、酒都图书馆、工人文化宫，启动酒都体育中心建设；还建成酒都市政广场、解放商业广场、河滨广场、葡萄井休闲广场。

五是大力实施酒文化设施建设，充分展示酒都文化风采，不断提高仁怀酒业的知名度和美誉度。1995 年以来，仁怀市累计投资 4.15 亿元，建成了四个世界之最：第一个是占地 3 万平方米、建筑面积 8000 平方米，系统展示先秦、汉、唐、宋、元、明、清和现代中国酒文化风采的国酒文化城；第二个是总面积 4800 平方米的“美酒河”摩崖石刻；第三个是总长 800 米的吴公岩石刻龙建筑群；第四个是高 31.2 米、直径 10.2 米、容积 293.87 万升的巨型茅台酒瓶。还建成了国酒门、石刻西汉酒壶等相关酒文化设施。

5. 城市空间大幅拓展

至 2011 年，已建成酒都新区 2.1 平方公里，国酒新城拓展新区 1.75 平方公里，城市建成区扩大至 13.1 平方公里，城市总人口逾 17.3 万人，城镇化率达 43.0%。城市外部交通大幅改善。2010 年，遵赤高速仁怀至赤水段动工建设；2011 年 7 月，遵赤高速公路马家湾至茅台段全线通车。2011 年，全市新建通车里程达 200 多公里，新增 18 个乡镇汽车客运站。

6. 城市风貌特色突出

醇香厚重的地域历史文化与古朴自然的风景名胜是仁怀城市发展的内在潜力和优势，因此将仁怀城市定位为“中国酒都·神秘茅台”。仁怀市是典型的山地组团城市，城区由中枢城区、茅台城区、南部新城和坛厂园区组团形成。中枢城区地处仁怀市区腹地，是仁怀市政治文化和商贸中心，位于盐津河西岸台地之上，呈带状分布，南北纵向发展，国酒大道贯穿全城。北面为旧城区，是商贸和人居集聚之地；南面为新城区，是政治文化集散和高尚住宅分布区。盐津湖风景区以山水和谐、风光自然、休闲度假为特色。城区建筑以现代建筑为主，融合酒文化元素。茅台城区位于赤水河峡谷东岸台地之上，地形切割大，四面环山，是典型的山地城镇，并具滨水城镇特色，其城区建筑主要突显古镇风貌和黔北民居建筑风格。南部新城主要在鲁班镇区域，是仁怀市实施“城市倍增计划”的主战场，规划控制面积为 18.3 平方公里。坛厂镇是仁怀酒业配套的主要区域。在城市建设中，无论是新区开发还是旧城改造，都遵循以下四个原则：一是规划先行原则。仁怀城市规划的定位目标是建设独具特色的“中国酒都”、最适宜人类居住的美好家园。二是经营城市原则。经营城市重点是突出城市土地、城市国有经营性资产、公用事业改革等。土地是政府掌控的最大国有资产，通过规划促进土地资源向土地资本转化，整合城市存量土地资源，实现土地收益的最大化，是加快城市发展的动力。三是以环境为本和以人为本的原则。在城市建设中始终把环境建设摆在优先位置，如城市公用设施、城市交通、供排水、绿地和安全问题等，关系城市形象的展示，关系城市品位的提升。“十一五”以来，仁怀采取了一系列措施打造城市环境，城市建设中推行“拆违还绿”、“拆旧建绿”，城市生态建设，城市三废治理，城市文明塑造。以人为本，就是为全体市民的生存环境着想进行城市建设和环境改造，突出“宜居”，突显公平和效率。四是城市的可持续发展原则。对城市文物古迹、风景名胜、山水园林等进行科学开发和有效管理，突出人与自然和谐，强调社会文明、环境优美、经济繁荣和城市特色。在城市建设改造中实现保护、传承和发展，并通过建筑、雕塑、广告、路牌和城市风景、文物古迹等形式综合展现，推进城市文化塑造，提升城市文化品位，突出特色城市。

7. 城市房地产业欣欣向荣

2003 年，仁怀市招商引资引进四川泸州房地产开发公司，通过招、拍、挂公开出让土地启动酒都馨天地住宅小区开发，标志着仁怀房地产业开始迈出新的步伐。2003～2011 年，已建成了酒都馨天地、金庆花园、新景花园、关景铭苑、麒龙花园、解放商业广场、融亿地产、香榭花都、金鑫花园、金庭水岸等 20 多个住宅小区，建成大坪上、祠堂上、二号路、耗儿山等安置小区，新增房产建筑面积 120 万平方米。自 2007 年启动了经济适用房和廉租房建设，已建成经济适用房 1.2 万平方米、廉租房 2.2 万平方米，采取租售并举的办法实施“两房”分配，有效解决低收入群体的住房难问题。

8. 城市管理水平不断提高

以创建省级卫生城市为载体，积极开展“黄果树杯”、“美好家园”城镇环境达标活动和“卫生与秩序”主题创建活动。加大对环卫、绿化等市政设施的投入，制定和完善城市管理的规章制度，加强交通秩序管理和城市道路的清扫保洁工作，2003 年，怀仁市获省级卫生城市称号。2007 年，在下大力巩固省级卫生城市创建成果的基础上，仁怀市以创建国家卫生城市和省级文明城市为目标，进一步加强城市管理。建成城市精细化管理指挥中心信息平台，与“天眼”工程整合，实行“网格式”目标管理和“集合式”考评管理。开通“12319”城管投诉热线，建立长效城管机制。深入开展“整脏治乱”，强化市容市貌管理。开展城区马路市场、农贸市场专项整治，大力整治占道经营和乱停乱放行为，规范广告设置和车辆停靠。加强建筑工地文明施工监督管理。实行“四定”（定人员、定责任、定岗位、定路段）责任制，解决职能不清、管干不分等问题。坚持“两扫一保洁”制度，加大垃圾收集清运处理力度，城市清扫保洁水平明显提高。加强垃圾填埋场、污水处理厂的建设和管理，中茅污水处理厂和中枢垃圾填埋场通过环保部门验收后正常运行。加强市政基础设施维护，推进管道燃气建设。逐步规范公交和出租汽车行业管理。推行“三费”合一，规范征收供水费、污水处理费和垃圾处置费。以建设宜居城市为目标，大力推进城市“三废”治理和绿化、美化、亮化工程。建成了中茅烟尘控制区和仁怀市污水处理厂、垃圾填埋场。新增公共绿地20余万平方米。新建城市广场三处，有效改善了城市人居环境。按照尊重地域性、居民认同、便于管理的原则，对中茅城区规划建设和改造的行政村和居委会进行整合，将中枢城区13个村民委员会、居民委员会整合为6个社区，茅台10个村民委员会、居民委员会整合为5个社区。对城区路牌地名进行了清理，规范了域名管理。推进社区建设，提高了综合管理水平。

9. 城市经济快速发展

仁怀城市经济主要为白酒工业和第三产业。全市有白酒企业400余家，已注册品牌近5000个。地方规模以上白酒企业除茅台酒厂外，还有糊涂仙、金士力、酒中酒、茅合、云峰、国宝、钓鱼台等知名酒企业，有全国著名商标4个、省级知名商标30多个。2011年，白酒产量达22万吨，白酒工业增加值达232亿元，白酒产业从业人员约3万人。仁怀已成为中国最大的酱香型白酒生产基地和国家新型工业化产业示范基地。城区新增宾馆酒店12家，日接待能力超过3500人。2011年，共接待国内游客150余万人次，旅游综合收入实现17亿元。旅游业正成为仁怀市新的经济增长点和支柱产业。在旅游业的带动下，全市餐饮服务、零售贸易等第三产业快速发展，2011年第三产业实现增加值76.5亿元。

三、第四轮城市规划建设

（一）2008年版城市规划概况

《仁怀市城市总体规划（2008~2030年）》确定仁怀的城市性质为：以茅台酒为核心的白酒生产基地，特色旅游及国酒文化名城，仁怀市政治、经济、文化中心。未来城市由中枢片区、茅台片区、鲁班片区三块组成。形成“一城三片、组团发展、融山融水”的网络城市格局，至2030年，城市人口规模将为 30 万人。其中，中枢片区是仁怀市政治、经济、文化、商贸中心，会展、旅游接待基地，人口规模为 16.5 万人，用地规模为 12.57 平方公里；茅台片区是国酒茅台的生产基地，国家级历史文化名镇，人口规模为 1.5 万人，用地规模为 10.96 平方公里，茅台酒厂用地规模为 8.22 平方公里；鲁班片区是国酒茅台的服务与配套基地，仁怀市的拓展新区，用地规模为 9.9 平方公里，人口规模控制为 12 万人。

（二）2008 年版城市规划实施情况

2007 年，贵州省人民政府《关于研究〈关于促进贵州茅台酒厂（集团）有限责任公司又好又快发展的指导意见〉等问题的会议纪要》明确：由省建设厅牵头，商贵州茅台酒厂（集团）有限责任公司和遵义市人民政府，按照有利于茅台酒发展生产、满足企业职工和茅台镇群众生活需要的原则，对茅台酒厂厂区、生活区及茅台镇的建设进行规划。2008 版城市总体规划编制完成后，次年底获贵州省人民政府批准。2009 年，茅台镇环境整治及城镇规划建设工作的启动，标志着 2008 版城市规划实施正式开始。仁怀进一步对茅台镇环境整治规划进行深入研讨和编制，特别是对居民搬迁安置区域和中茅两城区的交通联系、城区供排水、白酒工业园区等问题一一分项落实。同年 9 月 2 日，省相关部门召开第二次专题办公会议，对上述规划进行审定，茅台环境整治及城镇规划建设工作全面进入实施阶段。2009 年 11 月 25 日，国酒新城三条主干道路建设正式动工，石板塘水库动工，白酒工业园区规划全面展开。2011 年，国酒新城三条主干道共 4.6 公里已建成，次干道路网络相继动工，安置区 54 万平方米住房建设全面动工。规划搬迁区域已拆迁房屋 1726 栋，拆除面积 41.96 万平方米，兑付补偿金 2.04 亿元。酱香基酒工业园区规划建设全面拉开，坛厂配套园区建设和园区道路建设正如火如荼进行，石板塘水库已完成坝基工程。

四、中国酒文化古镇——茅台镇

茅台镇位于仁怀中枢城区以西 13 公里处赤水河东岸，东经 106°22′，北纬 27°51′，毗邻川南，南依历史名城遵义，北临国家级风景区赤水市。全镇幅员 87.2 平方公里，辖 8 个行政村、5 个居委会，总人口为 4.6 万人，其中城区人口 2.2 万人。

茅台镇古名马桑湾，因赤水河东岸长满马桑树而得名；后又叫四方井，因在赤水河东岸有一股纯净的泉水，世居那里的濮人部落砌了一口四方形的水井，以井而得名。宋代才叫茅台。据查，濮人先民都崇拜龙图腾，十分虔诚地进行“招龙”、“安龙”等祭祀。祭祀时，选一个台地，在台地上设祭台，祭台上栽满茅草以护先灵。栽满茅草的土台被当地人称为茅草台，简称茅台。元朝以后，在县以下分设寨、村、坪、部，正式定名为茅台村。后茅台街上又修建起万寿宫大庙，因在庙内建了一座少有的半边桥，茅台村也叫半边桥。又因在赤水河西岸修建了九座大庙，其中的观音寺、灵仙寺、禹王宫内珍藏了三面东汉铜鼓，这三个寺得名三鼓寺，茅台村又名三鼓镇。清乾隆初年（1736 年），四川巡抚黄廷桂于黔边设四大口岸，以行黔盐。据《四川官运盐案类编》载：“就黔岸而论，川盐行黔由永宁县前进者为永岸，由合江县前进者为仁岸，由涪州县前进者为涪岸，由綦江县前进者为綦岸。行商各十余家，悉是陕西大贾，资本甚巨。”由合江至贵州茅台村为仁岸，茅台是川盐由合江县经赤水河至茅台村的水运终点，又是陆运起点，转运贵州省内各点销售。仁岸的开设，促进了茅台商业发达，并因此一度改名益商镇，简称益镇。乾隆十年（1745 年），贵州总督张广泗向朝廷奏请开通赤水河道，于次年三月竣工。光绪三年（1877 年），四川总督丁宝桢（贵州织金人）奏呈朝廷，开发利用赤水河，把贵州和云南的铜、铅、木材等运到北京，再把川盐运到贵州。光绪皇帝准奏，再次疏通赤水河道，光绪六年完工，改善了赤水河的交通运输，增加了货运量，每年由赤水河运至茅台的盐大约 650 多万公斤。仁岸著名的四大盐号“永隆裕”、“永发祥”、“协兴隆”、“义盛隆”在茅台大建盐仓。

茅台镇具有悠久的酿酒历史。据传，大禹治水时，赤水河流域的土著先民“濮人”已掌握了酿酒技艺，这比杜康酿酒之说还早。西汉建元六年（公元前 135 年），汉臣唐蒙出使南越，将产于仁怀一带的构酱酒献给汉武帝。《史记》载，“唐蒙饮构酱而使西域”，“汉武帝甘美之”。这是茅台佳酿走出赤水河谷，香飘中原的开始。宋大观二年（1108 年），茅台一带酿出比构酱酒更好的真正白酒“风法曲酒”，质佳味美，成为贡品（宋张能臣《酒名记》）。清康熙四十二年（1703 年）左右，“风法曲酒”又衍生出“茅春”、“茅台烧春”、“回沙茅台”等酒。至此，独特的酱香型白酒已臻定型，成为最具风格的珍品、酱香型白酒的鼻祖。茅台成为“蜀盐走贵州，秦商聚茅台”，“家唯储酒卖，船只载盐多”的繁华集镇。茅台地区生产的酒通过商旅远销到外地，声名远播。1915 年，茅台酒获巴拿马万国博览会金奖，成为世界名酒之一，茅台也因此而闻名世界。1932 年，茅台镇正式设立。1935 年春，中国工农红军长征进入仁怀，在茅台进行了红军长征史上著名的四渡赤水——茅台三渡。1935 年 3 月 16 日晨，红一军团教导营攻占茅台镇；同日，遵义会议后回到中央领导岗位的毛泽东同志和中央军委的其他领导人从驻地梅子拗出发，10 时左右经羊叉街进入茅台镇。在今茅台小学附近做短暂的休息后，顺街走到茅台渡口朱砂堡脚（今红军四渡赤水纪念碑处），通过浮桥渡过赤水河，向四川方向前进。1950 年，茅台镇解放。1953 年，仁怀县人民政府由中枢镇迁茅台镇，1958 年升为区级镇。1967 年，仁怀县人民政府迁回中枢镇，茅台镇划中枢区管辖。1992 年撤区并乡建镇至今，仍为茅台镇。

茅台镇因出产茅台酒而闻名，镇内白酒工业十分发达，除茅台酒厂外，有金士力酒业、云峰酒业、茅台集团、怀庄集团等知名企业。2011 年，全镇有白酒企业 300 多家、白酒品牌 2000 多个、白酒从业人员 3600 多人。茅台镇在文化和经济发展上具有较强的通道色彩和集约性。古盐运文化、国酒文化、长征文化和山水文化构成多彩茅台文化体系。茅台酒厂、红军四渡赤水纪念塔、台圣寺、杨柳湾酒文化节街等是茅台镇独有的旅游资源。多彩的文化旅游资源是茅台镇发展的张力，极大地推动茅台的城镇发展。

1958 年，仁怀县人民政府聘请遵义城建局设计室规划建设茅台镇，1959 年开始实施，拆除了茅台河沿岸建造的半边街房，准备建成河滨公园。1988 年 8 月 25 日，仁怀县人民政府提出规划修改方案，经县四家班子评议后交县建设局和中枢区实施；同年，国家投资 450 万元建设茅台河大桥，并兴建通往四川古蔺县的公路。2003 年，完成茅台镇城镇第三轮总体规划修编。2004 年 10 月，在贵州省建设厅和遵义市人民政府帮助下，组织全国知名的八家规划设计单位召开茅台建筑风貌研讨会，委托深圳市建筑规划研究设计院编制了《茅台镇风貌规划》。2005 年 7 月，成立以中共仁怀市委、市人民政府主要领导任组长的茅台城镇建设管理工作领导小组，组建了以市委领导任指挥长的茅台城建指挥部，从建设、国土、环保、房管等部门抽调得力领导常驻指挥部负责办理相关业务，全面启动茅台风貌建设。茅台镇风貌建设工作围绕“展示国酒形象，打造世界名镇”和“一年起步，两年见成效，三年上台阶”的工作目标，按照“工业做加法、居住做减法、功能做乘法、建筑做除法”的思路，突出“坡屋顶、青瓦白墙、穿斗式结构”黔北民居建筑风格，将茅台镇分为酒厂风貌展示区、传统风貌展示区、山地风貌展示区、历史文化保护区、现代风貌建设区等五个分区，并对茅台镇实行城乡统筹，使茅台规划更科学，布局更合理，功能更完善，特色更鲜明，真正成为以酿酒工业和旅游业为支撑的世界名镇。2005 年 10 月，仁怀市人民政府与国家开发银行贵州分行建立政银合作关系，获准授信贷款 2.5 亿元投入茅台镇风貌建设。2009 年，在两次省长现场办公会议的推动下，茅台镇环境整治工程正式启动，茅台镇的建设重点更加明晰，“镇区不再新增建设项目”即成铁律，拆迁、疏解人口、恢复古镇风貌、拆建还绿等成为茅台城镇建设的主要任务。2009 年 9 月 2 日召开的省长专题办公会议，贵州省人民政府明确将遵赤高速中枢至茅台段调为城市道路交由地方管理，并定名为“茅台大道”，使中茅两城区交通联系彻底改善。2009 年，完成了环茅南路、中华路、桂花路、长征路、河滨大道等道路硬化改造及两旁房屋风貌改造，以及杨柳湾酒文化一条街、长征路商贸休闲街、红军四渡赤水纪念园等重要景点风貌建设；2011 年，完成了规划拆迁的 3、4、5、6、7 号地块居民房屋拆迁工作，并将陆续进行 1、2 号地块的居民房屋拆迁。远期将进行元木岩、中华、太平等地居民搬迁，委托重庆大学编制了茅台古镇修建性详细规划。在未来发展中，茅台镇将是人口控制在 1.5 万人以内、地域建筑特色突出的酒文化古镇和世界旅游名镇。

第三节　趋势与展望

一、发展条件及机遇

（一）资源承载条件

1. 环境及文化资源

独特的气候环境资源和酿酒文化，是酱香白酒产业发展的优势条件，也是仁怀市域经济更好更快发展的有利因素。仁怀地处中亚热带湿润季风气候区，热量资源较丰富，无霜期长，光、热、水同季，适合种植水稻、小麦、高粱等农作物，其中优质有机红高粱和小麦为白酒酿造提供了重要原材料。赤水河茅台河谷属于低热河谷，年均风速仅有 1.5 米 / 小时，静风频率高达 42.0%；年均相对湿度达 80.4%。独特的地理和气候，使茅台河谷上空常年飘游着 100 余种微生物群，加之酱红色土壤以及矿物质含量丰富的赤水河水，形成了酿制美酒得天独厚的优越环境。地处赤水河谷的茅台镇具有悠久的酿酒历史，酿酒技艺比杜康酿酒还早，在宋朝成为贡酒。1915 年，茅台酒名扬巴拿马万国博览会一举夺得金奖，跻身世界三大蒸馏白酒行列。1935 年，中国工农红军长征路经茅台，用茅台酒疗伤和解乏。中华人民共和国成立后，毛泽东、周恩来、朱德等党中央和国家领导人对茅台酒极为关注，用其宴请国际友人，茅台酒成了中华人民共和国的外交酒、政治酒、国酒。此外，老一辈国家领导人与茅台酒结下不解之缘，留下许多脍炙人口的佳话。通过两千多年的酿造实践，如今的茅台酒厂（集团）有限责任公司已发展成为白酒行业全国唯一的国家一级特大企业。在茅台集团的引领下，仁怀地方白酒产业如雨后春笋，2011 年，全市共有规模以上白酒企业 62 家、白酒品牌 2000 个、全国驰名商标 2 个、省级著名商标 68 个，白酒工业增加值达 181 亿元。除茅台河谷外，在茅台河、桐梓河之间与茅台河谷等海拔地区，三合荣昌坝、大坝五岔坝、火石岗荣华等地的气候土壤环境与茅台镇类同，实践已证明是适合生产酱香型白酒的良好区域。2009 年，仁怀市已将上述三合荣昌坝、大坝五岔坝和火石岗荣华规划为“名酒工业园区”，将坛厂樟柏规划为白酒配套产业区。截至 2012 年 6 月，名酒工业园区已开工项目 46 个，其中投产 9 个，实现产能 1.1 万吨；茅台酒新增 2500 吨技改项目年底可投产。仁怀白酒产业正呈欣欣向荣之势快速发展。

2. 地域发展需求

区域地理生态环境要求仁怀城乡社会发展必须坚定不移地推进城镇化。

一是地形地貌复杂，发展空间差异较大。仁怀市东南高西北低，呈三级台地似弧状分布，属高原中山峡谷，以山地为主，约占总面积的 86.7%，坝地面积仅占总面积的 1.9%，地形破碎，大于 5000 亩的平坝仅一处，丘陵面积占总土地面积的 11.4%。仁怀市山高坡陡，海拔高差大，地形复杂多变，坡度变化较大。在多山地区，地形地貌在很大程度上决定了区域交通和用地条件，从而影响经济的发展。

二是土地资源紧张，集约用地要求高。仁怀市土地总面积为 1788 平方公里，各种土地利用类型分布及面积中农用地为 166529.76 公顷，占全市土地总面积的 93.1%。在农用地中，林地和耕地所占面积较大，其中林地面积占农用地的比例高达 54.0%，耕地面积占农用地总面积的比例仅为 30.3%，占总土地面积的比例为 18.2%。全市人均耕地面积仅有 0.75 亩，远远低于遵义市和贵州省平均水平，人地矛盾十分突出。

三是水资源人均占有量较低。仁怀市属于黔北少雨区，年平均降雨量仅有 800~1000 毫米。辖区内的 177 条河流年平均径流量为 402.1 毫米，年经流总量为 7.19 亿立方米，年人均水资源占有量仅有 1297 立方米，仅为全国人均水资源量的 59.0%，为贵州省人均水资源量的 48.0%，为遵义市人均水资源量的 39.0%，是贫水县（市）。仁怀境内为喀斯特地貌发育，裸岩分布广泛，林地保水能力较低，地下溶洞及水系发达，地表水较少，生产生活生态用水缺乏、水资源供需矛盾突出，水资源制约比较明显。

四是部分地区综合生态环境脆弱，保护压力较大。生态环境综合敏感性分析表明，部分地区的生态环境敏感，特别是沿河地区和山麓地区。如赤水河、桐梓河、盐津河、五马河谷、九仓河等河谷；山麓地区如摩天岭南北麓、芦竹山北麓，以及大山寨和奶子山山麓。这些地区坡度较陡，水土流失十分明显，滑坡、崩塌和泥石流等地质灾害发生频率较高，因此，这些地区应该限制城镇、工矿业的建设和发展以及陡坡耕种，应积极退耕还林（草），恢复和维持森林生态系统，大力发展生态公益林。在上述生态环境条件下，只有大力推进城镇化，才有利于保护生态，集约用地，科学发展。

3. 城市拓展条件

城市环境资源条件为仁怀建设成中等城市提供可能。

一是供水保障。城区现有供水能力已达 4.5 万立方米 / 日，此外，南部供水工程可利用水源可实现供水 3.1 万立方米 / 日，盐津河水库库容为 1300 万立方米，治理后中水回收利用可用于工业生产和其他用水。远期可在赤水河建 10 万吨提水站一座，水源条件和供水能力可满足仁怀城市承载 50 万人口需求。

二是用地保障。目前，在现有主城区的国酒新城（总规划面积 3.18 平方公里）区域，已获省人民政府审批用地 2500 多亩；两路口片区可用地为 1.5 平方公里；城北片区可开发用地有 2.3 平方公里；新规划的冠英片区可容纳人口为 10 万人。仁怀新城区可开发用地在 15 平方公里左右，今后主城区面积可达 30 平方公里以上。

三是交通保障。仁赤高速公路将在近年内全线建成通车，仁怀至川南成渝，经黔中通达珠三角、长三角等地区的交通条件彻底改善。根据国家近期铁路建设规划，攀黔铁路近期将启动建设并途经仁怀，必将更好地改善仁怀城市交通物流条件。

（二）发展优势

1. 产业发展优势

仁怀市的产业发展以茅台酒为龙头的白酒工业为主，经济外向度比较高。由于得天独厚的自然优势、地域优势和传统优势，以茅台酒为代表的酿酒工业已成为仁怀的特色产业、优势产业和支柱产业，强劲支撑着仁怀的工业化进程，有力地推动了仁怀城市化发展。仁怀酱香基酒工业园区被国家工业和信息化部授予“国家新型工业化产业示范基地”，升级为省级经济技术开发区。按照中共贵州省委、省人民政府工作部署，到2015年，茅台酒产量为7万吨，茅台集团白酒产量为10万吨，力争达12万吨，销售收入为700亿元，基本把茅台酒打造成“世界蒸馏酒第一品牌”，把茅台镇打造成“中国国酒之心”，把仁怀市打造成“中国国酒文化之都”，带动全省白酒产业快速发展。到2015年，全省白酒产量确保80万吨、力争100万吨，占全国白酒市场份额的10.0%左右，白酒工业总产值确保1300亿元，力争1500亿元；培育一批名优品牌，新增6~10个中国驰名商标和一批著名商标。到2020年，全省白酒产量占全国白酒市场的份额争取达到20.0%。未来10年，中国白酒看贵州，贵州白酒看仁怀。白酒工业的强势快速发展是推动仁怀城镇化发展的主要动力。

2. 区位发展优势

仁怀地处黔北经济区，在区域发展层面上将受贵阳、成都、重庆等周边省会城市的辐射和影响。遵赤高速公路开通后，仁怀的经济发展将受渝黔经济的重要辐射，成为渝黔经济走廊重要辐射点和一个重要的中转枢纽结点。在经济发展层面，仁怀具有悠远厚重的酒文化，被誉为中国酒都。仁怀是世界酱香型白酒的原产地，以茅台酒为龙头的白酒产业占据了中国白酒产业的制高点；茅台酒被誉为“国酒”，茅台已成为贵州、中国乃至世界的著名品牌，具有相当高的知名度和美誉度；茅台酒是中华民族宝贵的文化遗产，传承了我国两千多年的白酒文明；仁怀独特的白酒产业已让其跻身为贵州省县域特色经济高地，在省内具有重要的地位。国酒茅台不仅是仁怀的骄傲，更是贵州的品牌，是贵州省对外宣传的名片。“酒都仁怀，神秘茅台”的品牌和市场形象，带来的不仅仅是经济的快速发展，同时也为城市发展提供了更多机遇和发展空间。仁怀市背靠历史文化名城遵义，是遵义赤水河谷特色经济区——白酒产业聚集区的主要组成部分。做大仁怀城区，加强与周边城市的经济合作和产业互动，将仁怀打造成该经济区的经济领袖城市和区域次中心城市，这使仁怀的发展方向、发展目标更加明确。

（三）发展机遇

1. 国家西部大开发的政策机遇

实施西部大开发战略，是全面建设小康社会、确保现代化建设第三步战略目标胜利实现的重大部署，是促进各民族共同发展和富裕的重要举措，是关系国家经济社会发展大局、关系民族团结和边疆稳定的重大战略部署。在西部开发进入第二个10年时期，国家对西部开发的政策措施和重点任务都做了调整，国务院《关于中西部地区承接产业转移的指导意见》指出，中西部地区要发挥资源丰富、要素成本低、市场潜力大的优势，积极承接国内外产业转移。这不仅有利于加速中西部地区新型工业化和城镇化进程，促进区域协调发展，而且有利于推动东部沿海地区经济转型升级，在全国范围内优化产业分工格局。要求"着力引导劳动力就地就近转移就业，促进产业和人口集聚，加快城镇化步伐；着力深化区域合作，促进要素自由流动，实现东中西部地区良性互动，逐步形成分工合理、特色鲜明、优势互补的现代产业体系，不断增强中西部地区自我发展能力"。这必将更进一步推动东部沿海地区产业向中西部地区转移步伐加快。仁怀市地处西部地区，也因此迎来历史上基础设施、产业发展等领域最旺盛的政策机遇和建设时期。

2. 国务院《关于进一步促进贵州经济社会又好又快发展的若干意见》带来的机遇

国务院《关于进一步促进贵州经济社会又好又快发展的若干意见》是第一个从国家层面全面系统支持贵州的综合性政策文件，确定了贵州省在全国的战略定位。该文件精神中很重要的一个方面，就是明确指出了当前城乡二元结构是贵州发展面临的突出的主要矛盾之一。明确要积极推进城镇化进程，实施中心城市带动战略，培育黔中城市群，打造一批节点城市和特色小城镇，提升中小城市承载能力。针对贵州城镇综合承载能力弱的状况，支持贵州加快城镇交通、给排水、供水、污水处理、生活垃圾处理等市政基础设施建设。针对贵州城镇化滞后主要是产业发展滞后的症结，支持贵州有序发展工业园区。依托重点工业园积极创建国家新型工业产业示范基地，承接中东部产业转移，强化城镇化的产业支撑，发挥产业集聚和辐射带作用，加速城镇化进程。针对贵州城乡二元结构突出的矛盾，支持贵州促进城乡统筹发展，实施城镇化带动战略，通过以城带乡，实现城乡一体化发展。针对贵州县域经济发展滞后的情况，支持贵州繁荣和发展县域经济，打造一批经济强县。国家对贵州的系统支持政策，也是对仁怀市经济建设、城市发展的系统支持政策，使仁怀的建设发展更有底气，更有希望。

3. "省域规划"带来的机遇

中共贵州省委、省人民政府《关于加快城镇化进程促进城乡协调发展的意见》和贵州省城镇体系规划都明确要尽快把仁怀市建设成中等城市。仁怀“茅台”效应及其对整个贵州省经济发展的贡献，奠定了仁怀是贵州省县域特色经济高地地位。这就加强了贵州省统筹建立区域对话机制，协调了黔北地区以及与川渝之间的发展关系，有力推动了赤水河流域白酒产业经济带加速发展。贵州省人民政府《关于促进贵州省茅台酒厂集团公司又好又快发展的指导意见》和2009年第十一届贵州省人民政府第24次省长办公会议关于茅台镇环境整治及城镇规划建设的有关指导意见，给仁怀经济发展和城镇化工作都提出了明确的发展方向和战略目标。

4. “黔北合作”带来的机遇

黔北经济区是贵州省六个重点开发经济带（区）之一，是贵州省促进区域协调发展、实现历史性跨越的重要载体。仁怀市地处黔北经济区西部经济带，位居黔北综合经济区生产力布局“一心四轴线”总体框架的西部轴线的关键点，是仅次于遵义市的区域次中心城市。黔北经济区在其规划时突出以仁怀市为主的赤水河谷酿酒业发展，以仁怀的特色白酒产业为优势，在经济产业布局中努力扩大其影响范围，使其带动黔北经济的产业整体发展。从黔北地区出台的产业发展重点，以及在各自都市区的发展策略来看，仁怀市可以利用黔北经济区的产业布局规划和发展契机优化完善产业结构，做好特色产业为主导的产业配套，提高城市综合发展能力，促进经济发展。

5. “遵义发展”带来的机遇

遵义市是联系中部与西南地区的交通要冲之一，独特的区位决定了遵义的战略地位，各种重大交通基础设施的规划为遵义以及其中心城域的发展带来了机会，融入区域，对接川渝，协作东部，开拓出更为持续的区域发展战略。遵义区域地位的提升，为仁怀的地区发展带来了便利。中共贵州省委、省人民政府《关于加快城镇化进程促进城乡协调发展的意见》明确，遵义市要围绕中心城区200万人口远景目标，努力建设成为黔、川、渝交界地区经济中心、西部出海通道上的重要城市，西南地区重要的能源、新材料基地、装备制造业基地和全国绿色产业基地。根据遵义市城市总体规划，仁怀市处于赤水河谷特色经济区，是遵义特色产业经济增长高地。遵义市都市区的空间结构、交通组织、经济联系和人员流动等方面都为仁怀市的地位进一步提高注入了动力，提供了更好更优的条件。

6. 城镇化和工业化发展的新活力

茅台镇环境整治及城镇规划建设给仁怀城镇化和工业化注入了新的活力。

贵州省人民政府对茅台镇环境整治及城镇规划建设工作的要求和决策部署，大力帮助仁怀解决了推进茅台镇环境整治及城镇规划建设所需的政策和项目支持，直接推动了仁怀的第三轮城市建设高潮和工业化跨越式发展。在茅台镇环境整治工程的推动下，茅台镇居民搬迁、国酒新城和名酒工业园区等规划建设全面启动。名酒工业园区建设与中共贵州省委十届十次全会提出的工业强省战略和国家中西部地区承接产业转移政策相应对，仁怀工业化迈入快车道，给以茅台酒为龙头的白酒产业及其产业链带来了更大的发展机遇。白酒特色产业的发展必将为仁怀经济大发展注入新活力，仁怀城镇化水平将得到快速提升。

二、发展远景

（1）城市定位及规模：中国酒都·神秘茅台，山地组团城市。未来城市由中枢片区、茅台片区、鲁班片区、坛厂片区四块组成，形成“一城四片、组团发展、融山融水”的网络城市格局，至2030年，城市人口规模为50万人。

（2）城市建设发展方向：按仁怀市2008年版城市总体规划和贵州省、遵义市对仁怀城市建设工作的有关要求，在“十二五”期间，仁怀城市建设主要突出以下五大任务：一是城市路网。路网建设是仁怀城市空间拓展和交通改善的当务之急，仁怀将着重建好国酒新城大道至城北的西环大道、东环线北段及东环大道（即东环线拓宽改造）、城北大道（城北片区的中心轴线，连接旧城区）、城南大道（两路口片区至盐津河一桥的连接线）、盐津河一桥改造工程、冠英大道、中茅大道、中茅城区联络线一、三号路等城市主干道路建设；同步实施主城区道路两侧土地开发，加速城市发展。二是新区开发。重点抓好国酒新城（1.75平方公里）开发建设，完成茅台镇规划搬迁区域居民的搬迁安置，将新区开发向两路口拓展；力争完成整个两路口片区开发（3.18平方公里）；启动鲁班冠英片区、坛厂片区开发建设。三是工业园区建设。全力抓好坛厂白酒配套产业园区和酱香基酒工业园区（荣昌坝、荣华、五岔坝）规划建设，同步做好坛厂、大坝两个卫星城镇的规划建设，使其与园区相配套。四是旧城改造。茅台镇要按照新编修规划尽快将其建设成酒文化古镇、世界旅游名镇。中枢旧城主要做好大水井、城南环型市场、葡萄井等区域组团改造，拓宽国酒中路（40米），改善旧城交通。五是基础设施和小城镇建设。在“十二五”期内，仁怀将完成盐津河污染治理，加强城市绿化、美化、亮化工作。城市供水排水、垃圾处理、文化娱乐、医疗卫生等基础设施仍是“十二五”城市建设的重点；同时要加强乡镇小城镇建设投入，实现城乡统筹，同步发展，和谐发展。中远期，城市开发主要集中在城北和鲁班冠英两地，仁赤高速公路和昭通至黔江仁怀段铁路的相继建设，上述两区域优势得到突显，在建设时序上将先行开发城北片区。随着仁怀白酒工业的不断壮大和城市化进程加快，仁怀必将成为50万人口规模、功能完善、文化特色突出的现代宜居城市。

（3）城市经济社会发展展望：“十二五”时期，仁怀将抢抓西部大开发、工业强省和城镇化带动战略机遇，紧扣科学发展主题，围绕加快转变经济发展方式主线，突出加速发展、加快转型、推动跨越主基调，大力实施新型工业化、城镇化带动农业产业化战略。全市生产总值实现800亿元，年均增长20.1%，力争达到1000亿元；人均生产总值达到2万美元；财政总收入突破150亿元，年均增长20.0%；地方财政一般预算收入达30亿元，年均增长16.0%；全社会固定资产投资累计完成800亿元，年均增长28.0%；社会消费品零售总额达到150亿元，年均增长30.0%；城镇居民和农民人均年收入分别达2.9万元和1万元以上；城市建成区逾20平方公里，城市人口逾30万人，城镇化率达到47.0%。

（撰稿人：杨云飞　李　刚）

第九章　亚洲磷都——福泉市

福泉市位于贵州省中部，黔南布依族苗族自治州北部，面积为1688平方公里，人口32万人，其中，少数民族人口占23.8%。2011年，三次产业结构比为9.82：52.16：38.03，财政总收入为8.52亿元；城市建成区面积为9.6平方公里；城区人口为8万人，城镇人口为12.58万人，城镇化率为44.02%；城市人均道路面积为7.87平方米，城市人均日供水能力为184.3升，用水普及率为97.96%，燃气普及率为68.51%，人均住房面积为25.6平方米；实现乡乡通油路、村村通公路。

福泉区位优越、资源丰富，湘黔铁路、株六复线铁路横贯市境，湘黔、黔桂、马（场坪）遵（义）三条主干公路和贵（阳）新（寨）高等级公路在市区交汇，马遵铁路和马遵高速公路即将开工建设，由于地处交通要道，具有“黔中咽喉”之称。福泉现已探明具有开采价值的矿产达20余种，主要有磷、煤、铁、铅锌、重晶石、硅石等，其中磷矿储量为8.8亿吨，被誉为“亚洲磷都”。福泉山张三丰文化圣地、省级风景名胜区洒金谷、自然生态旅游区蛤蚌河、全国农业旅游示范观光园——双谷万亩果园、龙井双奇等旅游资源丰富。

福泉历史悠久，文化底蕴深厚，是贵州历史上开拓最早的地区之一。春秋时期为且兰故地，隋唐五代置宾化县，宋为藜峨里寨，元置平月长官司，明代至清代，先后置平月长官司、平越安抚司、平越卫、平越军民府。2300多年来，历经岁月沧桑形成的古城文化、道教文化以及戏曲文化都具有相当高的开发价值。城内外有保存完好的东西南北四个城门，有国家级文物保护单位——福泉古城垣、葛镜桥，还有距今2000余年的“竹王城”遗址。城内福泉山被命名为“中国传统文化旅游示范基地”和“全国十大道教文化旅游胜地”，被称为“中国戏剧活化石”的福泉阳戏也植根于福泉这块神秘的土地上。

1996年12月，经国务院批准，福泉撤县设市（县级）。建市后，古城福泉发生了翻天覆地的变化，经济社会快速发展，城乡面貌焕然一新。通过实施“工业强市、农业稳市、城建兴市、环境立市、文化亮市”五大战略，围绕“提速、升位、入强、推动跨越、构建和谐”的目标，深入贯彻科学发展观，转变发展方式，走循环经济路子，把加快发展与全面协调发展结合起来，开创了全市经济建设、政治建设、文化建设、社会建设和生态文明建设的新局面。福泉市先后获得首批国家新型工业化产业示范基地（化工·磷化工）、全国最具投资潜力中小城市百强、中国传统文化旅游名城、全国双拥模范城（连续七次被授予）、全国科普示范县（市）、全国文物工作先进县（市）、全国计划生育先进市、中国最具特色经济发展潜力市、中国最具投资价值（环境）市、贵州省历史文化名镇（原县城所在地城厢镇）、全省经济强县（市）、西部经济百强县（市）等荣誉称号，成为新兴的黔中明星城市。

第一节　发展历程

一、福泉古城的形成和发展

（一）竹王城遗址

古代的且兰国、且兰县在近千年的历史演变中，它的都邑设在今福泉城东凤山镇竹王城，这是福泉境内历史上最早的一个城邑。竹王城位于京滇古驿道上，始建于汉代，距今约2000余年，相传为夜郎王竹修建，故名“竹王城”。据考证，竹王城墙全长3000余米、高4.5米、厚3米，以砖石垒砌而成，分东西南北四门；城内曾有关帝庙、武西庙等15个庙宇和3个省的会馆。西门处有地下隧道，宽1.5米、高2米、长450米，直通城外羊老河。如今的竹王城尽管已不见一座古建筑，但从那四处可见的巨大而完整的建筑石料和砖瓦残片中，仍然能感受到当年竹王国都的气派和庄严；从其规模、纵横交错的街道格局和残墙断壁，仍可遥想当年“千人拱手、万盏明灯”的繁华景象。由此可见，当年的竹王城是一座政治之都、军事之都，同时也是一座商业之都。当地至今还流传着：“羊老鸡场、石板盖房、老奶烤酒、老者熬糖”的民谣。

（二）平越卫城的形成

隋文帝开皇三年（583 年），置宾化县，治所在福泉。宋、元时期，福泉的先民居苗岭山脉藜峨山麓、沅江上游的鱼梁江畔，生聚繁衍，畬山为田，农桑耕织，建立了藜峨里寨，居住了数百户人家，形成了千人都邑。元至元二十九年（1292 年）置平月长官司，隶管番总管府，旋改隶湖广行省，治所即在今福泉城，至今已有近 800 年的历史。明洪武八年（1375 年），平月长官司改为平越安抚司，属四川播州宣慰司管辖，实行“土流并治”。洪武十五年，将平越改为卫，军民共管，并开始修建平越卫城。洪武十七年二月，平越卫指挥使司升为军民指挥使司，领 5 长官司和 3 站 72 屯，属四川布政司，隶贵州都司。永乐二十一年（1423 年），贵州新镇道驻平越，辖平越、兴隆、清平、新添、龙里、都匀 6 卫和镇远、黎平、新化 3 府及黄平千户所。

洪武十八年（1385 年）平越卫城建成，为土城；建文三年（1401 年）全部改建为石城，城周长 1500 丈，城墙高 1 丈 2 尺、宽 1 丈 5 尺，呈正方形，有东、南、西、北四门，上有城楼 4 座。城池的主要生活用水取自由北经西至南绕城而过的犀江（俗称沙河）。战争时城被围困，人马常被渴死。成化年间，平越卫指挥张能在城西增开“小西门”（原西门改称“大西门”），在城外另围一道城墙延伸至河边，筑堰引水入城，形成了小西门的第二道城墙。正德十一年（1516 年），清平（现凯里一带）苗民起义围攻平越卫城，义军将犀江水堵断，无水流进城内，城中缺水，人畜渴死不少。万历二十九年（1601 年）朝廷平定播州杨应龙叛乱后，将播州一分为二分设遵义军民府（隶四川）和平越军民府（隶贵州布政司），平越军民府和平越卫府卫同城。万历三十一年，贵州巡抚郭子章发官银六百两，命知府刘冠南、指挥奚国柱扩修平越城水城，得到贵州总兵、平越人安大朝的鼎力相助，在水城外又修筑外城 55 丈，将一段犀江河流围经城内，并修汲水石级 52 丈，砌筑敌台 3 座，河上架桥，桥上筑城，桥洞安放铁栅栏，形成了由内城、水城、外城构成的“里三层，外三层，城墙围水小西门”的奇特景观。崇德六年（1641 年），在城墙上建“望楼”12 座，并将东门的“宣和楼”改为“藜峨楼”，南门的“通化楼”改为“威武楼”，北门的“广武楼”改为“福泉楼”，在东、南、北三门外开设护城壕，壕中蓄水，架有吊桥，常年军士把守。至此，平越府城的轮廓、防御体系基本完备。城墙周长 5000 余米，垛口 840 个，城楼 5 座，雄镇楼 1 座，串楼 1540 间，“崇闳雄丽，固若金汤，为贵东之首”。特别是小西门水城，具有极高的军事价值。2001 年，经国务院批准，福泉古城墙被列为全国重点文物保护单位。

二、福泉的变迁

（一）1949 年以前的福泉城市建设

福泉古城在元代为平月长官司治所时已开辟了一些简单街道，古城初具雏形。明初修筑卫城，街道逐渐扩大，新辟了贯通东、南、西、北四大城门的主干道，为泥石路面；明永乐年间（1403～1424 年）铺设为石板路面，如今还遗存了南门城门洞至犀江岸边的一段石级路面，宽 3 米左右，为青石板铺砌。城内石板路交叉形成了大十字和小十字，为城内繁华路段。在南北主干道两侧，有若干大小不等的街巷相连。城内的主干道出南门便与京滇驿道相衔接，通往湖广、云南、四川等省。平越卫城形成以后，城内先后修建了卫署、武官衙门、府署、游击署、卫（府）学、中峰书院、高真观、月山寺、护国寺、江西会馆、试院、两湖会馆等 30 多所公用房屋。这些房屋结构一般为穿斗式木结构，盖小青瓦或筒瓦。庙宇房屋大多翘角攒顶，屋脊饰有龙、狮、虎、蝶等图案，栩栩如生。房屋最高为三层楼阁，如高真观、潮音阁等都是三层阁楼。居民住宅多是木结构瓦房或木架土墙茅草房，少数殷实富户则建四合院大瓦房或走马转角楼，正房为平房，两厢为两层，中间为石天井，进门为朝门。主要街道两旁的房屋大多设有柜台铺面作商业门面，每栋瓦房之间砌有隔火墙，墙高过屋脊二三尺，以防一户失火殃及邻居。由于福泉古城建在"三山（即福泉山、第一山、九华山）四坡（即葛家坡、麻家坡、仓坡、后草坡）"之上，属于高原上的丘陵山地，地势较高，街道依山连坡而建，城内没有洼地，犀江从城外山脚下绕城而过，不存在水患问题，主要街道两边修有明沟和盲沟排水。

清代，城市建设有进一步发展。康熙六年（1667 年），裁贵州驻平越新镇道。康熙十年，裁平越卫，改设平越县，附廓；同时，平越军民府领黄平州和平越、瓮安、余庆、湄潭 4 县。康熙二十年至乾隆七年（1671～1742 年），贵州分守贵东道驻平越，道辖平越、镇远、黎平、都匀、思州、思南、铜仁、石阡 8 府。康熙二十六年（1687 年），平越军民府改为平越府，辖 1 州 4 县。嘉庆三年（1798 年），平越府改为平越直隶州，辖瓮安、余庆、湄潭 3 县及 3 长官司，隶贵州粮储道。光绪七年（1881 年），城内恢复用青石板铺设大十字

（今新华路）和小十字（今新泉路与新华路交叉处）等街道。大十字至小十字一段街道成为城内商业贸易中心，道路两旁店铺密集，经营粮油、食盐和各种百货、土特产品。由南到北的主干街道路面宽处约 8 米，狭窄处约 5 米。其余各条街道依地势高低砌石坎路面，由东门、南门入城，各有石阶百余级。城内增修了溥仁书院、墨香书院、平越府学、平越官立高等小学堂、蚕桑局、武庙、忠烈宫、大夫第等公用房屋。光绪七年发生一场大火，城内房屋几乎焚烧一空；后来城内的房屋大多是晚清重建，豪华精致大不如前。到光绪三十一年（1907 年）时，平越州城内的主要街道是南门至北门的“北南街”、从北门财神庙至仓坡二郎庙的“东街”两条大道。此外，城内还有从东门经大夫第、汉相祠至坳颈上，考棚经城隍庙至大西门，福泉山经花牌坊至东街，财神庙到小西门，龙王庙至甘氏祠，杨氏祠经黑神庙至护国寺，小西街、皮家湾、安家巷等十余条街巷。民国三年（1914 年），废州改县，平越为一等县。1940 年，在修建马（场坪）瓮（安）公路时，将平越县城南门至北门的石板路面改为砂石路面，公路穿城而过，其余街道仍是清代式样，房屋以木瓦或土坯茅草房为主。同年，国立交通大学迁来平越县城办学后，先后修建了教学大楼和图书馆，这是县城有砖木结构房屋之始。随后桂林师范学院、上海东亚体育专科学校陆续迁来平越县城复课，使县城一时拥有三所大学，被誉为“大学城”，在一定程度上促进了县城的建设。

福泉自古为京都通往云南的驿道，设有驿站管理。境内 5 条古驿道纵横穿过，桥梁众多，交通十分便利。至今，仍有 100 余座明清古石桥在境内发挥作用。著名桥梁专家茅以升曾对城东南的明代古石桥葛镜桥进行反复考证，在其主编的《中国桥梁技术史》中评价其为“工程艰巨，雄伟壮观，为西南桥梁之冠。”民国二十年（1931 年）黔桂公路过境通车，境内开始有车辆通行。民国二十五年（1936 年）湘黔公路和黔桂公路在境内交汇通过，境内的交通更加发达，交通区位的战略位置逐步突出。

1949 年 11 月，全县共有 2.38 万户、11.22 万人，其中非农业人口为 1.21 万人；县城以城厢镇为主，建成区面积为 0.40 平方公里，有居民千余户、6000 余人。

（二）1949 年以后的变化

福泉古城历经数百年战火的洗礼，屡毁屡建，饱经沧桑。1949 年 11 月 21 日，平越县解放，平越县人民政府正式成立。1950 年 4 月 14 日下午，平越县城南门及城内几处同时起火，当时为防土匪攻城，关闭了五道城门，大火一直漫延到北门卫生院，到傍晚6时才熄灭，烧毁城内320户住房840多间，县城所剩房屋不及半数。大火之后，县人民政府组织陆续修建了部分公用房屋，居民也根据自身经济情况相继重建住宅，建筑多为简单的普通木瓦房或土墙茅草房，传统风格的古建筑风貌已基本不存在。

1952年后，修建了中共平越县委、县人民政府办公楼，以及文化馆、卫生院、邮电局、福泉中学教学楼、粮食仓库和职工宿舍等公用房屋，均为砖木结构建筑。1953年7月，平越县更名为福泉县。1956年，县供销社自行设计修建了三层砖混结构的办公楼，这是县城砖混结构房屋建筑之始。1958年，县城东门外环公路竣工后，过境公路改由城外通过。20世纪60年代，先后修建了电影院、百货商店及供销、商业、粮食、银行等单位的办公用房和职工宿舍，同时扩建了福泉中学、县医院等单位的房屋。这一时期的房屋建筑多为砖木结构的平房和二层楼房。70年代，房屋修建逐步向高层发展，结构一般为砖混结构。1975年，县革命委员会成立城市规划领导小组，抽调技术人员测绘城内正街平面图及纵断面图。1977年年初，县革命委员会成立县城油路办公室，组织对县城的主要街道做了沥青表面处理。1979年，城区住房面积为157.4万平方米。

1981年9月至1982年11月，小十字、东门、南门、小西门等地段的街道扩建加宽至7米以上，总长为2.94公里，铺沥青路面2.8万平方米，新修下水道621米，并安装了水泥盖沟板，修建水泥路面人行道2800平方米。1984年，改造了老城东门片区，城区建成面积为0.49平方公里，人口为0.96万人，居住用地16.90万平方米，人均17.65平方米。1985年，开拓了新大十字西南侧场坝及人行道，城内有新华路、新泉路、中街、东街、西街、县府路、集市路、仓坡街、文化路、观水路、龙建市场路等大小街道共16条。1986~1990年，陆续对老城区的街道进行改造建设和街道路面硬化处理，先后铺设了新泉西路、新泉东路、洒金北路混凝土路面，修建了建设路北段、洒金北路运管所至洋桥段泥结路。

从20世纪80年代中期开始，国家重点建设项目瓮福矿肥基地在福泉建设，使福泉成为国内最大的磷化工业基地。福泉逐步向以磷化工为支柱产业、相关产业配套发展、资源综合利用的工业化城市发展，城区人口也不断增加，城市建设规模不断扩大。1991年，福泉开始了撤县建市的申报工作，并开始了东门开发区的建设，先后投资2000多万元对城东新区实施了规模性的开发，并向东北、东南方向逐渐发展。至 1996 年，城区建成面积达到 5.1 平方公里。

1996 年 12 月 2 日，经国务院批准，福泉撤县设市。

第二节　发展现状与特点

一、以磷化工业为龙头的城市经济快速发展

1949 年以前，福泉只有一些传统手工业，如手工织布、印染、酿酒、铸造、皮革、竹木、陶瓷、砖瓦、烟花爆竹等，几乎没有具有相当规模的企业。解放后，先后兴办了农机、酿酒、印刷、采煤、生铁冶炼等国营工业企业；到 1957 年，全县的工业总产值从 1950 年的 58.21 万元上升到 368.41 万元。1958 年的“大跃进”，福泉上马了一批以冶炼生铁为主的工业企业，砍伐了大量木材作为燃料，许多森林和大树遭到砍伐，当年工业总产值为 673.08 万元，不久，这批炼铁企业纷纷下马。1961 年，全县共有国营工业企业 11 户，工业总产值为 414.05 万元。1972 年，福泉县发现了储量大、品位高、易开采的大型磷矿，矿区面积为 28 平方公里，储量为 3.19 亿吨，品位 $P_2O_5 \geqslant 30\%$。1978 年 3 月 17 日，《人民日报》头版新闻对福泉磷矿作了报道，此后，福泉磷矿蜚声海内外。全国有 13 个省、市、自治区和特区 200 多家磷肥厂使用过福泉生产的磷矿，磷化工企业如雨后春笋般遍布全县，县内许多工业企业也迅速向磷化工业转向。从 1980 年福泉县铁厂改为县化肥厂转产磷肥，到 1990 年，先后办起了化工厂、黄磷厂、重钙厂、磷酸盐厂等磷化工企业，工业总产值达到 7499 万元，增加了 3 倍，其中，磷矿开采及磷肥生产总产值占工业总产值的比重达到 46%，磷化工的主体地位显现。

2000 年，国家投资 58.5 亿元的中国磷化工龙头企业瓮福集团建成投产，福泉作为全国大型磷化工基地的地位正式确立。2002 年，中共福泉市委、市人民政府开始实施“工业强市、城建兴市、环境立市”发展战略，以工业强市作为首选战略，提出了以瓮福集团为依托，构建福泉工业强市，和“以磷化工为龙头，冶金、建材、煤炭、特色食品加工五业并举”（简称“五业并举、磷为龙头”）的工业体系，制定了《福泉市地方磷化工产业可持续发展规划》，与瓮福集团签订《共谋发展框架协议》；随后，引进资金兴办了三江公

司、威顿公司、川恒公司等一批规模磷化工企业。2006 年 10 月，中共福泉市委提出“工业强市、农业稳市、城建兴市、环境立市、文化亮市”五大发展战略，坚持把“工业强市”作为首选战略，作为领跑全市经济的“发动机”。到 2007 年，全市工业企业达 255 家，工业总产值为 68.9 亿元，其中磷化工业产值为 44.8 亿元，占工业总产值的 65%。“十一五”时期，福泉市以工业园区建设为平台，项目建设为支撑，优化环境为保障，招商引资为载体，全力推进工业经济发展。2010 年，工业总产值达 93 亿元，年均增长 14.2%，其中规模以上工业总产值达 15 亿元，年均增长 9.5%；马场坪、龙昌、双龙三个工业园区集聚效应初步显现，形成了以磷化工为主导，煤化工、建材、冶金、能源协调发展、互为补充的工业发展格局。

1949~1996 年，经过八个五年计划的实施，福泉的经济实现了跨越发展，GDP 达到 10.82 亿元，是 1949 年的 169 倍。其中，第一、二、三产业分别达到 4.08 亿元、4.28 亿元、2.46 亿元，第一、二产业绝对值分别是 1949 年的 71.63 倍、351.14 倍；工业生产总值为 6.72 亿元，年均增长 16.56%；农业总产值为 5.33 亿元，年均增长 8.51%。财政总收入、地方财政收入分别达到 5856 万元、4518 万元，年均增长 15.12%、14.47%；社会消费品零售总额为 3.07 亿元，年均增长 12.1%；农民人均纯收入从 50 元增长到 1181 元，年均增长 6.96%；金融机构存款余额、城乡居民存款余额、金融机构贷款余额分别达到 2.69 亿元、1.69 亿元、2.04 亿元，年均增长 18.75%、21.29%、18.7%。

建市后，福泉工业经济进入快速发展时期。经过第九、十、十一个五年计划的实施，各项经济指标大幅提升，福泉经济进入最好最快发展时期。2011 年，全市地区生产总值从 2006 年的 29.1 亿元增加到 68.14 亿元，年均增长 14.7%；财政总收入从 2.52 亿元增加到 8.52 亿元，年均增长 27.58%，其中，一般预算收入从 1.42 亿元增加到 5.69 亿元，年均增长 32%；规模以上工业总产值从 49.14 亿元增加到 110.2 亿元，年均增长 15.17%；社会消费品零售总额从 5.11 亿元增加到 12.62 亿元，年均增长 19.82%；全社会固定资产累计投资 144.2 亿元，是上个五年的 4.34 倍；共引进招商项目 287 个，累计到位资金 116.54 亿元，是上个五年的 5.52 倍；金融机构存贷款余额分别从 23.57 亿元和 11.9 亿元增加到 43.3 亿元和 49.23 亿元；城镇居民可支配收入从 7060 元增加到 18040 元，农民人均纯收入实现翻番。经济结构进一步优化，三次产业结构从 2006 年的 15.67 ：46.48 ：37.85 调整为 9.82 ：52.16 ：38.03；万元 GDP 能耗下降，化学需氧量、二氧化硫排放量严控在规定指标以内。

二、社会事业发展取得显著成效

（一）连续七次获“全国双拥模范城（县）”称号

福泉具有拥军优属的光荣传统。早在 1956 年，福泉就被国务院授予“全国拥军优属模范县”光荣称号。1986 年，县人民政府改革拥军工作，提高在部队立功干部战士的奖金，同时对在县内剿匪牺牲的革命军人、抗美援朝和对越自卫反击战牺牲的军人家属共 92 人给予定期定量困难补助。县民政等部门为武警中队和预备役部队建立拥军图书室和预备役图书室。县人民政府组织有关部门与十四集团军在境内合资新建军民水泥厂、军地矿粉厂、磷酸盐厂等企业，并实行矿价优惠、税利“先分后税”等政策；1987 年，组织群众给部队写慰问信 1374 封，为两山前线官兵送鞋垫 400 多双，对荣获战斗英雄称号和荣立一、二、三等功的战士分别奖励 5000 元、3000 元、800 元。1986~1990 年，福泉县先后输送军地两用人才 346 人进入厂矿、企事业单位工作，安置率达到 100%。

自 1991 年开展双拥模范城创建活动以来，福泉县（市）人民政府和驻地部队密切配合，广泛开展“创建双拥模范城（县）”活动，并以此为载体，推动双拥工作全面深入开展：建立起党委议军、党政领导联系驻军、过军事日、拥军优属政策检查落实、党政军领导联席会议、各级拥军优属优待保障金落实等制度；出台了《福泉市拥军优属工作若干规定》、《福泉市驻军拥政爱民工作若干规定》、《福泉市优抚对象优待抚恤实施办法》、《福泉市优抚对象抚恤补助标准自然增长机制》、《全民国防教育规划》等一系列规范性文件，使双拥工作步入制度化、规范化轨道；还出台了现役军人实行免费就医、军烈属子女入学等优惠政策，并在服务部门开展“军烈属和现役军人优先”挂牌服务、旅游景点对现役军人和优抚对象免费开放等活动。同时，不断建立和完善乡（镇）村工作组织，在乡（镇）成立“优抚服务中心”，村组织“帮优小组”、“爱心献功臣行动小组”和“爱国拥军服务小组”，形成“双拥”网络，实行“中心”包片、“小组”包户责任制。并将春节、清明节、“八一”建军节定为“双拥宣传周”，中小学开学的第一天定为“拥军优属活动日”，1 月和 8 月定为“国防教育月”，举行唱一首爱国歌曲、演一场爱国戏、上一堂传统教育课、军民互办一件实事等“四个一”活动，形成了“社会基础坚实，群众广泛参与，形式生动活泼，全面协调、和谐发展”的双拥工作格局。到2002年，建立起完善的五个保障体系：资金投入保障体系、优抚服务保障体系、思想教育保障体系、优抚法规保障体系、育才安置同步保障体系。2008年，地方共投入资金690余万元支持部队建设，将国防后备力量信息化建设经费纳入市财政预算；广泛开展科技拥军、智力拥军等活动，为部队送去电脑、电视、图书等；农村义务兵家属优待金标准从每年每户195元提高到2455元，在乡老复员军人年人均定期生活补助标准提高到3398元，还从“安居工程”项目上优先解决优抚对象的住房难，设优抚门诊、筹集优抚医疗基金，解决优抚对象的医疗困难等；安置退伍军人415人，向宏福公司、威顿公司、川恒公司、市运输公司等境内企业推荐军地两用人才185人；鼓励自谋职业、自主创业，实行优惠政策，对自谋职业的退役士兵每人发放自谋职业金3万多元。2011年，城乡义务兵家庭每年每户优待金标准再次提升到4924元，在乡老复员军人的人均年定期补助标准提升到9494元。福泉驻军也先后成立爱国爱民学雷锋小组、抢险救灾组、军民信息联络组、军民关系协调组等组织机构。驻泉部队也把驻地当第二故乡，长期以来积极参与地方重点工程建设、抢险救灾、维护社会治安、扶贫帮困、参加地方义务劳动，为中小学进行军训，开办国防教育课等，深受群众的拥护和欢迎。

从1991~2011年，福泉又连续六次被国家民政部、中国人民解放军总政治部命名为全国“双拥模范城（县）”，成为贵州省自1956年以来，唯一创下“七连冠”佳绩的县（市），其中，1998被国家民政部评为“全国爱心献功臣行动”先进市。

（二）成功创建贵州省文化先进市（县）和全国文物工作先进市（县）

福泉是贵州开发较早的地区之一，历史悠久，文化底蕴厚重。明清时期，共中进士20多名、举人130余名，人数之多，在黔南乃至全省位列前茅。代表性人物有明正德年间平越卫学生员黄绂高中进士，开平越科举先河，官至户部尚书等职。康熙乾隆年间，牛场渚浒王氏族中王梦旭、王梦尧、王士俊叔侄三人为同朝进士共职翰林，世称“一朝三翰林”，其中王士俊曾历任四川巡抚、河东总督等职，是清代名臣。徐霞客、王阳明、林则徐等许多骚人墨客、达官显贵都曾在这里留下过足迹和诗词。道教武当派开山祖师张三丰在福泉山筑台结亭修炼8年，留下了大量的历史遗迹、传说故事和诗词丹诀，道教界关于张三丰“武当山得道，福泉山成仙”的传说更是增添了这块土地上宗教文化的神秘色彩，福泉山因此被中国传统文化专委会命名为“中国十大道教文化圣地”之一。

在民间，跳阳戏、玩龙灯、唱花灯、吹唢呐以及少数民族芦笙歌舞、山歌对唱等民间文化活动盛行，民间故事、歌谣广泛流传。其中，古老的福泉阳戏被称为中国戏剧的活化石，花灯及山歌情调为一方所长；“六月二十四日二郎歌会”、清水江苗族杀鱼节等民族习俗独具特色，被列为省级非物质文化遗产保护名录。

另外，还有福泉古城墙、葛镜桥为黔自治南州仅有的两处国家重点文物保护单位；古夜郎竹王城遗址、明朝平播总兵李应祥纪文高石头摩崖石刻、明代古石桥吴家桥3处为省级文物保护单位；道教圣地福泉山、皋阳桥等15处为县级重点文物保护单位。2010年，在全国第三次文物普查中新发现文物点145处，普查登录文物点203处，可谓是文化底蕴深厚、文化遗产丰富多彩。

中华人民共和国成立后，历届中共地方党委、政府都十分重视文化建设，群众文化生活更加丰富多彩。1954年，牛场阔龙水花灯队的古装花灯剧《刘三妹挑水》在都匀专区民间文艺汇演中获二等奖。1955年，福泉代表队在都匀专区首届农村业余文艺汇演中演出的话剧《海上渔歌》获一等奖，花灯剧《幸福桥》获一等奖；在贵州省民间文艺汇演中，演出的《乌江颂》获二等奖，《庆丰收》获三等奖,《逼婚配》获创作荣誉奖，女主角获表演二等奖。1956年，县内各业余文艺团体、农村俱乐部共演出468场，观众达26万多人次；牛场阔龙水花灯队在贵州省第一届工农业余文艺汇演中获二等奖。1957年,《贵州日报》以《一个出色的俱乐部》为题，报道了福泉牛场阔龙水花灯队开展群众文化活动的事迹。1959年，贵州省文化局在福泉阔龙水召开了农村文艺现场会，推广阔龙水开展文艺宣传活动的经验。1977年，福泉县委宣传部主持召开全县第一次文物工作会议，组成革命文物普查征集队前往红军长征经过的地方开展文物普查征集工作，发现红军标语10余条，征集到红军使用过的石磨、红军刀、棉被、长衫等革命文物10余件。1976年，县内作者创作的方言剧《插秧时节》在黔南布依族苗族自治州文艺调演中获创作二等奖。

改革开放后，群众文化更加繁荣发展。每年逢元旦、春节、“五一”、“六一”、“七一”、“八一”、“六月二十四”民族节、国庆节等传统节庆日或纪念日，都开展各种群众文化艺术活动。全县有数十个民族民间群众业余文艺队伍，人员近600人，每年自发性演出600余场次，1995年末举办的“金三角”杯卡拉OK大奖赛影响较大。建市后，各种大型文化活动更是异彩纷呈，文艺人才辈出和文艺成果丰硕。各种活动中，“古城文化周”、“梨花节”、“六月二十四”歌会传统民族节日活动已成为福泉的文化品牌，对福泉的文化产生了积极和深远影响。市内文艺家也取得丰硕的创作成果，先后有1人获全国“群星奖”金奖，2人3次获贵州省政府文艺奖。特别值得一提的是，福泉青年书法家群体异军突起，作品频频在国家级及省内外各种大展中入展或获奖，相继有10余人加入贵州省书法家协会，3人加入中国书法家协会，成为受全省书法界关注的“福泉书法现象”，还经常参加每年政府组织的送文化下乡等活动。2008年，福泉市书法家协会被中国书法家协会表彰为“全国书法家进万家先进集体”。

文化创先工作也取得丰硕成果。1997年开始，以创建文化先进市活动为载体，全面推进“文化三大工程”建设。1999年，福泉被贵州省政府表彰命名为“贵州省文化先进市（县）”。2004年，中共福泉市委、市人民政府又成立了创建全国文化先进市工作领导小组，并下发了《关于开展创建全国文化先进市的通知》，召开了全市“双创”动员大会，按照《全国文化先进县评选标准》制定了《福泉市创建全国文化先进市实施方案》，印发了《贵州省文化先进乡（镇）、办事处创建标准》，制定了《古城改造实施方案》和《城墙维修方案》，扎实推进创建工作。2005年，福泉市被国家文化部和文物局表彰为“全国文物工作先进县”。至2011年底，先后共创建了2个国家级先进文化社区；1个国家级、2个州级文化艺术之乡；1个省级、3个州级文化先进企业；4个州级文化先进乡镇。

（三）人民生活水平显著提高

1980年实行联产承包责任制后，促进了农业生产的发展。1984年，农民人均总收入为276.72元，略低于同期城镇职工家庭人均中等收入水平；至1993年，每年以4%左右的幅度平稳增长。1994年后，农民人均纯收入快速增长，当年农民人均纯收入为862元；1996年，农民人均纯收入达1181元。1998年，农村实行第二轮土地承包以后，开始从传统农业生产方式向现代农业和科技农业生产模式转变，生产工具逐步改善，田间种植和管理科技含量提高。1999年，农民人均纯收入达1394元，比上年增长5.05%。2004年，福泉市委、市政府在全面落实中央“二免一补”惠农政策的基础上，提出“多予、少取、放活”的方针，加大“三农”投入力度，使农民在农业生产经营中得到实惠，当年农民人均纯收入为1751元，比2003年增长11.67%。此后，农民人均收入连年大幅增长，2005年为1902元，比2004年增长8.62%。

2008 年，农民人均年纯收入为 2922 元；2011 年，农民人均纯收入达到 5032 元，在“十五”期末的基础上实现翻番。

2005 年年末，城镇在岗职工年平均工资为 19599 元；城镇居民人均可支配收入为 7060 元。2008 年，国有企业产权制度改革基本完成，下岗职工逐步走向市场，通过企业重组、自谋生计和政府协调等形式，得到妥善安置。全年职工年平均工资为 25650 元，按可比价计算，比上年增长 22.1%；城镇居民可支配收入达到 11108 元，同比增长 9.2%。个体工商户和私营业主收入相当丰厚，大大高于普通职工。至 2011 年，城镇居民可支配收入增加到 18040 元，是“十五”期末的 2.5 倍。

2005 年，全市社会消费品总额实现 5.62 亿元，是 1995 年的 2.32 倍；有线电话、移动电话大量进入城乡消费领域，互联网也进入普通城镇居民家庭并向农村延伸，有条件的城乡居民家庭开始购置小轿车。2008 年，全市社会消费品零售额完成 7.64 亿元，比 1986 年增长 15.89 倍，年均增长 13.4%；全市有城市电话用户为 2.07 万户、农村电话用户为 2.53 万户、移动电话户为 7.85 万户，平均每百人拥有电话 14.5 部；互联网用户超过了 6100 户；电视机在城乡基本普及；小轿车消费呈快速上升趋势。2011 年，社会消费品零售总额增加到 12.62 亿元，是“十五”期末的 2.25 倍；家用小轿车已超过 5000 辆。

（四）社会保障体系逐步建立和完善

（1）城镇职工养老保险。1986 年，福泉启动对机关、事业单位合同制工人退休养老基金的社会统筹管理。1987 年，全县有合同制工人的单位 30 个、285 人，缴费者为 283 人，金额 5.22 万元，占应收缴总额的 99.5%。此后，逐步扩展到全民所有制企业和集体所有制企业职工，随后个体工商户和自由职业者均纳入社会统筹的范围。1997 年，全市共收缴养老金 443 万元，收缴率达到 96%；当年为退养人员支付养老金 342 万元。2004 年，对全市近 7000 户参保对象的养老保险全国联网指标进行收集、核实、登记。2008 年，全市共有 12792 人参加养老保险，其中企业职工 9241 人、个体就业者 2006 人，城镇职工养老保障体系基本完善。

（2）农村养老保险。1992 年，福泉开始实施农村社会养老保险工作，当年全县共收取保险费 25.3 万元，投保者为 4.22 万人，人均入保 6 元，入保率达 40%，被国家民政部评为全国农村社会养老保险先进县。至 1996 年，共积累农村社会养老保险资金 100 万余元，参加保险人数达 4 万多人。2002 年，农村社会养老保险积累资金157.5万元，参加入保人数为2.8万人，享受养老金的人数为400余人。2008年，市民政局承担的农村社会养老保险职能划入市人事劳动和社会保障局，体制更加完善，入保普及率逐年提高。

（3）城镇职工医疗保险。20世纪90年代启动城镇职工医疗保险，保险金由单位和职工个人按一定比例缴纳。2000年，市公费医疗办由市卫生系统移交市社会保险局管理，当年办理公费医疗证6997个，报销个人账户基金79.23万元。2003年，全市城镇职工基本医疗保险制度改革在行政、事业单位全面启动，全市行政、事业单位共有7113人参加基本医疗保险。经审批，确定16家医院和10家定点零售药店作为医保指定医疗点，极大地方便了职工寻医买药。2008年，全市8200人参加了职工医保医疗保险，收取保险费990万元，支出保险费578万元；收缴大额医疗保险金59万元，收缴基数为每人每年72元。

（4）城镇居民医疗保险。城镇居民医疗保险于2008年11月在域内试点启动，参保对象是不属于城镇职工基本医疗保险制度覆盖范围的中小学阶段的学生（包括职业高中、中专、技校学生）、少年儿童和其他非从业城镇居民。按照成人每年120元，儿童、学生每年40元的标准缴纳保费，再由中央、省、州、市分别给予补助。2008年，共有3781人参保，共收缴保险费33.73万元。此后，参保人员逐年增多，基本实现了全覆盖。

（5）农村合作医疗。县内农村合作医疗始于20世纪70年代。1981年，全县合作医疗自行解体。1996年，福泉作为国家卫生Ⅳ项目课题及农村合作医疗试点，至1998年年底，两个试点乡镇（牛场镇、地松乡）参加合作医疗人数分别为1436人和551人，入保率为5.5%和3.7%。2005年12月，开始推行新型农村合作医疗，由中央、省、州、市分别按照每个参加对象出资20元、9元、3元、3元进行核拨补贴和农村群众每人缴纳10元构成（共计45元），补偿总额每人每年不超过8000元。至2006年年末，全市参加新型合作医疗人数为19031人，占全市总人口的75.61%；当年门诊报销补贴71835人次、133.46万元，住院报销补贴12568人次、280.31万元，新型合作医疗资金补偿率达72.59%。2009年，全市有23.39万人口，参合率达92.65%，初步建立起了农民医疗保障制度。

（6）城市最低生活保障制度。1997年，福泉市在黔南布依族苗族自治州首先试点实施城市居民最低生活保障制度。1998年，初步建立市、乡镇（办事处）、社区居委会三个层次管理运行机制，至当年底，全市累计发放 3840 人最低生活保障金。2000 年后，在市乡之间实行信息网络建设、档案规范化管理，对补助标准进行三次提高，分别为 104 元、130 元和 160 元。1998～2007 年，全市共有 23.89 万人（次）享受到最低生活保障，累计发放保障金 1656.58 万元。

除上述保障制度之外，还建立了失业保险、生育保险、工伤保险、农村医疗救助、农村最低生活保障、农村"五保"供养等制度，城乡社会保障体系基本建立。

三、城市建设和城镇化水平快速提高

（一）建市前城镇化发展状况

1. 城市规划的编制

福泉城市规划始于 20 世纪 80 年代。1984 年，福泉县首次编制了县城总体规划，该规划期限是 1984～2000 年，规划县城人口从 9575 人发展到 1.9 万人，建成区用地从 49.64 平方公里发展至 134.18 平方公里。1986 年 10 月，贵州省人民政府批准《福泉县城总体规划 1984～2000》。规划重点对县城的对外交通和用地功能分区进行了研究，确定了洒金大道北段的初步走向和城东新区的开发建设。但规划未涉及县域社会经济发展问题，前瞻性不够，城区道路交通也未理顺，规划实施缺乏区域经济的支持和城区路网的引导，在 8 年的实施中，仅建成了西南部的黄磷厂和城内局部建筑。1988 年，福泉再次开展县域规划编制工作，该规划期限是 1988～2000 年。在县城规划的编研过程中，通过对瓮福矿肥基地建设有利条件以及区域条件、经济发展形势等充分论证，提出了在瓮福地区建立瓮福市的可行性。规划确定建立瓮福市，其市中心设在牛场，城区由牛场中心城和龙昌、城厢、马场坪三个卫星镇组成，人口规模为 6 万～20 万人，城市性质为磷矿矿肥基地和瓮福地区的经济、文化中心。该版规划突出了以工业为主线的县域产业布局研究，主观地将相距 37 公里的四个镇联合形成城市，但忽视了城市集约经济和政治文化发展的依存关系，却为福泉 8 年后撤县设市申报工作奠定了理论基础。

1992 年，编制了《福泉建市总体规划》。福泉建市总体规划期限为近期 5 年（1992～1996 年）、远期 29 年（1992～2020 年）。规划范围北至溪家弯，南至团坝山，西至小河口、水洞坡、柏秧一带，东至重钙厂、四角坡、豆腐桥、上乐岗、邓家院一带，面积为 19.22 平方公里；规划人口近期为 10.6 万人、远期为 13.9 万人；规划城市建设用地为 1081.97 万平方公里；城市性质为以磷矿石开采及磷化工生产为主的工业城市，是瓮福区域政治、经济、文化中心和麻江、黄平、余庆等周边县的贸易集散地。该版规划研究内容比较全面，注重了区域经济与城镇发展的有机结合，克服了前两版规划的主要缺点，基本找准了城市的发展方向，城市建设思路开始明晰，规划的城市规模基本合理，实施操作性较强，有效指导了福泉 10 年的城市发展，为福泉的撤县建市发挥了重要作用。

2. 城区及基础设施建设

（1）城区建设。20 世纪 70 年代末至 80 年代中期，福泉县城区以城厢镇为主，县城建成面积仅 0.49 平方公里，人口为 0.96 万人，城区以大、小十字为路网骨架，205 省道穿境而过。20 世纪 80 年代中期至 90 年代中期，随着城区人口不断增加，城市建设规模不断扩大，城市建设走出老城区，先后投资 2000 多万元对城东新区实施规模性开发，并向东北、东南方向逐渐发展。1990 年，建成区面积为 1.1 平方公里。1991 年，开始撤县建市申报工作，福泉以此为契机，加大投入，建设金山路、园陵路、体育场等重要基础设施。到 1996 年年末，城区建成面积达到 5.1 平方公里，相当于原面积的 11 倍，人口增加至 2 万人。

（2）城市供、排水。1965 年，县水电部门在冷风口处安置 30 米虹吸管引沙田灌溉用水入城，并在王家营修建 1500 立方米的蓄水池两个，一个用木炭作过滤池，一个作沉淀清水池，再进入输水管供城内居民饮用，从此福泉城区居民用上了自来水。从北门建 700 米输水管至南门花牌坊，沿途设 5 个供水站向居民供水，后增至 9 个供水站，供水价为 1 分钱一挑。1975~1985 年，县财政拨款 37 万元，在犀牛滩建日产水 400 立方米电力抽水站 1 个，将地下水抽至葛家坡蓄水池内，补充城南部居民饮水；铺设 10 寸铸铁管 2600 米，引龙井湾泉水入城，日供水 800 吨；建龙井湾蓄水池 900 立方米，安装自流引水管 5 公里，日供水规模为 2200 吨；将离县城 5 公里的后河水引入城内，日供水 2500 吨。至此，县城年供水量达到 6 万吨。1986 年，由省、州各投资 30 万元，县投资 67 万元，修建洒金桥自来水厂；1988 年水厂建成，日供水 4700 吨。1996 年，城区日供水规模达 4800 吨，供水范围覆盖金山办事处老城区及城厢镇城郊村片区，用水人口约 2 万余人。市区道路两侧基本建有排水沟，主要街道上有合流沟，就近将污水排入城外河流。1992 年，为保护水城水域环境，建排水沟 400 米，将观水路一带污水排入化工厂下游河流。

（3）供电设施。1951 年，县人民政府积极筹备，采用煤气发生炉燃烧木炭产生蒸汽，带动汽轮机进行发电成功；1952 年，成立平越人民电厂。电厂安装 24 千瓦发电机，供机关和居民照明。1964 年，国家投资 7.6 万元，安装 76 蒸汽机带动 55 千瓦发电机组进行发电，基本解决了当时县城的照明用电。随后，又增加一套 100 千瓦柴油发电机组，开始供应县城“五小”工业和农田灌溉用电。为解决县城供电不足,1968 年，县革命委员会决定投资 50 万元，在城东南 8 公里处建鸭爪坝水力发电站，1971 年 10 月建成发电，电站装机容量为 320 千瓦，经 10 千伏线路将电力送到县城。1976 年，兴修洒金桥电站，装机容量为 3 × 320 千瓦，1997 年建成发电。1979 年，在福泉东门外修建 35 千伏变电站 1 座，接入国家电网，安装主变压器 2 台共 6300 千伏安。1991 年，都匀供电局出资对泉东变电站进行升压增容改造，电压由 35 千伏升压到 110 千伏，输电容量由 2 × 315 千伏安升高到 2 × 2 万千伏安。1993 年，地方财政投资建设的大飞水电站建成，装机容量为 2 × 1250 千瓦，经 35 千伏线输送到中心变电站。1994 年 5 月，由国家电网投资建成的皂角井 220 千伏变电站投入运行，福泉电网从由 1 条 110 千伏供电变成由 4 条 220 千伏线路、6 条 110 千伏线路、10 条 35 千伏线路供电，供电更有保障。1996 年，地方的 35 千伏中心变电站经 110 千伏泉东变电站同国家电网联网运行。

（4）道路交通。解放后公路建设得到更大发展。1974 年，黔桂公路过境段建成沥青路面。1976 年，205 省道（马场坪—遵义）建成沥青路面，公路交通条件更加改善。1980 年，新建马场坪—福泉公路和三江口大桥，福泉至马场坪的公路增至 2 条。先后新建、改造县乡公路 15 条共 135 公里，县乡公路网逐步成型。1970 年初，湘黔铁路开工建设，1972 年 10 月建成通车，福泉的交通运输发生了飞跃。铁路过境段为 32.6 公里，设 3 级火车站 1 座（马场坪火车）、4 级火车站 2 座。1975～1979 年，境内铁路年货运量为 20 万～35 万吨，1980 年上升到 46 万吨，20 世纪 80 年代中期后货运量快速增长，到 1996 年，达到 436 万吨，占整个黔南州铁路货物进出口量的一半多。

（5）城市绿化。福泉城区自 20 世纪 80 年代拓宽街道后，开始逐步对城区道路进行绿化，至 1996 年，先后在新华路、新泉路、文化路、东兴路中段种植了广玉兰、大叶女贞、桤杉，现均已长成 4～11 米高的大树。

（二）建市后城镇化发展状况

1. 规划编制

2003 年，市人民政府对城市总体规划进行修编，规划范围：南起马场坪公鸡坡，北抵金山三星抱月，南北长 11 公里，东起皮陇河，西到茶坡、米汤河，东西宽 5.5 公里，面积 46.8 平方公里。规划期限：2003～2020 年。城市性质：以发展磷化工、建材、食品工业为主的小城市。人口规划：近期 6.5 万人，远期 12 万人。发展用地规模：近期 7.32 平方公里，远期 11.54 平方公里。

2005 年，对城市规划和建设总体规划进行修编。该版规划修编确定城市人口规模近期（2010 年）为 8.5 万人，远期（2020 年）为 15 万人；城市用地规模近期（2010 年）达到 8.9 平方公里，人均 105 平方米，2020 年达到 14.1 平方公里，人均 94.7 平方米；规划城市为双城结构，即金山片区和马场坪片区，中间有金鸡山和洒金谷省级风景名胜区相隔；规划城市定位为：中国磷都、贵阳市卫星城，以发展磷及磷化工、煤化工、电力、建材、特色食品工业和物流、商贸为主的综合型城市。该版规划修编于 2007 年 12 月经贵州省政府批准实施。

2006 年，编制了《2006～2010 年城市建设规划》，总体目标：将福泉市建设成为功能多元化，布局科学合理，吸引力、辐射作用强的黔中明星城市。分项目标：城市人均建筑面积居于中上水平，达 31.0 平方米以上；城市人均公共绿地面积不小于 9.0 平方米，绿化覆盖率不小于 33%；城市人均拥有道路广场面积不小于 8.0 平方米，干道网密度不小于 1.6 公里 / 平方公里；城镇自来水普及率达 100%，市话普及率达 20%，城区生活污水处理达 80%，工业废水处理率达 50%。城市近期建设规模：人口规模，至 2010 年，福泉市城区人口规模为 8.5 万人；用地规模，至 2010 年，城区城市建设用地 8.92 平方公里，人均城市建设用地 105 平方米。城市近期建设重点地区：行政中心南段和洒金大道沿线两侧的开发建设及旧城改造和古城整治，交通市政基础设施用地；至 2010 年，对外交通用地 48.10 公顷；重点项目为马场坪客运站和马遵公路以及马场坪匝道口的建设，洒金大道扩建工程，福泉火车站站前广场工程，福泉市市政广场工程，新建 3 个社会停车场和火车站站前广场地面社会停车场。

在 2006 年版城市总体规划指导下，相继编制了《福泉市城市公共客运交通规划》、《福泉市洒金谷风景名胜区规划》、《福泉市历史文化名城保护规划》、《福泉市城市路网规划》、《福泉市城市商业网点布局规划》，以及建制镇总体规划等系列规划编制。

2. 市区建设

1999 年，中共福泉市委、市人民政府以经营城市的理念，采用资本置换方式积极吸引投资商进入福泉开发建设。至2003年，通过土地挂牌拍卖，收取建设资金近1亿元投入城镇基础设施建设。吸引贵州省东升房地产开发公司、都匀天源房屋开发公司等单位和个人投资2.3亿元，实施旧城改造和新区建设，新建房屋152万平方米，建成了东升福苑、金源商厦等旧城改造项目和金叶商厦、来凤小区、金星职工住宅小区等一批新区开发项目。1996~2001年，新建城市道路11.724公里，改造城市道路24条，街道总长15.8公里。2003年，中共福泉市委、市人民政府决定将市行政中心南移，开始新建洒金大道北段往南经过火车站广场前至马场坪小河口高速公路收费站总长9.63公里的道路，于2005年建成通车，连通了南北两城区，加快了福泉市南北两办事处相向发展的步伐。先后引进湖南阳光房地产开发公司、上海亚历山房地产开发公司、贵州华屹房地产开发公司、贵州卓品房地产开发公司及本市房地产开发企业参与实施旧城改造和新区开发，建成了马场坪阳光花园、马场坪亚历山花园、御景新城、东福花园、福泉花园等一批功能齐全、设施配套、环境优雅的城市住宅新区，建筑总面积达141.87万平方米。2009年，市区常住人口为6.2万人，人均住房面积为25.36平方米，分别是1996年的8倍、2.11倍；人均道路面积为7.92平方米。2011年，城市建成区增加到9.6平方公里，城区人口为8万人。

3. 公共设施建设

（1）城市供、排水。1997年，市农村改水中心投入资金600万元实施“南水北调”工程，扩建原马场坪镇水厂，将水从马场坪片区调至金山片区，以保障城市快速发展的供水需求。水厂扩建后日供水能力为6000吨，实际供水量为1600吨，占金山片区供水量的40%。2001年，市自来水公司投资57万元改造城区管网，总管网长为134公里。2006年1月，市自来水公司和市农村改水中心整合成立市供排水总公司，至2008年年底，城市日供水能力为2.46万吨，供水主管长为126公里，日人均生活用水量为159升，普遍用水率达98.5%；城市排水管道总长为37公里，城市排水管道密度为3.85公里/平方公里，日排水能力为2万吨。

（2）供电。1999年7月，福泉市地方电力公司交都匀供电局协议管理，成立福泉供电局。2000年3月，实施农村电网“两改一同价”工程；2004年完成一、二期农改任务，完成10千伏线路774公里，400伏及以下线路1325公里，配变安装605台，一户一表安装3.88万户，并将地方小水电并入国家电网，所有供电区域由供电局统一管理。截至2009年年底，全市有110千伏变电站3座、主变压器6台、主变容量为206兆伏安；有110千伏输电线路5条，总长度为75.91公里；有35千伏变电站5座、主变压器7台、主变容量为33.15兆伏安；有35千伏公用输电线路9条，线路总长度为108.97公里。福泉市电网供电面积为1551平方公里，总供电人口达到31.93万人，电网覆盖率达100%。电源由国家网电和地方小水电两部分组成，形成了以国家电网电源为主、地方小水电作补充的供电方式，较好地保障了地方的电力供应。2010年，总投资47.3亿元、总装机容量为2×600兆瓦的中国国电集团公司在黔战略性发展项目和贵州省“十一五”重点工程——国电福泉电厂正式开工建设，该项目是福泉“磷煤电”一体化基地建设的重要组成部分，于2012年建成投产。

（3）园林绿化。1999年，编制了《福泉市市区环境绿化规划设计》，至2001年底，城市公共绿地达77.4万平方米，生产绿地达33.87万平方米，单位附属绿地为18.38万平方米，居住绿地为133.85万平方米。2003年，福泉市绿化覆盖面积达350万平方米，两城区公共绿地面积达98万平方米，人均占有绿地面积4平方米。2005~2010年，年均投入200余万元进行市政基础建设和绿化建设。2009年底，城市绿化率为30.83%，森林覆盖率为42.78%。

（4）环卫设施。1998年以前，城内垃圾采用吊斗装、池子堆、定期清运的简单办法进行管理。1998年，对6条大街采取定时鸣笛收集垃圾，取消了垃圾斗。1999年，全市有环卫工人121人，清扫面积23万平方米，日产垃圾65吨。2000年，投资77万元，建设五里坎垃圾场；投资33万元，在金山北路建一座封闭式垃圾中转站。2003年，环卫人员增加至170人，清扫面积14.3万平方米，日清运垃圾100余吨，基本上做到日产日清。2007年，投资4700万元启动了金山、马场坪城区污水处理厂及管网收集系统建设，金山污水处理厂设计日处理污水0.9万吨，马场坪污水处理厂设计日污水处理0.6万吨。2009年12月，马场坪污水处理厂投入试运行；2010年4月，金山污水处理厂投入试运行。至2010年7月，两个污水处理厂已全部正常运行。目前，总投资3980万元的无害化处理垃圾填埋场正在建设中，建成后日处理垃圾能力为145吨。

（5）城市交通。2001年，株六复线铁路建成通车和火车提速，马场坪火车站进行技改扩能，改名为福泉火车站，客货运输能力大幅提升。2008年，货运吞吐能力达到800万吨，客运量达98万人次，福泉成为湘黔铁路线上的第二大货运站。境内由贵新高速、210国道、205省道、306省道4条过境公路和境内干支公路形成的"一纵一联线"公路网，南下北上、东进西出方便快捷。210 国道（包头—南宁线）福泉段全长 39 公里，贵新高速公路（贵阳—新寨）福泉段全长 27 公里。全市公路通车里程为 1528 公里，其中，高速公路 27 公里（重湛线）、210 国道 66 公里、205 和 306 省道 89 公里、县道 153 公里、乡道 228 公里、村道 965 公里，基本实现乡乡通油路（170 公里）和村村通公路目标，等级公路通达密度为 35.5%。2010 年，全年完成公路客运量 913 万人次、货运量 672 万吨，周转量分别为 4.4 亿人公里、6.96 亿吨公里。

（三）小城镇、新农村示范点及全国农业观光园建设

1984 年，福泉有建制镇 5 个，以县城所在地和交通干线的商贸集镇为主。到 2007 年，建制镇数达到 9 个，小城镇人口占全市总人口的 21.88%。建制镇以农业服务、工矿开发、商贸旅游等多种产业为依托，各具特色。自 1978 年以来，全市小城镇市政公用设施建设与经营总投资达 12 亿元，推动了小城镇给排水、垃圾、道路、绿化、环卫等基础设施的发展和住宅建设，促进了城镇功能的不断增强和居民生产生活条件的不断改善。小城镇在城镇化发展中的作用进一步提升，集聚效益逐步显现。全市城镇道路达 48 公里，道路面积达 72 万平方公里，人均道路面积近 9 平方公里，日供水能力达 2.43 万吨，排水管道（沟）长 32 公里。所有集镇基本实现场路分开，照明、自来水、电视、电话通信等行业发展迅速，农民进集镇经商和从事加工业、服务业等不断增多，城镇化率不断提高。2010 年，全市城镇化率达到 38.45%，较"十五"期末提高 7.33 个百分点。2011 年年末，城镇化率提高到 44.02%。

（1）牛场镇建设。牛场镇位于福泉市北部，距市区 28 公里，面积为 101 平方公里，辖 3 个居委会、19 个村委会、216 个村民组、人口 3.24 万人。1986 年、1999 年分别被列入全省试点集镇、试点小城镇建设，2004 年被列为国家重点建设镇。1994 年以来，牛场镇采取资本置换、冠名权置换等方式引资 3000 余万元，对城镇基础设施进行开发建设。1999 年，建成区为 99.74 公顷，城镇人口为 8937 人，城镇化水平为 22.66%。引进房地产开发公司投资 500 万元改造修建商贸城，投资 90 万元建成幼儿园 1 所，修建商住楼 18000 平方米。引资 450 万元建牛场西北商住小区，占地 50 亩。在抓好城镇建设的同时，大力推动工业化和非公经济发展，抓好双龙工业园区建设，吸引了福泉市天麻硅业有限公司、福泉市华美有限责任公司、福泉市鼎盛氧化钙厂、牛场友好医院等 45 家非公有制企业相继在牛场镇落户。至 2011 年，全

镇工业总产值达 7.68 亿元，镇区面积由过去的 1.5 平方公里增加到 3.24 平方公里。镇区有个体工商户 986 户，占全市个体工商户总数的 28.3%。镇区总人口达 1.4 万人。2000 年以来，牛场镇先后荣获“州级卫生城镇”、州“文明乡镇”、州“小城镇建设先进单位”、贵州省“村镇建设先进镇”、贵州省“双百”建设小城镇示范镇、贵州省“文明单位”、贵州省“小康镇”等荣誉称号。

（2）江边寨建设。黄丝镇江边寨属黄丝镇黄丝村，有 89 户 300 余人。2005 年，中共福泉市委将江边寨作为新农村建设示范点，新建了一条宽 4.5 米、长 1000 米的通村公路，改造 340 米长的从鼎罐城至下寨步道，连户道路实施了硬化；完成 85 户农户沼气池修建、沼气灶安装，以及厨房、厕所、圈舍改造；新建主寨门和侧寨门 3 道；建成标准篮球场一个。2007 年，实施了村寨清洁工程，建起了村寨排污和污水处理系统，使村寨的环境更加整洁。2009 年，采取“公司＋基地＋专业合作社＋农户”方式，在江边寨建立了每亩地年收入 1 万元、8000 元、5000 元目标的“185 现代农业产业化工程”示范点。龙头企业福仁农业发展公司以每亩年租金 800 元左右向农户租赁土地，进行连片规模化现代化农业生产，建成了 100 亩大棚食用菌生产基地和有 2300 平方米厂房、年加工食用菌 900 吨和年产菌种 180 万包生产能力的食用菌加工厂，建成 100 亩蔬菜草莓大棚，涉及农户 64 户 236 人，总投入资金 420 万元，提供 200 个以上就业岗位，每年直接增加农民收入人均 300 元以上，产品销往贵阳、都匀、凯里、瓮安、福泉等地。

（3）“金谷福梨观光园”建设。“金谷福梨观光园”位于福泉市城厢镇双谷村，距市区 6 公里处，于 1987 年开始投入建设，该园平均海拔高 960 米，阳光充足，雨量充沛，气候宜人。2011 年果园种植面积 15200 亩，其中金谷福梨 10700 亩、葡萄 3000 亩、杨梅 1500 亩，还有猕猴桃、蟠桃、橘子等水果品种；水果年产量达 0.9 万吨，所产的金谷福梨糖分高、水分大、清脆可口，远销广东、广西等地，供不应求。全村有农户 1166 户，其中 86% 农户种植果树，果农户均水果收入在 4 万元以上，其中 5 万元以上的有 50 多户。双谷梨在 1998 年被指定为中国西部六省“8·28”活动专用水果；2000 年，在贵州同类果品中首家荣获“贵州省优质农产品”称号，申请注册商标为“金谷福梨”品牌。2005 年，“金谷福梨观光园”被国家农业部评为全国农业旅游示范点；2006 年，福泉在这里举办“中国·福泉‘金谷春雪’梨花节暨‘全国农业旅游示范观光园’开园仪式”，市政府先后投入资金修通了进园区观光油路、观景台、园区农家乐接待站的公路硬化等基础设施，形成了春可赏花、夏可纳凉、秋可摘果、冬可踏雪，以水果产销为主，集旅游休闲于一体的综合农业生态观光园，每年都要吸引大量国内外游客前来观光旅游。

第三节　趋势与展望

一、机遇与挑战

（一）外部环境

国家新一轮西部大开发深入实施，支持许多领域和东部产业向中西部转移。2010 年 2 月 2 日，国家工业与信息化部确定福泉为贵州省第一家“国家新型工业化产业示范基地（化工·磷化工）”。瓮福集团被国务院批准为第一批循环经济试点单位。2012 年 1 月，国务院《关于进一步促进贵州经济社会又好又快发展的若干意见》明确将福泉作为国家重要的煤电磷一体化资源深加工基地、磷煤化工产业带建设。省委、省政府大力实施“工业强省”和“城镇化”带动战略，大力推进工业化、城镇化、农业现代化“三化”同步。黔南州委、州政府强力构建“951”经济社会发展新格局。因此，国家、省、州的支持就是福泉当前面临的最大机遇。

（二）内部环境

福泉地处黔中经济区的核心地带，交通便捷，资源丰富，随着基础条件的不断改善，已列入《黔中经济区发展规划》上升到国家层面。近年来福泉强力推进“五大战略”，全市以磷及磷化工为主导，煤及煤化工、建材、能源（电力）、冶金、特色食品加工、战略性新兴产业（新能源、新材料、环保等）协调、循环发展（即“磷为龙头、六业并举”）的工业格局已初步形成，产业结构不断优化。在“十一五”期间，各项社会保障制度基本建立，为今后的发展夯实了基础；全市人民思发展、谋发展的意识强烈，后发优势逐渐显现。

在看到机遇的同时，严峻挑战不容忽视。当前，全国已形成东部率先发展、中部迅速崛起、西部竞相开发的格局。置身于省内、州内，纵向比，福泉市发展明显加快，超越历史任何时期；横向比，其他兄弟县市竞相发展的态势逼人，特别是建强县（市）呈现出加快发展、赶超进位的逼人态势，福泉市面临着既要“转”又要“赶”的双重压力和任务。因此，所面临的机遇远远大于挑战，既是福泉市可以紧紧抓住并且大有作为的战略机遇期，又是福泉市实现经济社会发展历史性跨越、全面建设小康社会的加速期。

二、发展趋势

根据福泉独特的区位、资源、交通、历史文化、发展基础等条件和优势，福泉城市发展的基本定位是：国家新型工业化产业示范基地、黔中交通重要节点城市。

（一）全国新型工业化城市

坚持“工业强市”首选战略，以建设“一基、三园、六产业”为抓手，走循环经济的发展道路，建设新型工业化城市。“一基、三园、六产业”即：国家新型工业化产业示范基地、马场坪千亿元省级经济开发区、双龙工业园区、龙昌工业园区，以及磷化工、煤化工、建材、能源冶金、特色食品加工、战略性新兴产业。2002 年，市政府决定建立马场坪—凤山工业聚集区、牛场双龙工业聚集区和龙昌工业聚集区，园区总规划面积为 54.3 平方公里；到 2008 年，三个工业聚集区已基本形成，园区内已入驻 38 户规模以上工业企业、10 个在建项目。至 2012 年，投资 1.75 亿元的园区供水工程——高车水库已完成大坝蓄水鉴定；投资 2.7 亿元的园区供电、道路和通信等基础设施建设也正加速推进；建成总投资 500 余亿元、储备项目 200 余个的项目库。

1. 国家新型工业化产业示范基地

2010 年 2 月，福泉被国家工业与信息化部确定为“国家新型工业化产业示范基地（化工·磷化工）”，它是贵州省第一家国家新型工业化产业示范基地。瓮福集团被国务院批准为第一批循环经济试点单位。福泉新型工业化产业示范基地建设按照循环经济发展理念，依托瓮福、天福、国电福泉电厂、利森公司等企业为基础，以科技创新为手段，实现企业之间共生偶合，发展相关配套产业、高载能产业、精深加工和“三废”综合利用产业。近年来福泉先后引进建设了瓮福集团 WFS 废水管线回用洗选磷矿、磷石膏制硫铵、磷矿回收氟碘、烟气脱硫制硫酸、余热发电项目、废水回用，以及磷石膏制纸面石膏板、磷石膏砖等系列循环经济和资源综合利用项目，延长了产业链，降低了资源消耗，优化了生态环境，“三废”资源得到有效利用，探索出一条变废为宝、可持续发展的新路子。

（1）国电福泉电厂将于 2012 年下半年建成投产，2×600 兆瓦机组工程采用有机胺二氧化硫回收制硫酸新工艺，是世界上处理烟气量最大的有机胺脱硫工艺。生产的二氧化硫气体送至瓮福集团磷肥厂生产副产品工业级硫酸，预计年产硫酸约 60 万吨。这项新工艺不仅解决了电厂烟气二氧化硫的排放治理，还可以解决当地硫酸的供应问题，大大降低了硫酸客户外购成本。此外，机组投产后预计年产粉煤灰 121 万吨。电厂已与周边水泥厂、砖厂签订了粉煤灰、灰渣供应协议，力争综合利用率达 100%。

（2）利森瓮福公司 80 万吨磷石膏制水泥缓凝剂，通过对磷石膏渣煅烧等特殊处理工艺，将磷石膏废渣变废为宝。

（3）泰福公司将磷石膏渣制成纸面石膏板的资源循环利用技术推广，加快了福泉新型建材产业的发展。

同时，依靠科技创新促使福泉市工业经济加速转型升级，产学研项目取得重大突破。相继建成国家和省级技术研发机构 5 个，获得有效发明专利 30 项、国家和省级名牌产品 10 个。“十一五”期间，关停不符合国家产业政策的企业及生产线 50 家，单位工业增加值能耗下降了 43.5%，获国家商务部授牌为国家外贸转型升级专业示范基地（磷化工）。2011 年，福泉实现规模工业总产值 113.45 亿元，有产值 500 万元以上工业企业 60 多户，湿法磷酸净化、伴生碘氟等回收开发成果丰硕，取得发明专利 91 项。力争到 2016 年，工业园区入驻企业达 200 户左右，工业总产值达 300 亿元以上，单位土地面积投资强度达到 120 万元 / 亩以上，全市磷化工产品外贸进出口总额达 20 亿美元以上。

2. 马场坪千亿元省级经济开发区

该开发区是贵州省人民政府批准的全省 3 个千亿元省级经济开发区之一，位于福泉市规划市区南部，由马场坪办事处和凤山镇两部分组成，距市行政中心 8 公里。园区规划面积为 24.2 平方公里，现已聚集瓮福集团、天福公司、国电福泉火电厂、利森水泥、蓝天氟化工有限公司、威顿（中国）公司、邦泰（贵州）铁合金有限公司、贵信黄磷厂、兴鑫冶炼厂等 15 户规模以上工业企业。到 2015 年，预计规划工业产值达到 220 亿元，规模以上工业增加值年均增长 29% 以上。

3. 双龙工业园区

规划核心区面积为 11.8 平方公里，主要依托磷煤资源发展基础磷化工、煤化工、建材、冶金、磷煤产品精深加工，充分利用铝土矿、石灰石等资源，到 2015 年，预计规模以上工业产值达到 100 亿元，规模以上工业增加值年均增长 25% 以上。

4. 龙昌工业园区

以贵州川恒集团和越都福磷公司为基础，规划核心区面积 8.6 平方公里，主要以精细磷化工产业为主导产业，大力发展精细磷酸盐产品。到 2015 年，预计规模以上工业产值达到 80 亿元，规模以上工业增加值年均增长 30% 以上。

5. 六大产业

所谓六大产业，即以磷化工为龙头，煤化工、建材、能源（电力）冶金、特色食品加工、战略性新兴产业（新能源、新材料、环保等）六大产业并举，构建“磷煤电”一体化循环利用的产业体系（简称“磷为龙头、六业并举”）。

（二）贵州历史文化名城

福泉古城原在城厢镇辖区，1992 年被贵州省人民政府公布命名为“贵州省历史文化名镇”。建市后，古城区划为金山办事处，成为事实上的历史文化名城。要利用好丰富独特的地方历史文化资源，把城市建设成为打开贵州古老神秘文化的一扇窗口。加强城市历史文化街区整治建设，重点打造竹王城遗址、道教圣地福泉山、古城墙、葛镜桥、洒金谷等文化旅游景点，加强对王卡新寨、花崖，仙桥光沙、麒麟山，凤山竹王园等民族文化村寨的规划、保护与建设，保持其原生态风貌和古建筑民居文化符号，建设福泉市博物馆、张三丰文化博物馆、福泉阳戏博物馆、民族民间艺术（阳戏、花灯、民族蜡染、刺绣、歌舞）教学传习基地等，使福泉成为一个有独特文化品位的贵州历史文化旅游名城。

（三）贵州交通重要节点城市

抓住国家和全省路网建设中福泉作为重要交通节点的历史发展机遇，加快福泉通往全国各地的交通路网建设和改善市内综合交通条件，积极主动配合做好沪昆高速铁路过境段建设，实施好福泉火车站广场及配套设施建设，争取马遵（马场坪—瓮安—遵义）铁路建设；实施好马场坪至瓮安至遵义高速公路项目建设、210 国道马场坪至甘巴哨道路改扩建工程；实施洒金大道至马场坪段扩建工程和城市道路白改黑工程。新增二级以上公路 58 公里，实现乡乡有客运站，基本实现行政村通油路；城市市政设施显著改善，城镇道路硬化率达到 100%。加快城市形象塑造步伐，以马瓮高速公路、城市西环线和南北两城区交通基础设施综合项目建设为契机，着力打造南北两城区城市入口形象，高标准建设两城区景观大道，提升城市品位。抓好两城区的路网规划和建设，按照“扩容、拓展、延伸”的要求，在加快新区道路骨架网建设步伐的同时，统筹好新区行政、文化、教育、卫生、体育、金融、商贸、居住、安置、旅游、休闲、娱乐等工程建设，增强新城区功能，力争用 5 年左右的时间再造一个福泉城。

三、未来展望

“十二五”目标：到 2016 年，三次产业结构比调整为 6.18：51.28：42.54；地区生产总值达 180 亿元以上，比 2011 年年末翻一番以上，年均增长 18.5% 以上；财政总收入达 20 亿元左右，年均增长 20% 以上；规模以上工业企业总产值达 350 亿元，年均增长 30% 左右；全社会固定资产投入达 290 亿元左右，年均增长 40% 左右；社会消费品零售总额达 30 亿元以上，年均增长 20% 以上；招商引资到位资金达 150 亿元以上，年均增长 40% 以上；城镇居民可支配收入达 31000 元以上，年均增长 13% 左右；农民人均纯收入达 9700 元以上，年均增长 16.5% 左右；万元 GDP 能耗、化学需氧量、二氧化硫、氮氧化物和氨氮排放量控制在省州规定指标内；城市建成区面积达 20 平方公里以上，人口达到 12 万人；新增城镇就业岗位 7500 个以上，转移农村劳动力 3 万人以上，城镇人口达 20 万人左右；城镇化率达 50% 以上，人均住房面积达 25 平方米以上；城市绿化率达 40% 以上，自来水普及率达 100%，垃圾、污水处理率达 85% 以上；旅游总收入达 19 亿元以上，旅游从业人员达 5000 人以上；文化产业占国民经济比重达 5% 以上。

未来 20 年预测。根据福泉发展趋势预测，到 2020 年，中心城区人口将达到 15 万人；到 2030 年，城市向西、向南发展，呈现倒“T”字形发展格局，中心城区人口将增加到 25 万人左右，用地规模将扩展到 27 ~ 30 平方公里，城镇化水平将提升至 75% 左右。福泉将成为一个集工业、文化、现代化农业和民族风情、休闲观光旅游于一身、发达的黔中精品中等城市。

（1）福泉城市建设的总体思路

突出核心、加速集聚，快建新区、稳改旧城，东西拓展、培育强镇，打造宜居、彰显古城。

（2）福泉城市规划布局

形成“城（金山片区）—风景区（洒金谷省级风景名胜区和金鸡山脉）—城（马场坪片区）”的结构。福泉金山城区作为行政、居住和商务中心区重点向南发展；马场坪城区作为工业、工矿行政办公、居住、物流等向北拓展；洒金谷省级风景名胜区作为城市生态环境调节公园和游览区保护建设。

（3）重点基础设施建设

积极争取马遵铁路项目列入国家建设规划，新建金山、马场坪等物流中心。完成3座110千伏以上变电站建设，增容扩建牛场等变电站。推进“三网融合”建设，完成3G通信全覆盖。完成“五场一园一中心一环线”、洒金大道南段改扩建、葛镜路及跨河大桥至磷酸盐厂段道路、金鸡山大道、马瓮高速匝道口至两城区景观大道、洒金谷风景区捆绑新区开发等重点城建项目建设。加大金山城区市政设施建设，着力把城市新区打造为绿色宜居、设施完备、服务功能完善的城市中央商务区。

（4）小城镇建设

编制15个镇乡总体规划，指导城镇建设，实现工业化、城镇化、农业现代化同步协调发展。逐步打破城乡二元结构，形成布局合理、功能分区明确、规模结构层次鲜明的城镇体系。以中心城区、牛场次中心城镇建设为核心，加快龙昌、地松、陆坪、凤山、道坪、高坪和黄丝等重要节点镇城镇建设。加快以城镇交通、供电、供水、排污为主的基础设施建设；扶持发展商贸流通业、劳动密集型加工业、现代化观光农业、旅游业，培育形成一批经济特色镇；加快以房地产业为龙头的建材、运输业、装潢业和其他配套产业的发展，城镇经济生产总值占全部生产总值的比重稳步提高；出台农村进城务工人员能够公平享受就业、入学、医疗、保障性住房等公共保障服务的政策，探索迁入城镇定居的农业转移人口宅基地有偿退出机制和承包责任地流转机制，推动农村人口进城定居创业和现代化农业发展，加快农村人口有序向城镇转移的步伐。力争到“十二五”期末，牛场镇人口达3万人，城镇建成区面积达到5平方公里；龙昌城镇人口达到1.5万人，城镇建成区面积达到2平方公里以上；凤山城镇人口达到1万人以上，城镇建成区面积达到1.5平方公里以上；地松、道坪、黄丝等城镇人口达到0.9万人左右，城镇建成区面积达到1平方公里以上。全市城镇建成区总体增加4平方公里以上。

（撰稿人：杨胜才　贺建飞）